莞邑司法研究

陈友强 /主编

厦门大学出版社
XIAMEN UNIVERSITY PRESS
国家一级出版社
全国百佳图书出版单位

图书在版编目(CIP)数据

莞邑司法研究/陈友强主编.—厦门:厦门大学出版社,2022.1
ISBN 978-7-5615-8417-0

Ⅰ.①莞… Ⅱ.①陈… Ⅲ.①法院—工作—研究—东莞 Ⅳ.①D926.224

中国版本图书馆 CIP 数据核字(2021)第 263475 号

出 版 人	郑文礼
责任编辑	甘世恒

出版发行 厦门大学出版社

社　　址	厦门市软件园二期望海路 39 号
邮政编码	361008
总　　机	0592-2181111　0592-2181406(传真)
营销中心	0592-2184458　0592-2181365
网　　址	http://www.xmupress.com
邮　　箱	xmup@xmupress.com
印　　刷	厦门市明亮彩印有限公司

开本	787 mm×1 092 mm　1/16
印张	24.25
字数	590 千字
版次	2022 年 1 月第 1 版
印次	2022 年 1 月第 1 次印刷
定价	96.00 元

本书如有印装质量问题请直接寄承印厂调换

厦门大学出版社
微信二维码

厦门大学出版社
微博二维码

序 言

调研是谋事之基。习近平总书记深刻指出"调查研究是做好工作的基本功"。着眼新时代新任务新要求,加强人民法院调研工作,既是密切联系群众、改进工作作风的需要,也是深化改革、服务大局、推进审判体系和审判能力现代化的重要抓手。

调研是高层次的审判。东莞法院积极贯彻"大学习、深调研、真落实"部署要求,以打造学习型法院、培养专家型法官为目标,多措并举深化调研工作,着力提升综合素能。干警在全国法院系统学术讨论会屡创佳绩,队伍司法能力不断提升,审判执行质效持续优化,呈现司法调研与主责主业相融并进的良好态势。

调研应来源并服务于司法实践。《莞邑司法研究》辑录了近三年来法院干警围绕审判体系和审判能力现代化理论和实践的思考,凝结着莞法人的司法智慧。包括中基层法院和人民法庭踊跃参与,涵盖综合改革、诉讼服务和审判执行全方位、各方面。文章主题紧扣改革前沿,内容贴合司法实务,具有一定的理论和实践价值。

调研工作贵有恒。人民法院高质量发展非一蹴而就,需集思广益、绵绵用力、久久为功。高质量调研既要"脚踏实地",又要"仰望星空",善于在繁忙的工作中抽出时间静心思考,在办案间隙中总结提升,此事应持之以恒。

有鉴干警学养所限并工作繁忙,对部分问题的研究仍不够深入和系统,个别观点或值得商榷,恳请同仁不吝赐教,欢迎读者批评指正。

是为序。

陈友强

2021 年 12 月 6 日

目 录

律师调解的定位和完善

——以粤港澳大湾区商事纠纷解决机制为视角

何　妍[*]

2019 年 2 月,《粤港澳大湾区发展规划纲要》(以下简称《规划纲要》)正式公布,标志着粤港澳大湾区建设进入全面实施阶段。伴随着粤港澳大湾区建设的加快,境内外商事主体在开展紧密、频繁的商贸投资活动时,不可避免地会产生争端,各类商事纠纷日益增多,也必然对与之配套的商事纠纷解决机制提出了新挑战、新要求。传统诉讼、仲裁无法满足商事主体渴望高效便捷解决纠纷的需求,调解特别是专业的律师调解将成为多元化商事纠纷解决机制中的生力军,为打造国际商事争议解决中心作出贡献。

一、粤港澳大湾区商事纠纷视阈下律师调解的定位

律师调解是指律师、依法成立的律师调解工作室或者律师调解中心作为中立第三方主持调解,协助纠纷各方当事人通过自愿协商达成协议解决争议的活动[①]。律师调解在商事纠纷解决中具有显著优势,也符合粤港澳大湾区商事纠纷解决机制的新要求,应当成为重要的纠纷解决方式。

(一)律师调解具有独特的商事纠纷解决优势

1.高度的专业性。经济社会发展突飞猛进,商事活动社会分工日趋精细化专业化,要解决这些条块分明、专业性极强的商事纠纷,有效应对纠纷解决的广泛需求,单靠诉讼、仲裁等传统方式是不行的。而高度专业化、市场化的律师队伍和律师调解,与商事活动具有天然的亲和关系,为商事纠纷的专业性解决提供了良好基础。在美国、英国、日本律师都是商事调解的中坚力量,我国香港特别行政区在册认证调解员大约 2100 名,其中大多数都是大律师、律师[②]。

2.高度的自治性。商事领域是现代国家传统私权领域,具有"私权自治"的本质特征,具备营利性和效益最大化的内在追求,因此,商事主体在商事纠纷解决过程中,有自治的需求和倾向,自始至终对商事纠纷解决的参与度相对较高,在律师调解模式下,当事人之间的协

---

[*] 何妍,时任东莞市中级人民法院执行局副局长。

[①] 参见《最高人民法院、司法部关于开展律师调解试点工作的意见》(司发通〔2017〕105 号)的定义。

[②] 龙飞:《中国"律师调解"事业的发展前景》,http://finance.sina.com.cn/sf/news/2016-04-06/110926215.html,下载日期:2019 年 4 月 20 日。

商或斡旋贯穿于纠纷解决始终,能充分实现当事人意思自治,即可以自愿选择、自主参与、自负责任。

3.高度的保密性。信息时代的商事交往,商事主体顾及自身商誉,往往不愿将发生商事纠纷的信息公之于众,特别重视商业秘密的保护。诉讼以公开为原则,商事主体涉诉信息难免会公开。而律师调解以保密为原则,调解过程只有律师调解员与争议双方参与,可以有效保护商事主体的商业秘密、技术秘密和经营秘密,有利于当事人在小范围内平和地化解纠纷,为后续合作留下余地,有利于商业利益的最大化。

4.高度的便捷性。传统商事诉讼、仲裁因其存在程序烦琐、执行困难的风险,容易导致争议双方成本耗费过多而"得不偿失"。然而,商事主体经营策略之间的关联性和瞬息万变的市场机会都不允许纠纷主体选择周期长、实效低的纠纷解决方式,因此及时高效化解纠纷是争议双方的共同期待。律师调解以解决问题为目的,不拘泥于程序,可以通过多种方式为当事人解释法律、分析利弊,提出替代性解决方案,商请当事人相互谅解、妥协,化解矛盾纠纷。

5.高度的区际性。粤港澳大湾区建设与世界其他湾区建设最大的区别在于"一个国家、两种制度、三个法域"的独特架构,粤港澳三地各自拥有不同的法律体系和司法管辖权,大湾区发展亟需的要素如自由流动和社会公共服务共享等在事实上面临一种法治"割据"状态[1]。诉讼、仲裁对处理跨境商事纠纷有一定限制,商事主体可能需要在不同地方的法庭、仲裁庭同时进行诉讼、仲裁。而调解灵活性非常高,不受法律制度、司法管辖权及适用法律的限制,商事主体可以通过单一的调解去处理涉及不同司法管辖区的跨境商事争议。

(二)律师调解与粤港澳大湾区商事纠纷解决的需求相契合

《规划纲要》明确要求:"完善国际商事纠纷解决机制,建设国际仲裁中心,支持粤港澳仲裁及调解机构交流合作,为粤港澳经济贸易提供仲裁及调解服务。"律师调解必须做好与诉讼、仲裁之间的有机衔接、相互协调,才能发挥多元化纠纷解决机制的整体合力。

1.完善多元化商事纠纷解决机制是粤港澳大湾区建设的必然要求。粤港澳大湾区以全国不到1%的国土面积、5%的人口总量,创造出了全国12%的经济总量,是我国开放程度最高、经济活力最强的区域之一[2]。从历史上看,改革开放以来,粤港澳已经先后经历了三个阶段的合作[3]。一是基于"前店后厂"模式的粤港澳制造业合作1.0版;二是基于CEPA架构以服务经济为主要特征的粤港澳服务业合作2.0版;三是基于自贸试验区的粤港澳制度合作3.0版。大湾区建设不仅仅是粤港澳三地经贸合作的简单升级,而且是要支持港澳融入国家发展大局,实现粤港澳三地制造业、服务业和制度体系的全方位深度融合。正是基于上述背景,《规划纲要》明确要求深化粤港澳合作,打造具有全球竞争力的营商环境,提升市场一体化水平。完善多元化商事纠纷解决机制是打造具有全球竞争力营商环境的关键举措,不仅可为粤港澳三地进一步深度合作提供较为确定的法律规则与法律服务,克服制度差异和法律冲突,寻求预防解决纠纷的框架与程序,而且还可以推动我国多元化纠纷解决理论

① 工万里:《从域外经验看粤港澳大湾区的法治统合问题》,载《港澳研究》2018年第3期。
② 何立峰:《把粤港澳大湾区建设成为国际一流湾区》,载《人民日报》2019年3月25日第6版。
③ 张林、王秀全:《广东自贸区开启粤港澳合作3.0时代》,http://news.ifeng.com/a/20150516/43771129_0.shtml,下载日期:2019年4月20日。

与实践的国际化进程,为提升我国在区域与全球治理方面国际话语权提供宝贵经验①。

2.现有纠纷解决程序难以满足商事主体多元解纷需求。基于"一国两制三法域"的现实,我们很难观察粤港澳大湾区商事纠纷解决的全貌,但珠三角九市商事纠纷解决现状或许能起到管中窥豹的效果。2018年广东法院办结的金融商事一审案件就高达26.9万件,办结涉外、涉港澳台商事纠纷一审案件1.5万件②,而办案任务重的广州、深圳、佛山、中山、东莞等珠三角五市案件总量就占到了全省案件的65%,涉外、涉港澳台案件更是占到全省案件的90%③。可以预计,珠三角九市法院2018年办结商事案件远高于30万件,涉外、涉港澳台商事纠纷案件超过1.2万件。相比法院受理的海量商事案件,仲裁机构受理案件量要少得多。2018年广州仲裁委员会受理商事仲裁案件17196件,其中国际商事仲裁案件2162件,均位列全国第一④。由此可见,珠三角九市大部分商事纠纷都涌向了法院,通过法院的诉讼才得到最终的解决。这表明调解、仲裁等非诉讼纠纷解决方式仍然未能成为商事纠纷解决的主流,这与商事主体追求效率优先、便捷快速化解纠纷的初衷形成了鲜明对比,也表明包括律师调解在内的多元化商事纠纷解决机制仍然存在较大的改进空间。

二、粤港澳大湾区商事纠纷解决中律师调解的现状及困境

与境外律师主导商事纠纷谈判、调解不同,内地律师作为中立第三方主持调解尚处在起步阶段,直至2017年最高人民法院和司法部联合下发《关于开展律师调解试点工作的意见》,在广东等11个省市开展律师调解工作试点,律师调解才在珠三角九市全面铺开。

(一)粤港澳大湾区律师调解商事纠纷的现状

具体到商事纠纷领域,目前香港、澳门特别行政区及珠三角九市实践中探索并逐步建立的律师调解机制有四种:

1.与法院合作的律师调解。与法院合作的律师调解是内地律师调解最常见的形式。与法院合作的律师调解又分为两种形式:法院委托律师调解员调解和法院特邀律师调解员调解。前者是符合特定条件的律师事务所设立律师调解工作室,接受法院委托对案件进行调解。根据广东省高院、省司法厅要求,珠三角地区基层法院已于2018年5月起全面设立律师调解工作室。东莞法院进一步创新,在全市各基层法院诉讼服务中心和各人民法庭全面

① 江保国、赵蕾:《粤港澳大湾区纠纷解决机制的设计理念与实施策略论纲》,载《理论月刊》2019年第4期。

② 《一图读懂广东省高级人民法院工作报告》,http://www.gdcourts.gov.cn/web/content/43025-?lmdm=1000,下载日期:2019年4月20日。

③ 广东省高级人民法院:《严选严管严控严要求实现员额动态管控良性运转》,载《人民法院报》2018年7月18日第1版。

④ 数据来源于广州仲裁委发布的《中国广州仲裁委员会2018年政府信息公开年度报告》,http://www.gzac.org/WEB_CN/OpengovernmentInfo.aspx? KeyID=98885aca-e454-4c00-a345-8d906c3fea9a,下载日期:2019年4月20日。报告显示,2018年广州仲裁委员会受理案件总数189620件(传统商事仲裁案件17196件、网络商事仲裁案件147658件),占全国仲裁机构国际商事仲裁案件量的35%,其中国际商事仲裁案件2162件,占全国仲裁机构国际商事仲裁案件量的62.5%,均位列全国第一。但广州仲裁委受理的网络商事仲裁案件,绝大部分在P2P领域,主要涉及小额消费贷和现金贷案件,标的额在数百元到上万元不等,通常理解,这类案件为民间借贷纠纷,不属于商事案件范围。因此,在统计商事纠纷时应予以剔除。

设立律师调解工作室,以政府购买服务方式为每个律师调解工作室购买不少于 2 名律师调解员、4 名专职工作人员常驻法院开展调解工作。法院特邀律师调解员是法院根据《最高人民法院关于人民法院特邀调解的规定》,吸纳符合特定条件的律师担任特邀调解员,接受法院委派进行调解。

2.与仲裁机构合作的律师调解。与仲裁机构合作的律师调解,典型代表是 2013 年 12 月成立的粤港澳商事调解联盟,2018 年 12 月该联盟更名为粤港澳商事仲裁调解联盟,进一步确立"调解＋仲裁"紧密对接制度,以适应市场主体对争议解决程序的多样化需求,增强争议解决程序的灵活性,同时赋予调解协议全球强制执行力,五年来,该联盟仲裁和调解案件当事人来源国超过 100 个[①]。香港国际仲裁中心香港调解会也是该联盟成员之一,早在 2007 年就开始推行商业争议调解试行计划,2008 年美国次贷危机,雷曼兄弟公司倒闭后,香港调解会一年内调解相关案件超过 200 件[②]。

3.独立机构的律师调解。独立律师调解机构是指独立于诉讼和仲裁的专门律师调解机构,比较有代表性的是"内地-香港联合调解中心"和广东省律师协会律师调解中心。前者由中国国际贸易促进委员会与香港和解中心 2015 年 12 月在香港联合设立,是首个由内地与香港主要调解机构合作而设立的联合调解中心,成立以来已经处理了数百件商事纠纷,仅 2018 年就处理了 143 件[③]。后者由广东省司法厅牵头推动省律协成立,可独立接受当事人的申请进行调解。中心设主任 1 名,副主任 1～3 名,成员若干名,下设办公室,由律协秘书处安排工作人员负责日常工作。中心还出台了《广东省律师协会律师调解中心工作指引》,完善了律师调解的工作机制,包括限定律师调解的案件范围、明确律师调解的资质条件、规范律师调解的工作程序、确立律师调解的利益冲突禁止规则等。

4.与行政机关合作的律师调解。与行政机关合作的律师调解,主要是以政府购买社会服务方式进行。如深圳市福田区司法局利用辖区法律服务资源优势,由政府向具备资质的律师事务所购买法律服务,进行纠纷的专业化调解[④]。这一模式将调解服务外包,由政府保障专项经费的支出,向社会公开招标购买专业法律服务,律所投标竞聘后,由其提供具有专业法律学历背景及有律师资格的人员,按照每个调解室 5～8 名调解员的配置进行纠纷调解。从实际运作来看,这类律师调解机构性质上属于人民调解的范围,虽然也调解商事案件,但主要任务是化解劳动争议、婚姻家庭、交通事故人身损害赔偿等传统民事纠纷。

(二)粤港澳大湾区律师调解商事纠纷面临的困境

从以上现状介绍可以清楚地看到,律师调解在粤港澳大湾区商事纠纷解决中的优势还

---

① 该联盟由深圳国际仲裁院以该院调解中心为平台,联合粤港澳地区 12 家主要的商事调解机构作为创始成员共同创立,作为三地合作的平台,粤港澳商事调解联盟成立的目标包括:促进三地调解交流,提升三地调解水平,促进三地调解资格互认。同时,该联盟还是"三地转介案件与跨境调解平台"。苏明龙:《粤港澳仲裁调解联盟五周年当事人来源国超百个——大湾区深化仲裁调解合作》,http://www.legaldaily.com.cn/Arbitration/content/2018-12/20/content_7723565.htm,下载日期:2019 年 4 月 20 日。

② 香港特别行政区政府律政司《调解小组报告》,第 19～20 页。

③ 《香港商报》2019 年 3 月 28 日的报道:《内地香港调解中心 2018 年处理了 143 宗个案》,http://www.ccpit.org/Contents/Channel_4113/2019/0328/1145458/content_1145458.htm,下载日期:2019 年 4 月 20 日。

④ 汪世荣等:《人民调解的"福田模式"研究》,北京大学出版社 2017 年版。

远没有发挥出来,诸多难题有待破解:

1.对调解及律师调解的理念认识不到位。商界乃至社会公众对于调解仍然存在认识上的误区,认为调解就是"和稀泥",对于律师在纠纷解决中的角色定位,也仍然停留在"讼师"的层面,认为只有通过正式诉讼或仲裁程序获得胜诉,才是律师执业水平和专业价值的体现。大多数律师解决商事纠纷时也习惯于用参加诉讼或仲裁的方式,对律师调解制度还未形成普遍认同感,认为没有参与的价值,更愿意从事诉讼代理或者合同审查、公司并购、股权转让等高端业务。律师基于自身经济利益的考虑,通常不支持当事人选择调解,甚至是阻碍调解。

2.律师调解与诉讼、仲裁工作衔接不紧密。律师调解以双方自愿为前提,且调解协议不具有强制执行的效力,有赖于诉讼、仲裁的强有力支持,只有三种纠纷解决方式紧密配合,方能最大限度发挥调解的功能。然而,在商事纠纷解决实践中,绝大多数法院、仲裁机构并未建立起与律师调解衔接配套的工作机制,也没有将调解作为前置程序,法院和仲裁机构也可以在诉讼、仲裁中进行调解,以至于当事人很难在纠纷解决中优先选择通过律师调解解决商事纠纷。

3.律师调解组织设立和管理机制不明确。最高人民法院、司法部虽然部署开展律师调解试点,但未明确律师调解组织设立和管理的具体规范,而是授权给试点地区省级司法行政机关、律师协会会同法院研究制定。具体到广东,广东省高院、省司法厅《关于开展律师调解试点工作的实施细则》也没有明确律师调解组织的人员规模、执业年限、办案数量、诚信状况等资质条件,因没有明确设立标准、主管部门、审核程序等可操作性规定,导致一些拟进行律师调解工作的律师事务所或律师难以开展工作。

4.律师调解市场化保障机制还远未建立。律师调解要在商事纠纷解决中充分发挥作用,必须建立起市场化的律师调解机制,尤其是在以政府主导而非市场自生自发的经济体制转型过程中,市场化的商事纠纷解决机制的规范与成熟不可能一蹴而就,更加需要司法、行政机关担负起培育、引导、鼓励和支持的重任。但多数当事人由于缺乏对调解的了解及信任,往往在争议发生后找寻法律救助时,只愿意做免费的咨询和尝试将调解作为诉讼、仲裁的"敲门砖",看看有几分胜算的把握,不愿意为此支付费用。而现有诉讼、仲裁制度对于调解的支持非常有限,难以有效约束恶意调解或恶意拒绝调解的商事纠纷当事人。

5.粤港澳律师调解区际交流尚不充分。香港是国际公认的国际商事争议解决中心,联合国贸易法委员会对香港调解专业经验及水平给予了高度肯定①。但遗憾的是,除了前海法院"一带一路"国际商事诉调对接中心、粤港澳商事仲裁调解联盟以及香港和解中心在珠三角九市开展的点对点培训外,我们很难见到常态化、制度化的粤港澳律师调解交流合作。2017年8月,香港特区政府律政司、香港大律师公会举办了第一期香港律师调解专业培训班,但合作机构却是上海凯声商事专业调解资格培训中心②。粤港澳三地律师调解交流,依

---

① 联合国贸易法委员会特别指出香港的调解专业经验及水平是亚洲地区仅有的,目前没有其他可替代的机构。罗伟雄:《香港调解的发展阶段和发展成就》,http://news.sina.com.cn/sf/news/fzrd/2018-06-27/doc-ihencxtv0030915.shtml,下载日期:2019年4月20日。

② 唐海宝:《香港和内地调解事业的共融共通共同发展》,http://news.sina.com.cn/sf/news/fzrd/2017-09-11/doc-ifykuffc5006245.shtml,下载日期:2019年4月20日。

然任重道远。

三、粤港澳大湾区商事纠纷解决机制下律师调解工作的完善

《规划纲要》明确要求深圳前海合作区"联动香港打造国际法律服务中心和国际商事争议解决中心"。建立完善律师调解在内的粤港澳大湾区商事纠纷解决机制,是打造国际法律服务中心和国际商事争议解决中心的应有之义。粤港澳大湾区建设将为律师调解带来前所未有的机遇,当然,其科学发展和有效运行,需要系统性的设计谋划以及各方面的协同配合。

(一)更新理念:提升调解在商事纠纷解决中的地位和作用

与诉讼竞技理念所形成的"利益对抗体"相比,调解所倡导的"利益共同体"理念,更契合全球化时代商事主体利益最大化的交易需求①。因此,解决商事纠纷应该遵循"谈判—调解—裁判"分层递进式纠纷解决基本规律,鼓励和引导商事主体优先适用谈判、调解等非诉讼纠纷解决机制解决。应学习借鉴加拿大、日本的理念,达成律师属于"司法辅助人员""在野法曹"的共识,法律职业共同体应转变律师只专注于赢得诉讼、仲裁的传统理念,重新定位律师在商事纠纷解决中的角色,促使律师逐渐从代理人、辩护人身份转向纠纷解决服务的提供者和创造性解决方案的提倡者②。加强律师调解的宣传引导,司法行政机关、法院和律师协会在公示栏、官方网站等平台公开律师调解工作室和律师调解员名册,通报调解工作室和律师调解员的工作情况,表彰表现突出的调解工作室和律师调解员,在全社会营造鼓励支持律师调解的良好氛围。

(二)完善衔接:律师调解与诉讼、仲裁良性互动

粤港澳大湾区建设引发的跨境争端,无法依靠任何一种单独的纠纷解决机制来化解,而需要一套多元化的纠纷解决体系。因此,在构建粤港澳大湾区商事纠纷解决机制时,必须考虑调解与诉讼、仲裁之间的联动与衔接,不仅各种纠纷解决方式需要相互支持和配合,形成联动的整体,而且各种纠纷解决方式也需要综合运用,形成合力③。进一步完善律师调解工作室和特邀律师调解员制度,全面实行商事诉讼、商事仲裁律师调解前置。凡是当事人起诉到法院或申请仲裁委仲裁的商事案件,法院、仲裁委收到商事案件,完成必要的预立案登记工作后,直接转交律师调解工作室或特邀律师调解员进行调解。充分发挥诉讼、仲裁费用的杠杆作用,当事人接受调解的,法院、仲裁委根据调解的阶段、调解的结果等,相应减免诉讼的费用。发挥律师的专业优势,探索"诉讼红绿灯"案例指引机制,发挥案例示范、引导作用,促进争议双方理性评估诉求,提高调解质效。探索无争议事实记载机制和无异议调解方案认可机制,促进调解与诉讼、仲裁有序衔接。此外,还可以针对律师职业的特殊性进一步挖掘调解成果,若调解不成功,律师调解员可以将其对本案的意见撰写成书面报告,提供给实体审理的合议庭参考④。

(三)健全制度:鼓励更多律师参与商事调解

法院、司法行政机关、律师协会等单位共同发起成立律师调解工作委员会,负责统筹指

---

① 廖永安、王聪:《从诉讼代理人到职业调解人:中国律师职业的新图景》,载《中国司法》2017 年第 11 期。

② 赵蕾:《描绘中国律师调解制度的蓝图》,载《中国司法》2017 年第 11 期。

③ 初北平:《"一带一路"多元争端解决中心构建的当下与未来》,载《中国法学》2017 年第 6 期。

④ 顾伟强:《关于律师参与多元化纠纷解决的思考》,载《法制日报》2017 年 5 月 24 日第 11 版。

导律师调解工作,并制定相关制度,定期考评。司法行政机关应尽快出台律师调解员资质认证机制,建立律师调解员名册,通过名册制度、资质认证、续职认证等加强规范化管理,提高律师调解员职业素质和公信力。可学习借鉴日本律师兼职调停法官制度①,适当提高律师调解员的选任条件,选任特别优秀、经验丰富的律师担任"调解法官",向"调解法官"颁发特别委任状,赋予"调解法官"和法官一样的调解权限,使"调解法官"成为执业律师事业成功的象征。加强与香港和解中心等境外专业调解培训机构合作,引进先进调解培训课程,开展国际商事调解员认证课程,加强律师调解员专业化培训,建立高素质的律师调解员队伍。

(四)强化保障:从政府购买逐步向市场化过渡

从长远计,律师调解商事纠纷必须兼顾公益性与市场化需求。财政保障律师调解的经费毕竟有限,但在律师调解的起步阶段,能够起到四两拨千斤的引导作用。应鼓励律师事务所和律师参与公益性调解,探索实施律师每月至少参与一件公益性调解(包括法院委派或委托调解)的计划,将律师参与商事案件公益性调解数量作为律师评优评先的指标。将律师调解和诉讼费制度改革结合起来,鼓励、支持律师调解商事案件收费,法院立案后委派给律师调解成功的,将相应诉讼费划拨给律师调解员。市场运作成熟后,应明确法官、仲裁员仅作中立裁判,不负责调解事务,倒逼律师调解的市场化运行。

(五)突出融合:促进律师调解向国际化发展

随着《规划纲要》的进一步落实,未来数年粤港澳大湾区的跨境贸易会愈加繁荣,而与之相对应的跨境商事纠纷也将呈现出大幅增长之势。这一时期应该是内地律师调解从蹒跚起步到国际业务有所突破和发展的关键几年。要在国际商事争议解决中心建设中提升竞争力,内地律师调解一开始就必须要有国际眼光,规则、程序等方面与国际接轨,特别是要主动加强与国际知名商事仲裁机构合作,共同参与纠纷解决;加强与香港大律师公会等境外机构的同行的交流互动,充分学习借鉴内地-香港联合调解中心、香港调解会等机构的先进经验,提高律师调解商事纠纷国际化程度。

四、结语

粤港澳大湾区建设离不开法治化国际化营商环境的保障,商事纠纷解决机制是营造法治化-国际化营商环境的关键环节。建立共商、共建、共享的多元化商事纠纷解决机制,是粤港澳大湾区建设的新课题。律师是商事纠纷解决的主要参与者,律师调解可以也应当在商事纠纷解决机制中有更大作为,为粤港澳大湾区建设提供优质、高效、便捷的司法服务和保障。

---

① 张绍忠:《日本的律师兼职调停法官制度》,载《人民法院报》2011 年 9 月 16 日第 8 版。

能动与双赢:群体性劳动争议案件二审调解问题研究

——站在二审法官立场上的分析

陈晓艳[*]

诉讼是解决劳动争议的最后一道程序,也是当事人通过法律实现正义的最终救济途径。劳动争议案件一般诉讼标的金额并不太大,案情往往也不复杂,但近几年的劳动争议案件出现了一个新趋势,就是涉及人数较多的案件比重很大,也就是说,涉及当事人较多的群体性劳动争议案件数量在劳动争议的案件总数中不可忽视。这类案件是劳动关系双方矛盾激化的一种表现,不但给劳资双方带来巨大损失,同时,如果处理不当,还会给整个社会的发展和稳定造成巨大危害。而对于这一类案件的处理,在诉诸法院后,调解往往是最为有效和彻底的方式。而作为审判程序中的终审程序,如果在二审审判中能够圆满完成对群体性劳动争议的调解工作,那无疑能极大地减少进入社会的不稳定和不安全因素。因为对于多数当事人来说,在没有穷尽司法的救济程序之前,并不会直接选择最为极端或激进的"维权"方式。因而从这个意义上说,群体性劳动争议的二审调解非常重要。但从司法实践上来看,这类案件的调解成功率极低,笔者试图通过分析其原因并提出初步解决之意见。

一、源头之起因——二审群体性劳动争议案件的成因分析

"构建社会主义和谐社会是一个不断化解社会矛盾的持续过程,我们要始终保持清醒头脑,居安思危,深刻认识我国发展的阶段性特征,科学分析影响社会和谐的矛盾和问题及其产生的原因,更加积极主动地正视矛盾、化解矛盾,最大限度地增加和谐因素,最大限度地减少不和谐因素,不断促进社会和谐。"[①]当下正处于转型时期的中国,群体性纠纷相当突出,一直被官方视为影响社会稳定的重大因素,也是促进社会和谐进程中纠纷预防、控制及化解的重点和难点。在群体性纠纷中,规模较大、突发性强、造成一定社会影响、干扰社会正常秩序的一类激烈冲突,即为群体性事件。群体性事件往往冲突激烈,其表现形式多种多样,诸如集会、聚众、游行、示威,集体上访,集体罢课、罢工、罢市,集体围攻冲击党政机关、重点建设工程和其他要害部位,集体阻断交通,集体械斗甚至集体采取打、砸、抢、烧、杀等。而劳动争议是引发群体性纠纷和群体性事件的一类主要原因。群体性劳动争议近年来涉及面大,

---

[*] 陈晓艳,东莞市中级人民法院审管办主任。

① 《中共中央关于构建社会主义和谐社会若干重大问题的决定》(2006 年 10 月 11 日),《十六大以来重要文献选编》(下),第 650 页。

利益矛盾突出,①且在劳动争议审判中所占的比重非常重,社会影响也很大。面对争议,这些案件的劳动者通常能行动统一、步调一致,充分发挥"人多力量大"的优势,在仲裁、诉讼过程中,更多地通过集体上访、静坐、请愿等极端方式给政府部门、法院施加压力,希望获得于己有利的处理结果,在增加社会不稳定因素的同时,有时也会或多或少、直接或间接地影响到处理结果。这类案件的出现和增多,是多方原因、多种因素共同作用的结果,深刻剖析这类现象背后的原因,对于我们从源头上减少此类案件的发生,更彻底地解决这类纠纷都会有所帮助。

(一)经济原因:经济社会形势的发展变化

在当下中国,尤其是珠三角,绝大多数的中小企业都是劳动密集型企业,这类企业低投入、低技术含量、低附加值,其定位在注定了利润空间有限的同时,也决定了劳资双方在利润分配上较为激烈的争夺。随着全球经济形势的低迷,这种矛盾更加尖锐。在生存压力受到严重威胁时,由于利润低到极限甚至亏损,而这类企业没有技术更新和产业升级的能力,只能在缩小成本特别是劳动力成本上下功夫,于是拖欠工资变得更为频繁,劳资矛盾进一步激化。甚至有部分企业无法抵御这种风险,企业破产或老板携款逃跑的事件大幅增加,而这些企业的劳动者的工资一般都没有结清,从而引起群体性讨薪事件和大量系列诉讼案。

(二)社会原因:其他非诉机制未发挥作用

劳动争议的非诉纠纷解决机制主要包括基层调解组织的调解、企业内部人民调解组织和工会的调解、行政部门的调解、执法和劳动仲裁等。这些非诉机制受各种因素的影响都未能充分发挥应有的预防、分流、滤化纠纷的作用。人民调解委员会由于机构不健全,职责不确定,缺乏专职人员,缺乏激励机制,同时也缺乏引导和培训,人民调解员的素质有待提高。肩负企业内部调解职责的工会组织往往成为资方的代言人,形同虚设。② 在我国企业内部,大多数工会更接近于企业的一个组成部分,是资方的支持者,即使它参与到劳资争议的调解中来,也很难在劳资纠纷解决中充当中立的第三人。我国大多数企业的工会只能是企业的"强派别性支持者"或"代表人",否则,其命运就只能是走向夭折。③ 因此,本应作为劳动者集体代言人的工会实质上已被虚化,导致在企业内部,根本不具备调解劳资争议的社会结构。④ 行政调解不到位。在东莞,法院审理的劳动争议案件中,90%以上案件的劳动者在申

---

① 朱超:《群体性劳动争议的预防消解与机制建设研究》,载《南京师大学报(社会科学版)》2004 年第 4 期。

② 潘泰萍:《集体劳动争议调解制度构建中存在的问题及对策建议》,载《科技情报开发与经济》2011 年第 2 期。

③ 韦黎兵:《一个基层工会如何与沃尔玛斗法》,载《南方周末》2008 年 9 月 18 日。

④ 这一判断源于冲突处理与其社会场域的同构性。参见布莱克"冲突处理的基本形式",载徐昕:《迈向社会和谐的纠纷解决》,中国检察出版社 2008 年版,第 206 页。

请仲裁前都到劳动局投诉过。[①] 这表明在劳动争议的解决中,尽管劳动者会首先诉诸劳动行政部门,但对有关部门的救济结果却并不满意。原因主要有:第一,立法上没有明确地位。我国现行法律没有将行政调解作为一种独立的纠纷解决机制予以明确规定,而只作为一种依附于劳动仲裁和行政监察的纠纷处理方式。第二,没有独立的纠纷处理主体。在相关劳动实体和程序中没有明确规定由劳动行政机关成立劳动争议调解委员会或相应组织,专门负责劳动争议的调解事宜。第三,没有独立的程序设置,也没有关于调解协议书效力的规定。[②] 虽然劳动仲裁委组织达成的调解协议具有同仲裁裁决同等的效力[③],但劳动行政部门在其他情形下组织达成的调解协议的效力并不明确。尽管仲裁前置,但劳动仲裁过滤性可以继续加强。第一,程序要求与结果效力不匹配。自愿应是仲裁的基础,终局应是仲裁的追求。而我国的劳动争议仲裁在是否进行仲裁上是强制的,仲裁裁决的效力却由当事人意志决定,缺乏强制性。这种劳动争议仲裁程序完全违背了仲裁的基本理念,也严重影响了其自身的实效性。第二,虽然《中华人民共和国劳动争议调解仲裁法》(以下简称《劳动争议调解仲裁法》)对部分案件规定了一裁终局,但由于赋予了劳动者对这些裁决的起诉权和企业的撤销权,劳动争议的一裁终局在实践中极可能"名存实亡"。第三,我国大量的劳动争议仲裁员法律素养、专业素质不高。仲裁的重要特征之一就是专业性,即由对争议问题具有专业知识的人员参与纠纷的解决。[④] 第四,我国劳动仲裁的行政色彩过于浓厚,独立性、中立性不足。实践中,劳动仲裁往往被形象地描述为"行政确认行为"。[⑤] 第五,仲裁与审判的标准不统一,影响仲裁的实效性。就目前东莞市而言,情况还算差强人意,经过仲裁裁决的案件大约只有一成进入法院诉讼中[⑥],但即便如此,由于基数太大,数量依然非常客观。通过相应措施,仲裁裁决结果对劳动纠纷的化解和消弭功能还可以进一步增强。

(三)法律政策原因:劳动领域新规的保护导向

2007 年 4 月开始实施的《诉讼费用交纳办法》大幅降低了小额标的案件的诉讼费用,尤其是劳动争议案件的诉讼费用。而于 2008 年 5 月 1 日开始实施的《劳动争议调解仲裁法》直接取消了劳动仲裁费用,延长了劳动仲裁时效,并大幅缩短了劳动仲裁的裁决期限。而《劳动合同法》加强了对劳动者权利的保护,对规范企业用工增加了许多强制性规定,一方面提高了企业违法成本,另一方面也提升了劳动者对权利保护的预期。劳动者司法救济的道

---

① 2007 年,东莞市中级人民法院与西南政法大学司法研究中心合作开展一项调研《东莞劳动争议调查报告》,在该报告的调研中发现上述问题。同时,调研小组同东莞市中级人民法院和当时的市人民法院参加广东团省委组织的"两送一服务"活动。到场的劳动者有三四千人,调研小组随机访谈了 50 位劳动者。其中有一个问题是:与老板发生纠纷了你会采取什么方法来解决? 有一位劳动者回答道:找老板交涉。追问到"如果老板不给钱怎么办"时,他回答道:"我们老板不会这样的。"大部分劳动者表示不会去找基层劳动调解组织解决纠纷。

② 《劳动争议调解仲裁法》对劳动争议调解协议的效力也作出了明确的规定。

③ 参见《劳动争议调解仲裁法》第 42 条与第 51 条的规定。

④ 郑尚元:《劳动争议处理程序法的现代化——中国劳动争议处理制度的反思与前瞻》,中国方正出版社 2004 年版,第 89 页。

⑤ 朱景文主编:《中国法律发展报告数据库和指标体系》,中国人民大学出版社 2007 年版,第 486 页。

⑥ 根据东莞市仲裁委员会统计的数据,2011 年,东莞市仲裁委员会共受理劳动争议案件 136700 件,当年,东莞两级法院共受理一审劳动争议案件 11909 件,可见,经过仲裁后的案件有大约 9% 流向了法院。

路更加通畅、成本更加低廉,用人单位滥诉的成本也明显下降,导致仲裁机构的收案数显著上升,司法机关的负担也显著增加。

(四)其他社会因素:非理性维权的客观刺激

企业自身在用工过程中没有严格依照相关法律规定,劳动者在经过媒体的宣传和引导及自身法律知识增强的情况下,对于该在何种情况下维护自身权利,在什么情形下自己能够获得的利益最大化有了初步的认识和了解,有时,再加上一些"黑律师"①的鼓动,会出现一部分劳动者在自身权益确实受到一部分危害时,通过"黑律师"的组织,数个劳动者集体委托,集体进行"维权"。无论是在仲裁还是在诉讼中,他们都作为一个整体,共同进退。而见诸各种媒体的维权途径基本上都是以诉讼的方式实现的,无形中将"维权"和"诉讼"画上了等号,使"拿起法律的武器"和"诉讼"也成了同义词。而和解、人民调解和仲裁等其他成本更为低廉,方式更为和平的纠纷解决途径,已几乎被这种声势浩大的诉讼话语所掩盖,也越来越被人们忽视和遗忘。因此,原本被设计为"权利保护最后一道屏障"的法院被推到了纠纷解决的最前线,演变成纠纷解决的"首要途径"甚至"唯一理性途径",进而,劳动争议案件也大幅地变为劳动诉讼案件。

二、拦路之顽石——群体性劳动争议案件二审调解难点分析

法院处理群体性劳动争议的通常做法是,将群体性劳动争议拆整为零,转化为"系列案件",在二审中因为已经有一审法院这样的处理基础,自然也是如此。群体性劳动争议在二审中的调解成功率极低,这与群体性劳动争议案件的自身特点及其处理程序都有密切的联系。

(一)自身程序原因

群体性劳动争议案件作为劳动争议案件的一个组成部分,其从发生之初即有可能先经过了企业工会的调解,调解不成的,送劳动服务站处理,又经一轮调解,仍不成功,劳动者或厂方须进行仲裁,在仲裁时考虑到案件的影响和波及面,往往也会接受一轮调解,如果没有调解成功,仲裁裁决作出后,双方或一方不服会起诉至基层人民法院。在当前强调调解率的大背景之下,一审法官对于群体性劳动争议案件都会不遗余力、下大力气调解,如若调解成功,自然皆大欢喜,但若调解不成,在一审判决作出后,双方或一方不服,又会上诉至二审法院。二审法院受理后,往往会在立案庭经过一轮调解,只有调解不成的,才会进入二审诉讼程序。也就是说,二审法官在拿到群体性劳动争议案件时,在此之前,这个案件已经经过了五六轮不同机关、不同性质、不同人员的调解,如果是简单易调解的案件,绝大多数都已调解成功、息事宁人了,而如果是没有调解成功的,就意味着双方或分歧巨大,或积怨已深,总之,调解难度会异常大。

(二)制度现状原因

一方面,群体性劳动争议因涉及人数较多,涉及面大,可能造成的社会效果比较突出,因而在处理这类纠纷时,法院可能面临来自地方党政、人大、政协、媒体、社会公众的多重压力或干预。由于法院拥有的权力和资源有限,在群体性劳动争议中难以保持独立和公正,难以

---

① 黑律师是指那些没有律师从业资格,但实际上从事律师职业的人。这些人通常与群体性劳动争议中的劳动者有地域或其他方面的联系,完全受利益所驱动,却往往更容易获得劳动者的信任。

切实解纷维权,更难以在司法公正的基础上平衡各种错综复杂的社会矛盾,作出令各方满意的裁判,并切实执行;同时,群体性劳动争议的法律救济途径不够健全,对于冲突激烈、法律关系复杂、法律规范不明确、政策性强、涉及方方面面的群体性劳动争议,法院的解决往往心有余而力不足。受政府行为、地方经济政策的影响,法院要在法律效果和社会效果的有机统一上找到有效的平衡点极为艰难。而法院自身也清楚,如果处理不当,容易将矛盾集中于法院,导致劳动者集体在法院门前静坐、游行,给法院施加压力。因而,底气的不足必然造成在审判和调解中畏首畏尾,瞻前顾后,不能大胆放手工作,谨小慎微,如履薄冰,对于人数众多的劳动者不敢据理分析,无法以理以法服人,合理分配调解资源和力度,而是为了息事宁人,一味地打压资方的调解要求和方案,自然难以成功,这也降低了调解的成功率。

另一方面,制度本身的设计使得走入二审程序的劳资双方并不急于通过调解方式解决纠纷了。劳动争议案件的诉讼费用低,对于用人单位来说,只要不服一审判决就提起上诉,即便最终败诉,但并不会导致其诉讼成本过多增加,反而可以拖垮劳动者一方,从而迫使其接受条件苛刻的和解方案,或者即便败诉也无所谓,因为至少拖延了时间;对于众多的劳动者来说,既然已经忍受了各种劳动争议解决程序,最终进入法院,对司法保护的期待也较高,加上己方人数众多,大家都耗着也能给法院施压,因而并不容易降低调解要求,所以双方当事人之间往往因要求差距过大而导致调解率低。

(三)群体效应[①]原因

群体性劳动争议案件中,涉及的当事人都是在一个工厂或公司工作的同事,他们或者是在进入工厂时就由老乡或同学介绍结伴而入,或者是在工作过程中慢慢熟悉,但都已经有了或浅或深的了解,极容易进退统一、步调一致。因而,当资方提出调解方案时,一方面,如果是单个的当事人,没有比较,可能容易接受沟通工作,也容易作出让步,而当事人众多,互相之间不断出谋划策,互相比较谁得到的更多谁得到的更少,容易在利益上斤斤计较,寸步不让。另一方面,对于资方来说,如果是一个当事人,那么在金钱上稍微多给一些,对自身的利益损失并不大,而如果是多个当事人,自己稍让一些利益,总数也已经不小了,因而资方也不愿在调解中做过多的让步。

三、应下之决心——二审法官能动调解群体性劳动争议的必要性

事实上,群体性劳动争议旨在寻求对劳资双方的利益整体进行重新分配和定格。由于审判只是确定法律规定的权利义务,并以强制力保障其实现,故可能过于"僵硬"而不能有效解决弹性度较大的群体性劳动纠纷,正如日本著名的法学家棚濑孝雄所说:"当事者的不满郁积起来不知什么时候就能使权力的基础整个崩溃,而且强制实行随意的决定所付出的代价也是不可忽视的。"[②]但调解却可以依据当事人对自己法定权利的处分而达到重新分配利益的效果。因此,调解才是实现劳资双方利益平衡,和平解决群体性劳动纠纷的有效途径。

---

① 群体效应(population effect),此处更准确的说法应是群体效应的从众效应(conformity, bandwagon effect),也叫乐队花车效应,是指个体在群体的压力下,改变自己的观点,在意见和行为上保持与群体其他成员一致的现象。参见[英]马克·伊尔斯(Eals M.):《从众效应:如何影响大众行为》,钱峰译,清华大学出版社2010年版。

② [日]棚濑孝雄:《纠纷的解决与审判制度》,王亚新译,中国政法大学出版社2004年版,第19页。

二审法官必须能动调解,主动调解,着力调解,提高二审调解群体性劳动争议的成功率。司法,应仅作为特定条件下的"最后一道防线"。

（一）现实基础

公正和效率是当代诉讼的基本价值目标,是衡量一项诉讼制度优劣的标尺。司法改革的目的就是实现这一基本价值目标的平衡。在这个价值体系中公正是首要的、第一位的价值取向,它是法的精神所在。但在确保公正的前提下必须增强效率观念,以实现资源配置的最佳优化组合。效率虽然是第二位的价值取向,但丧失效率的公正实质上是不公正。诉讼效率要求以最少的时间耗费和最低的诉讼成本来解决纠纷,获取诉讼收益,包括社会效果和法律效果的统一。诉讼调解是体现公正和效率的最佳途径之一,而且是为了满足当事人多元化的纠纷解决需求,功能是在于对司法进行补偏救弊。① 从国外的司法实践中不难看出,调解运用得好,在解决社会纠纷中能够发挥极大的作用。② 而在我国,诉讼调解也经历了不同的发展历程,从 1949—1981 年的调解为主阶段③,到 1982—1990 年的着重调解阶段④,再到 1991—2003 年的自愿调解阶段⑤,最后到 2004 年以来的调判结合、调解优先阶段⑥,调解这一"东方经验"随着时间的推移和实践的发展变得更为充实和完善。⑦ 对于群体性劳动争议而言,调解自然有其存在的更重要的基础。

（二）制度优势

与判决相比,调解的优势毋庸置疑。但调解作为一种纠纷解决方式存在,其最重要的功效并不在于它与判决相比的效果,而在于无论是什么形式的调解,它都为纠纷双方提供了除了判决以外的另一个选项,赋予了当事人实质上选择纠纷解决方式的自由,让当事人能在权衡了不同的纠纷解决方式间的利弊之后合理地选择对于其而言费用最低的一种。从社会后

---

① 章武生:《司法现代化与民事诉讼制度的重构》,转引自舒瑶芝:《诉讼调解之理性适用》,载《法律适用》2011 年第 11 期。

② 如在英国,通过调解在开庭前达成和解协议或撤诉的案件达到 70%,而在美国,95% 的民事案件是通过调解方式解决的,只有 5% 的案件进入审判程序。陈志新:《关于在发展人民调解制度中吸纳国外 ADR 成果的思考》,载《中国司法》2005 年第 4 期。

③ 新中国成立之初,我国颁布的《人民法院暂行组织条例》将"调解民事及轻微的刑事案件"和"指导辖内域内调解工作"列为基层人民法院的重要任务。1958 年根据处理人民内部矛盾的理念,毛泽东提出了"调查研究,调解为主,就地解决"的民事审判工作基本方针,1962 年这"十二字方针"进一步发展为"依靠群众,调查研究,就地解决,调解为主"的"十六字方针"。1979 年重建中国法制之初,"调解为主"仍然是人民法院民事审判工作的基调,最高人民法院在 1979 年制定的《人民法院审理民事案件程序制度的规定（试行）》中再次肯定了"十六字方针"。

④ 1982 年,我国第一部民事诉讼法颁布试行,规定"人民法院审理民事案件,应当着重进行调解;调解无效的,应当及时判决",虽然在用语上避开了"调解为主,审判为辅",但实际上仍然保持着调解为主和调解优先的基调。

⑤ 1991 年,民事诉讼法做了重大修订,规定人民法院在审理民事案件时"应当根据自愿和合法的原则调解;调解不成的,应当及时判决",将此前规定的"着重调解"原则明确修改为"自愿合法"原则。

⑥ 2004 年,最高法院提出"能调则调,当判则判,调判结合,案结事了"的工作方针。党的十七大后,又确立了"调解优先,调判结合"的审判工作原则。

⑦ 佟季:《新中国成立 60 年人民法院诉讼调解情况分析——马锡五审判方式在我国的当代司法价值》,载《人民司法》2010 年第 7 期。

果来看,通过他自己选择的方式来解决纠纷会使他能更理智、更信服地接受这个结果。而对于司法机关而言,也能在与民众的选择和交流中获得信息,完善制度。因而,调解的运用,是司法机关和当事人双赢的选择,也是对社会效果、社会稳定的间接维护。而现阶段调解优先理念的强调,就是对法官能动司法提出的要求,调解的成功高效运行是司法能动的外在表现。

(三)程序使然

我国现行的民事诉讼实行二审终审制,对于群体性纠纷而言,二审程序是消除和化解它的最后一道有力防线,如果能在此时真正做到明法晰理、胜败皆服自然是我们的追求,如若不行,那在判决之后,就是将尚未解决的群体性事件的隐患推向了社会,这对于维护社会稳定大局、维护经济发展的正常秩序极为不利。因而,在二审阶段,法官必须发挥主观能动性,在预知二审判决无法消弭双方矛盾的前提下,穷尽一切有可能的调解手段,尽可能促成双方当事人达成调解,让不安全和不稳定的因素尽可能消化在二审终审,不致流向社会。

四、破解之对策——二审调解群体性劳动争议的思路及策略

(一)思想上更重视

如前所述,二审劳动争议案件的调解率很低,群体性劳动争议案件的调解率更低。这固然与群体性劳动争议案件本身调解难度很大有关,但与法官对案件调解的重视程度也有一定的联系。[①] 我们应当认识到,调解处理群体性劳动争议纠纷是目前实现"案结事了"最好的方式和途径。我们的承办法官要充分认识调解的优势,下大力气开展调解。调解一起案件,在短期内可能比判决要花费更多的时间,投入更多的人力和物力,但从审判工作的整体和长远考量,案件调解后,双方当事人履行率高,争议消解,不仅从整体上节约了司法资源,更有利于消除不安全和不和谐的因素,维护社会稳定。裁判能力当然是最能体现法官业务素质和水平的方面,但调解能力更能反映一个法官实际解决问题的能力。对于像群体性争议这样的敏感案件,尤其需要法官真正从思想上重视调解的好处和优势,以最大力量开展调解。

(二)程序中更严谨

诉讼调解作为司法行为的一种,考验着法官的驾驭能力和水平。对于在二审中调解群体性劳动争议案件,法官要根据案件情况,在不同阶段有不同的调解重点。只有认真观察,准确出击,分清阶段,区别策略,才有可能提高成功率。在开庭之前,法官应该详细阅卷,了解基本案情,了解仲裁和一审具体的裁决结果,与双方当事人分别沟通。此时的调解,可以定位于"模糊调解",主要目的是摸清双方的主要分歧和争点所在,掌握双方的调解意愿,了解各自大概的调解方案,并不过多地涉及法律问题和事实问题的讨论,以避免进一步激化双方矛盾。在开庭之时,法庭调解往往是在进行了法庭调查和法庭辩论之后,此时的调解应该严格围绕争议焦点进行,法官可以依据庭审时的调查状况,在当事人之间难以协调一致时,

---

① 范跃如:《劳动争议诉讼调解程序研究》,载《法律适用》2009 年第 6 期。

谨慎提出自己的调解方案。① 在开庭之后,若仍未达成一致意见,法官可以根据庭审时的状况,根据对当事人心理状态的把握,提出进一步的更符合当事人心理和预期的解决方案。这一方案在综合多方因素的基础上,如果成功,则调解和沟通工作会容易许多。

(三)方法上更周全

一是调解前的准备工作应尽可能地充分。除了阅卷之外,调解法官的精心准备有时会成为案件调解成功的关键。对于群体性劳动争议,实践中往往是安排同一调解时间,因此,法官可以事先制作信息表格,将案号、当事人名称、一审判项等内容详细地列入表格中。这项工作虽然费时,但双方当事人看到调解法官的精力投入,会补强自己调解的诚意。同时还可利用此表格寻找调解方案。在表格中,可以让劳动者清晰看出作出让步后可得的利益金额,也能让资方一眼看出作出让步后需要支付的金额总和,可以通过表格在短时间内制订出更为合理的调解方案。二是调解方案的提出和促成是综合多种因素、有确定依据的谨慎主张。很多人认为,调解就是和稀泥和加压力,就是谁不同意就要么偏向谁、要么打压谁。这实际上是出于对审判权滥用的担忧和考量。因为,在我国这样一个超职权的国度,审判权所具有的"天然的优越感"和威慑力,使当事人最终要谨慎服从的意识比较强烈。② 其实这是对调解的误读,调解其实是对法官更高能力的要求,调解是法官在可以直接作出裁判的基础之上为了真正案结事了、彻底解决纠纷而做的进一步努力,可以说,调解做得好的法官,裁判能力也不会弱,但反过来,裁判能力强的法官,并不一定能够做好调解工作。真正成功的调解,绝不是对法律和事实简单的模糊处理,也不是对当事人软硬兼施、以判促调,而是法官根据自己丰富且专业的法律知识及认真的阅卷、详细的庭审,在对案件的基本情况、举证责任的分配情况、证据的证明力的强弱等问题已经了然于胸的前提之下,要求双方以此为基础的适当让步。也只有这样,才能真正说服当事人作出让步。三是合理放弃实践中常用的"背对背"调解方式,大胆使用"面对面"。实践中,调解法官最常用的方式就是与双方当事人分别进行沟通的"背对背"调解方式,这种方式有其不可忽视的优势,③但在双方矛盾较为尖锐或可作出的让步较小的空间之下,这种方式有时反而会加重当事人对法官的不信任感。所以,如果法官自觉可以驾驭此次调解,距离调解成功已经不远,有时可以大胆放弃此种调解方式,而是选择开诚布公、面对面进行调解。

(四)建立信息共享机制

在调解实践中发现,很多群体性案件已经经过了仲裁和一审甚至二审立案阶段的调解,

---

① 法官应当谨慎提出自己的调解方案,因为在大量的审判实践中,当事人对于对方提出的解决方案排斥心理往往较重,即使对方提出的方案与己方相差不远,但往往觉得既然他能提出这个方案,就说明我原来的心理预期低了,经过谈判,对方应该还可以让步。所以往往在自己的方案还没说出口之前就"自动"加码。而对于法官提出的解决方案,当事人通常更容易接受。所以,如果法官能够提出一个相对合理的调解方案,案件的调解可以说已经有了一个良好的基础,成功了一半。但如果法官在对当事人心理尚未完全掌握的情况下贸然提出一方当事人明显无法同意的方案,案件的调解难度会极大,因为此后法官如果随意更改调解方案,会在一定程度上损害司法权威,影响当事人的心理认同,而如果不改,调解又难以进行,陷法官于两难境地。

② 黄共兴、方杰:《和谐社会视野下诉讼调解若干理论问题研究》,载《前沿》2010年第2期。

③ 在"背对背"的调解方式下,法官可以更方便地与一方当事人进行沟通,可以更好地对一方当事人的心理进行抚慰,获得当事人的心理认同。

当时主持调解的人员对于案件情况、双方当事人的矛盾争端、调解分歧甚至调解突破口都可能有了一定程度的掌握,但是二审法官并不了解这些情况,往往在与当事人进行初次沟通时还容易引起当事人的反感,觉得已经说过那么多次的调解方案怎么还在问。建立与仲裁庭、一审法院等的信息共享制度意义重大,可以通过设计包含双方各自的调解方案、分歧所在、突破口预计等内容的表格,由各阶段主持调解的人员填写,并附卷移送,这样二审法官对于相关情况一目了然,调解往往也能事半功倍。

(五)丰富语言技巧

调解工作本来就涉及心理学、法学、社会学、语言学等学科,调解技巧是无穷的,审判人员在调解中应运用什么方式,采取什么技巧,没有固定的模式,不可能千篇一律,只要不违反调解规则,就可以采用灵活多样的调解方式。[①] 一位心理学家认为,"表达一项信息的情绪效果=7%语言+38%声调+55%面部表情和身体语言"。[②] 语言的内涵是丰富多彩的,语言用得好,也有利于促成双方的调解。比如形象生动的比喻、恰如其分的幽默、严密的逻辑思维等的运用,肢体语言技巧的应用都很重要。[③] 通过这些方式的运用,能够让当事人感觉到审判人员对其利益的关注和尊重,拉近距离,消除戒备心理[④],促成调解。

五、结语

群体性劳动争议案件的得当处理、彻底解决是法官在审判实践中所追求和希望达到的目标,但鉴于该类案件的特殊性,在裁判之后往往社会效果并不太好,在造成社会不稳定因素的同时,也给承办法官带来了极大的心理压力。很多法官都明白,调解是处理该类纠纷的最好方式,但是调解尤其是二审调解难度之大,又令很多法官频吃"闭门羹",因而望而却步,扼腕叹息。仅仅依靠前文所述的策略也难以真正从根本上解决此类案件。"问渠哪得清如许,为有源头活水来"。为了维护稳定的社会秩序,促进经济社会的平稳快速发展,我们期待我们的社会经济运行方式能够进一步规范、各类法律规范能进一步健全、国民素质能进一步提升,只有这样,才能真正从源头上减少甚至杜绝此类纠纷和案件的发生。

---

① 李洪娟、尹玉梅:《劳动争议调解技术步骤和工作技巧》,载《中国劳动》2007年第3期。
② 樊富珉主编:《心理咨询学》,中国医药科技出版社2006年版,第137页。
③ 刘瑞川、柴建国主编:《民商案件调解实务》,人民法院出版社2004年版,第32页。
④ 陈文军、陈海挑:《探析劳动争议案件法院调解的新思维》,载《司法改革论评(第十一辑)》,厦门大学出版社2010年版。

关于基层人民调解工作的调研

——以D市C镇为样本

李瑞峰[*]

党的十九届四中全会提出，完善正确处理新形势下人民内部矛盾有效机制，要坚持和发展新时代"枫桥经验"，畅通和规范群众诉求表达、利益协调、权益保障通道，完善信访制度，完善人民调解、行政调解、司法调解联动工作体系，健全社会心理服务体系和危机干预机制，完善社会矛盾纠纷多元预防调处化解综合机制，努力将矛盾化解在基层。人民调解工作是当前司法的重头工作之一。

随着经济的不断发展，各类社会形态的不断转变，基层矛盾纠纷也呈现多样化、复杂化特点。在法治进程不断推进与旧思想观念未能完全同步的今天，群众法律意识比较淡薄，依然存在"大闹大解决、小闹小解决、不闹不解决"的思想，因此如何创新社会管理方式、提高化解矛盾纠纷的能力，建立与完善一整套合理有效的多元化纠纷解决机制，实现和谐善治，是当前迫切需要解决的问题。本人通过走访座谈、听取汇报、个别谈话、查阅资料等形式，先后到D市C镇的司法分局、某村民委员会、白玉兰家庭服务中心和某派出所驻所调解室开展调研。

一、基本情况

C镇位于D市东部，目前该镇户籍人口10.18万、流动人口约60万，制造业企业达7800家。随着镇经济的不断发展，人口基数大、经济活动频繁，涉农涉土、劳资、建筑工程、伤亡索偿等纠纷频发。该镇人民调解具体开展的情况如下：

（一）调解工作基础建设方面

一是搭建平台。该镇构建了以镇人民调解委员会为主导，村（社区）人民调解委员会为基础，行业性、专业性人民调解委员会为补充的三级调解网络体系，目前全镇共有人民调解委员会56个。该镇以各村（社区）综治工作站为依托，在每个村（社区）设立了人民调解委员会，配备村级调解主任、调解员，推行村法律顾问与村人民调解组织相结合，为纠纷当事人解答法律政策问题，及时化解矛盾纠纷；针对群众遇到矛盾纠纷通常向公安派出所报案的特点，在每个派出所设立驻所调解工作室；根据矛盾纠纷类型，分别设立了企业调解委员会、物业调解委员会、白玉兰家事人民调解委员会、工商业联合会纠纷多元化解中心等调解组织，

---

* 李瑞峰，东莞市中级人民法院民五庭副庭长。

持续扩大调解组织的覆盖面。发挥示范引领作用,设立个人品牌调解工作室——芬哥调解工作室,建立"诉源治理示范社区"。目前该镇共有兼职人民调解员338人,专职人民调解员30名,逐步形成"横向到边,纵向到底"调解网络,2019年1—9月,镇三级调解平台共接收纠纷案件3059件,调解成功2989件,调解率达98%,有效促进了社会和谐稳定。

二是建章立制。该镇制定了《人民调解五项条规》,从工作纪律、工作任务、工作规范等五大方面对人民调解工作进行明确规定。绘制了《民间纠纷调解流程图》,梳理调解程序,诉调分离做好矛盾纠纷案件的分流工作。为促进人民调解工作的进一步发展,印发以个案补贴为基础的《人民调解"以案定补"工作方案》,作为长效激励机制,按照"一案一补,分类发放"的规定,补贴落实到案件的经办人民调解员;在"以案定补"的基础上增加人民调解工作优秀奖励、专项调解工作补贴等激励措施,构建多层次的人民调解工作激励体系,全面激发调解活力,切实增强人民调解员的积极性和能动性。

三是落实保障。该镇高度重视人民调解在基层社会治理的积极作用,开展"补短板、强弱项、激活力"专题调研,充分了解掌握矛盾纠纷化解的堵点痛点,为科学谋划和部署人民调解工作夯实基础。根据全镇矛盾纠纷多发类别,有针对性地开展调解员专题培训课程,采取以案析法、交流互动等多种形式,不断提升调解队伍专业素养。充实调解员库。该镇将职能部门和村(社区)分管干部纳入调解委员会成员库,不断优化调委会组织结构。建立以政府支持为主的经费保障机制,积极推进政府购买人民调解服务,聘请专职调解员驻所调解,减轻公安民警的工作负担,释放公安派出所警力。

(二)调解服务领域延伸方面

一是坚持服务大局观。该镇人民调解委员会始终坚持服务人民、服务大局的宗旨,聚焦党委政府中心工作,统筹全镇调解资源,切实发挥维护社会和谐稳定的"第一道防线"作用,如针对该镇某重大项目征拆难问题,组建17人的专项法律服务团,以"一户一律师一调解员"的工作模式开展协商调解工作,共计参与现场调解15次,有效化解项目土地征收过程中产生的邻里、产权等纠纷,推进项目的顺利实施。

二是织密生活调解服务网。该镇外来人口众多,远离家乡,亲情容易出现缺失,婚姻家庭纠纷时有发生。该镇成立了白玉兰家事人民调解委员会,由"社工+法律专家+心理咨询师+妇代会主任"组成的"家事调解团",旨在为辖区内婚姻家庭领域的矛盾纠纷提供调解平台,更好地促进家庭和谐与社会稳定。根据调解服务对象的需要,由心理咨询师提供心理辅导、法律专家提供法律咨询、妇代会主任进行政策解读及社区资源分析,建立"跨专业""跨部门"家事调解模式,为夫妻矛盾提供可行性解决方案,促进失和夫妻就矛盾达成共识,积极搭建辖区内婚姻家庭领域的矛盾纠纷调解平台,更好地促进家庭和谐与社会稳定。

三是建立治安调解服务网。该镇深入推进"警调衔接"建设,通过政府购买服务,引入专业调解力量,聘请律师事务所为全镇每个公安派出所配备4名专职人民调解员,实现驻所调解工作室100%全覆盖;实行24小时专人值班制度,实现矛盾纠纷化解全时域覆盖,方便当事人便捷高效解决矛盾纠纷,进一步提升人民调解的满意度。2019年1月至9月,该镇驻所调解室共调处治安纠纷、民事纠纷等各类矛盾纠纷2883件,调解率达98%。成立平安建设促进会,深入发动群众,整合辖区资源,不断探索群防群治新模式,开展群防群治与社会矛盾调解工作。2019年1月至9月,平安促进会累计排查出矛盾纠纷109件,成功调处化解109件,调处成功率100%。

四是构建权益调解服务网。落实完善劳动仲裁与监察、信访协调衔接机制，建立劳动争议调解中心，统筹信访案件处理，不断提升信访案件调处质效。2019年1—9月，镇村两级人力资源服务站共处理劳动保障信访案件1678件，成功调解1185件，成功调解率达到了70.6％，对于调解不成功的劳动案件，及时转介法律援助，进一步保障劳动者的权益，对信访案件数量靠前的企业进行约谈警示，从源头处减少矛盾发生。成立镇工商业联合会纠纷多元化解中心，充分发挥工商协会组织优势，将会员企业产生涉民营企业各类商事纠纷以及矛盾化解在萌芽状态，营造稳定、公平、透明的法治化营商环境，促进民营经济健康发展。

五是展开诉前联调服务网。该镇司法分局与法院派出法庭签订合作备忘录，设置诉调对接工作室，邀请和聘请驻点律师、各村法官助理及44名特邀调解员进驻法庭，以提升业务技能为抓手，开展法官助理及调解员专业培训，扎实推动诉讼引导及调解工作。建立诉前联调工作机制，加强司法、法庭、各村（社区）等单位的沟通联系，实现信息共享，强化调解处置效率。2019年1月至9月，镇诉调对接工作室共收诉前调解案件1312件，其中司法确认47件，撤诉305件，诉中调解62件；对于不能诉前化解的案件，迅速按程序转交法庭立案室进行立案处理，切实提升了矛盾化解的及时性和实效性。

（三）矛盾化解源头防控方面

一是健全矛盾纠纷排查预警机制。健全镇、村、驻所等调解组织的信息共建共治共享机制，定期开展纠纷排查摸底工作，第一时间发现和汇集矛盾纠纷信息，各属事部门提前介入、定期反馈，打破各自为政、条块管理的模式，实现"问题采集—分流交办—跟踪反馈—检查监督"完整的矛盾纠纷管理工作闭环，避免事态恶化、矛盾激发。加大重点领域摸排力度，按照"谁主管谁负责"及归口调处原则，强化综治、住建、人社、工青妇等部门的解纷职能，重点围绕涉农涉土问题、涉企业问题、涉房地产矛盾纠纷以及其他社会反映强烈、易引发群体性事件的各类敏感问题，开展专项检查，召开矛盾纠纷分析研判联席会议，实现矛盾纠纷联调联处。2019年1—9月，该镇共排查各类民间纠纷227件，成功调处纠纷217件，调解成功率达95.6％，没发生重大群体性案件。

二是领导干部接访下访常态化。制定《领导干部定期接待群众来访安排表》，安排镇领导接访下访群众，成立化解工作专班，落实包案领导及跟案人员，镇主要领导部署并制定工作措施，对于群众反映的热点难点问题及时进行专项研究，查找问题症结，制定解决办法，同时充分发挥驻村团队的作用，开展带案下访调处工作，及时掌握村民动态，做好解释稳控工作，努力不形成风险面，不出现爆发点，切实将纠纷化解在基层，消灭在萌芽状态。

二、问题与不足

该镇人民调解在参与社会治理与矛盾纠纷多元化解方面发挥了较强作用，但也存在一些困难和问题，如调解队伍建设与社会发展还不相适应、镇内调解资源缺乏整合、矛盾化解合力不强、调解机制不够完善等问题，主要有以下几个方面：

一是调解机制还不够健全。该镇目前初步建立了警调对接、访调对接、诉调对接等机制，但由于人民调解所涉及范围较大、组织较多，缺少统一的管理组织和对接平台，人民调解组织力量相对分散，没有形成合力，一体化大调解格局整体效能作用不明显。

二是调解质效有待提升。该镇人民调解工作的规范化有待完善，调解工作重结果、轻程序，存在当事人口头调解的情形，没有严格落实申请、受理、调查、调解、回访等一整套人民调解程序,调解过程和调解结果未以文字形式固定,影响调解的效果及公信力。

三是调解队伍建设与社会发展还不相适应。该镇人民调解员绝大部分为兼职调解员,从事调解的精力有限,且多是单位临时指派担任,随意性和流动性较强。人民调解员自身建设和调解能力与现时矛盾纠纷类型多样化、法律关系复杂化的趋势并未匹配。多数调解员的调解知识仅来源于上级组织的培训和自行网上搜索,对相关政策法规了解不深,专业化、职业化程度都有待提升,导致群众对调解工作的认可度不高,未形成遇到纠纷首选调解的行动共识。

三、进一步推动人民调解工作的思考

促进人民调解工作高质量发展,能推动非诉讼纠纷解决方式的运用和发展,向社会提供更加便捷适宜的纠纷解决途径,降低纠纷化解成本,更好地发挥人民调解"第一道防线"作用,对社会以及减轻司法系统的负担是大有裨益的。

(一)加强队伍建设

一是充实调解员队伍规模。引导社会力量参与调解,培育发展基层"五老"(德高望重的热心老人、农村老党员、退休返乡老干部、离任老村长、乡村退休老教师)调解员队伍。发挥驻村法律顾问的力量,建立律师调解员队伍,支持律师加入各类调解组织担任调解员。成立专职人民调解员人才库,发展"特约人民调解员",推进行业性、专业性调解组织建设。探索"警长+网格员+调解员"的纠纷排查模式,夯实镇村两级矛盾化解组织体系。二是提高调解员业务素质。加强调解员队伍专业技能培训,建立调解员培训机制,制定调解员职业道德规范,通过调解培训、座谈研讨、观摩庭审、法律讲座等方式,不断提高调解员职业修养、法律素养、专业知识和调解技能,根据调解员所属专业、工作经验、特长和兴趣等,匹配相应的纠纷进行调解。三是建立科学考核激励机制。完善调解员职业发展体系,建立调解员资质认证体系,增强职业成就感和事业感;建立考核评估机制,对受理率、调解率等方面考核评价,对业绩突出者给予适当奖励,以提高其积极性,提高调解员队伍的专业能力。

(二)夯实群众共识

一是推进调解文化建设。按照"外观一体化、标志醒目化、布局功能化、职责清晰化、业务便民化"要求,分类规范人民调解、行政调解、司法调解、仲裁调解等机构的阵地建设,以"便捷、和谐"为主题打造调解主题文化。深入开展调解文化下村、进社区、进校园、进企业、进协会;依托主流媒体和微信公众号、短视频等传统宣传载体和新媒体,宣传弘扬调解文化,解读典型调解案例,营造人民群众认可调解、信赖调解、首选调解的良好氛围,广泛促进调解优势深入人心,实现"小事不出村,大事不出镇,矛盾不上交"目标。二是提高调解质量。积极举办优秀人民调解员、调解案例等评优活动,加大对人民调解员的表彰宣传力度,增强人民调解员的职业荣誉感和自豪感,扩大人民调解工作社会影响力,为人民调解员开展工作创造良好社会氛围。严格执行申请、受理、调查、调解、回访等一整套人民调解程序,制定全镇统一文书模板,进一步规范村(居)人民调解委员会调解协议书制作、调解卷宗建档及司法确认工作流程。

(三)创新工作机制

一是构建"一站式"纠纷化解服务平台。以基层人民调解委员会为抓手,统筹各辖区内调解资源,建立调解中心,根据群众服务需求和条件,整合各类公共法律服务项目,面向群众

提供公益、专业、均等、便民的"一站式"法律服务。由调解中心总揽辖区调解工作,统一登记调解需求,对登记受理的案件进行梳理、辨识,按纠纷性质进行分流处理,按照"属地、属事管理"原则,分类指派到各村(社区)、各行业性、专业性人民调解组织,在限期内调结;对于个别复杂案件,将采用"多方联动"大调解工作机制,联动党委政府及有关部门进行专案化解,实现矛盾纠纷的"一条龙"受理、"一站式"服务、"一揽子"化解。二是探索建立在线矛盾纠纷多元化解平台。积极运用"互联网+社会治理"新模式,开展在线调解,突破时间和空间限制化解纠纷,不断满足新时代人民群众解决纠纷的需求。依靠平台整合调解资源,实现全流程信息化共享,通过平台进行裁判规则导引,类案推送,帮助当事人更快捷高效地预判纠纷审判结果,引导理性选择纠纷化解方式,提高调解质效。三是强化部门责任。按照"谁主管谁负责"的原则,强化由政府职能部门具体负责处理与本部门行政管理活动密切相关的民事纠纷,如国土资源部门负责土地权属争议问题,卫生健康部门负责医患纠纷问题,住房和城乡建设部门负责建设施工和物业管理问题等,充分发挥行政执法部门的专业性优势,缓解官民冲突,强化行政机关的执法权威。

诉前联调法院主导模式的审视与反思

——以参与主体行动逻辑及制度变迁理论为视角

谭 立[*]

引　言

现代调解制度的"非对抗性""协作共赢"等理念与我国传统文化中"以和为贵"的思想一脉相承。随着近年来人民法院的案件几何式地增长,多元化纠纷解决机制的自上而下受到推崇,既是适应文化传统的内在需求,也是应对社会矛盾纠纷多样化类型化新形势的创新举措。法院诉前联调工作室(或称诉调对接中心)是法院主导下的纠纷处理工作平台、集散地和调度站。[①] 诉前联调由法院来主导成效如何? 参与各方能否在法院主导下有序运转? 本文从诉前联调参与各方的行为逻辑的角度,分析制度运行异化成因,并在此基础上探索破解制度产出困境的改革路径。

一、诉前联调初始选择——法院主导模式及其紧张关系

(一)法院主导模式图景及产出困境

自 2007—2012 年最高人民法院先后两批选定 42 家多元化纠纷解决机制改革试点法院,再到改革措施在全国范围内推行和升级换代[②],多元化纠纷解决机制完成了两个最重要的跨越:一是从部分法院与调解等非诉机制对接探索,升级为全国范围内受到各界普遍认可的制度体系;二是从法院缓解办案压力的"权宜之计",升级为国家治理体系和能力现代化战略行动。[③] 各地法院充分发挥主观能动性,创造出了诉前联调四川"眉山经验"、山东"潍坊

---

* 谭立,东莞市第二人民法院综合审判庭法官。

① 龙飞:《论国家治理视角下我国多元化纠纷解决机制建设》,载《法律适用》2015 年第 7 期。

② 龙飞:《论国家治理视角下我国多元化纠纷解决机制建设》,载《法律适用》2015 年第 7 期。

③ 蒋惠岭:《十年改革创新路　扬帆逐浪再起航——全面深化多元化纠纷解决机制改革系列评论之一》,载《人民法院报》2015 年 4 月 13 日第 2 版。

经验"、安徽"马鞍山经验"等优秀做法。① 法院在诉前联调中起主导作用是由法院所承担的审判职能所决定的,如 D 市一样地处东部经济发达地区的法院具有强烈的动机扩大案件的处理渠道,对案件进行分流。② 诉前联调经验基本上可以概括为以法院为主导、政府提供经费保障而构建的调解与诉讼的衔接机制(见图 1),它的特点是调解机构与法院审判资源紧密联系,法院引导调解、确认调解效力,并作为调解不成的及时补救措施。

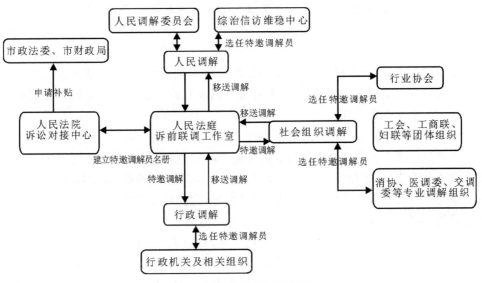

图 1　诉前联调流程示意图

然而在司法实践中,法院在诉前联调领域投入产出率较低。2016 年全国通过司法确认的调解协议数量仅为 15.3 万件,占到全国各级法院审结一审民商事案件的 1.42%,虽然诉前联调成功案件数应大于司法确认案件数,但从上述数据仍可窥见一斑。2016 年后,全国法院调解结案数有大幅的提升,2019 年全国诉讼服务中心调解结案数达到了 849.7 万件。③但该成绩的前提是法院以有限的资源向诉前联调倾斜,诉前联调距离缓解"人案矛盾"、实现"定分止争"的期望相差甚远。

（二）法院主导模式与制度目标的紧张关系

诉前联调法院主导模式从理论上讲可以充分发挥法院的专业优势,在案件分流、诉调对接、指导培训等方面起到关键性作用,但各地法院在推行诉前联调中因人力投入不足和统筹能力的缺陷,导致法院主导模式与制度目标之间出现紧张关系。

1.法院人力投入不足与制度目标的紧张关系

法院诉讼案件的剧增和司法资源短缺的矛盾,激发了法院推动多元化纠纷解决机制改革的积极性,推动了诉讼与非诉讼的纠纷解决机制的相互衔接。④ 理论上讲,诉前联调本应

---

① 参见 2018 年《最高人民法院工作报告》。

② 江闽松:《诉调对接的实证分析——以广州市诉前联调工作实践为范例》,载《法治论坛》2013 年第1 期。

③ 参见 2017—2020 年《最高人民法院工作报告》。

④ 龙飞:《论国家治理视角下我国多元化纠纷解决机制建设》,载《法律适用》2015 年第 7 期。

对法院有着天然的吸引力,越是人案矛盾突出的地区越应当加大法院人力投入,但事实并非如此。例如 D 市法院法官年人均结案数超过 280 件,法院几乎无法抽调法官专职从事诉前联调工作,作为替代,部分派出法庭安排了 1 名法官助理或书记员专职或兼职从事该工作,并安排法官轮流为诉前联调工作进行一定专业指导,而参与指导的法官同时要承担审判任务。D 法庭的 A 法官的观点具有典型意义:"目前面临最大的困难是每年完成 250 件案件已是超负荷,300 件已是极限,劝说双方当事人接受诉前联调这个差事吃力不讨好,而且还不能计入工作量,调解不成最后案件还是要回到法庭。"从社会整体角度来看,诉前联调可以从整体上合理分配各类有限的司法资源,但从法院工作角度看,将人力资源向诉前联调倾斜意味着承担更大风险,如果成效不佳,则办案压力将不减反增。法官、辅助人员的参与对诉前联调的专业化发展起到决定性作用,但身兼多职或人手不足是普遍现象,不足以推动诉前联调工作向专业化方向发展。

2.统筹能力缺陷与制度目标的紧张关系

大多数法院的主导作用并非体现在内外部考核管理,而体现在指导之外还要同时负担起争取党委政府支持、推动党委政府加强组织领导、争取调解经费、督促各单位落实责任、动员各方面力量参与矛盾纠纷化解等方面。此"主导功能"可谓包罗万象,事实上法院要承担起如此重任实属有心无力。

缺乏有效的内外部管理考核制度,"法院主导"将面临"剃头的挑子——一头热"的尴尬局面。不难理解部分调解组织面对法院的积极推动,自认为是在帮助法院解决困难。有派出法庭庭长表示,是否能争取到当地党委政府的大力支持,要依靠庭长个人公关能力。党委政府虽能大规模地发展行政调解或社会调解组织,但因缺乏专业的调度和指导,且为各自政绩考量,难以形成集约化效应,调解指导培训也难成体系。参与调解的行政、社会资源众多与诉前联调规模化发展之间相距甚远。

二、制度运行的现实异化:参与各方的行动逻辑

"制度变迁是由占据不同利益的个人和群体之间相互作用而推动和约束的,而不同群体和个人的行为受其所处场域的制度逻辑制约。"[①]为何法院主导的诉前联调制度在运行中出现异化现象?制度学派认为是因为制度的目的与制度下的个人目的相互间的不匹配所导致;[②]组织社会学则认为,"当一些个体或群体以某种方式追求他们自己的那部分目标时,组织整体的正常运行及其生存就会碰到重重的困难"。[③] 深入剖析法院主导模式与制度目的之间的紧张关系,原因在于参与其中的各方主体并不存在整齐划一的目标方向,而是在自身行动逻辑之下存在各种潜在规则行为。

(一)当事人行动逻辑——参与诉前调解动力不足

"当起诉的成本小于诉讼的预期收益时,原告方会发起诉讼。"[④]除了少数提起"负值诉

---

① 周雪光、艾云:《多重逻辑下的制度变迁:一个分析框架》,载《中国社会科学》2010 年第 4 期。

② 张宇燕:《个人理性与"制度悖论"——对国家兴衰的尝试性探索》,载《经济研究》1993 年第 4 期。

③ 李友梅:《社会组织学与决策分析》,上海大学出版社 2009 年版。

④ [美]Steven. Shavell:*Foundations of Economic Analysis of Law*,赵海怡、史册、宁静波译,中国人民大学出版社 2013 年版,第 354 页。作者在该章论述中假设当事双方是风险中性的。

讼"的原告外,倘若能花费较少成本达到预期诉讼目的,当事人将乐意选择调解等非诉讼途径。然而现行制度中选择诉前联调并不能节约诉讼成本或提高预期收益。

从诉讼成本来看,若调解成功或再申请司法确认,法院不收取任何费用;若出具民事调解书则减半收费。但由于我国诉讼费用较低,且简易程序还可减半收取费用,在基层法院两种费用差别并不明显。① 由于我国律师行业更多采用计件收费而不是计时收费,若被告根据自身预期判决数额加上律师(如有)提出的调解数额未能达到原告预期,则调解很难达成。

从时间成本来看,诉前联调案件调解期限一般是 7～30 日,双方同意延长的除外(见表1)。时间成本优势须以调解成功为前提,如调解不成,当事人将因调解额外付出时间成本,此时交易成本不降反升。"当调解成功率小于诉前联调与纯粹诉讼交易成本之比时,实际交易成本将大于诉讼成本。"②另外,一方当事人期望纠纷及时得到解决,倾向选择更高效的解决方式,而另一方当事人则盼望义务免除或者延迟履行,更倾向穷尽冗长复杂的诉讼程序,那征得双方当事人一致同意无疑为分流再添障碍。成本差异较小,加之对立双方当事人无法达成一致意见的情况下,诉前联调沦为替补方案。

表1 当事人纠纷解决成本对比表

	法院审判		诉前联调	
	普通程序	简易程序	民事调解书	司法确认
法院收费	★★★★	★★	★★	不收费
时间成本	6 个月	3 个月	7～30 日 (或+6/3 个月)	7～30 日 (或+6/3 个月)
律师收费	不相关	不相关	不相关	不相关

(二)法院/法官行动逻辑——降压减负的理性需求

"法院开始关注社会管理职能的功能建设,并将其作为缓解审判压力的另外一种有效途径,诉前联调机制就被视为其中之一。"③但在结案率压力和调解信心不足双重影响下④,法院的潜在规则行为表现为对诉前联调人手投入不足。各地法院倾向于安排辅助人员从事诉前联调引导工作,或安排法官兼职指导。从投入人力的数量和质量上来说,均不足以推动诉前联调向规模化、专业化方向发展,其发展程度则反致了高投入低产出的非良性循环。

---

① 尤其是劳动争议案件每件收取 5 元诉讼费,且劳动争议案件经过仲裁之后当事人再到法院立案,当事人几乎不考虑诉前联调。

② 苏汶琪:《诉前联调机制的正当性分析——以广东省基层法院的实践为例》,载《中山大学法律评论》第 10 卷第 2 辑。

③ 李华武、夏旭丽、姚志伟:《广东诉前联调机制探微——基于实践样态的法理分析》,载《广东行政学院学报》2014 年 2 月第 26 卷第 1 期。

④ 法院结案率的考核指标虽已取消,但事实上在法院逐年递增的收案数量压力之下,各地法院仍不得不将结案率作为每年法院工作成效的重要衡量指标。

诉前联调的案件不被纳入绩效考核范围[①],若非专职从事诉前联调工作,法官的潜在规则行为即表现为缺乏积极性。轮岗法官承担诉前联调工作就意味着承担与绩效考核无关的额外任务。劝说当事人接受调解、寻找合适的调解员均成为诉前联调工作中必然付出的劳动;如若调解启动不成功,付出的劳动将成为沉没成本。此外,部分当事人甚至认为法官故意设置立案障碍,若调解不成将引发对司法的强烈不满。因调解成功率难以预估,即使法官不计较绩效考核得分,为避免沉没成本和当事人投诉,其潜在规则行为亦表现为诉前联调引导不足。

(三)政府行动逻辑——投入产出的政绩考量

司法裁判与仲裁、调解等纠纷化解方式相比将消耗更多的社会诉讼成本。"社会与个人诉讼成本间的分歧可以导致对于社会来说过量的诉讼,尤其是当原告考虑发起诉讼时,他仅需承担自身的成本,他不会考虑被告的成本或者会给州带来的成本。"[②]但财政投入不会带来立竿见影的减轻社会诉讼成本、维护社会秩序稳定的效果。政府更期望将物质奖励与调解成效直接挂钩,其潜在规则行为即表现为"以奖代补"。

在政府期望立见成效情况下,法院要同时负担起争取党委政府经费、人力支持,动员各有关单位积极参与矛盾纠纷化解的任务[③],法院作为替代角色对诉前联调工作的投入显得力不从心,这都给原本已不堪重负的法院增加了工作量,并未起到节约司法资源的效果。"实际上,造成联调机制发展不平衡、失灵甚至是缺位的原因是复杂的,但基本可归结为两方面:'政府支持'的疲软以及联调单位对法院及自身地位的认识偏离。"[④]

(四)调解员行动逻辑——职业目标与收入的顾虑

调解员期望获得对调解工作成效及调解员职业身份的认可,包括获得物质激励和明确的职业预期,当两者缺失时调解员积极性将受到较大影响。能否调解成功受到多种主客观因素的影响,仅以结果作为奖励依据不够客观理性。若调解不成功,调解员所付出的劳动、时间成本及其他费用开销无法得到补偿,调解员适应"以奖代补"的潜在规则行为是:当调解成功率小于调解员花费的成本与奖金的比率时,调解员将会入不敷出,调解员对于无把握的案件,可能出于费用的担忧吝于花费成本和精力。

缺乏职业前景预期是部分调解员隐性或显性流失的重要原因。现阶段调解员或由法院直接聘任,或由综治维稳机构等单位派驻,准入门槛较低,自身的身份认同和职业尊荣感缺失,职业前景不明朗。部分专职调解员在积累经验后即转行从事律师、法务等工作,特邀调解员也因工作不为外人所熟知而缺乏自身职业认同。调解员队伍不稳定、缺乏经验积累和职业训练,严重影响调解工作的持续良性发展,也影响了诉前联调其他参与方对调解的信心。

---

① 例如,依照《广东省高级人民法院办公室关于司法确认案件司法统计填报工作的通知》(粤高法办〔2011〕18号)的要求,对人民法院收到当事人申请司法确认或申请撤销确认决定的案件,不能作为一审诉讼案件立案登录信息。人民法院计算一审诉讼案件调撤率,不能把此类案件计算在内。

② [美]Steven. Shavell:*Foundations of Economic Analysis of Law*,赵海怡、史册、宁静波译,中国人民大学出版社2013年版,第354页。作者在该章论述中假设当事双方是风险中性的。

③ "构建'党委领导、政府支持、政法委牵头、综治办协调、法院为主、多方参与'的诉前联调工作机制"。参见广东省高级人民法院《关于进一步加强和规范诉前联调工作的通知》。

④ 李华武、夏旭丽、姚志伟:《广东诉前联调机制探微——基于实践样态的法理分析》,载《广东行政学院学报》2014年2月第26卷第1期。

参与各方带着趋利避害的利益考量参与到诉前联调中,对诉前联调采取谨慎、保守态度,反映在各自的潜在规则行为中。这些相互作用的策略行为最终导致了诉前联调机制的退化、矮化和替补化。

三、制度改良的基层探索——三种模式的实践与局限

为实现诉前联调"一站式多元解纷"的制度目标,各地法院积极探索改良方案,"四川眉山经验""安徽马鞍山经验""山东潍坊经验"即是典型代表。对比以上三地和 D 市法院的实践做法显示:经费投入、法院人力投入、指导考核制度、案件分流机制、诉调对接程度的差别最终导致了调解成效的显著差异。其中,前三项是自变量,后两项是因变量,共同导致了诉前联调成效的显著差异。(见表 2)

表 2　四地法院诉前联调经验制度比较

经验制度	四川眉山	安徽马鞍山	山东潍坊	D 市
社会化程度	134 个乡镇调解中心、1344 个村(居)调解室、200 个专业调解组织、人民调解员 2 万余名、行政调解员 2170 名	1044 个村(居)诉讼服务工作站,特邀调解组织 1039 个,调解员 4630 人	专业性调解中心 70 余个,涉及劳动争议、保险医疗、交通事故等 10 余类纠纷	593 个行政调解服务站、651 个社会组织调解服务站
党委政府支持	政府成立"一办五中心一统筹"推进:采取"属地管理,分级负责,谁主管谁负责"的原则,更倾向于党委、政府的主导推动	安徽省人大内司委牵头多元化解纠纷地方立法,推动诉前联调工作发展	市委成立领导小组,各级党委将民商事案件万人起诉率纳入综合考核	党委政府提供场所、经费,保障调解工作
经费投入	调解人员可获 100 元/天的误工补助,案件调解成功另行给予 200～300 元/件的调解经费	不详	不详	对第三方调解成功的案件,参照政府出台文件规定,每件奖励 600 元
法院人力投入	眉山市中级人民法院专职调解员 21 名,6 个基层法院专职调解员 106 名	不详	在全市人口集中社区和偏远农村设立了 122 个法官联系点、437 个巡回审理点	未抽调法官专职指导,每个诉前联调工作室委派 1 名法官助理或书记员专职或兼职指导或分流案件

续表

经验制度	四川眉山	安徽马鞍山	山东潍坊	D 市
指导考核制度	2012—2016 年共组织培训 77 次。市委授权眉山市中级人民法中院对区县党委政府和市级部门进行非诉衔接"三个比率"考核	研发信息管理系统"诉前调解模块",将委派调解、司法确认等指标纳入案件管理系统	设有视频指导中心指导、调度案件,依托"诉前调解信息管理系统"考核管理案件。不定期指导培训调解员	诉前调解案件不纳入司法统计,由各诉前联调工作室自行上报调解数据,作为法院内部年终评优评先依据
案件分流机制	诉讼辅导室与司法公开办、诉调对接中心、速裁庭以及立案庭共同组成纠纷化解的前台,负责案件分流	2016—2018 年上半年诉前分流纠纷 20 万余件	导诉台和诉讼辅导室负责引导当事人调解,寻求对其更适合的纠纷解决方式	诉前联调工作室负责引导当事人,同意则进行移送调解或特邀调解
诉调对接程度	辅导、分流、调解、速裁无缝衔接纠纷解决模式	不详	"诊、调、裁、审"四步流程,完成诉调全面对接。诉前调解和快速裁决案件的平均结案周期为 10 个工作日	调解期限 30 日,调解不成正常立案
诉前联调成效	2013 年全市 82% 的矛盾纠纷化解在法院"门外",15% 的矛盾纠纷化解在法院"门口",仅有 3% 的矛盾纠纷在法院"门内"通过裁判解决	2014 年通过第三方调解 45193 件,矛盾纠纷被分流在诉讼之外、解决在诉前	基本实现 1/3 的案件分流在诉前,1/3 的案件化解在诉调对接中心,1/3 的案件进入审判程序	2011—2018 年通过诉前调解案件数占民商事案件的比例平均为 4.6916%
2018 年全市 GDP	986.6 亿元	1918.1 亿元	6256.78 亿元	8278.59 亿元

（一）特殊经费保障:激励作用的依赖性

眉山法院跳脱了"以奖代补"的补贴形式,对专职调解员采用固定工资加个案补助的保障方式,兼职调解员采用按日计算误工补助加调解成功奖金的模式,稳定持续的收入解决了专职调解员生存之需,也让兼职调解员付出的劳动和心血得到些许慰藉与填补。在经费足额保障的前提下,调解员队伍的稳定性、专业性有望稳固提升,良好的成效又反过来坚定了财政持续投入的信心,诉前联调良性循环得以生成。

但眉山法院的经费来源主要是财政专项划拨、诉讼费和罚没收入返还等途径,其前提是政府的特殊支持,眉山的信访问题一度突出,在一定意义上可以说是倒逼了政府"穷则思变"

的决心。① 一来特殊的支持可遇不可求,二来诉讼费和罚没收入返还等途径合法性尚存疑。眉山中院特殊政策支持的依赖性与生俱来,在地域上很难大规模推广复制,即使成功复制,在政策的稳定性上很难保障。特殊政策红利一旦消失,制度改良将面临毁灭性打击。

(二)加大人力投入:运动式推进的临时性

眉山法院和潍坊法院在投入法院人力方面可谓煞费苦心:眉山两级法院诉调对接中心实有人员 48 人,其中法官 33 人,专门从事诉讼辅导、案件分流、委托、委派、司法确认、案件速裁等诉调对接工作;潍坊法院设立了 122 个法官联系点和 437 个巡回审理点。对于年度 GDP 只有 900 多亿元的眉山市来说,法院安排 48 名工作人员(含 33 名法官)专职从事诉前联调工作,可谓大手笔投入;对于 GDP 超 6000 亿元的潍坊市来说,能设置上百个法官联系点、巡回审理点更是难能可贵。大规模地投入专业审判力量,对提升诉前联调的质效起到积极作用,其案件分流成效有力地证明了此项投入的意义。

"以案定人"情形下各法院法官员额与案件总数呈现动态匹配的态势,员额法官成为稀缺资源,要将员额法官投入到诉前联调工作需要冒着调解成效不高、诉讼案件结案慢的双重风险。D法院 H 庭长的说法客观地反映了这种窘迫的境地:"每个法官每天有 6～10 件案件到期,生病也不能请假,法官几乎没有多余精力参与诉前联调工作。"投入审判和调解的法院人力资源存在此消彼长的关系,在上级法院考核指挥棒下,各地法院对诉前联调人力投入存在运动式的增减情形,人力投入的临时性则不利于制度的常态化建设。

(三)自创考核体系:统筹能力的局限性

三地法院均采取了自创考核体系对内外部进行考核,改良尝试对增强法院统筹能力起到了积极作用。具体表现在:法院自创信息化流程管理体系,将辅导、分流、调解、速裁等各环节纳入流程管理,定期进行培训辅导,甚至法院获授权对政府就民事纠纷诉前调解率、诉前调解成功率、委托委派调解成功率、民商事案件万人起诉率等关键指标进行考核。其意义在于:首先,将法院内部人员的参与行为纳入考核范围,对法官重审判轻调解的策略行为进行纠偏,更重要的是将"诊调裁审"进行流程节点管理,促使各环节衔接更紧密。其次,法院获市政府的特别授权对各基层政府参与调解的情况进行反向考核,增强了法院的话语权,在统筹调度各类基层调解组织时更具主动性和灵活性,同时,基层调解组织在参加法院组织培训时学习动机更加强烈和纯粹。

三地法院的制度改良有两个前提:法院对诉前联调工作投入较大的人力物力;政府对法院工作的绝对信任和支持。两个条件缺一不可,将此成功经验复制推广到其他地区存在较大的局限性。各级地方党委政府为响应党中央关于"坚持把非诉讼纠纷解决机制挺在前面"的号召,出台了积极措施,但要真正将政绩考核的部分权力交予法院掌握的觉悟则非同一般,难以通过自觉学习先进经验或者法院积极争取的方式来复制推广。因此,自创考核体系的两个前提构成了三地法院先进经验难以复制的局限性。

(四)速裁后续保障:时效控制的地域性

诉讼终裁制度的效率是诉前联调的有力后盾,三地法院抓住此关键点,将调解之后的速裁时效作为调解不成的保障,消解了追求解纷效率的一方当事人的顾虑,同时切断了追求延

---

① 《"喊得应"、"接得起"、"划得来" 从一起调解案件谈眉山中院"诉非衔接"改革试点工作》,载《中国审判》2013 年第 2 期。

迟履行的一方当事人的妄念。眉山法院将辅导、分流、调解、速裁无缝衔接,潍坊法院将诉前调解和快速裁决案件的平均结案周期降至 10 个工作日,将诉讼成本和时间成本方面的优势发挥到了极致。此项制度改良对追求效率的当事人具有极大的吸引力,给予了妄图通过冗长诉讼程序拖延履行义务的当事人致命一击。有在先案例的示范效应和调解周期大数据的支撑,增强了分流引导工作的信心和底气。

然而设置较短的速裁时限并不符合法院/法官的降压减负、趋利避害的行动逻辑。悠闲的工作方式与普通的公众承认一样,是法官职业受到青睐的主要原因。[①] 依靠法官的自觉提高速裁效率会导致目的落空。各地法院在制定速裁时限时会反复衡量承诺兑现的可能性而倾向保守。假若法官时限内结案的比率未达到可接受的程度,司法权威性将受到严重损害,分流调解工作在反面示范效应之下会受到更大阻力。在人均办案量较为合理的地区,法院推行速裁时限实现的比率更大,风险较小;反之,法院推行速裁时限实现的比率更小,风险更大。时效控制的地域性差异决定了依靠各地法院自觉复制推广这一改良措施不可行。即使勉强推行,由于各地的速裁时效长短不一,也会影响当事人对司法的信赖程度和对诉前联调的满意度。

四、制度再造的必然逻辑——法院主导制度架构的完善

(一)理念及方法

1.理念的确立

制度变迁是个体选择和集体行动相互博弈的过程。[②] 诉前联调法院主导模式在参与各方相互作用的逐利行为中退化、矮化和替补化,究其原因在于制度设计违背了社会规律和自然法则。制度异化亦导致了追求效率一方当事人实现正义的效率低下以及社会调解资源的浪费。因此,诉前联调制度的构建必须立足于当事人、政府、法院/法官、调解员各方的利益均衡点,正视参与各方行为的逐利性及因此采取的行动策略,以符合诉前联调特点的制度设计整合法院、政府、社会资源,改变诉前联调制度异化的局面。

2.方法论的构造

诉前联调法院主导模式成效甚微的结果表明制度再造的现实需求。但眉山、马鞍山、潍坊三地成功经验表明,法院主导模式并非不可取,关键在于如何主导、抓住哪些核心环节来主导。调整国家权力资源配置的"治本之道"并不能轻易实现,基于改革实践中的局部调整的"治标之道"即显得迫切和现实。制度再造过程中应以法院系统内部调整的"治标之道"为主,系统外部权力资源分配调整的"治本之道"为辅。

(二)具体完善措施

1.专编专款保障法院稳定投入

要使法院从既要主导诉前联调工作,又要通过"等、要、靠"的方式争取人力物力的尴尬局面中解脱出来,专注于诉前联调的精细化管理,需要投入专项资金和专门编制作为坚实保障。在法院内部挖掘、培养一批擅长调解的法官长期扎根在诉前联调岗位,通过以老带新的方式实现岗位轮替。初任法官优先安排到诉前联调岗位学习锻炼,保证诉前联调队伍结构

---

① Richard Posner: *How Judges Think*, Cambridge: Harvard University Press, 2008.

② 赵万里、徐铁梅:《制度理性:制度变迁、行为选择与社会秩序》,载《经济学家》2018 年第 3 期。

的优化。同时制定政府配套经费政策,以法院专项经费和专门编制的一定的比例投入相应的人力物力,保障行政、社会调解资源与法院诉前联调规模的匹配程度。稳定的人力物力投入是避免诉前联调工作成为"无米之炊"的必要条件。

2.速裁对接助推当事人理性选择

为选择诉前联调的当事人提供有效保障速裁对接机制至少应包含以下几点:第一,调解不成的案件应在审理执行阶段优先处理,并设置较短审限(建议 30 日),其审限自登记调解之日起计算,可防止调解中非诚信一方当事人借调解拖延时间的行为。第二,改变法院出具民事调解书收费减半的做法,进一步降低收费标准,直至足以拉开与民事诉讼简易程序收费的差距。第三,对调解中事实认定及法律适用清楚,且有法院在先案例作参照的案件,一方当事人非理性拒绝调解方案,如在速裁中并未获得比调解更优的利益,则法官可酌情判处该方当事人承担较多的诉讼费用。

3.正负面清单圈定案件分流范围

为化解花费大量人力投入劝说当事人接受诉前联调的尴尬局面,对部分已有成熟案例作指引、事实和法律适用清楚、调解成功率较高的案件类型可积极推广强制诉前联调。同时,该部分强制调解更需要以自上而下的方式推行。建议从最高法院层面制定诉前强制调解正负面清单。正面清单制度是指,各地已有运行较为成熟的交通事故纠纷调解委员会、医疗事故纠纷调解委员会、家事纠纷调解中心等调解组织,为交通事故、医疗事故及家事纠纷的调解发挥了稳定连续的积极作用,对此类已有成熟调解机制的案件大力推广诉前强制调解并以速裁时效作为程序权利救济保障。负面清单制度是指被列入该清单的案件类型不适用诉前联调,直接立案进入审判程序。负面清单可包含如下案件类型:(1)适用特别程序、督促程序、公示催告程序的案件;(2)适用破产程序的案件;(3)有关确认身份关系的案件;(4)不动产权属及其他确权纠纷;(5)以物抵债纠纷;(6)一方当事人下落不明的案件;(7)经行政部门或社会组织先行调解达不成调解协议的案件;(8)可能规避法律或可能损害国家利益、社会公共利益、集体利益、第三人合法权益的案件;(9)其他依照法律规定不宜调解的案件。一方面除负面清单以外的案件,各地法院可视情况自行制定征求当事人同意转入诉前联调的办法,另一方面也可考虑法律的规范价值,对于部分疑难复杂案件,通过判决对社会的价值观和行为模式进行引导。

4.顶层设计加强流程管理考核

为加强法院内外部调解资源的整合力度,自上而下设计的流程管理考核制度应是法院主导模式的应有之义。流程管理考核包含内外两个考核标准。对内要改变部分法院将诉前联调案件排除在司法统计范围之外的做法,将诉前联调案件处理情况纳入法院统一开发的信息管理平台,对法院内部专职从事诉前联调工作的人员进行流程节点考核管理,并与绩效考核挂钩;上级法院通过信息管理平台对下级法院的诉前联调工作进行指导和考核。

对外要通过顶层设计将民商事纠纷诉前分流率、诉前调解成功率、民商事案件万人起诉率等关键指标纳入政府法治建设模块的政绩考核范围。部分地方政府已经将法治建设纳入考核的范围,如 D 市法院所在省对各地级市政府考核内容包含了"法治化营商环境建设",在考核标准中明确要求"创新商事纠纷解决方式,健全商事纠纷非诉讼解决机制。完善诉讼调解、行业调解、仲裁等多元化纠纷解决机制"。由于缺少法律授权,法院在接到对当地政府考核的任务时难免诚惶诚恐:一方面要服务地方政府发展需要,并争取政府对法院工作的支持,另一方面作为考核者要对政府的支持行为作出评价,角色的交错令考核的刚性大打折扣。顶层设计的目的即将考核制度通过法律授权的方式固定下来,赋予法院在主导诉前联调工作中更多的话语权。

五、结语

习近平总书记在 2019 年初中央政法工作会议上说,要"坚持把非诉讼纠纷解决机制挺在前面"。诉前联调作为多元化纠纷解决机制的重要组成部分,不应当仅是缓解案多人少矛盾的权宜之计,而是应当融入共建共治共享的社会治理格局之中。好的制度设计应当促使参与其中的各方形成共赢共生的合力,法院主导的诉前联调模式不是大包大揽,而是抓住关键要素,构建有效运转的诉前联调秩序。随着我国多元化纠纷解决机制的发展,参与各方可能产生新的行动逻辑,新的问题将继续考验着制度设计者的智慧和才能。相信纵使儒家推崇的"天下无讼"境界难以实现,通过不断思考和实践,也定能朝着"努力让人民群众在每一个司法案件中都感受到公平正义"的目标更近一步。

职业化、社会化与市场化：重塑调解员制度之路

黄彩华*

如果根本不知道道路会导向何方，我们就不可能智慧地选择路径①。

——卡多佐

在诉讼并不发达的年代，调解就已经是法院解决社会纠纷的一项"法宝"。近年来，法院案多人少的问题凸显，部分地区甚至出现"诉讼爆炸"现象，大量社会矛盾未能及时解决。从中央到地方均进一步意识到加强多元化纠纷解决机制的重要性，注意到加强非诉调解工作的必要性。一切工作中，最关键因素是人以及与人相配推进的制度。多年来，我们孜孜探索改进调解员制度，但调解员的作用并未达到预期效果，其专业程度不高、激励机制不足、调解效果不佳等问题一直被人诟病。应重新定位，探索适合现代司法要求的职业化、社会化、市场化调解员制度新模式。只要改革方向对了，化解纠纷的豁亮新路便呈现了。

一、小样本：法院 ADR 中调解员问题的审视

（一）样本概况及其代表性

本文选取珠三角 D 市 E 基层法院附设 ADR 调解情况作为研究样本②，以该院专职人民调解员、特邀调解员的个体情况与调解情况为调查对象，对调解员工作的影响因素进行实证剖析。

1.背景。E 法院年均收案超 3 万件，法官不足百人，案多人少矛盾突出。该院退休人员少，当地司法行政部门亦无暇分流诉前案件。借外力组建职业化的调解队伍，成为该院的选择。

---

* 黄彩华，东莞市第二人民法院审管办（研究室）一级主任科员。

① 卡多佐：《司法过程的性质》，苏力译，商务印书馆 1998 年版，第 63 页。

② 选 E 法院为样本的原因如下：一是调解员队伍模式的典型性。E 法院是全国多元化纠纷解决机制改革示范法院，其经验在 2017 年最高人民法院召开的深入推进多元化纠纷解决机制改革暨示范法院经验交流会上作为范例介绍。二是管辖案件的代表性。E 法院是基层法院，基层法院是我国司法的底层运作部分，最能体现一线司法底色。三是社会发展的前沿性。E 法院处于发达地区，所在 D 市常住人口 800 多万，其中流动人口系户籍人口约 4 倍，已逐步从传统的"熟人社会"步入"陌生人社会"，法治建设水平亦走在全国前列，其样本研究对于我国社会纠纷解决未来思路有较好参考作用。

2.调解员队伍。2009 年开始,E 法院与辖区司法行政部门合作,由政府出资,向社会招录专职人民调解员派驻法院,至 2017 年约 20 名;吸收近 30 名执业律师、心理咨询师、香港调解员等各界人士任特邀调解员。法院与高校及香港和解中心合作开设多期调解技能培训。组建了分为专职调解法官(负责调解团队和业务管理)、调解管理员(负责调解引导)、专职调解员和特邀调解员(负责具体调解)的三级调解团队。对专职调解员分类管理,设定九级对应不同待遇。

人民调解员学历均为本科,专业基本为法学,个别人专业为其他,月薪从 3000 元至 6500 元不等。特邀调解员学历均为本科以上,63% 为职业律师,其他为医生、心理咨询师、妇联工作人员、高校老师、公务员等,调解补贴为 500 元/次。两者均受过法院组织的短期培训。

(二)调解模式及其成效

1.调解模式。法院附设调解免费。当事人同意调解的,由法院安排调解员。达成协议的由法官审核签发调解书;谈不成的移送诉讼程序。调解一般不超 30 天。对适宜调解的案件设置调解前置程序,当事人拒绝调解的需说明理由。如审判法官认定当事人无故拒绝调解导致司法资源浪费,可增加其负担诉讼费比例。2016 年 10 月推行调解前置程序后,六成民商事案件进入诉前调解。建立调审衔接机制,调解不成的,调解员完成应诉送达工作,制作调解日志记录双方无争议与分歧情况,便于审判人员了解案情。实行调审分离,诉前调解人员不参与审判。

2.调解成效。以 2016 年、2017 年为例。通过诉前调解成功的案件,分别占同期民商事案件结案数的两成多到近四成。

表 1　人民调解员调解案件情况表

年份	收案总数	调解成功数/件	调解率
2016	3559	730	20%
2017	5224	1988	38%

表 2　特邀调解员调解案件情况表

年份	参与人数	主持调解数/件	调解撤诉数/件	调解率
2016	23	119	61	51.26%
2017	14	40	25	62.5%

表 3　家事案件调解情况表

年份	收案数/件	调解撤诉数/件	调解率
2016	519	225	43%
2017	445	269	60%

从表 1、表 2 可见,特邀调解员相对人民调解员的调解率较高。从表 3 可见,类案中家事纠纷为法定前置调解,调解成效明显超出平均水平,成功为家事审判庭分流案件。

（三）调解员制度运行的困惑

通过对多名人民调解员、特邀调解员和调解法官的问卷调查和个别访谈，调解员的工作主要存在问题如下：

一是调解的启动程序较难。尽管多数纠纷有调解的空间和可能，也被告知了调解制度的好处，但由于调解员整体素质不尽如人意影响了当事人对调解员的信任，加上法院受理费标准较低，多数当事人不愿主动选择调解，更倾向于通过正式开庭解决。调解程序皆由法院推动，以当事人自愿为前提，不能强迫。有时调解员一天打几十个电话，但约来调解的不多。当事人爽约的，亦无制约措施。实行调解前置程序后，调解启动率从一两成升至约六成。

二是调解员的职业素养欠缺。人民调解员没有严格门槛，由法院培训上岗，水平参差不齐，平均年龄较小，社会阅历和法律经验不足，对案件调解质量不能完全保证。调解率从17%至超过50%不等，个体能力差异很大。相比而言，当事人对律师特邀调解员的法律水平普遍表示较大信任，对其他专家型特邀调解员的专业水平信服程度较高。调解员均受过短期调解培训，但除了个别热爱调解的会继续自修外，能主动研究加强调解技能的不多。访谈中，C调解法官[1]表示，优秀的人民调解员确实可以帮法院减轻好些诉前压力，但人民调解员中能独立调解的还是少数，大多只能跟法官从事协助性事务。

三是调解员的激励机制不足。目前调解员的工作要求高、付出多，但缺乏薪酬和职业发展的激励机制，大大影响了其工作积极性。法院附设调解对当事人免费，人民调解员的经费由政府支持，特邀调解员的经费由法院筹集。经费不足直接影响了相关薪酬和补贴标准。薪酬未跟调解案件成功数量绝对挂钩，与工作年限关系也不大。相比当地物价，人民调解员的薪酬实在不高[2]。受访的人民调解员普遍认为其工作值得更高回报。对特邀调解员而言，相对其本职工作收入以及考虑E法院离市区较远的交通、时间和精力成本，500元/次的补贴标准显然亦不高。

访谈中，L人民调解员[3]表示：

现在的待遇与调解员的付出并不相称。一，从工作要求看，调解员要能控制调解秩序，有很强洞察力，其法律水平、责任心、亲和力、社会阅历和心理知识运用等都会影响调解结果。二，从工作量看，一个好调解员相当于一个三人审判组（法官、法官助理、书记员），立案、说服调解、调前准备、进行调解、草拟文书、送达归档等均由调解员一人完成。三，从业绩看，有资深调解员一个月独立处理约50件案件，调解成功20多件，达到一个审判组的结案要求。但即使是工作多年、调解业绩最好的调解员，最高待遇亦未达到全市的平均薪酬水平。

C调解法官亦表示：

调解其实是一门很难的学问。调解员既要懂法律，立案、审判以及执行的程序都得清楚，又要懂调解技巧，绝不是要嘴皮子那么简单，可惜待遇不高。

四是调解员的流失率高。受访人民调解员的报名初衷均为找份谋生工作。特邀调解员的报名初衷主要为锻炼自己、开拓视野，也给社会做点奉献。调解员报名之初，均没有立志

---

[1] C调解法官，从事民商事办案16年，访谈时间为2018年6月3日。

[2] D市商品房均价近2万元/平方米，全市平均月薪超7000元，E法院人民调解员平均月薪约4000元。

[3] L人民调解员，本地女性，从事专职调解9年，调解率约50%，访谈时间为2018年6月3日。

要在调解方面有所建树。即使后来产生对调解的兴趣,由于缺乏可预期增长的职业前景,调解员普遍缺乏深入加强调解技能的动力,也很少考虑将调解员作为未来职业方向。人民调解员队伍存在较大不稳定性。据统计,该院人民调解员迄今流失率超过一半,短的仅工作一周到两三个月不等。除了有其他工作兴趣外,薪酬和工作量不匹配及缺乏职业前景是重要原因。

调查中,受访的人民调解员、特邀调解员和调解法官均普遍表示,调解契合社会纠纷解决需要,是很有技术含量的工作,有发展前景,法院和政府部门应大力宣传,让调解深入人心,成为人们发生纠纷后的首选;并希望调解员能走向职业化和市场化,调解员以专业赢得当事人信任和提升纠纷解决效果,提高调解员薪酬,提升职业空间。访谈中,C 调解法官称,现在法院搞审判专业化,调解员也应向专业化发展,目前调解率高的调解员都有其擅长领域。立案庭庭长亦提及,立案庭准备成立家事、交通、劳动案件专门调解小组和其他民商事案件调解小组。受访的调解员均表示,如国家开展调解员认证,他们愿意申请,亦愿意尝试公益调解。

二、大视野:社会纠纷格局变化亟需调解员制度变革

从上述 E 法院样本延伸开去,让我们用一个更大的社会视野来审视当下的调解员制度。以下将从社会纠纷格局变化、法院解决纠纷压力、调解员制度现有发展模式不足以及未能适应市场需求四个层次,分析如下:

(一)社会纠纷形态发生了深刻变化

一是社会发展程度大大加深。随着社会的快速发展,社会结构转型升级,分工细化,社会矛盾呈现多样化、复杂化、专业化的趋势。调解员不仅要具备法律判断力以及心理学、社会学、谈判艺术等知识,往往还需要行业性专门学问。二是社会阶层人情变化巨大。传统乡土的熟人社会逐渐瓦解,迈向城市化的陌生人社会。新社会阶层不断出现,越来越多人选择非固定职业。而信用体系尚未健全,为了利益舍弃信用的行为屡见不鲜。传统的靠面子、道德、人情、乡土权威等调解方式,已不适应现代社情发展。三是社会法律意识普遍增强。经过多年法治建设,民众的法律意识大为增强,传统厌讼心理有所改变,遇到纠纷会更多考虑如果依法维权会怎样。当事人会更倾向于正式的诉讼,而不愿寻求相对不够规范的调解。

(二)法院诉讼重负需要调解减压

随着社会纠纷的增多,人们法律意识增强,越来越多纠纷涌入了法院。2015 年 5 月 1 日全国法院实行立案登记制后,截至 2017 年 3 月,立案超过 3100 万件,同比上升 33.92%[①]。同时,法官员额制全面改革后,全国法官从约 21 万人减到 12 万余人[②]。法院办案压力与日俱增,受理 90% 以上案件的基层法院的压力尤甚。

除了做好内部繁简分流外,通过 ADR 化解纠纷的需求也日益成为共识,"司法不能成为解决社会矛盾的第一道防线"[③]。诉讼程序的严格、耗时,已不能满足当下社会纠纷的处

---

① 罗书臻:《最高法院通报立案登记制改革两周年情况》,载《人民法院报》2017 年 5 月 19 日第 1 版。

② 罗书臻:《让优秀审判人才向办案一线集聚 让人民群众有实实在在的获得感》,载《人民法院报》2017 年 7 月 6 日第 1 版。

③ 李少平:《深化"繁简分流"改革,破解"案多人少"矛盾》,载《人民法院报》2018 年 6 月 8 日第 5 版。

理需求。"在任何社会，最大量的纠纷一定是通过立法（包括习惯法）、行政这类政治行为，通过仲裁、调解、互惠甚至相互忍让等社会机制，以及在现代工商社会通过保险这类市场机制予以回应的，不可能指望法院来大包大揽。"[①]在诉讼重负下，加强调解员建设，发展非诉调解，是解决社会纠纷的迫切需要。

（三）传统调解员制度滞后于社会发展

迄今而言，我国调解员制度带有计划经济时代的国家公权力管理烙印，其总体人员情况和管理模式已不适应现代社会需求。具体表现为：

一是人员素质总体不高。人民调解员的构成大多为村（居）委会、司法行政工作人员和离退休人员，年龄偏大，法律水平不高；部分为找不到更好工作的大学生，社会阅历和法律经验缺乏。有较高法律水平和调解技能的比例甚小，权威性亦不高。近年探索的专业化方向的特邀调解员，所占比例极小。二是调解工作精力不足。多数人民调解员有本职工作，无暇过多顾及调解工作。目前全国 360 多万名人民调解员，每年调解 900 万件纠纷，人均不到 3 件，专职的仅占 13.5%[②]。三是缺乏业务提升动力。由于社会认同和自我认同感低，看不到发展空间，跟本职工作的晋级和待遇提升没有必然挂钩，人民调解员普遍没有提高调解技能的强烈动力，客观上亦难以实现调解水平的精和专。

相比律师、仲裁员等社会精英形象，目前调解员并非被广泛认同、受人尊重的称谓，甚至往往沦为"和稀泥"的居委会大妈形象，行业公信力不足。其根源在于：一是缺乏明确而严格的职业准入资格。各地自设的门槛往往偏低，业务素质难有评价尺度，社会认同度不高。二是缺乏规范而系统的培训机制。一般由当地司法行政部门自行和委托培训，并授予调解员证，难以评估培训效果。三是缺乏可预期的较好职业前景。从《人民调解法》条文看，人民调解员并非独立职业。《人民调解委员会组织条例》规定调解民间纠纷不收费，经费由村（居）委会解决。但实践中经费往往难以保障，甚至出现调解员干得越多经费倒贴越多的情况。

（四）调解员制度未能适应市场需求

如前所述，目前调解员的状况并不适应社会发展。但与此同时，随着纠纷增加，人们寻求解决方式的多元化，调解的需求是增加的，高质量的调解服务甚至可以说是稀缺的。近年社会上逐渐兴起各种调解课程培训，不乏高级课程，新浪法院频道亦推出调解培训在线课程，并出现了职业调解培训师。以上情形，说明社会对调解行业的实际需求是巨大的，并向调解员的素质提出了更高要求。

在探索调解员制度改进的道路上，包括 E 法院在内的多地部门已迈出尝试的一步。浙江省昆山市司法局从 2008 年开始推进人民调解员职业化，为社会公益性岗位，按政府聘员待遇，由司法局培训合格后确认。[③] 上海市浦东新区于 2015 年建立全国首家专业人民调解

---

① 苏力：《司法改革的知识需求：波斯纳〈各行其是〉中文版译序》，载《法治现代化研究》2017 年第 1 期。

② 陈杭平：《加强人民调解员队伍建设　推进国家治理现代化》，人民日报海外版官方网站 http://opinion.haiwainet.cn/n/2018/0428/c353596-31307339.html，下载日期：2018 年 6 月 30 日。

③ 郑弋、冷怡：《有一种职业叫"人民调解员"——昆山市大力推进调解职业化制度建设纪实》，载《江苏法制报》2010 年 12 月 8 日第 1 版。

中心,以政府购买服务方式,每人每年6万元经费,调解员均为全职。① 但在江苏昆山这样经济发达地区,聘员待遇显然不算诱人,像上海这样物价高昂的大城市,年薪6万元更难以吸引优秀人才。这种经费完全依赖政府的模式,也与市场经济发展不适应。

三、调解员制度的域外经验与世界趋势

"协商调解等解纷方式是人类的共同历史财富,追求和谐多元化纠纷解决机制则是当代各国的共同需求以及社会治理和司法改革的大势所趋。"②20世纪中后期以来,多个国家和地区已逐步兴起ADR运动,推动调解员制度改革已成为全球性发展趋势。择其成功经验,可为我国完善调解员制度提供参考。

(一)调解员的职业化

从20世纪中期以来,以美国为代表的多个国家和地区开展了调解员职业化进程,调解员成为独立的职业,专业化和规范化程度高。

如美国自20世纪60年代以来,大力发展ADR运动以应对"诉讼爆炸"等问题,调解员资格认证存在准入制和认证制两种形式,多数州实行认证制③。澳大利亚于2007年通过《国家调解员资质认证标准》,2008年实行国家调解员认证系统,私人调解员、各类社会调解组织、法院、仲裁组织等须通过该认证体系登记注册④。比利时于2005年实施《比利时司法法典》,将调解定为独立解决纠纷方式,只有国家认证的调解员才有资格调解纠纷,对调解员的职业素质和职业纪律、执业条件作了严格要求,联邦调解委员会负责调解员认证⑤。中国香港于2010年引进《实务指引》,鼓励当事人通过调解解决民商事纠纷,于2012年制定《调解条例》,2012年成立香港调解资历评审协会有限公司,负责调解员的资格、培训标准和纪律等工作。⑥

(二)调解员的社会化

伴随调解员制度职业化的,是大力推动社会化的发展。如美国的调解主要有与法院有关的调解、社区调解、行政调解、私人调解和商业调解等,法学院竞相开展ADR课程,调解呈学科化。在政府和律师协会支持下,出现大批专业性调解组织。⑦ 澳大利亚将调解确立为化解社会矛盾的主要方式。立法、司法、行政、社会多方合力,形成大调解和多元化调解机制。全国有大量社会调解组织。政府采购的公共服务包括调解。除了最高法院,其他法院均有调解职能。当事人拒绝调解被视为不配合司法,要承担更多诉讼费⑧。比利时规定自愿调解和法院建议调解两种形式,调解与判决分离,鼓励当事人使用调解,调解员主持达成

① 余东明:《专业人民调解员纳入职业序列》,载《法制日报》2016年6月23日第1版。
② 范愉等:《多元化纠纷解决机制与和谐社会的构建》,经济科学出版社2011年版,第17页。
③ 杨超:《中美调解员制度比较分析》,载《重庆科技学院学报(社会科学版)》2014年第4期。
④ 中国法学学术交流中心:《借鉴域外经验,完善多元纠纷化解机制建设》,载《民主与法制时报》2017年12月21日第3版。
⑤ 蒋惠岭主编:《域外ADR:制度·规则·技能》,中国法制出版社2012年版,第184~188页。
⑥ 袁国强:《调解事业的过去与未来:香港的经验》,载《人民法院报》2016年4月8日第6版。
⑦ 余东明:《专业人民调解员纳入职业序列》,载《法制日报》2016年6月23日第1版。
⑧ 范愉等:《多元化纠纷解决机制与和谐社会的构建》,经济科学出版社2011年版,第17页。

的调解协议可申请法院确认,经确认与法院判决有同等法律效力①。中国香港自 2007 年以来多次将推动调解作为政策目标,司法机构成立调解信息中心和调解统筹主任办事处为当事人提供调解协助,符合资格的民事案件可获法律援助,律政司还推出宣传调解为先的活动②。

(三)调解员的市场化

为了激发调解员的竞争力和活力,市场化成为许多调解员制度发达国家和地区的选择。如美国是调解员市场化的典型国家,调解员由当事人选择,法院附设调解免费,商业调解收费,社区的调解机构是非政府无盈利民间机构。③ 调解模式具有教学到执业的市场化模式,社会上涌现私营商业调解机构,调解服务量化成商品,契合市场经济发展,满足社会需求④。澳大利亚实行调解收费制度,具公益性,收费标准不高,亦有高收费的商业调解⑤。比利时调解费用由当事人平摊,法定调解中经济困难的当事人可申请法律援助⑥。中国香港申请调解有偿,亦有公益免费调解⑦。

(四)启示

纵观上述国家和地区的调解员制度改革情况,其成效对于 ADR 有较大推动作用。其成功的主要因素在于:

一是均以立法确认调解员的独立职业地位,调解员均有规范的培训与认证体系,职业化是发展潮流。二是调解员的社会化开展较好,社会调解组织蓬勃发展,私人调解员大量兴起,调解获社会广泛认同,已形成有纠纷会寻求调解的社会风气。三是调解员的市场化,有助于深入推动调解行业和调解员制度的发展,更契合现代经济社会利益主体的多元需要。

四、构建适合国情的调解员制度之路

(一)明确调解员制度对多元化纠纷解决机制的重要性

"社会自我消解纠纷能力,是社会自治和社会成熟的重要指标,调解是社会自我消解纠纷和自治的重要方式。"⑧调解已成为世界性潮流,也应当逐渐成为我国解决纠纷的主流方式。人是工作的灵魂。只有将作为调解工作核心灵魂的调解员的地位明确独立出来,提升其定位,将调解员个人价值的实现与社会纠纷解决的和谐发展有机结合起来,才能从根本上推动调解工作的革命性变革。要让调解员制度适应时代发展,应当结合国情和域外经验,从职业化提升专业程度、社会化提升群体认同、市场化提升发展前景的三个维度发展,以吸引

① 杨超:《中美调解员制度比较分析》,载《重庆科技学院学报(社会科学版)》2014 年第 4 期。
② 中国法学学术交流中心:《借鉴域外经验,完善多元纠纷化解机制建设》,载《民主与法制时报》2017年 12 月 21 日第 3 版。
③ 余东明:《专业人民调解员纳入职业序列》,载《法制日报》2016 年 6 月 23 日第 1 版。
④ 廖永安、张莹:《美国调解制度的启示与借鉴》,载《怀化学院学报》2013 年第 12 期。
⑤ 范愉等:《多元化纠纷解决机制与和谐社会的构建》,经济科学出版社 2011 年版,第 17 页。
⑥ 杨超:《中美调解员制度比较分析》,载《重庆科技学院学报(社会科学版)》2014 年第 4 期。
⑦ 中国法学学术交流中心:《借鉴域外经验,完善多元纠纷化解机制建设》,载《民主与法制时报》2017年 12 月 21 日第 3 版。
⑧ 袁征、舒秋菁:《人民法院特邀调解制度构建刍议》,载《人民法院报》2015 年 10 月 30 日第 6 版。

优秀人才加入调解员队伍中,使其有活力、有干劲、有社会认同感,从而发挥出其在多元化纠纷解决机制中该有的巨大作用。(见图1)

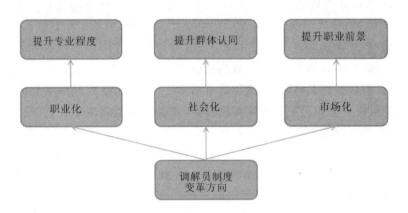

图 1   调解员制度变革方向

(二)以调解员制度为核心优化纠纷解决机制调解框架

近年来,我国内地调解员有关立法、司法解释主要发展沿革如下:2010 年出台《中华人民共和国人民调解法》,首次对人民调解员的任免条件进行立法。2016 年最高人民法院出台《最高人民法院关于人民法院进一步深化多元化纠纷解决机制改革的意见》和《关于人民法院特邀调解的规定》,首次对特邀调解员作出规定。2017 年最高人民法院和司法部出台《关于开展律师调解试点工作的意见》,首次规定律师可向调解双方当事人收取调解费。上述规定,形成了我国以人民调解员为主、特邀调解员为辅的模式以及人民调解免费和律师调解可以收费的基本格局。

继党的十九大提出要加强调解工作后,2018 年 3 月中央全面深化改革委员会第一次会议通过《关于加强人民调解员队伍建设的意见》,再次强调了人民调解员的职责使命。应趁着这股东风,检视以往得失,修改立法,优化以调解员制度改革为核心的调解制度框架。可循序渐进,地方有条件的可先立法,时机成熟时进行全国综合性立法[①]。

一是确立调解员的职业化。职业化是调解员获得公众信任的重要支撑。首先,赋予调解员独立职业地位和劳动报酬权。调解是解决纠纷的一种方式,是一项社会服务。如同律师提供诉讼代理、仲裁员提供仲裁,调解员可以也应当成为一门独立职业。调解作为一种劳动方式,调解员有权获得报酬。其报酬可来自市场化收费,如当事人自选社会调解应付相应费用;亦可来自政府采购,如为困难当事人提供法律援助以及为法院附设调解购买服务等。其次,明确调解员的认证资格和职业守则。其一,条件。调解员须具备大学本科学历。待调解行业发达,时机成熟,可再提高门槛,要求通过国家法律职业资格考试,之前已通过律师资格考试、司法考试的亦适用。门槛不宜过低,避免专业化程度不高、数量过多而丧失公信

---

① 龙飞:《多元化纠纷解决机制立法的定位与路径思考——以四个地方条例的比较为视角》,载《华东政法大学学报》2018 年第 3 期。

力①。其二,培训。鼓励社会机构举办调解技能培训,申请人应获得相应培训合格证明。其三,认证。参考法律资格认证方式,建立全国统一的调解员认证机构。考虑到我国幅员辽阔,地区差异较大,亦可参照司法考试证书按不同条件分 A、B、C 证的做法。职业调解员须持证上岗。其四,行为规范。建立全国统一的调解员行为规范。其五,名册。建立调解组织名册和调解员名册,向全社会公布。可由司法行政部门发布,法院、调解组织亦可根据自身情况发布。

二是推动调解员的社会化。目前调解市场尚在孕育阶段,未形成主动寻求调解以解决纠纷的社会风气,应设置辅助措施鼓励适用调解。其一,设置调解前置程序。以 E 法院试点经验看,前置程序对于提高调解启动率及后面的纠纷调解率起到重要作用。交通、合同等多数类型案件可先试行。这也符合目前越来越多国家在特定类型纠纷中建立强制调解程序的全球趋势②。其二,提高诉讼费标准。诉讼成本过低易造成司法滥用,是引发"诉讼爆炸"的重要原因。由于诉讼费最后是按官司胜负比例承担,有必要提高诉讼费标准,增加败诉方负担,驱动当事人倾向调解。其三,加强适用诉讼费杠杆。《最高人民法院关于人民法院进一步深化多元化纠纷解决机制改革的意见》第 38 条规定:"发挥诉讼费用杠杆作用。当事人自行和解而申请撤诉的,免交案件受理费。当事人接受法院委托调解的,人民法院可以适当减免诉讼费用。一方当事人无正当理由不参与调解或者不履行调解协议、故意拖延诉讼的,人民法院可以酌情增加其诉讼费用的负担部分。"但实践中适用上述惩罚性条款的寥寥,目前公开案例仅一件③,应加强适用。英国、美国、意大利等均有诉讼费罚则,可作借鉴④。其四,建立多元调解衔接机制。建立社区调解、行政调解、司法调解、商业调解的大格局,提倡线上调解便捷方式。经调解员促成的调解协议为有效的民事合同,当事人可选择是否交法院申请司法确认。如需赋予强制执行力的可申请司法确认,不需要的可申请撤诉或自行履行。

三是推动调解员的市场化。市场化使调解员具有市场生存能力,提升职业发展前景。其一,开放市场收费。除了商业调解,其他调解对当事人免费,由政府购买服务。开放调解市场收费,鼓励成立各类调解组织。当事人主动寻求社会调解组织的调解员进行调解,费用自担。不管是何种调解,当事人对调解员均有选择权。因关系切身收益,调解员有动力提高调解水平,如此自然能激发调解行业的良性循环。其二,实行逐步推进。在调解员职业身份不鲜明、权威性不高的发展初期,由法院引领调解,鼓励社会公益性调解和推动市场化调解,建立以政府购买为主、市场自主收费为辅、公益性和市场化结合的调解机制。待整个社会崇尚调解的风气兴起,调解员整体职业水平提高和社会认同感提升后,过渡到民间调解与司法调解并重,最终达到尽量将纠纷解决在社区和萌芽阶段的理想状态。

---

① 负面例子如罗马尼亚。参见杨慈:《罗马尼亚调解制度新发展述评》,转引自《东南司法评论》2016年卷,厦门大学出版社 2016 年版,第 523 页。

② 齐树洁、许林波:《域外调解制度发展趋势述评》,载《人民司法(应用版)》2018 年第 1 期。

③ 叶小钟、黄彩华:《东莞一男子赢了官司却被"罚"多交诉讼费》,载《工人日报》2018 年 5 月 26 日第 3 版。

④ 李少平主编:《最高人民法院多元化纠纷解决机制改革意见和特邀调解规定的理解与适用》,人民法院出版社 2017 年版,第 343 页、第 344 页。

五、结语

纠纷有大有小,有难有易,如河之深浅,浪之平动。如同船夫的水平决定了船只的走向和安危,调解员对于纠纷的引导和结果亦起着决定性作用。调解员的作用不仅是解决个案,更重要的是修复当事人之间的关系,面向未来。目前多元化纠纷解决机制已进入我国社会各方面,不仅是解决纠纷的一种方式,更是一个国家法治方式的理念,乃至"国家治理体系和治理能力现代化的一个关键因素"[①]。作为该机制重要组成部分的调解员制度,改革任重道远。党的十九大报告强调,"要提高社会治理社会化、法治化、智能化、专业化水平"。从国家立法层面制定基本制度,把专业的事情交给专业的人,把自治规则交给行业协会,把社会服务交给市场,应当是调解员制度的发展方向。

---

① 龙飞:《论国家治理视角下我国多元化纠纷解决机制建设》,载《法律适用》2015年第7期。

粤港澳大湾区涉港澳商事纠纷调解机制的追求目标和实现路径

——基于 D 市的实践经验

东莞市第三人民法院课题组[*]

随着粤港澳大湾区建设的全力推进,三地的商事往来将更为活跃,产生最大可能的融合,在"一国两制、三种法域"的挑战下,可以预见将不可避免地出现更多的法律冲突,遵循传统的诉讼路径解决大湾区涉港澳商事纠纷,时间、经济成本将巨大,效果未必最佳。D 市是粤港澳大湾区发展的核心城市,结合 D 市的两大发力点,审视 D 市商事调解机制运作的现状,寻求优化营商法治环境、促进粤港澳大湾区高质量融合发展、提升区域整体竞争力的矛盾化解机制,具有现实的必要性与紧迫性。

一、以 D 市实践经验探索涉港澳商事调解机制的背景

(一)D 市在涉港澳大湾区建设中的目标定位

2019 年 2 月 18 日,中共中央、国务院正式发布了《粤港澳大湾区发展规划纲要》(以下简称《规划纲要》),国际一流湾区和世界级城市群建设进入全面铺开时期。粤港澳大湾区建设是中央立足国家长远发展,构建全面对外开放新格局下实施的国家重要战略部署,是以经济发展为主导的合作。香港特别行政区、澳门特别行政区和 D 市等珠三角九市,将成为我国开放程度最高、经济活力最强的区域之一,将提升粤港澳大湾区在国家经济发展和对外开放中的支撑引领作用。D 市作为广东省大湾区建设的九市之一,地理位置卓越,明确提出建设"湾区都市"的战略部署和价值追求,奋力打造粤港澳大湾区先进制造业基地、国家科技成果转移转化示范区、全面开放合作先行区和高品质低成本的现代生态都市,为把大湾区建设成国际一流湾区和世界级城市群作出应有奉献,将为广东进一步建设粤港澳大湾区提供强劲助力。

(二)D 市涉港澳商事往来的整体概况

2011 年以来,港资在 D 市服务业投资每年都超过了 100 宗,2011—2015 年共 635 宗,投资总额达 34.6 亿美元。粤港澳大湾区意旨搭建国际发展平台,外商投资是少不了的助力。截至 2019 年 10 月,D 市有香港投资的公司为 795 户、澳门投资公司 49 户。建设粤港

* 本课题组成员有邝子球、陈浩辉、庄乐波、吴丹盈。邝子球(课题主持人),东莞市第三人民法院党组书记、院长;陈浩辉,东莞市第三人民法院党组成员、副院长;庄乐波,东莞市第三人民法院研究室主任;吴丹盈(报告执笔人),东莞市第三人民法院民三庭审判员。

澳大湾区,既需要粤港澳的区域协同合作,又需要发挥粤港澳地区在吸引和利用外资方面的传统优势。由于粤港澳三地经济社会规则不同,粤港澳建设应该重在规则相互衔接,尤其是法治规则的衔接。增强三区域的法治共识,强化规则对接,降低经济社会发展的成本,营造法治化的营商环境至关重要。此外,推动大湾区建设也需要三地法律制度的共同保障和协调合作,这是促进粤港澳三地可持续繁荣发展的重要方式。D市地处改革前沿,有较长的港澳资本投资、贸易往来的传统,但不具备深圳作为先行区、广州作为省会城市的政策高度支持、资本力量高度集中的特点,以D市为样本探索、分析涉港澳商事纠纷调解机制的价值、目标与实现路径,对其他的大湾区城市,乃至其他地区的涉港澳商事纠纷调解机制均有较强的可借鉴意义。

二、D市涉港澳商事纠纷调解机制的有限运用的现状

经调研,D市涉港澳商事纠纷的调解工作主要依托于D市两级人民法院、D市商事调解中心(以下简称商事调解中心),D市现有广州仲裁委员会东莞分会,本土现无专门的仲裁委员会(正在筹备中),故此D市涉港澳商事调解的平台有限、力量薄弱,调解机制在涉港澳商事纠纷的运用非常有限。

(一)以法院为主导的调解机制在涉港澳商事纠纷中的运用概况

按照中央的统一部署,在上级法院的指导下,D市两级法院认真部署、深化落实多元纠纷解决机制改革,紧紧依靠地方党委政府,整合各种社会力量,充分利用线上线下两大平台,全力推进诉调对接工作,努力打造诉前联调、诉中力调、执行和解的全流程对接,助力加快形成共建共治共享基层社会治理格局。诉调对接工作覆盖两级法院各类纠纷,最大可能地吸纳了涉港澳商事案件,取得明显成效。

1.诉前调解举措与涉港澳商事调解匹配度低,调解成功率低

全市法院下足力气促进诉前联调,具体措施扎实且创新:

一是作为一把手工程,全市法院高度重视。全市法院将诉调对接工作作为一把手工程来抓,组成由院长担任组长,其他院领导为成员的诉调对接工作领导小组;建章立制,出台相应的实施办法,规范诉调对接工作的开展;打造诉调对接工作室,配置专门工作团队;及时与辖区镇街沟通协调,确保人员经费快速到位。

二是充实调解员队伍,广泛发动群众自治力量。全市共有特邀调解员近600名,包括律师、专职调解员,在法院内部设立建立律师工作室,并展开针对性的培训,提升调解员队伍的调解能力。如D法院某法庭建立了特邀调解机制,特邀调解员莫满水曾获评"2018年全国人民调解工作先进个人",并于今年6月成立了个人调解工作室,桥头法庭分别在法庭诉讼服务中心和石水口村成立莫满水调解员工作室和莫满水诉调对接工作站,与莫满水调解工作室建立双向对接机制,使诉讼调解与人民调解优势互补,形成合力。此外,还形成了家喻户晓的"红姐工作室""祥叔工作室"等调解品牌。

三是深度整合资源,全面搭建"法院+"平台。建立线上线下两个平台,如充分利用线上的道路交通事故纠纷一体化处理网上平台等在线纠纷解决平台,通过网上立案、在线调解、在线确认、电子送达等手段,降低化解纠纷成本,实现诉调对接信息共享,促进纠纷高效化解。发挥好线下调解主阵地作用,建设专门工作场所和设施,配置专业团队,利用电话、现场调解等传统线下调解措施开展调解。此外,除在诉调对接中心配置擅长调解的法官或者审

判辅助人员开展专职调解和通过向律师事务所购买服务引入专职律师常驻诉调对接中心开展律师调解外,进一步整合当地商会、司法分局、维稳中心、妇联、社区村(居)委会、工会、劳动服务站等调解力量开展特邀调解,由诉调对接中心、诉调对接工作室根据纠纷的不同类型,选择委托适当的社会力量进行调解,并加强业务指导,推送相关案例,跟进调解进度,对调解成功的及时给予司法确认。

从诉前调解的具体举措来看,D市两级法院协同发力,深挖潜力,依靠地方党委、政府力量,广泛发动社会组织、普通群众参与调解,调解取得可喜成绩,涉港澳商事纠纷也被诉前调解包纳在其中,但成效却非常有限。

2.涉港澳商事案件呈上升趋势,然调解率持续走低

截至2019年10月30日,D市三家基层人民法院共收涉港澳商事案件2066件,结案1729件,以调解撤诉方式结案的总计517件(其中以调解方式结案的共177件,以撤诉方式结案的共340件),诉中调撤率占已结案件的29.9%。

(1)涉港澳案件覆盖领域广且呈微弱上升趋势

从近四年审理的涉港澳民商事案件来看,受理案由近百个,覆盖婚姻继承家庭、物业、邻里关系、合同、房屋、金融借款、知识产权、产品责任、破产清算类、公司纠纷等方方面面,其中知识产权纠纷、物业管理合同纠纷、民间借贷、房屋买卖合同纠纷的数量位于榜首,主要原因:一是两地经济往来活跃,知识产权保护观念存在差异;二是较多港澳同胞在D市置业,在诸如购置房产、物业服务等方面产生的法律纠纷较多;三是外商独资企业债务由法人代表连带承担,而法人代表多为港澳居民。从近四年的数据横向对比来看,D市涉港澳民商事纠纷稳中有升,2019年有较大的提升,但主要是因为其中含有一大批量的系列案,实际增幅不大。

表1　2016—2019年涉港澳商事案件收案数及调解占比情况

时间	2016年	2017年	2018年	2019年(截至10月24日)
收案数	466	527	607	466
已结数	464	508	541	216
调撤数	158	87	163	109
调撤占已结数比	34.05%	17.13%	30.13%	50.46%

(2)涉港澳民商事案件调解率持续走低

以2018年1月1日至2019年10月24日为时间节点在综合系统中进行检索,对D市S法院已结案的647件涉港澳民商事案件的结案方式进行分析,其中判决结案有378件,撤诉(含按撤诉处理、准予撤诉)186件,其他情况如被上级提起管辖、裁定驳回起诉、被指定其他法院管辖、移送其他法院管辖的共32件;调解结案的有51件,占总结案数的7.88%,较之该院同期非涉港澳的普通民商事案件调解率的26.80%,非常悬殊。调解排名前五名的案由为著作权权属纠纷、物业服务合同纠纷、民间借贷纠纷、房屋买卖合同纠纷、买卖合同纠纷,主要是因为此类案件本身占比较大。涉港澳民商事案件以调解方式结案的平均审理周期为168.76天,其中最短周期为2日,最长周期为1092日,与普通民商事案件的调解周期相比较长;调解相对于判决本身还是有绝对的时间优势,这也是调解最吸引当事人的一点。但很明

显这一吸引力对于调解机制的发挥还是不够。

(3)涉港澳民商事案件调解机制设置单一

目前D市涉港澳民商事案件均进入诉调对接,也就是在进入诉讼前会前置进入调解阶段,但根据D市三家基层法院的调解员名册,具有涉港澳背景或涉港澳调解专业知识的调解员不足10人,导致虽然进入调解阶段,但调解员有针对性地进行沟通协商的能力较弱,真正意义上启动调解的并不多见,调解的效果不尽如人意。调解不成的案件立案后由承办法官审理,承办法官视具体情况组织调解。整个调解机制设置单一,缺乏统一、灵活的调解平台,欠缺科学、民主的,充分权衡各方利益的桥梁的搭建,各方当事人难以科学地预先研判调解结果;而调解人员的专业知识、调解水平有待提升,三地不同法域的主体对调解人员的信任有限,如何提高调解的吸引力、放大调解的作用,进一步扩宽调解的渠道、规范调解的进行都是非常重要的。

3.涉调解的各主体对调解机制配套及认识不同,调解的期望值各不相同

根据问卷调查显示,法官普遍支持调解在涉港澳民商事案件中大力推广,但同时66.67%的法官认为需要有其他配套方能予以大力推行,如设置专门的调解员岗位(66.67%)、案件进行繁简分流(100%),并尊重法官在调解中的主观能动性;法官认为当事人接受调解的主要原因是实现诉讼权利便捷(66.67%),港澳台同胞对调解整体是配合的,大部分港澳居民虽然不理解为什么要调解,但愿意配合。在与法官的访谈中进一步发现,港澳居民对法官介入调解这一机制并不甚理解,认为法官主要是居中裁判,为什么会为一方利益而说辞,调解中难免涉及部分利益的割舍,但港澳同胞可能更加重视正义的实现,而不会愿意通过割舍自己应得的利益而促成调解。综上可见,虽然近年来,多元化纠纷化解平台不断被强调,调解功能不断被放大,但在涉港澳案件中的运用路径、制度保障尚在探索中。

(二)D市商事调解中心在D市涉港澳商事案件的运作概况

1.成立虽久,但在涉港澳商事调解方面缺乏成熟范本

D市商事调解中心(以下简称商事调解中心)由中国国际贸易促进委员会及D市人民政府批准设立,由中国国际贸易促进委员会D市委员会作为业务主管单位,于2014年12月16日正式成立。其定位是以调解的方式独立、公正地帮助平等主体的中外自然人、法人和其他组织之间解决商事纠纷的调解机构,为中外商事纠纷当事人提供一个专业性强、值得信赖的中立调解平台,经调研,商事调解中心每年的涉港澳商事纠纷不足5件,主要是协助本地主体与域外商事主体进行协商沟通或者展开相关的资产调查等,真正介入调解的案件微乎其微,缺乏成熟的运作范本。

2.对接法院诉调工作,涉港澳商事纠纷调解显成效

自D市进入粤港澳大湾区建设平台,商事调解中心作为D市中院的特邀调解机构之一,积极参与D市中院案件调解工作,发挥商事调解的专业领域作用,配合D市中院的"诉调对接"工作。商事调解中心与D市中院民四庭共同开展案件对接,针对涉港澳的一审、二审案件进行诉前调解工作,安排专业调解员跟进调解案件,协助民四庭调解解决涉港澳商事纠纷。其间,商事调解中心受理了涉及标的3.5亿元的案件,其中有涉及标的1.01亿元的案件成功以调撤方式结案。商事调解中心分别与R法院、S法院建立诉调对接工作机制,分别作为两个基层法院的特邀调解机构,利用法院系统线上平台把对接法院受理的相关案件,由调解中心统一对接安排调解,提高线上及线下解决问题的效率。目前,商事调解中心已与S

法院签订诉调对接工作合作备忘录,正式通过线上系统受理 S 法院转来的调解案件,派员参加 S 法院的调解员培训课程。截至 10 月,商事调解中心共受理法院委派调解案件 65 件,其中调解成功 22 件,调解中 29 件,调解不成 14 件,调解成功率约 34%。

3.对接专业机构及人士,完善 D 市港澳台商事调解仲裁联盟的平台作用

商事调解中心积极与港澳合作探索长效机制。与香港和解中心进一步商讨互联机制,共同推动应用国际专业的多元化纠纷解决方式,建立国际专业人才培训机制,服务于粤港澳大湾区的建设。目前,商事调解中心已制定了莞港澳台商事调解仲裁联盟的工作方案、联盟章程及联盟架构等相关文件,并已有 8 家机构正式加入联盟。市国际商会、香港和解中心、市外商投资企业协会、市台商投资企业协会、市商事调解中心共同签署合作备忘录,联盟正式揭牌,成立莞港澳台商事调解仲裁联盟。

三、D 市涉港澳商事纠纷调解机制有限运用的原因

(一)当前 D 市涉港澳商事纠纷调解机制有限运用的原因

1.以法院为主导的调解模式有限运用的原因

(1)港澳商事主体对法院主导商事调解的认可度不高

在港澳地区,商事调解往往是一项社会化活动,作为司法权运用主体的法官仅进行裁判,由法院及法官主导的商事调解往往不能取得当事人的理解,同时港澳商事主体认为法官主持调解中所获得的信息会影响法官的内心判断,往往不愿意在法官主持的调解中进行退让,双方僵持不下。一线法官普遍反映法官在现有环境下,审判压力大,无法有足够的精力投入调解工作,由社会组织等力量介入调解,且由法官为社会组织、调解员等进行相关法律培训,调解技巧培训,或许更有效果。

(2)诉调对接的人员力量、具体举措与涉港澳商事纠纷的特性不匹配

目前 D 市两级法院所采取的诉调对接工作具体举措,主要是接地气、走基层,通过对社情民意的掌握,把握当事人的真实内心需求,搭建起双方沟通协商的桥梁,晓之以理动之以情,相当于传统的"马锡五审判方式""枫桥经验"等的具体深化。当前 D 市具有涉港澳背景的调解员、律所等非常有限,对港澳商事主体当地的风俗习惯、法律法规不甚了解,不容易理解港澳商事主体的真实想法,不容易取得港澳商事主体的信任。

(3)港澳商事主体多在域外,是导致调解不能的最直接原因

港澳商事主体多在域外,而目前的调解规定各方当事人均需到法院,才能参与调解,无形中将大量的调解可能性抹杀了。如何通过互联网机制,将不在域外的当事人与域外的当事人的联结起来,建立一个可评测的调解沟通平台,显得很有现实的必要性。

2.以 D 市商事调解中心为主的社会调解模式有限运用的原因

(1)涉港澳商事调解机构的缺位

目前 D 市涉港澳商事调解机构非常有限,呈现出以人民法院为主导的诉讼调解,其他社会调解机构仅 D 市商事调解中心一家。D 市商事调解中心虽然成立时间不短,但也是近年来在 D 市两级法院诉调对接工作的拉动下,才更为广泛地渗透到涉港澳民商事纠纷的调解中,按照 D 市商事调解中心的意见,港澳商事主体主动上门寻求调解的概率非常低,主要是请求协助进行相关的调查工作,比如确定该港澳商事主体是否确实存在,其资金财产的基本情况。

（2）调解协议的司法效力缺失

调解长期被当作一项司法政策运用，相关的法律法规不甚完善。2011 年 1 月 1 日《中华人民共和国人民调解法》正式实施，在立法层面上确立了我国民事调解制度的正当性。2012 年，我国《民事诉讼法》修正案获通过，该法第 122 条首次以立法形式确立了我国"调解先行"的原则。[①] 在商事调解领域，其主要依据仍是《中国国际贸易促进委员会/中国国际商会调解中心调解规则》，在法律层面上尚未就商事调解作出明确规定，由此显示出我国商事调解制度在立法层面的明显缺位。由于缺乏明确的法律依据，商事调解协议在本质上等同于商事合同，未经司法确认不具备强制执行力，调解的优势难以发挥。[②] 此外，对于进入诉讼领域的案件人民法院应当如何采取调解，调解的范围、限度、程序均无明确的法律规定，从制度层面上限制了调解机制的发挥。

（3）商事调解专业人员的欠缺

调解的市场化意味着调解资源、调解机构逐渐参与市场流动，引入竞争机制，面向社会提供有偿服务，但目前我国缺乏调解市场化运作的基础。目前调解主要由政府主导，未能遵循权利义务对等的市场逻辑[③]。我国民间组织、社会团体、个人力量薄弱，严重限制了调解民间性、自治性性质的实现，阻碍了调解市场化的开发[④]。调解员缺乏统一标准的选拔，专业化程度及公信力水平有待提升，对于调解员的调解工作，过于强调奉献精神与社会服务意识，忽略调解员的职业发展需求及利益获取需求。

（4）缺乏统一规范的社会诚信体系

调解之所以得到首肯，是因为调解主要依托于当事人各方的意思自治，各方能心悦诚服地接受调解的结果，呈现出化解纠纷、解决矛盾"短平快"的效果，缺乏诚信体系直接影响调解的有效执行，目前我国整体的信用体系还没有建立健全，对于涉大湾区的主体的纳入更加缺失。缺乏统一规范的社会诚信体系，调解的基础不够夯实，当事人容易相互猜忌，也会影响对调解员的信任，调解工作难以顺利开展。此外，调解协议难以顺利执行，亦是使得调解工作效果大打折扣的主要原因。

（二）涉港澳商事纠纷调解机制有限运用的潜在危害

1.涉港澳商事纠纷一概诉诸法院，影响商事活动的稳定性

目前 D 市涉港澳商事纠纷以调解方式妥善解决的数量非常低，大量的涉港澳商事纠纷寻求裁判的路径解决，商事往来最为重视的是资金的流转周期、利益平衡，审判周期长，悬而未决的状态，对各方的交易的稳定性、关系的稳定性非常不利，对于大湾区都市的建设非常不利。

2.涉港澳商事纠纷久审不决，对各方的商业信誉可能产生不利后果

按照当前的司法协助规定，涉港澳商事纠纷的送达周期漫长，一年半载是常有的，涉港

① 吴俊：《中国商事调解制度研究综述（1996—2011）》，载《北京仲裁》2012 年第 3 期。

② 吴卡、张洛萌：《涉外商事纠纷调解新模式探寻——以义乌市涉外纠纷人民调解委员会为例》，载《浙江师范大学学报（社会科学版）》2017 年第 2 期。

③ 周建华：《论调解的市场化运作》，载《兰州学刊》2016 年第 4 期。

④ 廖永安、刘青：《论我国调解职业化发展的困境与出路》，载《湘潭大学学报（哲学社会科学版）》2016 年第 6 期。

澳商事纠纷久审不决,而商事主体讲究信誉,对商事纠纷采取必要的保密方式处理,有助于纠纷的和谐处理,诉诸法庭无异于公之于众,有可能对各方的商业信誉、商业价值产生不利影响,尽可能采取有效的调解前置机制,有助于各方在第三方的中立支持下,进一步审慎权衡双方的利益往来,评估诉讼风险,寻求更优的解决路径。

3.单一的解决纠纷的路径,极易毁损法治营商环境

现代文明社会,解决纠纷的方式不是单一的,而是多样的。纠纷的形式纷繁复杂,解决的方式必须多元化,让纠纷当事人有更多的选择余地,单凭某一种方式,不可能实现纠纷有效解决[①],而且在复杂多变的动态社会中,在纠纷解决中应当更注重强调主体间的理性沟通,突出各方的自治,并促使各方当事人更加审慎地进行交易往来。

四、涉港澳商事调解机制的理论指向和路径规划

(一)以司法商谈理论奠基涉港澳商事调解机制扩大化的理论原则

长期以来,商事调解主要以政策导向为准,如"马锡五审判方式""枫桥经验",缺乏专门的理论引导。因此有必要将哈贝马斯的商谈法律理论引入涉港澳商事调解机制,进一步夯实大湾区涉港澳商事调解机制的理论基石,并为涉港澳商事调解机制的路径构建提供基础。哈贝马斯商谈法律理论认为纠纷是交往的失败,应当建立起一种以交往合理性行为为基础,定位于主体间的全面、理性的规范化纠纷解决平台。涉港澳商事纠纷的主体大多是具备专业知识、具备足够理性的,且有明确的价值追求,商事中纠纷,主要是商事往来的失败,不同于普通的道德评价体系中的善恶,将商谈理论引入涉港澳商事纠纷调解机制十分契合,主要是基于如下三个考虑:

1.司法权能的有限主义

司法有限主义包括权力范围的限定和消极被动的原则。从司法权能上看,司法能够覆盖的领域是有限的,司法并非无所不能;在解决纠纷的过程中,司法权能呈现出对抗性,缺乏"润滑剂";在运作流程及发挥程序上,司法权能的发挥遵循特定规律,不能任意修改、灵活变化,这些都使司法权能无法面面俱到,温和渗入纠纷处置的缝隙。从司法资源来看,司法资源包括能投入司法工作的人财物,在当前中国面临的诉讼环境下,案件依然处于增长状态,案多人少压力依然明显,大湾区涉港澳因素的案件的无审限,在一国两制下司法协助面临许多困难,案件审判周期更加漫长。英国著名大法官迈克尔·科尔爵士(Michael Kerr)认为,用法律程序去解决复杂案件需要时间,而调解这种方式能够极大地节约时间,因为不需要定义法律上谁对谁错[②]。大湾区涉港澳民商事纠纷的处理周期较一般民商事案件的审判周期更长,但民商事案件较之其他案件类型更加注重效率、经济,是对各方冲突、利益矛盾的协调。在司法有限主义的现实下,有必要界定好需要通过司法程序进行处理的纠纷的范围,鼓励新型纠纷解决方式进入纠纷解决市场,当纠纷发生时,应当允许并鼓励各方通过友好协商、第三方调解等机制,分流纠纷、缓解司法资源有限的压力的同时,给予大湾区涉港澳民商事案件更快、更好、更符合客观实际的解决方案,在司法的边界中探寻一个更为广阔的纠纷

---

① 陈文曲:《现代纠纷解决的基本理念:为权利而沟通》,载《湖南大学学报(社会科学版)》2015年第2期。

② 刘绿汀:《论我国国际商事调解制度的完善》,吉林大学2017年硕士论文,第2页。

解决路径。

2.公共选择的必然趋势

一个更为成熟、理智的城市或国家发展,司法对纠纷的解决的渗透应当是有节制的,"司法对政治权力运行及社会领域自制的干预应尽可能收缩"[①],国家应充分尊重社会保留自治的能力与空间,"社会拥有一部分自治权力,是国家权力不能随意干预的领域。"公权力应当充分尊重社会自治的规律。我国的民事诉讼体制正趋向转型,由之前的超职权主义向当事人主义转变,建立起以当事人主义为主、职权主义为辅的诉讼模式[②]。经济社会发展过程中发生的各种社会矛盾往往以民商事纠纷方式呈现,最后聚焦到民商事审判环节[③]。单纯、片面依靠人民法院的力量以审判方式进行社会治理、解决矛盾冲突,无法胜任新时代新形势下的矛盾多元化的解决方法。提高社会自治能力,让每位公民参与到日常组织活动中,共同推动社会治理的改善与各类纠纷的化解。商谈法律理论更加注重当事人之间的司法协商、道德协商,更加容易在当事人间达成一种共识性正义,实现矛盾的化解。

3.私权利意思自治的重要保证

市场经济的发展与社会领域的变革使得基层社会的结构与形态出现渐进式的转型,传统的乡土社会已然瓦解,并随着城镇化及工业化的推进而逐步迈向市场社会,公民在社会中的定位也实现了由身份关系到契约关系的转换。[④] 司法商谈机制打破了"强国家——弱个人"的传统司法模式,强化个体使司法不再仅仅是国家治理的工具,更是人权保障的一种形式。司法商谈机制淡化了当事人的身份差异,强调通过商谈式沟通实现自治,还原了法律的本质性特征。鉴于现代社会的日益多元化、复杂化,任何单一司法程序都难以应对千变万化的利益主张,势必要求有结构张力的司法程序进行有效的社会纠纷解决以维持社会秩序,而司法商谈机制的"商谈式沟通"这一灵活的司法模式恰好有助于实现多元利益的兼顾与整合。司法商谈机制的基本特征是商谈与合作,其程序运作过程就是司法参与主体商谈与合作的过程。无论是公权力主体还是私权利主体均处于这样一个交互式商谈沟通的网络之中,有助于在调解过程中形成共识的积累,逐渐沉淀,凝聚成社会共识。由于司法商谈机制给了社会公众充分的司法话语权,社会公众基于交往理性充分地表达他们的意见和诉求,这些意见和诉求直接被引入司法决策系统,进而在司法场域内形成最终的法律产品即司法裁决。

(二)司法商谈机制在涉港澳商事纠纷调解机制中的具体路径

1.搭建专业化、多元化的涉港澳商事调解行业基础

(1)推进行业协会等社会组织的广泛参与。目前以法院为主导的诉调对接机制在涉港澳商事调解机制中亦能发挥一定作用,但是仅仅依靠司法力量,显然是不充分的。涉港澳商事调解机制的作用的进一步发挥有赖于各种社会组织、其他力量的全面参与。鼓励各大商会、行业协会可以根据不同专业领域,聘请相关法学专家进入专家库,供纠纷双方协商选择参与纠纷化解。

(2)探索成立具有商事行业属性的调解组织。这种调解组织具有商事行业专业性,最关

---

① 廖奕:《就事论事与司法低度注意》,载《检察日报》2011年3月17日第3版。
② 刘欣慰:《浅析我国民事诉讼体制转型及存在问题》,载《法制与社会》2018年10月。
③ 胡仕浩:《中国特色多元共治解纷机制及其在商事调解中应用》,载《法律适用》2019年第19期。
④ 刘婷婷:《传统与现代:基层纠纷解决机制的法社会学分析》,载《政法论坛》2009年第3期。

键的是融合了商事行业文化元素,吸纳行业商事交易习惯,能用同行乐于接受的方式调解纠纷,既化解了矛盾纠纷,又修复了被破坏的交易秩序。应根据社会经济发展需要,积极培育如知识产权调解组织、民营企业调解组织、小微企业调解组织等具有行业性、区域性、专门性特色的行业调解组织,更好地满足商事主体的多元解纷需求。

（3）培养专业化的商事调解员队伍。设置专业调解员的从业标准,对调解员的专业水平、调解能力、职业操守、道德水平进行科学的评估,严格的培训考核,确保调解员的中立性、公正性,确保调解过程的公正与中立。广泛吸纳各行业的精英,设置商事调解人才库。将懂政策、知法规、经验丰富的行业协会负责人,以及为人正、有威望、说话有分量的行业人士,全面吸纳到商事调解员队伍中,鼓励其在涉港澳商事纠纷的专门领域参与矛盾纠纷化解。吸纳法学专家设立行业调解专家库。法学专家提供的咨询意见对纠纷双方更具有说服力,可以帮助双方分析涉案事项的法律问题,提供合法科学的处理方案,引导双方在法律框架内理性表达诉求,实现双方利益最大化。

2.强化诉调对接工作在涉港澳商事调解机制中的作用

（1）有针对性地开展涉港澳商事调解的诉调对接。人民法院在进行诉调对接工作的时候,注重将涉港澳商事纠纷与普通的民商事纠纷进行区别,结合涉港澳商事纠纷专业性强、法域不同、文化不同等特点,专门聘请具备港澳背景的调解员进行调解,更加注重两地文化的交融、说法释理。

（2）明确法官在调解员队伍中的培训作用。考虑到两地的法域不同,涉港澳主体对法官直接参与调解不甚理解,而法院亦无充足的时间参与调解,为缓和参与调解的各方对调解的抗拒情绪,增强调解开展的可能性,建议改为强化法官对调解员的培训,减少法官直接参与涉港澳商事调解的情况。

（3）进一步推动诉调对接的专业性。针对各类纠纷的不同特点,法院也要邀请相关行业调解组织的特邀调解员协助调解或委托其调解,建立诉调对接的有效平台,实现商事行业调解与诉讼调解的有机衔接和良性互动,并积极推进以实现调解组织、调解方式、法律效力和管理制度的有效对接,保持法院与商事纠纷调解机制中其他部门的广泛联系。

3.规范、优化涉港澳商事纠纷调解机制的运作细则

（1）尝试引入早期中立评估制度,提升商事纠纷处理的认同度。对于涉港澳商事纠纷,先设置早期中立评估机制,对双方所争议的事实、理由、法律依据、请求,进行科学评估,使各方对自身的主张有较为清晰的概括性认识。

（2）鼓励各方主体真诚表达,确保调解保密性。各方可以充分阐述自己的观点、立场与困难,并对其他各方进行说服与辩论。不仅事实与法律的因素被充分考量、深入探讨,伦理与道德,各方的利益都将被纳入商谈的范畴。双方从最初的绝对差异、尖锐对立,到阐明立场、描述差距,到逐渐缩小差异、达成共识,整合各方价值,平衡各方利益,通过商谈,构建起共识性正义的"生产线",并最终制定双方可接受的具体方案。

（3）设计调解的配套罚则,使调解不流于形式。对于已经选择或者同意接受商事行业调解的当事人,没有正当理由拒不按时参加调解的,应由其承担相应的不利后果,以维护正常的调解秩序。同时,如果当事人无正当理由拒不履行调解协议、故意拖延诉讼的,在案件进入诉讼程序审理结束后,法官在决定诉讼费用承担时,可以根据当事人在行业调解过程中的表现使其承担全部或部分诉讼费用。

（4）更加强调分流与匹配，形成高效权威的纠纷解决方案。展开涉港澳商事纠纷调解机制，识别纠纷是第一步，纠纷的类型、涉纠纷的当事人的生活经历、心理及相互关系，纠纷场合及社会条件，解纷者能力等的差异化组合形成错综复杂的纠纷网，任何线条理不顺，就会导致一团麻。[1] 在纠纷"金字塔"中，层级越低，纠纷成因越错综复杂，有必要初步识别纠纷的性质，如情感性与利益性、一次性与积累性、可终局性与持续调整型、体系性与群体性等[2]。在识别纠纷基础上适用"瞄准"的解决机制，才能实现"当事人—规范—解纷者—解纷方法"四者的匹配对接，形成高效权威的纠纷解决方案[3]。

4.推进涉港澳商事调解的信息化平台建设

（1）以信息化手段积极促进当事人调解的渠道。传统的面对面洽谈的商事调解机制在大湾区涉港澳民商事案件中能发挥出来的作用非常有限，因当事人极有可能不在内地，往来路途成本、费用较高，有必要引入智能化调解平台。通过人脸识别、在线审核身份、以电子形式传送证据材料等形式，减轻当事人长途跋涉的时间成本、金钱成本，提高调解的可能性。

（2）以盲投的方式促进调解底牌的合意可能。在涉港澳商事调解智能化平台上可以设置各方调解底线的盲投标准。当事人可以输入自己的策略和价格底线，系统对各方保密，如果各方报价进入合意区间，系统将会直接宣布交易达成；假如各方的报价有差距不能达成协议，将由系统选择最接近公平的一个；如果一方提出的报价能使对方迅速接受，双方达成合意，系统将会在结束时对双方的协作进行奖励，以鼓励各方以更为专业的方式提出和接受彼此公平的条件。

（3）涉港澳商事调解信息化平台引入早期争议介入规则。在当事人需要对某事项进行协商之时，该智能调解谈判系统可以介入，通过对用户的偏好进行分析，引导用户积极协作，对争议内容达成一致意见，避免因对抗而激化矛盾，产生额外损失。系统采用人工智能算法并参考各方的竞标策略和优先事项推动双方进行谈判，提高谈判成功率。用智能算法以及电子谈判技术的机器人代替人工调解，不仅可以缩短纠纷的解决时间，提升效率，而且还可以通过抓取纠纷要素，运用智能算法实现最佳策略选择，在一定程度上促进协议达成。该系统收费低廉，费用达不到诉讼费的一半，智能、安全、中立、经济运行。[4]

五、结语

纠纷的解决在一定程度上也是对秩序的创造。粤港澳大湾区建设的蓝图下，三地的方方面面将高度融合、深度整合，商事纠纷作为区域一体化不可回避的一类主要纠纷，探索公正、妥善、高效、有序解决的路径，意味建立区域一体化的新秩序，新秩序的产生也将反哺区域一体化的建设。本文以D市的实践经验为研究样本，探索塑造大湾区港澳商事纠纷调解机制，为港澳商事纠纷具体搭建全面、理性、平等、中立的商谈桥梁，也许将为大湾区港澳商事纠纷的解决提供明确的价值导向和具体的实现路径。

---

① 范愉：《纠纷解决的理论和实践》，清华大学出版社2007年版，第17页、第73页。

② 王丽惠：《分级与分流：乡村基层纠纷解决的普系域合》，载《甘肃政法学院学报》2019年第3期。

③ 胡仕浩：《中国特色多元共治解纷机制及其在商事调解中应用》，载《法律适用》2019年第19期。

④ 郭文利、阎智洪、北明软件有限公司：《加拿大智能调解电子谈判系统透视》，载《人民法院报》2019年6月7日第8版。

商业秘密案件审判的实践理性

——以 D 市 Y 法院为研究样本

陈　斯[*]

商业秘密发端于私有制发展早期阶段的奴隶社会,经过社会形态向前演进,科学技术迅猛发展,进入市场经济阶段,商业秘密对于建立优势,促进发展的作用更加突出,如何依法保护商业秘密成为重要的研究课题。

一、商业秘密的定义及法律规定

《反不正当竞争法》第 10 条第 3 款规定:"本条所称的商业秘密,是指不为公众所知悉、能为权利人带来经济利益、具有实用性并经权利人采取保密措施的技术信息和经营信息。"《刑法》第 219 条第 3 款也有类似的规定。从上述规定可以梳理商业秘密具备四个构成要件,秘不对外(不为公众所知悉)、具商业价值(能为权利人带来经济利益)、具实用价值(能创造出经济价值,是价值性的必然要求)和保密防范(采取了保密措施)。

TRIPS 协议(《与贸易有关的知识产权协议》)将商业秘密的保护纳入知识产权保护的范围。各国根据 TRIPS 协议规定修改国内法,有效推动商业秘密保护制度发展。目前,我国商业秘密保护制度尚未单独立法,而是分散在《刑法》《反不正当竞争法》《劳动合同法》《关于审理不正当竞争民事案件应用法律若干问题的解释》《关于禁止侵犯商业秘密行为的若干规定》等法律法规规章当中。

二、商业秘密侵权情况及成因

(一)D 市 Y 法院受理的商业秘密案件基本情况

从 2011 年至今,共受理商业秘密侵权案件 22 件[2011 年 3 件、2012 年 11 件、2013 年 1 件、2014 年 2 件、2016 年 1 件、2017 年 4 件(截至 2017 年 10 月 31 日),2014 年 12 月 20 日以后关于技术秘密的案件由广州知识产权法院管辖],有关经营信息的案件 6 件,技术信息的案件 9 件,剩余 7 件案件涉及经营和技术信息两方面,可见技术秘密纠纷所占比例最高。22 件案件,已结案 19 件,其中撤诉的案件有 12 件,撤诉率高达 54.55%,尚未结案 3 件,高于其他知识产权案件的撤诉率。作出判决的 7 件案件中,3 件案件驳回了原告的诉讼请求,其余 4 件支持了原告的主张,胜诉率为 57.14%,相较于其他知识产权民事案件,原告的胜诉

---

* 陈斯,惠州市中级人民法院党组书记、院长。曾任东莞市第一人民法院党组书记、院长。

率明显较低。

(二)商业秘密案件的特点

商业秘密属于知识产权范畴,但与专利权、著作权、商标权不同,商业秘密并不具备对抗善意第三者的功能,保护商业秘密也并非由于其属于人类精神创作。技术信息和经营信息作为商业秘密的两项重要内容,与专利权、著作权相比,商业秘密的独创性相对不高,一般的经营性信息往往不具有发明创造的属性,另外,如何判断技术信息独创性程度往往很难。从本质上来说,保护商业秘密的目的和出发点是保护商业秘密的经济价值或者可预期的经济效益。经认真梳理商业秘密侵权纠纷案件,可以发现商业秘密侵权纠纷案件一些特点和规律,即技术秘密纠纷案件占比高、撤诉率比较高、内外勾结共同侵权频发、商业秘密侵权案件与专利权、著作权案件相互交叉等。

(三)商业秘密纠纷产生原因分析

1.员工跳槽

随着经济社会的快速发展,其实无论是大公司还是小公司,人才流动情况比较普遍,每年都会有不同程度的员工跳槽。这些员工或者因为薪资待遇问题,或是因为其他原因选择离开了公司。其中老员工往往熟悉公司内部的资料、客户信息等商业秘密,当他们到新公司为了展现自己的能力,很容易就会把原公司的商业秘密泄露出去。在审判实践中,第三人与原告的关键员工构成共同侵权的现象频发,在D市Y法院判决的7件案件中,被告的身份包括有在职期间与其亲戚或家属另开公司的情况,也有完全离职之后另开公司,或者到经营领域相同或相似的公司就职。

2.同业竞争

侵犯商业秘密的另一主要主体就是掌握商业秘密的公司的股东和高级管理人员、技术人员。这些人为了谋求更大的经济利益,往往在原公司之外创办新的公司从事相同的行业或者作为合作条件加盟其他公司。在经济利益的驱使下,将原公司的商业秘密转移运用到新公司。

3.商业秘密保护规定简单笼统

当前,我国关于商业秘密保护法条规定简单且笼统,不利于对商业秘密的有效保护。法律规定过于简单笼统同时也导致了权利人对商业秘密的认识不足,很多案件中权利人对商业秘密由何信息组成,其内容、数量范围及秘密点等问题都不是很清楚,哪些信息可作为商业秘密进行保护不清楚,有的甚至将整个产品作为要保护的对象,将有关产品的说明书记载的特征、技术参数作为其商业秘密的保护对象。在发现侵权行为后,自认为稳操胜券,没有评估诉讼风险就贸然提起诉讼。D市Y法院审结的19件案件中,其中撤诉的案件有12件,除3件和解撤诉外,其余9件都是因证据问题,经法官提示诉讼风险后,原告主动撤诉。

4.权利人的自我保护意识不强

司法实践中,权利人在享受商业秘密带来利益的同时,对商业秘密的保护措施却不到位,未对员工进行区分,使他们都能轻易接触到商业秘密。且原告往往认为自己和被告之前已经签订的合同中有保密条款或者员工手册中有保密的规定,就想当然认为已经采取保密措施,在管理中存在泄密的隐患,导致纠纷的发生。

三、商业秘密案件审判中存在的难点

(一)诉讼主体的认定问题

《反不正当竞争法》第2条第2款对不正当竞争行为的主体作了规定,限定为"经营者",第2条第3款对经营者作了细化规定,从文义上理解,主体似乎从经营者包括法人、其他经济组织和个人。受主体范围条文限定,商业秘密侵权案件审判实践中存在主体认定困惑,例如,一位家传秘方的持有人并没有参与市场经营活动,那么当他的家传秘方受到侵犯时,商业秘密能否保护他的权利;又或是拟进入同业经营的企业或个人、知悉商业秘密的国家机关及其工作人员等侵犯他人的商业秘密,权利人又该如何维护自己的权益。

(二)证据的认定问题

在客观秘密性的判定中,如何区分雇员一般知识经验、普通技能与员工掌握商业秘密的界限成为突出的问题。对于客户名单内容中哪些是商业秘密,司法实践总结了一些甄别标准。最高人民法院《关于审理不正当竞争民事案件应用法律若干问题的解释》第13条对客户名单信息作了详细规定,认为是客户名称、地址、通讯方式、价格范围、产品型号等各种综合信息,根本上是通过人员沟通建立交易机会和销售网络,在工作中员工要与客户接触、联络,往往容易了解到超出企业原有客户信息范围的客户交易习惯、特性等信息,这些是企业的客户信息或者企业的商业秘密,还是职工的一般知识、技能和经验,在实践中往往难以界定。职工在企业履行职务过程中可能获取到三种客户信息:一是企业原有的客户名单信息;二是在工作中职工新发展的客户;三是职工总结原有客户的深度信息如质量标准、定价策略等。这些信息是职工在履行职务中日积月累,熟记于心,与其个人的一般知识、技能或者经验,有时很难区分。

另一个问题就是,最高人民法院司法解释将客户名单限定为"保持长期稳定交易关系的特定客户"。那么交易次数少或者没有交易的客户信息就当真一定不能构成商业秘密吗?没有交易的客户不意味与竞争优势无关。市场是变化的,无业务往来的客户也会成为潜在的客户,拥有客户深度信息使得权利人取得经营策略上的竞争优势,可以为权利人与客户发生交易提供营销依据,也是权利人决定不与客户进行交易的理由之一,既可以是肯定信息,也可以是否定信息。所以,对于这类信息,需要具体案件具体分析,不能一概予以否定。

在商业秘密侵权诉讼的案件中,涉及的商业秘密包括技术信息和经营信息,尤其是技术信息有非常强的专业性,因为涉及智慧成果的认识问题,在技术秘密信息是否属于商业秘密的保护范围、技术秘密信息与被告使用的技术秘密信息是否具有一致性等方面的证据认定问题,法官凭自己的专业知识难以做出判断,往往需要借助鉴定机构的鉴定意见。

第三方鉴定机构对于被控侵权的技术信息的技术特征与权利人所主张的秘密技术信息的技术方案进行逐一比对,判断是否构成相同或者相似。对于商业秘密侵权纠纷案件中涉及的专业技术问题,一般通过司法鉴定的方法加以解决,如原告主张的商业秘密是否为公众所知悉、是否具有价值性以及被告的信息与原告主张的商业秘密信息是否相同或者实质相同,都可以通过鉴定的方式来进行认定。

然而,司法鉴定目前也存在着许多问题,一些司法鉴定机构受利益优先的错误引导,收取鉴定费后,背离中立、客观立场,充当当事人专家证人,提供有利于当事人的鉴定意见书。此外,鉴定管理规定粗放、笼统、零散,鉴定人员整体素质不高,实践中经常出现鉴定机构做出的鉴定意见互相否定,鉴定的客观性、权威性备受质疑,严重影响鉴定机构的公信力以及当事人

的信心。

对于司法鉴定意见的证据适用,在司法实践中也存在两种截然相反的认识。其中一种观点认为司法鉴定意见应当作为证据适用。这种观点认为正是由于商业秘密的知识性、专业性较强,鉴定意见是由专家作出的,权威性、专业性较强,因此商业秘密必须经过鉴定,是否是商业秘密应当由鉴定意见决定。而持相反的观点则认为,在商业秘密侵权案件中,即使是在刑事诉讼中,鉴定意见也不应成为"证据之王"。不能因为已由鉴定意见证明为商业秘密的,其他证据就一概失效。但凡符合法定标准形式的证据一般能作为证据,证明商业秘密证据关键在证据的客观真实性、证据证明力、与其他证据相互引证等是否经得起推敲。从证明对象特点、鉴定意见的证据属性以及证明对象对证据形式的决定来看,都不能直接认为是商业秘密应由鉴定意见说了算。

(三)举证责任的分配

在商业秘密侵权纠纷案件审理中,举证责任分配的问题对案件的进程和最终的侵权行为认定结果产生着重要的影响,最高人民法院《关于审理不正当竞争民事案件应用法律若干问题的解释》第14条对商业秘密侵权纠纷案件中的举证责任分配制度作了具体明确的规定,从这条规定可以看出,司法解释对于侵犯商业秘密行为成立的条件包括三个方面:一是商业秘密符合法定条件,二是被告的信息与原告的信息相同或实质相同,三是采取了不正当手段。认定符合三个要件的事实都要原告提供相应的证据。其赋予了原告较高的举证义务,但对于商业秘密的秘密性原告一般情况下难以举证:一是"不为公众所知悉"属于消极事实,难以举证;二是若商业秘密已被公众知晓,原告也不会积极主动去予以证明。因此,有必要在原告举证到一定程度后将举证责任转移到被告。

在大多数情况下,侵权人窃取商业秘密的手段隐秘、难查。商业秘密侵权纠纷案件审判实践中,一味要求权利人对侵权人侵权行为的非法途径和手段进行认定,往往使商业秘密的拥有人处在被动诉讼状态,难以很好保护商业秘密拥有人的合法利益。

(四)合理保密措施的界定

在司法实践中,对商业秘密构成要件中价值性和实用性的认定争议不大,但如何判断采取了合理的保密措施,一直是困扰审判工作的重要难题。《关于审理不正当竞争民事案件应用法律若干问题的解释》第11条对此作了规定,权利人保密措施所需要达到"合理"的程度即可,不要求权利人在保密措施的制定和实施中没有疏漏,做到万无一失。

对于实践中争议较大的保密规章制定、保密合同签订等防范措施能否构成合理保密措施问题,有观点认为,采取前述保密措施应当明确保密的内容、范围、应对措施等。也有观点认为,只要证明存在保密条款和保密规章,即便保密内容不具体、保密范围不明确,也可以据此认为原告采取了合理保密措施。《最高人民检察院公报》2007年第1号(总第96号)裴国良侵犯商业秘密罪一案,法院认为:西重所与单位职工签订了劳动合同,约定了职工的保密义务,又对此项技术采取了保密措施,据此认定该技术属于商业秘密。该案中法院认为在《劳动合同》中约定保密条款为"合理的保密措施",而支持了公诉方。

四、解决问题的思路

(一)准确认定诉讼主体

在市场经济条件下,商业秘密侵权行为主体已经不限于经营者,《反不正当竞争法》规定的侵权主体限定为经营者,范围狭窄,俨然落后于社会实践。例如在政府招投标过程中,参与招标活动的政府工作人员会接触到投标方的中标标底及标书内容,如果他们将其泄露也会构成商业秘密侵权。在审判实践中应准确把握侵权主体即被告的范围。对于权利主体,国家工商行政管理总局《关于禁止侵犯商业秘密的若干规定》第2条中对原告的范围界定作了拓宽性解释,明确了商业秘密的权利主体就是任何通过合法手段、途径掌握和使用商业秘密的公民、法人或者其他组织。

(二)引入专家辅助人

引入专家辅助人制度源自《民事诉讼法》第79条规定。我国司法鉴定制度实践存在利益导向明显、鉴定标准不一、人员素养不高等问题,导致一些伪证据或假冒专家辅助人的司法意见进入法庭,影响公正审判。鉴定意见具有专门性、客观性、科学性等特点,借助掌握专业知识、实践经验丰富的专家协助,提供相关意见供法官参考,法官才能全面认识、深入理解鉴定意见的内容专业性、客观性和科学性,从而判断是否具有证明力和证明力的强弱。

(三)减轻原告的举证责任

适当减轻商业秘密案件的原告举证责任对于推动保护商业秘密制度建设,促进经济发展具有正面的良好作用。对秘密性认定中,原告需对"不为公众知悉"做出初步证明即该信息不能从公开渠道轻易获取,然后举证责任就转移到被告方由其反证该信息为公众知悉。

为平衡双方的利益,在侵权诉讼中原告完成对被告违法行为的合理证明之后,举证责任向被告转移,其必须对自己不违法进行合理证明。司法实践中,一般采用"实质相同+接触可能性—合理来源"的侵权认定方式,对原告来说,一是证明被告接触原告信息可能的事实,二是证明了双方信息相同、实质内容相似,符合这两个条件,可以推定被告信息来源于原告;对于被告而言,不能证明自己的信息另有合法、合理获取渠道,即可以被认定侵犯了原告的商业秘密。

(四)放宽合理保密措施的界定标准

法律规定要求权利人采取合理保密措施,但并不意味着保密措施要达到滴水不漏的程度。在市场经济下的商业经营活动,商业秘密往往随经济活动本身不断变化发展,强求权利主体对每一个商业秘密都要通过订立保密合同、制定保密规章,过于严格苛求。应允许权利主体结合其商业信息的商业价值等具体情况综合考量所采取合理的措施。这需要法官们在具体个案中进行衡量,而不能对合理的保密措施进行严格限定。不过可以适当列举几个常用的保密措施,引导权利人及时将商业秘密所涉及的文件、数据等资料采取其他物理等措施进行保护,这样员工也就能明白商业秘密的具体指向,从而更好保护商业秘密。

五、立法完善建议

(一)扩大主体范围

《反不正当竞争法》将侵犯商业秘密行为的主体限定为经营者,落后于经济发展和司法实践,国家工商总局出台的《关于禁止侵犯商业秘密行为的若干规定》对商业秘密侵权主体范围作了修正、拓展和细化,规定主体可以是非经营者个人和组织。随着我国经济进一步融入国际经济发展大局,应考虑通过制定修改法律法规将 TRIPS 协议第 39 条第 2 款关于商业秘密侵权行为主体的规定转为国内法内容,将诉讼主体范围扩宽到经营者、公民、法人和非法人组织,与国际接轨。

（二）明晰权利客体

《反不正当竞争法》对商业秘密的范围作了规定,明确商业秘密包括经营信息和技术信息。国家工商总局进一步进行细化,采取不完全列举方式明确技术信息和经营信息,此外开发过程中取得的有价值的数据、不公开的财务资源等信息也应列入权利客体范畴。实践中,随着经济、社会的发展和新时代、新形势的演变,商业秘密客体的内容和形式会不断出现新的变化,与此相适应立法上也应尽可能跟上社会的变化。

（三）明确举证责任

《反不正当竞争法》没有规定举证责任分配,审判实践中,商业秘密侵权案件属于一般民事侵权案件,举证责任分配适用"谁主张谁举证"的原则,导致权利人在商业秘密的权利诉讼中经常处于被动,商业秘密保护制度设立的初衷无法得到实现。面对这种困难,采用举证责任转移是一种行之有效的方法。要求案件当中将举证责任在原被告双方之间根据实际情况转移,促使双方积极举证。在诉讼过程中,应当考虑当事人获得证据的难易程度、举证能力的大小等确定举证责任,更好保护权利人的合法权利。权利人只需要提供初步证据证明其商业秘密存在,被告存在侵权行为,侵权人应就原告不存在商业秘密,或从技术工艺、经营方法等未侵犯原告的商业秘密提供相应的证据,若其无法提供证据证明己方无过错行为,则判定其承担侵权责任。因此,在我国《反不正当竞争法》中,应明确规定原、被告双方举证责任的分配。

《反不正当竞争法》(修订草案送审稿)第22条对侵权行为的证明责任作了规定,证明责任由原告向被告进行了转移。可以认为关于"秘密性"要件的证明也需要适当地向被告进行转移。因此建议在修法时,将"不为公众所知悉"的举证责任交由被告负担,理由如下:首先,让原告证明事实不存在本身存在困难。在商业秘密侵权的诉讼当中,被告积极想找到理由反驳原告的主张,此时被告更加能够积极举证。从原告的角度来考虑,即便原告找到了其所主张的商业秘密能够从公共的渠道获得,也不会将此情况告知法庭;其次,从《关于审理不正当竞争民事案件应用法律若干问题的解释》第9条列举的关于应当认定为"不为公众所知悉"的六种情况,也为被告提供了反驳原告主张的思路,由被告负责对"不为公众所知悉"进行举证更加方便。

（四）细化保密措施

保密措施的合理性证明是诉讼争议的焦点。保密措施达到何种程度才算合理?最高人民法院《关于审理不正当竞争民事案件应用法律若干问题的解释》规定了其中认定权利人采取了保密措施情形,但是如何判断该7种情形达到了"在正常情况下足以防止涉密信息泄露的"程度,存在较大争议。因此,认定采取保密措施可以达到正常情况下足以防止秘密泄露程度的规则参考以下几点意见进行细化完善:权利主体划分具体的商业秘密范围,与其他的普通信息作明确的区别;对掌握各部分商业秘密的人员作明确限定,并具体细化各人员的保密职责;对保密人员引入合理的竞业禁止规定,支付一定报酬,以防人才流失时秘密随意泄露;对外贸易中,在签订的合同或协议中明确保密条款,约定双方保守有关秘密的具体职责;对以电子形式、物理实体等为载体的秘密信息建立区别的管理制度,如电子信息采用数据加密、限制传播等保护方式。

论环境民事公益诉讼路径的完善

——以诉权配置及惩罚性赔偿为方向

杨　浩[*]

一、环境权的公益性及可诉性

　　传统法律理论认为,维护社会公益乃国家之职责,对危害社会公共利益的行为,理应由国家适用公权力追究其责任,公民私人无权亦无须介入;法院被认为是处理私利益之间的纠纷,而不涉及有关公共利益的事务,相应的,建立在这一理论基础之上的传统诉讼法体系立足于维护个人利益。对于私益纠纷,公民可以通过法院以司法力量维护自身的合法权益,而对于社会公共利益,公民个人因对其无直接利害关系,其原告资格不予承认,对于遭受损害或损害之虞的社会公益之维护,法院大门对公民个人是紧闭着的。

　　而环境权理论的提出,为法院审理环境公共利益损害案件提供了一个理论依据。环境权是一项社会公共性权利[①],是建立在人们共享环境条件这个基础上,强调社会公益性,具有公权之性质。尽管我国环境权在制度根据上已经存在[②],然而,仅有制度根据,没有制度保障是不行的,实体权利必须以切实有效的诉讼手段为依托。任何一种法律权利要获得实在性,必定意味着最终能获得司法上的救济,环境权也不例外。当其受到损害时,必须为之

---

　　*　　杨浩,东莞市中级人民法院民一庭副庭长。

　　①　从某种意义上讲,环境权是"社会性"权利。因为环境具有"整体性""共有性",环境侵害行为具有"公害性",决定了侵权行为人只要侵犯了某一个公民的环境权,就意味着他对"群体"环境权的侵犯和对一定"社会利益"的侵犯。参见颜运秋:《论环境与资源诉讼中的公益理念》,载《甘肃政法学院学报》2003年第67期。

　　②　《中华人民共和国环境保护法》第6条规定:"一切单位和个人都有保护环境的义务,并有权对污染和破坏环境的单位和个人进行检举和控告"。这实际上已经暗示了公民环境权的基本内容。《上海市环境保护条例》(2005年10月修订)第8条明确规定:"一切单位和个人都有享受良好环境的权利,有权对污染、破坏环境的行为进行检举和控告,在直接受到环境污染危害时有权要求排除危害和赔偿损失。一切单位和个人都有保护环境的义务。"《福建省环境保护条例》(1995年7月)第9条规定:"公民有享受良好环境的权利和保护环境的义务。一切单位和个人有权对污染和破坏环境的单位和个人进行检举和控告。有权在受到环境污染损害时要求赔偿。"《宁夏回族自治区环境保护条例》(1990年4月)第8条规定:"一切单位和个人,都有享受良好环境的权利和保护环境的义务。对污染和破坏环境的行为有权进行检举和控告。"

提供合法的矫正手段。虽然权利救济的途径是多元的,但司法救济应是一种最有拘束力、最权威的解决途径。原因在于独立的司法权和有效的司法运作机制较之其他权威和权力,更能稳定而经常地调整及调和种种相互冲突的利益,包括个体利益和社会性的利益。因此,环境权除了通过法律的普遍性实体赋予外,还要获得可诉性;赋予什么样的人可以提起环境公益诉讼的权利,不仅仅是一个诉讼程序的问题,更重要的是通过环境公益诉讼这一特定的诉讼制度,体现一个国家对环境权保护的程度。

二、我国环境民事公益诉讼的现状与原因分析

(一)法律规定不完善

我国的《环境保护法》的第 6 条虽然规定了"一切单位和个人都有保护环境的义务,并有权对污染和破坏环境的单位和个人进行检举和控告。"但是该检举和控告的具体程序还是根据我国相关的诉讼法律来进行。而我国《民事诉讼法》第 108 条规定:"原告是与本案有直接利害关系的公民、法人和其他组织。"在此,《民事诉讼法》强调的是,起诉资格必须"与本案有直接利害关系"。也就是说,依照《民事诉讼法》提起的环境民事诉讼必须是那些人身或财产权益直接受到他人民事不法行为侵害的人。这显然对环境民事侵害的受害人十分不利。因为他们所遭受的环境侵害大多是"间接的"和"无形的"。另外,环境污染损害赔偿的民事诉讼与环境民事公益诉讼不同。《环境保护法》第 41 条规定:"造成环境污染危害的,对直接受到损害的单位和个人要赔偿损失,直接受到损害的单位和个人可以向法院起诉。"其他如《水污染防治法》《大气污染防治法》《固体废物污染防治法》《环境噪声污染防治法》等都作了类似规定。但这些规定都是以人身或财产损害为起诉的必要条件,起诉者是对自身因环境污染受到的损害起诉,而不是对违法行为起诉,法律并没有赋予单位或个人对违法污染环境的行为提起诉讼的权利,这显然不是我们所说的环境民事公益诉讼制度。

2015 年 1 月 7 日实施的《最高人民法院关于审理环境民事公益诉讼案件适用法律若干问题的解释》(以下简称《解释》)第 1 条对此作出了突破性规定,按照传统的诉权理论,特定的国家机关、有关组织由于自身的权益并未受到直接的侵害,无从得到诉权,也无法向法院提起诉讼寻求救济。在环境民事公益诉讼中,提起公益诉讼的法律规定的机关和有关组织,通常与环境损害结果之间并没有直接的利害关系,环境污染或者生态破坏的后果并没有对其财产或者组织成员的人身造成损害,如果坚持民事诉讼法为普通民事诉讼设定的起诉条件的话,环境民事公益诉讼也就失去了存在的土壤。由此可见,仅依靠利害关系人来解决现代社会所面临的社会公共利益遭受侵害的问题,容易出现保护主体缺位的现象。因此,上述司法解释第 1 条规定,法律规定的机关和有关组织提起环境民事公益诉讼,具备《民事诉讼法》第 119 条第(2)项至第(4)项规定的条件即可,即有明确的被告、有具体的诉讼请求和事实、理由以及属于人民法院受理民事诉讼的范围和受诉人民法院管辖即可,是否与案件有直接利害关系并不影响相关主体提起诉讼。

(二)司法实践中往往以"主体不适格"不予受理

2012 年 8 月 31 日获修正通过的《民事诉讼法》第 55 条规定,对污染环境、侵害众多消费者合法权益等损害社会公共利益的行为,法律规定的机关和有关组织可以向人民法院提起诉讼。专门的"环境公益诉讼",则是 2014 年 4 月 24 日修订、2015 年 1 月 1 日起施行的《环境保护法》中的新规定。《环境保护法》第 58 条规定,对污染环境、破坏生态,损害社会公

共利益的行为,符合下列条件的社会组织可以向人民法院提起诉讼:(一)依法在设区的市级以上人民政府民政部门登记;(二)专门从事环境保护公益活动连续五年以上且无违法记录。符合前款规定的社会组织向人民法院提起诉讼,人民法院应当依法受理。提起诉讼的社会组织不得通过诉讼牟取经济利益。对于社会组织的原告资格,《解释》第 2 条规定:"依照法律、法规的规定,在设区的市级以上人民政府民政部门登记的社会团体、民办非企业单位以及基金会等,可以认定为环境保护法第五十八条规定的社会组织。"《解释》第 4 条规定:"社会组织章程确定的宗旨和主要业务范围是维护社会公共利益,且从事环境保护公益活动的,可以认定为环境保护法第五十八条规定的'专门从事环境保护公益活动'。"《解释》第 5 条规定:"社会组织在提起诉讼前五年内未因从事业务活动违反法律、法规的规定受过行政、刑事处罚的,可以认定为环境保护法第五十八条规定的'无违法记录'。"根据以上规定,社会组织提起环境公益诉讼的要求被进一步放宽。首先,拓展了社会组织的范围。时任最高人民法院新闻发言人孙军工介绍,根据现有行政法规,在民政部门登记的非营利性社会组织只有社会团体、民办非企业单位以及基金会三种类型,但《解释》没有将社会组织限定在上述三种类型,而是保持了一定的开放性。其次,"无违法记录"的要求得到了限定。孙军工指出:"情节轻微的违规行为、社会组织成员以及法定代表人个人的违法行为不影响社会组织提起诉讼。"根据《环境保护法》及《解释》的规定,按照民政部国家民间组织管理局副局长廖鸿推算,符合条件的社会组织大体上 700 多个,约占生态环保类的社会组织的 1/10。诉讼权放开后,媒体预计环保组织的公益诉讼定会出现一个"井喷期"。但事实是,半年内只有 9 家环保组织提起的 22 件公益诉讼成功立案。逾半年的司法实践表明,环境公益诉讼立案难的问题仍未解决,很多案件都卡在"主体不适格"这一老大难问题上。2015 年 8 月 13 日,中国生物多样性保护与绿色发展基金会("绿发会")向宁夏中卫市中级人民法院递交诉状,对污染腾格里沙漠的 8 家企业提起环境公益诉讼。诉讼请求包括:法院依法判令被告承担停止侵权、消除危险、恢复原状、赔偿损失、赔礼道歉等民事责任。而宁夏中卫市中级人民法院以"主体不适格"为由,驳回了已在多地提起环境公益诉讼的绿发会的立案申请。中卫中院认为,绿发会的宗旨和章程中"保护国家战略资源、促进生态文明建设和人与自然和谐"等文字,不能表明其是"专门从事环境保护公益活动"的社会组织,因此裁定驳回。但事实上,绿发会成立30 年来,一直致力于环境保护公益活动。尤其是新修订的《环境保护法》颁布后,已在甘肃、山东、海南多地提起环境公益诉讼,并获得立案;在内蒙古、福建等地的案件,也在法院主持下进入司法程序。

(三)环保组织经济能力薄弱

中国环境团体在环境公益诉讼案件的起诉上显得软弱无力。中国在社会团体管理上实行的行政许可主义和双重管理体制,导致环境团体很难获得法定身份,环保组织除了要符合法定的起诉资格外,至少还得同时具备有技能、有资金等几个基本条件。环境公益诉讼成本高。取证、鉴定、咨询、律师代理、诉讼等均花费较大,如鉴定费少则三五万元,多则 100 多万元。而不够健全和无保障的社会捐赠制度也导致环境团体很难获得发展所需的资金,公益性身份要求环境团体不能从事为公益活动筹集资金的营利性活动。环保组织经济能力有限,难以支付高额的诉讼费和鉴定费。公益诉讼均存在专业化程度高、调查取证困难等问题。尤其是损害赔偿的确定,需要专业、可信而有说服力度的数据支持、因果关系证明,需要具备专业知识的律师。

（四）适格主体起诉意愿不足

环保组织提起公益诉讼数量非常少的原因还有：很多社会组织挂靠到其他单位名下。受挂靠单位制约，提起公益诉讼的意愿较低。公益诉讼无奖励机制。社会组织在提起公益诉讼的过程中，支付了大量的污染鉴定费、诉讼费、人工成本等。但是公益诉讼即使胜诉，赔偿金也不归社会组织所有。还有，环境公益诉讼判决执行难。环保公益诉讼极少会立案，立案之后极少胜诉，而即使是最终宣布胜诉的案件，按照胜诉判决如期执行也是难上加难。就赔偿金归属，最高人民法院《解释》设置了赔偿生态损失这种责任形式。但由于缺乏国际先例的经验参考，各机关和部门在资金的管理上没有取得共识，所以《解释》回避了资金由谁来管理的问题。在实践中，环境诉讼的赔偿金大部分都由政府部门管理。受环境污染的影响者参与较少。以赔偿政府代替赔偿区域污染受影响者的现象普遍存在。在环境公益诉讼案件中，政府本身不仅不是受害者，有时反而是企业违法的纵容者，有监管失职责任。环境公益损失的赔偿金给了失职的政府，由其管理，与逻辑不合。

（五）"社会公共利益"难以界定

《环境保护法》规定，提起环境公益诉讼的条件必须是损害社会公共利益。但是在现实中，很难确定社会公共利益。一些诉讼不可避免地将被驳回。例如，在 2011 年渤海康菲溢油污染事故中，《海洋环境保护法》已经授权国家海洋行政主管部门代表国家提起国家重大生态损失索赔；在海洋污染事故中权利受损的养殖户，作为个体，也可以依据《侵权责任法》提起环境民事私益诉讼。再去找属于社会的公共利益，非常困难。再如，腾格里沙漠污染案件中，土地属于集体所有或者国家所有。土地上的附属物——植物和动物，要么属于国家所有，要么属于集体所有或者土地的承包人所有。水污染的受害者是国家、集体或者土地承包户，他们可以就自己的利益提起损害赔偿诉讼，但此诉讼不属于针对社会公共利益的诉讼。即使企业污染了河流，但是水流属于国家所有，生态修复或者赔偿请求权的主体也是国家。在此类案件中，很难找到属于社会的受损权利。即使找到了相对独立的社会公共利益，也是休闲利益、美感利益等，但是这些利益又难以与赔偿挂钩。从实践来看，一些所谓的环境公益诉讼，其诉讼请求并不合理，其中包括了本应由国家行使的诉讼请求。有学者认为，最高人民法院《解释》在出台前，缺乏相关实践，在一定程度上造成其难以在现实中落实的局面。

三、完善我国环境民事公益诉讼的路径选择

（一）诉权配置的完善

环境违法行为[①]具有间接性、隐蔽性、影响广泛的特征，由于存在巨大的信息搜寻和监督成本，单纯依靠政府行政部门的执法查处，显然会出现政府失灵而不利于鼓励行为人守法。在执法资源有限的情况下，要有效遏制环境违法行为，必须动员和整合社会自发力量，扩张诉权的主体范围，以增强违法行为的发现概率、传播概率、识别概率和查处概率。如果将禁止环境违法行为的权利赋予更为广泛的环境组织、公民个人，环境违法行为在其产生的

---

① 环境违法行为包括环境污染和环境破坏，环境是全体人民所共有的财产，而环境违法行为的发生会造成一定范围的环境的损害，进而影响该地区人民的环境权的享有。而环境利益是最典型的公共利益，所以，环境违法行为在很大程度上侵害了公共利益。

时间起点上就能轻易地被发现,也能及时被检举或提起诉讼。① 一些国家倡导运用社会的自发力量来遏制环境违法行为,将诉权主体配置得较为广泛,为维护公共利益,扩张了环境法的救济机制,赋予更多的利害关系人诉权。如:美国从 1970 年的《清洁空气法》开始设立公民诉讼条款,赋予任何公民环境民事公益诉讼的主体资格,只要该公民受到"事实上的损害"②。德国法律则赋予具有公益性质的社会团体以代表公共利益的众多主体实施诉讼的权利,由它提起以保护公共利益为目的的诉讼。我们可以参照这些国家的规定,将环境民事公益诉讼的诉权配置给公民个人以及环境团体。

（二）惩罚性赔偿责任的确立

法律的实施是对社会提供一种公共产品。除非得到利益上的激励,承担风险的受害人不会花费大量的时间、精力和费用,为了公共利益采取个人执法行动,而有可能滋生"搭便车"的投机主义倾向,期盼坐享其成。"有理性、寻求自我利益的个人不会采取行动以实现他们共同的或集团的利益"。③ 要解决私人执法的"搭便车"问题,首要因素是为社会自发力量提供执法的动力诱因,对为集体做出贡献的人给予额外的激励。显然,传统的补偿性赔偿不存在成本之外的合理回报,缺乏我们所说的额外的奖励,难于动员社会的执法力量。通过建立惩罚性赔偿制度,将超过实际损失的赔偿视为一种额外的回报或收益,可以对公民或社会团体为公共利益行事在成本与收益上做出回应,进而保障其从事集体行动。

在现代社会中,环境污染问题具有影响的高度扩散性和无形性等特征,而受害人（不管是直接还是间接）往往是势单力薄,争议的标的又少,加上诉讼费用和诉讼期间等因素的考虑,不少受害人对权利的实现采取消极态度。如果缺乏必要的激励机制,公民的环境权利就容易"腐化",造成"公地悲剧"。惩罚性赔偿为启动社会执法活动提供了利益上的激励和保障,使权利的实现成为可能。建议可以参照我国《消费者权益保护法》第 49 条的规定,建立环境侵权的惩罚性赔偿制度,为公民或社会团体提起环境民事公益诉讼提供激励。

（三）司法禁止令的使用

环境污染往往具有持续性和较大的扩散性,事后的救济只能解决过往,由于科学水平的局限,有些环境污染在达到一定程度时难于恢复,如果不能有效地防止这种行为的继续发生,环境将有可能遭受根本的破坏,公民的环境利益的受害仍有可能没有消除,还会引发新的争端和诉讼。因而,仅仅依靠赔偿制度并非万全之策,有效的做法是应当成功阻止危害行为的持续发生,使正在进行的和将来可能进行的行为从根本上停止。禁止令就是一个很好的制度设计。其不要求故意或恶意的证据,也不要求损害的事实,一旦一种环境违法行为发生,就已经对公民的环境利益构成危害,也可以推断还会有继续危害的可能性,就有必要停止它。

四、结语

人类拥有的环境资源是有限的,属于稀缺资源。因此,为满足我们生存所需而从生态、

---

① 由于公民个人都是理性人,在提起环境民事公益诉讼时会权衡利益得失,因此应该建立一套激励机制。这个后文会有所论述。

② 当然,事实上的损害不局限于经济上的损害,美学的、环境舒适度上等非经济损害也可以。

③ 曼瑟尔·奥尔森:《集体行动的逻辑》,陈郁等译,上海三联书店 1995 年版,"导论"。

自然、环境中摄取资源的行为应当是道德的、必需的、正当的、适当的、负面影响最小的。但是,由于环境是共有的,难免会出现"公地悲剧"而没有人有动力通过司法程序惩罚损害公益的违法行为,因此,为了维护公民的环境权,应该扩大我国《民事诉讼法》关于诉讼主体资格的规定,赋予公民个人和社会团体诉权。同时为了避免出现"搭便车"的现象,应该设立惩罚性赔偿的责任制度,为公民和社会团体提起环境民事公益诉讼提供激励。最后还应该建立禁止令制度,避免环境违法行为的蔓延。

反思与重构:生态环境损害赔偿诉讼与环境民事公益诉讼审理的顺位规则

王 晨 *

2015 年生态环境损害赔偿制度进行试点改革以来,应运而生的生态环境损害赔偿诉讼确有在各试点地区治理损害环境问题发挥作用。其与环境民事公益诉讼在维护生态和谐,打造美丽中国的进程中确有协作,但也时常因两诉的名称、类型难以区分令人混淆。试点期间,因对两诉审理顺位无统一规制,为司法实践带来难题。例如,"重庆藏金阁公司偷排废水案"①是以合并审理方式处理,以民事公益诉讼相关规则求证,以生态环境损害赔偿案件公布和结案,却有诸多报道和论文以公益诉讼表述。或因已然发现该两诉混同现象,在最高人民法院发布的《关于审理生态环境损害赔偿案件的若干规定(试行)》(下文简称"《若干规定》")中,对该两诉的顺位做出了初步规制。不过,目前仅针对该问题的研究成果尚少。据此,应深入探索两诉实践中混同的根本原因,寻觅两诉在审理中合理的顺位规则,用以完善我国生态环境损害赔偿制度中的诉讼途径。

一、两类诉讼并行下案件审理的现象类型

从 2012 年《民事诉讼法》修改,到 2015 年尝试构建生态环境损害赔偿制度,环境民事公益诉讼与生态环境损害赔偿诉讼先后诉诸实践。因两诉规制时间、产生缘由、适用领域均有差异,实践中确实引发一些问题。某一环境损害行为,可能触发两种诉讼同时启动。下文主要论述自生态环境损害赔偿诉讼确立以来,公益诉讼与损害赔偿诉讼的审理顺位现状:一为合并审理,二为共同原告,三为先中止再审理,四为单一诉讼。

(一)类型一:两诉合并审理

具有提起两诉资格的原告就相同被告分别向法院提起两类诉讼的,法院将两诉合并审理。例一,重庆一中院审理的"重庆藏金阁公司偷排废水案"。重庆市政府以原告身份对藏金阁公司、首旭公司提起生态环境损害赔偿诉讼。因该法院同时受理重庆两江志愿中心诉藏金阁公司、首旭公司的民事公益诉讼,受理法院认为两诉讼是基于同一事实提起的,故在经各方当事人同意后合并审理。该案的审理结果:判决两被告连带承担生态环境修复费用 14416776 元,并用于开展替代修复等。

---

* 王晨,东莞市中级人民法院民三庭法官助理。
① 重庆市第一中级人民法院(2017)渝民初 773 号民事判决书。

合并审理确为民诉中一种常见方式,被运用于该两诉处理也屡见不鲜。乃至有学者认为,该案可以实现两诉间的有效衔接。却忽略此做法既是对传统诉讼规则的突破,又很难觅得现行法律的依据。一方面,在表述上广泛运用生态环境损害赔偿诉讼的字样;另一方面,又试图通过环境民事公益诉讼的规定解释和剖析案情。这是极易造成两诉混同状况的。那么,此处理方式对两诉的实践真的存在积极意义吗?

(二)类型二:两诉共同起诉

社会组织首先提起民事公益诉讼,省政府就同一损害行为再向同一法院以生态环境损害赔偿诉讼的,以两原告共同起诉的方式处理。例二,南京中院审理的"德司达(南京)染料公司倾倒废酸案"①。该案是江苏环保联合会以原告身份向南京中院提起环境民事公益诉讼,将德司达公司诉至法院。审理过程中,江苏省政府申请作为原告参加诉讼。该案的审理结果:被告承担环境修复费用 24282900 元。

该案主审法官在判后采访中将其解读为,该案的审理主要依据《最高人民法院关于审理环境民事公益诉讼案件适用法律若干问题的解释》。不知是否因本案首先提起的原告是社会组织,导致整体上来看,本案更倾向于环境公益诉讼。② 更值得思索的是,除江苏高院发布的 2017 年度十大典型案例外,当年网络检索该案的结果均以"江苏省政府提起环境公益诉讼案"为题。既是省政府提起何来公益诉讼? 对此,竟有解释可以将公益诉讼的原告人资格扩大解释为包含政府。以上是两诉的原告共同提起诉讼在实践中的"困扰"。

(三)类型三:先中止再审理

社会组织首先提起民事公益诉讼,随后省政府就同一损害行为再向法院以生态环境损害赔偿诉讼的,因认为民事公益诉讼应以生态环境损害赔偿诉讼为依据而先中止公益诉讼,待损害赔偿诉讼有结果后再行处理。例三,济南中院审理的"山东省环境保护厅与山东金诚公司等倾倒废碱液案"③,该案最早是中国绿色基金会提起的民事公益诉讼④。同年该院因受理山东省环境保护厅提出的损害赔偿诉讼,认为前诉应先中止,待后诉的审理结果生效后继续审理。

对比两案处理结果(表1),发现诉讼请求的重合:主要包括一类生态环境修复费用,二类生态环境修复期间服务功能的损失,三类其他评估鉴定费、专家费及原告为维权而支出的合理费用(包括调查取证费、律师代理费、差旅费等)。因本案是重大突发环境事件导致的生态环境损害赔偿案件,在生态环境损害诉讼部分又包括了应急处置造成的经济损失。总之,生态环境损害赔偿诉讼基本处理了两诉原告的大部分诉请,公益诉讼仅就未处理的公益组织的合理费用径行裁判。故,与前两例的处理结果有相似之处。

---

① 江苏省南京市中级人民法院(2016)苏 01 民初 1203 号民事判决书。因为原被告双方均未在法定期间内提出上诉,该文书生效。

② 汪劲:《论生态环境损害赔偿诉讼与关联诉讼衔接规则的建立——以德司达公司案和生态环境损害赔偿相关案例为鉴》,载《环境保护》2018 年第 5 期。

③ 山东省济南市中级人民法院(2017)鲁 01 民初 1467 号民事判决书。

④ 山东省济南市中级人民法院(2016)鲁 01 民初 780 号民事判决书。

表1 "先中止再审理"下的两诉处理结果表

	主要诉讼请求	裁判结果
中国生物多样性保护与绿色发展基金会提起的民事公益诉讼（2017）鲁01民初1467号案	1.立即停止倾倒危险废物的行为	1.五被告各支付中国生物多样性保护与绿色发展基金会律师费等为诉讼支出的合理费用20000元,共计100000元
	2.支付生态环境修复费用用于对当地受到污染的环境进行生态修复,三类人分别支付19890万元、623.7万元	
	3.支付生态环境受到损害至恢复原状期间的服务功能损失费用	
	4.依本案产生的评估鉴定费、专家费及原告为维权而支出的合理费用（包括调查取证费、律师代理费、差旅费等）	2.赔礼道歉
	5.赔礼道歉	
山东省环境保护厅提起的生态环境损害赔偿诉讼（2016）鲁01民初780号案	1.应急处置造成的经济损失3250.1428万元	1.应急处置造成的经济损失1455.566万元
	2.生态损害赔偿费用19890万元	2.弘聚公司赔偿生态环境修复期间服务功能的损失1401.208万元、生态环境损害赔偿费15912万元、鉴定费18.664万元、律师代理费16万元
	3.其他支出费用共计270.6833万元	3.金诚公司支付生态环境修复期间服务功能的损失350.302万元、生态环境损害赔偿费3978万元、鉴定费4.666万元、律师代理费4万元

（四）类型四：仅折一诉

符合提起生态环境诉讼或公益诉讼资格的原告之一起诉，只立一案。例四，"江苏省政府诉海德公司倾倒废碱液案"①海德公司将公司生产后的废碱液交给无处置资质的自然人，该自然人分别将废碱液排放于长江靖江段和新通扬运河，造成两河严重污染。江苏省政府以原告身份向泰州中院起诉。一审审理结果：判令海德公司赔偿环境修复费用 3637.9 万元、生态环境服务功能损失 1818.95 万元、评估费 26 万元，共计 5482.85 万元。海德公司不服提起上诉，二审审理结果：江苏高院驳回上诉，维持一审判决。

这是两诉区分的国内首次实践。最明显的标志就是省政府为单独原告。不排除暂无其他社会公益组织就本次环境污染提出民事公益诉讼的缘故。该情况持续增加，如，"天津市蓟州区生态环境局诉李某、郑某某污染地下水案""重庆市南川区林业局诉张某毛、张某华侵权责任纠纷案"等。② 参考两诉近年全国受理情况（图 1）③，前者受理数量远低于后者受理数量。除前者确立较晚因素外，是否与两诉合并或共同诉讼后被混同以一诉之名定案有关，尚待考证。

各地试点对上述两诉的处理情况，按照处理方式基本可以将其分为上述四类。依照审判结果，基本只有分别审理和合并审理两类。且上述四种情形因互相排斥，进入诉讼阶段不同等因素制约，并不适合形成统一制度广泛适用。

生态环境损害赔偿诉讼试点阶段的情况：根据最高人民法院发布的数据，截至 2019 年 5 月，全国各级人民法院共受理各级人民政府提起的生态环境损害赔偿案件共 30 件，其中受理生态环境损害赔偿诉讼案件 14 件，审结 9 件；受理生态环境损害赔偿协议司法确认案件 16 件，审结 16 件。

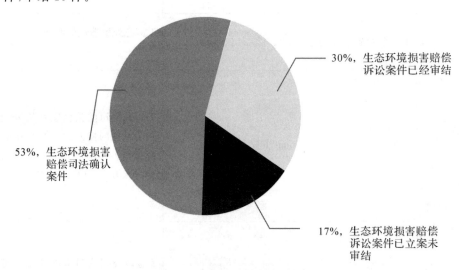

30%，生态环境损害赔偿诉讼案件已经审结

53%，生态环境损害赔偿司法确认案件

17%，生态环境损害赔偿诉讼案件已立案未审结

图 1　两诉近年全国受理情况

---

① 江苏省高级人民法院(2018)苏民终 1316 号民事判决书。
② 因该两案目前仍然处理审理中，尚无相关法律文书，案件进展参见中国法院网。
③ 最高人民法院《中国环境资源审判 2017—2018》白皮书。

2018 年全国环境民事公益诉讼受理情况：2018 年，全国各法院仅受理社会组织提起的环境民事公益诉讼案件就有 65 件，审结 16 件。与 2017 年相比，受理数量增多 7 件，同比增长 12.07％。另，2018 年，全国各法院受理检察机关提起的环境民事公益诉讼案件 113 件，审结 72 件。全国各法院受理检察刑事附带环境民事公益诉讼案件 1248 件，审结 949 件。

二、反思两类诉讼并行下混同衍生的危害

两类诉讼是除环境侵权诉讼外在环境保护领域最能发挥效用的诉讼方式。厘清两诉差异和混同，不能仅以简单的"谁先立案以谁受理""两诉就同一事实实行一事不再理的原则"一刀切解决问题。通过找出现状中混同的实质危害，加以避免，保存两诉并行的根本方式才是宗旨所在。

（一）侵蚀两诉并行的理论基础

两诉区分的关键即主体不同，在试行阶段，仅有地方政府等有权以原告身份就环境损害对行为人起诉的，就是生态环境损害赔偿诉讼。检察机关与社会组织提起的都是公益诉讼。这是两诉的诉权来源，即法理基础不同而带来的最本质区别。明确提起诉讼的主体范围，就要追根溯源，即该诉讼的法理基础为何。

根据《若干规定》[①]，国家有权授权地市级以上政府，成为原告。这是基于"在所有现代法律秩序中，国家和任何其他法人一样，可以具有对物权和对人权，具有私法所规定的任何权利和义务"[②]同时，《若干规定》第 22 条提及了环境公益诉讼、侵权诉讼。据此，现有的环境诉讼体系应当是符合部分学者的"环境利益三分法"，即环境国益、环境公益、环境私益[③]。首先，从《宪法》关系上看，第 9 条中规定自然资源国家所有权。虽然这一权利并无具体指向，也未明确权利属性，学术界对其权利性质也有"双阶段构造说，三层结构说，公权说，国家所有权说"等争议[④]，但依然为国家享有环境权益提供了宪法保障。其次，从民事法律关系上看，国家因《中华人民共和国物权法》等民法权利而对自然资源享有物权是有单独规定的[⑤]。据此，现行规范下的生态环境损害赔偿诉讼是扎根于此理论之中。生态环境损害赔偿诉讼的实际权利人是天然具有原告主体资格的国家。

提起环境民事公益诉讼的原告，无论是检察机关还是社会组织，自身都不具有当然的原告资格。其诉权依据主要是"诉权管理学说"。意为出于公共秩序和执法效率的考虑，可以于特定条件下将特定诉权赋予特定主体。群体诉讼的本质是通过客观规则的控制手段对公共秩序的治理。因其治理意义，不应深究原告与被告之间的关联，只是由法律赋予个别主体特殊诉权进行某种社会调控手段而产生诉讼干预职能的他益诉讼。[⑥] 虽然大陆法系至今仍未成为通说，但在司法实务中已经逐步显示作用。我国的民事公益诉讼中，检察机关代表的公共利益，其并非实际权益人，只是代理人的角色，故此处分权相对于生态环境损害赔偿诉

①　最高人民法院《关于审理生态环境损害赔偿案件的若干规定（试行）》第 1 条。
②　王树义：《环境法前沿问题研究》，科学出版社 2012 年版，第 62～69 页。
③　肖建国：《利益交错中的环境公益诉讼原理》，载《中国人民大学学报》2016 年第 2 期。
④　王涌：《自然资源国家所有权三层结构说》，载《法学研究》2013 年第 4 期。
⑤　《中华人民共和国物权法》第 46 条、第 48 条、第 49 条。
⑥　张陈果：《论公益诉讼中处分原则的限制与修正——兼论〈新民诉解释〉第 289、290 条的适用》，载《中外法学》2016 年第 4 期。

讼的权利人其实是相对受限制的。

不论是合并审理还是两诉折一优先处理,而另一个几乎被置若罔顾,以上的实践结果都危及两诉的理论基础,目前都未能有合理解释可以支撑。故而,该混同现象是十分不利于生态损害赔偿制度体系发展的。

(二)瓦解两类诉讼的制度框架

根据《若干规定》,生态环境损害赔偿诉讼符合三种规定情形之一:"1.发生较大、重大、特别重大突发环境事件的;2.在国家和省级主体功能区规划中的划定的重点生态功能区、禁止开发区发生环境污染、生态破坏事件的。3.发生其他严重影响生态环境后果的"才可以适用。同时,还有除外条款——优先适用《侵权责任法》及《海洋环境保护法》上的相关特殊规定。既区分生态损害赔偿诉讼与环境民事公益诉讼等的关系,又表明该诉请求权基础有其单独的援引出处。

生态环境损害赔偿诉讼制度的构建主要是为填补环境损害问责的空白,在制度设计上与现有法律关系应有明确分界。该诉讼只能在已规定范围内起诉。

环境民事公益诉讼的适用范围主要是通过起诉的主体区别以及各类法规规范中对公共利益范围进行列举规定。凡是已经损害或者对公共利益有巨大损害风险的环境污染、损害生态行为均可提起诉讼。

总之,提起损害赔偿诉讼的事由,几乎可适用公益诉讼。如果按照现有思路、裁判标准,参考案例一至三,或用公益诉讼之规定裁损害赔偿诉讼之果,或先处理损害赔偿诉讼不必要再顾及公益诉讼太多。并非质疑两诉并行的合理性,只是对现阶段两诉的调整方式混乱并未达到制度设计初衷表示遗憾。

(三)抑制两诉并行的作用发挥

两诉并行现阶段一个较大矛盾点就是,尚未体现两诉共存的"1+1>2"的效果。甚至连"1+1=2"的作用也是寥寥无几。从责任承担状况来看,两诉仿佛相互独立或者说仅折一即可,可以互相置换。

《若干规定》确立了损害赔偿诉讼除"承担修复生态环境、赔偿损失、停止侵害、排除妨害、消除危险、赔礼道歉"等责任外,还有应急处置等合理费用。

环境民事公益诉讼的赔偿责任则是除"恢复原状、停止侵害、排除妨害、消除危险、赔礼道歉"等外,还有替代性修复方式,生态环境修复费、环境受损至恢复原状期间服务功能损失费等相关合理费用。

据此,两类诉讼的责任承担方式有极大类似。不仅如此,《若干规定》中的兜底条款,使两诉讼赔偿时可以互相参照,那么判决就更易产生习惯性混同而难以区分。毕竟两诉的背后利益是有区别的,如果不能实际区分开二者的责任承担,只有主体不同,那么两种诉讼就很难充分发挥自身作用,更不利于实践中解决生态环境损害及污染问题。

就责任承担看,两诉绝不仅仅是相互替代关系,至少应当体现缺失的补位功能。

(四)降低两诉并行的司法效率

在没有明确顺位的司法实践中,较为常见的是将两诉合并审理。普遍方式是社会组织提起环境民事公益诉讼,政府提起生态环境损害赔偿诉讼,法院经审查决定将两诉合并审理。这使该类案件仍然定性为环境民事公益诉讼,如较为典型的是江苏省人民政府诉德司达公司环境污染责任公益诉讼纠纷案。应为生态环境损害赔偿诉讼的该案被媒体报道为江苏省政府提起的首例环境公益诉讼①也是基于此因。因此，两类诉讼合并审理是导致两诉混同的一个重要外因。

此混同除形式上引人误解，也应探究有无实质意义。两诉均被立案，合并审理有可能引发实质混同。如不合并审理，参考案例三，待生态环境损害赔偿诉讼处理结果后，只对公益组织产生的必要费用进行赔付。与案例一结果也是十分相似。那么分别立案，并分给不同审判团队审理，还需要中止程序，这又是否必要？是否是司法资源浪费？另，若合并审理与分别审理的审判结果不同，又如何体现裁判标准统一性？

此部分既是对现阶段混同现象的无奈，又是混同结果的客观危害。据此，下部分拟探寻破局解决之道。

三、提供两类诉讼并行顺位的新思路

《若干规定》首次以规范的形式对两诉的审理顺位明确：（1）先受理生态环境损害赔偿诉讼案件的，后因又提起公益诉讼的，合并为损害赔偿诉讼审理；（2）两诉已经均受理的，先中止民事公益诉讼，待生态环境损害赔偿诉讼案件审理完毕后再恢复审理；（3）生态环境损害赔偿诉讼裁判生效后，就同一损害行为可以证明存在未发现的处理结果提起公益诉讼的应当受理。

虽然该规定仿佛对受理、审理、生效后衔接都进行了规范，但由于两诉的主体资格、诉讼程序、诉请范围都有较大差异，两诉顺位问题引发的是如何处理平衡两诉之间的关系、如何进行利益选择等思考。解决顺位问题并不是简单的解决何优先受理，以何种诉的判决结果为依据的简单排序。《若干规定》对现阶段我国加速推进生态环境损害赔偿诉讼的全面实施具有极重要指导作用，但为健全生态环境损害赔偿制度，对两诉的顺位情况，仍可更进一步地思考：从制度选择、模式设置、细化程序、内在要求等方面对两诉顺位寻求一种新的解析思路。

（一）构建三层级生态损害求偿机制

1.生态环境损害求偿机制的三种待选模式

第一，多元化的生态环境损害法律救济机制。即构建民事诉讼、环境公益诉讼、环境行政诉讼等多元化的生态环境求偿机制。② 更为明确的是，为各救济方式明确实现作用，前期不应设置起诉顺位，也不需要合并审理。具备原告资格的主体均可以提起诉讼。如省级政府的起诉就按照生态环境损害赔偿制度率先立案，社会组织或者检察机关的起诉就按照环境民事公益诉讼立案，对处理结果尽量相互不影响。

这种思路首先是认同了"国家利益、社会利益、私益"的区分原理而构想的。相对应的仅在民事领域就区分了生态环境损害赔偿诉讼、环境民事公益诉讼与民事侵权诉讼。又吸收了行政法和社会组织责任等救济途径，致力于健全一个系统性和独立的生态环境损害的纠纷解决方式体系。该思路的突出优点就是可以既能相对缩短建成生态环境损害赔偿制度周期，加快完善生态环境损害赔偿体系的进程，又可以广泛地解决现阶段规则规范较为缺乏的困难。对于现阶段我国的目标是有较大的作用的。

---

① 《江苏省政府提起首例环境公益诉讼》，载中国江苏网，下载日期：2018 年 10 月 11 日。

② 吴俊：《中国民事公益诉讼年度观察报告（2017）》，载《现代法学》2018 年第 5 期。

第二,双层递进的救济主体结构。将"政府与公民、其他组织"分流的双层递进救济结构。并非几类诉讼的原告均享有同等的主体地位,应建立一种双层递进式的结构。具体而言,首先,以公共利益为视角赋予国家优先的主体地位。其次,以对政府的监督规制和公众有效参与的视角,赋予公民、其他组织次级的主体地位。换言之,生态环境损害诉讼应当具有优先地位,仅当该诉讼失能,才将公益诉讼作为救济途径启动。

这种思路也并未否认"国家利益、社会利益、私益"的区分,倾向国家利益应凌驾在社会利益和一般的民事权益之上。虽然为国家权益,但是其本质上并不是行政性质的,也只是私益权属,只不过该权益归"国家"所有,即国家代表全体公民所有。该结构的显著优点是从大局出发,着重于整体利益,可以优化诉讼资源的配置,也有利于厘清生态环境损害赔偿诉讼与关联诉讼之间的关系。更表明诉讼顺位是基于其价值取向的选择。

第三,三层递进的救济主体结构。基于对二层递进救济主体结构的研究和探索,又有学者提出了未来我国可以探索建立"政府机关求偿,检察机关监督,公众督促"的生态损害法律救济机制。勾勒一个"政府、检察院、社会组织"三层递进的救济主体结构①。细化二层结构,将检察院设置为中间阶层,社会组织为最后。

2.三层递进的救济主体结构

(1)三层递进的救济主体结构的选择

选择第三种架构,是因为前两者的弊端不适合未来我国大力推荐生态环境建设的宏图。

多元化生态环境损害法律救济机制的弊端。首先,不界定诉讼顺位易造成司法资源的浪费。两诉是基于同一生态环境损害行为而提起的,如既不排序又不规制,双向并行势必会造成多案,降低司法效率。此前的司法实践,要么是打破既有的诉讼规则将两诉合并审理,要么以追加的方式共同提起诉讼,都会出现前文提及的混同问题。同时,针对同一事实提出两诉,还可能过分加重损害行为人的责任。

双层递进救济主体结构的理论基础更易接受,据社会风俗,在政府机关与社会组织之间增设检察院更符合习惯。避免"官对民"的突兀。检察院督促政府履责。该思路转变了检察机关的职责,对现有法律法规的突破性较大,却使整个体系更完整、密切性更强、条理性更突出。

(2)三层递进的救济主体结构的设置

三层级的索赔操作流程设置如下。

首先,由组织实施或拟组织实施生态损害修复代履行工作的地方各级政府的相关环境、资源、生态环境主管部门代国家向生态损害赔偿责任人提起生态损害求偿诉讼。

其次,如果前述负有修复和求偿职责的政府或地方主管部门不履行职责的,则由相应的检察机关通过发出生态损害修复求偿检察建议书方式督促其履行职责。

最后,保留社会组织向法院提起公益诉讼的权利,对于政府和检察机关均不履行职责的情况,允许社会组织依法通过公益诉讼向生态损害赔偿责任人求偿。

(二)两诉并行下的微观程序

1.政府部门中设置相应联动部门承担主要诉讼责任

在三层结构中,可以由政府提起的生态环境损害赔偿诉讼显然才是具有主导作用的,环

---

① 黄虞、张梓太:《生态环境损害赔偿之诉与环境公益诉讼》,载《中华环境》2018年第6期。

境民事公益诉讼主要是补位的功能。那么政府尤其是环境资源等部门一经发现生态损害行为就应及时行使诉权。因该权利关系重大，仅指定到某机关或有可能无法及时履行。直接设置在现有政府机构的某一部门，设专员负责相关事宜。

首先，各级政府部门中设置相应联动部门或者于各级政府的环境部门下设置相应科室，同一省应保持其单一性及一致性。其次，调动环境法专业或者是环境与法律等相关专业的人员参与日常监测、准备诉讼等工作。最后，该部门除当然接收重大事件外，还应畅通与检察机关、社会组织的沟通渠道，主动了解本辖区生态环境领域的风吹草动。

2.检察院应当设置相关人员专门承担监督责任

检察院的环境监督职能角度，应当设置在第二位。是因为其各项职能都是服务和配合政府的诉权才得以行使的，提前行使只会导致赔偿制度的紊乱。在三层主体结构中，社会组织发挥的一种后补的参与责任。前者缺位的情况下，适时充当填补角色。

检察机关的权限由提起公益诉讼变为制作检察建议书。检察院的相关工作负责人在一定期限内发现发生应当提起生态环境损害赔偿诉讼而政府机关没有作为时：(1)第一次规定时间制发检察建议书进行提醒；(2)若政府行动相响应，则建议书发挥作用；(3)若政府未采取措施，二次制发检察建议书，并限定在一月内未有作为将直接与有权起诉的社会组织沟通，并将对政府相关部门的行为提起行政公益诉讼；(4)对接有关社会组织提起公益诉讼。

3.公开有权提起的社会组织补位公益诉讼

有资格提起环境民事公益诉讼的社会组织在政府缺位经检察院监督后仍怠于履行诉权或者检察机关同时失职的情形下，可代行使诉权提起公益诉讼。

此机制就要对现有的法律法规重新规则，从而统一标准：两诉不再合并审理，生态环境损害赔偿诉讼优先公益诉讼。同时，保障两诉的受理范围相同，以防止损害各诉讼主体的利益。另，不同诉讼管辖的法院位阶也应尽量保持其一致性等。

(三)两诉并行下的宏观规范

对两诉并行的三层递进主体的构想，首要应予制度规范支持，既可是环境法体系法典的统筹，也可是司法解释的补足。以修改解释的方式为例：一、将两诉的受理范围、管辖法院等协调一致；二、直接设置政府部门中的专门部门，同省内保持序列一致；三、明确生态损害赔偿诉讼的优先地位；四、补充在政府怠于履行义务时检察院的责任；五、补足在政府缺位后检察院无法或检察院也欠妥行为情况下公益组织的诉权。

(四)两诉并行下政府机关的义务

"追究生态环境损害的违法行为，行政机关是第一责任者。行政机关在保护生态环境方面具有手段多样的优势，其中一个重要的特点是履行相应的行政监督管理职责。"[①]因政府机关可在执法过程中获取第一手环境损害行为的证据和信息，其具有成为其他主体无法觊觎的首要诉讼地位。又因环境损害案件涉及诸多专业，如在评估和修复过程中的机构大多都是仅政府具有支配权利。政府在资源整合利用上的优势是其成为诉讼优先主体的根本原因。政府始终处于发现环境损害行为的前线，应一经发现立即止损。因此，损害赔偿诉讼之于政府不仅仅是一项权利，更是必要的义务。政府机关提起诉讼既是权利也是责任，这是生

---

① 徐盈雁：《在检察环节落实好生态环境损害赔偿责任制度改革工作——最高检民刑厅有关负责人解读〈生态环境损害赔偿制度改革方案〉》，载《检察日报》2018年1月24日第3版。

态环境损害赔偿之诉常态化的保证。

此外,政府机关还参与鉴定、评估、监督损害行为人恢复权利等环节,在该项诉讼制度中政府的权利极大。为避免政府既是"运动员"又是"裁判员",必须对政府进行监督,使其权利受到制约。只有如此才可充分发挥出政府的多元化角色在生态环境保护中的重要作用。

四、结语

构建三层级主体结构,赋予生态环境损害赔偿诉讼在环境民事诉讼中的主要地位,公益诉讼仅在前诉缺失时补位。政府机关、检察院、社会公益组织在环境损害救济程序中各司其职,相互制约。当政府机关一身多职、权力过大,只有用制度之笼束缚——多方监督限制,才能产生效用。因生态环境损害赔偿诉讼全面推行时间尚短,对于未产生的情况无法一一预判,三层级结构的求偿机制仍待时间的考验和实践的反馈。

关于长期租赁合同审判实务的调研报告

刘冬虹[*]

前　言

租赁的历史由来已久,租赁市场是市场经济的一部分。租赁的发展,对于活跃市场经济、实现租赁物的使用价值有着至关重要的作用。随着经济的发展,租赁市场的发展表现出其强大的生命力,租赁的表现形式也越来越多元化。其中,有一类合同案件数量呈逐年增长趋势,该类合同案件具有一定典型性并可能产生维稳问题,故针对此类案件进行调研,有利于对该类案件的审理提供统一裁判思路。

一、类案特点

该类案件具有如下典型特点:

1.有偿使用时间长。双方当事人签订合同约定甲提供房屋或商铺给乙有偿使用,期限为20年。合同同时约定合同有偿使用期满后,乙可再无偿使用该房屋或商铺一定年限,如30年。

2.一次性缴纳长期有偿使用费。区别于一般租赁合同定期交纳租金,此类案件签订合同时,乙须一次性向甲缴纳20年有偿使用费。

3.时有保证经营收益的委托经营管理约定。乙获得该商铺使用权后可将房屋或商铺委托甲或甲的关联公司丙经营管理一定年限。丙以自己的名义或以乙的名义与承租人丁签订租赁合同。丙向乙保证一定年限的经营收益。

二、类案统计

针对本次调研,我们在科威先行等法律信息库输入关键词:“房屋租赁合同”“20年”“赠送”等进行查询,剔除部分不符本次调研目的的案件,共查询到1214件案件,我们选取了具有代表性的案件。

详见下表:

---

* 刘冬虹,东莞市中级人民法院民三庭副庭长。

表 1 1214 件案件中具有代表性的案件

案号	审理法院	基本案情	裁判结果
（2018）京0106 民初23736 号、（2018）京02 民终3399 号（共 8 宗）	B 市 F 区人民法院、B 市中级人民法院	甲与乙签订《房屋租赁合同》，主要约定：1.甲将房屋出租给乙使用；2.租赁期限，自房屋交付之日始至此后 20 年期限届满之日。甲同意在符合合同约定条件的情况下，赠送乙对租赁房屋的使用权 30 年；3.因租赁期满或非甲方原因导致本合同解除合同致使本合同终止的，乙应当自合同终止之日起 10 日内腾退、返还状态良好的房屋及房屋的相关设施、设备。4.乙须一次性向甲支付 20 年全部租金 乙向甲支付了全部钱款，甲向乙交付了涉案房屋 甲表示涉案房屋无规划报批手续，房屋属于违法建筑。乙亦表示签订合同时知道涉案房屋在建设时无相关建设手续	1.案涉合同为租赁合同 2.租赁合同无效 3.合同无效后，因该合同取得的财产，应当予以返还。故判令乙向甲返还房屋，甲向乙返还租金
（2017）京03 民终8080 号（共 449 宗）	B 市中级人民法院	甲与乙签订《国际健康港租赁合同》，合同主要约定：1.甲将房屋出租给乙使用；2.租赁期为 20 年，自 2013 年 11 月 22 日起至 2033 年 11 月 21 日止，2033 年 11 月 22 日至 2061 年 12 月 25 日为赠送期，赠送期间免收租金。3.分期付款：乙于 2013 年 11 月 22 日前向甲支付租金款计 345592 元，于 2014 年 2 月 22 日前向甲支付租金款计 33 万元。4.违约责任：如甲未能如期向乙交付房屋，应当向乙支付违约金。违约金按违约期内的每日万分之二进行计算 合同签订后，乙依约支付了租金 345592 元。在合同约定的房屋交付日期到期后，甲并未按约定交付房屋 涉案房屋主体已经建成，已完成规划验收，尚未办理竣工备案	1.案涉合同为租赁合同 2.租赁合同有效 3.甲未按合同约定期限交付房屋，应按约定向乙支付违约金 4.驳回甲解除合同的反诉请求
（2016）粤01 民终11618 号（共 2 宗）	G 市中级人民法院	甲与乙签订《信盈城商铺租赁合同》，合同主要约定：1.甲将房屋出租给乙使用；2.租赁期限为 20 年，合同期满后甲将 19 年 6 个月的使用权赠予乙。使用权赠送期内免收租金；3.乙应向甲缴纳的租金为 29438.17 元/年，20 年租赁期的总租金共计 588763.4 元。乙须在签署本合同时缴纳首期款，即 327389 元，剩余租金 261374.4 元，以 60 个月分期方式支付，每月固定付款 4356.24 元。4.违约责任：甲逾期交付超过 180 日的，乙有权解除合同。乙解除合同的，甲应当自乙解除合同通知到达之日起 10 日内退还全部已交租金（不计利息），按本商铺总租金的万分之五向乙方支付违约金 乙已按期向甲交付首期租金及后续租金共计 471144.92 元。2015 年 2 月 12 日，乙向甲邮寄《解除通知书》，以甲未按合同约定履行交付义务为由提出解除合同并要求甲按合同约定支付违约金 案涉租赁物已取得建设工程规划许可	1.案涉合同为租赁合同 2.租赁合同有效。 3.甲向乙返还租金 471144.92 元 4.甲向乙支付违约金235.57 元

续表

案号	审理法院	基本案情	裁判结果
（2015）佛顺法乐民初字第2014号（共216宗）	F市S区人民法院	甲与乙签订《物业预租合同》，合同主要约定：1.甲将房屋出租给乙使用；2.租赁期限为20年。在租赁期限届满后合同自动延续，乙按照本合同条款继续租用该房屋15年。3.租金总价款为172337元；甲应在2013年12月25日前将房屋交付给乙使用 合同签订后乙已向甲支付了全部租金。案涉房屋于2014年1月11日交付 案涉房屋所在的建设工程于2010年12月2日取得建设工程规划许可证	1.案涉合同为租赁合同 2.确认案涉合同中约定的租赁期限超过20年的部分无效 3.甲应向乙返还合同无效部分的租金
（2017）苏0508民初7617号（共14宗）	J市G区人民法院	甲与乙签订《商铺租赁合同》，合同主要约定：1.甲将房屋出租给乙使用，租赁物已经有关部门批准建设；2.租赁期限为20年，甲额外赠送10年共计30年；3.商铺租金总价为182000元，由乙一次性支付。4.乙付清全部租金后享有提前解除合同的权利，提前解除合同时间节点为租赁期限届满第8年末自然月的最后一个自然日。如乙行使前述解约权的，甲应将乙已付的款项120%返还给乙。上述合同签订后，乙向甲支付了租金182000元 乙与丙签订《商铺委托经营管理合同》。双方约定，乙将前述商铺委托给丙经营，委托经营期限为30年。在委托经营的前8年，丙每年向乙支付乙最初租赁该商铺支付总额的10%。此后的22年商铺租金收益按丙实际收取租金9：1分成。上述协议签订后，乙委托丙对外出租案涉商铺，但案涉广场未能如期开业，乙也未足额收到案涉商铺的租金 后甲与乙、丙签订《解除协议书》。三方约定，提前解除《商铺租赁合同》《商铺委托经营管理合同》	1.甲、丙与乙签订的合同名为商铺租赁实为民间借贷。对甲与乙签订的合同中关于借贷的部分的效力予以认定 2.甲向乙退还182000元、利息损失6767.91元及违约金

三、类案分析

经调研分析，该类案件主要存在如下问题亟待解决：

1.合同性质

一般来说，认定合同性质既要看合同名称，更要看合同内容。实践中，合同名称与合同内容的关系大体上有三种情形：一是有的合同名称与合同内容相一致；二是有的合同名称与合同内容不一致；三是有的合同名称互相矛盾，合同内容也互相矛盾。第一种情形可以称之为"名副其实"合同，第二种、第三种情形可以称之为"名不副实"合同。当合同内容互相矛盾时，要根据合同中是否有特别约定以及当事人的实际履约情况，综合认定合同性质。

从我们调研情况来看，虽然部分当事人在诉讼中主张此类合同"名为租赁实为买卖"，但经法院审判，并未有案件确定此类案件为房屋买卖合同纠纷，绝大多数经法院审理认定为房屋租赁合同纠纷，极少部分被认定为民间借贷纠纷。

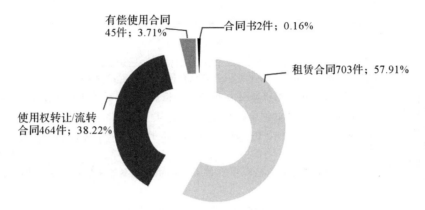

图 1   1214 件案件合同名称

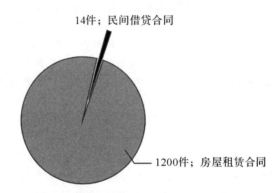

图 2   法院认定的合同性质

2.合同效力

合同效力决定着合同当事人权利义务的有效性,它是合同能否顺利履行的基础,决定着当事人能否实现基于合同而生的法律救济。在此类案件中,当事人诉至法院,要求法院依据合同约定支持其诉请,则法院除首先应依照合同内容确定合同性质外,还应当根据法律对不同合同性质的效力性规定,对合同效力进行审查。

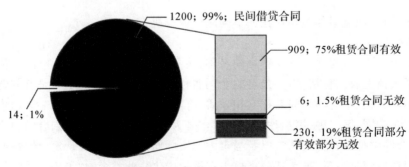

图 3   合同效力认定数量及比例

承前所述,我们查询到的 1214 件案件中,除 14 件案件经法院审理认定为民间借贷纠纷外,余 1200 件均被认定为房屋租赁合同纠纷。其中,14 件民间借贷案件,法院经审查对关于借贷的部分的效力予以认定;余 1200 件房屋租赁合同案件,有 61 宗案件因租赁房屋不具备建设工程规划许可证等证件,租赁合同被认定为无效,909 件案件法院经审理认定租赁合同有效,230 件案件法院经审理认定租赁合同部分有效部分无效。

3.合同约定的有偿使用费的性质

在此类案中,乙须一次性向甲缴纳 20 年有偿使用费。则该有偿使用费的性质,亦将根据法院认定的合同性质的不同而有所差异。如法院认定为租赁合同,则该有偿使用费即为租金或占有使用费。如法院认定为民间借贷,则该有偿使用费即为借款。如法院认定为买卖合同,则该有偿使用费为购房款。同时,如认定为租金,那么该一次性支付的有偿使用费对应的是 20 年的租金还是 20 年加赠送年限的租金,这一问题亦亟待明确。特别是在法院对于租赁合同效力问题作出不同认定时,该有偿使用费的性质及对应的年限是否受到影响,亦须明确。

四、类案处理意见

经调研分析,对此类案件涉及的三大问题提出如下意见:

1.关于合同性质

该类案件涉及的合同性质,应结合具体案件中双方当事人在合同中所表达的具体意思表示来认定。首先应理清不同性质合同的区别:租赁合同是出租人将租赁物交付出租人使用、收益、承租人支付租金的合同。买卖合同是出卖人转移标的物的所有权于买受人,买受人支付价款的合同。民间借贷合同是公民之间、公民与非金融机构企业之间的借款行为。租赁合同与买卖合同的区别在于后者发生财产所有权转移的效果;而前者只发生财产使用、收益权的转移,交付财产的一方并不失去财产所有权,而使用方只对财产享有占有、使用收益之权,而无处分权,使用完毕,应交还财产给交付方。而民间借贷合同区别于租赁合同及买卖合同,则在于它是借款人向贷款人借款,到期返还借款并支付利息的合同。

因此,法院审理案件过程中,应结合双方签订的书面文件判断双方当事人在签订合同过程中拟达成的是租赁合同关系、买卖合同关系还是民间借贷关系。

如果双方当事人在合同中明确使用了租赁字眼,或对租赁物交付、租赁期限、租金数额、租金支付方式、租赁期满返还租赁物等事项进行约定,则应认为合同符合租赁合同特点,属于租赁合同。如:(2018)粤 19 民终 7903—7910 号案件,双方签订的是租赁合同,并且合同条款对租赁期限、租赁物交付、租金数额及租金支付方式等作出约定,符合租赁合同特点。又如(2018)粤 19 民终 5015—5048 号、7495—7496 号案件,双方虽签订名为《有偿使用合同》的合同,但从合同条款来看,甲向乙转移的是占有、使用、收益权,并未转移所有权,乙对案涉物业并不享有处分的权利。同时,双方在此后合同履行过程中,对"租金"签订了相关补充协议。因此,该案双方当事人之间的法律关系亦符合租赁合同特点。

表 2　(2018)粤 19 民终 5015—5048 号、7495—7496 号案件

案号	审理法院	基本案情	裁判结果
(2018)粤 19 民 5015—5048、7495—7496 号 (共 45 件)	D 市中级人民法院	甲与乙签订了一份《有偿使用合同》，主要约定：1.甲将商铺提供给乙有偿使用；2.有偿使用期限为 20 年，合同有偿使用期满后乙可以再无偿使用该商铺 20 年；3.乙于合同签订时一次性向甲支付商铺有偿使用费 280000 元。双方签订《有偿使用合同》当天乙向甲支付了有偿使用费 280000 元。此后，甲、乙双方针对案涉商铺的月租金签订了相关的补充协议 　　案涉房屋未取得房地产权证。甲主张案涉的房屋属于合法建筑，可以用于出租。甲提供的《建设工程规划许可证》副证，加盖了东莞市樟木头镇城镇建设规划办公室的印章，未加盖东莞市城建规划局的印章	1.案涉合同为租赁合同 　　2.案涉租赁合同因未取得建设工程规划许可证而无效 　　3.甲向乙返还有偿使用费并支付利息等

　　如果双方当事人在合同中明确使用了转让字眼，或对物业的所有权转让进行了明确约定，乙依据合同不但取得物业的占有、使用、收益权，还享有对物业的处分权，或甲向乙转让占有、使用、收益权、处分权的期限与物业所涉地块剩余适用年限完全一致，则认为合同符合买卖合同特点，属于买卖合同。

　　如果双方合同履行过程中，甲无需向乙交付所谓商铺，乙亦无法实现对所谓商铺的占有。乙系以向甲支付一次性有偿使用费的形式进行投资，以获取高息回报，且甲承诺乙可按意愿解除合同，并将乙已付租金附加固定利率退还。换言之，乙在向甲支付投资款后，可获得固定投资回报，并在到期后选择附加固定利率后赎回本金，其本质上即为乙以支付有偿使用费名义向甲提供借款。如此，则可认定甲乙之间的合同实为民间借贷。

　　2.关于合同效力

　　根据当事人双方意思表示确定合同性质后，则应依据法律规定对不同合同效力条件的要求，对涉案合同效力进行审查。

　　如果认定属于租赁合同，则应审查案涉合同是否符合《中华人民共和国合同法》及《最高人民法院关于审理城镇房屋租赁合同纠纷案件具体应用法律若干问题的解释》等法律法规、司法解释对租赁合同效力的规定。如认定属于房屋买卖合同，则应审查案涉合同是否符合《中华人民共和国合同法》及相关司法解释对买卖合同效力的规定。如认定民间借贷关系，则应审查案涉合同是否符合《中华人民共和国合同法》及相关司法解释对民间借贷所涉合同的规定。

　　如：(2018)粤 19 民终 5015—5048 号、7495—7496 号案件，法院认定案涉合同属于租赁合同，但案涉租赁物尚未取得建设工程规划许可证，也未在一审法庭辩论终结前经主管部门批准建设，因此，案涉租赁合同无效。又如：(2018)粤 19 民终 7903—7910 号案件，法院认定案涉合同属于租赁合同且案涉租赁物已取得建设工程规划许可，故依照《中华人民共和国合同法》第 214 条的规定"租赁期限不得超过二十年。超过二十年的，超过部分无效"认定案涉租赁合同约定的租赁期限超过 20 年的部分无效(见表 3)。

3.关于有偿使用费的性质

有偿使用费的性质,首先与合同性质的认定息息相关。如法院经审查认定合同为租赁合同,则有偿使用费的性质为租金(合同有效情形)或占有使用费(合同无效情形)。如认定合同为房屋买卖合同,则有偿使用费实为购房款。如认定为民间借贷,则有偿使用费为借款本金。其次,该有偿使用费的处理,因合同效力的不同而不同。如合同有效,则双方均应按照合同约定行使权利、履行义务。如认定合同无效,则根据《中华人民共和国合同法》的规定,双方应相互返还财产,其中属于租赁合同的,承租人除应向出租人返还租赁物外还应支付占有使用费,出租人应向承租人返还承租人一次性支付的有偿使用费。如法院经审理认定属于租赁合同,并根据《中华人民共和国合同法》第 214 条的规定认定约定的租赁期限超过 20 年的部分无效,则出租人应向承租人返还无效部分的有偿使用费,此时,应认定租赁合同约定的一次性支付的有偿使用费总额对应的是 20 年加赠送年限的租金,并据此认定年租金数额。理由如下:首先,虽然合同约定使用期限为 20 年,届满后继续无偿赠送一定期限免费使用年限。在赠送期限内,承租人无需支付租金。但是承租人作为投资人,在选定投资对象时,是考虑到其支付该 20 年租金的对应使用期限为 20 年加赠送期限。出租人作为营利性企业,在考量该笔交易时亦已经将该所谓的免费赠送期的成本计入 20 年租金总金额当中。其次,虽然当事人约定 20 年期满后的使用年限承租人无须支付租金,但是以有偿使用费总额对应 20 年租金,往往高于同时期同地段租金标准,故基于公平原则,在此类案件中宜认定合同约定的租金总额对应的是 20 年加赠送年限的租金,并据此认定年租金数额。如:(2018)粤 19 民终 7903—7910 号案件,认定合同约定租金对应期限为 45 年,甲应将其收取的超过 20 年的租金部分退回乙并支付利息。

表3　(2018)粤 19 民终 5015—5048 号、7495—7496 号案件

案号	审理法院	基本案情	裁判结果
(2018)粤 19 民终 7903—7910 号(共 8 宗)	D 中级人民法院	甲与乙签订了《虎门国际购物中心商铺租赁合同》,主要约定:1.甲将商铺出租给乙;2.租赁期限为 20 年,租赁期限届满后,甲将商铺赠送给乙继续使用 25 年;3.乙于合同签订当日一次性付清 20 年租金首期款给甲,并于合同签订当日办妥剩余租金的银行贷款手续。乙已向甲支付租金首期款并办理了银行贷款,银行已将贷款实际发放至甲的账户 "虎门国际购物中心"系由甲及案外人共同报建开发,已取得《建设工程规划许可证》 甲提交其与案外人签订的三份《租赁合同书》,显示其出租给案外人的商铺月租金数额与其出租给乙的租金基本持平	1.确认案涉合同中约定的租赁期限超过 20 年的部分无效 2.合同约定租金对应期限为 45 年,甲应将其收取的超过 20 年的租金部分退回乙并支付利息。

五、结语

租赁模式作为一种日常的交易方式，在经济交往中极为常见，其形式和表现方式也具有多变性，关于长期有偿使用的合同性质在现实生活中需结合要件进行进一步界定，并非一定属于租赁合同。租赁合同法律规定和理论研究应当与时俱进，以深化适应经济社会的发展，增强其司法适用性。否则，极易造成实践中司法适用的不规范或者不一致等情形，导致司法工作人员处理具体的合同问题时遇到难题。

共享经济消费者权益保护的软法之治

邹　越[*]

共享经济的概念也许早已有之,又叫作共同消费,分享经济。"2015 年我国共享经济及其相关市场的规模高达 1.95 万亿元,未来 5 年,我国共享经济年均增长速度将高达 40%,2020 年我国共享经济规模将占 GDP 比重的 10%以上,共享经济将会是我国经济新的增长点"①。但作为一种紧密依赖信息技术支撑的商业模式,短时期内爆发性增长,涉及亿万消费者,带来消费者权益保护的大量关注和诉讼,则是互联网技术、平台、金融创新发展到一定阶段的必然结果。

本文所讨论的共享经济仅限于以网络平台和大数据为基础,共享资源使用权的经济活动。在这一经济模式下:其一,资产的所有权与使用权在交易期间分离,形成共享产权结构。资源的使用价值成为交易对象。其二,交易方式包括租赁、交换、借贷、合作等。人们在交易时,注重的是产品的共享性,而非独占性。使得从产品和服务角度区分生产者和消费者的界线模糊,消费者可以同时是服务者,或者反之。其三,以点对点的方式快速、高效地提供短期的商品和服务,形成新的供需产业链,新的消费模式,资源在反复利用中实现高效配置。其四,共享的对象可以是物品、服务或技能等,共享的方式既可以是产品服务、市场再流通,也可以是协同式生活。这使得可以参与进来的资源提供者和消费者不计其数,门槛很低,动机多样,人群分散。其五,共享的结果不仅会革新就业方式,重构市场和经济,冲击现有的交易模式和制度,开启资源配置的又一次帕累托最优,也会重构人类的交往、社区、习惯和生活方式。"伴随着共享行为令社团关系重建和社区价值被人们重新发掘,一种能在个体需求、集体社团和地球环境中找到平衡点的新的社会机制——集体协同消费将出现"②。也许终将有一天,大多数未能得到充分利用的资源都可以参与共享,每一个人都是共享经济的提供者和消费者,都是共享城市、共享世界中无法逃避的成员。

---

　*　邹越,东莞市中级人民法院综合庭法官。

　①　马强:《共享经济在我国的发展现状、瓶颈及对策》,载《现代经济探讨》2016 年第 10 期。

　②　富切尔·博茨曼、路·罗杰斯:《共享经济时代:互联网思维下的协同消费商业模式》,唐朝文译,上海交通大学出版社 2015 年版,第 19 页。

一、面对共享经济的硬法适用困境

与共享经济消费者权益保护相关的"硬法"有消费者权益保护法、劳动法、合同法、反不正当竞争法、税法、知识产权法等。"在传统的硬法一统天下的局面下,法是平面的,缺乏层次、缺乏立体感,硬度固定,灵活性不足,这也决定了其适用领域和范围有限"[①]。这些法规依照法定程序,依靠国家强制力实施,滞后于经济和社会发展有其合理性。共享经济还处于成长初期,更多的功能和属性还有待揭示,硬法在"现阶段,需要一定的战略性模糊,以便为地方试验留出制度空间,进而为共享经济规制模型的形成提供实践经验的支持"[②]。只是,对于这些不可回避的局限和模糊,我们必须有足够的清醒认识和应对策略。

1. 法律适用之困。所有权与使用权的分离,使用权被众多的消费者共享,随之而来的是平台企业与服务者分离,服务者与消费者角色的随时转换,使得企业、服务者、消费者的市场角色、法律身份、权利义务需要重新界定,甚至多有动态调整。譬如,现有法律对互联网平台企业的性质、行业归类、权属关系、法律责任界定不清;对平台与服务提供者的劳资关系、税收征缴、管理权限缺乏界定。以限制使用权限,保护知识产权为目的的法律规范与资源、服务、技能人人可以共享的观念和交易行为相冲突;将生活资料用于共享进入经营领域,与传统的限制非法经营法规相冲突。产权所有者与劳动者的身份模糊,缺乏长期合同,甚至没有正式的雇佣关系;美团外卖的快递员是临时工还是正式雇员,使得传统的劳动关系约束不合时宜。非职业化的兼职导致服务质量降低,安全事故增多,消费者权益保护难。在税收、份子钱等方面对原有产业的不公平竞争引发群体抗议,短信骚扰、广告轰炸等导致众多消费者的担忧和不满等,诸如此类的纠纷或诉讼,怎样适用法律?责任如何认定或分担?诚然,现行消费者权益保护法规的法理精神、基本原则仍然可以适用,但一些具体的规则、指标、程序,一些在传统经济领域被证明行之有效的,保护消费者权益的分析工具和判据,则难以套用。

2. 个案执法与海量监管之困。"几乎每一个新技术、新业态、新模式、新产业的诞生,如P2P模式、P2C模式、O2O模式、第三方支付、众筹、大数据等等,都会带来相应的新技术平台和交易新规则,而这些技术变革在互联网的迅猛发展中又加速推进,呈现出爆发性、层级崛起的特征"[③],从而极大地丰富了交易的内容,改变了交易的边界,降低了交易的成本,革新了交易的模式。共享经济参与各方的市场信息是不对称的,交易已经不像传统经济那样"一手交钱,一手交货",交易时甚至连对方是谁都不知道。"在网络外部性的影响下消费者更重要的考虑因素是适用该商品的外部网络即消费者规模"[④]。在网络外部性的影响下,随着消费者之间的价值增益不断累积,经营者的产品和服务对消费者的价值也在不断增加,当该产品或服务获得了一定数量消费者认可,其他消费者也会自愿加入该产品或服务市场,从而使得该经营者的消费者基数迅速扩大。当消费者达到一定的规模,消费者的转移成本便会大于该产品或服务的价值,消费者不敢随意放弃现有的产品或服务,从而被"锁定"。随着

---

① 罗豪才、周强:《软法研究的多维思考》,载《中国法学》2013年第5期。

② 张力、刘权等:《共享经济的理念创新与规制优化》,载《财经法学》2016年第5期。

③ 马长山:《互联网＋时代"软法之治"的问题与对策》,载《现代法学》2016年第5期。

④ 李丹:《互联网服务市场支配地位认定》,载《河北法学》2015年第7期。

消费者被锁定，企业的边际成本急剧降低，最终打破市场均衡，经营者获得市场垄断地位，继而利用锁定效应迫使消费者不得与其他经营者交易，或把不相关的产品或服务相互绑定，强逼消费，侵害消费者的选择权。共享平台违约支付，交易双方侵权责任不合理分担，资源提供者转嫁风险，平台企业滥用垄断地位等，时有发生。行政和司法机关由过去面对点源监管对象，变化到今天面对海量的、分散的、瞬时变化的监管对象，有的无法规可依，有的效率太低，有的司法资源不允许。

（三）长远的合理性与现时的合法性之困。高度依赖互联网和大数据平台的共享经济有着独特的市场结构——双边市场，独特的市场效应——网络外部性。这种一个或几个允许最终用户交易的平台，通过适当地从各方收取费用，使双边（或多边）保留在平台上的交易市场，是导致互联网经济领域交易行为复杂化的根本原因。这些外部效应可能是负面的，也可能是正面的。同时，市场进入壁垒模糊，竞争关系多样化，双边用户相互依赖，传统市场中为保障安全和公平而设立的法律条款、制度等，面对共享经济可能失效。在传统产业中比较容易保护的消费者权益，在具有双边市场结构的互联网平台中变得非常困难。很多在传统经济中被认定为"不合法"的垄断行为，如捆绑搭售，低于成本销售，由经营者集中形成垄断，用垄断遏制竞争对手，在双边市场结构的互联网平台竞争中具有一定的合理性，甚至是共享企业生存的必要基础，从长远看，有增加消费者福利，促进经济繁荣和社会进步的意义，因而具有法理意义上的合法性。这就给现时的反垄断执法带来重大难题，现时的权利与长久的福利，局部的公平与经济体系的效率，个体的权益与国家的创新能力和国际竞争实力，需要怎样的妥协与平衡？

总之，共享经济不可能在传统经济的制度框架内长大。技术理性、虚拟交易、交叉补贴、网络黏性、动态竞争、竞争性垄断、外部效应、双边市场、速度经济、无限供给，全球依存等等，这类在传统经济中不曾有过的特性，还有更多将继续涌现出来的共享经济新特征，是经济发展、社会进步的重要标志。共享经济需要更开放的公共治理。其一，治理依据应该多样化，源于法治精神、道德规范、产业政策、文化习俗等，围绕一个共同的目标，在法治框架内促进共享经济的繁荣，社会福利的增加。其二，治理主体应该多元化，政府和其他公权力主体，如行业协会、经济组织、自治团体等，各种治理主体各展其长，合作监管。其三，治理方式应该多样化，法律规范、市民守则、乡规民约、行业规章、团体章程、技术标准等，各种治理手段刚柔相济，功能互补。

面对具有熊彼特意义的，创造性破坏的市场创新，我们既要从现有法治体系内部寻找共享经济的合法性，又要从共享经济的外部，即整个经济体系和社会进步的视角，审视共享经济存在和发展的合理性，建立消费者权益保护的新制度、新规范。

二、消费者权益保护的软法适用优势

软法是指那些虽然没有法律强制效力，不能运用国家强制力保证实施，但有实际约束作用的行为规则。"国内层面包括公共政策、民间规则、专业标准和交易习惯"[①]。而"从其表现形态来看，社会生活中的软法主要包括以下几类：一是国家法律、法规和规章中那些具有宣示性、号召性、鼓励性、促进性、协商性、指导性的法律规范；二是国家机关制定的诸如纲

[①] 程信和：《硬法、软法与经济法》，载《甘肃社会科学》2007 年第 4 期。

要、指南、标准、规划、裁量基准、办法等大量的规范性文件;三是政治组织特别是执政党制定的章程和规范性文件;四是社会共同体制定的章程和规范性文件"①。重要的是,社会共同体也是软法制定的主体之一。政府、社会组织、企事业单位、社区以及个人等组成多种多样的社会共同体,通过平等合作、对话、协商等方式,依法制定章程和规范性文件,引导社会事务和经济活动,维护公平竞争的市场秩序,保护消费者权益和公共利益,是现代社会治理的应有之义。

软法具有内部与外部双重效力。所谓"内部效力",是指软法被限定适用于某一特定领域内。如《杭州市网络预约出租汽车经营服务管理暂行办法实施细则(试行)》,规定"网约车经营者承担承运人责任和相应社会责任,应当保证运营安全,保障乘客合法权益",而且明确界定"网约车经营者是指构建网络服务平台,从事网约车经营服务的企业法人"。还规定网约车经营者必须制定包括,接入车辆技术标准和管理,驾驶员管理,安全生产管理,服务质量及投诉管理,信息安全及乘客隐私保护等 9 项制度,规范网约平台、车辆、驾驶员的服务质量和安全行为。所谓"外部效力",是指软法不但能适用在某一特定领域之内,而且还会对其他领域主体的权利义务造成影响。如在消费者权益保护法中规定的行政裁量标准,就同时具有软法的外部效力与内部效力,网约车经营者必须接受约束,网约车经营者制定的管理制度只能是消费者权益保护法的下位规章。同时,行政主体还可以通过法律授予的行政裁量权,限制网络平台经营者权利滥用"内部效力"。

《中华人民共和国行政许可法》第 13 条规定:"本法第十二条所列事项,通过下列方式能够予以规范的,可以不设行政许可,(一)公民、法人或者其他组织能够自主决定的;(二)市场竞争机制能够有效调节的;(三)行业组织或者中介机构能够自律管理的;(四)行政机关采用事后监督等其他行政管理方式能够解决的。"也就是说,对于高度依赖互联网大数据平台,具有双边甚至多边市场特征,依赖众多参与者协作,暂时还未显示全部重要属性,一时还难以看清行业发展趋势,需要反复试错、探索、规范的共享经济,更多地适用软法保护消费者权益是有法理依据的。公权力保持适度的模糊和柔软,是有利于经济繁荣和社会进步的。

硬法和软法的综合治理,目的在于广泛纳入社会组织和公民的力量,建立一个多主体、多向度、交互式的治理体系,"塑造一个能够最大限度促进公共利益、满足不同主体需求的秩序结构"②。为了这个秩序结构的合理,运行有效,必须建立一些关键的运行机制。

1. 软法的社会公信力保障机制。决定软法公信力的主要因素有三个,一是政府和社会大众为软法实施创造的外部环境,譬如社会观念和公权力的行为方式,是不是将软法之治作为现代社会治理的必要手段?是不是将软法体系的建设和大规模适用作为国家治理体系和治理能力现代化的重要内容?二是大部分的软法实施机构是否有"合理的标准、中立的地位、客观的态度"?例如,各级消费者协会、各类行业协会、相关中介组织,从某种意义上说应该是一种"认证机构",以其信誉为企业的产品和服务"担保",通过认证结果向消费者传达可靠信息。这类机构不中立,带有主观色彩则失去了客观态度,就没有可信度。三是软法的条款和实施能否取得社会大众广泛认可的效果?各种主体之间的平等、协商、对话、包容、妥协

① 罗豪才:《互联网时代呼唤软法硬法的协同治理》,https://www.chinalaw.org.cn/Column/Column_View.aspx? ColumnID＝957&InfoID＝17824

② 秦前红、李少文:《网络公共空间治理的法治原理》,载《现代法学》2014 年第 6 期。

的文化能否形成？

在一定政治、经济、文化环境中，"第一，有些社会规范是自我实施的。所谓自我实施，就是这个规则会由于当事人的自利行为得到执行，而无需经过第三方的强制。第二，有些社会规范是依赖于他人的情绪化行为来执行的。社会规范是人们预期每个人都应该遵守的行为方式，如果你的行为方式与别人的预期不同，对方可能采取情绪化的行为来加以报复，出于对这种情绪化行为的害怕，人们会按照合理的社会规范提供的预期来行为。第三，有些社会规范由社会认可、讥讽、驱逐、信誉等执行。如果不遵守社会既定的游戏规则，就会受到讥讽和不认可，会使人感到难堪，产生心理压力，甚至被逐出社团或者社区。第四，有些社会规范内化为个人道德，人们出于负罪感和羞耻感而自觉遵守它"①。所以，社会的文化和约束，个体的观念和自律是软法有效实施的基础。"软法的实施方式或责任性质同道德、伦理等其他软规则一样，靠'谴责—丢面子'带来的'出局'压力来实施，违反软法的人必须承担'出局'的责任后果"②。政府、企业、中介机构、社会大众应该广泛合作，共同推进观念、文化、组织结构与功能、公权力行为方式的变革，让软法成为国家现代化治理体系的重要组成部分。

2. 侵权责任分担机制。由于共享经济的双边市场特征，服务提供者众多，共享资源情况复杂，消费者权益受损害的情况千差万别，适用《中华人民共和国侵权责任法》时往往难以取证和认定责任。这就需要在交易平台、资源和服务提供者、消费者之间，根据特定共享产品和服务，制定更有针对性的侵权责任分担办法和实施机制。可以考虑制定相关的责任契约，由执法机关确认侵权，平台先行赔付，再由平台向侵权者追讨的方式，减轻消费者的诉累，保护消费者的正当权益。

3. 权利损害救济机制。主要是完善软法的制裁与救济途径。这里的救济途径有三层含义。第一层含义是增加投诉申诉渠道，健全消费者投诉、申诉机制，落实对违法者的制裁，完善消费者的救济途径，降低消费者的维权成本，使"呼吁—退出"更加顺畅。如美国为消费者提供保护的私营组织"良好企业社（BBB）"，"它是由公司企业组建起来并资助的非营利性的社团，他们除了为消费者提供购买信息、帮助消费者核查公司的信誉以外，还帮助消费者解决他们对公司的投诉"③。第二层含义是完善被处罚企业的救济复议机制。有制裁就必须有救济是现代法治的基本原则，应当在共享经济体内建立"复议委员会"，在对违法违规企业，产品或服务提供者做出处罚后，告知其相应的救济途径。第三层含义是行政救济与司法救济。"在国外的司法实践中，均不承认软法可以由法院直接作为判决的依据"④。在中国的司法裁判中，软法应该是可以通过某种方式得到适用的。其一，可以把软法作为当事人合意的一种证明；其二，通过平等对待原则、信赖保护原则的转换使软法得到应用；其三，法院在证据采信时应对相关软法进行一定的审查，违反硬法的软法不予适用。

---

① Richard Posner Social Norms and the Law：An Economic Approach，转引自毕雁英：《社会公法中的软法责任——一种对软法及其责任形式的研究》，载《软法与公共治理》，北京大学出版社 2006 年版，第 265 页。

② 牟效波：《软法在什么条件下靠得住？软法与公共治理》，北京大学出版社 2006 年版，第 231 页。

③ 张严方：《消费者保护法研究》，法律出版社 2003 年版，第 178 页。

④ 王贵松：《行政裁量的软法之治——软法在行政裁量中的功能及其司法保障》，载《软法与公共治理》，北京大学出版社 2006 年版，第 287 页。

4. 软法与硬法衔接机制。"软法、硬法有效衔接是软法发挥效应的有力保障"①。在硬法层面,要进一步完善包括《中华人民共和国消费者权益保护法》在内的相关法律法规,加强软法在硬法适用中的地位和作用,对部分软法的制定和实施程序加以规范,以硬法引导软法。如拓展《中华人民共和国消费者权益保护法》的适用范围,加强对消费者的实体保护,加大惩罚性损害赔偿的力度。完善对消费者的程序救济,建立由和解、调解、申诉、仲裁和诉讼五种渠道组成的小额消费纠纷快速解决机制。还可以考虑用硬法规定,共享经济各参与平台,产品或服务提供者,只有加入相关行业协会,才能获得某些从业优惠待遇。如《中华人民共和国律师法》第三十九条规定,"律师必须加入所在地的地方律师协会。加入地方律师协会的律师,同时是中华全国律师协会的会员。律师协会会员按照律师协会章程,享有章程赋予的权利,履行章程规定的义务"。从而使得软法的约束有了实施的组织结构,违反软法的后果更加严重,惩处更有力度。在软法层面,要完善相关产品标准、行业标准、服务标准,加强行业质量认定和标准控制,同时为硬法适用提供合乎要求的证据。

"作为法和治理的一种转型,混合能够把硬法和软法整合在一个体系之中,在这一体系中的每一部分都必不可少"②。多元化的制定主体,灵活的制定程序,广泛的利益相关者参与,自我约束与合作监管相结合,制度规范和技术标准相结合,市场机制与文化影响相结合,快速反应与不断试错相结合,使得软法比硬法具有更大的灵活性,更好的适应性,更低的执法成本,应对多样化的,大量常见的,不是特别重大的消费者权益之争。

三、消费者权益共同治理的软法体系

"中国消费者权益保护法,从规定消费者保护的政策、消费者权利、经营者义务、国家责任和消费者组织的内容看,属于中国消费者保护的政策基准法"③,为新经济领域软法的建立和运用,既提供了普遍性法则,又为特殊性留下了足够的空间。《中华人民共和国消费者权益保护法》第 2 章规定的应该保障的消费者权利共 9 条,涉及安全权、知情权、公平交易权、选择权、损害赔偿权、隐私权、监督权、依法成立维护自身合法权益的社会组织等权利。但"国家意志不应当成为软法唯一的合法基础,人们与规则制定者、实施者的有效互动应是软法的应有之义"④。共享经济消费者权益保护的软法体系设计,应当由立法机关、政府、政治组织、社会共同体协同完成。"应特别强调转变政府职能,简政放权,充分保护市场主体的经济自由权。为此,应加强法律规制,通过转变立法的思路、结构和内容,来提升各类主体能力以及整体经济治理能力"⑤。

1. 政府画线。"在共享经济中,政府既是网络平台创建的赋权者,又是网络民众利益的

---

① E.Korkea-aho,EU Soft Law in Domestic Legal Systems:Flexibility and Diversity Guaranteed?（2009）16 *Maastricht Journal of European and Comparative Law* 271,289.

② D.M.Trubek,L.G.Trubek,New Governance and Legal Regulation:Complementarity,Rivalry and Transformation（2007）13 *Columbia Journal of European Law* 539,543.

③ 梁慧星:《中国的消费者政策和消费者立法》,载《法学》2005 年第 5 期。

④ Jaye Ellis,The king Is Dead,Long live the King? A Reply to Matthias Goldmann,*Leiden Journal of International Law* 2012,25(2):369.

⑤ 张守文:《政府与市场关系的法律调整》,载《中国法学》2014 年第 5 期。

捍卫者"①。政府应当依据硬法和授权为共享经济消费者权益保护画定底线,也就是平台、产品或服务提供者的准入和退出门槛;标示暂定边线,也就是合理的竞争边界;公布处罚红线,也就是建立负面管理清单。譬如,国家发改委《关于促进分享经济发展的指导性意见》强调:鼓励创新、包容审慎,发展与监管并重,线上线下一体化管理,"依法严厉打击泄露和滥用用户个人信息等损害消费者权益行为。加强对分享经济发展涉及的专利、版权、商标等知识产权的保护、创造、运用和服务。依法加强信用记录、风险预警、违法失信行为等信息在线披露,大力推动守信联合激励和失信联合惩戒"。对网约车行业,《杭州市网络预约出租汽车经营服务管理暂行办法实施细则(试行)》规定:网约车经营者不得妨碍市场公平竞争,不得侵害乘客合法权益和社会公共利益,不得有为排挤竞争对手或者独占市场,以低于成本的价格运营扰乱正常市场秩序,不得向任何第三方提供驾驶员、约车人和乘客的姓名、联系方式、家庭住址、银行账户或者支付账户、地理位置、出行线路等个人信息,不得泄露地理坐标、地理标志物等涉及国家安全的敏感信息等。

由于软法难以避免的局限性,如价值偏好、规则冲突、利益纠葛、公信不足,执行力不强等,"软法的效力不全是成员的自觉认同"②,政府仍然是软法实施最有权力的主体,但政府的管制规定不需要太多,要保持适度的战略模糊,要防止框得太死阻碍共享经济的发展。所以底线要清晰,红线可以虚实结合,边线应该画得宽松一些,一时难以画线的区域,可以暂时留给市场和社会逐步规范。

2.行业立规。行业协会的处罚是以企业"自愿"加入为前提的,加入协会的应该是信誉高、产品或服务质量优良的提供者。对入会者,软法既有一定的约束,也能带来社会声誉和商业利益。行业组织介入管理和服务的事务,往往是政府管理或影响较为薄弱之处。行业协会最熟悉行业的问题与需求,也应该最了解消费者的利益诉求,更有责任为行业的长远发展,满足消费者多样化的需求。

行业协会应落实行业自律和维护权益的职能,依法制定行规行约,如行业产品标准、质量规范、服务标准、会员资格等。对会员的产品、服务质量开展行业评级,对违反行规、达不到行业标准、参与不正当竞争、损害消费者合法权益的给予惩戒。同时向行业主管部门报告,维护会员的正当权益。行业协会还应该与消费者协会密切合作,通过奖励、惩戒、评价、引导、警示、宣传等方式来实施行规行约。消费者协会应该为消费者提供消费指导、消费警示、推荐诚信好的企业,品质较高的产品或服务,从而影响消费者乃至生产者或服务提供者的行为,保护消费者权益。

3.平台主责。《中华人民共和国消费者权益保护法》第44条要求网络交易平台承担履行承诺的责任,协助消费者维权的责任,明知提供者侵权未采取必要措施的连带责任。鉴于共享经济扁平化的经济形态,交易双方可以不需要完全相信对方,但他们需要一个保障自己利益的中间系统,这个系统就是共享交易平台。所以,共享交易平台经营者要强化社会责任担当,在消费者权益保护方面承担主要职责,起关键作用。平台企业应该利用大数据监测、用户双向评价、第三方认证、第三方信用评级等手段和机制,加强契约管理,健全相关主体信用记录,强化对资源提供者的身份认证、资格准入、信用评级。并向政府监管部门和数据平

---

① 唐清利:《"专车类"共享经济的规制路径》,载《中国法学》2015年第4期。

② 强昌文:《公共性:理解软法之关键》,载《法学》2016年第1期。

台实时开放相关数据，为政府有关部门的监管提供协助。

4.提供者守信。也就是产品或服务的提供者必须与平台签订，并对消费者履行关于所提供的资源、产品或服务的质量、安全及售后服务保证。承诺违约的赔偿责任，认可违约确认后，由交易平台先期代偿的规定。明确知晓侵害消费者权益可能带来的财产、社会声誉和职业资格损失。

5.消费者守约。这里的消费者是指非以营利为目的购买商品或者接受服务的人，既包括个人，也包括法人。消费者与产品或服务提供者之间的交易应当遵循自愿、平等、公平、诚实信用原则。消费者接受产品或服务，表示消费者知晓产品或服务的质量标准，安全性能和使用规程，享有《中华人民共和国消费者权益保护法》和其他相关法规规定的权益，且只有这些权益受法律保护。买卖双方的契约同样受到法律保护，消费者对契约的遵守是获得权益保障的必要条件。

6.社会监督。信用即过去履行承诺的记录，无论对交易平台、产品或服务提供者，还是消费者都是宝贵的无形资产。信用既是通过交易形成的，人与人之间，组织与组织之间，人与组织之间，自觉自愿的，反复交往的生产关系和社会关系，也是货币、资本和职业资格。信用信息公开，对交易平台、产品或服务提供者、消费者是最有力的约束。由信息、信用公开引起社会舆论监督，也是软法的重要力量所在。政府主管部门应当大力推进全国信用信息共享平台，国家企业信用信息公示制度建设，依法推进各类信用信息平台的无缝对接，依法加强信用记录、风险预警、违法失信行为等信息的在线披露，大力推动守信联合激励和失信联合惩戒。

共享经济带来的不仅仅是市场创新，也将带来社会治理观念和模式的变革。从仅靠硬法强制到软硬法协同，从政府监管到共同治理，从消费者权益保护到公民权利保障，进而社会治理体系和能力的现代化，也许是软法之治的更深层意义。

自由与规制：论违约金调整的实证研究

——以 D 市中级法院 100 份涉金钱债务给付类判决为样本

殷莉利[*]

违约金调整一直为民商事审判中的难点问题,学术界和实务界对判断违约金过高的标准及如何调整一直争议不止。《中华人民共和国合同法》第 114 条、最高人民法院关于《关于适用〈中华人民共和国合同法〉若干问题的解释(二)》第 28 条、第 29 条规定了违约金的调整原则,最高人民法院《关于当前形势下审理民商事合同纠纷案件若干问题的指导意见》等四个条文进一步细化违约金的调整规则,赋予法官对违约金是否过高及进行调整的自由裁量权。但是,在司法实践中,由于法官对违约金性质及功能的认识不一、因不同违约行为造成的损失难以认定、司法调整的具体标准及衡量因素不统一等问题,各地法院甚至同一法官针对不同案件对违约金调整尺度存在失衡现象。为统一法律适用,就违约金进行司法调整提供相对类型化的指引与参考,本文选取近年来 D 市中级人民法院 100 份涉金钱债务给付违约金调整的判决为样本,采用统计分析、案例等方式,将涉及启动方式、违约事由、约定违约金的类型、司法调整及衡量标准等相关内容予以实证分析,并有针对性地对违约金的司法调整提出规范化的对策建议,以期对违约金制度的司法实践有所贡献。

一、违约金调整的司法运行情况

围绕"违约金调整"作为争议焦点调取了 2013—2017 年期间 D 市的 100 份涉金钱债务给付类违约金调整的判决进行统计,结果显示:

(一)案件案由以买卖加工承揽占半数。

从案件案由来看,基于 D 市以制造业发展为主体的经济发展模式明显,故所抽取的 100份判决书中,半数以上为买卖、加工承揽合同纠纷,结合近年 D 市房价上涨的事实,房屋买卖合同纠纷案件出现卖方违约的情况也有增加的趋势,违约金是否调整及相应的调整幅度与守约方是否公平获得因未能履行合同造成的利益损失赔偿攸关,故本文亦加以分析论述,剩余部分的案由则分散在运输、服务合同等。[①]

---

　*　殷莉利,东莞市中级人民法院民四庭法官。

　①　在调取的 100 件案件中,有 63 件案件属于买卖或承揽合同纠纷,15 件案件属于房屋买卖合同纠纷,其余 22 件案件则涉及房地产开发经营合同、运输合同、服务合同等。

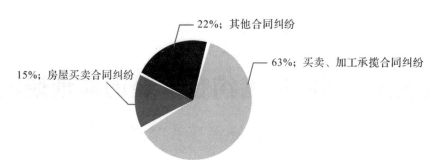

图1 样本案由分布

(二)案件数量以调整违约金占多数

从案件数量来看,在判例样本中绝大部分案件就违约金进行了司法调整。在所抽取的100份判决书中,有95份判决显示,法院对违约金进行了不同程度的调整,占所调取生效民事判决的95%[1],仅有5份判决是未对违约金进行调整,或者一审法院进行调整后,二审法院认为双方约定的违约金并非明显过高,改判不予调整。

(三)启动方式以守约方提出为主

从启动方式来看,在对违约金进行调整的95件案件中,87件案件是由违约方提出要求调低违约金,占91.6%,5件案件是由守约方提出要求调高违约金,还有3件案件则是由法院主动释明。关于释明权,由法院主动释明的3件案件中,包括1件审判监督案件,再审合议庭认为,在违约方以不构成违约进行免责抗辩的情况下,一审及二审均没有就违约方是否需要主张违约金过高进行释明,没有充分行使法院的释明权。再审中,违约方明确提出违约金过分高于实际损失,请求法院对合同约定的违约金进行调整,经过再审的方式对违约金予以调整。[2]

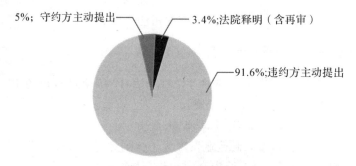

图2 启动方式比例

(四)违约金调整标准不统一

从违约事由、违约金约定的类型、调整标准来看,大部分案件出现的违约事由均为逾期付款,占65%,其余的违约事由根据不同的案由则为不适当履行、迟延履行交付义务、违约

---

① 在调整违约金的95件案件中,包括1件通过审判监督程序进行再审改判调整违约金的案件。

② 详见(2015)东中法审监民再字第10号。

导致合同解除等。当事人一般会根据违约的行为对违约金的计算方式作出不同的约定,主要分为以下类别:(1)固定数额,该种约定较少,在 100 个案例样本中只有 8 宗。法院调整时,一般仍是参照固定数额的模式酌定较低的数额。(2)未付价款的一定比例,该种约定一般出现在金钱给付之诉中一方迟延支付价款的违约行为中,从样本来看,当事人约定亦未付价款的"日万分之五""日万分之一""日千分之三""日千分之一""月百分之五""日百分之一"均不等,前述约定在 100 个案例样本中占 45 件,接近半数,由于该种约定较为符合交易成本和违约成本,故易于被合同当事人所接纳。法院调整时,存在三种处理思路:一是在不突破计算方式的前提下,对计算比例进行微调,如由"日千分之五"调整为"日千分之二"或由"日万分之五"调整为"日万分之二",这种调整方式较少;二是确认其计算比例,但将违约金总额调整为以尚欠本金为限,这种调整方式在实践中最为普遍,占半数以上,主要是针对拖欠时间过长,按约定方式计算之违约金数额已超出所欠本金数额甚至是超出数倍的情形,法院从公平原则考虑予以调整至尚欠本金。三是从根本上改变原合同约定的计算方式,调整为以同期贷款基准利率或者逾期贷款利率为基准,辅之以其他数字型规则提供的比例,如按照同期贷款基准利率的 4 倍、130%、4 倍的 130%、上浮 50% 或年利率 24% 等。(3)总价款的百分比,从样本来看,以总价款的百分比作为违约金计算方式的不占多数,前述约定在 100 个案例样本中有 20 件,占 20%,以房屋买卖合同纠纷居多,针对的卖方大多未能依约交付房屋伴有买方要求解除合同的违约责任,是否予以调整,由于双方约定的总价款比例存在较大差异,故法院对此是否调整亦有不同的处理思路。有判例认为,结合 2015 年以来 D 市商品房价格上涨幅度较高的实际情况,合同约定的违约金标准不属于明显过高,一审法院酌定将违约金调整有误,二审法院认可合同约定按照总楼价的 20% 计算违约金,不予调整。也有判例是根据双方约定的违约金比例及当事人要求,将违约金从总楼价的 50% 调整为总楼价的 30%。

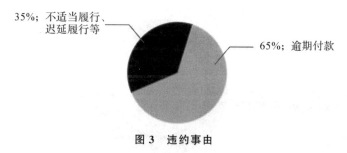

35%;不适当履行、迟延履行等

65%;逾期付款

图 3 违约事由

(五)违约金调整说理不充分

从违约金调整的衡量标准来看,样本判例中的大部分法院说理部分均是笼统引述《最高人民法院关于适用〈中华人民共和国合同法〉若干问题的解释(二)》第 29 条关于"合同的履行情况、当事人的过错程度以及预期利益等综合因素,根据公平原则和诚实信用原则"予以调整,仅有个别案件会从损失的性质,如逾期付款的损失主要是资金成本利息损失或者可以通过市场资金拆借的方式弥补,或是从违约方的过错程度,如违约方主观上存在故意或严重过失即恶意违约,还是仅为履约能力不足而引起违约即善意违约,或是从可期待利益损失,如正常完成承揽加工项目可以获得的利润收入等方面,来综合认定违约金的调整幅度。

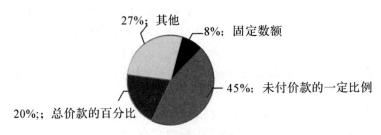

图 4 违约金约定类型

（六）举证责任分配不明确

一方面,从举证责任分配来看,在采集的判例样本中,有相当一部分的判例是没有将违约金过高的举证责任予以明确分配,起码未能从主张责任及法律逻辑上充分阐述违约金调整的依据。[①] 但从最后的判决结果即证明责任来看,尤其是涉及金钱债务迟延履行纠纷时,大部分是将违约金未过高的证明责任负担给非违约方,以非违约方未能举证证明其实际损失情况为由,将违约金直接进行调整,而不考虑违约方的举证责任问题,原因在于法院认定违约金是否过高基本是借助同期贷款基准利率或者逾期贷款利率等客观标准加以判断。另一方面,亦是从非违约方作为损失的实际发生一方,相比违约方,其距离该证据较近及举证能力较强的角度予以分配。当然,亦有判例将违约金过高的证明责任在提出调整请求的一方,通常为承担责任的违约方,理由在于,根据"谁主张谁举证"的原则,既然违约方提出合同约定违约金过分高于造成的实际损失,则应当由其承担其对违约损失的证明责任。由于违约损失计算及举证的困难系数高,故将该举证责任分配给哪一方,在一定程度上其就承担举证不能之不利后果的风险即随之增加。

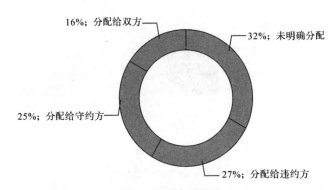

图 5 举证责任分配

二、违约金调整的实践问题梳理

一是请求权的行使期限不明。我国合同法及相关司法解释对于调整违约金请求权的行使期限并未作出明确规定,由于违约方对调整违约金的申请直接影响司法裁判,若对该申请

---

① 未明确分配举证责任的判例,在 100 件案例样本中,约占 1/3。

时间不作限制,极易导致合同一方当事人在一审时并不提出调整违约金的请求,而是在二审甚至再审时才提出申请而引起改判,此种做法不仅造成司法资源的浪费,与司法效率不符,同时也会使民众对裁判的权威性及公信力产生怀疑。

二是法官行使释明权的不规范。就违约金司法调整的启动方式,一般应要求当事人采取反诉(处分原则)或抗辩(辩论原则)的方式提出,且必须明确及具体。《最高人民法院关于当前形势下审理民商事合同纠纷案件若干问题的指导意见》对法官是否行使释明权采用的是"可以"的表述,而《最高人民法院关于审理买卖合同纠纷案件适用法律问题的解释》第 27 条则明确在当事人仅提出免责抗辩时法官应就是否主张调整违约金进行释明。在司法实践中,出现在买卖合同纠纷案件中,一审法院认为免责抗辩不成立但未予以释明,二审释明后直接予以改判调整违约金,部分法官行使释明权的方式过于粗糙、简单、直接,直接向当事人表达出违约金已经过分高于损失的看法,会引起当事人对法官未审先判的质疑或法官指导当事人诉讼的嫌疑。部分法官基于当事人的法律意识薄弱,未经当事人明确请求,亦未释明的情况下直接依职权进行审查和作出调整违约金的情形,存在司法过度干预的倾向,有损司法中立性。

三是违约金调整随意性大。有相当一部分的法院判例在当事人对违约金计算方式有明确约定的情况下,仍以改为同期贷款利率的倍数或者本金固定数额来对违约金进行调整,这种调整方式忽视当事人原有的缔约意思,以抽象标准确定违约金,是否存在法院过分限制当事人意思自治的危险,值得商榷。本金固定数额则不考虑违约方的违约时长,就将违约金的数额限定在本金范围内,很可能会变相鼓励违约方故意大胆违约并无限期迟延履行,降低了违约方的违约成本,而守约方则承担更大损失。此外,就房屋买卖合同纠纷中卖方违约情形,调整违约金的随意性较大,调整幅度在总房款的 20% 到 50% 不等。

四是违约金调整标准不够明确。违约金调整的衡量标准说理不充分,分析不透彻。多数采用"合同的履行情况、当事人的过错程度以及预期利益等综合因素,根据公平原则和诚实信用原则"予以调整,但极少对衡量因素结合案情进行具体分析,容易引起当事人对法院判决的不理解。另外,还存在损失范围认定不统一的问题。有些判例认为间接损失不确定而不认为间接损失属于衡量违约金是否过高的损失范围,有些判例则认为间接损失系预期可得利益,是合同正常履行的情况下必然获得的利益,应属于损失范围。即使在认定间接损失属于损失范围的判例中,也因对间接损失的认定方式不同而导致裁判结果不同。如同样在承揽合同纠纷的案由下,有些法院将合同正常履行的情况下守约方按其正常工资收入计算承包期内的可得利益损失作为衡量违约金是否过高的因素[①];有些法院针对逾期交货的违约情形,则认为合同约定违约金金额已超过加工费的 30% 为由决定对该违约金进行调整,将损失等同于加工费,而未考虑预期可得利益的因素。[②]

五是违约金过分高于实际损失的举证责任混乱。有相当一部分的法院判决就违约金调整的举证责任未予明确,而是"眉毛胡子一把抓",未能从主张责任及法律逻辑上充分阐述违约金调整的依据,亦没有充分听取当事人对合同履行过程中的合理性解释,简单以"现有证据无法证实实际损失"作模糊认定。一部分是,笼统不加说理地认定守约方的损失就是利息

---

① (2011)东中法民二终字第 1096 号承揽合同纠纷案件。

② (2014)东中法民二终字第 693 号加工合同纠纷案件,上述为原一审法院的意见,后二审予以改判。

损失,实质上就是把举证责任分配给守约方,要求守约方证明其因违约造成的实际损失,当守约方没有充分证据证明其损失大小的情况下,简单依据举证责任的分担认定守约方只存在利息损失。也有一部分是,不分情况一律运用"谁主张谁举证"原则,将举证责任给予主张违约金过分高于实际损失的违约方,均会导致举证失衡从而引起判决结果不公的情况。

三、违约金调整自由裁量失衡的剖析

(一)违约金定性的认识误差

从域外法考察研究来看,大陆法系国家都认为违约金是以履约担保、赔偿损失为主,但也并未全面否认违约金的惩罚性,只是对惩罚性违约金的适用范围进行相应限制。[①] 相比而言,英美法系国家则认为,违约行为并不涉及道德评价问题,违约行为可以视为合同当事人的一种正当权利。法官对违约金的干预很慎重,其目的是防止法官代替当事人订立合同和改变当事人订立的合同条款。违约金一旦被判定为预设损害赔偿时,违约人就应按照约定金额向守约方给付,法官不得变更。[②] 在我国,围绕《中华人民共和国合同法》第114条的规定为中心,结合《最高人民法院关于审理商品房买卖合同纠纷案件适用法律若干问题的解释》第16条至第18条、《关于适用〈中华人民共和国合同法〉若干问题的解释(二)》第28条、第29条等司法解释可见,违约金的确定标准与损失赔偿额有着必然的联系,违约金过高或过低的调整也是比照实际损失额作出的调整,故我国的违约金性质具有明显的损失赔偿功能。同时,当事人约定的违约金超过造成损失的30%,作为认定违约金"过分高于造成的损失"的一般标准,表明我国违约金亦兼具惩罚性。司法实践中,对违约金性质及功能定位的认识误差会直接影响违约金司法调整的态度和尺度。部分法官将违约金单纯理解为一种损失赔偿的违约责任,将实际损失作为调整违约金的唯一考量因素,而实际上在很多违约场合,实际违约损失的数额并不确定,有时因举证困难而无法计算,故若将举证责任分配给主张损失赔偿一方即守约方,在守约方未能举证证实其实际损失的情况下,径直以同期贷款利率或相关倍数为基准对违约金进行调整,则与约定惩罚性质违约金之本质不符。

(二)法律规定的理解和适用偏差

在判例中多次出现"以同期银行贷款利率的130%计算违约金"或"以同期银行贷款利率的四倍的130%计算违约金",上述违约金的调整方式,实质就是将认定违约金是否过高的标准等同于减少违约金的标准,在依法"适当减少违约金"数额时,机械地将违约金减少至实际损失的130%。[③] 上述情况的出现,是对《关于适用〈中华人民共和国合同法〉若干问题的解释(二)》第29条第2款关于30%的理解误差所致,"违约金超过损失的百分之三十"只是判断违约金是否过分高于损失的标准,而即使对于"过分高于损失的违约金",法律也只是赋予当事人"适当减少"的权利,而并非将违约金减少到"实际损失"的130%。而且,由于不同性质、不同类型的合同违约形态及个案特征,应当避免采取简单地固定比例等"一刀切"的

---

① 如《德国民法典》第340条第1款1、第2款、第343条的规定以及《法国民法典》第1152条、第1226条和第1229条3的规定。

② 《美国统一商法典》第2-718(1)条。

③ 参见"韶关市汇丰华南创展企业有限公司与广东省环境工程装备总公司广东省环境保护工程研究设计院合同纠纷案",载《最高人民法院公报》2011年第9期。

做法,防止机械司法而可能造成实质不公平。

四、完善违约金调整运行制度的若干建议

(一)确立审慎、适度干预的基本原则

在目前社会诚信体系尚未完全建立的情况下,强调违约金的履约担保、损失填补及适当惩罚的功能,对违约金进行审慎、适度的司法干预,有利于引导民商事主体的诚信履约。合同自由、当事人意思自治始终是贯穿合同法所有规则体系的基本原则,司法裁判的导向,亦是应当倡导合同当事人严格按照约定履行合同义务,而由法院介入自治范围,对违约金约定进行调整,应属处理违约责任原则之例外。违约金调整制度的设立目的,通常认为,违约金调整制度的设立,旨在强调国家对现行市场经济体制公平交易的侧重保护,从制度上遏制市场交易过程中出现道德风险创设立法保护屏障,因此,当事人之间违约金的约定是否显失公平,须由当事人自主判断,人民法院对违约金调整审查活动的实际启动仅以当事人主动提出申请为前提。[①] 故,针对违约金调整的启动方式,应当由当事人明确提出。未经当事人明确请求,作为中立裁判者的法院不主动依职权进行审查和作出是否调整的裁判。该当事人范围的界定,应当不限于违约方即主债务人,亦应当包括担保人等在法律上存在利害关系的当事人。法院在审查时要注意尊重当事人的意思自治,依法审慎作出违约金金额过高的认定,合理调整违约金金额,公平解决违约金责任问题。[②] 对于略高于实际损失的违约金不宜进行调整,根据《中华人民共和国合同法》第 114 条第 2 款的立法用语强调进行违约金调整的情况是"过分高于"实际损失,该做法符合立法原意及适当惩罚的违约金功能。

(二)规范请求权的行使期限

基于实务中当事人无论是真实认为还是出于诉讼策略,在诉讼一开始往往并不围绕违约金数额是否过高问题进行抗辩,而是将诉讼焦点集中在是否违约方面,并以没有违约、合同未成立、合同未生效、合同无效等为抗辩理由而主张免责,故不宜设定过窄的违约金调整请求权行使期间,但也不应设定得过宽。当事人认定约定的违约金过高的,应当在一审法庭辩论终结前向法院提出,当事人一审到庭但未提出违约金金额过高的调整请求,或经法院释明后仍坚持不提出违约金调整的,而在二审期间提出的,法院一般不予审查,但是当事人提出新的证据的除外。此外,行使请求权的方式可以通过答辩状、代理词等书面形式提出,但不限于以书面形式提出,只要当事人表达了类似的意思表示,则可以认为当事人提出了违约金调整的请求,比如允许当事人在庭审、调解过程中以口头方式提出。

(三)正确行使法官释明权

由于法官释明权属于中立第三方对合同双方当事人自由行使民事处分权的一种直接干预,法官在行使释明权时,应当坚持公开原则和尊重当事人处分权的原则,即法官仅充当程序主导的角色,不至于取代当事人决定实体内容之形成,实现双方当事人的实质平等。在违约金过高的情况下,违约方出现以下几种情况,法官应当行使释明权:第一,违约方以免责抗

---

① 广西君合投资有限公司与南宁智滨物业发展有限公司合同纠纷一案[(2014)南市民一终字第 987 号]民事判决书。

② 《上海市高级人民法院关于商事审判中规范违约金调整问题的意见》(沪高法民二 200913 号)第三条。

辩而并未主张违约金过高时；第二，当事人没有直接提出违约金调整，但在抗辩中笼统模糊表达对方违约金数额与实际损失存在差异较大的意见时；第三，当事人属于法律知识缺乏、经济风险承受能力极低的社会弱势群体，法官根据个案情况认为有必要合理引导当事人正确适用法律权利，否则会造成极大不公平的情形。法官应当在双方当事人均在场的情况下行使释明权，询问时尽量避免直接简单，可以考虑向当事人说明违约金调整的相关法律制度以使清楚其有权向法院请求对于过高违约金进行调解即可，亦应当避免过度释明和反复释明。

（四）规范违约金调整标准

根据《中华人民共和国合同法》第 114 条的规定，判断违约金过分高于或低于是与"造成的损失"进行比较的，故违约金是否调整及如何调整的首要衡量因素和参照标准应为"损失"。首先，对于损失的具体范围，可以适用《中华人民共和国合同法》第 113 条关于"当事人一方不履行合同义务或者履行合同义务不符约定的，给对方造成损失的，损失赔偿额应当相当于因违约所造成的损失，包括合同履行后可以获得的利益，但不得超过违反合同一方订立合同时预见到或者应当预见到的因违反合同可能造成的损失"，即包括实际损失和可预见性的可得利益损失。该可得利益损失应当以违约方在订立合同时可以或应当预见的为准，且预见的内容应具体到损失的种类及大小。由于个案的情况差异，在审判实务中还需要考虑合同的履行情况，在合同完全没有履行的情况下，如果守约方以违约方根本违约导致合同目的不能实现为由要求解除合同并要求支付违约金，人民法院应当尊重当事人的选择，并结合可得利益损失对当事人提出的调整违约金进行处理。在合同部分履行的情况下，若合同实际已不可能继续履行，人民法院应当根据合同实际履行情况对违约造成的实际损失进行评估，在此基础上对违约金数额进行酌情调整；若合同能够继续履行，且合同当事人亦强烈要求继续履行合同的情况下，应从促进交易、鼓励合同履行的角度，判令合同继续履行，就违约方迟延履行或不适当履行部分的违约金数额可作适当调整；在合同当事人就合同继续履行未能达成明确合意的情况下，守约方可根据意愿选择违约金、继续履行或损失赔偿，法院不应强加干涉。其次，考虑的因素还包括违约方的过错，包括违约方是否存在重大过失或者故意的情形。若当事人完全具有履约能力及条件，但为了其他目的而故意违约，则应当承担较高的违约金；若当事人因客观原因导致履约能力不足，则考虑是否需要减轻惩罚性违约金，在惩罚性违约金的范畴才考虑过错程度，而补偿性违约金则主要还是根据实际损失来予以增减。同时，亦要将守约方的过错纳入综合考量范围，如守约方在违约发生后是否及时采取措施防止损失扩大等，避免当事人通过不正当方式获取暴利情况的出现。当然，当事人缔约地位的强弱、是否适用格式合同或条款、当事人是否已在诉请中对违约金进行减让、违约金计算基数等，亦属于法官根据案件具体情况需要考量的其他因素。[①]

（五）合理分配举证责任

"谁主张谁举证"是民事举证责任的基本原则，在确定违约金调整的举证责任时亦不能脱离该基本原则。一方面，违约方是"违约金过分高于实际损失"的主张一方，另一方面，守约方是存在实际损失的主张一方，从此角度来看，双方均应承担相应的举证责任。由于违

---

① 《上海市高级人民法院关于商事审判中规范违约金调整问题的意见》（沪高法民二 200913 号）第八条。

金过高认定的参照标准为因违约造成的损失，故违约金过高的举证证明实际落实于违约损失的举证证明上。可先要求守约方对损失的范围及大小作出陈述，并进行适当举证，证明力达到盖然性的标准即可，以对法官的判断提供一定的依据。守约方就损失进行初步举证后，由违约方就其抗辩违约金过分高于实际损失的主张再承担相应的举证责任，最后由法官针对双方的举证质证情况进行综合判断，该举证责任分配及举证质证情况均应作为违约金进行调整的依据在裁判文书中予以充分阐述及论理。

五、结束语

本文采集部分审判实务中的案例，采取统计分析、对比研究等方式就违约金调整的运行情况、存在问题及产生原因进行论述，并就完善违约金调整运行制度提出若干建议。一则是对自己的研究作一整理，二来对有志于进一步研究违约金问题的同行提供些许参考。碍于样本的有限性，加之自己学力有限，资料疏漏及见识粗浅在所难免，但希望能够指出审判实践中违约金调整存在的问题，促进我国违约金制度的改革更公正有效地运行。

涉银行卡纠纷案件审理思路

——以 D 市两级法院 2016—2018 年案件为样本

谢佳阳[*]

随着社会经济的进一步发展,金融产业发展迅速。近年来,D 市两级法院受理金融案件的数量逐年上升,其中涉及银行卡纠纷[①]案件的数量增长明显,本文拟就 2016 年至 2018 年期间该市两级法院受理的该类案件进行总结,对其中的有关热点问题进行分析,以供实务参考。

一、案件审理概况

1.案件数量多,审理效率高,上诉率低,但调撤率低

该类案件相对于其他金融类案件,如金融借款合同纠纷案件等,数量多,诉讼标的额较小,一审均为各基层法院审理,市中院主要审理该类案件的上诉案件。各基层法院 2016 年至 2018 年期间审理该类案件数量情况如下表:

表1 各基层法院 2016 年至 2018 年期间审理涉银行卡纠纷案件数量情况

	2016 年			2017 年			2018 年		
	受理	审结	调撤	受理	审结	调撤	受理	审结	调撤
A 法院	3432	3431	55	4327	4308	46	4329	3985	14
B 法院	105	85	15	143	120	22	265	195	21
C 法院	62	62	13	37	37	10	29	29	2

从上表可以看出,该类案件主要集中于 A 法院,这主要是因为 D 市金融机构的总部及分行均位于 D 市市区,在 A 法院管辖范围之内,因此该院受理该类案件的数量远远多于其他基层法院。同时,该类案件的审理效率较高,大部分案件均能在受理后得到及时审结。而上述年度,D 市中院审理该类案件的上诉案件数量分别为 44 件、32 件、23 件,所占该类案件

---

[*] 谢佳阳,东莞市中级人民法院民二庭副庭长。

[①] 本调研报告所指银行卡纠纷,包括最高人民法院《民事案件案由规定》二级案由合同纠纷项下三级案由"储蓄存款合同纠纷""银行卡纠纷",将"储蓄存款合同纠纷"纳入调研范围主要是因为在实践中,部分银行卡纠纷系以"储蓄存款合同纠纷"为案由立案审理。

一审数量的比例极低。另外,涉银行卡纠纷案件的调撤率较低,原因主要在于几方面,一是部分案件中持卡人作为被告下落不明,二是部分持卡人作为被告缺乏清偿能力,三是部分涉及"盗刷"案件,因"盗刷"方式的多样化以及责任认定日趋复杂等,银行与用户之间分歧较大,导致案件难以调解。

2.信用卡纠纷案件占主要比例,违约主体年轻化

随着信用卡产业的高速发展,信用卡纠纷案件持续增长。由于信用卡是金融机构根据借款人的资信状况向借款人发放,基本上无需借款人或第三人提供任何担保,门槛较低,因此借款人逾期可能性大大增加。如 A 法院 2016 年至 2018 年所受理的涉银行卡纠纷案件中,信用卡纠纷案件分别达到 3397 件、4261 件、3968 件,在涉银行卡纠纷案件中所占比例超过 90%。而从所受理案件中持卡人群的分布情况来看,大部分案件的持卡人为"70 后"和"80 后",该群体往往需要承担家庭生活的重担,流动资金紧缺,因此提前消费后逾期的可能性大大增加。

同时,部分银行为方便中小微企业资金流转及个人大额生活消费,推出大额信用卡。相较于传统信用卡,该类信用卡的额度远远超出普通日常消费金额,这些借款通常用于购买原材料、房屋装修、购买大宗商品如汽车等一次性大额支出,部分由持卡人提供抵押担保或第三人提供担保。近年来,此类信用卡纠纷的立案标的达到数十万元,个别案件甚至超过 100 万元。

3.案件执行以终本方式结案较多,执行到位率低

据 A 法院的统计数据反映,该院金融案件的强制执行中,以终结本次执行程序方式结案的占比较高,2016 年为 64.86%,2017 年更达到 83.41%,以执行完毕方式结案的分别仅占35.08%、16.59%,涉银行卡纠纷作为金融案件中的主要构成,以执行完毕方式结案的占比显然不高。同时,根据 D 市中院对 2016 年至 2018 年各基层法院所执行的申请人为银行、被申请人为自然人的强制执行案件的执行到位情况的统计,也反映出该类案件的执行到位比例较低。

表 2　2016 年至 2018 年各基层法院执行到位情况

	申请执行金额/万元	执行到位金额/万元	比例
A 法院	389640.47	123372.51	31.66%
B 法院	5096.86	646.07	12.68%
C 法院	54412.53	23934.44	43.99%

二、涉银行卡纠纷案件的特点

从近年来本市两级法院所审理的涉银行卡纠纷案件来看,主要的案件类型有两类:一是银行卡被"盗刷"引发的纠纷;二是信用卡逾期未还款引发的纠纷。

1."盗刷"新类型案件不断出现,法律分歧较大

近年来,虽然银行卡被"盗刷"引发的案件纠纷数量相对较少,但因盗刷方式日趋多样化,导致新类型案件不断出现,银行与用户之间的法律分歧较大。

(1)"盗刷"新类型层出不穷。传统的"盗刷"主要是通过伪造、变造银行卡在 ATM 机上进行取现、转账或在 POS 机上进行消费，但随着第三方支付平台的增加、快捷支付方式的多样化，"盗刷"的方式也越来越多。所涉的"盗刷"方式包含电话盗刷，第三方支付平台盗刷，无卡交易、网上银行或手机银行盗刷等。这些新型盗刷方式有些是突破了传统"盗刷"必须具备银行卡信息、密码等条件的限制，使用银行卡号、短信验证码进行盗刷，有些是利用银行工作人员的不规范操作或过失进行盗刷，方式层出不穷。

（2）当事人双方举证困难。由于"盗刷"方式的新型化、多样化，且涉及网络技术、第三方平台的信息等，当事人在诉讼过程中陷入举证越来越困难的境地。即便作为专业金融机构的银行，拥有相较于普通用卡人更强的举证能力及完善的条件，在诉讼过程中，也会遇到无法举证的困难。如董某某诉某银行银行卡纠纷中，董某某要求银行向其支付存款及利息。该案中，存在争议的交易系通过网银转账方式实现，而双方对网银转账的操作地点和方式均持有较大争议。在涉及所涉交易平台的后台数据的提供时，该银行明确表示其无法提供。

（3）非正常时间、频繁交易。伪卡案件中，"盗刷"交易通常发生在非正常时间，如凌晨、半夜等正常人休息且不会留意银行卡出入账动态的时间。多数案件中，"盗刷"均系通过多笔交易完成。如若通过转账方式进行盗刷，则款项在进入某一账户的短时间内即会被分多笔转往其他账户。

（4）银行工作人员操作不规范引发争议。部分银行工作人员在业务操作过程中不规范或未尽到谨慎义务，导致"盗刷"的产生。如李某起诉某银行信用卡纠纷一案，李某系因发现自己的信用卡存在被伪冒卡的可能性，才向该银行申请挂失新开业务，并已在《业务申请书》中注明被伪冒卡。而银行方在明知该信用卡已存在被伪冒的可能性的情况下，仍未采取谨慎的态度，仅通过报读姓名及身份证号码、输入已存在伪冒风险的信用卡的密码这样简易的验证方式即对致电人的身份予以认可并予以办理挂失新开业务，存在过错，且最终直接导致了该信用卡的盗刷。

（5）调解困难。因"盗刷"形式的多样化，"盗刷"的认定、责任的划分及赔付金额的确定也越来越复杂，银行与用户在争议问题上存在的分歧较大，导致难以调解。另外，部分银行对待伪卡案件一律持不调解、坚持判决的态度，导致案件无法调解。

2.银行发卡把关不严，持卡人诚信意识有待加强

2016 年至 2018 年，D 市法院所受理的信用卡纠纷案件数量逐年增长，主要是受以下因素影响：一是社会经济增长趋缓。二是部分银行在信用卡发放申请的审核质量上把关不严，部分银行在推广业务、发放信用卡过程中片面追求用户数量，放松了对用户偿还能力、信用程度等方面的审核，导致持卡人违约风险增加。有些持卡人在多个银行均办理有信用卡，负债远远超过清偿能力。三是个别持卡人缺乏诚信意识，受不良消费观念的影响，未能形成良好的信用卡使用习惯，导致负债无法清偿。

3.银行单方设定费用项目，计费方式复杂，争议较大

信用卡的相关费用项目繁多，计算方式复杂，部分费用项目因系银行单方设定，导致用户存在较大异议。一般来说，用户向银行申领信用卡，双方均会签订相关领用合约以及其他合同文件，这些合同文件作为案件审理的依据，确实有利于案件事实的查明以及法律关系的准确认定，但在部分案件中仍可反映出，由于相关法律规定不完善、银行业务办理过程中不规范而导致案件争议较大的情况。信用卡纠纷案件涉及的收费项目数量多且计收标准复杂，涉及的费用项目有利息、滞纳金、分期手续费、取现手续费、年费、短信费、超限费等等，各

银行对上述费用的费率、计收对象的约定也不完全一致,导致在诉讼过程中持卡人与银行对此易存在较大争议。2017年1月1日实施的《中国人民银行关于信用卡业务有关事项的通知》对信用卡相关费用的计收进行了规范,如:取消了滞纳金、超限费,限制了利息的计收对象,设定了利息利率的区间,增加了违约金项目等,但该通知并未对各费用的计算标准进行细化规定,实践中,各银行对于各费用的计收方式仍存在许多自由设定的空间。部分银行在增设收费项目时并未与持卡人协商或达成一致意见,仅进行单方公告即开始收费,引发较大争议。如某银行分行诉请李某支付违约金。法院经审查发现,该银行分行系采用在官网上发布《关于我行信用卡业务收费项目的调整公告》的方式增加违约金收费项目,其与李某之间并未有关于违约金的相关约定。因该费用调整公告属于单方法律行为,且明显与《中国人民银行关于信用卡业务有关事项的通知》规定的要求相悖,法院最终驳回了该银行分行关于违约金的诉讼请求。

4.个别案件中反映银行存在怠于行使诉权的情况

个别案件中,部分银行在持卡人逾期多年后才提起诉讼,怠于行使诉权会对诉讼时效、利息及滞纳金等的计算有着重大影响。虽然法院在案件审理中不会主动针对诉讼时效问题进行审查,但如被告对诉讼时效提出抗辩,则会对银行产生重大的影响,银行可能因此丧失胜诉权。同时,怠于行使诉权也会导致承担相关利息、滞纳金等违约责任很重,甚至可能远超过本金,不利于金融秩序稳定,也易造成或加深银行与持卡人之间的矛盾。

三、涉银行卡纠纷案件主要争议问题的裁判指引

目前所审理的涉银行卡纠纷案件中,银行与持卡人之间主要争议的问题有以下几方面:

1.对于"盗刷"事实的认定

部分案件中,银行以持卡人所提交的证据未能证明银行卡存在被"盗刷"事实作为抗辩的理由。对于银行卡是否存在被"盗刷"事实的认定,一般应按照民事诉讼证据高度盖然性的证明标准,根据持卡人所提交的有关报警、"盗刷"时的持卡情况等方面的证据,结合交易行为地与持卡人处所的距离、交易时间和报案时间、持卡人身份、持卡人的陈述等方面,综合进行分析认定。

2.对于"盗刷"银行卡案件中的先刑后民问题

部分案件中,涉案银行卡被盗刷后,持卡人起诉银行要求赔偿损失,银行以持卡人已向公安机关报案,公安机关已经立案侦查为由,主张应按"先刑后民"的原则进行处理。因持卡人起诉要求银行赔偿损失是双方民事上的储蓄存款合同关系,与公安机关立案侦查的刑事案件属于两个不同的法律关系,持卡人与银行之间的合同纠纷本身不涉及犯罪,在没有证据证明储蓄人系盗取存款刑事案件的共同犯罪人的情况下,公安机关对储蓄人账户存款遭盗窃事实的立案侦查并不影响持卡人与银行之间合同纠纷的审理,因此无需适用"先刑后民"的审理原则。但公安机关在刑事案件中如有向持卡人退赃的事实,持卡人因退赃获得的款项应从其主张的被"盗刷"的损失中予以扣减。

3.新型"盗刷"方式下的责任认定

目前实践中,有关伪卡交易造成持卡人损失,持卡人起诉要求银行承担赔偿责任的案件中,持卡人与银行之间的责任应当如何认定的问题,已有较为统一的裁判标准,省高级人民法院也于2015年制订了《广东省高级人民法院关于审理伪卡交易民事案件若干问题的指

引》[粤高法〔2015〕45号],可以参照适用。但因目前"盗刷"方式的多样化,有些新型盗刷方式已经突破了传统"盗刷"必须具备银行卡信息、密码等条件的限制,使用银行卡号、短信验证码进行盗刷,此种情况下持卡人与银行之间的责任应当如何认定是实务中面临的新的难题。对此,应综合持卡人的银行卡使用情况、"盗刷"的具体方式以及银行对新型"盗刷"方式的可预见程度、银行对于银行卡异常交易的注意义务等方面因素,对双方责任予以合理认定。

如林某诉某银行借记卡纠纷一案中,林某在银行方开设的借记卡于一周左右的时间内被频繁用于网上第三方支付平台交易,交易次数达728笔,其中个别天数消费次数超过100笔,且多为200元至500元的小额消费,被消费合计32万余元。后林某在用卡过程中发现存在被盗刷可能即报案,后起诉要求赔偿损失。在该案中,法院认定应在基于双方合同约定的前提下,在保障客户资金安全与鼓励银行业机构积极运用新技术为客户提供高效便捷的服务方面进行平衡。任何银行借记卡持有人开通第三方支付平台账户,需同时掌握持卡人的姓名、居民身份证号码、借记卡账号、预留在银行的手机号码、银行预留手机号短信验证码等与持卡人有关的关键信息。对于他人来说,这些关键信息就是秘密。如果不是借记卡持有人或者其授权的人所为,其他人难以知悉并掌握如此详细的信息。由于案涉借记卡开通了网上银行,那么持卡人在使用手机时不慎被他人获取上述关键信息从而产生案涉交易的可能性极大。而该案中,案涉借记卡正是通过林某的手机客户端开通第三方支付业务的,且林某在两家不同银行开设的借记卡账户同时出现资金频繁交易。因此法院最终认定林某作为案涉借记卡的持有人,在使用账户过程中泄露密码等相关信息,导致不同银行的账户资金同时段被盗用的可能性较大。同时,银行方是经国家批准专业经营存、贷款业务的大型金融机构的分支机构,系案涉借记卡的信息技术、用卡平台的提供者,有义务且在资金、知识、设备、技术等方面更有条件防范不法分子窃取借记卡信息、利用网上银行等实施犯罪。虽然银行方已履行约定的短信通知义务,但在短期内频繁交易,数日内交易达数百笔,个别天数交易超过100笔,显然大大超出了借记卡持有人日常消费的频次,而银行方对此没有任何预警、警示,致使储户对其账户资金被他人频繁盗用消费的情况不知晓,造成了扩大的损失。因此认定银行方未尽到应有的注意义务,对此也存在过错,银行方应当采取积极措施堵塞安全漏洞,促进技术更新,提升网上交易安全。最终法院基于上述分析,酌情认定银行方应对该案损失承担20%的责任。

4.信用卡逾期还款滞纳金取消后,银行单方公告收取违约金,银行据此起诉要求持卡人支付违约金,能否支持的问题

根据《中国人民银行关于信用卡业务有关事项的通知》的规定,信用卡滞纳金自2017年1月1日起取消,而非以违约金的形式替代滞纳金,且《中国人民银行关于信用卡业务有关事项的通知》规定发卡机构应与持卡人通过协议约定是否收取违约金以及相关收取方式和标准,如银行不能证明其将违约金计付标准与滞纳金一致的情况告知持卡人或与持卡人重新就违约金计付标准协商一致,在此情形下对银行诉请的违约金应不予支持。如银行在前述通知实施后只是采用单方公告的方式设置违约金,该行为明显与《中国人民银行关于信用卡业务有关事项的通知》规定的要求相悖,故不应据此支持银行要求收取违约金的主张。

5.在银行诉请信用卡持有人支付逾期款项及利息、费用的案件中,部分案件所涉的利息及各项费用超过了年利率24%,能否对超出部分予以支持的问题

目前实践中对此问题存在争议,一种观点认为应当参照有关民间借贷司法解释的规定以年利率24％作为利息和各项费用的上限,另一种观点则认为不应参照民间借贷的利率标准予以限制。因持卡人使用信用卡而对银行负有债务,该行为实质上属于商业借贷行为,银行的信用卡业务是针对社会不特定对象所开发的,其基础在于信用卡申领人的信用状态,与民间借贷行为往往发生于较为熟悉的民事主体之间存在不同,在没有明确的法律依据的情况下,参照有关民间借贷司法解释所规定的利率上限对信用卡息费予以限制是值得商榷的。

四、相关建议

1. 进一步做好防范银行卡使用风险的宣传工作

随着社会经济的发展,银行卡使用日益频繁,使用方式也日益多样,银行作为专门机构,应加强对银行卡使用风险的总结研究,及时向社会公众宣传告知,引导社会公众养成良好的银行卡使用习惯,防范使用风险。

2. 完善银行卡审核流程,提高审核质量,加强风险告知工作

银行内部各环节的监控流程、银行卡申领条件的严格掌握,是防范银行卡纠纷的重要基础。银行应当完善内部监控流程,对银行卡领用申请予以严格审查,做好对申领人的资质、还款能力、信用状况等的尽职调查,加强与法院的信息共享,对有未履行生效判决、执行案件的申领人,应审慎向其发放信用卡。银行之间也应建立相应的信息共享机制,通过大数据的作用,提高银行卡违约风险的管控能力。另外,一般来说,银行卡领用合约属于银行单方制订使用的格式合同,银行在与领卡人签订合约时应对合同中双方的权利义务予以明确解释告知,对重要的合同条款予以特别标示。

3. 提高技术能力,防范银行卡"盗刷"事件的发生

银行卡的使用客观上对提高社会公众的生活便利程度有促进作用,目前银行卡的使用方式、支付方式的创新也层出不穷。银行作为银行卡的研发、发放机构,应当提高自身的技术能力,在开发新型支付方式、银行卡使用方式等时,提高风险防范意识,尽可能防范银行卡存在的被"盗刷"风险。同时,加强信息预警能力,在银行卡存在短时间内频繁交易时应有一定的预警机制,及时告知持卡人,尽可能避免"盗刷"事件的发生。

4. 银行可在银行卡申领合约中与申领人明确约定送达地址

最高人民法院《关于进一步加强民事送达工作的若干意见》规定符合一定条件的约定地址可作为法院审理案件时向相关当事人送达有关诉讼文书的地址,因此,建议银行在与银行卡申领人签订合同过程中增加明确送达地址的约定条款,将送达地址作为贷款发放及贷款档案管理中的关键环节进行管理,以防范诉讼过程中被告恶意逃避躲避、规避送达的情况,提高司法送达的效率,缩短审理周期。

5. 加强多元化纠纷解决机制的适用

金融机构应当提高对第三方调解价值的认识,在处理与银行卡持有人之间的纠纷时加强对多元化纠纷解决机制(如行业协会调解、消费者权益保护组织调解、法院诉前联调等)的适用,快速及时地解决纠纷,避免进入诉讼程序。加强以申请仲裁或公证债权文书直接进入执行程序的运用,适度缓解法院案多人少的压力,同时缩短债权的实现时间。

农村集体成员撤销权适用分歧的破解进路

——以《物权法》第 63 条第 2 款为介入点

陈思怡*

集体经济蜕变成为"干部经济"是农村改革与发展进程中,乡村治理机制暴露出的一大问题①。个别农村干部利用集体经济谋一己私利,例如低价售地或随意发包土地,歧视新户、区别对待外嫁女等等,严重侵害村民权益,造成权力与权利的冲突和背离。《物权法》第63 条第 2 款虽赋予了集体成员请求法院撤销违法决议的权利,但在实践适用上却面临着诸多尴尬和困境,例如审判尺度不一,审判结果难以服判,执行较困难。此类案件若处理不当,极易引发对立和冲突,甚至发生群体性事件。因此,有必要对《物权法》第 63 条第 2 款具体适用中出现的问题进行分析,通过追问其出现的原因,为农村集体成员撤销权制度构建的完善提供有益建议。

一、实证观察:《物权法》第 63 条第 2 款的适用现状

《礼记·大学》有云:"致知在格物。物格而后知至,知至而后意诚"。唯有调查事物本来面目,研究内在规律,才能将事物研究透彻。故本文采用实证研究的方法,通过对 2016 年 5 月 1 日至 2017 年 5 月 30 日涵盖全国 19 个省市的 110 份裁判文书②("无讼网"和"北大法宝"搜集)进行样本分析,深入诉讼实践,透视现实的诉讼状况,查找问题所在。

（一）受案范围:驳回起诉却只字未提撤销权

受案范围方面的问题体现如下:

第一,驳回起诉或不予受理的案件中,有 56% 的法院并未阐明当事人是否有权行使撤销权。这些法院通常依据"方案符合村民自治原则、程序正当且未违反法律规定,故不属于受案范围"裁定驳回起诉,但在裁判理由中却并未进一步释明当事人是否可依据《物权法》第63 条第 2 款规定行使撤销权,更未就上诉人的撤销请求是否已经超过法定的除斥期间进行审查。

---

* 陈思怡,东莞市中级人民法院刑二庭法官助理。本文写于 2007 年 7 月 15 日。

① 中国社会科学院农村发展研究所"农村集体产权制度改革研究"课题组,张晓山:《关于农村集体产权制度改革的几个理论与政策问题》,载《中国农村经济》,2015 年 2 月。

② 个别法院对于当事人援引的《物权法》第 63 条第 2 款没有任何回应,此类案件由于无法体现法院态度,在研究样本中剔除。

第二,关于具体事由是否属于诉讼范围,法院认识不一。包括集体成员资格认定、征地补偿款分配在内的具体事由,既有部分法院认为属于诉讼范围,也有部分法院认为其属于村民自治范畴,法院不应受理。

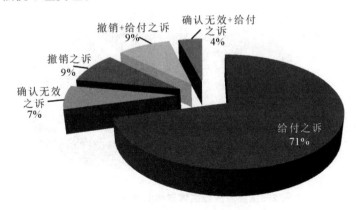

图1　一审诉讼请求统计图

(二)诉讼请求:是否只允许提出撤销之诉

一审原告诉讼请求反映的问题如下:

第一,原告极少提出撤销之诉,反映了当事人对撤销救济的不认可。甚至部分法院已向当事人释明其是否将诉讼请求变更为撤销之诉,当事人仍表示坚持原诉讼请求,不行使撤销权。[①] 从图1可见,一审单独提起撤销之诉的比例为9%。从判决书中可知,当事人不认可撤销救济的原因包括:由于撤销后还须等待重新做出决定,不仅时间耗费较长,其决定结果的不可预见性也为当事人带来了再次起诉的风险。而法院若直接判决给付相应的款项、行为,则能够确保当事人及时得到切实的利益。

第二,对于集体经济组织成员是否仅允许通过提出撤销之诉予以救济,法院给出了不同的回答。一部分法院基于如下理由而拒绝受理案件:原告如果认为决定不公正,应当向法院提起撤销该条款的诉讼请求,而不能要求法院直接判令分配权益或确认决议无效。[②] 如何使用、分配集体资产,是集体经济组织拥有决策权的内部事项,人民法院依法不应当代替集体组织作出决定,[③]仅能对是否应撤销决定作出裁判。个别法院认为,提起撤销是给付的前置程序。由于此类法院拒绝受理案件,村民权利无法得到救济。另一些法院则认为,给付之诉、确认无效之诉已包含撤销的意思表示,法院应该受理。集体经济组织成员仅可以通过提出撤销之诉予以救济的观念实属适用法律错误。[④]

(三)原告主体资格:认定方式难以服判

由于撤销权的行使主体只能是集体成员。因此,法院将首先审查原告是否属于集体成

---

① 参见(2016)辽0112民初3170号民事判决书。

② 参见(2016)粤09民终1527号民事判决书。

③ 参见(2017)粤04民终652号民事裁定书,(2016)粤04民终1142号民事裁定书,(2016)川1123民初1509号民事判决书,(2016)辽0191民初1451号民事裁定书。

④ 广东省高院在多个再审案件中纠正并明确指出,参见(2016)粤民再358号民事裁定书。

员,再认定其能否行使撤销权甚至能否分配到相关利益。① 样本中,法院对于原告主体资格的审查标准如下图:

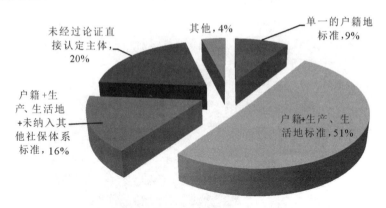

图2 法院对原告主体资格的审查标准

与原告主体资格相关的问题可归纳如下:

1.部分法院依然采用单一的户籍地标准,使当事人难以服判。部分法院仅依照户籍所在地认定成员,而未结合生产生活地、是否纳入其他社保体系等其他因素综合考察,容易将未在该地生产生活的空挂户也认定为成员,或使得已纳入其他社保体系的人员获得双重保障。

2.忽略论证"较为固定"的生产、生活地。集体经济组织成员应该在本组织形成较为固定的生产、生活状态,而部分法院仅凭瞬时因素认定成员资格,如拥有承包地、住房、行使选举权、领取补贴、在该地出生等等。单一的瞬时因素虽可作为认证的辅助手段,但仅仅凭此并不能说明"较为固定的生产、生活",例如,部分不在该地生产生活的空挂户也可能拥有承包地和住房,在该地出生的人员也不一定在该村形成较为固定的生产生活状态。

3.认定生产生活地的考虑因素单一。由于生产、生活是较为抽象和难以把握的,因此法院应该凭借多个因素综合考虑,而目前部分法院仅凭借一两个因素便认定在该地生产生活。

(四)撤销对象:法院对其范围认定有分歧

《物权法》第63条第2款规定撤销对象为集体经济组织、村民委员会或者村民委员会成员所作的决定,却并未进一步解释其包括的具体决定形式,因此审判实践中,对于部分决定是否属于撤销对象,不同法院间有分歧。

第一,对于村民代表会议决议、村民会议决议和村规民约是否属于撤销对象的问题,不同法院间有分歧。部分法院认为村民代表会议决议不属于撤销对象,因为根据《中华人民共和国村民委员会组织法》,村民会议的决定侵犯村民合法财产权利的,应由乡、镇人民政府责令改正,而不应由法院判决。而另一部分法院依据《物权法》第63条第2款直接撤销了村民代表会议决议、村民会议决议和村规民约。

第二,关于集体经济组织所作的与外部主体之间决定是否属于撤销对象的问题,不同法

---

① 依照《中华人民共和国村民委员会组织法》第27条规定,当事人就集体经济组织成员资格问题,有权申请镇级人民政府依法处理。当事人不能单独就集体经济组织成员资格问题向人民法院提起民事诉讼,但法院在审理时可以一并审查。参见(2016)湘13民终1238号民事裁定书。

院间有分歧。有法院认为,《物权法》第 63 条第 2 款只赋予法院撤销集体经济组织对内部主体的决定,而非对外部主体的决定。而另一部分法院依据《物权法》第 63 条第 2 款直接撤销了对外部主体的决定。

(五)撤销事由与裁判思路:同权同利带来平均主义

法院判决撤销的案件中,84%的撤销理由为决议内容不合法,其余为决议程序不合法。决议内容不合法的案件,通常为集体经济组织经过正当的程序(如村民大会、村民代表大会通过决议),基于不同的理由对特殊主体少分或不分。而法院认为内容不合法的理由通常是违反了"同权同利、不得歧视"的原则,从而判决给付村民与其他成员相等的款项。

然而,第一,"同权同利"原则并没有法律依据。法律并没有禁止集体经济组织根据本村实际情况对村民实施合理的差别待遇。虽然《最高人民法院关于审理涉及农村土地承包纠纷案件适用法律问题的解释》第 24 条规定,"征地补偿安置方案确定时已经具有本集体经济组织成员资格的人,请求支付相应份额的,应予支持。"然而这里的相应份额不等于同等份额。

第二,"同权同利"原则未尊重集体经济组织的合理自治,并且忽视了成员对集体经济组织的贡献,是平均主义的体现。呆板的公平其实是最大的不公平。人与人并不相同,不能将法律面前人人平等理解成平等就是一视同仁、人人相等。[①] 部分集体经济组织依据居民在该村生产生活的年份划分"农龄",由于农龄越高对该集体经济组织的贡献越大,因而分配待遇也越高。又如对屡次缠访、闹访、聚众扰乱秩序、阻碍了社区的发展的村民少分,这些都本是属于村委会自治范畴的较为合理的做法,决议程序也正当,法院却依据该决定违背了"同权同利"原则,判决集体经济组织败诉。

(六)执行困难:服判及自动履行率低

集体经济组织成员撤销权相关案件的办理效果不佳,服判及自动履行率低。以海口市琼山区法院为例,截至 2015 年 8 月,执行到位率仅 29.9%。[②] 执行困难的原因有二,第一,法院作出判决时,款项往往已经被实际地分配,导致无法履行生效判决。第二,由于判决涉及其他村民的直接经济利益,多数成员难以接受,对立情绪很大。执行过程当中稍有不当,极易造成群体性事件。

二、原因剖析:《物权法》第 63 条第 2 款的适用困境检视

无论是在受案范围上,还是主体资格、撤销对象、裁判方式和执行方面,集体成员撤销权的法律适用均有诸多尴尬和困难。下面主要从司法裁判、法律指引和外部影响三方面来剖析原因。

(一)司法裁判问题重重

法官是法律适用的主体,其思维观念、经验方法和对相关案件的态度,直接影响了集体成员撤销权的法律适用。

---

① 路德维希·冯·米瑟斯:《自由与繁荣的国度》,韩光明译,中国社会科学出版社 2013 年版,第 26 页。

② 《关于制定〈海南省农村集体经济组织成员资格认定办法〉的议案》,http://www.hainanpc.net/hainanrenda/1088/70601.html,下载日期:2017 年 7 月 1 日。

1.对农村自治组织的刻板印象

法官对农村自治组织有刻板印象,认为成员资格认定、征地款分配、分红款分配等均属于农村集体组织自治范畴,拒绝受理案件。刻板印象的形成原因有二。一是村民自治的立法时间早、层级高,深入人心。从1982开始,村民自治便有宪法[①]依据,而2007年出台的《物权法》中才首次赋予集体成员撤销权。二是最高人民法院过去作出"不予受理"的相关复函,促成了刻板印象的形成。最高人民法院过去曾作出"土地补偿费争议不属于法院受理范围"的复函[②],虽已时隔10多年,并且最高人民法院也出台了相反的司法解释[③],但是近年来依然有法院依据该复函裁定不予受理相关案件[④],可见其影响之深。

2.不熟悉适用方法

由于相关案件是2013年以后才增多的(见图3),因此多数法官对于集体成员撤销权的裁判尚不熟悉,在法律规定不完善、典型案例未公布的情况下,法官对于集体经济组织成员是否仅允许通过提出撤销之诉予以救济、案件是否应该适用集体成员撤销权、具体如何适用,难以凭借经验作出判断。

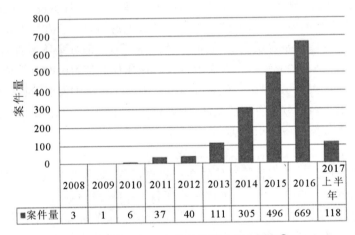

图3　2008—2017年相关裁判文书上网量[⑤]

---

① 《中华人民共和国宪法》第111条规定:"城市和农村居民居住地区设立的居民委员会或者村民委员会是基层群众性自治组织。居民委员会、村民委员会的主任、副主任和委员由居民选举。"

② 1994年,最高人民法院所作的《关于王翠兰等六人与庐山区十里乡黄土岭村六组土地征用费分配纠纷一案的复函》中认为,"当事人为土地征用费的处理发生争议,不属于法院受理案件的范围,应向有关机关申请解决";2002年,《最高人民法院关于徐志君等十一人诉龙泉市龙渊镇第八村村委会土地征用补偿费分配纠纷一案的批复》认为,"村集体经济组织成员与农村集体经济组织因土地补偿费发生的争议,不属于人民法院受理民事诉讼的范围"。

③ 参见《最高人民法院关于审理涉及农村土地承包纠纷案件适用法律问题的解释》第1条、第24条。

④ 青海省西宁市中级人民法院在(2014)宁行立字第2号裁定书中,依照1994年最高人民法院所作的《关于王翠兰等六人与庐山区十里乡黄土岭村六组土地征用费分配纠纷一案的复函》维持了一审作出的不予受理土地征用费分配纠纷案的裁定。

⑤ 此表格中,案件量包括系列案中所有案件,而提取的110件统计样本中,各系列案分别只提取一个案件作为代表。

此外,农民出于法律意识较弱、经济负担大等原因,较少委托律师代理案件。而缺少律师协助"发现"关键的事实或真理,法官容易忽视相关的法条和司法解释,从而作出不准确的裁判。

3.纠纷化解难度大

对于该类案件,处置若稍有不慎,则极易引发集体成员之间,或与政府、法院之间的冲突和矛盾,甚至造成群体性事件。因此,承办法官面临着较大的风险和压力。在这种情况下,法院很有可能会通过作出不予受理的裁定,以回避可能出现的棘手问题。矛盾未能及时得以化解,反而越积越多,化解的困难和阻力更大。

(二)缺乏清晰的法律指引

清晰明确的顶层设计和相关的配套规定,对于司法裁判无疑具有重要的指引作用。缺乏清晰的法律指引,是集体成员撤销权适用困境产生的一大原因。

1.存在立法盲点。人大常委会未界定农村集体经济组织成员资格。根据《立法法》第45条第1项,由于农村集体经济组织成员资格问题事涉公民基本民事权利,因此,其法律解释权在全国人大常委会。最高院曾经就此问题向全国人大提出立法解释的建议,但是,至今全国人大对于成员资格问题没有出台相关的立法解释。

2.司法解释语义模糊。集体成员撤销条款经常和《最高人民法院关于审理涉及农村土地承包纠纷案件适用法律问题的解释》第24条①一起引用。然而该解释中"相应份额"如何理解,是指和其他村民同等份额,还是允许集体经济组织根据本村实际情况,在平等对待妇女儿童的情况下,对村民实施差别待遇。由于司法解释语焉不详,审判实践对此理解不一。

3.审判参考意见覆盖面有限、可操作性不强。关于集体成员的资格认定,目前有相关司法参考意见、地方性法规、规范性文件和相关方案和指导办法。分类整理得表1:

表1 各地集体经济组织成员资格认定标准

类型	框架	成员资格确定具体内容	代表地区
各地高院参考意见和会议纪要	原则	户籍+较固定生产生活+以土地为生活保障	海南(2012)天津(2007)重庆(2009)
		户籍+生产生活+权利义务关系	陕西(2006)
	一般性规定	取得(原始、加入)和丧失	海南(2012)天津(2007)重庆(2009)陕西(2006)
	特殊性规定	外嫁女、离婚丧偶人士、服兵役人士、外出打工人士、大中专院校学生、空挂户等特殊群体	海南(2012)天津(2007)重庆(2009)陕西(2006)

---

① 《最高人民法院关于审理涉及农村土地承包纠纷案件适用法律问题的解释》第二十四条:"农村集体经济组织或者村民委员会、村民小组,可以依照法律规定的民主议定程序,决定在本集体经济组织内部分配已经收到的土地补偿费。征地补偿安置方案确定时已经具有本集体经济组织成员资格的人,请求支付相应份额的,应予支持。"

续表

类型	框架	成员资格确定具体内容	代表地区
地方性法规和规范性文件	一般性和特殊性规定	户籍＋遵守章程＋取得（原始、加入）	浙江（1992）
		户籍＋年满16周岁	湖北（1997）
		户籍＋常住人员	新疆（2005）
		一轮土地承包时取得土地承包经营权/政策性移民/加入取得/小城镇户口农户	北京（2004）
成员资格认定工作方案和指导办法	一般性规定	取得（原始、法定、申请）和丧失	四川（2016）
		取得（原始、法定）和丧失	上海（2012）

由表1可知,部分高院出台的参考意见相对于其他文件而言,更全面、合理。然而存在如下问题:

第一,参考意见覆盖面有限。目前我国只有四个省级地区发布了相关的司法参考意见。而且参考意见没有法律效力。

第二,参考意见对于部分问题规定不明确,包括村民代表会议决议、村民会议决议和村规民约是否属于《物权法》第63条第2款的"集体经济组织作出的决定";集体经济组织成员是否仅允许通过提出撤销之诉予以救济;撤销权的期间应当适用诉讼时效还是除斥期间的相关规定。

第三,参考意见的可操作性不强。由于按《立法法》的规定,成员资格属于国家法律层面规范的问题,因此各地高院出台的参考意见均未对"成员资格"做出明确界定,而是要求综合考虑户籍、生产和生活、土地(或权利义务关系)三要素进行认定。但是,除户籍外的其他要素都较为抽象。由于参考意见没有进一步提供细化的裁判操作方式,包括较固定生产生活的"较固定"如何认定、以土地为生活保障如何理解、三要素冲突时的优先考虑要素等,法官对三个要素的认识和把握不同,裁判尺度不好拿捏。

(三)外部环境纷繁复杂

任何法律适用都难免受外部环境的影响。下面将从农村案件的具体情况复杂,以及农村集体资产股份权能改革的滞后性两方面,寻找外部环境的影响因素。

1.农村案件情况复杂。首先,全国各地农村地域差别大,文化风俗、习惯传统均不相同,历史状况和遗留问题也较为复杂。集体经济组织、村委会出于收养、婚嫁、搬迁、入户、代耕田地等各类原因,分配时对村民区别对待,案件成因纷繁复杂(见图4)。其次,近年来,新情况和新问题不断出现,例如随着农村产权改革的进一步推进,股份合作公司内部争议愈来愈多。因此,司法实务难免出现理解不一致、判断不准确的情况。

2.产权改革滞后导致相关问题不明朗。样本中,经济合作社只占被告的四分之一左右(见图6),说明目前只有部分先进地区进行了农村集体资产股份权能改革,形成了经济合作社,集体成员由概念模糊的"农民"变为了拥有股权的"股东"。其余地区由于尚未推进农村集体资产股份权能改革,集体成员资格、分配标准均不明朗。

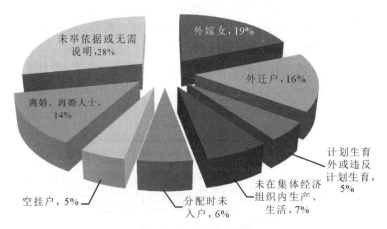

图 4　被告对村民区别分配的理由统计

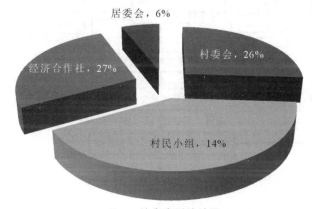

图 5　被告类型统计图

三、破解路径:完善农村集体经济组织成员撤销权的建议

从纠纷消解方式、相关立法规定、裁判参考意见三方面着手,优化结构体系、改进现有缺陷、增加具体内容,是完善农村集体经济组织成员撤销权的必由之路。

(一)改进诉前纠纷消解方式

1.从成员到股东:改革中资格确认和分配标准的确定。随着农村集体资产股份权能改革试点有序推进,到 2020 年,我国计划基本完成经营性资产折股量化到本集体经济组织成员。[①] 在农村集体资产股份权能改革中,建议从以下方面做好集体成员的资格确认工作:

第一,将成员资格确认标准定为户籍、较固定生产生活、以土地为基本生活保障三要素。对于特殊或者疑难问题,充分尊重村集体经济组织的自主权。

第二,引入农龄作为分配标准的主要指标。由于农龄作为客观标准易于操作,又与农村集体产权制度相契合,有深厚的社会文化基础,认可度较高,既可以体现集体成员以往的贡

---

① 参见国发〔2016〕58 号《国务院关于印发全国农业现代化规划(2016—2020 年)的通知》。

献,又能够维护现有成员的权利。^① 而且近年来,上海、北京、江苏、浙江等地的农村集体经济组织已经在产权制度改革中引入了农龄,因此建议将农龄作为分配标准的主要指标。农龄起算时间点可以由各地区根据实际情况决定,以年度为单位计算。

第三,采用完善的资格统计流程。参考四川、上海的统计实践,设计流程如图6:

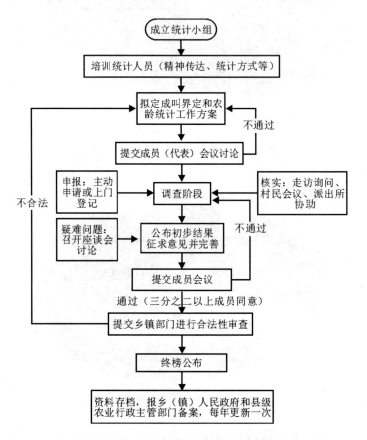

图6 成员资格和农龄统计流程图

以上流程符合民主决策原则。由于农村集体经济组织全部资产的所有者是农村集体经济组织成员,而农村集体经济组织的最高权力机构是成员(代表)大会,因此,农村集体经济组织成员资格的界定必须交由农村集体经济组织成员(代表)大会民主讨论。只有得到了三分之二以上成员同意,表决才得以通过。经两榜公示,成员无异议并签字确认后,再进行资料存档、备案。并且,通过调查小组对于特殊成员特殊对待、重大问题须经讨论的方式,充分尊重了由于各类原因形成的不同类型的集体经济组织成员,同时也适应了新情况的出现。

2.流程完善和调解的引入。为了防止法院裁判后难以执行的情况出现,也为了避免撤销权的滥用,有必要完善决策流程,并加入调解前置的流程设计。(见图7)

首先,要求集体成员及时提出异议,否则丧失集体成员撤销权的胜诉权。集体成员在参与决议过程中或者在公示阶段,若认为决议事项可能侵犯自身合法权益,就应该及时提出异

---

① 方志权:《农村集体经济组织成员资格界定与农龄统计研究》,载《科学发展》2013年第4期。

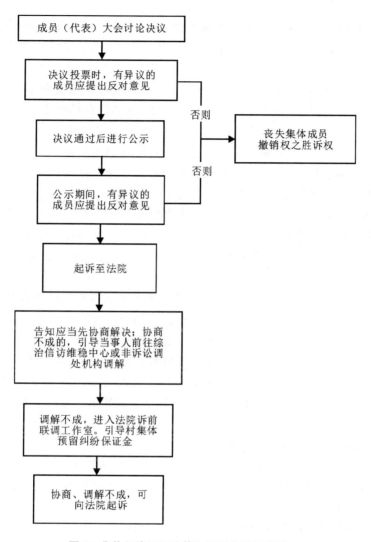

图7 集体经济组织决策和调解前置流程图

议,集体组织应作出回应。如果集体成员在决议过程或在公示过程中没有及时提出异议,则丧失对撤销议决的胜诉权。以此可督促集体成员积极参与集体经济组织决策,将问题消解于诉前。

其次,采用调解前置的方式,充分尊重村民自治和协商。因农村集体经济组织收益分配发生纠纷的,告知应当先协商解决。协商不成的,法院引导当事人前往综治信访维稳中心或非诉讼调处机构进行调解,将矛盾化解在诉前。调解不成的,再进入法院诉前联调工作室,由法院联合国土等部门进行调解。调解过程中,引导村委会、村民小组预留部分款项作为纠纷保证金,提高执行率。协商、调解不成的可以向人民法院起诉。

(二)完善集体成员撤销权的立法规定

1.出台集体经济组织成员身份的认定标准。在立法方面,首先,各地根据实际情况,制定或完善地方性法规和规范性文件,摒弃单一依靠户籍的标准,采用复合标准认定成员资格。其次,待成熟后,立法机关可借鉴各地的条例和办法,在民法典分编中,就农村集体经济组织成员主体资格的认定制定原则性的标准。

2.明确撤销权行使期限。全国人大常委会法制工作委员会民法室编著的《中华人民共和国物权法解读》中提及:"除法律另有规定外,向人民法院请求保护民事权利的诉讼时效期间为二年",故理论上农村集体成员撤销权的行使期限界定为诉讼时效。

然而,集体成员撤销权应适用除斥期间。目前对于撤销权的行使期限规定一般为除斥期间,这也包括股东撤销权和业主撤销权。并且对于撤销权的性质认定,主流观点也认可为形成权①,而形成权应适用除斥期间。此外,由于诉讼时效会产生中止、中断,导致集体中的大部分人的利益悬而未决,容易造成失衡现象。因此,集体成员撤销权应适用除斥期间。

集体成员撤销权期间的起算点,从知道或者应当知道之日起计算,行使长度应定为 60天。如此不仅可以保护由于村干部私自决定而并不知情的村民,也可以减少撤销权带来的不确定性。由于村民会议、村委会的决定内容直接涉及村民的生产、生活事项,长时间悬而未决并不合适,并且,由于撤销后,已发给村民的补偿款成为不当得利,应当返还,这将带来较大的不确定性,因此,为了安定集体成员间的法律关系,建议参考股东撤销权,将权利期间定为 60 天。

3.发布司法解释明确撤销对象。明确法院有权撤销村民(代表)会议决议和村规民约,以及集体经济组织所作的与外部主体之间决定。理由有二,第一,实际上,相对重要的分配决议都须经村民(代表)会议决议通过,而部分地区的决议存在歧视新户和妇女儿童的情况。明确法院有权撤销相关决议,有利于更好地保障弱势群体权益。建议把《物权法》第 63 条第2 款之集体经济组织所作的决议,解释为包含村民(代表)会议决议和村规民约在内的决议。第二,由于《物权法》第 63 条第 2 款并未限定只赋予法院撤销集体经济组织对内部主体的决定,因而不应将集体经济组织所作的与外部主体之间决定排除在撤销对象之外。

(三)出台并优化裁判参考意见

各地高院均应出台相关裁判的参考意见。参考意见应明确规定如下内容:

一是法院不得以村民自治、给付之诉请不符合起诉要求等理由裁定不予受理或驳回起诉相关案件。当事人的给付、确认无效之诉请已包含撤销的意思表示,法院应该受理。裁判应当释明当事人是否可依据《物权法》第 63 条第 2 款规定行使撤销权,并就上诉人的撤销请求是否已经超过法定的除斥期间进行审查。

二是增加"较为固定的生产生活地"的具体认定方式:1 年以上时间＋三个以上要素。通过时间长度和要素数量的要求,将抽象的认定方法具体化。首先,要求须在该集体经济组织生产生活一年以上。考虑到农龄的认定单位是年,建议以一年为标准认定"较为固定"。其次,建议法院考虑三个以上的生产、生活因素,包括承包地、住房、行使选举权、领取补贴等各类因素,杜绝仅凭一两个因素认定生产生活地的现象。

三是试点部分案件依据"农龄"分配的裁判模式。从已经实际引入农龄作为分配指标的上海等地,试点部分案件依据"农龄"分配的裁判模式。对于没有歧视妇女儿童,未违反法律,程序正当的分配决议案件,法院应当予以尊重,不能强制采用"农龄"分配模式。对于违反法律、程序不正当的分配决议案件,法院应适用"农龄"分配原则。农龄指农民从事农业劳动的年限,其长短标志着农民参加农业生产时间的长短,可以粗略反映农民对集体经济组织

---

① 管洪彦:《关于农村集体成员撤销权的几点思考》,载《法学论坛》2013 年第 2 期。

的贡献大小。依据农龄分配能够改善目前裁判中简单平均分配的现象。

四、结语

农村集体成员撤销权关乎亿万农民的利益。纵观我国 30 年来农村改革的历程,保障农民的财产利益,尊重农民的民主权利,是中国农村改革实践所证明的颠扑不破的真理。

从实践来看,集体成员撤销权制度仍有诸多方面仍需完善。110 份司法裁判文书展现了集体成员撤销权制度运行中存在的尴尬与困境,通过原因的追问和剖析,提出了困境的破解之道。

由于样本量有限,本文未能全面反映集体成员撤销权制度的运行问题和不同时期的变化。如何消解农村集体成员撤销权适用分歧,促进集体成员撤销权机制的流畅运转,还有待进一步的研究。

民事诉讼中电子数据提交和审核的若干问题

——以微信聊天记录为例

彭书红 *

电子数据是《中华人民共和国民事诉讼法》在 2012 年修正时增加的证据种类。虽然该法修正至今已有多年,但是当事人该如何提交电子数据,法官该如何审核电子数据,在司法实务中仍有不少人存在模糊认识。现以电子数据中常见的微信聊天记录为例,试说明提交和审核的若干问题。

一、微信聊天记录提交存在的问题

根据笔者的观察,一些当事人及其律师向法院提供的微信聊天记录存在的问题主要集中在如下方面:

1. 缺乏反映聊天参与人身份信息的页面。从提交的微信聊天记录页面来看,无法看出微信聊天的参与人的身份信息,有时候,法官不问,当事人及律师也不会主动说,想当然地认为法官会知道。但是,即使法官按照自己使用微信的经验,推测右边的头像应该是提交微信聊天记录的一方,而左边的头像应该是对方当事人或者与案件有关的微信聊天参与人,这样的推测毕竟与当事人向法庭的明确陈述或者说明是存在差别的。

2. 虽然提供反映聊天参与人身份信息的页面,但仍无法证明该聊天参与人的真实身份。因为按照微信程序规则,微信聊天参与人可使用昵称,而在微信群聊时群成员通常才会被要求将身份信息备注为真实姓名。而且,从审视证据提供者的角度来说,对方的微信昵称在不违反微信规则的情况下几乎可由提供微信聊天记录的一方当事人自行备注为任何姓名或名称。在对方当事人否认自己是微信聊天的一方参与人的情况下,提供证据一方在不少时候甚至不会主动向法院提出通过查证对方微信号绑定的财付通账户以获取对方实名认证信息的申请。

3. 无法证明微信聊天记录的完整性。由于微信聊天记录的容量过于庞大,微信服务提供商腾讯公司不会在云端留存微信聊天记录。微信聊天记录中的一些图片因为过时而无法下载到手机图片库,无法单独提供清晰的原图。微信聊天记录可能会被提供证据的一方随意删减,完整性会受到质疑。此时,对方当事人可能无法提供反证,比如手机更换时没有及时转移相关的微信聊天记录,或者不知道如何转移,有时还可能是因为手机损坏、遗失、灭失

---

* 彭书红,东莞市中级人民法院综合庭法官。

致使在某一时间点之前的微信聊天记录无法恢复,但此时对方当事人亦陷入如何证明自己对于未能提供反证存在正当理由的困境。

4. 不提供微信聊天语音部分的确切信息。此时,即使语音部分存在关键信息,仍难以为法官、对方当事人知悉。《中华人民共和国民事诉讼法》第 103 条第 1 款规定:"未经当事人质证的证据,不得作为认定案件事实的根据。"如果从纸质版的微信聊天记录看并没有语音部分转成的文字记录,但法院根据提供微信聊天记录的一方当事人当庭播放的语音信息作为判决,则可能被视为采纳了未经质证的证据:因为法官及各方当事人"听"的具体内容往往不会记入笔录,在多数录音录像等视听设备欠佳的庭审场所,即使是庭审直播的案件,最终形成的庭审视频信息仍难以还原法官及各方当事人"听到"的具体内容。而未经质证的证据如果是作为主要证据被采纳为认定事实根据的,将来可能因构成《中华人民共和国民事诉讼法》第 200 条第 4 项规定而被裁定进入再审程序,存在极大的风险。语音未转成文字或者未提供语音光盘的情形,多数是当事人不知道如何操作,当然也不排除个别律师责任心不强,没有指导当事人如何恰当操作及提交证据。

此外,不少当事人还缺乏微信聊天记录提交的形式及技巧,缺乏证据保全意识。比如,提供的微信聊天记录截屏图片是黑白打印件,微信聊天记录中的照片黑茫茫一片,没有单独附彩印照片;在一张 A4 纸上黑白打印 4～6 份微信聊天记录截屏,由于系黑白打印造成关键日期、时间无法看清;提供的微信聊天记录多达几十页但不编排页码,以致难以确定先后顺序;微信聊天记录显示参与人之间发送了 Word 文档,但证据提供者不提供该 Word 文档的具体内容;一审质证后便删除相关微信聊天记录但又没有进行公证;对于一审庭审时质证过的微信聊天记录,二审庭审或者法庭调查时未携带存储该微信聊天记录的原始载体;用方言进行微信语音聊天但是除了当事人以外法官、律师都听不懂;否认对方指证的微信聊天对象为己方法定代表人、员工但仅表示无法核实内容的真实性;对微信聊天记录进行公证但是不按对方当事人的人数提供副本;提供的多人聊天的微信群聊天记录中只见发言人的头像但不备注发言人身份等。

二、指导当事人提交微信聊天记录的要点

出于交易便捷的考虑,在现实生活中微信聊天记录越来越多地成为当事人之间交易的主要甚至唯一的凭证。如发生纠纷后双方无法协商解决,无论仲裁或者诉讼,均需提供证据。此时,提交证据的质量可能成为仲裁或者诉讼胜败的关键。因此,不能不重视微信聊天记录的提交。

从法院角度而言,为便于审核证据,法官尤其是一审法官,应当对微信聊天记录的提交确立一些基本规则,以便诉讼进程的顺利进行。建议如下:

1. 当事人提供微信聊天记录作为证据的,必须有反映聊天参与人身份信息的页面。如果对方当事人提出异议,则应当向当事人释明,哪一方对于聊天参与人身份信息负有举证证明责任。如果当事人表示难以取得,此时法院应提示当事人提交相应的申请,由法院发出律师调查令,或者由法院直接调取相应的证据,比如向财付通支付科技有限公司发出协助调查函等,以获取微信聊天的相关参与人实名认证信息,从而认定案件相关事实。

2. 释明诉讼风险,提示当事人诚信参与诉讼,诚实提供微信聊天记录等证据。如果有证据证明提交微信聊天记录的一方当事人存在故意行为,法院可在查明事实的情况下,按该

当事人妨害民事诉讼的行为处理。

3. 语音聊天部分，提示当事人以能为对方当事人感知(可听、可辨别)为前提，便于质证。比如，如果发出语音的一方普通话较为标准，可按程序选择直接转换成文字并截屏。但是，如果说的普通话不够标准，甚至是微信难以识别的方言，此时，则需要将语音转换成录音文件，以光盘刻录的形式向法院提交，并且在必要时得提供较为可靠的文字整理资料(比如方言)。这样的可靠性，可探索采取由方言所在地的公证处进行公证的方式，这样比较有说服力。

4. 其他提交证据的形式和技巧，建议由法院按照提供证据通知书的样式，制作提交微信聊天记录的指引，让提交微信聊天记录的一方有所参照，便于规范当事人的行为，同时也能让对方当事人质证时有一个大致的判断标准，而不是一概不认可。比如，关于证据的形式，可以《最高人民法院关于民事诉讼证据的若干规定》第19条第1款为据："当事人应当对其提交的证据材料逐一分类编号，对证据材料的来源、证明对象和内容作简要说明，签名盖章，注明提交日期，并依照对方当事人人数提出副本。"比如，微信聊天记录的保全，笔者认为原则上以公证为主，但如果当事人申请法院保全的，法院可依《最高人民法院关于民事诉讼证据的若干规定》第27条规定的程序和要求进行："人民法院进行证据保全，可以要求当事人或者诉讼代理人到场。根据当事人的申请和具体情况，人民法院可以采取查封、扣押、录音、录像、复制、鉴定、勘验等方法进行证据保全，并制作笔录。在符合证据保全目的的情况下，人民法院应当选择对证据持有人利益影响最小的保全措施。"

三、对微信聊天记录的审核

（一）对微信聊天记录"原件"的认定

微信聊天记录"原件"涉及对证据真实性的认定。微信聊天记录是否原件，按照《最高人民法院关于民事诉讼证据的若干规定》第15条第2款的规定判断，即："电子数据的制作者制作的与原件一致的副本，或者直接来源于电子数据的打印件或其他可以显示、识别的输出介质，视为电子数据的原件。"据此，法院在组织当事人对微信聊天记录等电子数据的质证时，应当要求证据提供者提供原始载体。一般来说，这样的原始载体就是手机。微信聊天记录的证据副本，一般是截屏图片。如果微信聊天记录中涉及的照片、视频较多的情形，证据提供者应当提供相应的光盘。提供光盘的意义在于，可避免当事人因为手机损坏或者遗失、灭失等因素造成证据的灭失。一旦案件进入第二审程序，则二审合议庭有机会通过视、听的方式对微信聊天记录进行审查判断。如果微信聊天记录的原始载体由案外人所有和保管的，比如买卖合同中交易过程的洽谈是由双方公司的采购人员或者财务人员等员工通过微信聊天记录进行的，此时除了要求微信聊天记录的提供者提供原始载体以外，必要时还应当提示提供微信聊天记录的一方当事人应当申请该员工作为证人出庭作证，以便进一步核实微信聊天记录的真实性。

（二）对关联证据的审核

由于微信是一个包罗万象的网络生态系统，微信聊天仅是人们较为常用的微信的其中一个功能，因而人们在虚拟的网络空间交往时，还会运用微信的其他功能。此时，如果微信其他功能的运用与微信聊天记录相关联的，那么此时法院应引导当事人提供这些关联证据，以便综合审核证据。比如，除了前述微信聊天记录中提及的 Word 文档等，如果微信聊天记录中显示当事人之间或者当事人与证人、利害关系人之间存在微信转账的，应当要求当事人同时提供微信支付中"钱包"的"账单",以及与该微信号绑定的银行卡,必要时还必须提供相应的银行流水予以印证,因为当事人之间的交易方式多种多样,既可能是微信转账方式,也可能是未绑定某一微信号的银行账户之间直接转账的方式。微信聊天记录若提及另有电子邮件且该邮件对于案件事实的认定可能有影响的,则证据提供者应当提供该电子邮件。如果当事人对于微信聊天记录中提及的文档、邮件、照片等的形成时间存在争议,则应当采取证据保全方式将文档、邮件、照片等的形成时间固定下来。对于电子邮件发件人、收件人的实名信息,同样需要像核实微信号的实名信息一样,通过恰当的程序进行核实。

(三)微信聊天记录是否存在中华人民共和国领域外形成的审核

某一特定微信号的持有者,其微信个人信息中的"地区",可以由持有者在微信的个人信息中随意设置,系统并不要求与持有者在使用微信时的实际地址一致。因此,当微信聊天开始时,如果聊天的双方不是特别提及自己或者对方实际身处的国家或地区,一般情况下,相互之间是不知道对方的确切地理位置的。因此,不能凭微信号持有者的国籍因素径行判断某一方当事人在微信聊天时在何处发出聊天信息。如果有充分的证据能够判断在微信聊天时对方身处国外、境外,那么微信聊天记录是否因此而属于"在中华人民共和国领域外形成"的证据,要求证据提供者履行相关的证明手续?笔者认为,由于同属电子数据范畴,微信聊天记录与电子邮件一样,不宜套用"域外证据"的概念。微信程序能够在手机等移动电子设备上使用,由于其可移动使用的特性,同一微信号持有者在同一天中可能会在跨越国(边)境上形成电子数据,考虑到电子信息难以避免的滞后性,此时将难以确定到底哪些内容是在域外形成的,哪些是在域内形成的,会造成人为判断的困难。因此,对微信聊天记录真实性的审查,一般情况下不需要考虑电子证据是否域外形成的因素,但根据《最高人民法院关于民事诉讼证据的若干规定》第16条有两种情形是例外,一是公文书证,二是涉及身份关系的证据。与这两项证据有关的微信聊天记录,法院宜引导当事人办理相应的证明手续,否则容易引发当事人对于证据形式的争议,徒增纠纷解决的变数。

(四)对于微信聊天记录中的外文与中文译本的审核

与上述问题相关的另一问题是,如果微信聊天记录的原文就是外文,此时应该如何处理?在《最高人民法院关于民事诉讼证据的若干规定》中对此没有明确规定,但笔者认为可参照该规定第17条的规定处理:"当事人向人民法院提供外文书证或者外文说明资料,应当附有中文译本。"如果当事人对于微信聊天记录的中文译本与原文(外文)发生歧义,此时法院应当核实,并结合当事人交易的目的、经过以及当事人关于交易时使用文字的特别约定等作出认定。也就是说,即使有中文译本,此时并不是当然以中文译本作为认定案件事实的根据及裁判的依据。

(五)重视微信聊天记录与其他证据的相互佐证

绝大多数民事案件中,微信聊天记录并非唯一证据,甚至不是案件中的主要证据。因此,如果决定采纳微信聊天记录,此时法官审核证据应当充分考虑各证据之间的联系。一般情况下,当事人在微信聊天时多数是没有想到将来的某一天是可能发生纠纷甚至到法院进行诉讼时要用到这些记录的,所以当事人当时在微信聊天时的陈述、表态等,可信度较高,与当事人的真实意思表示较为符合。但是,特殊情况下不排除当事人可能通过电话或者当面交谈的方式事先沟通好,然后再通过微信聊天记录的方式作出虚伪的意思表示,串通损害第三人利益。这在是审核微信聊天记录时不得不注意的一种可能。

关于现行制度框架下规制
民事管辖权异议滥用行为的思考

邹群英[*]

管辖权异议是我国民事诉讼制度赋予当事人的一项重要诉权。然而在司法实践中,滥用管辖权异议拖延诉讼进程的情况大量存在,致使诉讼程序复杂化,浪费司法资源,增加诉讼成本,甚至导致当事人因此付出的程序成本远高于该程序设立的价值。本文在调查民事管辖权异议现状的基础上,分析管辖权异议滥用的成因,立足于该项制度设立目的,从完善立法和司法实务角度,提出在现行制度框架下规制管辖权异议滥用行为的可行性建议。

一、管辖权异议案件现状

以 D 市中级人民法院近年来受理管辖权异议上诉案件情况为例,管辖权异议上诉案件有几个特点:

一是案件数量逐年下降。2017 年至 2019 年期间,D 市中院受理管辖权异议上诉案件的数量分别是 1803 件、1652 件和 1348 件,结案数量分别为 1868 件、1633 件、1374 件,总体呈逐年下降趋势。关于该类案件数量下降的原因将在下文进行分析。

二是驳回异议的比例极高。从 2019 年审结的 1348 件管辖权异议上诉案件情况来看,二审结果为变更、撤销原裁定的为 17 件,仅占所有案件的 1.26%;除撤回上诉、按撤回上诉处理、终结异议程序的 8 件案件外,其余 1323 件管辖权异议上诉案件二审结果均为维持原裁定,维持率为 98.15%。

三是处理用时较长。2019 年结案的 1374 件管辖权异议上诉案件中,从中级法院立案至结案的天数从 2 天至 106 天不等,平均用时为 25 天。加上基层法院作出一审管辖权异议裁定的时间、送达一审裁定的时间、管辖权异议上诉期间(一般为 10 日,当事人在我国领域内没有住所的为 30 日^①)、管辖权异议上诉状送达时间以及基层法院向中级法院移送上诉材料和原审卷宗的时间,管辖权异议自一审提出到二审裁定作出,程序耗时一般为三个月左右。尤其是一审裁定和二审上诉材料如有需要公告送达的情形,则耗时至少为半年以上。2019 年管辖权异议上诉案件中,审判业务系统已载明管辖权异议上诉状落款日期的有 696 件,上诉状落款时间与中级法院立案时间平均间隔 50 天,其中间隔天数在 60 天以上的为

---

* 邹群英,东莞市中级人民法院审管办法官。

① 依据《中华人民共和国民事诉讼法》第一百六十四条、第二百六十九条。

195件,占到了28%,导致间隔时间较长的原因主要在于一审裁定的送达耗时。

以上所统计的只是基层法院一审民商事案件中管辖权异议上诉的相关情况,如果将视野放宽至中级法院、高级法院的一审案件,由于地域跨度大,处理管辖权异议所需时间更长。此外,在2015年民事诉讼法修订之前,管辖权异议案件允许再审,最高法院也处理过不少管辖权异议再审案件,部分个案存在耗时四五年方能最终确定一审管辖法院的情况。仅仅因为管辖法院的争议引发旷日持久的程序,导致当事人付出的诉讼成本远远高于该程序本身的价值。

二、滥用管辖权异议行为的表现和制度原因分析

考察提起管辖权异议上诉的案件,当事人滥用管辖权异议的行为主要表现在两个方面:

一是异议的提出明显缺乏依据。实践中,大多数异议针对地域管辖规定。在民事诉讼法规定两个以上人民法院均有管辖权、原告已选择向其中一家法院提起诉讼的情况下,被告方往往提出应由另一法院管辖。大多数情况下被告方主张应由被告所在地法院管辖,并提供简单的户籍证明材料,甚至不提供任何材料进行佐证,仅以在其他法院审理更为方便己方为由提出异议。在个别案件中,被告方对级别管辖亦提出异议,以案件在辖区内具有"重大影响"等为由,要求一审由中级法院管辖。网络上曾列举管辖权异议的十大奇葩理由,包括受理法院的空气不够好、案件太多、(在原告已向被告住所地法院提起诉讼的情况下)双方已约定由原告所在地法院管辖、双方曾口头约定管辖法院等,管辖权异议滥用的情况可见一斑。

二是用尽诉讼周期,拖延诉讼意图明显。异议方往往将民事诉讼法中关于期间的规定运用到极致:在答辩最后一天提出管辖权异议,被驳回后又在上诉期最后一天提出上诉,个别案件还存在异议方以不告知法院确切送达地址的方式拖延送达,在上诉被驳回后又要求重新指定举证期限等情形。种种行为使得民事诉讼周期极大延长,纠纷解决的成本不断扩大。

关于滥用管辖权异议行为的原因,本文重点关注现行制度方面存在的不足之处。

一是受理条件未予明确。《中华人民共和国民事诉讼法》第一百二十七条第一款规定,"人民法院受理案件后,当事人对管辖权有异议的,应当在提交答辩状期间提出。人民法院对当事人提出的异议,应当审查。异议成立的,裁定将案件移送有管辖权的人民法院;异议不成立的,裁定驳回。"该规定仅仅要求管辖权异议须在提交答辩状期间提出,但对提起管辖权异议的主体、客体、提出和上诉的条件等程序适用问题均未作出明确规定,导致管辖异议制度空洞化,这是部分当事人得以滥用管辖异议权的根本原因。

二是诉讼成本低廉。根据《诉讼费用交纳办法》第十三条,当事人提出案件管辖权异议,异议不成立的,每件交纳50元至100元。实践中,管辖权异议仅一审收取100元受理费,上诉不收费,如果异议成立则退回受理费,经两审确认异议不成立也仅仅收取100元。相对于管辖权异议在迟延诉讼进程方面的作用,异议方的诉讼成本几乎可以忽略不计。

三是对于滥用行为缺乏约束。虽然近两年各地法院对滥用管辖权异议的行为进行惩戒的情况不再鲜见,但对滥用管辖权异议的行为定性、处理依据、处罚措施的合理性等仍然存在较大争议。实践中被处以罚款的仅仅是极个别情节恶劣的案件,难以起到普遍的约束作用。

从学术界目前关于管辖权异议程序的讨论来看,上述制度方面的不足更深层次的原因在于管辖权异议制度被赋予了过高的程序意义,导致该制度存在"程序权利过剩"的问题。例如张卫平教授提出:"诉讼实践中,案件由何地法院管辖已经成了民事诉讼当事人共同关注的第一个问题,关于案件管辖的斗争就成了双方当事人的第一次较量。"[①] 宋平副教授在其著作中亦认为原告可因选择提起诉讼的管辖法院而获得不法利益[②]。

三、关于规制管辖权异议滥用行为的思考

对于规制管辖权异议滥用行为解决方案的讨论,应当建立在对管辖权异议程序价值的认识基础之上。管辖权异议程序的设置应当与管辖制度的目的、权利救济的必要性相符。如果确有因管辖法院不同导致司法不公的问题,那么即使耗费大量诉讼资源在异议程序上,仍然无法解决这种不公。因此在这种情况下,应当解决的是这种不公背后的原因如何预防和控制的问题,而管辖异议制度不应当、也无法承载这样的制度功能。管辖制度最主要的功能一是秩序规范,明确各法院之间的管辖范围,厘定各层级管辖秩序;二是程序便利,便利当事人,同时方便法院审判执行工作的开展。管辖权异议制度基于赋予民事诉讼双方平等的诉讼权利的考量,允许当事人对法院业已受理的案件管辖提出异议,其程序意义也应当体现在管辖秩序和程序便利上,而实体公正则不应包含在讨论之列。

(一)规制方向

当事人滥用管辖权异议的行为导致诉讼周期被大大拉长,造成当事人诉讼成本增加,也极大浪费法院的诉讼资源。2019 年第十三届全国人大二次会议向最高人民法院提出的第8869 号建议,主题即为对民商事案件当事人管辖权异议行为予以规制和约束。该建议指出,部分当事人利用法律规定的管辖异议权,拖延诉讼,逃避实体责任,对民事诉讼效率的提升、司法资源的合理配置、相对方合法权益的及时实现、诚信诉讼秩序的建立均造成极大影响,建议最高人民法院制定专门司法解释对民商事案件当事人管辖权异议行为予以规制和约束,重点对管辖权异议提出的主体、条件、不予审查的情形、滥用权利行为的界定及相应法律后果等问题予以明确。最高人民法院在答复中提出了三点意见:一是在现有的条件下,推进管辖权异议案件审理程序改革,将管辖权异议案件归入民商事速裁案件范围,简化审理程序,简化文书样式,简化送达程序,提高审判效率;二是支持地方各级法院对恶意滥用管辖权异议的行为予以惩戒;三是在深入调研的基础上,适时出台司法解释,加强对管辖权异议的规范和制约,保障当事人的合法权益。

(二)现行做法

近年来,各地法院在努力规范管辖权异议诉讼方面不断探索,对于管辖权异议滥用行为的规制主要有两种途径。

第一种是从提高效率入手,尽量缩短管辖权异议的处理时长,降低滥用行为的"收益"。例如深圳中院自 2017 年开始对管辖权异议上诉案件实行网上审理,基层法院直接通过诉讼系统向中级法院移送该案电子卷宗,深圳中院直接在诉讼系统中进行立案、分案、审理工作,二审结案后由基层法院从系统中打印已加盖中院电子印章的裁定书送达给各方当事人,全

---

① 张卫平:《管辖权异议:回归原点与制度修正》,载《法学研究》2006 年第 4 期。

② 宋平:《民事诉讼诚实信用原则与管辖权滥用之规制研究》,厦门大学出版社 2018 年版,第 25 页。

程无需进行纸质案卷交接，二审程序"理论上可在一日内完成"。D市中院亦采取了类似措施，近两年来管辖权异议上诉案件的平均处理时长不断下降，也在一定程度上减少了管辖权异议上诉案件的数量。

第二种是从制度完善入手，规范和简化管辖权异议的审查程序，提高异议审查的质量和效率。以山东省高级人民法院于2019年5月30日印发的《关于简化民商事纠纷管辖权异议审查程序意见（试行）的通知》（以下简称"意见"）①最为典型。该意见的主要内容包括：（1）明确管辖权异议申请书内容，应当包括异议所依据的事实、理由及相关证据，送达地址确认信息等，如果内容不齐全且经法院通知仍未补正的对其申请将不予审查。（2）规定对于再审案件、指定管辖、移送管辖、执行异议之诉及第三人撤销之诉案件不予审查。（3）对于滥用管辖权异议的申请不予审查，并将不予审查理由书面告知申请人，明确了滥用管辖权异议的行为包括四类情形：管辖权异议被驳回后就其他同类案件向同一法院提出管辖权异议，虚构与争议有实际联系的地点和事由，已有书面协议约定管辖法院且不违反级别关系和专属管辖规定的情况下再行提出管辖权异议，以及其他明显缺乏事实和法律依据、以拖延诉讼为目的提出的异议申请。（4）明确管辖权异议一审原则上采用书面审查方式，一般十五日内作出裁定，需要听证审查的最长不超过三十日；对管辖权上诉案件采取网上移交案件材料，二审时长最长不超过三十日。（5）在送达方面，被告提出管辖权异议的，管辖权异议申请书可以只向原告送达；一审裁定驳回被告提出的管辖权异议的，裁定可以只送达原告和提出管辖权异议的被告；一审裁定移送管辖的，裁定应当向全部当事人进行送达；被告不服一审裁定提出上诉的，上诉状可以只向原告送达；原告对一审裁定不服提出上诉的，上诉状可以只向提起管辖权异议的被告送达。

（三）完善建议

根据最高法院的相关答复意见，推进管辖权异议案件审理程序改革和惩戒滥用管辖权异议的行为是规制管辖权异议滥用行为的主要方式。本文结合前述已有实践情况，对于管辖权异议制度的改革提出建议。

1.完善管辖权异议的提出条件。管辖权异议的提出应当规定必要的条件，但条件的设置以不侵犯当事人的程序权利为前提。

一是提出的主体。其一，关于原告是否能成为管辖权异议的主体，部分学者根据文义理解，认为诉讼法并未将原告排斥在主体范围之外，原告在误向无管辖权的法院起诉、被追加为共同原告、法院认为被告的管辖权异议成立裁定移送管辖等三种情况下有权提出管辖权异议②。对此，这三种情形下诉讼法均已就原告的程序权利规定了更为便捷的救济方式，例如原告可以撤诉，或对法院移送管辖的裁定提出上诉等，再允许原告提出管辖权异议显然不符合程序效益原则。其二，关于第三人能否对管辖权提出异议，最高法院已通过批复对此予以明确③，即第三人不能提出管辖权异议。因此，建议将现行《中华人民共和国民事诉讼法》第一百二十七条第一款中的"当事人"明确为被告。

---

① 《关于简化民商事纠纷管辖权异议审查程序意见》，http://192.0.100.106：8085/lib/dffl/DfflContent.aspx? gid＝B1065662&userinput＝，下载日期：2020年11月30日。

② 徐昀：《原告管辖权异议之分析与消解》，载《清华法学》2012年第2期。

③ 法［经］复〔1990〕9号最高人民法院关于第三人能否对管辖权提出异议问题的批复。

二是申请的材料。当事人提出管辖权异议,应当以书面形式明确其法律依据,并提供必要的证据。山东高院的相关规定还要求被告提供送达地址确认信息,如果经通知仍不补正的将不予审查其异议申请。鉴于实践中有不少被告通过邮寄等方式提出管辖权异议,且其后又拒收法律文书,导致送达问题,该条规定亦有必要。

三是明确不允许提出异议的情形。根据法律和司法解释的规定,管辖权异议的对象包括地域管辖和级别管辖。对于再审案件、指定管辖、移送管辖、执行异议之诉及第三人撤销之诉案件,建议明确不允许提出管辖权异议。

关于山东高院的"意见"中所规定的四类滥用管辖权异议、法院不予审查的情形值得商榷。因该四类情形——管辖权异议被驳回后就其他同类案件向同一法院提出管辖权异议,虚构与争议有实际联系的地点和事由,已有书面协议约定管辖法院且不违反级别关系和专属管辖规定的情况下再行提出管辖权异议,以及其他明显缺乏事实和法律依据的申请,实际上均需经过审查后方能确定,且部分情形如事由是否为虚构、书面协议是否有效等,还应当经过较为深入的实质审查才能作出认定。法院既已经过审查,则应当作出裁定,而规定不予审查、以不予审查通知代替裁定,当事人无法对此提出异议或上诉,似乎有剥夺当事人程序性诉讼权利的嫌疑。

2.简化管辖权异议的处理流程。管辖权异议的处理程序存在较大的简化空间,提高处理效率能够让其失去滥用的价值。简化文书格式、普及电子送达、实现网上审理、加速卷宗移送,均是实践中行之有效的做法,在此不再赘述。需要重点解决的是关于上诉权以及文书送达范围的问题。

司法权是中央事权,是否受理案件的决定权首先在法院,法院决定受理原告的起诉之后,被告才能提出管辖权异议。因此管辖权异议与其他民事诉讼程序之间的差异在于,异议所针对的是法院的管辖权,而并非原、被告之间的简单对抗。从制度本身的意义和诉讼成本和效益的角度出发,管辖权异议文书的送达和上诉制度设置应当与其他民事裁定相区别。

首先,一审管辖权异议裁定的结果如果为驳回异议,仅异议方享有上诉权。异议方仅限于提出管辖权异议的被告,而答辩期内未提出异议的被告对该裁定没有上诉权,对此最高法院在(2018)最高法民辖终 372 号案例中已予明确[①]。原告、第三人对于驳回管辖权异议的裁定则不享有上诉利益,亦无需给予其上诉权和上诉期。当然,如果法院认为管辖权异议成立,则对所有当事人的程序性权利均有影响,应当全面赋予上诉权。

其次,对于管辖权异议二审裁定,法律已经明确不属于再审范围,如果一审裁定驳回管辖权异议、二审予以维持,则一审法院最终被确定拥有管辖权,可在二审裁定送达异议方同时推进案件一审程序。

最后,考虑到实践中存在不少驳回管辖权异议裁定无法向其他被告或第三人成功送达、结果需要公告送达的情形,一审驳回管辖权异议以及二审维持原裁定的结果无需向非异议

---

① 《普通共同诉讼中,在答辩期内未提起管辖权异议的被告对驳回其他被告管辖权异议的裁定无上诉权——黄某涵诉中信银行股份有限公司泉州分行等金融借款合同纠纷管辖权异议案》,http://192.0.100.106:8085/lib/cpal/AlyzContent.aspx? isAlyz=1&gid=C1375526&userinput=(2018)最高法民辖终372 号,下载日期:2020 年 11 月 30 日。

方送达,可以在管辖权最终确定之后,在正式审理程序中向原告、其他被告和第三人口头告知即可。

3.提高滥用管辖权异议程序的费用成本。一方面提高案件受理费金额,另一方面加强对管辖权异议程序滥用行为的处罚。考虑到管辖权异议程序的滥用主要体现在上诉程序上,应当着重通过加大上诉成本阻却不合理上诉。建议对管辖权异议上诉案件收取二审受理费,可以参照财产案件上诉收费制度,或是比照一审受理费的5倍至10倍收费。对于当事人滥用管辖权异议程序的处罚,应当综合考虑三点因素认定是否存在滥用管辖权异议程序的行为:申请依据,证据真伪,程序必要性。如果当事人的申请理由缺乏法律依据,无法提供必要证据,又坚持提出异议并上诉,则应在其管辖权异议二审败诉后,由法院根据情节严重程度,在民事诉讼法规定的处罚金额范围内科以罚款。只有处罚情形确定、处罚频率较高,滥用的行为才能得到遏制。

冷门的"捷径"：实现担保物权特别程序的实证检视与完善

——以 D 市 766 份民事裁定为样本

莫 然 李春丹[*]

随着我国经济的发展,担保行为早已成为商业常用手段,就此国家早已通过制定担保法、物权法等方式建立起相对完善的担保物权制度,这既是保障市场交易安全的基本手段,也是维护社会经济秩序的有效工具,对规范市场经济秩序发挥了重要作用。而实现担保物权是担保物权最为重要的效力,是担保物权制度发挥效用的直接体现。[①] 相关规定主要见于《中华人民共和国民事诉讼法》(以下简称为《民诉法》)第 196 条、第 197 条以及最高人民法院《关于适用〈中华人民共和国民事诉讼法〉的解释》(以下简称为《民诉解释》)第 361 条至第 374 条,这些规定标示我国的实现担保物权特别程序在法律层面上已经得到确立。但该制度在司法实践中,已经出现阻滞,并有进一步陷入休眠状态的趋势。

为从实证角度对当下申请实现担保物权案件机制进行分析,以 2016 年至 2018 年为期间,以"实现担保物权"为搜索关键词,收集了 D 市[②]范围内相关民事裁定书共计 766 份,[③]以此作为样本,力求从中提炼问题,分析原因,再进一步探究完善的出路。

一、"三步一回头"——司法实践中的迂回与彷徨

一个新制度从研究、立项、设计、试行至成熟运转,总是需要经过拉锯式的迂回发展,借用鲁迅先生在《故乡》一文中的描述,"这正如地上的路,其实地上本没有路,走的人多了,也便成了路"。

(一)步履维艰：案件数量裹足不前

2018 年我国各级法院收案共计 2800 万件,[④]但以"实现担保物权""民事裁定书"为关键词,以 2018 年 1 月至 12 月为期限,在中国裁判文书网上进行检索显示文书数量为 2665 份,所占总案件数量比例不到万分之一,可见实现担保物权程序在实践中的适用率极低。再行

---

[*] 莫然,东莞市第一人民法院民五庭副庭长。李春丹,时任东莞市第一人民法院民五庭法官助理。

[①] 李林启：《我国担保物权实现机制立法演进的分析》,载《湘江青年法学》2016 年 5 月,第 96 页。

[②] D 市为广东省珠三角范围内经济较发达城市,2018 年生产总值 8278 万亿元,制造业发达,以担保方式融资需求旺盛,故从 D 市范围采集样本有较高参考价值。D 市共有三家基层法院。

[③] 本文所搜集样本期间为 2016 年 1 月 1 日至 2018 年 12 月 31 日,来源于中国裁判文书网,网址：http://wenshu.court.gov.cn/,下载日期：2019 年 6 月 18 日。

[④] 2018 年《最高人民法院工作报告》,2019 年 3 月 12 日第十三届全国人民代表大会第二次会议。

分析搜集的样本,近三年来收案数量如图1:

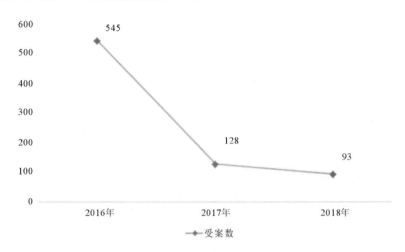

图1 2016—2018年D市申请实现担保物权案件数

从上图可见,案件数量自2016年呈现大幅下滑的形势。需要特别说明的是,即使2016年存在着D市Y人民法院大力推进申请实现担保物权案件办理的特殊背景,①且D市两级法院总收案数年增幅接近20%,但申请实现担保物权案件数量仍然发生塌方式下跌。2018年D市两级法院的总收案数超过20万起,②其中不乏大量涉及担保物权的诉讼和执行案件,而在2018年实现担保物权案件数仍少于总收案数的千分之一,可谓一道诡异的风景。

(二)一步一景:类型化差别成型

总体而言,从D市实现担保物权案件的审理情况来看,多数案件以准许申请结案,被驳回申请的案件较少(如图2)。实现担保物权案件单从案件处理结果来看,呈现出良性发展的趋势。

然而,将准许申请与被驳回申请的案件对比,可发现实际上大部分案件在诉请、事实主张等方面相似度极高,申请人提交的证据也往往均为合同、物权证书、借据、还款明细等,即便如此,却还是出现大量的"同案不同判"情形,已经引发申请人群体不满情绪。

不仅如此,在裁定项同为驳回申请的案件中,也出现法官审查标准不统一的情况。根据《民诉解释》第372条的规定,法院驳回申请前提为"当事人对实现担保物权有实质性争议",但是何为"实质性争议",法律及相关司法解释并没有明确规定,导致各界对"实质性争议"产生不同理解。从样本中的裁定书来看,法院对实质性争议主要有以下两大类:其一是当事人对实体性事项提出异议后,法院基于该异议认为案件事实不清从而认定具有"实质性争议",典型论述如:"本案借款是否真实发生、借款是否实际支付存疑,申请人提起本案申请所依据

① 2016年D市Y人民法院通过统一由民二庭集中管辖审理实现担保物权案件的方式,统一裁判尺度,有效推进了实现担保物权案件的审理。

② 王子玺:《2018年,全市法院共受理各类案件219187件法官人均结案413.1件》,网址:http://www.dgcourt.gov.cn/News/Show.asp? id=959,下载日期:2019年6月17日。

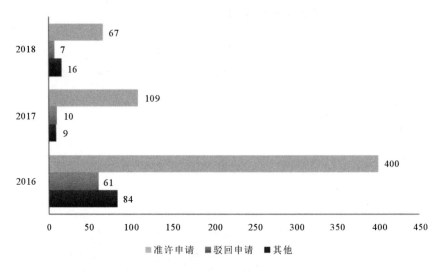

图 2　样本中审查结果处理结果情况统计

的事实不清,其主张不宜通过实现担保物权予以处理";其二是法院基于联系不到被申请人等原因,推定案件存在"实质性争议",典型论述如:"本案被申请人下落不明,本院无法向其送达申请人提交的申请书和证据,即被申请人无法知晓本案情况,申请人主张的债权数额及请求实现的担保物权价值较大,已涉及对被申请人重要权益的处分,因此本案不宜使用特别程序实现申请人的权利"。在被驳回申请的样本案件中,两种类型的"实质性争议"占比相似,如图 3 所示[①]。

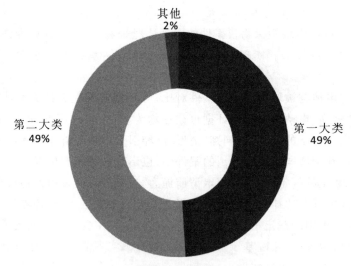

图 3　"实质性争议"处理结果比例图

---

① "其他"部分主要指的是因程序适用不合规,当事人主体不适格等作出的非实体性审查处理结果。

（三）亦步亦趋："镜像效应"的放大

法官对事实产生内心确信的认知过程中，不可能完全排除先行者的思维方式，特别是在网络信息交流效率极高的现代司法中，通过同僚间信息共享、网络平台大数据搜集以及审判机关内部专业讨论汇总，都能形成足以影响某一范围内裁判者判断的惯性思维。特别是案多人少，法官办案量趋近饱和的特定状态下，这种惯性会被进一步放大。从实现担保物权案件的审查结果上看，已经呈现明显的集体惯性。如图4：[①]

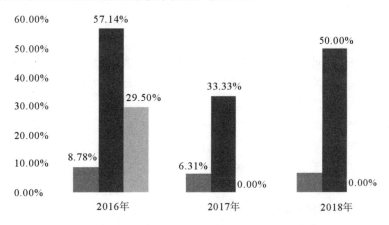

图4　D市三家法院的实现担保物权案件驳回率调查

由上图可见，R法院的驳回率的高居不下与Y法院形成鲜明对比。某一特定范围内的法官呈现态度鲜明的集体意志，代称其为裁判"镜像效应"——即法官为了避免重复劳动，借鉴身边小范围内判例进行"参考性"复制，最终导致无视个案情况，在某一特定审判领域内持续出现论述逻辑高度雷同的文书。平心而论，"镜像效应"的出现，在一定程度上可以避免因法官认识差异而导致同一法院出现"同案不同判"的情形，但从宏观角度考虑，在缺乏上级法院的统一指导的情况下，反而会将"同案不同判"的负面影响从个人层级上升到单位层级，从而形成更大范围的不良示范。

二、"冷门"之根源——实现担保物权特别程序的困局成因

实现担保物权程序，其本意是通过迅速行权以维护担保物权人利益。该程序作为非诉程序，与普通诉讼程序相比，有成本低、效率高的特点。[②] 如能全面推行适用，对当事人而言可提供便利高效的权利实现通道，对法院而言可减少烦琐的诉讼程序，可谓一举两得。但正如上文数据所反映，实现担保物权特别程序已经出现遭受冷藏的态势，对比立法者在《民诉解释》中所赋予14个条款的篇幅，可谓远未达到其期望的高度。

---

①　搜集到的D市S法院实现担保物权案件文书样本数量较少，2018年为2件，2017年为11件，且结果均为支持，所以该两年反映出的驳回率为0。

②　最高人民法院物权法研究小组编著：《〈中华人民共和国物权法〉条文理解与适用》，人民法院出版社2007年版，第583页。

（一）"力不从心"——人民法院的内在缺陷

1.经验不足：办案团队弱化

相比通过普通诉讼程序解决实现担保物权的方式，非诉程序因案件数量的稀少，导致在实践中所积累的经验极其有限。以 Y 法院为例，在 2012 年至 2014 年间所受理的申请实现担保物权案件数量屈指可数，[①]同时又因为审判经验和研究的缺乏，法官态度也整体趋于保守。[②] 案件的稀缺使得法官对于该类案件的审理缺乏经验，而经验的缺乏又反过来制约了法官对该类型案件的进一步研究和思考，恶性循环周而复始。

2.有心无力：上级统筹缺位

立法者为了快速推进实现担保物权案件审理而在审级上作了限制性规定，在《民诉法》第 196 条明确其承办法院仅限于基层人民法院，该程序设计初衷无可厚非，但这一做法亦导致上级法院对该类案件的关注度降至冰点。当基层法院的承办法官遇到问题或争议需要上级法院出面指导或协调时，上级法院因没有任何案件处理经验，基本上不愿也无法对实践问题提出令人信服的参考意见。久而久之，出现基层法院看不起"缺乏经验"的上级法院而怠于交流，上级法院苦于"无案可办"而懒得干涉的情况，间接造就了各个基层法院极具区域特色的办案风格。

3.明哲保身：法官心态失衡

西方有法谚："法官不能拒绝裁判。"虽然我国并没有确立不得拒绝裁判的原则，但这一原则已经在学术界与实务界得到普遍认同。而从经济学的角度上看，个人在需要采取某种具体行为时，会在法律允许的范围内，当然地考虑能增加收益，降低风险的选择，正如经济学家熊秉元在《正义的成本》一书中所述："追求正义并非没有成本的"，这一论述置于裁判者身上亦然，虽然法官不能拒绝办案，但当法官认为某一判断会增加职业风险时，本能即会考虑其他解决方式予以替代。通常而言，实现担保物权案件案涉标的价值往往较高，法官对担保物权关系是否成立、条件是否成就的判断错误，会产生严重的实体后果，且该类案件审理期限短，也会一定程度上加重法官的办案压力。而实现担保物权特别程序转化为诉讼程序目前并不受制于类似上诉率、发改率的审判指标监督，因此部分法官在规则允许下，采取回避正面裁判并尽可能将案件转为普通诉讼程序处理的谨慎态度也就不足为奇。

（二）"欲速则不达"——书面到实践的偏差

相对于 2012 年《民诉法》中关于申请实现担保物权程序的只言片语，2015 年《民诉解释》专门针对实现担保物权特别程序增加了 14 条规定，立法者的期望可谓跃然纸上，但条文数量的增多，并不当然意味着具有较强的可操作性，人民法院在实践中对这部分法律规定仍难以有效驾驭。

---

① 据不完全统计，该期间申请实现担保物权案件数量不足 10 件。

② 如"交通银行股份有限公司东莞分行与蓝利实现担保物权案"，该案最终裁定准许拍卖、变卖担保物，但裁定项中未明确担保物权人债权的可清偿范围——即仅仅确定了可采取的执行行为，而未明确具体可操作的后续分配措施，导致当事人最终仍需通过诉讼途径进行确权后方可以请求法院执行。参见 D 市 Y 人民法院"交通银行股份有限公司东莞分行与蓝利实现担保物权案"，见姚勇刚、周兢：《实现担保物权特别程序应以形式审查为原则》，载《人民司法·案例》2013 年第 14 期。

1.雾里看花:审查标准迷失

原则上,实现担保物权案件适用非诉法理,因此法院对当事人的申请只进行形式审查即可。但在实践中,法官往往会延续日常养成的诉讼案件审判习惯,对申请人权利是否成立、担保范围大小、条件成就与否等进行实质性的审查,从而出现对申请形式审查与对异议进行实质审查相交织的情况。① 样本中相当数量的文书在裁定理由部分典型表述为:"……申请人与被申请人签订××合同,约定申请人向被申请人借款××元,被申请人以其名下房产为案涉贷款提供抵押担保,且抵押物已办理了抵押登记,申请人就上述抵押物所享有的抵押权依法设立",并详细描述相关的还款情况,甚至有法官指出"案涉债务的履行情况是本案审查核心内容之一"。可见实践中大部分法官对于"实质性争议"并未形成统一的判断价值体系,仍沿用与一般诉讼案件相差无几的事实审查形式,且该审查范围还有扩大化的趋势。②

2.模棱两可:审查流程混乱

法院在审理实现担保物权案件时往往采取听证程序,听证程序类似于普通程序中的开庭审理,在实践中构建了类似普通诉讼程序的"等腰三角形"结构。③ 实现担保物权程序的实践情况与作为非诉程序已确立的不公开审判、不开庭审理原则等非诉法理存在明显冲突,而立法又未对具体流程予以明确,因此在实践中法官往往因理念差异而进行区别操作,最终陷入混乱。

以 D 市为例,D 市 Y 人民法院认为在联系不到被申请人时,并不影响案件的审理,④而 D 市 R 人民法院的部分法官则持截然相反的观点。可见,即使官方在部分专著中已经明确倾向性意见,认为"人民法院可不经公告送达,依法酌情作出裁定",⑤但实践中部分法官就此仍抱有抵触情绪而加以忽略。

(三)"无救济则无权利"——救济渠道的审视反思

1.釜底抽薪:审级利益的"剥夺"

在审级方面,实现担保物权特别程序基于对诉讼效率的考量采取一审终审制,如果在一个审级中能够充分保障当事人的诉讼权利,可以被认为是诉讼效率和程序公正相平衡的结果。然而实现担保物权特别程序与一般诉讼程序相比,在审判组织、审理期限、审查方式等方面均有所弱化,似乎难以使效率和公正达到平衡状态。实践中,部分实现担保物权类案件的标的额非常高,如按诉讼案件受理标准则已经远远超出基层法院的审理

---

① 母爱斌:《"解释论"语境下担保物权实现的非诉程序——兼评〈民事诉讼法〉第 196 条、第 197 条》,载《比较法研究》2015 年第 2 期。

② 有学者认为"民事权益争议""实质争议"仅针对涉及主合同、抵押合同以及针对诉讼时效等抗辩权的实体性异议,而并不包括不具备实质理由的异议以及涉及管辖权、诉讼中止等程序性异议(参见任重:《担保物权实现的程序标的:实践、识别与制度化》,载《法学研究》2016 年第 2 期)。但从一些实践中文书的表述来看,有法官认为管辖权的异议也属于"民事权益争议"和"实质性争议"。

③ 任重:《担保物权实现的程序标的:实践、识别与制度化》,载《法学研究》2016 年第 2 期。

④ 如 D 市 Y 法院发布的《关于审理申请实现担保物权案件流程指引》规定认为:"被申请人、第三人无法直接送达和邮寄送达的,不影响听证的进行。"浙江省高级人民法院《关于审理实现担保物权案件若干问题的解答》也持同一观点。

⑤ 最高人民法院修改后民事诉讼法贯彻实施工作领导小组编著,《最高人民法院民事诉讼法司法解释理解与适用》,人民法院出版社 2015 年版,第 961 页。

范围。虽然并不应根据审理法院的级别而贴上优劣的标签,但是在我国目前的司法状况下,不考虑诉讼标的额一律要求在基层人民法院审理且一裁终局的方式,实际上会对当事人的造成不利益。[①]

2.断桥抽板:救济手段的"割裂"

在实践中,法院一旦作出错误的事实认定,这种错误的事实认定可能会直接侵害后诉当事人的诉讼权利,并影响到担保财产真正所有权人的实体权益。实现担保物权案件适用非诉程序,必然导致当事人在有关实体权利义务的争点上缺乏充分的对抗手段,正因非诉程序在制度设计上缺乏足够的程序保障,有学者认为实现担保物权特别程序的审查结果缺少产生既判力的根据。[②] 但是在我国的司法实践中,实现担保物权特别程序的审理往往对申请人所提出的担保物权所依附的债权债务关系也进行确认,因此当裁定准许当事人实现担保物权,意味着担保物权法律关系已被生效裁决所认可,当事人不得就同一纠纷再次提起诉讼,其后果与发生既判力一致。退一步来讲,即使在实践中允许被申请人另行起诉,也极可能在日后诉讼中因最高人民法院《关于民事诉讼证据的若干规定》第9条规定了判决理由的预决效力而导致当事人依然难以推翻生效裁定所认定的事实。

相对于当事人可能受到的不利益,其可采取的救济手段却又极为受限。当事人及案外人受到生效法律文书的利益侵害时,在普通程序中可以通过启动审判监督程序或第三人撤销之诉获得救济,而实现担保物权非诉程序中的被申请人原则上仅能够根据《民诉解释》第374条第2款向原审法院提出异议,但目前关于这类异议的审查及处理等规定还是一片空白,如对该类异议案件审查的审判组织、审查期限、是否应适用听证等基本要素均无明确规定。除此之外,实现担保物权的审查期限短也是限制案外人救济手段的原因之一。实现担保物权从启动到执行期限相比诉讼到执行的传统模式更为迅速,当案外人知晓自己的权利被侵害时,有可能会出现标的物已执行完毕的情况,而此时可得到救济的可能性将大为降低。

三、重行"捷径"之道——实现担保物权程序的完善

实现担保物权特别程序的规定具体落实了我国相关法律一直追求高效、快速、低成本实现担保物权的目标,有机衔接了实体法和程序法的相关规定。[③] 为了使该程序更好地发挥其价值,应在现已出现弊病的基础上对症下药——无论是内调外敷的"良药"还是伤筋动骨的"手术"。

(一)"打铁还需自身硬"——人民法院的内部改进

1.与时俱进:业务配套升级换代

我国经济的高速发展,带来了现实生活的迅速变化,而这种变化也推动了我国法律制度的更新换代,直接反映为我国现行法律的修改频率剧增,包括最高人民法院司法解释及地方

---

① 任重:《担保物权实现的程序标的:实践、识别与制度化》,载《法学研究》2016年第2期。

② 李林启:《论实现担保物权非诉许可裁定的效力》,载《湘潭大学学报(哲学社会科学版)》2016年11月第40卷第6期。

③ 李林启:《我国实现担保物权特别程序及适用——兼评新〈民事诉讼法〉第196、197条之规定》,载《湘潭大学学报(哲学社会科学版)》2014年第4期。

法院指导意见的大量更新换代。基层法院作为适用实现担保物权非诉程序的唯一单位,更应与时俱进,加强学习,积累经验。且"数据库"的升级更应从宏观层面上进行全面升级,不仅仅表现在法官业务知识数据库的提升,还应同时关联到法官的绩效考核系统、效率监控系统,全面减少法官的不必要负担,寻求良好途径释放法官错案风险压力,减缓法官对于该类案件的消极态度。

2.上传下达:加强业务指导监督

为解决统一指导意见缺失的问题,上级法院应该主动负起对下级法院的监督责任,全面搜集法官、当事人、学者各个领域人士的不同意见,敢于纠正明显有失偏颇的裁判观点,及时指导基层法院对担保物权非诉程序的适用。纵观全国法院系统,仅有浙江、四川、重庆等为数不多的高级法院就实现担保物权案件制定过指导意见或进行疑难问题解答,并未形成具有全国统一公信力的操作指引,在前辈的研究成果基础上和现有法规允许条件下,对部分现有的习惯做法结合实践经验进行了内容上补强,拟定了《人民法院关于审理申请实现担保物权案件工作指引(建议稿)》,以期对相关案件的审理进行细化规范并起到良好的示范作用。

(二)效率之提升——异议审查形式化的推进

1.标准形式化:非诉型机制的确立

审查标准的模糊导致申请人对实现担保物权案件审查结果的期望值降低、案件适用量减少,为解决该问题,应对审查标准进行统一。实现担保物权特别程序作为非诉程序,与诉讼程序有很大差别,"诉"是指控告、指控;"讼"是指争辩、辩驳,依文义解释,"非诉"即没有民事权益争议,是有"控"无"辩"。[①] 法院对于实现担保物权案件的审查目的,是在形式上确认权利存在,并制作实现担保物权的执行依据,因此法院只需对申请进行形式审查。以抵押权为例,形式审查可使抵押权人以简易方式取得执行名义,迅速实现抵押债权,合乎将实现担保物权特别程序规定为非诉程序的立法旨趣。结合我国《民诉解释》第 372 条和《物权法》第 195 条第 2 款的规定,其实已经可以推导出法官在实现担保物权特别程序中的审查应仅限于形式审查,另外从实现担保物权特别程序仅有 30 天的审理期限以及《民诉解释》第 374 条亦可体现出这点。

2.实操形式化:书面处置的再强调

审查标准形式化的同时,亦要强调实践形式化的重要性。正如学者所指,法院适用非诉程序对案件的审查更为注重的应是"形式上是否正确",[②]人民法院在适用非诉程序时,法官只需根据形式上的法定基准,依据当事人提供的证据对其申请予以审查,而无需双方当事人展开言辞辩论。一般而言,实现担保物权案件的审查可根据具体情况,对较为简单的案件进行书面审查;对案情较为复杂的,可询问当事人及相关关系人等;对于案件复杂的,法院也可主动依职权调查相关事实。[③]

实践中,在实现担保物权案件中当事人提出异议的案件并不多。通过对样本进行分析,被申请人提出异议主要分为四类:其一,对担保物权的成立与否或担保范围等问题的实质性

① 刘海渤:《民事非诉审判程序初探》,载《中国法学》2004 年第 3 期。

② 李木贵:《民事诉讼法(上)》,元照出版公司 2006 年版,第 1~58 页。

③ 李林启、李焱:《实现担保物权案件中被申请人异议及其处理探析——以河南省相关司法裁判案例为样本》,载《河南财经政法大学学报》2019 年第 1 期(总第 171 期)。

异议，一般具体陈述表现为"对违约金的计算方法不予确认，部分债权尚未到期"，"目前借款有偿还本金利息，应还本息数额不确定"；其二，对程序性事项的异议，典型陈述如："认为本案应该由 D 市 Y 人民法院管辖"；其三，对律师费等担保物权的实现费用有异议，典型陈述如："律师费不应当由被申请人支付，且律师费过高"；其四，对担保物权的实现方式有异议，具体表述如："案涉的两套房屋是被申请人唯一居住使用住房，不宜进行拍卖"，"希望可以与申请人协商，先还本金后还利息，不要拍卖房子"。上述四类异议在整体案件中所占的比例如图 5 所示：

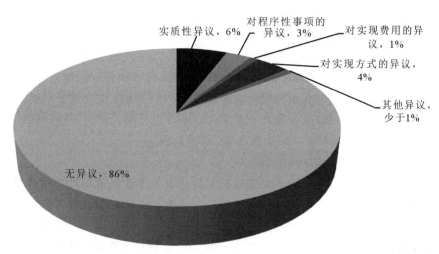

图 5 异议的类型统计

从被申请人提起的四类异议所占比可得知，在实现担保物权案件中能明确形成有效异议的案件可谓少之又少，且被申请人异议一般都采取在听证过程中以口头提出的方式，极少能提交产生对抗效力的证据。故在大部分案件法律关系明确，证据明确的情况下，采取形式审查无可厚非，若要求法院实质审查，反而有不利于诉讼效率、浪费司法资源之嫌。

（三）审慎拓展：救济渠道的有限尝试

1.横向扩容：程序细节的充实

实现担保物权案件因后续异议程序规定的模糊，导致在实践中难以适用救济程序，故应对后续异议程序填充更多的"骨骼"加以支撑，在后续异议程序中就审判组织、审理期限、审查程序进一步明确具体流程，真正使救济流程落到实处，以便当事人及法院有效适用。如考虑对《民诉解释》第 374 条第 2 款的规定进一步细化，明确规定关于实现担保物权裁定的异议应另行组成合议庭审查，并应于 30 日之内审查完毕等等。

2.纵向延伸：救济途径的桥接

上文已经提及，实现担保物权非诉程序在制度设计上缺乏足够的程序保障，审查范围扩大后，裁定结果实际上与产生既判力的后果相同，均导致无法对同一纠纷再次起诉。因此，应在原有救济途径的基础上，尝试延伸架构新的救济手段，以形成立体的救济模式保障当事人的合法权益。从我国对上诉审的改革而言，上诉审审理从传统的覆审制改革为续审制，其审理已不再是"从头再来"，从上文样本分析结果看，多数当事人不到庭或在听证过程中承认并同意申请人的申请，因此即使引入上诉机制，上诉率也不会比按照普通诉讼方式审理同类担保物权纠纷案件更高,且基于现在上诉审审理方式不断简化的改革方向,终审法院审理办案压力也不会显著增加。因此建议,在现行法律制度下,可以考虑参照劳动争议仲裁前置程序的体系,将实现担保案件划分为前置审查程序和后续诉讼程序,或借鉴执行程序中不予执行仲裁裁决的审查方式,引入二次审核制度拓展当事人的维权途径。

四、结语

实现担保物权案件特别程序,与诉讼程序坚持的当事人主义、言词主义、辩论主义不同,职权主义相当浓厚,兼具审理时限短、排斥管辖权异议等特点,以保证其能简便、高效、低成本实现担保物权。然而,民事诉讼法对这一新制度的细节略显粗犷,使得人民法院在适用上缺乏动力,在实操上又缺乏依据,从而导致这一本应便利的"捷径"制度门庭冷落。为了避免这一制度沦为镜花水月,应该吸收各界广泛意见保证关注的力度,由下至上持续实践提供判例予以支撑,将市场调节和司法引导完美结合以确保其能畅行运转,最终让它落地生根,茁壮成长。本文立足于当前司法现状,在普遍缺乏关注的实现担保物权案件领域内,尽可能地揭露其沉寂原因并试探性提出改善手段,力求将掩盖在浩瀚案件大潮中的这一颗明珠捞起并加以擦拭,使其在庞大的诉讼法家族中找到自己的位置继续闪耀。

有限责任公司股东资格确认困境

——基于 D 市法院 24 件案件样本的实证分析

贺文洁[*]

一、问题的提出

股东资格是一个与实践紧密关联的主题,是决定其他的公司类纠纷审理的基础。股东并不等同于必然具备股东资格,两个概念通过公司的股份形成紧密的关系。[①] 股东资格关系到股东身份,是行使股东权利承担股东义务的根本[②],即股东是权利义务主体,可以明确公司财产的归属、股东权利的大小以及股权的明确行使,而股东资格是具体的权利主体作为公司股东的法律地位。[③] 股东资格不涉及具体权利和义务的形式,对股东资格的判定过程是从应然到实然的过程,在没有取得股东资格时,绝对不是公司股东。《最高人民法院关于适用〈中华人民共和国公司法〉若干问题的规定(三)》[下称公司法解释(三)]于 2011 年 2 月 16 日施行,其中第 22 条对实际出资人和名义股东进行了专门的规定,保障实际出资人与名义股东之间的自由约定,根据缔约自由精神,在无其他违反法律情形时,实际出资人与名义股东之间的代持股约定有效。在该规定出台之前,是《中华人民共和国公司法》(下称《公司法》)第 33 条第 2 款、第 3 款对股东资格问题进行规定。关于股东资格确认的标准,实务和理论界一直都有研究及争议。如何根据法律明确肯定的判断股东资格,2018 年 10 月 26 日《公司法》再次修正后,立法方面仍未对股东资格确认的标准进行明晰。虽然现行《公司法》及其司法解释已经对公司股东资格确认问题给出了规定,但关于股东资格确认规定并不完善,对股东资格确认规则没有进行系统设计,没有具体的程序和规则。那在确认股东资格时,各种证据的效力等级和使用方式没有明确的结论,根据何种模式来确认这些证据?这些证据自身的证明力等级如何?立法都是模糊的。而商事活动的现实是大部分的小公司运作模式不规范,致使在司法实务中对股东资格确认时,对现行法律规定存在不同的认识和理

---

* 贺文洁,东莞市第一人民法院民二庭法官。

① 赵旭东主编:《公司法》,中国政法大学出版社 2007 年版。

② 王文宇:《公司法论》,中国政法大学出版社 2004 年版,第 522 页,其认为:"有限责任公司股东是以取得股东资格为前提,进而才对公司产生权利义务关系。"

③ 曾宪文、刘金林:《工商登记:影响股东资格还是股东权利》,载《检察日报》2007 年 5 月 17 日。

解,法律适用不统一,立法和司法实务出现脱节。

在理论研究方面,股东资格确认涉及的理论领域虽广,但学术研究没有统一的成熟理论。《公司法》规范的是有限责任公司和股份有限公司,但目前国内的理论研究主要集中在有限责任公司。① 股份有限公司的股份因为由专门的机构进行登记管理,股东资格很难出现争议。而有限责任公司的人合性、资合性在现有法律规范下更易出现股东资格确认的问题。现有研究的股东资格标准的思考,有对总的有限责任公司股东资格标准的思考,如胡晓静 2012 年发表在《国家检察官学院学报》上的《有限责任公司股东资格确认标准的思考》;也有细化出来,具体对股东资格确认涉及的几种情况进行具体分析:股权转让、隐名股东等股东资格确认的标准。总的来看,有影响力的学术期刊和作者较少,此选题不是商法、公司法理论研究的热点,但是却与司法实务关系密切,实务亟待理论在标准确认方面的支持。从研究现状可知研究集中在有限责任公司的股东资格确认标准方面,如何认定股东资格,有学者主张是对证据效力的判定②,同时有学者认为实务认定涉及合同法领域的问题。③《公司法》及《公司法解释三》规定的认定标准是实际出资、工商登记、股东名册、出资证明书、公司章程、实际行使股东权利,这些标准既包含了形式主义,也包含了实质主义。形式主义严格依据商法外观主义作为认定股东资格的标准,英美法系侧重这个方面,将股东资格的确认与登记和股东名册直接关联,股东资格由股东名册确定。大陆法系按照法律规定也设立股东名册和工商登记,但在登记和实际出资、行使股东权利发生矛盾的时候,如何判断股东资格?侧重实质主义,即重视股东的实际出资。但其实大陆法系不同国家的法律规定,对出资也是持不同的态度,德国立法是在规定的合理期限内未履行完毕出资,股东在失去股东资格的同时会被没收已缴纳出资,也就是完全出资的行为是取得股东资格的必要条件④;日本立法是股东名册具有确定的效力,补足出资即可继续拥有股东资格⑤;我国目前的立法是认缴出资制,在公司章程载明期限内缴足认缴出资,公司设立的标准已经降低,在股东资格确认问题上,在已登记为公司股东的情况下,是否实际出资对股东资格的确认影响不大。而对未经过工商登记的股东来说,是否实际出资才是司法实务考虑的重点。具体的判定标准,学界仍没有定论,应该采纳英美法系的严格形式主义,还是按照大陆法系国家对实质主义的侧重,或是将两种学说综合考虑。

我国股东资格确认的困境就是:立法现状关于股东资格确认模式方面的规定立法是模糊的,各种证据的效力等级和使用方式都没有明确的结论,在司法实务中难以统一适用。股东资格确认是与公司经营现实密切相关的难题,而理论研究的重点也不在实际解决如何其确认标准。出现理论研究、立法、司法实务的脱节。本文选取 2013—2018 年 5 年间 D 市法院审理的股东资格确认纠纷,通过这些案件的司法裁判,实证分析司法实践与立法的脱节,以及理论研究对该确认标准的不足与忽视。试图通过探讨实务现状来分析我国立法对股东

---

① 胡晓静:《有限责任公司股东资格确认标准的思考》,载《国家检察官学院学报》2012 年 6 月。

② 刘俊海:《现代公司法》,法律出版社 2008 年版,第 231～234 页;虞政平:《股东资格的法律确认》,《法律适用》2003 年第 8 期。

③ 范健:《论股东资格认定的判断标准》,《南京大学法律评论》,2006 年秋季号;罗培新:《公司法的合同解释》,北京大学出版社 2005 年版。

④ [德]格茨·怀克、克里斯蒂娜·温德比西勒:《德国公司法》,殷盛译,法律出版社 2010 年版。

⑤ 吴建斌:《最新日本公司法》,中国人民大学出版社 2004 年版,第 90 页。

资格确认判定标准调整的可能,减少股东资格确认在理论、立法与司法实践的脱节现实。

二、股东资格认定的司法实践

(一)样本判例基本概况

选取 2013—2018 年某市基层法院审结 24 件案件作为分析样本,样本的选择看重其全面性和典型性。该市作为国际制造业名城,其股东确认纠纷案件具有极强的代表性和研究意义,这里经济发展自由迅猛,公司治理的自主性较强,股东具备一定的法律意识,公司模式相对遵从法律的设定。本文研究的样本是基层法院实际审理的案件,在《公司法》调整范围内。《公司法》关于股东资格确认标准的具体规定有第 31 条、第 32 条、第 129 条、第 130 条,这些是通常情况下关于股东身份、股东资格的显性规定,从上述规定来看,股东具备股东资格都是在股东名册上能够显示的,特别是有限责任公司的股东还必须经过登记机关的登记。但实务中因为公司治理有更多的自主性,更加强调股东之间的意思自治,还有很多符合股东资格的问题,并没有这么明确地符合这些规定,需要进一步确认标准,因此,公司法解释(三)做出了补充的规定。这些法条明确股东资格的认定依据归纳为:实际出资、工商登记、股东名册、出资证明书、公司章程、实际行使股东权利,包括形式要件和实质要件。

24 件审结案件在公司法解释(三)施行后呈递增趋势,在 2015 年达到顶峰后锐减。

在案件主体方面,涉及确认具有金融机构股东资格的案件为 1 件;涉及确认国有企业改制后股东资格的案件为 1 件;涉及确认具有股份有限公司股东资格的案件为 1 件;其他案件的当事人均为一般的有限责任公司。从该分类可以看出和理论研究的结论一致,有限责任公司更易发生股东资格确认的纠纷。

就案件结案方式来说,24 件案件的结案方式分布如下:通过判决结案的为 16 件,占比66.7%;调解结案的为 1 件,占比 4.1%;裁定撤诉结案的为 4 件,占比 16.7%;未缴费裁定按撤诉处理的为 1 件,占比 4.1%;裁定驳回起诉的为 2 件,占比 8.4%。此类纠纷特点是当事人之间矛盾较大,超过六成通过判决结案。因为裁判标准不明确,当事人对纠纷解决无法有明确的预期和理解,大多走到最终法院裁决阶段。

在案件实体内容方面,24 件案件中实际出资人请求确认具有股东资格的为 20 件,占比83.4%;名义股东请求确认不具备股东资格为 3 件,占比 12.5%;另有 1 件定为股东资格确认纠纷,但实体审理内容为诉请返还投资款。

在案件类型方面,在本文的 24 份分析样本中,涉及瑕疵出资股东资格的确认有 3 件、有限责任公司股权转让中股东资格的确认有 1 件、股权继承股东资格的确认有 3 件、隐名出资情形下的股东资格确认有 5 件、请求确认股东资格消灭的有 3 件。因此,本文关于股东资格确认实务中存在问题的具体分析围绕上述存在的类型具体展开。

(二)股东资格确认实务判定现状

本文关于股东资格确认标准的讨论,都是基于我国现行公司法律实施中的实务操作。根据前文判例基本概况和分类的介绍,本文关于股东资格确认分析所涉的实务现状从如下五个方面展开:

1.瑕疵出资股东资格确认的司法实务

样本涉及判例是公司有效设立但存在瑕疵出资的股东资格确认纠纷。在法律规定和法学理论上,还存在因出资瑕疵致使公司设立无效的情况,这导致撤销公司登记或被吊销营业执照,公司法人资格都不存在的情况下,出资人自然不具备股东资格。此处基于样本讨论公司有效设立而存在瑕疵出资的股东资格的确认。在公司有效设立的情形下,实际出资人并不会因瑕疵出资丧失股东资格,而是按照法律规定需要承担相关的责任,如存在未全面出资、出资不足、抽逃出资的情况下,股东需要按照《公司法》第 28 条、第 31 条、第 199 条的规定承担相关的民事责任和行政责任。若涉及的瑕疵出资主要问题是未全面出资,按照《公司法》第 28 条规定出资是股东的基本义务。在 2014 年《公司法》关于公司的注册资本已经将实缴登记制改变为认缴登记制。法律规制并未具体明确瑕疵出资时股东资格确认的具体标准,需要结合其个人的真实意思表示来进行判断。因此关于股东资格的确认,更加看重其个人意思表示,如果其个人明确表示入股公司,即认缴出资,未在公司设立时全面出资已经不再是否定其股东资格的条件。因此,不能简单因为出资瑕疵而直接否定股东资格。当然,按照工商登记和公司章程在具备股东资格的同时,需要按照《公司法》和公司法解释(三)的规定承担相应的责任。

2.股权转让股东资格确认的司法实务

股权转让分为股东之间的股权转让和股东与第三人之间的股权转让。相对瑕疵出资人成为股东的个体意思表示,在股权转让的过程中确认是否具备股东资格,还需要其他股东等接受投资的团体意思表示。虽然向公司投资是个体行为,但公司大部分具有两个以上的股东,且公司的治理模式更加地强调股东之间和公司内部的意思自治,具有人合性。是否同意其通过股权转让的方式成为公司股东,按照法律的规定,需要其他股东的同意。在股权转让中如何判定何时具备股东资格?目前有三种主流的观点,以工商登记为准;以股东名册为准;以通知为准。[1] 在并未进行工商变更登记也没有登记在股东名册,但已经通知其他股东股权转让,询问是否行使优先购买权时是否享有股东资格?《公司法》第 73 条规定"依照本法第七十一条、第七十二条转让股权后,公司应当注销原股东的出资证明书,向新股东签发出资证明书,并相应修改公司章程和股东名册中有关股东及其出资额的记载。对公司章程的该项修改不需再由股东会表决。"这条并不是强制性的规定,只是列明公司在股权受让人取得股东资格后的义务。但其实在实务中股权转让合同是由《合同法》调整,而股权转让的生效,也就是股东资格的确认由《公司法》调整。与物权的变动相似,需要经过工商变更登记和股东名册变更登记才能对抗公司外的其他人。《物权法》第 15 条规定:"当事人之间订立有关设立、变更、转让和消灭不动产物权的合同,除法律另有规定或者合同另有约定外,自合同成立时生效;未办理物权登记的,不影响合同效力。"该条在实践中类推适用于整个物权变动领域。在这条规范下,法官在实务中保护公共利益的同时,更多地考虑对合同效力的维护。在股东资格的确认方面,可以考虑借鉴《物权法》的这种分离原则,将合同约定的效力和股权实际变更分离考虑。股东资格不会因为股权转让合同的生效而自动取得,合同生效不会导致股权变更和取得股东资格的法律后果。即股权转让中股东资格的取得也是参照区分原则来处理的,在没有通知公司或其他股东的情况下,签订的股权转让协议,协议的有效并不会必然导致受让人取得股东资格。在股权转让合同生效后,受让人根据有效的合同可以享受转让方作为股东的财产权益,按照法律规定已通知其他股东行使优先购买权且其他股东放弃行使时,受让人在公司内部确定其可以具备股东资格,但是其股东专有的权利、股东

① 江平主编:《新编公司法教程》,法律出版社 2003 年第 2 版。

资格必须以登记生效,对外具有公示效力来认定,也就是强调商法外观主义。

3.股权继承股东资格确认的司法实务

在实务中,自然人死亡后的个人合法财产可以由继承人继承。而公司的股东资格,并不是单纯的财产,实际出资属于合法财产,股权收益也是合法财产。但是股东资格涉及公司的经营管理,需要个人意愿和其他股东意愿两个方面的认可。在实务中,按照《公司法》第75条的规定,在公司章程没有另外规定的情况下,肯定合法继承人可以继承股东资格。但该规定也是尊重公司自治的前提下作出的,实践中若公司章程否定股东资格的继承,该规定就不能适用。享有合法继承权的继承人取得股东资格,还是需要按照公司章程的规定,或者得到其他股东的同意,否则只能享有股份所带来的收益。

4.对隐名出资股东资格确认的司法实务

这是公司法解释(三)明确规定的一种股东资格确认的情形,也是实务中最常见的案件类型。隐名股东是与登记股东相对应的一个概念,在具体法条中的表述为"实际出资人",即未登记在工商资料、股东名册的实际出资人。关于被定性为隐名股东的实际出资人和代为持股的名义股东之间的关系认定及股东资格确认问题,应区分为公司内部的法律关系和公司对外的法律关系。若双方就股东资格产生争议,争议涉及第三人的情况下,应考虑第三人的权益,名义股东作为工商登记对外公示的股东,应具备股东资格,对外须承担法律责任。按照公司法解释(三)规定,只要不存在《合同法》第52条的合同无效情形,法院均应认定双方的代持股协议有效,隐名股东可以根据双方的约定具备股东资格。实务审理中,按照公司法解释(三)的规定,隐名股东实际出资并按双方约定享有股东权益是确定其具备股东资格的法律地位的基础。如果只是为股东设立公司提供垫资或借资的,不享有股东资格,也不是隐名股东。双方要有关于享有投资权益或代为持股的约定。这也是将商法外观主义和民法真实意思表示相结合进行认定,在法律不完善的情况下,并不是单一标准进行判定。

5.股东资格消灭的司法实务

股东资格的消灭,是法律直接规定消灭的情形,不由当事人的行为来确定。按照法律的规定,主要有公司解散、股东死亡或公司被强制解散、股权被强制执行、工商登记变更等。股东资格的消灭代表其与公司或其他股东之间的法律关系的解除,不再享有股东权益。同时,在实务中当事人迫切想确认自己股东资格消灭的重要原因是,确认股东资格消灭后希望不再对公司承担股东义务,对公司债务也不再承担任何责任。经过请求确认股东资格消灭案件的样本分析,这类案件均存在逃避公司债务的可能。实际出资人作为原告请求确认工商登记股东的股东资格消灭,工商登记的股东作为被告、公司作为第三人均确认原告具备股东资格,同意其请求。公司类纠纷属于商事纠纷的一种,当事人作为商事行为主体,其对自己商业行为带来风险的判断应该高于一般的完全民事行为能力人,其应清楚知道自己被登记为股东可能存在的风险及责任。在经过工商登记和股东名册、公司章程确定的情形下,即便其真实的身份为记名股东,只是代为持股,但是对公司外的善意第三人均应承担作为股东的义务,承担相应的法律责任。工商登记具有法定的对外公示的效力,各隐名股东、记名股东之间的公司内部约定、内部治理问题不能产生对外的效力。因此,在没有其他法定股东资格消灭的情形下,实务中不会支持工商登记显示的股东请求确认股东资格消灭。

公司内部股东和实际出资人之间认可代持股关系,这只属于公司内部经营管理的问题,是股东之间的内部关系,任何时候进行的股权变更登记对外都不影响原工商登记记载的股东在其作为工商登记股东期间应承担的义务。实务中对确认股东资格消灭的案件,特别是试图通过确认股东资格消灭逃避公司债务的请求,都是不予支持的。股东资格消灭,是法律直接规定的消灭,并不是由当事人的行为决定的。在立法这方面标准缺失的情况下,坚持的一个基本的审查原则是,对内和对外的两分法,商法外观主义和民法真实意思表示相结合,对内的内部治理,代持股协议只要不违反法律强制性规定,都是有效的;对外的公示效力,股东资格还是以法律明确规定的工商登记、公司章程、股东名册等来确定。记名股东,在与实际出资人签订代持股协议时,虽然不是公司的实际股东,但就应清楚地知悉自己作为记名股东应承担的义务,并须要为自己作为对外公示的股东承担相应的法律责任,这些责任是双方关于公司治理内部的约定所不能免除的。

三、我国股东资格确认的立法模式选择

(一)股东资格确认的立法现状

《公司法》具体与股东资格相关的规定是第 2 章第 1 节对有限责任公司发起设立的规定,如第 25 条、第 32 条规定公司章程、出资证明;第 3 章股权转让与继承的内容,第 72 条规定股权转让,第 73 条强制执行时的优先购买权和第 76 条股权继承问题,但这些法律条文并不能直接得出股权变动的完整条件,这些规定忽视了股权变动何时生效这个时间点的确定,没有办法根据这些规定直接确定股东资格,不能提供直接的判断标准。国外立法均提出股东名册的绝对效力,但《公司法》第 33 条规定"记载于股东名册的股东,可以依股东名册主张行使股东权利",但是这个记载于股东名册的股东的背后意思就是必然还有未记载于股东名册的股东,这种表述使得股东名册的记载不能作为直接且唯一的判定股东资格的标准。同时根据第 33 条"公司应当将股东的姓名或者名称向公司登记机关登记;登记事项发生变更的,应当办理变更登记。未经登记或者变更登记的,不得对抗第三人"的规定,是不是将工商登记作为股东资格认定的标准,还是只是对抗第三人的情况下,才是登记的标准,其他情况下还是按照实质审查,并未明确下来。

通过上面这些具体类型的股东资格确认实务分析,可知现行公司法律这方面规定有极大的缺失,与司法实务存在脱节。对股东资格确认规则没有进行系统设计,没有具体的程序和规则标准,致使实务中标准存在分歧,具体案件的法律适用难以统一。在学术研究有"实质说""形式说"或者两种学说结合的情况下,与股东资格确认相关的立法并没有从法律规则层面固定任何一种学说,更不具备任何具体的操作规则,在实务中,根本无法根据具体的法律规定客观明了地对股东资格进行判定,只能在具体的案件审理中,结合目前研究所持的"实质说""形式说"单独进行判定,最直观的结果就是,裁判尺度并不统一。因为法官对这几种学说的认识和证据效力层次的具体采纳都是不同的。我国公司法律的立法现状就是完全没有关于股东资格确认模式方面的规定,因此各种证据的效力等级和使用方式都没有明确的结论,根据何种模式认定这些证据,这些证据自身的证明力等级如何,立法都是模糊的。法律条文不仅有关于"形式说"必须具备的工商登记、股东名册、出资证明书、公司章程等规定,同时也有"实质说"必须具备的缴纳出资、实际行使股东权利的规定,但是具体适用哪一种学说模式,或者这两种同时存在的时候如何在具体案件中确定优先等级,都没有规定。不能简单根据条文有形式上的要素就认为公司法有股东资格形式认定的倾向,这种对证据规则和判定规则的模糊规定不能提供直接的判断标准。究竟如何才能解决这种理论研究、立

法和实务的脱节,国外对此已经有较为固定的立法模式。

(二)股东资格确认域外立法模式

我国《公司法》立法一直有较多地借鉴域外的先进立法模式,包括公司的结构设置等基本问题。通过前文可知英美法系国家和大陆法系国家关于股东资格的认定标准都有具体明确的法律依据,实务认定并不模糊。美国公司法中股东资格的确认依据为公司登记簿①,英国公司法中股东资格的确认依据为公司股东名册②;大陆法系方面,德国公司法规定股东资格确认以股东名册记载为准,若实际出资人有证据证明股东名册记载错误的,可以确认其股东资格。③ 具体到不同类型的股东资格确认,域外立法模式具体体现为:

1.域外立法模式的相关规定

关于瑕疵出资股东资格确认的规定,股东资格确认具体到瑕疵出资,各国的立法没有就瑕疵出资是否影响股东资格的取得有明确的规定。但是通过上文分析可知,大陆法系国家,实际出资和股东资格的关系是确定的。英美法系国家已经取消最低注册资本的规定,出资有瑕疵并不会导致股东不具备股东资格。大陆法系国家,出资是股东必须履行的义务,德国和日本都明确规定了最低的出资额,但未达到最低的出资额,不会被否定股东资格,而是需要承担赔偿责任。④ 因此,域外立法关于瑕疵出资方面,都没有将此作为否定股东资格的条件。在我国法律这方面的规定,也是瑕疵出资需要承担赔偿责任,只要登记在股东名册,并不会导致自己股东资格的丧失。

关于股权转让何时可以取得股东资格,有几种主流模式,第一是登记对抗主义,股权转让后,必须经过股东名册的登记才能取得股东资格,如果股东名册没有变更,公司不认可股东资格的取得;第二是登记生效主义,在股东名册上完成登记,股权转让才发生效力,《意大利民法典》第 2470 条规定股权转让的受让人完成股东名册的登记,股东转让才发生法律效力,受让的股东才可进一步享有股东资格⑤;第三是申报转移主义,德国提出股权从受让人向公司提出转让登记的时候转让即生效,但德国目前采用的是登记生效主义⑥。我国公司法没有明确规定变更登记是股东资格变更的生效要件还是对抗要件。实务中还是将股权转让合同的纠纷归合同法约束,双方签名确认又不违反公司法关于股权转让的规定时就生效,但这是转让合同本身的生效,实质股东资格的取得与物权的变动模式相似,虽然法律没有明确规定,但是可以参考《物权法》中分离原则。

关于股权继承股东资格确认的相关规定,《英国 2006 年公司法》明确规定,继承人只在重新登记后才享有股东资格。⑦ 美国公司法认为可继承的是股权收益,而不是股东资格本身。⑧ 大陆法系方面,大都认可股东资格的继承。我国的规定是认可股东资格的继承,但前

---

① 沈四宝:《最新美国标准公司法》,法律出版社 2006 年版,第 19 页。
② 葛伟军译:《英国 2006 年公司法(2012 年修订译本)》,法律出版社 2012 年版。
③ [德]格茨·怀克、克里斯蒂娜·温德比西勒:《德国公司法》,殷盛译,法律出版社 2010 年版,第 341 页。
④ 崔延花译:《日本公司法典》,中国政法大学出版社 2006 年版,第 281 页。
⑤ 费安玲译:《意大利民法典》,中国政法大学出版社 2004 年版。
⑥ [德]格茨·怀克、克里斯蒂娜·温德比西勒:《德国公司法》,殷盛译,法律出版社 2010 年版。
⑦ 葛伟军译:《英国 2006 年公司法(2012 年修订译本)》,法律出版社 2012 年版。
⑧ 沈四宝:《最新美国标准公司法》,法律出版社 2006 年版,第 19 页。

提条件是其他股东的同意，而对是否需要重新登记才享有没有规定。

关于隐名股东资格确认的相关规定，隐名股东就是涉及实际出资和股东资格的关系问题。大陆法系一直坚持"实质说"，对实际出资行为进行审查，在双方有明确约定的代持股时，确认隐名股东具备股东资格。英美法系坚持"形式说"，即将股东名册等记载作为确定股东资格的标准。隐名投资的人员与股东签订的协议不会使其具备股东资格，两者间的纠纷按其签订的协议处理，不涉及公司和其他股东，即只要没有登记就不认可其股东资格。

2.立法模式体现的公司法价值理念

通过对域外立法模式的分析，可以看到鉴于经济发展、政策、立法宗旨以及对立法技术运用的差异，因此各国立法对股东资格确认的具体规定是不同的。传统公司追求的是股东利益的最大化，在这种理念的支撑下，实际出资和实际行使股东权利对股东资格的取得非常重要，出资多少决定着股东权利的大小，而形式上的条件，如股东名册、出资证明书、公司章程、工商登记等的记载可能给公司债权人带来的损失在公司的角度来说，是可以忽视的。因此，通过前文域外立法模式的具体规定可以看到，在这种传统公司价值理念引导下，大陆法系在最初的规定中，是将实际出资占到很大的考虑重点，在这种立法模式下，民法的意思主义是主导。而现代公司的理念认为公司并不是简单聚集资本的手段，将公司的定位回归到其本身，只是一种组织、一个重要的商事主体。其公司对内治理、对外商事行为都会影响到商事活动中的一系列主体，因此，在现代公司价值理念引导下，英美法系更改了过去对股东资格认定的标准，保护第三人利益也成为立法的重点，强调股东名册、工商登记等形式对股东资格认定的重要性，商法外观主义模式是主导。

因为我国对于股东资格认定没有可行的具体法律条文进行定性，实务只能从其他相关的法律法规中进行推导适用。在经济高速发展与国际接轨的情况下，不妨继续借鉴国外的现代公司法理念，让公司回归到组织的本质，选择合适的模式，将股东资格的认定标准确定下来，这是公司的治理和解决其他公司纠纷的基础。

（三）股东资格确认的立法模式选择

2014年开始《公司法》实行完全认缴资本制，简化了商事登记的内容及程序，公司设立的门槛进一步降低，在保障经济活力的同时也给司法审判提出了更高的要求。这也表示我国立法对公司的态度开始向现代公司理念转变，让公司回归到其作为一种商事组织的本性。股东资格的确认问题，是公司治理和公司纠纷中最基本的问题。虽然现行公司法律已经对公司股东资格确认问题给出了较多的规定，但在股东资格取得的程序和要件方面，却一直没有明确，学术和实务中对已有条文都存在多种可能的理解和适用。商事活动的现实就是大部分的小公司运作模式并不规范，其内部管理难以与公司法律规定保持一致，公司法强调意思自治，不同公司个体有自己的特色，如果关于股东资格确认的规定只是表面实体条件方面的，缺少能够普遍适用的程序和要件，就会导致在司法实务中对股东资格确认时，对现行法律规定存在不同的认识和理解，司法适用的统一有一定的困难。在股东资格确认的立法方面，还有怎样的完善和突破可能？是否继续借鉴域外立法模式？重点应该是解决立法与司法实务的脱节，从司法实务中存在的裁判标准难以统一这一问题入手，旨在解决股东资格确认的标准适用统一，以实务推动立法，消弭两者的脱节。

从司法实务来看，股权具备物的属性，股权直接来源于出资，但是必须要具备股东资格才能实际对公司行使权力。股权虽然不是法律明确规定的物，但是在考虑立法模式选择的时候不妨将其比照物的属性适用《物权法》分离原则的思路去判定股东资格。《物权法》第15条规定:"当事人之间订立有关设立、变更、转让和消灭不动产物权的合同,除法律另有规定或者合同另有约定外,自合同成立时生效;未办理物权登记的,不影响合同效力。"该条在实践中已类推适用于整个物权变动领域。这条规定在适用时提供一种在保护公共利益的同时,更多地维护合同的效力的可能。在股东资格的确认方面,可以考虑借鉴《物权法》的这种分离原则,将合同约定的效力和股东资格的确认分开考虑。股东资格的取得不会因为股权转让合同的生效而自动获得,合同效力不会必然产生股权变更和取得股东资格的法律后果。目前这种做法在实务中已经有在立法,但公司法律中还没有这方面规定,使司法实务和法律有不同的地方。可以考虑立法时借鉴《物权法》的分离原则,将双方对股权持有协议的效力和股东资格的取得分离开来,能够兼顾到股权善意取得的问题和对公司外其他主体权益的保护。用《合同法》去约束出资人和股东之间的协议,其协议的效力并不必然使其获得股东资格,具备股东资格首先要有明确的真实意思表示并实际出资;但同时参考《物权法》关于物权登记的规定,通过工商登记、股东名册等商法外观主义对抗第三人。具体到股东资格认定标准是表现为商法外观主义和民法真实意思表示相结合的两分法,充分考虑公司的自治和意愿的同时,保障商事活动中与公司交易的其他主体的权益。这样的关于股东资格认定的立法对公司、股东之间的内部治理、约定充分尊重,在股东资格确认的结果涉及公司外其他主体时,采用商法外观主义理论,充分保障其他主体的权益。在现有法律没有明确股东资格取得程序和要件基础之上,司法实务操作已经突破了法律的简单规定,结合案件实际充分考虑,参考《物权法》的分离原则,考虑商法外观主义和民法真实意思表示的结合。

商法外观主义原则要求股东资格的变动具备形式要件,增加了股东资格取得公示公信力。虽然《公司法》目前并未明确规定股东资格确认的模式,股东资格变化何时生效没有规定,但是《物权法》第226条明确规定了股权出资的问题,要求股权出资自工商登记成立时生效。除了当事人自身的意思自治外,必须办理工商登记的手续。从这条可以看出,同样对待股权的问题,我国《物权法》与《公司法》相比,适用的是更为严格的登记生效主义,在当事人合意之外还要求了商法外观主义。将股权出资这种负担行为对应到股权处分行为,也就是股东资格确认方面,《公司法》也可以参照《物权法》的规定,承认当事人意思表示之外,严格商法外观主义,并明确生效的时间点是工商登记时。在股东资格变动的形式问题上,股东名册、公司章程、工商登记均有公示公信力。但是立法上将真实意思表示和商法外观主义结合起来,借鉴《物权法》分离原则,可以较为合理地兼顾当事人、公司、善意第三人各方的权益,在实务适用时对股东资格确认的时间节点判定也更明确。

扫黑除恶专项斗争审判实证研究

——以涉黑财物处置为视角

周　迪　何　芃　刘冠宏[*]

从发展过程来看,黑社会性质组织是一个"以黑促商,以商养黑"的循环过程,他们一方面通过合法或非法等各种手段聚敛钱财并将这些钱财用于支撑其违法犯罪活动,另一方面又依仗其经济实力,腐蚀拉拢有关官员干部,为其充当保护伞,向具有潜在商业价值的领域渗透,并设法将其非法收入转为合法收入,试图通过合法经营来维护自己既得的经济利益,以及获取更大的社会财富。为从根本上铲除黑社会性质组织再犯罪的经济基础,2011 年 5 月 1 日实施的刑法修正案(八)就黑社会性质组织犯罪增加规定了财产刑,即对其中的组织、领导者"并处没收财产",对积极参加者"可以并处罚金或者没收财产",对其他参加者"可以并处罚金"。这就为铲除黑社会性质组织的经济基础提供了法律武器。但由于黑社会性质组织犯罪形态的多样性和特殊性而导致涉案财物的复杂性,审判实践中对黑社会性质组织犯罪涉案财物处置仍面临着困惑和难题。

一、审判实践中涉黑案件涉案财物处置存在的突出问题

(一)涉黑财产范围不明晰

由于黑社会性质组织犯罪涉及多种犯罪形态、多个罪名,比较常见的有绑架、敲诈勒索、故意伤害、故意杀人、非法拘禁、寻衅滋事、强迫交易、非法买卖以及走私类、毒品类、涉枪类犯罪,这就导致了涉案财物的多样性和复杂性。尽管最高人民法院、最高人民检察院、公安部、司法部在 2018 年 1 月 19 日颁布的《关于办理黑恶势力犯罪案件若干问题指导意见》时就涉黑财产的查明上明确规定了可以会同工商、税务、国土、住建、审计、人民银行等多部门运用多种手段进行调查。但随着黑社会性质组织的发展和成熟,其所从事的活动由早期的暴力性犯罪,逐渐向隐蔽性犯罪活动转变,在组织形式上通过开公司、办实业等合法形式掩盖其组织的非法性,其处于组织、领导地位的成员逐渐与具体犯罪脱离,骨干成员也逐渐有了双重身份。在其合法形式的企业中,涉黑财产与未涉黑财产交织在一起,进一步增加了涉黑犯罪中涉案财物的复杂性,从而增大了甄别、处置的难度。此外,部分黑社会性质组织成员的违法犯罪活动系由其家庭成员资助,其从事涉黑违法犯罪所得的非法利益亦用于家庭

---

*　周迪,东莞市中级人民法院刑一庭庭长。何芃,东莞市中级人民法院执行局副局长。刘冠宏,东莞市第三人民法院刑事审判庭法官。

生活支出,故涉黑财产也与其他家庭成员财产交织在一起,这也是进一步加大甄别、处置涉黑财产的难度的另一个重要原因。

审判实践中,在量刑时,通常涉及对黑社会性质组织及其成员的违法所得进行追缴,正如前面所述由于涉案财物的多样性和复杂性,从中甄别出违法所得难度非常大。为此,上述两高两部制定颁布的指导意见规定了应从来源、性质、用途、权属及价值大小对涉黑财产进行审查,并规定了六种应予依法追缴、没收的涉案财产。但在实践中,对于准确甄别出违法犯罪所得之财产仍存在着很大的困难。当年被称为"山西打黑第一案"的关建军涉黑案,山西省高级人民法院作出二审终审判决时就涉案财物作出了"对已扣押、冻结、查封的黑社会性质组织及其成员违法所得予以没收,其他违法所得继续予以追缴"的判决,但该判决对"违法所得"的范围并没有明确界定,在后来的几年里也没有得到实际执行。但到了 2017 年 7 月,关建军等人甚至案外人其女友田某在北京的房产门上,出现了长治市中级人民法院的公告,要求房主搬离。在生效判决没有对关建军案的"违法所得"进行明确的情况下负责执行的长治市中级人民法院擅自对相关财产进行处置,引发了各方的强烈反应。①

上述问题还隐含着实践中的另一个问题,即哪些属于黑社会性质组织成员的个人财产。以东莞地区生效的刑事判决为例,在对黑社会性质组织成员并处财产刑时,除了对组织者、领导者并处没收个人全部财产以外,对于其他参加者(包括骨干成员、积极参加者)均是并处没收个人部分财产或罚金。在并处没收个人全部财产时,对于哪些属于其个人的财产,从组织财产及家庭财产中准确甄别出其个人财产亦存在相当大的困难。

(二)执行程序不够规范

一是据以执行的法律文书不够规范。

根据民诉法的规定,在进入执行程序之后,负责执行的法院应当就涉案财产作出执行裁定书后再向被执行人下达执行通知书,最后采取执行措施。但审判实践中,部分法院在未作出执行裁定书的情况下,直接依据生效判决书作出执行通知书,违反了法定的执行程序。

二是执行异议程序不够规范。

执行异议是指执行过程中,案外人对执行标的主张自己的权利所提出的不同意见。执行程序开始后,如果案外人(执行程序以外的人)认为所执行的标的自己有全部或者部分的请求权,或者认为执行可能影响到自己的合法权益,可以向执行法院提出执行异议。执行异议目的在于保护案外人的合法权益,同时也可以纠正已生效法律文书的错误。正如本文前面所论述,由于涉黑恶财产的多样性和复杂性,涉黑恶财产与企业、家庭以及其他合法财产交织在一起,一方面加大了甄别涉案财产的难度,另一方面亦无可避免地引发了案外人对涉案财物处置的异议。

为规范人民法院办理执行异议案件,最高人民法院制定颁布了《最高人民法院关于人民法院办理执行异议和复议案件若干问题的规定》(以下简称《规定》),规定了执行异议案件受理、合议、听证等程序制度。关于听证制度,最高人民法院上述《规定》第 12 条规定了案情复杂、争议较大的执行异议和复议案件,应当进行听证,目的是查明权益的权属争议,充分维护各方的合法权益。但《规定》就"案情复杂、争议较大"没有进一步细化,以致各地法院启动执

---

① 《民主与法制》,2018-01-08,http://m.sohu.com/a/215414240786866,访问日期:2018 年 10 月 15 日。

行异议听证的标准不一,带来了一系列问题。"山西打黑第一案"中长治中院在执行被告人关建军的财产过程中,针对案外人提出的执行异议,并没有举行听证,而是直接驳回执行异议请求。长治中院此举和其之前一系列简单笼统的行为,引发了社会各界的强烈反响。[①]

二、国外的相关经验——美国的三种没收方式

在英美法系国家中,就包括黑恶类案件在内的刑事涉案财物处置上均设置了两到三种不同的程序,如美国,就设置了刑事没收程序、民事没收程序和行政没收三种刑事涉案财物的处置程序。其中刑事没收和民事没收由于有法官参与,是一种司法程序,而行政没收则是一种非司法程序。刑事没收与我们刑事裁判类似,也称之为对人诉讼,它是对被告人定罪量刑后判处刑罚中的一部分内容,是一种刑罚措施。由于是一种刑罚措施,刑事没收的启动必须以被告人犯罪为前提,只能针对有罪的被告人适用,没收的财物必须是与被认定构成犯罪行为有实质性因果联系,而且,财产所有权人享有一系列的程序性权利,有被通知、要求聆讯等权利,政府对涉案财物进行扣押等工作需要事先获得令状,大陪审团审查起诉时,涉案财产必须特定、具体,并要向其解释计算方式,诉讼中控方还要对涉案财产的相关性问题进行举证证明标准较高(如我们所称"排除合理怀疑")。民事没收则称之为对物的诉讼,它是针对犯罪行为有关的财物提起的一种民事诉讼,被告是物而非人,对涉案财物主张权利的利害关系人只能作为第三人参与诉讼,既非原告,也非被告。值得指出的是,在民事没收程序中,虽然拟没收财物与犯罪行为有关,但它并不以定罪为前提,它既可以在刑事诉讼前提起,也可以在刑事诉讼后提起,甚至在没有刑事诉讼时也可以提起。[②] 其证明标准亦参照一般民事诉讼所遵循的高度盖然性标准,较刑事诉讼证明标准低。行政没收是指特定执法机关如FBI、毒品执法机关等在侦查特定犯罪过程中,发现可没收财物之后,通过扣押财物与特定的没收公告后,如果无人提出异议,这些执法机关就作出没收这些财物的宣告,而该宣告系具有司法命令的效力。由于其便利性与高效性,美国大部分涉案财物都是通过行政没收解决。[③]

值得一说的是美国的民事没收程序。在美国,这种民事没收程序实质上是一种民事诉讼程序,而非刑事诉讼程序,这种民事诉讼程序的性质主要体现三点,一是相关程序规定主要适用美国民事诉讼规则,基本上按照民事诉讼程序进行,如按民事诉讼程序起诉与通知,按照民事诉讼程序进行证据出示与提出异议等,二是有关民事没收事项的证明适用民事诉讼的证明标准,诸如"谁主张谁举证"、"优势证据"等一系列民事诉讼的证明标准。三是作为第三人参加民事没收程序的权利主张者,不享受有关刑事被告人特有的权利,其他正当程序要求的保障也较刑事被告人有所减弱。

三、完善涉黑案件涉案财物处置的建议

(一)正确划分组织成员正常消费行为与利用犯罪收益笼络成员之间的界限

在具体的涉黑案件中,不宜简单地认为犯罪组织成员之间有集体消费行为即属于黑社

---

① 《民主与法制》,2018-1-8,http://m.sohu.com/a/215414240786866,访问日期:2018 年 10 月 15 日。

② See United States v.Cherry,330 F.3d 658(4thCir.2003)

③ See Simon N.M.Young,supra note 6,p.42

会性质组织利用犯罪所得经济利益笼络组织成员、支持犯罪活动。例如,实践中常见的黑社会组织实施具体的犯罪之后,会组织成员进行一些集体消费行为,如聚餐、玩乐等,这些行为在一般公司企业、组织也会有,区别的关键在于是否具有利用组织成员的兴趣爱好发展壮大犯罪组织的目的。如果犯罪组织利用其成员的爱好组织吃喝赌博等消费行为,以激励、煽动成员继续实施犯罪活动,即可将集体消费行为认定为笼络组织成员,支持犯罪组织活动,否则,只能将其视为一般集体消费行为,不应视为支持犯罪组织的活动。

(二)正确区分公司、企业正常的经营活动与公司、企业支持犯罪活动

传统的黑社会性质组织大多内部结构严密,一般有三级或三级以上的垂直权力结构,且上级对下级拥有绝对的控制权,内部大多存在着一些亚文化规范,并有较为严密的组织纪律。近几年来的案例显示,黑社会性质组织出现了隐蔽性的趋势,以合法公司、企业作为涉黑组织的幌子。其中的组织者、领导者不再仅仅依靠所谓的成文、不成文的帮规,规约或者暴力手段来管理组织及成员,还会通过向组织成员发放"工资""过节费",或者让一些骨干成员获得公司分红以及通过公司内部经营管理活动的层级关系来管理组织成员,让组织成员为其效力。所以,在以公司、企业为载体的黑社会性质组织犯罪案件中,公司、企业为员工发放工资、福利等行为可能具有了双重属性,有的属于正常的经营行为,有的则属于以发放工资、福利等形式掩盖用于维系黑社会性质组织生存、发展的实质。所以,应对这部分的涉案财物作具体分析,不宜一刀切地将其归类于对黑社会性质组织的支持。只有员工为公司、企业利益利用职务行为组织实施违法犯罪活动,才可以将公司、企业为组织成员发放工资、福利等行为视为对犯罪组织的支持。如果员工对公司黑社会性质组织的本质并不知情,也没有利用自身的职务行为实施违法犯罪活动,则不能将公司、企业为该部分员工发放工资、福利的行为作为对犯罪组织的支持。

(三)严格认定成员用其合法财产用于支持黑社会组织生存、发展的部分

2018年两高两部《关于办理黑恶势力犯罪案件若干问题的指导意见》第27条第(3)条、第(4)条规定了其他单位、组织、个人为支持该组织活动资助或主动提供的财产以及通过合法的生产经营活动获取的财产或者组织成员个人、家庭合法资产中,实际用于支持该组织活动的部分财产应当予以追缴、没收。但本文认为,在查明有关单位、组织、个人用其合法财产支持黑社会性质组织违法犯罪活动的份额时,不能将其合法财产源头的所有资金或合法企业所有经济利益都视为对犯罪组织活动的支持,将其一律认定为"涉黑财产",而是要以其出资额为限。与此同时,在组织成员利用其个人合法资产、家庭合法资产支持犯罪组织违法犯罪活动时,也应以出资额为限。行为人的出资多少取决于出资状况,在没有充分证据证明行为人还将继续出资前,只能以现有证据足以证实的实际出资额来认定其对犯罪组织的支持。如果将行为人的所有资产一并视为是对黑社会性质组织的支持,必将导致组织成员的合法财产难以得到有效保护,甚至有可能发生公权力侵吞公民合法财产的风险,偏离法治轨道,激化社会矛盾。

(四)规范裁判文书关于涉案财物处置部分的表述

刑事诉讼法解释第365条规定了涉案财物的处置:"对查封、扣押、冻结的财物及其孳息,应当在判决书中写明名称、金额、数量、存放地点及其处理方式等。涉案财物较多,不宜在判决主文中详细列明的,可以附清单。涉案财物随案移送的,应当在判决书中写明,并由查封、扣押、冻结机关负责处理。"这表明了法院对随案移送的财物应当作出明确的处理决

定,对于法庭审理查明的涉案财物确属利害关系人所有的,应当在判决书主文写明将涉案财物发还利害关系人;对于涉案财物未随案移送的,则由查封、扣押、冻结机关负责处理。

(五)探索建立涉案财产处置的司法审查制度

上述刑诉法解释第 365 条规定了对于未随案移送的涉案财物由查封、扣押、冻结机关负责处理,有学者认为"这实际上暗示了侦查机关可以不移送非作为证据使用的涉案财物,对这些财物,侦查机关有权作出实质性处置,只需将执行回执交人民法院。"[①]上述观点不无道理,因此为避免侦查期间办案人员违法处置涉案财产,应建立司法审查机制,由法院对侦查机关采取的查封、扣押、冻结措施进行审查,对其中违反法定程序、超标的超范围或者没有法律依据的,应依法追究侦查机关相关办案人员的责任。司法审查机制还应进一步与案外人异议制度相结合,完善刑事诉讼侵犯财产权的事后救济和追责机制。

(六)借鉴美国刑事没收、民事没收的相关经验做法

我国目前对包括黑恶类案件在内的刑事案涉案财产的处理还没有完全纳入诉讼程序,仍然是追诉机关单方面的处置行为,实践中存在一定的弊端,在完善刑事司法关于涉案财物处置的相关程序中,我们可以借鉴美国刑事司法刑事没收、民事没收中的一些做法、优点,在刑事没收程序中,将涉案财物处理以诉讼的方式进行,包括司法控制、强化控方举证责任、独立的庭审调查程序、相关利害关系人的参与和救济等。

四、结语

我国刑事诉讼立法与研究向来重视被告人人身权的保障,一定程度上忽视了财产权的保障。造成这样的局限性既有历史传统的原因也有现实工作环境的制约。综观我国刑事诉讼的相关立法、解释以及一些指导意见,很多有利于保障公民合法财产的重要程序制度不是没有规定,就是规定不完善或作了简化处理。刑事涉案财物处置不直接涉及人身自由,它只是一个关乎财产权的问题,而涉黑恶类刑事案件的涉案财产情况更加纷繁复杂,亟待在刑事审判乃至整个刑事司法中进行制度上的重新设计,查清各类涉黑恶财产的权属关系。因此,如何在将来更好地完善刑事涉案财物的处置制度,关键在于要秉持人身权与财产权保障并重的理念,积极总结经验汲取教训,借鉴美国等国家的经验,最终建立起具有符合我国国情,并具有鲜明中国特色的刑事涉案财物的处置制度。

---

① 《文丰律师》,2018-7-20,http://m.sohu.com/a/242412163.787033,访问日期:2018 年 10 月 19 日。

网络隐私权刑法保护之困境与路径

——以全国 500 份裁判文书为样本

邓 琴[*]

　　截至 2016 年 12 月,中国网民规模已达 7.31 亿,网络普及率快速上升[①]。据中国互联网络信息中心(CNNIC)最新发布的数据,我国有 70.5% 的网民发生过网络安全侵权事件,图 1 反映了 2016 年我国互联网安全事件发生情况。

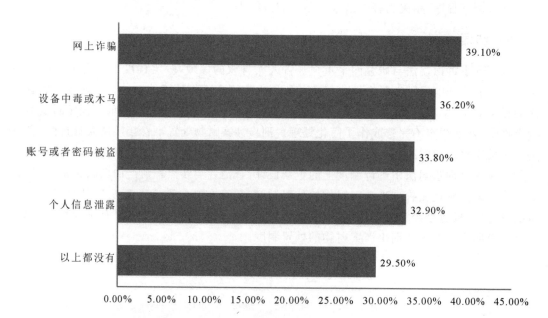

来源:CNNIC 中国互联网络发展状况统计调查。

图 1　互联网安全事件发生比例[②]

　　我国网民认为当前网络安全已经严重影响个人正常生活。图 2 反映了 2016 年中国网

---

　　*　邓琴,东莞市中级人民法院刑一庭法官助理。

　　①　根据中国互联网络信息中心(CNNIC)发布的《第 39 次中国互联网络发展状况统计报告》,截至 2016 年 12 月中国网民规模已达 7.31 亿(手机网民规模为 6.95 亿),互联网普及率 53.2%。

　　②　数据来自中国互联网络信息中心发布的《第 39 次中国互联网络发展状况统计报告》。

民互联网安全感知情况,其中 2014 年网民对网络安全感知中"比较安全"的占比为45.1%,2016 年下降为 28.5%。

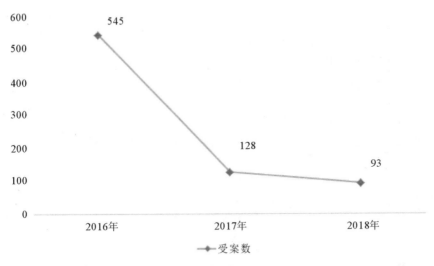

来源:CNNIC 中国互联网络发展状况统计调查。

图 2　网民互联网安全感知①

我们在享受信息化社会带给生活的智能化、便捷式服务时,也不得不面临与之而来的诸多问题。2001 年的台湾地区"璩美凤性爱光盘案"、2008 年网络疯传的香港地区"艳照门事件"、2008 年北京的"人肉搜索第一案"、2015 年美国"Ashley Madison"事件,这些都是严重侵犯个人网络隐私权的事件。日常生活中隐私被侵犯的情形也随处可见:公共场所有自动监视设备,填写个人信息会出现自动保存,微型窃听装备在市场上泛滥,网络用户的上网活动的痕迹能被记录和跟踪,红外线可以随处扫描,远程监控设备可让你毫无防备,卫星定位系统可以定位在全球每一个角落②。个人的网络隐私权遭受着前所未有的侵害。

一、现状扫描——侵害网络隐私权案件频发

2009 年 2 月至 2015 年 10 月,全国法院新收出售、非法提供公民个人信息、非法获取公民个人信息案件 988 件。其中,新收出售、非法提供公民个人信息刑事案件 101 件,新收非法获取公民个人信息刑事案件 887 件。2015 年《刑法修正案(九)》实施后,2015 年 11 月至2016 年 12 月,全国法院新收侵犯公民个人信息刑事案件 495 件③。刑法对侵犯网络隐私权犯罪的打击主要集中体现在对"侵犯公民个人信息罪"的适用上。从我国刑事领域打击侵犯

---

①　图片数据来自中国互联网络信息中心(CNNIC)发布的《第 39 次中国互联网络发展状况统计报告》。

②　李晓明:《论公共视频监控系统对公民隐私权的影响》,载《法学杂志》2010 年第 11 期。

③　《关于办理侵犯公民个人信息刑事案件适用法律若干问题的解释》,载《人民法院报》2017 年 5 月10 日第 3 版。

网络隐私犯罪的数据可以看出,当前我国个人网络隐私权受到侵犯的情况非常严重。本人搜集了 500 份与侵犯个人网络隐私权有关的刑事裁判文书,从中随机挑取了 70 份裁判文书进行展示,表 1 为 2015 年 11 月—2017 年 4 月全国法院受理的"侵犯公民个人信息罪"刑事案件的相关情况。

表 1　侵犯公民个人信息罪刑事案件统计表

编号	案号	审结日期	地点	表现形式	侵犯信息数/条	违法所得/元	罚金/元	刑期	缓刑
1	(2017)皖 0225 刑初 143 号	2017-04-26	安徽省无为县	购买、出售	193	47290	20000	1 年	
2	(2017)浙 0782 刑初 662 号	2017-04-05	浙江省义乌市	购买、出售	50000	10000	5000	1 年	
3	(2017)赣 0430 刑初 9 号	2017-03-21	江西省彭泽县	购买	550	15712	5000		
4	(2016)皖 1623 刑初 529 号	2017-03-10	安徽省利辛县	购买、出售	289637000	15000	20000	2 年	
5	(2017)沪 0113 刑初 201 号	2017-02-24	上海市宝山区	购买	64716		8000	10 个月	1 年
6	(2017)沪 0113 刑初 200 号	2017-02-24	上海市宝山区	窃取、出售（利用职务）	10382	2000	5000	5 个月	5 个月
7	(2016)浙 0604 刑初 1077 号	2017-01-03	浙江省绍兴市	非法获取、出售	7346	2000	5000	10 个月	1 年
8	(2016)浙 0302 刑初 1922 号	2016-12-28	浙江省温州市	购买	206057		4000	10 个月	
9	(2016)浙 0302 刑初 1856 号	2016-12-23	浙江省温州市	窃取、出售	571423	15960	10000	1 年 8 个月	
					430546	19200	10000	1 年 6 个月	

续表

编号	案号	审结日期	地点	表现形式	侵犯信息数/条	违法所得/元	罚金/元	刑期	缓刑
10	（2016）浙0302刑初1856号	2016-12-23	浙江省温州市	窃取、出售	430546		10000	10个月	1年
11	（2016）浙0482刑初1105号	2016-12-15	浙江省平湖市	出售	65492	6650	7000	1年3个月	1年8个月
12	（2016）粤0103刑初1284号	2016-12-13	广东省广州市	出售	5000	1000	2000	4个月	
13	（2016）浙0382刑初2221号	2016-12-12	浙江省乐清市	购买、出售	4086001	40000	10000	1年	
14	（2016）浙0483刑初1008号	2016-12-09	浙江省桐乡市	出售	110000	2000	10000	8个月	
15	（2016）浙1121刑初515号	2016-12-08	浙江省青田县	购买、出售	300000	3400	10000	2年	
16	（2016）浙0482刑初1022号	2016-12-07	浙江省平湖市	购买、出售	7740000	65400	40000	1年11个月	
17	（2016）浙0604刑初999号	2016-12-06	绍兴市上虞区	购买、出售	20000	4000	4000	1年	1年6个月
18	（2016）浙0302刑初1795号	2016-12-06	浙江省温州市	购买、出售（利用职务）	10861	5000	10000	8个月	1年
19	（2016）沪0116刑初1156号	2016-12-05	上海市金山区	购买	5000000		2000	6个月	6个月

续表

编号	案号	审结日期	地点	表现形式	侵犯信息数/条	违法所得/元	罚金/元	刑期	缓刑
20	（2016）赣0192刑初117号	2016-11-30	江西省南昌	窃取、出售（利用职务）	11000	27000	10000	1年	
21	（2016）沪0104刑初1015号	2016-11-29	上海市徐汇区	购买	200002		8000	1年	1年
22	（2016）沪0113刑初2197号	2016-11-29	上海市宝山区	非法获取	89000		5000	1年	
23	（2016）沪0106刑初1144号	2016-11-28	上海市静安区	出售	100		1000	4个月	
24	（2016）沪0104刑初1062号	2016-11-22	上海市徐汇区	窃取、出售（利用职务）	11050		3000	1年	1年
25	（2016）浙0902刑初419号	2016-10-24	浙江省舟山市	出售	10000		3000	8个月	
26	（2016）沪0118刑初1091号	2016-10-20	上海市青浦区	窃取（利用职务）	8000		20000	8个月	
27	（2016）沪0113刑初1869号	2016-10-20	上海市宝山区	非法获取	7784366		10000	9个月	1年
28	（2016）浙0702刑初1017号	2016-10-20	浙江省金华市	窃取、出售（利用职务）	1577	31367.5	40000	2年6个月	
29	（2016）沪0112刑初2270号	2016-10-14	上海市闵行区	购买、出售	2011		5000	8个月	1年

续表

编号	案号	审结日期	地点	表现形式	侵犯信息数/条	违法所得/元	罚金/元	刑期	缓刑
30	（2016）沪0113刑初1796号	2016-10-14	上海市宝山区	购买	10000		5000	6个月	6个月
31	（2016）浙0482刑初887号	2016-10-10	浙江省平湖市	购买	36028		5000	1年2个月	1年6个月
32	（2016）浙0783刑初1171号	2016-09-28	浙江省东阳市	购买、出售	10 10 10 10	26000 5000 8000 5000	8000 2000 4000 2000	1年3个月 10个月 1年 10个月	
33	（2016）冀1125刑初169号	2016-09-21	河北省安平县	非法获取	2740		5000	7个月	
34	（2016）沪0112刑初2057号	2016-09-14	上海市闵行区	购买、出售			5000	6个月	1年
35	（2016）沪0113刑初1511号	2016-09-06	上海市宝山区	非法获取、提供	400000		10000	1年	
36	（2016）鄂0106刑初718号	2016-08-29	湖北省武汉市	购买	33000		10000	6个月	10个月
37	（2016）沪0104刑初765号	2016-08-26	上海市徐汇区	窃取、出售（利用职务）	917		1000	5个月	
38	（2016）沪0118刑初854号	2016-08-10	上海市青浦区	非法获取、出售	1100 1100	600 1600	4000 5000	4个月 5个月	

续表

编号	案号	审结日期	地点	表现形式	侵犯信息数/条	违法所得/元	罚金/元	刑期	缓刑
39	（2016）鄂0106刑初746号	2016-08-10	湖北省武汉市	非法获取、出售	260000	12500	30000	1年	1年6个月
40	（2016）鄂0106刑初745号	2016-08-09	湖北省武汉市	非法获取、出售	450000	12460	50000	1年6个月	2年
41	（2016）鄂0682刑初70号	2016-08-09	湖北省老河口市	非法获取、出售	3679344	80000	15000	1年1个月	
42	（2016）浙0302刑初1104号	2016-07-19	浙江省温州市	购买	32920		5000	6个月	
43	（2016）粤0904刑初366号	2016-07-15	广东省茂名市	购买	150		1000	9个月	
44	（2016）鄂0682刑初71号	2016-07-11	湖北省老河口市	非法获取			3000	6个月	6个月
45	（2016）闽0524刑初504号	2016-07-01	福建省安溪县	购买	625		1000	1个月	
46	（2016）闽0524刑初202号	2016-06-30	福建省安溪县	购买	1000		1000	1个月	
47	（2016）沪0115刑初2099号	2016-06-29	上海市浦东新区	购买	3480		4000	4个月	4个月
48	（2016）闽0524刑初136号	2016-06-29	福建省安溪县	非法获取	1077		5000	1个月	

续表

编号	案号	审结日期	地点	表现形式	侵犯信息数/条	违法所得/元	罚金/元	刑期	缓刑
49	（2016）鲁0112刑初83号	2016-06-20	山东省济南市	购买、出售	1854	80000	20000	1年	1年
50	（2016）沪0113刑初938号	2016-05-27	上海市宝山区	非法获取	108436		5000	1年	1年
51	（2016）沪0113刑初939号	2016-05-27	上海市宝山区	非法获取	24589		5000	7个月	1年
52	（2016）沪0113刑初941号	2016-05-27	上海市宝山区	非法获取	33252		5000	6个月	1年
53	（2016）沪0113刑初954号	2016-05-19	上海市宝山区	购买	1625		2000	4个月	4个月
54	（2016）鲁1103刑初3号	2016-04-25	山东省日照市	窃取、出售（利用职务）	129	477			
55	（2016）浙0522刑初257号	2016-04-20	浙江省长兴县	非法获取	1248		50000	1年	2年
56	（2016）浙0782刑初897号	2016-04-19	浙江省义乌市	窃取、出售（利用职务）	4666	2650	5000	7个月	1年
57	（2016）冀0183刑初45号	2016-03-29	河北省晋州市	出售			2000	10个月	1年
58	（2016）粤0103刑初340号	2016-03-28	广东省广州市	出售	7000	10300	3000	6个月	

续表

编号	案号	审结日期	地点	表现形式	侵犯信息数/条	违法所得/元	罚金/元	刑期	缓刑
59	（2016）沪0116刑初297号	2016-03-28	上海市金山区	购买、出售		20000	10000	6个月	1年
60	（2016）浙0703刑初41号	2016-03-24	浙江省金华市	窃取、出售（利用职务）	2900		3000	5个月	8个月
61	（2016）浙0782刑初553号	2016-03-15	浙江省义乌市	窃取、出售	650	1632	3000	7个月	
					650	1950	3000	7个月	
62	（2015）新刑公初字第323号	2016-03-07	河北省新乐市	购买、出售	1057153		10000	1年	
63	（2016）沪0115刑初598号	2016-03-04	上海市浦东新区	窃取、出售（利用职务）	10000	374985	10000	6个月	
64	（2016）浙0703刑初44号	2016-02-05	浙江省金华市	窃取	2210000		20000	1年	
65	（2015）安刑初字第1092号	2016-01-28	福建省安溪县	购买、出售	21839		3000	5个月15天	
66	（2015）安刑初字第1016号	2016-01-15	福建省安溪县	非法获取	13938		2500	6个月	1年
67	（2015）渝刑初字第00513号	2016-01-05	江西省新余市	购买	19600		10000		
68	（2015）安刑初字第939号	2015-11-26	福建省安溪县	非法获取	5112470		15000	1年8个月	

续表

编号	案号	审结日期	地点	表现形式	侵犯信息数/条	违法所得/元	罚金/元	刑期	缓刑
69	（2015）宝刑初字第2278号	2015-11-24	上海市宝山区	购买	1000		5000	6个月	
70	（2015）浦刑初字第4855号	2015-11-20	上海市浦东新区	购买	100		1000	5个月	5个月

资料来源：表格中的案例数据来自北大法宝网。

　　结合表1和另外的430份刑事裁判文书，发现侵犯公民个人信息罪的刑事案件高发地区分别为上海市、浙江省、广东省、福建省，分别为22.1%、18.3%、17.4%、10.2%，这与这些地区网民规模及互联网普及率的全国排名也是一致的。

　　（一）网络隐私权侵权情形的复杂性

　　根据以上案件犯罪的具体表现形式以及生活中实际发生的网络隐私侵权事件，笔者发现网络隐私权的侵权表现形式复杂多样，主要表现为以下几种：

　　1.非法收集、出卖个人隐私信息。侵犯公民个人信息罪的500件刑事案件中有382件案件的犯罪表现形式是非法收集（如窃取）、出卖个人信息，涉及的个人信息少则几千条，多则上亿条。其中非法收集信息的犯罪主体有41%是网络服务商利用职务之便进行收集。

　　2.肆意泄露、传播他人隐私信息。2015年知名婚恋网站"Ashley Madison"大量用户信息被泄露，包括个人电子邮箱和信用卡信息，引发全球网民的极度关注，全球网民对网络隐私权深表担忧。

　　3.非法窥探用户隐私信息。个人的隐私威胁来自诸多方面，包括企业在内，如采用电子信息技术监管员工在企业内的活动，员工的档案、邮件通信、网络浏览内容、活动踪迹等。

　　4.垃圾信息和广告的骚扰。这种骚扰方式主要表现为窃取网络用户个人网络隐私信息后对用户进行分类分析，有针对性地推送大量广告信息、发送电子邮件、直接拨打用户电话等。图3和图4为用户骚扰短信和电话的标记数。

　　5.以互联网为工具侵犯网络隐私权。利用互联网为犯罪工具，直接通过操控网络中的专门程序或使用专门的技术软件实现对操控对象的控制，然而被监控的对象却浑然不知。例如，深网中就有许多犯罪分子利用互联网对被害人进行秘密的偷拍偷录，窥探被害人的私人空间和私人生活，甚至制成视频或图片，在网上肆意传播。

　　（二）网络隐私权侵权危害的严重性

　　网络隐私权侵权危害的严重性具体表现在：

　　1.网络隐私权侵权的范围延伸。从现实世界扩大到虚拟世界，由浅层网络空间扩展至深层网络空间，网络隐私权的客体也呈扩大化趋势，如金融隐私权、个人活动踪迹等。

　　2.侵犯网络隐私权的内涵扩大。传统隐私权主要体现为个人精神上的权利和防范他人

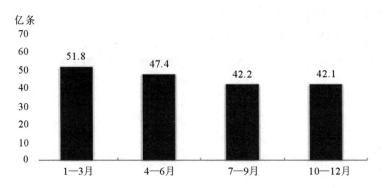

来源:360安全中心,腾讯安全

图3 主要互联网安全企业检测到用户骚扰短信标记数量

资料来源:表格数据来自中国互联网络信息中心(CNNIC)发布的《第39次中国互联网络发展状况统计报告》。

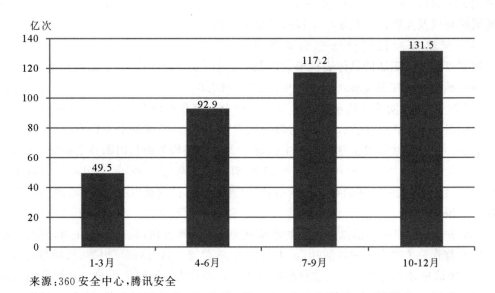

来源:360安全中心,腾讯安全

图4 主要互联网安全企业检测到用户骚扰电话标记数量

资料来源:表格数据来自中国互联网络信息中心(CNNIC)发布的《第39次中国互联网络发展状况统计报告》。

知晓的消极维护权利[1]。大数据时代对信息数据的巨大需求直接导致了网络隐私权内容的扩张,隐私权主体急需能够对自身信息处理的积极控制权,是一种由消极维护权利向积极控制权利的转变[2]。

3.网络隐私权侵权的手段更隐秘。犯罪分子可以不受时间、空间、自然条件等因素的制约,特别是在深网世界中进行侵犯隐私的犯罪活动,同普通的网络犯罪比较起来,其匿名性

---

① 邱业伟:《信息网络与民法前沿问题研究》,法律出版社2009年版,第383页。

② 张炜:《从"3Q之争"论我国网络环境下隐私权的保护》,华东政法大学2012年硕士论文。

更加显著,侦查人员很难查找到犯罪分子的 IP 和上网地址,侦查难度很大。

4.网络隐私权侵权的结果的严重性。笔者收集的 500 份裁判文书中被告人侵犯的个人信息少则上千条,多则上亿条,被害人群体特别庞大。网络隐私权侵权不仅社会危害涉及面广,而且还容易诱发其他犯罪。如犯罪分子利用掌握的被害人的个人隐私,进行敲诈勒索、诈骗、绑架等其他次生犯罪。如 2016 年发生的"徐玉玉被电信诈骗案",被告人陈某某等人利用互联网非法获取包括被害人徐玉玉在内的 5 万余条考生信息,通过拨打电话对这些考生实施诈骗,企图骗取考生的财物,并最终诱发徐玉玉受骗死亡的结果。

二、困境反思——网络隐私权保护状态无序

我国已经进入大数据时代,数据流通与交换在社会生活中带来的价值是任何时代都无法比拟的。如何达到既能促进网络数据的健康发展又能保障网络用户的隐私权的双赢效果,这是对现代治理手段的巨大考验。虽然《侵权责任法》将隐私权作为一项独立的人格权确定下来,但是基于隐私权的内涵的丰富性和外延的不断扩展性,网络隐私权又具有一般人格权的特点。这就导致我国网络隐私权实际处于一种定性不明的状态。加之网络时代对于信息的海量需求和数据的巨大商业属性,我国对网络隐私权的保护处于一种无序状态。具体表现为对于隐私权的保护存在立场不清、系统分散的困境。

(一)隐私权保护的司法现状无序

网络隐私权的私有性、排他性较强,同时这也决定了网络隐私权的权利人具有权利的处分权。即将实施的《民法总则》新设了个人信息权,将个人信息权[①]作为公民一项具体的人格权予以法律的保障。但是没有规定信息主体的同意权,条文中使用的"不得",没有从肯定角度去说明到底享有哪些具体的权利[②]。虽然回应了网络信息保护的要求,但是没有适用权利发展的需要。《中华人民共和国网络安全法》明确了权利主体对于信息的同意权,使用者可以通过合法途径对信息进行使用。根据《关于办理侵犯公民个人信息刑事案件适用法律若干问题的解释》第 5 条第(3)、(4)、(5)基于不同类型公民个人信息的重要程度分别设置了"五十条以上""五百条以上""五千条以上"的入罪标准。实践中出现案发后犯罪分子通过各种途径征求权利主体同意,以此来降低非法利用信息的条数,从而达到出罪的目的。由此可见侵犯网络隐私权犯罪案件将来的发展趋势会向相对自诉案件发展,如侮辱罪、诽谤罪,这也反映了刑法的轻缓化发展趋势。但是刑法并没对此进行回应。

因为信息的表现形式复杂多样,司法实践中经常出现对于信息的数量认定达不成一致意见。而且一些犯罪分子利用各种技术手段对信息进行掩饰,方式比较隐匿,通常很难发觉。特别是犯罪分子利用深网进行信息数据的传播和非法利用。各部门法对其进行规制时显得力不从心。《中华人民共和国网络安全法》被认为是当前维护网络安全的一部较为详实和与时俱进的法律,其中第 4 章"网络信息安全"共 11 条规定对个人的信息保护进行了较为明确的规定。但是具体司法实践中发现这些条文实际操作性不强,缺乏监管机制,具体责任

---

① 《民法总则》第 111 条规定,自然人的个人信息受法律保护。任何组织和个人需要获取他人个人信息的,应当依法取得并确保信息安全,不得非法收集、使用、加工、传播他人个人信息,不得非法买卖、提供或者公开他人个人信息。

② 石佳友:《〈民法总则〉七大重点条文解读》,载《中国法律评论》2017 年第 3 期。

追究下去还是要落实到部门法,要实现部门法以及部门法内部之间对个人信息保护的系统性比较困难。

(二)隐私权刑法保护的立场不明

我国刑法对隐私权的保护处于一个不明确的状态。刑法第 177 条之窃取、收买、非法提供信用卡信息罪,第 284 条非法使用窃听、窃照专用器材罪,第 285 条非法侵入计算机信息系统罪,这些罪名下的犯罪行为都在一定程度上侵犯了被害人的隐私权。但是这些罪名设立的原意并非保护公民的隐私权:窃取、收买、非法提供信用卡信息罪属于刑法分则第 3 章破坏社会主义市场经济秩序罪中的第 4 节破坏金融管理秩序罪的一个罪名,它的直接客体是信用卡管理秩序;非法使用窃听、窃照专用器材罪和非法侵入计算机信息系统罪都属于第 6 章妨害社会管理秩序罪中的第 1 节扰乱公共秩序罪,它们的直接客体分别是国家对窃听、窃照专用器材的管理秩序和国家重要领域和要害部门的计算机信息系统安全[①]。在刑法分则的第 4 章侵犯公民人身权利、民主权利罪中,刑法第 252 条侵犯公民通信自由罪,第 253 条侵犯公民个人信息罪,第 253 条之私自开拆、隐匿、毁弃邮件、电报罪,都未明确规定犯罪行为侵害的客体为公民个人的隐私权。只有刑法第 245 条非法搜查罪、非法侵入住宅罪规定其客体是公民的隐私权。上述的所有罪名中,无一犯罪行为不是对隐私权的侵犯,刑法却对此默然。现实生活中刑法将一些类型化的侵犯隐私的行为规定为保护其他法益的犯罪,对于隐私权遭受侵犯的现实受损法益未有对应的犯罪化规定。这就是我国刑法对于侵犯隐私权违法犯罪行为的态度和现状。

(三)隐私权法律保护的系统分散

纵观我国刑法体系中对隐私权的保护现状——分散于刑法分则的各个章节,没有完整的体系。这与它的性质界定不清有关。对隐私权性质的界定不同,相应的保护体系就不同。不同于德国先有隐私权再构建人格权体系的发展路径,我国的隐私权是在人格权体系构建之后才被提出来的,因而民法上将其认定为一种具体人格权。如果把隐私权作为一种具体人格权,那么侵犯具体人格权的行为是在明确的范围内。刑法可以将侵害这一具体人格的行为类型化,从而新设条文,新增罪名,对侵害隐私权的行为犯罪化,但是随着侵犯隐私权犯罪行为的复杂多样化,新增的罪名将无法涵盖所有犯罪行为或者是走向膨胀化的极端,最终网络隐私权也将变成一般人格权。如果将隐私权界定为一般人格权,存在三个问题:第一,观念中的一般人格权在很大程度上是一种价值理念,包含着人格尊严、人身自由等抽象价值,在具体案件中需要借助法官的价值判断予以具体化。如果将网络隐私权定性为一般人格权,其保护的法益就会抽象化,不利于法官进行权衡和把握,也就难以对其进行全面保护。第二,如果将网络隐私权定性为一般人格权,它使人格权体系保持着开放性,也带有"兜底"功能。一般人格权包含的内容多,行为方式也复杂多样。仅设立一个新的罪名难以涵盖侵犯隐私权的所有内容,到时会成为像寻衅滋事罪一样的"口袋罪名"。这种立法方式不符合法律明确化、细致化的要求,也有违罪刑法定的原则。第三,若将网络隐私权定性为一般人格权,由于其包含的内容多,涉及的行为广,那么"侵害网络隐私权罪"将不仅仅是侵犯了刑法分则第 4 章侵犯公民人身权利、民主权利下的一个直接客体,而且上升到了同类客体的层面。这将引起刑法罪名体系的大调整,给原本稳定的刑法体系带来

[①] 齐文远:《刑法学》,北京大学出版社 2011 年第 2 版,第 494 页。

更多的不稳定因素。

三、路径探索——网络隐私权刑法保护之完善

刑法理论体系是一个极具开放性的理论体系。"犯罪构成要件""刑法解释体系""概括式立法模式""简明罪状""空白罪状""期待可能性""社会相当性"等刑法理论使刑法体系具有高度开放性①。言语的模糊性、多样化带来规范的抽象性,虽然法律工作者一直在努力将抽象的规范具体化,但是语言本身的局限性使得这种用语言解释语言的方法永远得不到理想的效果。

(一)司法犯罪化的使用

刑法可以在保持相对稳定性的条件下,即不需要通过修改或增设条文的方法,将一些严重违背社会伦理道德和不具正当性的侵犯网络隐私权的行为作为犯罪化处理②。这不是司法审判者的随意扩张,而是刑法的应有之义。如"人肉搜索"严重侵犯了个人的网络隐私权。它将受害人的所有个人信息和生活细节等隐私都可以挖掘出来,将受害人"赤裸"地展现于众人眼前,遭受众人的鄙夷和责骂。全国人大代表朱志刚就曾呼吁过对"人肉搜索"行为给予规范。但是有许多人认为"人肉搜索"是公民表达自由权的一种,而且该行为的最初目的是"伸张正义",因而不同意法律对"人肉搜索"进行取缔和禁止。但是现实生活中确实存在一些极端的"人肉搜索"行为,为了达到自己的非法目的而肆意侵犯受害人的网络隐私。对于此种情形,刑法就可以采取"司法犯罪化"的手段,将那些出于一己私利而肆意侵犯公民个人隐私、造成严重后果的"人肉搜索"行为犯罪化。如"广东人肉搜索第一案"终审宣判店主因侮辱罪获刑一年。网络隐私权与公民个人信息权利关系密切,对于此类侵犯网络隐私权的刑事案件就可以侵犯公民个人信息罪对行为人定罪处罚。法官在审理具体案件时,通过说明网络隐私权的具体内涵而进行构成要件的符合性判断,形象生动的案例说教远比抽象空洞的理论释义来得更到位。

(二)概括性条文的适用

由于侵犯网络隐私权的表现形式多样化,其类型缺乏明确性。为了实现刑法在惩治此类犯罪的显著化效果,依据我国当前的法治水平,对于侵犯网络隐私权的刑法规制条文最适合采取概括性表述。相对于类型化的具体行为,侵犯网络隐私权的罪状描述宜带有一定的抽象性。

德国《刑法》第203条是对侵害他人秘密罪的规定,极尽详细地列举了各种侵害隐私的行为,但是经过实践发现该条还是遗漏了多种可能危害个人信息、侵犯隐私的情况③。根据现行司法实践活动中复杂多样的侵犯网络隐私权的犯罪表现形式,发现太过详细或明确的刑法规范其统括范围有限,难以将性质同样严重的其他行为纳入刑法调整的范围。有学者认为在类型化的刑法条文增加"有其他情节的"兜底条款,这样可以解决今后出现的新的犯罪类型。但是兜底条款历来为学者和司法实务者所诟病,认为这是立法者在立法过程中肠

---

① 王立志:《开放的刑法及其路径》,载谢望原主编:《刑事政策研究报告》第2辑,中国方正出版社2007年版,第411页。

② 王立志:《隐私权刑法保护之困境及因应》,载《法学》2009年第8期。

③ 《德国刑法典》,徐久生、庄敬花译,中国法制出版社2000年版,第105页。

枯思竭时想出来的一个策略,以无对有,以虚对实。且会给予司法者较大的裁量权,可张可缩。但是在如今这个罪刑法定的社会,在没有相应的司法解释出台的前提下,诸多的司法实践证明兜底条款实际上就是一个摆设。相反,如果采取概括性的描述方法对侵犯隐私权的犯罪行为进行限定,如"未经他人同意,侵犯他人隐私,造成严重后果"。司法实践者可以根据侵犯隐私权犯罪的基本特征对行为进行认定,从而进行出入罪处理。虽然这些用语相对于列举类型化侵犯网络隐私权行为的用语显得粗略、笼统,但是却能达到全面保护隐私权的要求。而且前文已述,当前学界对于隐私权并未达成一致的定义,但是对于隐私权的实质要件已有共识。法学研究是一个需要概念定义但不能局限于概念定义的领域①。在互联网时代的大数据环境下,侵犯公民个人信息罪的许多行为必将侵犯公民的网络隐私权,对公民个人信息的保护也在一定程度上保护了公民的网络隐私。侵犯公民个人信息罪由《刑法修正案(七)》分散式、列举式的模式发展为《刑法修正案(九)》概括式的模式,这样既简化了法律条文与罪名,又让司法工作人员在各种各样的侵犯公民个人信息犯罪的司法案件中有法律依据可循。刑法关于保护隐私权的法律条文,可以借鉴侵犯公民个人信息罪概括式罪状设计,从而避免刑法条文不必要的修改和变动。

　　(三)刑法解释方法的运用

　　刑法理论的不断完善和司法实践的不断进步离不开刑法解释的应用。整个刑法发展史就是一部刑法解释史。刑法要完善对于侵犯网络隐私权犯罪的规制,少不了刑法解释的应用。大数据时代侵犯网络隐私权的行为方式表现复杂多样,而传统刑法对于侵犯网络隐私权的规制不能将新型犯罪纳入其中。实际上传统刑法中的侵犯隐私权犯罪和新型的侵犯网络隐私权犯罪的本质是一样的,只不过其表现形式不一样。这时就需要刑法解释发挥它的作用了。例如可以采取客观解释,将网络世界的私人空间解释为隐私权的"私人领域",将电子邮件、图片、聊天记录、语音录音、视频录像等资料解释为个人的隐私内容。对于行为人传播被害人的隐私信息,从而侵犯网络隐私权的行为,刑法解释应该考虑传播行为性质的差异、网络隐私信息的内容差异、网络隐私信息的数量差异以及受众对象在年龄、人数、意愿上的差异,从而进行综合的判断②。解释者在对侵犯网络隐私权犯罪的相关罪名条文进行解释时,需要将解释的内容对准社会生活中的人情常理,符合社会的公平正义③。为了修正立法之不足,必要时需要对立法进行创造解释,以符合新时代的要求和刑法精神④。《关于办理侵犯公民个人信息刑事案件适用法律若干问题的解释》第1条将个人的行踪轨迹纳入个人信息的范畴,扩大了对个人信息的保护范围。但是该条未对IP信息和cookie信息是否属于个人信息进行认定。所以根据保护网络隐私权的要求,这些信息都应该属于个人信息的范畴,根据目的解释,可以将侵犯此类信息的犯罪行为纳入刑法规制的范围。同时该司法解释第2条将"违反部门规章"认定为"违反国家有关规定",加大了打击侵犯公民个人信息犯罪的力度。

---

①　王立志:《隐私权之定义是否可能》,载《政治与法律》2015年第8期。

②　周详:《传播"艳照"行为的刑法评析》,载《法学》2008年第4期。

③　童德华:《从刑法解释到刑法论证》,载《暨南学报(哲学社会科学版)》2012年第1期。

④　王立志:《隐私权刑法保护之困境及因应》,载《法学》2009年第8期。

四、结语

我国已经进入大数据时代,数据流通与交换在社会生活中带来的价值是任何时代都无法比拟的。如何达到既能促进网络数据的健康发展又能保障网络用户的隐私权的双赢效果,这是对现代治理手段的巨大考验。不能通过直接严密的刑事立法来禁止数据的流通和交换,用以确保网络隐私权的绝对保护。刑法应该从现实情况和社会需求出发,有针对性地对一些性质严重的侵犯网络隐私权的违法行为进行犯罪化,更主要的是达到一般预防的效果。刑法中的一些开放性的措施也可以将新出现的侵犯网络隐私权的违法行为犯罪化,网络隐私与个人信息密切相关,对于侵犯网络隐私权的犯罪可以在符合侵犯公民个人信息罪的构成要件内进行评价,而且伴随着《关于侵犯公民个人信息刑事案件适用法律若干问题的解释》的出台与适用,刑法对于网络隐私权的保护会越来越完善。

刑事附带民事赔偿困境与出路

杜新春　邹少卿*

前　言

附带民事诉讼是刑事诉讼中的一项重要制度。在刑事诉讼过程中,在解决被告人刑事责任的同时,一并解决被害人损失的赔偿问题,减少被害人或其近亲属的诉累,有利于节约诉讼资源;有利于有效维护被害方的合法权益,及时弥补被害方因犯罪行为造成的物质损失;有利于有效化解社会矛盾,切实贯彻宽严相济刑事政策,实现"案结事了"。

一、实践运行:刑事附带民事赔偿现状

(一)全景俯瞰

1.求偿偏差。被害方要求与被告人偿还能力的冲突。有些案件被告人本来就是因经济窘困而去杀人抢劫的,根本没有赔偿能力,满足不了被害方要求赔偿经济损失要求。我院审理的刑事附带民事诉讼的被告人大部分系外地人,这些人大多居无定所,也无稳定的职业和工作,单凭他们自己的经济能力很难赔偿被害人遭受的物质损失。要求赔偿数额明显超出绝大部分被告人的实际赔付能力,而期望值过高的被害方往往又不愿让步,对于无法达成赔偿协议的案件作出判决,被告人被执行死刑或者入狱服刑,赔偿判决实际上无法执行。

2.规范冲突。被害方要求与法律规定的冲突。被害方提出的要求超出法定最高限度,得不到法律的支持。有一部分重型犯罪案件的被害方拒不接受任何赔偿,只要求判处被告人死刑;另有一部分被告人有赔偿能力,希望通过赔偿、悔罪来减轻处罚,但被害方则提出天价赔偿数额。有的被害人既要求得到相应的赔偿,又要求对依法不应当判处死刑立即执行的被告人判处死刑立即执行。

3.群体特殊。被害方群体特殊性。多数案件的刑事被害人一方集中了"老、弱、残、困"四大特征。加上受到犯罪的侵犯往往陷于钱物短缺的困境,雪上加霜,处境艰难。

---

* 杜新春,东莞市中级人民法院刑一庭副庭长。邹少卿,东莞市中级人民法院刑一庭法官助理。

（二）范围特定

《刑事诉讼法》司法解释第一百九十二条："对附带民事诉讼作出判决，应当根据犯罪行为造成的物质损失，结合案件具体情况，确定被告人应当赔偿的数额。犯罪行为造成被害人人身损害的，应当赔偿医疗费、护理费、交通费等为治疗和康复支付的合理费用，以及因误工减少的收入。造成被害人残疾的，还应当赔偿残疾生活辅助具费等费用；造成被害人死亡的，还应当赔偿丧葬费等费用。"本文根据法律规定赔偿犯罪范围来作为赔偿的依据，关于赔偿范围的讨论不属于本文探讨的内容。

二、现实困局：司法实务刑事附带民事赔偿无法到位

（一）刑事附带民事赔偿阻碍梳理

刑事附带民事诉讼生效判决的有力执行是弥补刑事被害人及其亲属的损害的最好方式，然而现实情况却是刑事附带民事赔偿中，法院判处中赔偿部分难以完整地执行到位。阻碍分为以下方面：

1.心理因素：被告人存在抵触心理。被告人及家属，认为已经被判了刑罚，得到惩罚，就不用继续赔偿被害方的损失了。一部分被告人破罐破摔，不愿意想办法弥补被害方的损失，称法院怎么判决都行。有的被告人单方面认为法院处理不公，判决判重了，拒不履行附带民事赔偿。

2.外在影响：被告人缺乏赔偿履行的能力及财产。我院审理的一审案件被告人多是故意伤害、故意杀人、抢劫等重型案件的犯罪分子，他们多数来自偏远农村，受教育程度低，收入低微，生活本来就困难。被判刑入狱之后，丧失了人身自由，也丧失了经济和收入来源，加上出狱后也很难找到工作，因此对判决要求的附带民事赔偿，多数案件都难以履行。在我院经办的刑事附带民事诉讼中，多数被告人有赔偿的意愿，愿意赔偿，但又无个人财产可以执行。

3.思维偏差：被害方坚决不要赔偿，只要求严惩被告人。一部分被害方尽管家庭极其困难、生活无着落，无任何收入来源，但是宁可选择不接受被告人的补偿，也要求法院从重判决被告人，以达到复仇意愿的满足。在案件判决后，一旦达不到被害方心理预期的要求，就重新要求赔偿。后续达不到要求，则会产生心理的失衡，质疑法律的不公正，怀疑存在暗箱操作。

4.程序维度：侦查、起诉、审理三个阶段公检法三家未能协调配合，履职阶段分散。检察机关以及公安机关着重查处刑事犯罪事实，而对于被害人的民事赔偿权利，他们则会不告知或不理会，被害方在审判阶段才提出附带民事赔偿，这样会造成附带民事赔偿无法履行的情况。

综上，在法院审结的刑事案件中，刑事附带民事被告人自己通常没有财产也无履行的能力，法院无法强行罚款、扣押、查封及冻结等，强制执行措施并无执行的意义。

（二）刑事附带民事赔偿异状分析

1.个案层面上被害人家庭陷入困境。由于被害人往往是家庭经济支柱，受害家庭的主要经济来源被切断，又不能及时得到赔偿，导致家庭困难。我院审理的案件有大量被害方家庭只剩下老幼妇乳，家庭支柱不在了，导致老人无人赡养、孩子无人抚养，整个家庭支离破碎、难以为继。

2.宏观层面上是影响社会不稳定的因素。被害人家属得不到赔偿，心理诉求得不到舒缓，往往成为影响社会稳定的因素。

一些刑事案件被害人会因无法获得赔偿而上访、缠访或闹访，严重影响社会稳定。个别被害人或其家属因求偿权得不到全部满足甚至走上犯罪道路，出现被害人向犯罪人转化的情况，引发更严重的社会不公。①

3.价值层面上司法公信力及司法权威被削弱。刑事案件中涉及命案的案件，被害人家属息诉服判难，他们要求严惩凶手，以命还命，如果被告人未被判处死刑，被害人家属就认为法院枉法裁判，司法不公。社会影响大，社会公众、新闻媒体关注、聚焦多，如果后续判决赔偿执行不到位，更加重了被害人家属及社会对司法保护的猜疑与不安，严重损害公众对法律权威的信仰。

三、进路探寻：探索刑事附带民事赔偿新机制

法律构成了社会生活，法律亦来自社会生活。法院通过纠纷解决，彰显了国家权力的符号功能和惩罚功能。对于每一个案件，要求法院不仅解决一个法律案件，还要解决一个社会事件，基本修复被破坏的社会关系。为此，在审结刑事案件过程中，必须切实加强刑事附带民事调解以及刑事被害人救助工作，加大对刑事被害人权益的保障力度，不能使被害方流血又流泪。

（一）在操作层面上构建多元分层的调解方式

当今"杀人偿命"的报应主义刑罚观应淡化，被害人及家属应更加注重考虑自己被害后的赔偿。既公平又对社会有益，既为被害人及其家属和社会提供帮助，又能使罪犯得到改造的惩罚方法，才是刑罚的真正目的。②

1.理念确定：以恢复性司法理念为指导

处理刑事案件，要充分认识到刑事附带民事赔偿的特点，认真贯彻宽严相济刑事政策。陈瑞华教授将我国刑事诉讼中民事赔偿问题的解决概括为"先民后刑"模式，即在确定被告人构成犯罪的前提下，先进行附带民事诉讼的调解，及时有效地解决民事赔偿问题，然后将民事赔偿作为重要的量刑情节，从而确定被告人的最终量刑。③ 所以我们要以恢复性司法理念为指导，以调解为根基。调解既是一个老办法，也是一个新办法，要常讲常新，不断赋予新内涵、注入新活力。用"能调则调，当判则判，调判结合，案结事了"的十六字原则来指导我们的审理工作。正视并充分考虑刑事案件被害人的正当诉求，坚持依法惩罚犯罪与维护被害人合法权益并重，抓住时机，进一步加大民事赔偿调解的力度，探索多种调解方法，以提高自动履行率。

2.路径发展：多层次调解贯穿始终

第一，鼓励"庭前调解"。在法院阶段，案件立案之后，即可联系被告人家属及被害人家属，组织双方调解。这个阶段被告方的工作多数都比较好做，在我院审理的刑事附带民事案件中，除个别被告人家里实在是贫困，拿不出赔偿款，绝大部分被告人家属，都有积极赔偿的

---

① 刘玫：《论公诉案件被害人诉讼权利的完善及保障》，载《中国政法大学学报》2017 年第 1 期。
② 庄建南；戴贤义；李忠强；周甲准《死刑案件中的被害人工作》，载《人民检察》2011 年 19 期。
③ 陈瑞华：《刑事附带民事诉讼的三种模式》，载《法学研究》2009 年第 2 期。

意愿。这种情况下,需要释明如果认定为认罪态度好,有悔罪表现,明确在量刑时可以从轻处罚。并且可以鼓励被告人及其家属在判决前预缴财产刑执行保证金及赔偿金,以保证财产刑执行到位。但这时被害方的工作可能比较难做,被害方多数正处于情绪比较激动,报复心态比较强烈的阶段。

第二,强化"庭审调解"。搭建刑事调解平台,促成双方真诚沟通协商。我院审理的案件中,被害人多来自经济落后的偏远地方,文化程度低,即使是平时的交流,也难以理解,更别说涉及专业的法律知识。基于被害方的弱势地位,应扩大法律援助的适用范围,使被害方与被告人一方有对等的协商谈判能力。法官在查明被告人犯罪事实等刑事部分后,就庭前调解中双方仍存争议的附带民事赔偿部分再行主持调解,根据双方的要求有针对性地做调解工作,让被告人与被害人有机会面对面协商解决赔偿纠纷,被告人有机会对因犯罪行为给被害人造成的物质损失和精神痛苦尽情忏悔。通过这个阶段的调解机制,一方面可以使被告人再次亲身感受被害人的痛苦,促其从思想上真正认识犯罪的危害性,另一方面可以使被害人看到被告人身陷囹圄已受到报应,从而能更加理性地考虑被告人的实际赔偿能力,而这种理解又会反过来促进被告人的转化。这种面对面、亲历性的交流,能够把双方的矛盾争议点清晰化、重点化,使调解能够较好地满足双方的需求。

第三,保障"庭后调解"。对庭前、庭中都没能达成调解协议的案件,我们采取降温法,暂且搁置对具体案件的处理。开庭时可能距离案发时间较短,被害方还未完全从悲伤中走出来,心理上还有过不去的坎。被告方还在犹豫、考量利益得失。这个阶段将与民事赔偿有关的法律规定告知双方,指导其计算出应赔、应得数额。释明赔偿后达成谅解的对被告人判处刑罚的影响、从宽的幅度以及被害方能够在调解中得到赔偿。

3.依靠力量:社会力量协助法院调解

充分利用社会力量解决社会纠纷。主要有以下几方的力量可以充分地利用:第一是被告人家属的力量。因为被告人被羁押,被告人财产多数被控制在其家属手中,动用家属的力量参与其中,能够帮助被告人积极赔偿被害人,从而达成双方和解。第二是动用代理人及辩护人的力量。辩护人更能设身处地为被告人着想,能够以专业的角度劝说,更具有说服力。第三是集合双方居住的村委及社区的组织力量。充分发挥村委及社区的力量,运用法、情、理,耐心疏导,达到柔性调解的目的。

4.内部强化:法官需要具备的调解技能

刑事法官不仅需要具备扎实的法学功底,还需要具备比较丰富的社会知识和心理知识,需要法官智慧参与刑事附带民事案件。第一法官要量体裁衣。针对每一个不同案件,调解要抓问题、抓焦点。这就要求法官认真听取被害人一方及被告人一方的诉求,全面掌握案件发生的来龙去脉,了解双方的家庭背景、家庭财产状况、生活环境乃至亲朋好友的情况、当地风土人情等等。只有全方位地了解案情、了解双方,才能把工作做到双方当事人的心坎上。第二是法官要讲法析理。法官要善用法、理、情,平衡双方利益需要和情感需求。被害方作为利益受侵害一方,对于自身正义的实现往往有着迫切甚至超出合理范围的期待。对于这类期待,应当给予合理控制。[①] 引导被害方将关注的重点放在一家人今后的生活、生存上,而不是一直停留在怨恨、报复的心态上。引导被告人一方放在自身悔过、弥补过失及今后的

---

① 王芳:《刑事诉讼中积极赔偿对量刑的影响及其合理控制研究》,载《法学论坛》2020年第5期。

改造上。同时注重被害人精神利益的实现,设置一个被告人向被害人当面道歉的流程,纾解被害人的心理情绪,满足其精神利益的要求。

法官审理刑事附带民事案件,调解的达成,对被害人而言可以及时得到赔偿款,经济上的损失能及时得到弥补;对被告人而言,量刑时可以酌情从轻考虑,有利于罪犯的转化;对社会而言可以及时化解矛盾,排解社会纠纷,促进社会稳定。因此,审判工作中,我们要更新调解观念,不断改进调解方法,创新调解机制。积极引导双方寻找切实可行的解决方案,力争使各方面利益均得到有效保护。从被动调解到主动调解。克服过去单纯看裁判结果对错的狭隘做法,注重案件的社会效果,强化案后负责的社会责任意识,追求审判结果的和谐化。通过刑事调解尽可能给被害人家属争取赔偿款的落实、促进双方矛盾的化解。赔偿及时到位,完成了法律效果和社会效果的统一。

（二）在协作层面上公检法司联动机制

在刑事附带民事诉讼案件中,公、检、法三部门及司法局应主动将调解及赔偿被害人贯穿于案件的全过程。

1.权利保障。强化附带民事诉讼权利告知。赋予被害人一方知情权,被害人知情权是指被害人具有知悉具备何种诉讼权利、诉讼参与方式、案件诉讼进程与结果的权利。[①] 明确侦查、预审、批捕、起诉、法律援助等各自办案环节,司法工作人员在履行职责时均应告知被害人提起附带民事诉讼的时间、程序、申请财产保全及调解解决的方法;告知犯罪嫌疑人、被告人及其他共同加害人履行赔偿的义务、可能赔偿的数额、缴纳的方法,赔偿与量刑的关系。[②]

2.制度保障。公检法联动配合,建立被告人财产调查及完善财产保全制度。从实践中出现的问题看,能够执行到位的关键在于能否及时采取财产保全措施。刑事案件本身的特点是,多数被害方并不能在第一时间知悉刑事案件的最新进展,而嫌疑人、被告人及其家属反而先于被害方知悉刑事诉讼的进展情况。被告人亲属为了不履行将来的生效判决,可能故意转移、隐匿财产。如果将申请财产保全的时间限制在侦查结束以及到法院的诉讼环节,会造成无法挽回的损失,造成无法执行到位的局面,不利于保护被害方的利益。

建立和完善包括诉前对被告人财产进行扣押和冻结在内的财产保全制度,完善财产执行制度。刑事诉讼中,如果等案件到了法院审判环节再采取保全措施,往往是已经错失了最佳时机。当被害人主动或在被告知而提出诉前财产保全的意见后,如果同时向侦控机关提出协助申请的,那么侦控机关应当在不妨碍案件办理的情况下,将在办案过程中所掌握的被害人伤情损害、被告人身份和财产状况等证据材料,提供给被害人。[③]

所以在侦查过程中,基于保全证据、保全财产的需要,侦控机关对涉案财物可以进行查封、扣押和冻结。法院自行采取保全措施的,可以要求侦查机关协助执行。

3.机制保障。建立持续动态的赔偿机制。一是适应刑事附带民事案件的特点,应规定较长的执行期限。一些被告人因被判刑到监狱服刑,而失去了人身自由,当时没有财产承担

---

① 刘梅湘:《刑事被害人的知情权探析》,载《现代法学》2006年第4期。

② 《青岛:全力化解刑附民赔偿案》《人民法院报》2013年8月27日。

③ 穆远征、戴蕾:《刑事案件附带民事诉讼诉前财产保全的规则完善》,载《广西民族大学学报(哲学社会科学版)》2014年第36卷第5期。

民事赔偿责任,可能导致附带民事判决短期内难以得到执行或者履行。等有些犯罪人刑满释放后重新积累起自己的财富,被害方却无法再向他们索赔。为充分保护被害方的利益,可以考虑就刑事附带民事判决的执行作特别规定,像对待追诉时效一样,规定一个比较长的执行时效。被告人确实没有可供执行的财产的,法院应当中止执行而不是终结执行。在未来相当长的一个期限内,被告人刑满释放后重新积累起自己的财产的,被害方仍然有权重启附带民事判决执行程序,要求被告人履行判决确定的侵权赔偿责任。

二是改变现有的服刑人员报酬制度。罪犯在监狱服刑时,可以获得报酬,用于刑事附带民事赔偿。如福建泉州监狱则进行了一项有益尝试,鼓励服刑人员将劳动报酬用作被害人的赔偿,此举获得了社会的广泛赞誉,为解决加害人无赔偿能力问题及劳动报酬用处明细化提供了思路。[①] 同时,应将其他服刑人员在服刑期间通过劳动改造等获取的相应报酬,通过专门机关转至救济被害人基金之中,促进罪犯的改造。

(三)在价值层面上规范刑事被害人救助制度

在司法实践中,现有的法律法规对犯罪人的权利保护比较全面,忽略了刑事被害人的权益。往往是刑事被害人获得了诉讼胜利,但赔偿得不到执行,得到一纸空文。在当今网络信息化时代,刑事被害人的悲惨遭遇,会通过网络媒体快速传播,很容易激起广大社会公众的同情心,社会公众为被害人的遭遇唏嘘不已,同时也会对司法裁判公正性产生怀疑。严重地损害司法公信力、裁判的权威性。建立刑事被害人救助制度,当刑事被害人求偿不能时,国家应该及时地给予救助,才能够解决这种失衡现象,矫正社会正义的偏差。被害人也能够享有法定保护,被害人受到损害之后,能够及时地得到救助,失衡的心理和不平的情绪会逐渐地稳定,会慢慢继续融入社会生活中。让刑事被害人获得切实的利益,有助于维护司法的公平正义,树立司法的公信力,提高法制权威,也能够实现依法治国的基本策略,推动社会和谐稳定发展。[②]

1.拓宽资金渠道,保障救助来源

单独建立"刑事案件被害人救助基金"。资金来源可以参照《国家赔偿法》的规定,第一,由政府财政统一划拨。由财政部划拨一定的经费设立刑事案件被害人救助基金,救助机关每年可获得固定的资金来用于救助全国的刑事案件被害人。第二,由法院、监狱等部门负担一部分。从法院的罚金、监狱作业成品所得、犯罪分子违法所得和没收财产的变卖所得中划拨一部分。第三,接受社会捐助。广泛发动社会力量,积极宣传,动员全社区参与其中。这样多种渠道来保证经费充足,以满足被害人及其近亲属的需要,也在一定程度上体现了救助、补偿与刑罚互补的原则。

2.明确救助范围,确保机会平等

刑事被害人救助范围为:第一,人身损害,包括生命和身体健康;第二,财产损害,但该种损害应以刑事被害人遭受重大财产损失为前提,且因案件无法侦破或加害人不能赔偿或全部赔偿而陷入生活困难的情况。

刑事被害人救助,应以解决刑事被害人及其近亲属生活面临的急迫困难,维持最低生活

---

① 王选辉:《福建服刑人员劳动奖励标准翻番:三千人将劳动所得补偿受害者》,2018 年 8 月 7 日《澎湃新闻》第 3 版。

② 张玲《司法救助立法的价值取向》,载《人民司法(应用)》2016 年第 4 期。

需求为原则。救助数额计算标准可以参照《国家赔偿法》的规定来执行。在救助数额上应该采用国家整体宏观指导,各地根据其所在地经济发展情况确定救助上下限额,在限额范围内确定若干档次的做法。由于我国各地政府财力和居民生活水平不均,在确定具体补偿金额时,全国不能整齐划一,最高限额可以根据一些特殊情形,经法定程序适当变通。同时也应设置各种不同被害程度的救助下限数额,以保证救助金数额不至于太少,防止杯水车薪反而起不到应有的保障作用。

同时还要建立健全社会生活救助制度,将刑事被害人覆盖在社会救济的保障之下,既要保障物质方面的救助,同时也要有可持续发展的能力保障,包括为失业的被害人提供就业机会,给予培训提高能力的机会,为刑事的被害人提供心理咨询和辅导等等。社区组织或村委会积极参与,重点关注,采取有效的措施对生活困难的被害人及其家庭提供基本的生活保障,让被害方能够正常地重新生活下去。

推进庭审实质化的困境及路径探索

黄运祎　　饶含垚*

推进以审判为中心的刑事诉讼制度改革,是党的十八届四中全会作出的重大决策,是一项事关全局的改革部署,体现了中央对司法性质和规律的科学认识和把握,明确了我国刑事诉讼制度的发展方向。而推进以审判为中心的刑事诉讼制度改革,目的是促使所有执法办案人员都树立办案必须经得起历史检验的理念,确保侦查、审查起诉的案件事实证据都经得起法律检验,保证庭审在查明事实、认定证据、保护诉权、公正裁判中发挥决定性作用。庭审是审判的关键环节,庭审实质化是审判中心主义的应有之义。

长期以来,庭审虚化现象在我国刑事司法实践中一直是个顽疾,法官对案件事实的认定和法律的适用往往通过庭审之前或之后对案卷的审查来完成,庭审在刑事诉讼过程中未能完全起到实质化作用。庭审实质化就是要解决庭审虚化的问题,使法官牢固树立"以审判为中心"科学司法理念,贯彻证据裁判原则,努力做到事实证据调查在法庭,定罪量刑辩论在法庭;坚持重证据,不轻信口供,没有证据不得认定案件事实;努力把好案件事实关、证据关、程序关、法律适用关。

一、当前庭审实质化面临的困境

全面推进庭审实质化,其出发点在于确立审判程序在刑事诉讼中的中心地位,发挥庭审的制约把关作用,形成倒逼机制,促使公安机关和检察机关依法规范侦查、起诉活动,解决司法实践中起点错、跟着错、错到底的问题,共同维护刑事司法公正。但是,当前庭审实质化面临着以下困境:

(一)证据不完全符合裁判标准

在长期司法实践中,公安机关、检察机关和审判机关对刑事案件的诉讼结构体现为流水作业。《刑事诉讼法》规定的分工负责、互相配合、互相制约原则从法律规定中确立了流水作业的诉讼结构,这也是形成以侦查为中心的诉讼模式的主要原因①。同时,检察机关移送的案件存在较多瑕疵,侦查、审查起诉阶段并未完全按照裁判的要求和标准收集、固定、审查、运用证据,导致法院在认定证据时,经常需要补查补证。而实践中对于法院发出的补充侦查

---

*　黄运祎,东莞市中级人民法院刑二庭副庭长;饶含垚,东莞市中级人民法院刑二庭法官助理。

①　白雪峰、何晓:《刑事庭审实质化改革的路径和方法》,载《法制博览》2019年第2期。

建议,公诉机关存在未按照建议开展补充侦查或补充侦查流于形式的情形,这大大转移并加重了法官的事实审查义务,也放大了办案风险。比较典型的例子如在死刑案件中缺少 DNA 鉴定、辨认笔录不规范,导致认定死者身份的证据不足。在证据不完全符合裁判的标准下,要做到庭审实质化所要求的证据认定在法庭,必然存在极大的阻碍。

(二)刑事庭审存在形式化现象

据江苏省南京市建邺区人民法院课题组以南京市两级人民法院的刑事法官为调研对象的一项调查显示,庭审形式化现象主要有以下 5 个方面的表现[①]:一是刑事法官对"以审判为中心"存在认识分歧。在"以审判为中心"上,有的法官认为应当以案卷为中心,通过查阅卷宗来开展审判工作;也有不同观点认为应当以庭审为中心或以证据为中心、以当事人为中心展开。对如何"以审判为中心"认识存在的分歧,影响了法官对刑事案件庭审的重视程度,对于不认可庭审重要性的法官来说,阅卷工作和证据调查核实可以在庭外下功夫,不需要在庭审上较真,从而导致了庭审的虚化或弱化。二是法官对庭前准备不够重视,庭前会议很少召开。庭前会议集中于审理极少数疑难复杂案件时召开,且召开次数极少。三是人民陪审员参审效果不够理想,加剧了庭审的形式化。基于中外陪审制度差异及陪审员素质,有观点认为陪审员参与合议庭后,很难发挥与审判员相同的职能,存在"形合实独"现象。四是刑事案件一次开庭当庭宣判率不高,庭审形式化凸显。当庭宣判集中于组织旁听、异地开庭和案件过于简单等情况,当庭宣判并未成为常态而是多适用于特殊情况、特殊案件。五是非法证据排除适用率低,法官满足于形式化坐堂问案,积极调查取证较少。刑事法官坐堂问案的传统源远流长,庭审习惯于形式化的审理,或者不愿意惹麻烦进行深入的调查取证,直接影响了庭审的效果。

(三)直接言词原则贯彻不力

刑事案件长期以来实行的是案卷中心主义的审判模式,《刑事诉讼法》第 195 条也规定,对未到庭的证人的证言笔录、鉴定人的鉴定意见、勘验笔录和其他作为证据的文书应当在法庭上宣读。也就是说,如果没有通知证人出庭,可以宣读侦查机关收集的书面证词,以便在法庭上取代证人作证。刑事侦查卷宗的固定和传递实现了从侦查到起诉再到审判的紧密联结[②]。而当前实践中,证人出庭较少的状况,将无法保障对证人证言的查证工作。同时,司法实践中,法官当庭也很少对证据进行认证,庭审中法官基本很少对争议观点作出评判。不可忽视的是,由于案卷中心主义的审判模式,法官习惯于事先阅卷的审理方式,在应对直接言词能力上有所欠缺,休庭成为规避直接言词审理的常态。

(四)法官庭审驾驭能力有待跟进

在案卷中心主义的审判模式长期影响下,法官习惯于通过庭前或庭后阅卷方式形成裁判结果,在庭审指挥上亦重视不足。而庭审实质化既要求法庭上控辩对抗实质化,也要求裁判结果形成于法庭,这对于法官长期以来的工作模式和对庭审的掌控提出了更高的要求,在相应能力建设上也亟待跟进。

---

① 王亚明:《刑事一审庭审规范化的实证分析及路径探讨》,载《刑事审判参考·总第 111 集》,第 247~251 页。

② 白雪峰、何晓:《刑事庭审实质化改革的路径和方法》,载《法制博览》2019 年第 2 期。

（五）司法资源配置不足

当前，随着社会经济的发展，加之转型期的加速，社会矛盾日益凸显，案件纠纷数量激增。据统计，2018年，最高人民法院受理案件34794件，审结31883件，同比分别上升22.1%和23.5%；地方各级人民法院受理案件2800万件，审结、执结2516.8万件，同比分别上升8.8%、10.6%和7.6%①。在案件逐年增长的情况下，加之法官员额制改革，案多人少的矛盾进一步加剧，人民法院的司法资源配备已是捉襟见肘。而按照庭审实质化的改革要求，庭审实质化所需投入的人力、物力、时间等司法资源更加庞大，如要求所有案件均按照庭审实质化的要求进行，在实践中，必将难以推进。

二、当前庭审实质化的困境分析

（一）"以审判为中心"的理念尚未完全树立

长期以来，我国实行的是以侦查为重心的"分段包干""流水作业"模式。如果以侦查或者起诉为中心，由于侦查权、公诉权与生俱来的追诉倾向，很容易导致有罪推定。如果所有证据都是基于有罪推定收集、调取的，审判只能沦为侦查、起诉的附属，成为对有罪推定进行机械确认的"橡皮图章"②。正是由于长期以来的"以侦查为中心"模式，侦查机关、审查起诉机关在证据标准上未以裁判标准为标准，在刑事诉讼的程式设计上，也与"以审判为中心"有所出入，也使得扭转公检法机关的理念认识是个漫长的过程。而确立审判的中心地位触及整个刑事诉讼制度的根基，推动刑事诉讼从侦查决定转变为审判决定关涉国家权力的重新调整与配置，是一场复杂多变、矛盾交织的变革。因此，以庭审实质化为突破口，将有助于树立庭审的中心地位，有利于树立"以审判为中心"的理念。

（二）司法责任制未得到完全贯彻

《中共中央关于全面推进依法治国若干重大问题的决定》指出，要明确各类司法人员工作职责、工作流程、工作标准，实行办案质量终身负责制和错案责任倒查问责制，确保案件处理经得起法律和历史检验。然而，随着司法改革的推进，司法责任制并未得到完全贯彻，审判委员会与院庭长与合议庭、法官之间在案件上尤其是大案要案的工作职责并未明晰，很多案件法官和合议庭往往不能负责。在案件终身负责的情况下，法官为了规避自身风险，会将案件移交审判委员会讨论决定，从而使得庭审的作用进一步降低，加强庭审形式化。

（三）庭前会议制度欠缺和证人到庭制度空转

刑事诉讼法对庭前会议的启动主体、适用范围、会议内容和效力缺乏刚性制度规定，导致司法实践中对庭前会议适用的随意性较大，法院主导了庭前会议的召开，检察院及辩护律师对庭前会议积极性不高。大多数法官认为庭前会议需要解决的问题，通过庭审可以解决，认为庭前会议浪费司法资源。辩护方为进行证据突袭，往往不愿意在庭前会议展示对被告人有利的证据③。上述制度欠缺及自利心态导致我国的庭前会议制度存在"缺位"或"越位"

---

① 周强：《最高人民法院工作报告——2019年3月12日在第十三届全国人民代表大会第二次会议上》。

② 卫跃宁、宋振策：《论庭审实质化》，载《国家检察官学院学报》第23卷第6期。

③ 叶锋：《审判中心模式下庭前会议的司法困境与出路——基于F省F市运行现状的实证分析》，载《法律适用》2015年第12期。

现象,不能为庭审规范化创造有利条件,法官及控辩各方缺乏协同作战观念,导致庭审不仅拖沓,而且调查争议焦点不突出,庭前会议制度的实施未达到预期效果。

《刑事诉讼法》第 187 条就证人、鉴定人、警察出庭条件作了规定,体现了法治进步,但是又规定"人民法院认为证人有必要出庭作证的,证人应当出庭作证"。同时,刑诉法还允许控方当庭宣读未到庭证人证言笔录,并就鉴定人是否需要到庭说明情况规定,取决于法院认为是否有必要出庭。有无必要出庭的判断权均在法院,基于证人、鉴定人出庭难、开庭时间协调和所产生的费用支付等保障问题难以解决的情况,法官可以每个案件都认为不需要证人、鉴定人出庭。在没有刚性约束的条件下,上述规定会影响辩方的质证权,直接影响庭审直接言词原则的落实,加剧了辩护方的庭审弱势地位,不利控辩对抗实质化。

(四)办案压力和滞后的司法理念削弱庭审实质化动力

庭审实质化要求充分保障辩论,保障控辩双方在庭审中的发问、质证、辩论等诉讼权利,保证控辩意见发表在法庭。我国刑事诉讼法虽将庭审模式转变为控辩式已久,但在纠问式和"案卷中心主义"模式影响下,对庭审的控辩对抗实质化重视不足,对于证据分歧不擅长进行调查引导和当庭认定,在质证环节也习惯打包出示,使庭审不够规范。同时,由于长期以来的结案考核制度和案件不断增长的压力,法官追求结案,促进了审判程序中的效率取向,表现在庭审中就是未能充分保障控辩双方发表意见的时间,未能充分发挥法庭作为查明真相、解决争议的场所的功能。

(五)"繁简分流"缺位

2018 年修订的刑事诉讼法在简易程序的基础上,新增了认罪认罚从宽制度和速裁程序,然而认罪认罚从宽制度规定较为原则,在诉讼程序上与普通程序并无特别区别。而被告人在获得实体利益后,当前实践中也存在较多在第一审法院适用认罪认罚从宽后仅以量刑过重为由提出上诉,未能取到很好的节约司法资源作用。从而使得在法院案件压力繁重的情况下,"繁简分流"机制未能有效建立,无法起到释放司法资源展开庭审实质化的作用,制约了庭审实质化的开展。

三、庭审实质化的路径探索

对于庭审实质化的实践探索,司法实践已经取得了一定成效,2017 年 6 月最高人民法院出台"三项规程"[即《人民法院办理刑事案件庭前会议规程(试行)》《人民法院办理刑事案件排除非法证据规程(试行)》和《人民法院办理刑事案件第一审普通程序法庭调查规程(试行)》]并部署试点工作,进一步明确和细化了庭前会议、非法证据排除、法庭调查等关键环节、关键事项的基本规程,有助于解决证人出庭难、非法证据排除难、疑罪从无难等问题,提高刑事审判的质量、效率和公信力。而为更好实现庭审实质化,保证庭审在查明事实、认定证据、保护诉权、公正裁判中发挥决定性作用,可从以下四个方面进行努力。

(一)统一证据证明标准

庭审要以认证为中心,而认证是以证据为依托,要加强公检法的部门协调,建立通过庭审引导、倒逼侦查机关、公诉机关按照裁判的要求和标准收集、固定、审查、运用证据的机制,从而强化侦查、审查起诉、审判阶段均"以审判为中心"的意识。而两高三部《关于推进以审判为中心的刑事诉讼制度改革的意见》也提出,侦查机关、人民检察院应当按照裁判的要求和标准收集、固定、审查、运用证据,人民法院应当按照法定程序认定证据,依法作出裁判;建议健全符合裁判要求、适应各类案件特点的证据收集指引；侦查机关应当全面、客观、及时收集与案件有关的证据。因此，推动证据标准前移，统一证据证明标准机制的建立，有着上位规定的现实基础。

（二）健全庭审规则

司法证明实质化要求诉讼证据出示在法庭、案件事实查明在法庭，控辩对抗实质化要求诉辩意见充分发表在法庭，而要实现司法证明实质化、控辩对抗实质化有赖于庭前会议等庭审相关机制的规则建设，加强可操作性和刚性约束，如此，有利于在庭审中贯彻直接言词原则。

要以"三项规程"为抓手规范完善法庭审理程序，进一步明确和细化庭前会议、非法证据排除、法庭调查等关键环节、关键事项的基本操作规则，确保规程全面落地。同时，在庭前会议中，充分发挥法官助理的作用，解决程序性争议的庭前会议探索由法官助理单独主持，以减轻法官负担，提高召开庭前会议积极性。同时，为保障被告人的辩护权，要继续推进刑事案件律师帮助辩护全覆盖，进一步加强法律援助经费保障，并通过适当的奖惩机制引导援助律师加强责任心和积极性。另外，还要完善关键证人出庭作证制度，规范法院对证人出庭必要性的审查，加强出庭经济保障和人身保护，完善证人强制出庭机制。

（三）更新司法理念，强化庭审考评

刑事法官要特别树立庭审规范权威的理念，严格按照庭审操作规程执行，不能简化程序。同时，进一步拓宽庭审公开的渠道和方式，借助庭审直播等公开平台，使公诉、辩护和审判活动同步接受法庭内外的监督和评判，并将庭审列入法官的年度考评中，倒逼法官更新司法理念，重视庭审，加强庭审规范化和对庭审的掌控能力，从而促进庭审优质化。

（四）优化"繁简分流"程序

刑事庭审实质化，意味着关键证人将走上法庭，对被告人的权利保障将会更加完善，相应地，庭审效率较之以往将会有所下降[①]。因此，要推进庭审实质化，尤其是在案多人少的背景下，必须推进繁简分流和速裁机制改革，合理配置有限的司法资源，提高审判工作效率。遵循刑事诉讼规律，将有限的司法资源配置向处理疑案、难案和不认罪案件倾斜，着力构建重大、疑难、复杂和不认罪案件精审、细审，简单、轻罪和认罪案件简审、快审的双轨制诉讼程序，同时探索对认罪认罚从宽案件和速裁案件实行一审终审的审判程序，为深入推进庭审实质化创造条件。

---

① 孙长永、王彪：《论刑事庭审实质化的理念、制度和技术》，载《现代法学》第 39 卷第 2 期。

审判中心视野下证据标准的指引模式

——以性侵案件为例

尹巧华[*]

刑事案件经历侦查、审查起诉、审判,对案件证据的审查有三个明确区分的阶段,分别由三个不同身份(侦查人员、公诉人、裁判者)进行,而刑诉法对侦查终结、审查起诉、审判定罪的标准均是"事实清楚,证据确实、充分",以此充分表达对案件客观真实不懈追求的价值取向。然而,公检法三机关在案件进程中的角色、职能不同,对上述证明标准的准确、统一的把握实践中存在很大困难,尤其是公检机关在侦查、审查起诉自向证明活动形成的打击犯罪的使命感,造成对证据疑点的容忍度过高,对证明标准的认知判断向侦查阶段趋同,与审判所需证据要求之间出现差异。法院作为审判机关,是侦、诉、审三段中的最后一个环节,因此被赋予"最后一道防线"的期许,但这道防线"从来也不是、也不可能是最坚强的防线,最不可能是牢不可破的防线,其实只是最弱的一道防线"[①],直面此现实,法院一直积极于将审判所需要证据标准传导至前阶段的侦查及审查起诉阶段,以期提高案件证据质量。1998 年,最高法院刘家琛副院长组织过专家、学者撰写并出版了《新刑法定罪量刑证据适用手册》一书,试图罗列各罪名适用于各刑事诉讼阶段的证据规格;2000 年,检察机关也曾制定过控方最低证据标准[②],作为当时主诉检察官改革的配套改革课题。当前以审判为中心司法改革明确提出要建立统一的证据标准,与之前所确立的"证据规格"或"最低证据标准"有明确区别,需要对侦查、审查起诉更明确的指引功能,才能扭转之前侦查中心的态势。在此背景下,本文选取性侵这一证据链条较短、证据分布集中且受政策影响较小的传统案件类型来窥视现行"证据标准"的运行情况及指引功能体现。

一、现象:同一证明标准下的证据标准差异

以一件强奸案[③]为例。公诉机关指控被告人卢某与网友即被害人赵某于一酒店房间见面,并在该房间强奸了赵。赵当天即报警。该指控事实中出现了数个典型强奸犯罪要素:陌

---

* 尹巧华,东莞市中级人民法院刑二庭副庭长。

① 苏力:《是非与曲直——个案中的法理》,北京大学出版社 2019 年版,第 153 页。

② 苗生明:《关于制定刑事诉讼控方最低证据标准的初步构想》,载《刑事法判解》法律出版社 2000 年版,第 253 页。

③ (2018)津 02 刑终 397 号刑事判决书。

生人、违背意志、性行为、被害人及时报案,基本能让人推断这是一个交友不慎的女性在遭受性侵后马上报案的强奸案件。然而,该案最后审理查明的事实却是另一个事实版本:赵某在案发前两天先后与两名不同网友相约在酒店房间见面,并收到过对方网友钱款。案发当天赵某与被告人卢某相约在酒店见面,后二人在酒店房间发生性关系。卢某离开后,赵某报称被强奸。该案查明的事实展示的是一个不能被认定为强奸犯罪的叙事,直接动摇并推翻之前的被害人及公诉机关的强奸指控。

性侵犯罪在总体刑事案件中占比不高,以强奸案为例,据 2016 年《中国法律年鉴》对公安机关刑事案件立案数的统计,2010 年至 2015 年期间公安机关强奸案件的立案数为:33696 件、33336 件、33835 件、34102 件、33417 件和 29948 件;实践上,强奸犯罪行为隐案率高,强奸犯罪实际发生量远高于公安机关的刑事立案数,近年来性侵未成年人问题更得到社会普遍关切。作为一种传统犯罪,判断性侵案件证据链条的闭合与否少有政策考量,证据分布上较为固定,主要有被害人陈述、伤情鉴定、证人证言、书证及被告人供述等,取证方面相对容易确定;但实际上,性侵犯罪隐秘性高,通常是在没有第三者在场的情况下发生,较少目击者和知情人,破案主要基于被害人报案,证据上频见一对一形态,案件事实认定高度依赖言词证据,造成公安立案侦查的性侵案件部分止步于批捕、审查起诉阶段,进入司法审判的案件亦常因证据量供及不足而出现罪与非罪的争议。如前述案件上,在不存在非法证据排除的情况下,同一组证据成为两个截然不同的事实的依据,尤其是公诉机关所确认的"证据确实、充分",却被二审检察院和法院认定为"证据不足""无法得出唯一的排他性结论",反映出性侵案件证据的调查和犯罪事实的证明成为案件打击不力的重要原因,对此,以审判定罪的要求制定证据标准,将对性侵案件的证据收集、查明和应用起到重要指引作用。同时,由于待证事实及取证方向较为固定,性侵类案件更容易形成证据标准。

通过在中国裁判文书网和法信平台①上检索性侵无罪判决②得到 20 件案件裁判文书,这 20 件案件均系经过侦查机关侦查终结并判断"犯罪事实清楚,证据确实、充分",也得到公诉机关审查盖章"犯罪事实已经查清,证据确实、充分",部分案件更得到一审法院的有罪确认,最后无罪结果的出现必然经过重重把关(辩方、检察员、检委会、合议庭、庭长、审委会等),从有罪指控到无罪判决,成了案件证据无法摆渡的两岸,更突显该类案件的证据标准的指引要点和难点。有趣的是,经查阅相关裁判文书,控方证据链条的崩塌并非由辩方提交新证据所致,而是控方证据本身。

---

① 在中国裁判文书网中使用类案推送功能,设定裁判结果无罪,并在案由中选择强奸罪、猥亵儿童罪及强制猥亵罪;同时,为增强数据的全面性及准确性,在法信平台中使用类案检索,同时设定检索条件:裁判结果无罪,案由为强奸罪、猥亵儿童罪及强制猥亵罪,文书性质为判决书。

② 除了上面的案号外,其余 19 宗无罪案件的案号有:(2015)彬刑初字第 00110 号、(2015)汕城法刑初字第 58 号、(2015)唐刑终字第 129 号、(2015)深刑初字第 178 号、(2015)东刑初字第 00083 号、(2016)冀02 刑终 204 号、(2016)粤 2071 刑初 2062 号、(2017)冀 0421 刑初 4 号、(2017)晋 04 刑终 28 号、(2017)青0103 刑初字 4 号、(2017)粤 0605 刑初 3907 号、(2017)晋 01 刑终 166 号、(2017)粤 52 刑终 243 号、(2018)川 0116 刑初 599 号、(2017)皖刑再 2 号、(2018)冀 0408 刑初 196 号、(2018)黑 0604 刑初 310 号、(2018)湘3127 刑初 335 号、(2018)内 0526 刑初 296 号。根据案由区分,强奸罪 15 件,猥亵儿童罪 4 件,强制猥亵罪1 件,立案时间分布在 2015 年至 2018 年。

表1　20件性侵件无罪的判决依据

	存在问题	出现次数
1	直接证据仅有被害人陈述,无其他证据予以印证或该陈述与在案其他证据矛盾	11
2	被害人陈述不稳定,前后矛盾或未明确指证被告人有暴力、强迫行为	5
3	关键物证没有提取、丢失、取得过程不规范或存在疑点	3
4	从被告人与被害人的聊天记录反映二人案发前或案发后的行为出自自愿,没有被强迫或威胁的情况	2
5	在案证人证言是从被害人处得知的传来证据,实质上是被害人陈述内容的一部分,无法起到印证被害人陈述的作用	6
7	证人的证言与其年龄、智力水平,其对事物的认知、判断能力不符,客观真实性存疑,未能与被害人陈述相互印证	2
7	被告人的有罪供述取证合法性存疑,予以排除	2
8	主观是否明知对方是幼女	1

上述20件无罪判决的证据主要存在以下三个方面的问题:一是证据短缺,个别关键客观证据未收集,在被害人陈述与被告人供述不一致、形成一对一形态的情况下,没有其他证据对被害人陈述进行证实或对被告人的供述进行证否;二是证据内容审查不足,被告人供述因合法性问题需要被排除,物证提取程序不符合规定,鉴定意见结论存疑,证人证言、被害人陈述证明力不足等;三是证据间融贯性不足甚至存在矛盾,导致证据链出现断节。

证据作为所有案件的稀缺品,在没有检警一体(由检察员指挥侦查人员开展侦查活动)和诉前证据审查的情况下,通过证据标准将审判所需证据质、量准确、及时传达给审判前证明活动的参与者是当下以审判为中心刑事诉讼制度改革的必然之意,也是及时终止不应追诉案件的公正诉求与司法资源合理运行的效率实现。因此,统一证据标准是必要且可靠,且必须统一于审判阶段[①]。

二、规范检索:证据指引文本及模式

刑诉法第5章专章规定了刑事证据,最高人民法院关于刑诉法的解释、检察院刑事诉讼规则、公安机关办理刑事案件程序规定均有关于证据的规定,除此之外,还有大量证据规范散落在其他司法解释、办案规则等规范性文件中[②],由上述法律规定、司法解释、办案规则及其他规范性文件共同对侦查、审查起诉、审判活动中的证据收集、审查、运用等活动进行调整、规制。

---

① 能晓彪:《刑事证据标准与证明标准之异同》,载《法学研究》2019年第4期。

② 在法信平台搜索关键词"刑事+证据""证据+审查""证据+指引""证据+收集""证据+标准"的法律法规、司法解释及地方性规定,排除部分已失效或没有明确出台单位的文本后,得出与证据收集、审查相关的规范性文件。

表 2　刑事证据标准规范性文件

	时间	出台单位	名称
1	2003-01	最高人民检察院	部分罪案审查逮捕证据参考标准（试行）
2	2005-03	四川省高级人民法院、四川省人民检察院、四川省公安厅	关于规范刑事证据工作的若干意见（试行）
3	2005-04	最高人民检察院公诉庭	毒品犯罪案件公诉证据标准指导意见（试行）
4		江苏省人民检察院	故意杀人案件逮捕证据审查指引（试行）
5		江苏省人民检察院	故意杀人案件证据审查指引（试行）
6		江苏省高级人民法院	盗窃犯罪案件定案证据审查指引（试行）
7	2008-03	江苏省高级人民法院、江苏省人民检察院、江苏省公安厅、江苏省司法厅	关于刑事案件证据若干问题的意见
8	2010-06	最高人民法院、最高人民检察院、公安部、国家安全部、司法部	关于办理死刑案件审查判断证据若干问题的规定、关于办理刑事案件排除非法证据若干问题的规定
9	2014-04	安徽省高级人民法院、安徽省人民检察院、安徽省公安厅	毒品案件证据收集审查判断规则
10	2014-04	安徽省高级人民法院、安徽省人民检察院、安徽省公安厅、安徽省国家安全厅、安徽省司法厅	办理刑事案件排除非法证据操作规程（试行）
11	2015-01	浙江省高级人民法院、浙江省人民检察院、浙江省公安厅	重大毒品犯罪案件证据收集审查判断工作指引
12	2016-04	贵州省高级人民法院、贵州省人民检察院、贵州省公安厅	刑事案件基本证据要求
13	2016-09	最高人民法院最高人民检察院公安部	关于办理刑事案件收集提取和审查判断电子数据若干问题的规定
14	2017-08	江苏省人民检察院	刑事案件证据审查指引
15	2018	浙江省高级人民法院	关于刑事诉讼中技术侦查证据材料使用若干问题的指导意见

续表

	时间	出台单位	名称
16	2018-08	江苏省高级人民法院江苏省人民检察院江苏省公安厅	常见毒品犯罪案件证据收集及审查指引
17	2019-01	广西壮族自治区高级人民法院　自治区检察院　自治区公安厅	关于刑事案件涉案财物证据收集工作指引(试行)
18	2019-03	陕西省高级人民法院　陕西省人民检察院　陕西省公安厅	陕西省关于组织、领导、参加黑社会性质组织案件基本证据标准(试行)、陕西省关于包庇、纵容黑社会性质组织案件基本证据标准(试行)
19	/	河南省高级人民法院、河南省人民检察院、河南省公安厅	黑社会性质组织认定证据参考标准(试行)
20	2020-02	中共宁夏回族自治区纪委、宁夏回族自治区监察委员会、宁夏回族自治区人民检察院	自治区监察委员会移送自治区人民检察院职务犯罪案件证据收集审查基本要求与案件材料移送清单

通过对这些"证据审查指引""证据参考标准""证据审查判断""证据指导意见""证据标准""证据要求"等规范文件进行梳理可知,当前证据指引模式主要有:

(一)点状指引:证据类型

按刑事诉讼法第5章"证据"规定为框架,结合司法实践对八大类证据类型的收集、审查、核实、认定进行补充、细化和强调,典型规范文本有:两高三部《关于办理死刑案件审查判断证据若干问题的规定》,两高、公安部《关于办理刑事案件收集提取和审查判断电子数据若干问题的规定》。此类证据规范主要解决证据的收集合法性问题,审查证据是否存在因收集方法不当或不符合该类证据的形式要求而无法用于犯罪事实认定,审查内容主要包括取证主体、证据形式、证据的收集程序、方法、手段等均须符合法律的规定,此类证据指引虽与个罪、具体犯罪关联不大,但旨在提高证据的"质感",且具有普遍、通用的指引效力。

如在前述性侵无罪判决中,出现被告人在被刑事拘留以后,侦查机关未按照刑事诉讼法的规定在看守所内讯问,提讯证形式不完整,且记载的侦查阶段侦查人员对被告人的提讯时间、次数与讯问笔录严重不符,同步讯问录像与笔录记载内容不符等,造成被告人供述需要被排除。点状指引本身不应仅限于非法证据,还应包括证据本身证明力的提升,通过结合特定案件类型、证据种类的特点进行针对性指引。性侵案件中,较为关键的是如何从被害人处取得客观、详细、准确的陈述;现实中,被害人报案的动机有多种多样,诸如报复、补偿、包庇、维护自身名誉和安全等,在上述动机的影响下,被害人在接受询问时出于自卫的心理,往往表现为焦虑不安、发泄情绪并隐瞒真实情况或夸大事实的言辞,故在听取被害人陈述时,需要侦查人员在全面分析案件信息的基础上妥善识别被害人动机,及时甄别,否则可能导致被害人陈述与客观证据不符从而使真实性无法确认。在性侵案件范畴之下还可能对性侵未成年人的取证作出针对性指引,如取得未成年被害人言词时,由于未成年人的记忆不如成人固定,易受不当暗示诱发虚构的记忆,侦查员在询问时更需注意避免带有倾向性发问覆盖未成年人的原始记忆。

(二)线性指引:犯罪构成

根据某一个或一类罪名的犯罪构成的要求对案件证据的关联性、证明内容等进行审查判断,犯罪构成要件证据不局限于一个证据,而是要求一个至多个共同指向要件犯罪构成的证据完成控方对指控犯罪的每一项犯罪构成事实,并形成完整的证据链条。典型规范文本有:最高人民检察院公诉厅《刑事公诉案件证据审查指引》[①],《公诉案件证据参考标准》[②]有关于强奸罪、强制猥亵、侮辱妇女罪、猥亵儿童罪的证据审查指引,最高人民检察院公诉厅《毒品犯罪案件公诉证据标准指导意见(试行)》,贵州高院、省检、省公安厅《刑事案件基本证据要求》。如贵州公检法的《刑事案件基本证据要求》主要适用于盗窃、故意伤害、故意杀人、抢劫、毒品五类多发、重大案件。上海"206"系统是对 7 类 18 个具体罪名提供证据标准指引功能。此类证据指引要解决个罪下实体法指向的证据类型和数量,着眼于犯罪构成要件的完整性和全面性,是对证据"类"和"量"的把控[③]。

对于一个犯罪行为的认识、认定过程,侦查人员是猜测事实—证据材料—指控事实—证据固定,裁判者则是指控罪名—指控事实—证据审查,侦查机关原始掌握的证据材料大于最后固定并提交给法庭的证据,因为只有对指控罪名下犯罪构成有证明力的证据才会被移送,法官也会根据指控罪名的犯罪构成观察指控事实,再确定在案证据能否支撑待证构成要件事实。个案犯罪事实虽有各自的特殊性,但相同或相近罪名根据刑事实体法所确定的犯罪构成基本一致且相对固定,所形成的证据标准亦通行于侦查、审查起诉及审判阶段,如毒品犯罪、职务犯罪、两抢一盗、走私犯罪等案件的证据标准有其特殊要求和侧重点,死刑案件、网络犯罪案件(如电信诈骗、非法侵入计算机信息系统等)、未成年人犯罪案件亦有其证据收集和审查要点。在一线侦办人员眼里,与类案、个罪结合的证据标准更能发挥指引实际办案的作用。因此,侦查人员与法官、面对一个案件的辨认方向虽有所不同,但最终均会落入实体法中特定罪名的犯罪构成的框架中。在犯罪构成的指引下,侦查人员、公诉人、法官各自完成对案件证据的筛选、审查和认定,并通过证据认定规则判断各要件证据能否融通性贯穿,形成完整的证据链条。因此,犯罪构成不仅是犯罪成立/不成立的最终判断基准,更是刑事诉讼过程整体性的"指导形象"[④],类案或个罪的证据标准应以犯罪构成为框架。如强奸案件中基本要件是:行为人向被害人实施暴力、胁迫或其他软暴力行为→被害人不敢、不能或不知反抗→发生性关系。

(三)待证对象的明示

由线性指引引申出去,不同犯罪类型、指控罪名之下的犯罪构成具体所指有所不同,《死

---

① 最高人民检察院公诉厅:《刑事公诉案件证据审查指引》,中国检察出版社 2015 年版,第 101~109 页。

② 最高人民检察院公诉厅编、彭东主编:《公诉案件证据参考标准》,法律出版社 2014 年版,第 295~308 页。

③ 董坤:《证据标准:内涵重释与路径展望》,载《当代法学》2020 年第 1 期。

④ 杜宇:《犯罪构成与刑事诉讼之证明》,载《环球法律评论》2012 年第 1 期。

刑证据规定》中第 5 条明确"证据确实、充分"的内容包括"定罪量刑的事实都有证据证明"，但对于具体案件中作为定罪量刑事实的证据对象的具体内容，并非每个证据规范均会明示。部分规范文件笼统以犯罪主体、主观认识、客观行为来进行规定，未明确各组要件证据所需完成的证明的内容和程度，而部分规范则会进一步明示。如最高检《毒品犯罪案件公诉证据标准指导意见（试行）》就根据毒品犯罪案件的共性和特性，将证据标准分为一般证据标准（通常具有的种类和形式）和特殊证据标准（个别毒品犯罪应具有的证据形式）。陕西公检法出台的《陕西省关于组织、领导、参加黑社会性质组织案件基本证据标准（试行）》则通过黑社会性质组织的组织特征、经济特征、行为特征、危害性特征来规范证据收集、认定活动。对某一类案件而言，定案和发动刑罚权须有哪些证据、哪类证据以及具体的表现形式，证据标准对此作出了具体的要求，这也被认为是将"事实清楚，证据确实、充分"的证明标准从规范层面转化为司法实践中的具体操作层面。这种具化有外部可识别性，将"证据确实、充分"从高度抽象、概括的条文规范映射到个案中，对具体个罪的证据收集、审查和运用等具有更明显的指引效果。同时也需要指出，证明对象的明示无法做到事无巨细，否则会过于机械，失去指引的针对性和灵活性。在《刑事公诉案件证据审查指引》中，针对强奸罪犯罪客观方面要求审查犯罪嫌疑人、被告人的供述和辩解，被害人陈述，证人证言，物证、书证，鉴定意见等，及证明行为人与被害人之间是否存在通奸、同居、恋爱等特殊关系，是否利用教养、工作隶属等特定关系胁迫被害人就范等方面的证据，并提出："以谈恋爱为名、以发裸照相要挟，与妇女发生性关系的，应注意审查双方的交往情况，裸照、视频、短信等资料。"上述证据审查指引仍是按犯罪构成进行，并按强奸犯罪中可能出现的证据分布情况全面的罗列。

可见，现有证据指引规范下对案件证据需进行两个步骤的审视：单个（类）证据的证据资格及系列证据对待证事实的证明程度和完整性。一方面，证据必须具有证据能力才能被用于指控事实的认定判断，而证据能力又形塑侦查阶段的合法取证方式；另一方面，犯罪构成的要求规制了审判阶段对证据的基本范围，只有与指控犯罪事实所要求的犯罪构成具有证据能力的证据才需要收集和审查，由此来指引侦查阶段的取证方向和范围。证据指引标准在于基于犯罪构成和证据能力来规制取证行为，通过对取证行为的合法性、取证范围的合理性、证据链条的完整性实现审前程序的指导和审查，最终让庭审更为有针对性和实质意义。实践中，依托于法定证据类型的点状指引作出证据合法性规范已有较完善的规定，普适性高，并可以结合特定案件类型作出进一步针对性指引提示；相对而言，线性指引文本较少，现有文本仅为毒品犯罪、盗窃、故意杀人等有限几种罪名作出证据指引，文本量显然不足，对其他不在规范指引内的犯罪类型难以形成犯罪构成要件证据的针对性收集及系统证据链条的闭合引导。

三、规范补强：激发性指引

现有证据指引规范中，无论是针对证据类型、犯罪构成还是待证事实，均是一种正向指引——以证实某一犯罪行为符合特定罪名构成的证成，侦查或办案人员在实践中难免落入"有罪推定"的取证思维，导致选择性取证而对一些对犯罪嫌疑人有利甚至证实嫌疑人无罪的证据线索"失明"。在性侵等大部分案件类型中，被害人陈述是必然存在的，且应是首先被审查的证据，因该言词证据过渡而至伤情鉴定、医疗记录、网上聊天记录、证人证言、被告人供述与辩解等，以此来完成犯罪构成的论证。在侦查、审查起诉阶段不存在完全意义上的平等对抗双方,侦查人员、检察官也多是进行书面式单向度审查,根据在案证据所形成自我内心确信或预判,自向证明属性强,法律监督职能被淡化。"错误定罪的唯一最重要原因是警察和控方对于案件过于热忱。"[①]因此,根据犯罪构成供应证据提高了案件证据的针对性,同时,为保证公检法有效进行反向审查,证据指引标准的落实更应加强证据收集的全面性,保证证据供给。具体到案件,所有关键性情节必须被证据锚定,且对未被认可或应出现而未出现的证据给予足够关注。如被害人提出与被告人通过聊天软件认识后见面,反映在证据上则预设应出现相应的聊天记录,否则就需要客观、合理的理由,不然被害人的该陈述内容则应受到质疑。

结合前述 20 件无罪性侵案件,性侵案件的证据指引标准应注重激发性节点:

1. 报案过程的合理性评估。被害人对自己被性侵的后果应当即发现,因此默认为当即报案,因此对于没有及时报案的,被害人应给予充分的理据,并重点收集事后被害人与被告人之间的互动方面的(客观)证据,核实报案人在案件前后行为逻辑是否一致。

2. 被害人陈述审视。逆向分析、考量被害人的被害性,不可一味地沿用传统的观点认为强奸案被害人是完全的被害人,并应根据在案其他证据反向审查:(1)案发现场环境。发生在酒店、宾馆、他人住宅等场所的非被害人日常出入场所的,要核实被害人前来的原因和方式是否合理,该场所是否让被害人处于孤立无援。(2)行为人与被害人之间的关系。案发前是否认定,有无恋爱或暧昧关系,双方体型、力量对比是否悬殊等。(3)被害人的个体情况。被害人受教育程度、工作及社会经验、对性行为的认识等。(4)被害人在行为之后的表现。有无向他人求救、报案时机、事后有无与被告人联系等。[②]

3. 客观证据供给。对于被害人所陈述事实过程的关键节点均应有客观证据予以佐证,并应不带偏见地选择证据。证据分布与案情进程相关,对于应出现而没有固定的证据或存在疑点的证据,应更为谨慎地考查相关信息不在案或被排除的原因,且该原因应是充分且合理的;同时,未被采集的证据及未被采信的被告人辩解也应基于不真实、没有联系性而被排除,而且该证据不会对指控事实的结构、逻辑产生动摇或将指控推导至另一不符合犯罪构成的故事版本。

四、结语

从实践中来,到实践中去。统一证据标准要从司法实践中提取实现,并服务于司法实践。证据标准实质是将刑诉法要求的"定罪量刑的事实都有证据证明"从规范层面转化为实践中个案具体操作,这种具化有外部识别性,因此才能对个案的证据收集、审查和运用产生积极指引效果。由最高人民法院制定的统一证据标准尚未出台,但现有与证据标准有关的规范性文件向我们展示了证据标准的指引框架,从点状、线性、激发性反向审查出发,从证据合法性、关联性及全面性收集进行指引和规范,跳出侦查和审查起诉在打击犯罪中无形中产生的"有罪推定"的思维固化,回归到证据与证据裁判规则本身,正向案件证据瑕疵或疑点,

---

① [荷]威廉·A.瓦格纳、彼得·J.范科本、汉斯·F.M.克罗伯格:《锚定叙事理论——刑事证据心理学》,卢俐利译,中国政法大学出版社 2019 年版,第 109 页。

② 周子实:《强奸罪入罪模式的比较研究——以德国〈刑法典〉第 177 条最新修正为视角》,载《比较法研究》2018 年第 1 期。

在审前剔除不合定罪标准的残次品,及时终结程序,避免浪费诉讼资源。要真正树立审判中心的统一证据标准,审判的入罪标准必须明确传导到侦查、审查起诉,且得到有效落地,否则遑论以审判为中心取代以侦查为中心的改革目标,更可能使审判囿于"证据标准"而无法准确作出无罪判决。

我国刑诉法所规定的定罪证明标准只有一个,即"案件事实清楚,证据确实、充分",但在不同案件类型中则会出现不一样的证据表达,本案选取了性侵一类作针对性讨论,其证据状态和难点与其他必然有出入;且本案选取的是无罪判决,相应案件存在的证据问题更为突出且无法弥补,而实践中更多的是心证形成上的定放两难。同时,证据标准,无论是证据类型标准还是类罪证据标准,也仅在"定罪量刑的事实都有证据证实"这一实体条件范畴内提供指引,但对于刑诉法所规定"据以定案的证据均经法定程序查证属实"(程序条件)、"对所认定事实已排除合理怀疑"(心证条件)则未涉及,因此并不能以完成证据标准要求而当然要求法院作出有罪判决,还需通过庭前会议、庭审确认相关证据的证据能力及证明力,在法庭上接受辩方提出的质证、抗辩,从而才能判断控方是否已完成举证责任。毕竟,"法律是一个带有许多大厅、房间、凹角、拐角的大厦,在同一时间里想用一盏探照灯照亮每一个房间、凹角和拐角是极为困难的。"①

---

① [美]E.博登海默:《法理学——法律哲学与法律方法》,邓正来译,中国政法大学出版社 2017 年版,第 594 页。

司法实践中盗窃案件实证分析

——以 D 市 R 法院 920 件盗窃案件为研究范本

黄 琪[*]

盗窃是一种古老而传统的犯罪行为,盗窃案件不仅关系群众切身的财产利益,也关系群众对社会治理的整体安全感和幸福感。盗窃案件一直是刑事案件中的主要类型,以 D 市 R 法院刑事案件为例,2019 年 D 市 R 法院共办理各类刑事案件 5213 件,其中盗窃案件共 1482 件,盗窃案件几乎占全部刑事案件的三分之一。以大数据统计的模式,对盗窃案件司法运行状况进行实证分析,发现盗窃案件司法运行的具体特点,由此提出高效、快速处理盗窃案件的司法建议。

一、司法实践中盗窃案件统计分析

盗窃罪,是指以非法占有为目的,秘密窃取数额较大的公私财物,或者多次盗窃、入户盗窃、携带凶器盗窃、扒窃公私财物的行为。[②]本文选取 D 市 R 法院 2019 年已结的 920 件(1067 名被告人)盗窃案件作为研究样本,通过盗窃案件被告人的主体特征、被告人盗窃手段与盗窃对象以及盗窃案件的司法适用三个维度进行统计分析,发现盗窃案件司法运作特征。

(一)盗窃案件被告人的主体特征

1.被告人的性别与职业特征

1067 名盗窃被告人中,男性被告人 1047 人,女性被告人 20 人。男性被告人占盗窃案件的绝对多数(参见图 1)。关于被告人的职业,997 名被告人无业,仅有 70 名被告人在犯罪前有职业(参见图 2)。

2.被告人的年龄特征

1067 名盗窃被告人中,18 岁以下的未成年人有 37 人,18 岁以上至 30 岁的被告人有 499 人,30 岁以下的被告人占全部被告人 50.23%,而 40 岁以上的年纪较大的被告人亦有 173 人,占 16.21%。

---

* 黄琪,东莞市第二人民法院刑事审判庭法官。本文数据由东莞市第二人民法院刑事审判庭邓慧晶、刘婷协助收集。

② 马克昌主编:《百罪通论》(下卷),北京大学出版社 2014 年版,第 719 页。

图 1　被告人的性别　　　　　　　　图 2　被告人的职业

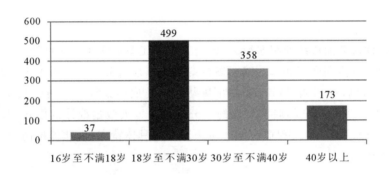

图 3　被告人的年龄

3.被告人的文化特征

1067 名盗窃被告人中,初中文化以下程度的被告人为 1002 人,占全部被告人的93.9％,其中,初中文化的被告人 555 人,占 52.01％,小学文化的被告人 397 人,占 37.21％,文盲的被告人 50 人,占 4.69％。

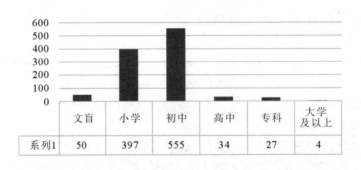

	文盲	小学	初中	高中	专科	大学及以上
系列1	50	397	555	34	27	4

图 4　被告人的文化程度

综上,盗窃案件被告人的主体特征主要为:男性盗窃占绝对多数,90％以上的被告人无业,处于社会较低层。盗窃的被告人以青壮年为主,年龄 30 岁以下的被告人占了一半。盗窃被告人文化程度极低,90％以上的没有接受过高等教育。

(二)被告人盗窃手段与盗窃对象

1.被告人盗窃的手段

入户盗窃和扒窃等特殊手段盗窃占 24.37％,约占全部盗窃的四分之一,其中,扒窃占 20.81％,约占全部盗窃的五分之一;普通类型的盗窃占 75.63％,普通手段的盗窃仍占绝大多数(参见图5)。另外,1067名被告人中,37％的被告人属于多次盗窃,流窜作案,占全部盗窃被告人的三分之一有余(参见图6)。

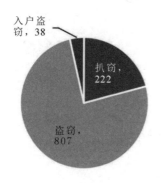

图5　被告人的盗窃手段　　图6　被告人是否属于多次盗窃

2.被告人盗窃的对象

在盗窃物品的种类中,盗窃对象为手机的占 43.96％,几近全部盗窃物品的一半;盗窃摩托车、电动车、自行车、汽车等车辆的占 23.05％,约为全部盗窃物品的四分之一,其中,以盗窃摩托车、电动车、自行车等类型的车辆最多。综上,盗窃对象以手机与车辆为主,约占全部盗窃物品的七成(参见图7)。

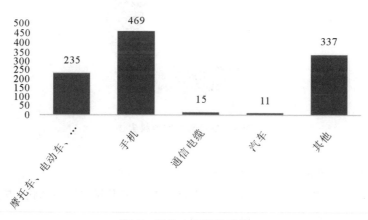

图7　被告人的盗窃对象

(三)盗窃案件的司法适用

1.盗窃案件的适用程序

审判程序分为速裁程序、简易程序与普通程序,其中,86.22％的盗窃案件适用简易程序进行审理,因此,绝大部分盗窃案件属于案件事实清楚、证据充分,被告人承认自己所犯罪行,对指控的犯罪事实没有异议的案件(参见图8)。

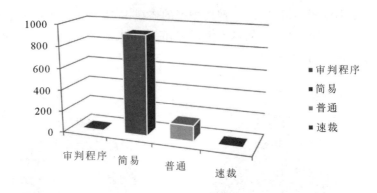

图 8　盗窃案件的适用程序

2.盗窃案件的前科率

1067 名被告人中,430 名被告人曾有盗窃前科劣迹,占全部盗窃被告人三分之一有余;635 名盗窃案件的被告人虽然没有盗窃类的前科劣迹,但有 125 名被告人曾有其他犯罪的前科。1067 名被告人中,属于累犯的有 297 名,占 27.8%,约为四分之一。

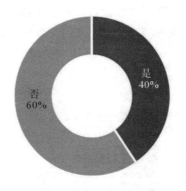

图 9　是否有盗窃前科劣迹

3.盗窃案件的认罪认罚率

在 1067 名被告人中,有 980 名盗窃案件的被告人在审判中认罪认罚,占全部被告人总数 91.8%,认罪认罚率九成以上(参见图 10)。

4.盗窃案件的量刑情况

盗窃案件的量刑区间集中在有期徒刑 6 个月至 1 年之间,占 78.35%,四分之三的盗窃案件被告人在此区间量刑。量刑幅度在 3 年以下有期徒刑、拘役或者管制占 99.53%,即几乎所有的盗窃案件都在 3 年有期徒刑以下刑罚量刑,仅有 5 宗案件在 3 年以上量刑(参见图11)。另外,在上述量刑中,有 11 个被告人适用缓刑。

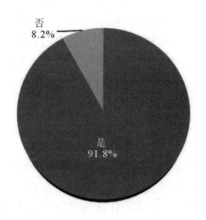

图 10 被告人认罪认罚情况

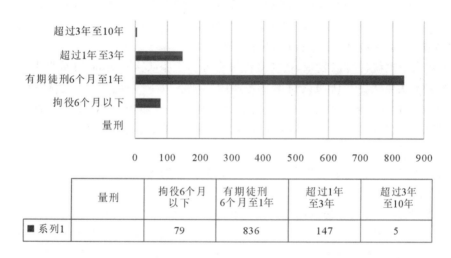

量刑	拘役6个月以下	有期徒刑6个月至1年	超过1年至3年	超过3年至10年
■ 系列1	79	836	147	5

图 11 盗窃案件的量刑

二、盗窃案件司法运行的具体特点

(一)盗窃案件被告人再犯率极高

从上述统计看,盗窃案件被告人再犯率极高,高达 40％的被告人曾有盗窃前科劣迹,四分之一盗窃案件被告人为累犯。累犯为刑罚执行完毕或者赦免以后,在 5 年以内再犯的被告人,主观恶性较大,依法应从重处罚。可见,刑罚在盗窃案件中起不到较好的预防作用。按照刑罚的理论,预防可以分为一般预防和特殊预防。特殊预防是指防止犯罪人再犯罪,而一般预防则主要威慑一般人,费尔巴哈的心理强制说即为代表,通过对犯罪规定和适用刑罚而向一般人宣告谁实施犯罪谁就要受处罚。[①]但是,从上述数据统计看,刑罚在盗窃案件中,

---

① 张明楷:《刑法学(上)》,法律出版社 2017 年版,第 512 页。

对犯罪人产生应有威慑与教育改造作用较弱,甚至在盗窃案件中,不乏刚出狱即又作案或者前科累累的犯罪人,他们愿意以身试法。而刑罚的一般预防作用亦没有发挥,据统计,东莞二法院的盗窃案件占全部案件总数的三分之一,盗窃,仍然是司法实践中数量较多的案件类型。盗窃案件中,刑罚的预防作用没有发挥预期的效果与盗窃案件被告人的主体特征有关,盗窃案件的被告人绝大多数无业,处于社会较低层,文化程度极低,几乎没有接受过高等教育,刑罚的教育作用很难发挥其应有的警示和威慑作用。

(二)盗窃案件处理趋向于轻刑化

从上述大数据统计可以发现,盗窃案件的量刑区间主要集中在有期徒刑 6 个月至 1 年之间的短期自由刑,刑罚适用较为单一,且属于轻刑中的轻刑。依照宽严相济的刑事政策要求,轻罪案件处理,要求尽可能实现非刑罚化和非监禁化。从上述司法实践看,盗窃案件处理趋向于越来越轻刑化。另外,从上述统计数据还可以发现,盗窃案件轻刑化的特点在于有期徒刑幅度内的从轻或减轻,即监禁刑内的从轻处罚。而对缓刑、管制等非监禁刑的适用,单处罚金等财产刑的适用较少,从宽处罚的程度明显不足。其原因主要是:其一,盗窃案件被告人处于社会较低层,90%以上的被告人无业,生活拮据,无法承担罚金刑;其二,盗窃案件的被告人流动性大,居无定所,联系家属较为困难,判处缓刑后执行存在较大难度。

(三)盗窃案件被告人认罪认罚率极高

从上述大数据统计可以发现,盗窃案件被告人的认罪认罚率极高,九成以上的被告人均在审判中表示认罪认罚。认罪认罚率高的原因主要有以下方面:第一,盗窃案件法定刑较低,检察院的量刑建议容易契合被告人的心理预期。与毒品类犯罪、强奸类犯罪等案件不同,毒品类犯罪、强奸类犯罪等案件一旦定罪,法定刑较高,被告人存在博弈的空间,通过不认罪来换取较低的刑罚甚至是无罪的判决。而盗窃案件法定刑本身较低,检察院的量刑建议容易契合被告人对量刑的心理期待。第二,盗窃案件的证据较为客观与充分,增加了被告人认罪的可能。随着现代侦查技术的发展,人工智能引入盗窃案件的侦破。侦查人员利用智能摄像头,找到被告人盗窃及逃跑的活动轨迹、人脸识别、特征识别,可以有效地提供盗窃案件被告人犯罪的证据。第三,盗窃案件被告人单独作案多,群体性作案较少。单独作案被告人,认罪协商时仅需要考虑个人的情况,无需考虑其他被告人的认罪与量刑情形,受同案人影响较少,容易基于个人实际情况达成量刑协商。

三、盗窃案件处理的司法建议

(一)轻轻重重刑事政策在盗窃案件中运用

在盗窃案件的刑事司法领域中,轻轻重重刑事政策不仅要求"当宽则宽,当严则严",更要求"宽者更宽,严者更严"。所谓的宽者更宽,应在盗窃案件适度增加缓刑、管制等非监禁刑的适用,单处罚金等财产刑的适用。缓刑、罚金刑等刑罚的适用,不仅有助于调动罪行较轻的被告人自我改造的主动性和积极性,还能有效避免适用监禁刑带来的与社会隔绝、重返社会困难以及盗窃罪犯之间相互习得盗窃技能等交叉感染问题。所谓的严者更严,针对上述司法实践中,前科、累犯的情况较为突出,应提高累犯、有前科犯罪被告人的刑期。根据《广东省高级人民法院〈关于常见犯罪的量刑指导意见〉实施细则》规定,累犯增加基准刑的10%～40%,一般不少于 3 个月,曾因盗窃受过刑事处罚(累犯除外)、一年内曾因盗窃受过行政处罚的,可以增加基准刑的 30%以下。在盗窃案件中,再犯情况非常突出,而在盗窃案件本身的基准刑较轻的情况下,累犯增加基准刑设置的幅度过低,对累犯就起不到应有的惩罚作用,因此,可以适当考虑提高累犯从重处罚的刑期幅度。特别对前科累累、刚出狱马上又盗窃的屡教不改的被告人,建议可以增加基准刑的 80%～100%,以加重累犯的更长刑期。

(二)适当惩罚被告人恶意上诉的行为

从上述的统计分析,几乎九成的盗窃案件适用简易程序进行审理。2018 年《刑事诉讼法》修改时正式确立刑事速裁程序。刑事速裁程序针对的是可能判处 3 年有期徒刑以下刑罚,案件事实清楚,证据确实、充分,被告人认罪认罚并同意适用速裁程序的案件。可以预见,对于盗窃等轻微刑事案件,未来将主要适用简易程序和速裁程序进行处理。简化型的程序适用,不仅仅为了被告人可以迅速地得到审判,同时也为了节约审判资源,使得刑事案件可以更加高效地得到处理。但是,实践中有部分盗窃案件被告人滥用上诉权,尤其是量刑上诉权。一些简单的盗窃案件甚至还引发检察院使用"抗诉"来应对被告人的"恶意上诉",造成司法资源的极大浪费。因此,有必要适当惩罚被告人在简化型程序中恶意上诉的行为。对当事人滥用上诉权,二审法院维持原判,应对上诉的当事人进行适当惩罚。可以考虑被告人上诉期间的羁押期限不折抵刑期,以此作为对被告人"恶意上诉"的惩罚。

(三)防止盗窃案件量刑出现"无限从宽"的情形

现有司法实践表明,盗窃案件的量刑较轻,99%以上的案件量刑幅度在 3 年以下有期徒刑、拘役或者管制。在认罪认罚制度引入后,出现这样一种情况:为了提高认罪认罚率,检察机关无限地降低被告人的量刑,导致量刑建议"明显偏轻"。在"量刑建议明显不当"的盗窃案件中,"明显偏轻"比"明显较重"的情形要更多。特别在有前科的盗窃案件中,被告人因"多次进宫"而对认罪具有较强的抵抗情绪,检察机关的认罪认罚工作较难开展,有可能为了被告人尽可能签署《认罪认罚具结书》而降低刑罚建议的底线,导致与被告人的罪责刑不一致。认罪认罚的盗窃案件中,依法兑现"从宽"政策,实现司法公正,乃是检察机关和法院的共同责任。[①]建议检察机关在办理盗窃案件的认罪认罚案件中,严格以事实为依据,严守公正底线,提出恰当的量刑。利用人工智能技术,提取盗窃案件的基本裁判要素:包括盗窃次数、盗窃手段(入户、扒窃或者破坏性手段盗窃)、被告人是否未成年人、被告人有无前科、是否累犯、被告人认罪与否等要素,比对法律规定及类案裁判,推送精准的量刑建议。

---

① 孙长永:《认罪认罚案件"量刑从宽"如何把握》,载《法律适用》2019 年第 3 期。

平等原则在选择性执法司法审查中的适用

——基于 120 件行政诉讼案件的考察分析

李洪朝*

引　言

渴望平等是人的天性，"自由并不是他们期望的主要的和固定的目的，平等才是他们永远爱戴的对象。他们以飞快的速度和罕见的干劲冲向平等，如达不到目的，便心灰意冷下来。但是，除了平等之外，什么也满足不了他们，他们宁死而不愿失去平等。"[①]行政诉讼中，人们对平等的追求仍坚持不懈，如何将平等原则贯彻于司法审查中是本文核心意旨，而选择性执法司法审查则是平等原则适用的最好场景。

一、平等作为行政法的基本原则之一

（一）行政法平等原则及其法律渊源

平等是宪法的基本原则之一。《中华人民共和国宪法》第 33 条第 2 款规定："中华人民共和国公民在法律面前一律平等"。作为宪法具体化的行政法，对于落实宪法平等原则应当承担重要责任。"行政机关在个案当中平等对待公民是实现个人自由的前提，唯有平等性才能确保公民自由权不受国家特权和歧视的损害"。[②]"平等的追求与实现，是人性尊严的要求与体现，也是行政法的任务与目的。"[③]平等原则延伸至行政法领域，其含义就是行政机关在执法过程中要相同情况相同对待；不同情况不同对待或比例对待。反言之，平等原则要求禁止行政机关不当区别对待。

《行政诉讼法》第 8 条规定："当事人在行政诉讼中的法律地位平等"；《行政许可法》第 5 条第 3 款规定："符合法定条件、标准的，申请人有依法取得行政许可的平等权利，行政机关

---

*　李洪朝，东莞市第一人民法院行政庭副庭长。

①　[法]托克维尔：《论美国的民主》（上卷），董果良译，商务印书馆 1988 年版，第 60 页。

②　[德]汉斯·J.沃尔夫等：《行政法》（第一卷），高家伟译，商务印书馆 2002 年版，第 417 页。

③　周佑勇、伍劲松：《行政法上的平等原则研究》，载《武汉大学学报（哲学社会科学版）》2007 年第
4 期。

不得歧视"；《行政处罚法》第 4 条第 1 款规定："行政处罚遵循公正、公开的原则"，此条款中的公正亦具有平等对待的含义。在许多部门法中，也有着诸多类似规定。例如，《妇女权益保障法》第 2 条规定："妇女在政治的、经济的、文化的、社会的和家庭的生活等各方面享有同男子平等的权利"；《婚姻法》第 25 条规定："非婚生子女享有与婚生子女同等的权利，任何人不得加以危害和歧视。"以上法律规范都是为了落实宪法平等原则的要求，也是平等原则在行政法中的法律渊源，法院在审理相关行政诉讼案件时，应当予以适用。

（二）不得主张违法平等规则及其例外

合法平等和违法平等的区分是学者们研究选择性执法的重要理论视角。合法平等不必多言。然而，关于违法平等，理论界和实务界却存在着不同观点。"不法平等就是指行政相对人以平等对待为由，要求行政主体遵循其同样情况下已作出的违法先例或者违法行为仍然作出违法行为。"① 大多学者认为，非法平等应当被排除，"当法的拘束与平等处理问题间有冲突时，应以法的拘束为优先。否则，行政机关便可有意或无意地透过违法的行政先例而排斥法的适用或变更法的适用"② "无论在学理上还是实务中，这一制度保障内容至今仅限于'合法平等'而未及于'违法平等'，即不承认行政相对人有公法上'违法平等'的请求权。"③ "在德国行政法上，人们不得对错误的法律适用行为主张平等性要求。平等性要求不是维护非法做法或者只有例外情况下才允许的做法的正当理由。"④ 由此可见，行政相对人不得主张违法平等是既定而明确的规则。

然而，该规则并非绝对，理论上绝对论未能阻止法院在司法实践中对于"非法平等"的例外适用。在 1971 年的"杜宝根大学学费案"中，联邦德国行政法院打破了绝对不许可"不法的平等"的铁律，被杜立希教授称为"寂寞的突破"，行政法院认为绝大多数的学生（97％）都享受了违法利益，却要求少数学生（3％）承担费用，违反了平等原则，因此法院认为这部分学生也应不缴学费。⑤ 在某建筑公司诉商丘市人民政府一案中，河南省高级人民法院认为"商丘市人民政府仅针对该公司的土地审批手续作出撤销行为，却对其他类似情形不予处理，这种无法说明正当理由、同等情况不同处理的行为，既损害了公民正当的信赖利益，又违反了平等原则"。⑥ 从法院上述判决来看，不得主张"非法平等"的规则并非绝对的，具有例外情形，应当限制其适用范围。

二、选择性行政执法

（一）合理性审查作为平等原则在司法审查中的落脚点

立法缺陷、执法策略选择、执法资源有限、权力寻租或任性等现实情况，导致法律不能完全实施，并非所有违法行为都能得到纠正，也非所有权利均能够得以保护，主要表现为选择性执法。作为平等原则的反动，选择性执法严重破坏了法律平等性原则和法律的可预期性，

---

① 汪燕：《选择性执法的法律属性探析》，载《政治与法律》2013 年第 5 期。

② 周佑勇、伍劲松：《行政法上的平等原则研究》，载《武汉大学学报（哲学社会科学版）》2007 年第 4 期。

③ 章剑生：《"选择性执法"与平等原则的可适用性》，载《苏州大学学报（法学版）》2014 年第 4 期。

④ ［德］汉斯·J.沃尔夫等：《行政法》（第一卷），高家伟译，商务印书馆 2002 年版，第 420 页。

⑤ 汪燕：《选择性执法的法律属性探析》，载《政治与法律》2013 年第 5 期。

⑥ 参见(2016)豫行终 1215 号行政判决书。

如果不能进行良好的治理,必然成为中国法治化进程的严重障碍。"最严重的问题还在于,选择性执法牺牲了法的稳定性和权威性,助长了国家机会主义,构成对法治化运动的反动。"[①]平等原则作为行政法基本原则,其主要作用领域在于法院对行政行为的合理性审查。选择性执法的司法审查要求法院不能仅限于合法性审查的拘束,而是要深入到合理性审查的广阔天地。平等原则可以作为选择性执法合理性审查的重要依据。"作为拘束行政的基本原则,平等原则在行政法中具体化为'平等对待原则',是行政机关针对多个相对人实施行政裁量行为时应当遵循的规则"。[②]《行政诉讼法》修正以后,司法审查的范围和深度得到了较大拓展,其中合理性审查的拓展尤为明显,第 70 条第(5)项和第(6)项的规定将全部类型的行政行为纳入合理性审查的范围,具有重大进步意义,也对司法审查提出了新的问题和要求。

(二)选择性行政执法的含义的界定

选择性行政执法简称选择性执法,学者有不同定义。"本文把这种调整,即什么时候严格执行哪部法律,采取什么执法手段,什么时候放松哪部法律的执行,什么时候严格执行哪个具体的案件,采取什么执法手段,什么时候对哪个案件执行特别对待的视具体情况而定的执法方式称作选择性执法(selective enforcement of law)。"[③]"行政主体在时间、空间、对象、程序甚至法律依据上以区别对待的方式决定法实现的行为。"[④]"选择性执法是地方政府基于地方或个人利益而选择性执行国家的法律、法规、政策。"[⑤]从以上界定来看,选择性执法主要特征在于区别对待。选择性执法来源于对实践的概括,将其转化为法律概念,需进行清晰而严格的界定,应当从理论上的自洽和回应实践需要的角度切入。选择性执法从以下几个方面进行界定更加符合理论和实践的要求。

1.同一行政机关针对同样情形作出了不同行政处理,或者不同情形作出了同样或不成比例的行政处理。首先,选择性执法是同一行政机关所为,否则就失去了比较的意义,不同行政机关作出的行政行为不应作为选择性执法的判断标准。否则,法院将陷入无法判断的境地,行政机关也将无所适从。当然,行政机关的继承等情形不能作为其抗辩理由。其次,区别或歧视对待是选择性执法的根本特征。平等原则所宣示的理念是"相同之事物,应为相同之处理;不同之事物,应依其特性,为不同之处理"。[⑥]选择性执法正是由于对平等原则的严重破坏,从而出现了正当性或合理性的问题。

2.选择性执法属于行政裁量行为。"所谓裁量行为,是指其要件及内容并不受法律规范的严格拘束,承认行政机关一定裁量余地的行为。"[⑦]对选择性执法的研究,需要澄清选择性

---

① 胡智强:《论选择性执法的法律规制——兼及"钓鱼式执法"的法律约束》,载《学海》2011 年第 2 期。

② 周佑勇:《行政法基本原则研究》,武汉大学出版社 2005 年版,第 214 页。

③ 戴治勇、杨晓维:《间接执法成本、间接损害与选择性执法》,载《经济研究》2006 年第 9 期。

④ 胡智强:《论选择性执法的法律规制——兼及"钓鱼式执法"的法律约束》,载《学海》2011 年第 2 期。

⑤ 陈国权等:《选择性执法、非法治化竞争与系统性腐败》,载《浙江大学学报(人文社会科学版)》2015 年第 6 期。

⑥ 周佑勇、伍劲松:《行政法上的平等原则研究》,载《武汉大学学报(哲学社会科学版)》2007 年第 4 期。

⑦ 杨建顺:《论行政裁量与司法审查——兼及行政自我拘束原则的理论根据》,载《法商研究》2003 年第 1 期。

执法与行政裁量之间的关系。有学者认为,"选择性执法的内容已经超出了行政自由裁量权的范围,……选择性执法还包括在法律规则尚未形成之时,行政主体在法律的原则或弹性规定之外,由行政主体发挥执法能动性实现行政目标的裁断性行为"[①],该种理论认为选择性执法较行政裁量的外延更加广泛,是行政裁量的上位概念。也有学者认为,"就其本质而言,选择性执法属于行政裁量权范畴。"[②]然而,从其分析当中可以看出,选择性执法与行政裁量几乎等同。对于羁束性行政行为,行政机关并无裁量空间,这时行政机关作出的行政行为仅存在是否合法而不会存在合理性的问题。既然法律规定是明确的,那么法院对其进行合法性审查便已足够,无需考虑是否存在选择性执法。因此,选择性行政执法必然存在于行政机关享有自由裁量权的领域,将选择性行政执法作为行政裁量属下的一种特殊法律现象更为恰当。

3.选择性执法实质是行政裁量权的恣意。如学者所言,"假使将平等原则理解为对所有事物应作相同的处理,在必须作区分的法秩序里,平等原则将丧失其意义。比较有意义的做法是:将平等原则理解为,其应确定不平等的条件。为此,平等原则本身并不能创设正义,唯其得以阻止正义的方面——恣意。因此,应将平等原则理解为恣意禁止。"[③]也就是说,与其追求正面的平等对待,不如着力于禁止"差别对待"恣意。由此可知,选择性执法之所以应当被禁止或纠正在于行政机关在行使行政裁量权时出现了恣意或者不当情形,违反了平等原则的要求,而失去其正当性。

4.合理差别不是选择性执法。依据德国"事物本质"概念,"平等原则并非要求机械式的、形式的、于日常生活中不容有差别待遇的平等,而应从机动的、实质的观点,本于'正义'理念,视事物之本质,而可有合理的差别。"[④]差别对待不一定违法或者明显不当,如有充分实质理由,就可以证明其合法和合理性,这时就不构成选择性执法,但行政机关无法证成其存在充足的实质理由时,就有可能构成选择性执法。

此外,研究选择性执法需要澄清其与"钓鱼式执法"之间的关系。有学者将"钓鱼式执法"归于选择性执法,这是不恰当的。钓鱼式执法之所以违法是因为其取证程序违法而形成了应予以排除的非法证据。《最高人民法院关于适用〈中华人民共和国行政诉讼法〉的解释》第43条第3项规定:"有下列情形之一的,属于行政诉讼法第四十三条第三款规定的'以非法手段取得的证据':……(三)以利诱、欺诈、胁迫、暴力等手段获取的证据材料。"钓鱼执法实际上就是行政机关利用欺诈的手段获取相关证据,属于非法证据范畴。由此视之,钓鱼执法与选择性执法存在根本区别。

三、平等原则在选择性执法司法审查中的适用考查

以"选择性执法"及"平等原则"为关键词在中国裁判文书网上随机选取了120个案例进行统计分析,发现法院对于选择性执法司法审查的策略或不足呈现出以下几个特征。

---

① 胡智强:《论选择性执法的法律规制——兼及"钓鱼式执法"的法律约束》,载《学海》2011年第2期。
② 徐文星:《警察选择性执法之规范》,载《法律科学(西北政法大学学报)》2008年第3期。
③ 陈爱娥:《平等原则作为立法行塑社会给付体系的界限》,载《宪政时代》2007年第3期。
④ 周佑勇、伍劲松:《行政法上的平等原则研究》,载《武汉大学学报(哲学社会科学版)》2007年第4期。

表 1 选择性执法司法审查统计分析表(共 120 件)

类别	件数	比例	再分类
不予回应	68	56.6%	1.完全不予回应(63件); 2.不纳入审理范围(5件)
举证责任	21	17.5%	1.否认证据关联性(14件); 2.否认原告证据证明效力(7件)
法律后果	20	16.7%	1.认定违反平等原则或存在选择性执法,并支持原告诉请(18件); 2.虽然认定,但未支持原告诉请(2件)
其他	11	9.2%	1.确认行政机关选择性执法正确(7件); 2.否认关于选择性执法的主张(4件)

(一)不予回应是普遍的司法策略

法院普遍未将行政相对人关于行政机关存在选择性执法的主张纳入审查范围。其中有 63 件案件法院未对行政相对人提出行政机关存在选择性执法的主张予以回应。5 件案件中,法院直接认为关于选择性执法的主张不属于案件审理范围。据此,56.6% 的案件中,法院没有将其纳入案件审查范围。例如,在(2013)浙杭行终字第 50 号案件中,法院认为"上诉人主张的被上诉人对案外人违法建筑未进行处罚的行为及其他行政机关非法拆迁等行为,并非本案审理范围"。然而,根据分析,在 120 件案件中,原告仅是形式主张或用语不当的案件仅有 15 件,仅占 12.5%。[①] 这说明,法院对于选择性执法的审查力度和范围仍存在严重不足。

(二)举证责任分配不合理

行政机关是否存在选择性执法需要双方举证或反证。但在司法实践中,即便是行政相对人提交了证据,法院亦普遍否认证据的关联性。一是否认证据关联性或证据证明目的。法院在 14 件案件持此种观点。例如,在(2015)杭建行初字第 31 号案件中,原告提交了 6 张照片以证明周边邻居的房屋仍然存在,被告拆除原告的房屋系选择性执法。法院则认为原告提交的证据与本案没有关联性,不予采信。二是否认原告证据的证明效力。法院在 7 件案件中持此观点。例如,在(2014)三中行终字第 1148 号柴某诉密云县河南寨镇人民政府一案中,上诉人提交了一份光盘作为证据,以证明河南寨镇人民政府选择性执法,未拆除其他违法建筑,显失公平和公正。法院认为柴某提交的证据与本案被诉限期拆除决定的合法性不具有关联性,不予采纳。行政相对人提出行政机关选择性执法的主张并提交相关证据,已经完成了其初步举证责任,但法院仍不予理会,原因在于举证责任规则的缺失及举证责任分配的不合理。

(三)法律后果不一致

法院在少数案件认定了行政机关存在选择性执法。根据统计,法院在 20 件案件认为行

---

① 形式主张是指原告仅用了选择性执法的字眼,但未能陈述任何具体理由或提出任何证据;用语不当是指原告虽然使用选择性执法的字眼,但明显与语境不合。

政机关存在选择性执法或违反平等原则。一是在18件案件中,法院认为行政机关违反了平等对待原则或存在区别对待,支持了原告的诉请。例如,在(2017)豫行终3008号白某诉通许县人民政府一案中,法院认为"如果通许县政府认为注销所带来的公共利益足够大,其应当对商贸一条街中同样的颁证行为作出同样的注销登记行为,但其仅对白某作出涉案的注销行为,属于同样情况不同处理,违反平等原则,明显不当,应予撤销"。但在其中2件案件中,法院将行政机关违法平等原则的情形归结为行政机关存在法律适用错误的问题,支持了原告诉请。二是在2件案件中,法院虽然认为行政机关存在选择性执法,但最终未支持原告诉请。例如,在(2015)豫法行提字第00024号案件中,法院认为"涉案楼房有同样情形的21套房屋,但新乡市房产管理局仅对其中3套房屋的所有权证作出了注销处理,属于同等情况区别对待的选择性执法,明显不当",但又认为"因涉案的房屋登记违法事实客观存在,其登记行为违反了城市规划和房屋登记的强制性法律规定,登记行为无效",最后驳回原告诉请。可见,即便法院判定行政机关存在区别对待,但选择性执法是否违法判定的标准仍不一致。

此外,也有少部分案件,法院直接否认了原告主张或肯定了行政执法的正当性。一是确认行政机关区别对待正确。仅有7件相关案件,其中4件认为被告裁量适当,3件认为行政机关适用法律正确。例如,在(2015)川行提字第1号案件中,法院认为"虽为同一事件的行为人,但因证据完整程度及各个行为人的情节不同,公安机关可能作出不同的行政决定"。二是否认行政相对人"违法平等"的主张。仅有4件相关案件。例如,在(2013)深中法行终字第59号案件中,法院认为"黄湘云在诉讼中援引此前更为严重的聚众维权活动无人受处罚的实例来寻求免责,试图将自身应承担的法律责任推卸于执法机关,于法无据"。

四、平等原则在选择性执法司法审查中的适用方案

在行政诉讼中,如何对选择性执法进行司法审查是落实平等原则的最后一道关卡,具有重要而深远的意义。已有学者对此作出了开创性研究,章剑生教授提出"两步审查法",一是寻找法律规范中有无合法依据;二是适用裁量审查标准和比例原则进行审查。[①] 其学术主张将理论研究深入至司法审查的具体技术,具有重要启发作用。然而,更加细致具体的司法审查方案仍需要进一步探讨,以便司法实践的实际操作。

(一)行政自我拘束原则及比例原则

如何判断一个行政行为的合理性,作为平等原则具体化的行政自我拘束原则及技术提供了具有操作性的方案,比例原则及利益衡量的技术也可以作为有益的补充。

1.行政自我拘束原则和行政先例识别技术

"所谓行政自我拘束原则(Selbstbindung),是指行政主体如果曾经在某个案件中做出一定内容的决定或者采取一定的措施,那么,在其后的所有同类案件中,行政主体都要受前面所做出的决定或者所采取的措施的拘束,对有关行政相对人做出相同的决定或者采取相同的措施的原则。"[②]承认不同当事人之间的平等性,要求行政机关平等地对待案外人和相对人,这正是平等原则的要求。从行政自我拘束原则的含义中可知,在具体案件中将案外人

---

① 章剑生:《"选择性执法"与平等原则的可适用性》,载《苏州大学学报(法学版)》2014年第4期。

② 杨建顺:《论行政裁量与司法审查——兼及行政自我拘束原则的理论根据》,载《法商研究》2003年第1期。

和相对人进行比较是其前提,由此可见行政自我拘束原则确实是平等原则的具体化。行政自我拘束原则一个重要的技术就是行政先例识别,判断是否存在行政先例是适用行政自我拘束原则的必经之路。

2.比例原则及利益衡量技术

面对相对人对行政机关选择性执法的指责,法院不能采取鸵鸟策略,应当积极面对。然而,合理性审查势必将法院陷入更加复杂的利益纠葛和矛盾冲突之中,行政自我拘束原则并不能完全解决平等对待的问题,比例原则及其技术可以作为有益的补充,特别在针对"非法平等"主张时更具有可得性,因此此在对选择性执法的司法审查中引入比例原则是必需的。比例原则的产生实际正是为了回应社会的复杂性变迁而来的,西方发达国家已经有了相当丰富的理论研究和实践经验。根据学者们的研究,比例原则项下的利益衡量技术主要在于将行政相对人受侵害的利益与行政机关实施行政行为所得利益之间进行比较,只有在后者大于前者时才能采取行政行为,否则构成明显失当的行为,这是能够支持相对人"非法平等"主张的重要的理论依据。[①] 部分法院在司法实践中,已经一马当先,将比例原则及利益衡量技术适用于案件审理当中。[②]

(二)选择性执法"司法审查四步法"

针对选择性执法问题,设置具体而精细的司法审查机制是其中一个可行的途径,故认为通过类型区分、可比性确定、判定标准和司法裁判四个步骤来具体实现平等原则在选择性执法的司法审查具有可操作性。

1.类型区分

相对人主张的类型区分是选择性执法司法审查的第一步,根据行政相对人主张平等权的参照物即同样行为是合法行为还是非法行为,其主张可分为合法平等和非法平等两类。此种区分的意义在于将一部分选择性执法的主张排除在司法审查范围之外,可以提高有限司法资源的利用效率。合法平等是指相对人以合法行政行为作为参照要求行政机关予以平等对待。非法平等则指相对人以非法行政行为作为参照要求行政机关予以平等对待。基于合法行政行为的平等主张无可争议,法院一般应当将该主张纳入司法审查的范围。

然而,对要求非法平等的主张则应给予特别的关切。一般情况下,法院对于非法平等的主张可以不予审查,即对此主张可以不纳入司法审查的范围或者可以直接否认行政相对人具有要求非法平等对待的权利。然而,"非法平等"至少在以下情形下应当予以认真考虑:一是共同违法行为,但仅要求个别当事人承担全部责任;二是同一事件中的同等违法行为,仅要求个别当事人承担责任;三是同一行政辖区内存在广泛的违法行为,仅针对个别主体无正当理由的区别对待;四是存在举重以明轻的情况,即本案当事人存在着较轻或同等的违法行为,但承担同等或更重的责任。

2.可比性确定

可比性确定是选择性执法司法审查的第二步。"平等有其他权利所没有的'比较性'特

---

① 周佑勇:《行政法基本原则研究》,武汉大学出版社 2005 年版,第 214 页。

② 详见河南省高级人民法院(2016)豫行终 1215 号行政判决书;新乡市中级人民法院(2016)豫行终 243 号行政判决书。

质。"①要求被平等对待是人的天然本性,存在可比性是启动选择性执法司法审查的重要条件,是指行政相对人主张的案外人的情形与自己相同或者同类。存在可比性主要从三个方面进行判断:一是作为参照的行政行为和被诉行政行为均系被诉行政机关所为。不同行政机关针对同样情形可能作出不同的处理,或者不同情况作出同样处理,但由于其并不违反行政自我拘束原则,所以不能作为证明选择性执法的依据。二是参照行政行为是针对同一情形或同类情形作出。相对人对于行政行为不服主要是基于同一行政机关针对不同主体之间的同一情形或同类情形在执法时存在行政歧视或区别对待。当然,应当从事实和法律构成要件两个方面进行判断。三是被诉的行政行为属于裁量性行政行为。选择性执法系行政裁量的属概念,只有被诉行政行为属于裁量行政行为,法院才有针对行政相对人主张审查的必要。而"所谓羁束行为,是指其要件及内容都由法律规范具体而严格地加以规定,行政主体在处理行政事项作出裁断时,只能因循规定,不承认行政主体裁量余地的行为"。② 因此,如果属于羁束性行政行为,行政机关并无裁量权,法院则应根据法律的明确规定审查行政行为的合法性。

3.判定标准

对于选择性执法的判定主要有两个标准:一是存在区别对待;二是无正当理由;三明显不当。只有同时满足这三个标准,法院才能判定行政机关存在选择性执法。

首先,区别对待的标准。损益性和授益性是行政行为的重要分类,在对选择性执法的司法审查中,对于被诉行政行为进一步进行区分,以明晰不同的判断标准。构成选择性执法的情形:一是损益性行政行为。同样情形,案外人未受处理或受更轻的处理;行政相对人违法情节较轻,却受同样处理或受更重的处理。二是授益性行政行为。同样情形,行政相对人符合授益资格,较案外人而言未得到或者得到更少的授益;行政相对人符合授益资格且较案外人更具有优势,未得到授益或者得到较少的授益。如果法院经过审查,认为行政执法存在以上几种情形,应当认为行政机关涉嫌存在选择性执法。

其次,行政机关无正当理由。行政先例虽然对行政机关有自我拘束力,但认为其存在永久或绝对的拘束力,同样也是存在问题的。法律赋予行政机关自由裁量权,是为了让行政机关灵活地处理行政事务,以适应社会不断变迁,所以行政先例的拘束力仅有相对性。行政机关在有正当理由时,可以脱离行政先例的羁束。这要求行政机关应当提交证据或说明理由以证成或说明其区别对待存在充分的正当理由,否则有可能要承担不利法律后果。

最后,主观恣意或明显不当。法律赋予了行政机关必要的裁量权,以期实现个别化正义的目标,但是并没有赋予行政机关区别对待的权力。但是,由于法院并非行政机关的上级,司法权应当保持必要的谦让,只有区别对待存在主观恣意或明显不当的情况下,法院才有予以纠正的必要。这里,主观恣意是指行使行政职权违反法律授权的目的,基于不正当的个人利益,或者考虑了不应当考虑的因素,未能给予平等对待,代之以武断专横的区别对待。而明显不当则指,区别对待严重不合理,一个理智的公民能够明显感知得到这种区别对待没有正当充分的理由。

---

① 焦洪昌:《关于"公民在法律面前一律平等"的再认识》,载《中国法学》2002 年第 6 期。

② 杨建顺:《论行政裁量与司法审查——兼及行政自我拘束原则的理论根据》,载《法商研究》2003 年第 1 期。

4.司法裁判

《行政诉讼法》第 70 条第 5 项、第 6 项规定："行政行为有下列情形之一的,人民法院判决撤销或者部分撤销,并可以判决被告重新作出行政行为:(五)滥用职权的;(六)明显不当的";第 72 条规定:"人民法院经过审理,查明被告不履行法定职责的,判决被告在一定期限内履行";第 77 条规定:"行政处罚明显不当,或者其他行政行为涉及对款额的确定、认定确有错误的,人民法院可以判决变更。"《行政诉讼法》关于明显失当或滥用职权的条款是选择性执法司法审查的主要法律依据。法院如果判定行政机关存在选择性执法,可作出撤销判决、履行判决或变更判决。但如果存在撤销会给国家利益、社会公共利益造成重大损害的,行政行为违法但不具有可撤销内容等情形的,应当根据《行政诉讼法》第 74 条和 76 条的规定确认违法并责令行政机关采取补救措施或赔偿损失。

五、结语

目前法院的司法审查主要局限于合法性审查,对于行政行为合理性审查仍严重不足,其主要原因是未能将行政法基本原则予以恰当适用。合理性审查要求法院更新司法审查技术,行政法基本原则正好可以提供此种智识资源,因此加强行政法基本原则在司法审查中的适用研究是极为重要的课题,而本文即是对平等原则在司法审查中的适用方法进行研究的尝试。面对诸多合理性关联因素和社会利益的复杂纠葛,法院如能将行政法基本原则予以恰当适用,那么司法审查不再是静止的而是动态的,不再是僵化的而是生动的。

论参与分配争议解决机制的完善

——以设立参与分配和解制度为视角

杨晋广 *

被执行人的财产不能清偿所有债权的,债权人可以向执行法院申请参与分配,参与分配涉及债权人债权的受偿、被执行人的直接利益,容易发生争议,常常成为各方的关注重点。我国现行民事诉讼法未规定参与分配制度,参与分配制度的相关规定散见于最高人民法院颁布的多部司法解释①,这些规定缺乏体系且操作性不强。目前我国民事强制执行法也在加紧起草过程中,草案三稿、四稿、五稿以及六稿都有专章对参与分配制度予以详细规定②。在理论界关于参与分配制度的适用原则、功能定位等存在争议,而实务界在参与分配的条件、时间界定方面也遇到诸多困境。分配方案异议以及异议之诉虽然能解决参与分配争议、救济权利,但也容易引发滥用异议、异议之诉而导致拖延执行的现象,并导致执行款项长期

---

* 杨晋广,东莞市第二人民法院执行局副局长。

① 最高人民法院于 1992 颁布的《关于适用〈中华人民共和国民事诉讼法〉若干问题的意见》(失效)第297 条、第 298 条以及第 299 条首次确立我国的参与分配制度,规定了参与分配的适用条件、程序以及财产分配原则;于 1998 年颁布的《关于人民法院执行工作若干问题的规定(试行)》原第 90 条至第 96 条进一步细化规定了参与分配制度,包括主持分配的法院、优先权人或担保物权人参加参与分配等内容,也对参与分配的适用条件、财产分配原则作了修改;于 2008 年颁布的《关于适用〈中华人民共和国民事诉讼法〉执行程序若干问题的解释》第 17 条和第 18 条首次规定了参与分配制度的救济程序,明确了分配方案异议及其处理程序;于 2015 年颁布的《关于适用〈中华人民共和国民事诉讼法〉的解释》第五百零八条至第五百一十六条较大幅度地修改了我国参与分配制度的内容,包括参与分配的条件、申请主体、申请期限、分配原则、分配顺序、分配方案异议、企业法人参与分配与破产制度的衔接等问题。由此可见,我国的参与分配制度散见于最高人民法院的数个司法解释,目前还没有系统的规定。

② 根据九届全国人大常委会的立法规划,最高人民法院早于 2000 年成立了"中华人民共和国强制执行法"起草小组,该起草小组至今完成了六稿民事强制执行法草案,其中三稿、四稿、五稿以及六稿都有专章对参与分配制度予以详细规定。其中《民事强制执行法草案(第三稿)》第十二章分"参与分配程序的一般规定""受偿顺序"以及"执行程序与破产程序的衔接"三节共 10 个条文规定了我国的参与分配制度。《民事强制执行法草案(第四稿)》第十一章共 19 个条文对我国参与分配制度作了规定。《民事强制执行法草案(第五稿)》第二十二章共 25 个条文细化规定了我国参与分配制度。《民事强制执行法草案(第六稿)》第十六章共 16 个条文规定了我国参与分配制度。此外,最高人民法院还于 2004 年公布了《关于执行程序中多个债权人参与分配问题的若干规定(征求意见稿)》,该征求意见稿用了 18 个条文详细规定了我国的参与分配制度,但至今未颁布实施。

滞留、影响财产分配的效率以及胜诉权益及时兑现。执行款项因参与分配过程中遇到的法律适用、司法实践的问题迟迟无法拨付,也让法院的执行工作深受质疑。如何完善参与分配争议解决机制、提高财产分配效率是一个值得深入探讨的课题,本文以设立参与分配和解制度为视角思考这一课题。在执行法院的主持下,各方当事人就分配顺序、金额、受偿比例等充分协商、达成分配方案合意,能够有效解决参与分配争议,尽快确定分配方案、提高财产分配效率,及时兑现胜诉权益。本文从民事参与分配制度的司法实践出发,从完善参与分配争议解决机制的角度论证设立分配和解制度的可行性,并提出了该制度的立法设想,以期为制定《强制执行法》提供来自司法实务部门的思考。

一、参与分配制度的现实困境

(一)参与分配的实务难题

1.参与分配的条件设置难于操作。根据最高人民法院《关于适用〈中华人民共和国民事诉讼法〉的解释》(以下简称"15年民诉解释规定")①,债权人申请参与分配应当符合两个前提条件:一是债务人已进入执行程序,执行法院已对作为被执行人的债务人的全部或者主要财产采取了执行强制措施,比如查封、冻结、扣押;二是债务人无其他财产可供执行,不能清偿所有债权。也就是说,债权人申请参与分配一方面要知悉债务人已被其他债权人申请执行,另一方面又要清楚债务人除了被执行法院采取强制执行措施的财产外,没有其他财产可以供执行,或者债务人不能清偿所有债权。但债权人如何得知执行法院已对作为被执行人的债务人的全部或者主要财产采取了执行强制措施?债权人如何判断债务人的财产是否能够清偿所有债权,如何清楚债务人有无其他财产可供执行?因此执行实务中,有法院以债权人无法证明债务人没有其他财产可供执行,或者债务人不能清偿所有债权为由不适用参与分配;也有法院简单地将执行所得与债务总额相比较,执行所得小于债务总额则适用参与分配,反之则不适用。

2.申请参与分配的时间界定笼统。关于申请参与分配的期间界定,最高人民法院《关于适用〈中华人民共和国民事诉讼法〉若干问题的意见》(失效,以下简称"92年民诉意见")、《关于人民法院执行工作若干问题的规定(试行)》(以下简称"执行工作规定")以及15年民诉解释的规定不尽相同。92年民诉意见规定申请参与分配的始期是执行程序启动后,终期是被执行人的财产被清偿前。执行工作规定则规定为在被执行人的财产被执行完毕前。15年民诉解释关于申请参与分配时间的规定与92年民诉意见相似,不过申请的终期表述为:被执行人的财产执行终结前。三个规定的三种表述,导致司法实践中出现以下问题:一是如何界定执行程序的启动;二是如何理解三个司法解释对申请参与分配时间终期的表述,即"被执行人的财产被清偿前""被执行人的财产被执行完毕前"以及"被执行人的财产执行终结前"的含义。司法实践中,各地法院关于申请参与分配时间终期的规定、做法不尽相同:重庆法院根据执行财产的形态加以区分:货币财产的,以款项支付给申请执行人的前一日为截

---

① 《最高人民法院关于适用〈中华人民共和国民事诉讼法〉的解释》第508条规定:被执行人为公民或者其他组织,在执行程序开始后,被执行人的其他已经取得执行依据的债权人发现被执行人的财产不能清偿所有债权的,可以向人民法院申请参与分配。对人民法院查封、扣押、冻结的财产有优先权、担保物权的债权人,可以直接申请参与分配,主张优先受偿权。

止日;动产财产的,以动产交付前一日为截止日;不动产财产的,以确权裁定送达财产登记机关前一日为截止日。广东省高院在 2013 年至 2015 年分别以制作分配方案之日、款项尚未支付之日(无论是否制作分配方案)、裁定确认拍卖成交之日为参与分配的截止时间。东莞法院以确权裁定生效之日为截止日,对货币财产的分配截止日未明确。深圳法院以执行款划付之日为分配截止日期。江苏高院《关于正确理解和适用参与分配制度的指导意见》中,根据待分配财产的类型(货币类财产、非货币类财产且通过拍卖、变卖方式已经处置变现、非货币类财产流拍或者变卖不成后以物抵债)规定了不同的分配截止时间①。

3.分配方案立法空白。分配方案是参与分配制度的核心内容,应主要记载债权人的债权及其分配顺序,但是我国法律以及司法解释没有这方面的规定。因此司法实践中,执行法院有时要依靠相关法律政策、上级指示解决实际问题,而政策、指示因人、时而异,经常出现一案一策,甚至一案几策的情况。另外,虽然司法解释规定了优先受偿权可以优先受偿,但是并没有界定优先受偿权的范围,也没有规定如何解决优先受偿权之间冲突的问题。在法律关系复杂,债权人人数众多且债权性质不一,各方利益难以得到有效满足的案件中,执行法院往往只能在参照破产财产分配的原则下,协调各方利益,最终做出利益妥协的方案。对于当事人而言,因为缺乏明确的法律规定,分配方案的不确定性大,难以有效保障各方当事人的权利;个案适用法律的不一致,使得当事人无法预测分配结果进而采取措施规避风险。因此分配方案立法上的空白造成司法实践的困惑,容易引发分配异议、异议之诉,从而影响执行财产分配效率。

(二)参与分配的争议解决机制现状

最高人民法院《关于适用〈中华人民共和国民事诉讼法〉执行程序若干问题的解释》(以下简称"执行程序解释")第 17 条、第 18 条确立了我国的分配方案异议制度,建立了参与分配争议的解决机制,解决了参与分配程序有权利而无救济的问题,15 年民诉解释对此作了相同的规定②。但结合司法解释以及司法实践来看,参与分配的争议解决现况并未达到设立分配异议制度的预期。

1.分配异议的条件宽泛。司法解释赋予了债权人、被执行人对分配方案提出异议的权利,但是没有规定提出分配方案异议的事由以及滥用异议权的惩戒机制,因此分配异议的权利理论上存在被滥用的可能,且实践中也确实存在滥用的现象。提出分配方案异议并无条件限制,尤其对于被执行人提出分配方案异议的条件未予以明确,在实践中被执行人滥用异议权,或仅仅是发泄财产被法院执行的不满情绪而提出分配异议,以达到拖延、规避甚至抗拒执行目的的情况并不鲜见;债权人因未分配到款项心生不满而提出分配异议的情况也时

---

① 曹兴权、尚彦卿:《民事执行中参与分配程序的适用条件》,载《政法论丛》2017 年第 5 期。

② 《最高人民法院关于适用〈中华人民共和国民事诉讼法〉的解释》第 511 条规定:多个债权人对执行财产申请参与分配的,执行法院应当制作财产分配方案,并送达各债权人和被执行人。债权人或者被执行人对分配方案有异议的,应当自收到分配方案之日起十五日内向执行法院提出书面异议。第 512 条规定:债权人或者被执行人对分配方案提出书面异议的,执行法院应当通知未提出异议的债权人、被执行人。未提出异议的债权人、被执行人自收到通知之日起十五日内未提出反对意见的,执行法院依异议人的意见对分配方案审查修正后进行分配;提出反对意见的,应当通知异议人。异议人可以自收到通知之日起十五日内,以提出反对意见的债权人、被执行人为被告,向执行法院提起诉讼;异议人逾期未提起诉讼的,执行法院按照原分配方案进行分配。诉讼期间进行分配的,执行法院应当提存与争议债权数额相应的款项。

有发生。如前所述,分配方案的立法空白导致执行法院制作的分配方案的内容、分配顺序、权利告知等不尽相同,这也为债权人、被执行人提出分配方案异议提供了更多可能。

2.执行法院对异议权的控制缺失。根据司法解释的规定,对于债权人、被执行人提出的分配方案异议,执行法院的角色比较消极:通知未提异议的当事人,无反对意见则按异议修正分配方案;有反对意见,则通知异议人提起分配异议之诉。司法解释在分配方案异议的制度设计上,一方面放任当事人提出异议、反对意见,另一方面执行法院对异议、反对意见不予审查、区分,将程序性异议和实体性异议都转入分配异议之诉中去解决。司法实践中,执行法官也往往不审查分配异议、不区分程序性、实体性异议,均按解释规定转入分配异议之诉程序。这并非执行法官机械适用解释,而是担心在法律无规定的情况下主动审查异议、区分程序性、实体性异议后才决定是否转入分配异议之诉程序引发的不利后果,未经分配异议之诉程序确定分配方案而分配款项造成的影响难于消除。在办案过程中遇到的一个案例让分配异议制度遭遇了尴尬:被执行人的财产设立了抵押登记,执行法官依法处分了该财产后对执行所得予以分配,抵押担保的债权优先受偿,其余普通债权按债权比例受偿。某普通债权人没有任何理由提出异议称抵押担保债权无优先受偿权,应当按债权比例平等受偿。将该异议通知其余债权人(含抵押担保债权人)后,抵押担保债权人在十五日内竟未提出反对意见(后经询问得知是遗忘提出反对意见)。此时执行法院按照异议意见修正分配方案显然不妥。

(三)现行参与分配争议解决机制衍生的问题

1.执行案件久拖不决。执行法院制作分配方案送达给债权人、被执行人后,债权人或者被执行人对分配方案提出异议的,若无需进入分配异议之诉程序解决争议,至少也需 45 日;若进入分配异议之诉解决争议,那么接下来的一审、二审甚至再审程序所需时间可想而知。这势必导致执行案件久拖不决,严重影响执行程序对效率价值的追求。

2.影响执行质效。参与分配案件往往涉及众多债权人,往往是涉众案件、系列关联案件,参与分配异议、异议之诉程序导致批量案件久拖不决,对执行法院的执结率、执行到位率、审限内结案率等执行质效影响严重。

3.执行款项长期滞留。分配异议期间,执行款项自然不能划付给债权人,分配异议之诉诉讼期间,执行法院应当提存与争议债权数额相应的款项,而争议的款项所占参与分配款项的比例往往很大。这也导致执行款项长期滞留执行法院,影响了胜诉权益的兑现,也给执行法院带来执行款管理的风险。

4.易引发执行信访。参与分配是债权人实现债权的"最后一公里",执行款明明在法院,却因分配异议、分配异议之诉无法到手,债权人心生怨气自不可避免,最终将法律问题演变成信访问题,将矛盾引向信访也让执行法官困惑不已。

二、参与分配和解制度的可行性分析

参与分配和解制度是指被执行人的财产不足以清偿所有债权时,债权人、被执行人就债权人参与分配被执行人财产的问题平等自愿协商、达成合意,并经执行法院确认后形成合意分配方案的制度,也可称为合意分配。参与分配和解制度契合民事诉讼处分原则[①],其目的在于促使各方当事人对财产分配达成和解,及时兑现胜诉权益,该制度能有效化解债权人之间、债权人与被执行人之间的利益分歧,避免因分配方案异议、分配异议之诉程序而拖延执行,影响执行程序对效率价值的追求。参与分配和解制度在一定程度上也体现了"权利制衡权力的司法理念",在执行程序中,执行机构的职权居于主导地位,执行财产的分配作为一种职权行为,通常具有命令性、强制性的特征,当事人处于相对弱势地位。在被执行人财产分配程序中设置和解制度,赋予执行当事人和解达成合意分配方案的权利,在一定程度上制衡了执行机构分配财产的权力,有效平等保护各方当事人权益,在司法实践中是可行的。

(一)执行效率价值的追求

"迟来的正义非正义"阐释了法对效率价值追求,生效裁判确定权益迟迟得不到兑现,社会关系久久难于修复,法的效率价值就无法得到体现,最终也影响法的公平价值。效率从经济学的角度讲,就是以最少的资源消耗取得同样多的效果,或者同样的资源消耗取得最多的效果,效率也是民事强制执行程序不可或缺的重要价值,没有效率的公正不符合强制执行程序的价值要求。执行法院应运用最少的司法资源,尽量缩短个案的执行周期才能实现法的效率价值。执行效率包括执行过程的效率和执行结果的效率,所谓执行过程效率是指执行程序的运作应当具备经济性,以最小的执行成本,实现最大的执行效益,其要求是:一要快速执行,执行周期拖延势必导致执行耗费增加,影响债权人实现债权,并损害国家的司法权威;二要减少执行成本,在执行程序中尽量减少司法资源(办案人员等)的投入。执行结果效率即为强制执行的效果要符合执行主体的期望,执行法院期望通过实施执行权,强制债务人履行债务,实现债权人权益;执行当事人则期望在执行程序中获得法律的公平保护,尽快实现债权,因此强制执行既要满足执行成本的降低,还要避免错误执行、拖延执行带来的损失[②]。设置参与分配和解制度,规定债权人、被执行人可以通过和解的方式解决分配争议,既保证债权人、被执行人的权利能够得到伸张、保护,又能防止拖延参与分配程序,提高参与分配程序的执行效率,最终合法、高效地兑现胜诉权益。

(二)不同于执行和解

我国《民事诉讼法》以及15年民诉解释规定了执行和解制度,执行和解是指在执行的过程中,申请执行人与被申请执行人通过友好协商、互谅互让,就如何实现生效法律文书中确定的权利、义务关系自愿达成某种协议的行为,执行和解制度与本文所论述的参与分配和解制度是有区别的。首先,参与主体不同。执行和解的主体是申请执行人、被执行人,参与分配和解的主体有可能是债权人与被执行人,也有可能是债权人之间。其次,和解的目不同。执行和解是申请执行人与被执行人通过和解中止执行或者终结执行,参与分配和解是债权人、被执行人通过和解解决分配争议,达到继续分配、兑现债权的目的。最后,引起的法律后果不同。执行和解达成后,协议履行完毕的,生效裁判确定的债权债务关系归于消灭,未履行完毕的,恢复原生效裁判的执行。参与分配和解一经达成,则按照分配方案分配执行所得。因此,现行法律规定的执行和解制度不适用于参与分配和解,有必要专门设置参与分配

---

① 《中华人民共和国民事诉讼法》第 13 条第 2 款规定:当事人有权在法律规定的范围内处分自己的民事权利和诉讼权利。

② 通拉嘎:《论我国民事执行分配方案异议制度的完善》,内蒙古大学,2014。

和解制度。

(三)化解分配争议,提升执行质效

设置参与分配和解制度,债权人、被执行人就执行财产分配问题达成合意分配方案,该方案经确认并发生法律效力后,对各方均有约束力,并且具有强制执行力,无需再经分配方案异议以及分配方案异议之诉来解决分配争议,可以大量减少分配异议程序以及分配方案异议诉讼程序,让执行法官有更多的精力去处理更多的案件,无疑是缓解法院"案多人少"矛盾的良策。在目前参与分配制度存在法律适用及司法实践诸多争议的困境下,参与分配和解制度能促使债权人、被执行人在平等自愿协商的基础上实现利益最大化,不必囿于法律适用争议的问题、司法实践的困境。参与分配和解制度高效、公平分配执行财产,避免执行款项长期滞留执行法院,打通兑现胜诉权益"最后一公里",及时修复社会关系,减少债权人损失,有效化解执行投诉、信访,维护社会稳定。因此参与分配和解制度能使大批量涉群体性执行案件快速执结,从而提升执行质效。

(四)域外立法借鉴

参与分配制度的历史渊源可追溯至罗马法[①],根据法学家保罗的观点,在同一债务人对多个债权人负有债务的情况下,不能由其中一个债权人单独受偿债务人的财产。参与分配和解制度在域外有诸多立法及实践经验可供借鉴,通过资料查阅介绍域外的一些情况。法国,分配可分为合意分配与裁判分配[②]。所谓合意分配是指法官在听取各债权人意见的基础上,建议债权人通过合意达成分配方案。法官会给予各债权人一定的时间(在第一次期日结束后一个月以内)考虑,以保证各债权人充分的思考下进行合意。若债权人之间就分配方案达成一致的,法官在宣布和解分配命令之后,向各债权人发给分配明细表。裁判分配是指各债权人之间未就分配方案达成合意时,先由法官制作和解未成调查书,然后再由利害关系人依据该调查书请求法院决定分配方案[③]。韩国《民事执行法》第 150 条第 2 项规定,债权人之间就分配问题达成协议,协议应当优先于分配[④]。在分配程序中,充分尊重当事人之间的意思自治,允许以协议的方式来解决分配争议纠纷。德国、日本以及我国台湾地区,也有关于类似的参与分配和解制度的立法先例,规定在分配期日前,如果当事人能够就分配方案

---

① 罗马法学家保罗在《论告示》第 59 编中作了这样的阐述:"当债权人中的一人要求控制债务人的财产时,人们问:是否只有提出了要求的人才能占有此财产? 当只有一个人提出要求并且得到裁判官允许时,这是否使所有债权人均有了占有财产的可能性? 确切地说,在裁判官允许占有之后,这不被看作是对提出要求者的允许,而被视为允许所有债权人占有财物。"黄凤译:《民法大全选译·司法管辖审判诉讼》,中国政法大学出版社 1992 年版,第 89 页。

② 张卫平、陈刚:《法国民事诉讼法导论》,中国政法大学出版社 1997 年版,第 310 页。

③ 韩国《民事执行法》第 150 条第 2 项:"债权人之间就分配问题达成协议,协议应当优先于分配。"法国《新民事诉讼法典》第 288 条:"在有异议的情况下,负责进行财产出卖的人员应当传唤债务人与所有债权人,以试行和解。此次协商应在最先提出的异议之后一个月内召开。"第 289 条:"如受到召唤的各当事人达成协议,应制作达成协议的文书。受到传唤而不到场的人,视其接受达成的协议。协议的副本送交或者平信寄送债务人与每一债权人。款项支付按照第 283 条之规定进行。"第 290 条:"如果达不成协议,负责财产出卖的人员应当对有分歧的问题制作一份文书,并且附上解决争议所必要的材料,然后立即将这些文件转送财产出卖地的执行法官,请求执行法官处理。纳入分配的款项立即寄存。法官得决定因争议所引起的费用从纳入分配的款项中先行扣取。"

④ 韩国《民事执行法》第 130 条第 2 项:"债权人之间就分配问题达成协议,协议应当优先于分配。"

的修改内容达成一致意见,法院应当予以认可。应当借鉴域外的立法及实践经验,允许债权人、被执行人在平等自愿、充分协商的基础上达成合意分配方案,既保护当事人的合法权益,又提升执行效率。

三、参与分配和解制度的设想

(一)参与分配和解的提出

在执行程序中,执行法院依法处分被执行人的财产后,债权人发现被执行人的财产不足以清偿所有债权的,可以申请参与分配。债权人、被执行人已知被执行人财产不足以清偿所有债权,被执行人财产依法将进入分配程序,此时债权人、被执行人可向执行法院提出参与分配和解的申请。执行法院可以根据债权人、被执行人的申请,也可以依职权组织债权人、被执行人在平等自愿的前提下就被执行人财产分配予以协商。协商达成一致意见的,执行法院经审核后应当根据和解达成的协议制作合意分配方案,并按照合意分配方案分配执行所得。为使各债权人、被执行人充分考虑利弊、权衡得失,保证和解效果,法律应设置一定的期限给予各方协商。结合司法实践,应给予各方当事人十五日的期限和解协商分配方案,即参与分配条件成就时,执行法院应通知各债权人、被执行人参加协商财产分配事宜,从执行法院第一次组织债权人、被执行人协商分配时起十五日,为债权人、被执行人自行协商的期限。期限届满后,债权人、被执行人无法达成一致合意分配方案的,执行法院应当依法制作财产分配方案。对于执行法院依法作出的分配方案,债权人、被执行人提出异议并遭到反对的,各方仍可自愿协商达成合意后更改分配方案,协商的期限从未提出异议的债权人、被执行人收到异议通知之日起十五日。十五日期限届满,各方无法达成和解的,则依照法律规定异议人以提出反对意见的债权人、被执行人为被告,向执行法院提起诉讼,异议人逾期未提起诉讼的,则按原分配方案进行分配。

(二)参与分配和解的主体及地位

参与分配和解可以由债权人、被执行人向执行法院提出,也可以由执行法院依职权组织,因此执行法院、债权人以及被执行人都是参与分配和解的主体,但是他们之间的地位和作用是有区别的。

1.执行法院。参与分配涉及债权人、被执行人的直接利益得失,容易成为执行争议焦点,尤其是在债权众多、优先受偿权竞合的案件,和解能尽快解决争议,因此执行法院可以依职权组织各方参与分配和解,对于矛盾突出的案件应积极引导分配和解。在组织分配和解的过程中,执行法院应坚持合法、公开、公平、公正的原则,切实维护各方当事人的合法权益。执行法院在第一次组织各债权人、被执行人协商财产分配事宜时,应当向债权人通报被执行人财产的处理情况,可供分配的财产数额、先行扣除的各项费用、符合参与分配的债权的基本情况等等,并释明参与分配涉及的法律问题。同时,对于债权人、被执行人合意达成的分配方案应依法予以审核,禁止通过合意损害他人的合法权益。

2.债权人。债权人是分配方案的直接受益人,是参与分配和解的重要参与者,参与分配必须由符合参与分配条件的全体债权人参与。在不违反法律强制性、禁止性规定,不损害他人合法权益的前提下,各债权人可自由处分权益。

3.被执行人。被执行人可以参加分配和解,但其不参加或者拒绝参加不影响分配和解。参与分配是执行法院对被执行人的财产依法处分后的执行所得予以分配,从而实现债权的一个执行过程,从这个意义上说执行所得在占有形态上由执行法院监管,已非被执行人所有,而是参与分配全体债权人所有,参与分配更多的是涉及债权人之间的利益分配。参与分配的债权要么取得执行依据,要么享有优先受偿权,被执行人对参与分配的债权有异议的应当通过其他救济途径解决(申请再审或者提起诉讼),参与分配程序无法解决这种争议,因此被执行人是否参加分配和解不影响债权人之间达成和解分配方案,和解分配方案经执行法院审核未损害被执行人权益的,无需征得被执行人同意。事实上在执行程序中,被执行人下落不明或者规避、抗拒执行的情况比比皆是,若参与分配和解须被执行人参加并征得被执行人同意,则参与分配和解制度形同虚设。

(三)参与分配和解方案的审核

分配和解达成的合意分配方案,须经执行法院审核,执行法院审核符合法律规定后,根据合意分配方案制定财产分配方案。执行法院应当根据合法、自愿、公平的原则对合意分配方案的内容予以审核。一是合法,参与分配的债权是否符合参与分配的条件;方案的内容有无违反法律强制性、禁止性规定,有无违背社会公序良俗。二是自愿,合意分配方案是否为全体债权人的真实意思表示,是否存在胁迫、重大误解等情形。三是公平,合意分配方案有无保障弱小债权人的合法权益、有无损害被执行人的合法权益(由于被执行人非和解必要参与者,因此该内容审核尤为重要)、他人的合法权益。

(四)分配和解方案的救济途径

执行法院经审核后,根据合意分配方案制定的财产分配方案,一经送达后即发生法律效力,债权人不得对分配方案提出异议。被执行人对分配方案有异议的,则应根据异议的内容区别处理。若被执行人对债权的执行依据、优先受偿权真实与否提出异议,则应告知被执行人通过申请再审、提起诉讼予以解决,但这并不影响分配程序。若被执行人对债权提出部分履行的异议,则应告知被执行人限期(建议十五日)就该债权的执行提出执行异议,此时可暂缓对该债权的分配,但不影响其他债权的分配;被执行人逾期不提出执行异议的,则按照分配方案兑现该债权。被执行人对分配方案涉及的执行费用、债权受偿顺序、受偿比例、受偿金额等无权提出异议。债权人、被执行人发现分配方案存在文字、金额错漏的,可以申请执行法院通过修正分配方案的方式更正错漏,执行法院发现分配方案存在文字、金额错漏的,可以主动更改修正。

(五)能否适用企业法人的财产分配

多个债权人对执行财产申请参与分配的,执行法院应当制作分配方案,被执行人是企业法人,且未移送破产的,执行法院需要对该企业法人被执行人的多个债权进行财产分配时,也应当制作财产分配方案①。企业法人分配方案与自然人或者其他组织分配方案在财产分配顺序上有所不同,但是也适用分配方案的救济权利,即债权人、被执行人也有权对该分配方案提出异议、提起分配异议之诉。司法实践中,执行法院依法处理了企业法人被执行人财产后面临参与分配的情况是相当普遍的,企业法人资不抵债申请或者被申请破产的少之又少,执行阶段移送破产的处理效果也不理想,而且企业法人的分配涉及法律关系更多样、争议问题更复杂,涉众面更广,依法按照查封、冻结、扣押财产的先后顺序简单清偿债权无法解

---

① 最高人民法院执行局编:《人民法院办理执行案件规范》,人民法院出版社 2017 年版,第 200 页注释①。

决实际中遇到的复杂情形。因此既然企业法人的财产分配需要制作分配方案,参与分配和解制度同样适用企业法人的财产分配。

参与分配制度涉及债权人债权的实现、被执行人的直接利益,虽然现行参与分配争议解决机制能保护债权人、被执行人的权益,但是烦冗的程序势必牺牲执行的效率价值,于债权人、被执行人无益。参与分配和解制度从完善参与分配争议解决机制的角度出发,立足于解决执行司法实践问题,在理论上并无障碍,债权人、被执行人平等自愿协商财产分配,能够有效减少分配争议,尽早兑现胜诉权益,而这也是"切实解决执行难"的目标之一。

解构与重塑：民事执行送达程序的完善

——以民事审判程序送达的对比为分析视角

梁文琪*

2012年8月31日，全国人民代表大会常务委员会审议通过了《关于修改〈中华人民共和国民事诉讼法〉的决定》，此次修法对民事诉讼程序送达章节中的留置送达、转交送达予以修改，并首次将电子送达列入了送达范围，这是规范与完善我国民事程序送达的务实之举，意义深远而重大。但与此同时，修订后的《民事诉讼法》依旧未对执行程序文书送达作出规定，执行程序送达依旧散乱在具体的执行规定中参照《民事诉讼法》送达规定适用。

执行文书送达作为民事执行程序必不可少的一环，对当事人正当权利的保护起着至关重要的作用，也是法院履行告知职责的基本体现。但目前法律上对执行送达文书的规定也不周全、不统一，简单适用民事送达制度出现各种不适应问题，导致执行送达乱象丛生，因此，执行送达程序亟待于独立构建。本文在理论层面，通过对比民事审判程序送达与民事执行程序送达的共性及差异，探寻确立构建民事执行送达程序的必要性；在实证层面，通过梳理我国民事审判程序送达制度，对比审视民事执行程序送达现状原因，解构其价值选择、基本原则、实践支撑等；在建构层面，以民事审判程序送达制度为范本，从共性及差异两方面入手建构民事执行程序送达制度，为统一司法实践、破解执行送达难提供可借鉴之处。

"法律决非一成不变的，相反的，正如天空和海面因风浪而起变化一样，法律也因情况和时运而变化"①。虽然修订后的《民事诉讼法》对送达程序进行了完善，但由于民事审判程序与民事执行程序的目的、功能、定位不同，所追求的价值取向亦不相同，完全照搬民事审判程序送达规定于执行程序送达，则产生"水土不服"症状，因此无论从制度层面抑或是实务层面，建立独立民事执行程序送达制度都势在必行。本文正是基于此尝试解构与分析民事执行程序中的送达问题，并确立相应制度。

一、理论探源：民事审判程序与民事执行程序中的文书送达

（一）送达程序概述

送达是指司法机关按照法定程序和方法将诉讼文书或法律文书送交收件人的诉讼行为。送达作为民事诉讼每个程序中间的纽带，起着承上启下的作用。根据《中华人民共和国

---

* 梁文琪，东莞市第三人民法院执行局法官助理。

① ［德］黑格尔：《法哲学原理》，商务印书馆1996年版，第7页。

民事诉讼法》以及有关司法解释规定，送达方式有直接送达、留置送达、委托送达、邮寄送达、转交送达、公告送达、电子送达等。送达程序具有如下特征：

一是送达主体法定。文书送达的主体必须是法院，当事人及其他诉讼参与人向法院或者他们相互之间递交诉讼文书或其他文书均不属于送达，不受民事诉讼法有关送达规定的约束。

二是接收送达主体法定。送达是指法院在诉讼程序中对当事人或其他诉讼参与人所进行的一种诉讼行为，法院在诉讼程序中向诉讼参与人以外的个人及组织发送的文书不属于送达行为。

三是送达内容法定。送达的文书主要是在诉讼过程中产生的法律文书和诉讼文书，其他文件的送达非民事诉讼法层面的送达。

四是送达程序法定。送达必须按照法定程序和方式进行，必须依照民事诉讼法进行，否则不能产生法律效力，不能达到预期的法律效果。

（二）民事审判程序送达与民事执行程序送达的不同

民事审判程序与民事执行程序虽是民事诉讼程序的重要组成部分，但由于职能分工的不同，导致两个诉讼阶段文书送达的价值选择亦不同，区别也显而易见，主要表现在如下几方面：

1.诉讼程序目的不同。民事审判程序目的在于通过诉讼程序利用国家审判权解决当事人各方之间利益争端；而民事执行程序目的则在于通过执行程序利用国家执行权的强制执行力使法律文书确定的权利义务付诸实现。

2.文书送达目的不同。民事审判程序文书送达关系到诉讼当事人诉讼权利的完整和公平性行使，送达文书是为了告知当事人积极参与到民事审判程序中并积极行使自己的诉权，确保法院可以查清事实、公正审判；而民事执行程序的文书送达是关系到执行案件当事人的公开权，送达文书的目的在于将法院拟采取的执行措施告知当事人，但当事人对文书的态度并不影响法院执行措施的进行。

3.诉讼程序价值选择不同。由于民事审判程序、民事执行程序目的不同，在两大程序中价值选择则不尽相同。公平和效率是司法程序中必须要坚守的两大价值，民事审判的程序目的决定了在审判程序中法院既要坚守公平又要坚守效率，一定程度上的公平能提升效率，在民事审判阶段是要在坚持公平的基础上提升效率；而在民事执行程序中，高效地推进案件进程一定程度上是对公平的保障，故在民事执行程序中要坚持效率优先同时兼顾公平。

（三）民事诉讼法具体送达方式在民事执行程序中的"水土不服"

1.直接送达。根据《民事诉讼法》关于送达的规定，文书送达应当直接送交受送达人，受送达人不在的，公民的，可以交他的同住成年家属签收；法人或其他组织的，由法定代表人、其他组织的主要负责人或法人、组织负责收件的人签收。在《民事诉讼法司法解释》中进一步明确向法人或其他组织送达的，应当由法人的法定代表人、其他组织的主要负责人或办公室、值班室、收发室等负责收件的人签收；并进一步明确当事人在法院签收的文书也视为直接送达。在执行程序中，由于执行案件较多，大多被执行人住所地不在管辖辖区内，同时由于送达人员并不会对每个小区都很熟悉，准确走街串巷向当事人送达文书也不可行，采取直接送达会耗费大量的人力物力，故在实践中，一般不采取直接送达方式向被执行人进行送达文书，除非赴现场执行或传唤被执行人到庭执行，方才采取直接送达方式送达文书。

2.留置送达。根据《民事诉讼法》第86条规定及《民事诉讼法》司法解释第130条及第132条规定,受送达人及其同住成年家属拒绝签收文书的,送达人可以邀请有关基层组织或所在单位的代表到场进行留置送达,有关基层组织和所在单位的代表,可以是受送达人住所地的居民委员会、村民委员会的工作人员以及受送达人所在单位的工作人员。留置送达是直接送达的第一种补充送达形式。在执行实践中,现场执行时被执行人拒不签收相关文书时,为便于执行,执行人员一般采取将执行文书张贴在被执行人住址或居住地完成留置送达,而非完全按照诉讼法规定邀请基层组织或所在单位的代表到场进行留置送达。

3.电子送达。根据《民事诉讼法》规定,经受送达人同意,法院可以采用传真、电子邮件等能够确认当事人收悉的方式送达诉讼文书,但判决书、调解书、裁定书除外;在《民事诉讼法》司法解释中进一步明确移动通信等即时收悉的特定系统也作为送达媒介,对于文书电子送达的时间节点进行细化,并明确受送达人同意采用电子方式送达的,应当在送达地址确认书中予以确认。在执行文书送达过程中,执行人员逐步尝试使用微信、网络平台等进行电子送达,但并未将电子送达作为执行工作的主要送达形式:第一,诉讼法明确要求,受送达人同意采用电子方式送达的,应当在送达地址确认书中予以确认,而针对执行案件,"人难找"一直是困扰执行工作的重要原因,故在被执行人未签署地址确认书时,电子送达是无法直接适用的;第二,身份信息难以核对,随着微信对国内移动互联网用户的大面积覆盖,S法院于2017年为每个执行团队配备了公务手机微信,便于当事人与执行法官沟通,但根据执行法官的反馈,虽然微信方便快捷,但是对于当事人身份信息难以核对,重要文书依旧要通过传统邮寄方式进行送达,而非在电子平台直接送达。

4.委托送达。根据诉讼法规定,在直接送达诉讼文书有困难的,可以委托其他法院代为送达。为坚决贯彻落实党中央重大决策部署,2016年3月,最高人民法院在十二届全国人大四次会议上提出"用两到三年时间基本解决执行难问题"。2016年至2018年,全国法院在以习近平同志为核心的党中央坚强领导下,认真谋划、真抓实干、同心协力、攻坚克难,更是建成了人民法院执行事项委托系统,以事项委托代替全案委托,以线上委托代替线下委托。在委托平台建设以及最高法《关于严格规范执行事项委托工作的管理办法(试行)》明确列明可以委托其他法院办理的业务共4类15项,其中并不包含委托送达类目,故在执行实践中,委托送达是一个被尘封的送达方式。

表1　人民法院执行事项委托类目

类别	项目			
委托存款、理财产品	冻结	续冻	解冻	扣划
委托不动产、需要登记的动产	查封	续封	解封	过户
委托股权及其他投资权益	公示冻结	公示续冻	公示解冻	
委托调查	存款	理财产品	不动产	工商档案

5.邮寄送达。邮寄送达与委托送达是直接送达的补充方式,在直接送达有困难时,可以邮寄送达。面对着逐年增多的案件数量以及越来越复杂的人口居住情况,法院限于人力与物力资源,不可能每一份材料都让干警直接上门送达,邮寄送达的使用次数远多于直接送

达,更多法院更倾向于将邮寄送达作为送达的首要方式。虽然邮寄送达能在一定程度上减轻法院的工作负担,也能减轻当事人的抵触和警惕心理,提高送达成功率。但目前邮寄送达方式也并非完美,其同样存在着退件慢、回执慢,影响执行工作进程,邮递人员责任心不够强,工作能力和素质不够高,工作方式简单以及法院专递成本较高等问题。

6.公告送达。公告送达是一个兜底送达方式,受送达人不明或其他方式送达不到的进行公告送达,自发出公告之日起经过六十日即视为送达。在执行程序中,文书通过其他送达方式无法送达时,参照民事诉讼法规定进行公告送达,但由于执行工作的特殊性加之执行程序中需送达的文书较多,故无法每一份文书都进行公告六十天送达,民事诉讼中对公告送达的规定在执行程序中视如鸡肋。

(四)参照民事诉讼法送达规定模拟民事执行程序文书送达

据不确切统计,在民事执行程序中,一般案件需要送达的文书主要有执行通知书,报告财产令,查封、扣押、冻结执行裁定书,评估、拍卖事项告知书,评估报告,拍卖成交裁定书,终结本次执行程序裁定书及各类告知书、通知书等多种文书,接下来以执行通知书,查封、扣押、冻结执行裁定书,终结本次执行程序裁定书完全依照民事诉讼法其相关规定送达要求为例,进行模拟送达:

1.执行通知书。根据民事诉讼法司法解释规定,人民法院应当在收到申请执行书或者移交执行书后10日内发出执行通知。执行通知书送达参照民事诉讼法关于送达的规定。假设申请人提供的被执行人地址为省外,执行法官首先通过邮寄方式寄送执行通知书,后因故被执行人未签收,邮件退回,此时已用天数保守估计要7日左右。根据民事诉讼法规定,此时法院应采取公告送达,自发出公告之日起,经过60日即视为送达。由例可见,一份执行通知书送达时间为邮寄送达7日加公告送达60日共计67日。虽然根据民事诉讼法规定,在发出执行通知书的同时,可以立即采取强制执行措施,但执行通知书的送达程序过长终究不符合执行工作实际。

2.查封、扣押、冻结执行裁定书。根据民事诉讼法及民诉法司法解释以及《最高人民法院关于人民法院民事执行中查封、扣押、冻结财产的规定》等相关规定,人民法院查封、扣押、冻结被执行人的动产、不动产及其他财产,应当作出裁定,并送达被执行人和申请执行人。同样以被执行人在外地且邮寄送达无法送到作为前提,此时执行裁定书送达时间为邮寄送达7日加公告送达60日共计67日。由于执行裁定书以送达为生效要件,在完整的送达程序结束后,此时已距离执行裁定书作出时过去67日,在这送达期间,由于执行裁定书未生效法院无法以此文书采取具体的执行措施,暂先不论申请人是否会因此投诉法院不作为或拖延执行,而此区间是否会导致被执行人转移财产?是否会导致本来能执行到位却因送达程序过长导致最后执行不到位?

3.终结本次执行程序裁定书。根据《最高人民法院关于执行案件立案、结案若干问题的意见》及《最高人民法院关于严格规范终结本次执行程序的规定(试行)》规定,终结本次执行程序裁定书送达申请执行人后,执行案件可以作结案处理。假设申请执行人也是居住在法院所辖辖区外,则文书送达需要采取邮寄方式送达,假设邮寄送达时间为7日,申请执行人变更了居住地点无法通过预留送达地址送达,此时要进行公告送达,公告60日,则送达时间为67日,公告期满后,执行案件方可以作结案处理。

通过模拟一个只需送达执行通知书,查封、扣押、冻结执行裁定书,终结本次执行程序裁定书的简易案件,发现完全依照民事诉讼法有关送达的相关规定开展文书送达工作,三份文书所耗费的时间共计 201 日,远远超过 6 个月的办案期限。根据《最高人民法院关于人民法院执行工作若干问题的规定(试行)》规定及最高人民法院"3+1"核心指标中有财产案件法定期限内实际执结率要求,无网拍超过 6 个月的案件将会判定为超期未结案件。故参照民事诉讼法有关送达的相关规定开展文书送达工作不利于执行工作的有序开展,也不利于当事人胜诉权益的实现。

二、实证解构:现行民事执行程序与民事审判程序送达制度

(一)反思:民事执行程序送达现状缘由

1.缺乏独立的民事执行程序送达规定。

民事执行程序是法院通过行使强制执行权来保障胜诉权利人的权益实现,在执行案件办理过程中,法院可以对被执行人名下的财产采取查封、扣押、冻结、拍卖、变卖措施,这些措施均会对被执行人、申请人以及案外人的权利产生影响,在此情况下,执行法院应当将所采取的执行措施及时告知案件当事人,以保障案件当事人的知情权以及异议权,执行送达是执行工作必需且必要的程序。但目前我国没有一部单独的法律对执行送达问题进行规定,执行文书送达散乱在各种司法解释中,未形成完整的体系,同时由于民事执行程序属民事诉讼程序的一部分,故执行程序送达大多参照民事诉讼法有关送达的规定。与此同时,据不完全统计,在民事执行中需送达近 24 种文书,但在民事执行中需送达的多种法律文书中,只有执行通知书、将被执行人纳入失信被执行人名单的决定书明确要求参照民事诉讼法关于送达的规定,对于其他文书的送达均未予以明确要求,以致司法实践中执行干警对执行程序送达无法按照统一标准开展,导致产生执行程序送达乱象。

表 2 涉及送达的相关法律规定

涉及执行送达的法律规定	条数	有关法条
民事诉讼法	3	第 237 条、第 240 条、第 248 条
民事诉讼法司法解释	5	第 482 条、第 493 条、第 501 条、第 511 条、第 512 条
最高人民法院关于人民法院执行工作若干问题的规定(试行)	6	第 24 条、第 25 条、第 38 条、第 53 条、第 61 条、第 65 条
最高人民法院关于人民法院民事执行中查封、扣押、冻结财产的规定	2	第 1 条、第 31 条
最高人民法院关于人民法院民事执行中拍卖、变卖财产的规定	5	第 6 条、第 9 条、第 14 条、第 23 条、第 29 条
最高人民法院关于人民法院网络司法拍卖若干问题的规定	2	第 16 条、第 22 条

续表

涉及执行送达的法律规定	条数	有关法条
最高人民法院关于限制被执行人高消费及有关消费的若干规定	1	第5条
最高人民法院关于公布失信被执行人名单信息的若干规定	1	第5条
最高人民法院关于执行案件立案、结案若干问题的意见	3	第2条、第15条、第16条
最高人民法院关于严格规范终结本次执行程序的规定(试行)	1	第5条

2.现行法律规定、司法解释用词不统一

据统计,在相关涉及执行程序送达的法律规定中,使用"送达"一词有 12 种文书,使用"发出"有 7 种文书,使用"通知"有 6 种文书,使用"发送"有 3 种文书,使用"告知"有 1 种文书。据分析,涉及执行裁定书均使用"送达"一词,但涉及其他文书除《最高人民法院关于公布失信被执行人名单信息的若干规定》第 5 条及《最高人民法院关于人民法院执行工作若干问题的规定(试行)》第 25 条明确相关文书送达参照适用民事诉讼法关于送达的规定外均未使用"送达"一词,而是采用"发出""通知""发送""告知"等字眼。这是否意味这些文书所需的"送达"程序与民事诉讼法规定的"送达"程序不一致? 意味这些文书的"送达"程序可以予以简化? 这些均无定论。

同时不同法律对同一事项规定不一,以执行通知书为例,在《最高人民法院关于人民法院执行工作若干问题的规定(试行)》中第 24 条、第 25 条规定:人民法院决定受理执行案件后,应当在三日内向被执行人发出执行通知书;执行通知书的送达,适用民事诉讼法关于送达的规定。但是在现行《民事诉讼法》第 240 条及其司法解释第 482 条中规定:执行员接到申请执行书或者移交执行书,应当向被执行人发出执行通知,并可以立即采取强制执行措施;人民法院应当在收到申请执行书或者移交执行书后十日内发出执行通知。在新的《民事诉讼法》及其规定中,未对执行通知书的送达明确规定。在实践中,是依照新法优于旧法执行通知书无需参照民事诉讼法关于送达的规定还是特殊法优于一般法执行通知书送达适用民事诉讼法关于送达的规定? 该问题亦未得到明确。

由于立法用词的不一致、不严谨,立法前后的不统一性,导致司法实践适用随意,从而出现民事执行程序送达不规范。是否用词不一则程序不同,还需立法进一步明确,否则执行送达乱象没有办法根治。

3.法院送达人力、物力资源不足

法院是送达的主体,自"基本解决执行难"目标提出以来,全国各级法院尽力将人力、物力资源向执行口倾斜,最高法院多次在会议、文件中强调要加强执行人员配置。在最高人民法院下发的《关于深化执行改革健全解决执行难长效机制的意见——人民法院执行工作纲要》(2019—2023)中更是提出"严格落实中央关于加强执行机构建设的要求,积极争取地方

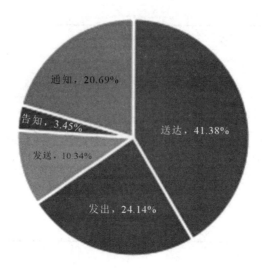

通知，20.69%

告知，3.45%

发送，10.34%

送达，41.38%

发出，24.14%

图1 执行送达用词统计表

党委支持,加强执行力量配备。各级人民法院有关执行机构的改革方案要层报最高人民法院审核。"[①]以 G 省 D 市 S 法院为例,目前执行案件不断增加,据统计 S 法院每年收案数均在不断增长,2019 年收案数相较 2018 年增长 17.88%,2019 年执行干警人均办案数达 167.91件,在执行办案规范不断提升的情况下,执行干警的主要精力分配在如何将案件规范做好,尽快兑现胜诉当事人的权益上,能够分配到送达上的精力不足。

表3 S法院近4年执行办案情况

时间	总案件数	新收/件	旧存/件	总结案数	结案率	干警人数	人均办案数
2016 年	17200	16020	1180	15445	89.80%	100	154.45
2017 年	18801	17046	1755	16706	88.86%	111	150.50
2018 年	21728	19633	2095	19901	91.59%	163	122.09
2019 年	24970	23143	1827	23172	92.80%	138	167.91

4.执行联动机制不健全

目前我国人口流动性越来越强,现有的社会人口户籍登记信息和工商部门登记的企业法人信息无法及时适应流动人口的管理,这使得法院查找被执行人的工作增加了很大难度,也使得法院执行送达越来越难。同时,其他单位基于自身利益的考虑以及本身工作量也较大的原因,在配合法院送达文书的主观意愿上积极性不高,加之目前协助执行机制尚未完全打通,出于隐私保护及安全需要,其他单位未与法院建立资源共享,对于当事人的信息完全靠当事人自行提供,法院对其真实性及有效性无法判断。在委托基层组织协助送达时,大多数基层组织对于送达结果未能及时告知法院,导致法院的文书石沉大海,容易拖延执行程序

---

① 《关于深化执行改革健全解决执行难长效机制的意见——人民法院执行工作纲要(2019—2023)》。

的正常进行。在当前社会大环境下,我国社会人口登记信息和申报机制未健全,法院掌握的人口信息和渠道十分有限,其他单位与法院的信息共享平台未建立,相互间配合积极性不高,都对执行送达工作的开展造成极大阻碍。

(二)探寻:突破民事执行评估报告送达

在 2002 年《最高人民法院关于案件执行中涉及有关财产评估、变卖等问题的请示的复函》([2002]执他字第 14 号)中明确:"评估报告未送达给有关当事人,并不影响依据评估报告确定拍卖、变卖的价格。鉴于目前被执行人借逃避送达拖延执行的情况非常普遍,为了提高执行效率,维护申请执行人的合法权益,对评估报告可以采取请被执行人的近亲属转交、张贴在被执行人所在的自然村或小区公共活动场所、邮寄至生效法律载明的被执行人住所地等方式送达,无需公告送达。"①这是对评估报告送达要求的一个重大突破。

(三)解构:民事审判程序送达制度

1.民事审判程序送达制度的立法演进

1982 年,中华人民共和国第一部民事诉讼法出台,在《中华人民共和国民事诉讼法(试行)》②中,确定了民事诉讼文书送达的程序要件以及送达方式。

1991 年《中华人民共和国民事诉讼法》中,基本延续了《中华人民共和国民事诉讼法(试行)》对民事诉讼文书送达的规定,且明确了法人或者其他组织作为受送达人时直接送达的要件,同时明确了转交送达的日期。2007 年修订的《中华人民共和国民事诉讼法》延续了1991 年民事诉讼法关于送达的规定。

2012 年修订的《中华人民共和国民事诉讼法》首次将电子送达纳入,明确了电子送达的适用条件,同时以强制性教育机构代替转交送达中劳动教养的表述,并增加了"视为留置送达"的情形。2017 年修订的《中华人民共和国民事诉讼法》延续了 2012 年修订的《中华人民共和国民事诉讼法》关于送达的规定。

2017 年《最高人民法院印发〈关于进一步加强民事送达工作的若干意见〉的通知》,明确送达地址确认书以及电子送达的相关细节。

从民事诉讼法关于送达的规定的立法演进不难看出,送达制度随着社会经济的变化以及司法工作实际不断地更新,不断地完善,从而形成符合我国社会实际以及司法实际的民事诉讼程序送达制度。

2.民事审判程序送达制度设计原则

(1)充分保障受送达人的知情权。首先,现行法在设计上遵循的是阶梯式递进的补充适用原则,将安全可靠的直接送达列为第一选择,只有直接送达有困难时,才能采取其他送达方式;其次,给予 60 日的公告期,充分公示以保障受送达人的知情权。

(2)在保障公平的基础上提升效率。留置送达、电子送达、委托送达充分体现了在直接送达不可行的情况下,采取变通送达方式,从而保障诉讼当事人的公平。

---

① 傅松苗、丁灵敏:《民事执行实务难题梳理与解析》,人民法院出版社 2017 年版。

② 《中华人民共和国民事诉讼法(试行)》已被 1991 年 4 月 9 日施行的《中华人民共和国民事诉讼法》废止。

三、理性构建：民事执行程序的送达规定

（一）建立独立的民事执行送达规定

1.基本原则

（1）效率优先原则。为提高执行文书送达效率，不再采用递进式送达方式。将直接送达、留置送达、电子送达、委托送达、邮寄送达置于同一送达顺位，在送达文书时，执行法官可以根据案件的实际情况采取高效的送达方式。在通过第一顺位送达无法送达的，采用公告送达，自发出公告之日起，经过五日，即视为送达。送达材料及过程应在案卷中详细记明。

（2）一次公告原则。严格案卷执行文书首次送达程序，若文书在首次送达时进行公告的，则应严格按照送达标准进行公告。但为提升执行工作效率，在后续的文书中通过第一顺位送达方式送达不到时，不再进行多次公告，文书通过第一顺位送达方式送达不到时即视为送达。

（3）诚实信用原则。根据《最高人民法院印发〈关于进一步加强民事送达工作的若干意见〉的通知》第7条：因当事人提供的送达地址不准确、拒不提供送达地址、送达地址变更未书面告知人民法院，导致民事诉讼文书未能被受送达人实际接收的，直接送达的，民事诉讼文书留在该地址之日为送达之日；邮寄送达的，文书被退回之日为送达之日。故案件当事人应当坚持诚实信用原则。案件当事人向法院提交由其本人签名或盖章的送达地址确认书，法院视为送达地址确认书为当事人接收文书的地址。在执行过程中，执行法官通过地址确认书地址进行送达文书，因当事人自身原因导致送达地址有误的，送达不到的时间则视为送达时间。当事人送达地址有变更的，应当在三日内向法院提交书面变更送达地址资料。

2.加强其他单位协助送达机制建设

（1）建立网格化送达机制。在2020年突发的新型冠状病毒肺炎疫情抗击战中，全国人民充分见识到了网格化管理制度优势，成千上万名社区网格员穿梭在社区的大街小巷，不落一户、不漏一人地进行人员排查。社区网格员是指在社区网格化管理组织中能够承担与群众保持联系，了解民情、转达民情、解决民情具体任务的工作人员。据统计，在2017年，广东省东莞市网格员已近6500人，在2020年更是达上万人。建立网格化送达机制，法院加入网格化管理系统，将执行文书通过扫描形式上传到网格化管理系统，形成代办任务，然后由送达地址最近的网格员接受任务，进行送达，并将送达回证扫描发回网格化管理系统，法院工作人员登录系统将送达回证打印附卷。并将网格员协助法院送达情况作为其考核的一项参考依据，提升网格员配合法院的积极性。

（2）加强与邮政部门的联动。将邮寄送达与直接送达置于同一顺位，在执行机构送达法律文书时，通过受送达人的详细地址进行邮寄送达，这样既节约司法资源，又有助于提高送达成功率。加强与邮政部门的沟通联系，培养一部分专门法院文书送达人员，可以提高法院专递文件的送达规范化，提高邮递人员的送达工作水平和素质，加强送达技巧，增强责任意识，逐步解决邮寄送达中存在的退件慢、回执慢以及邮递人员工作能力不足等问题，最大限度发挥邮寄送达的作用。

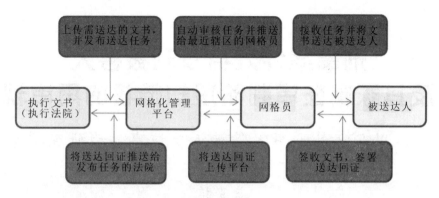

图 2　网格化送达机制流程示意图

3.建立全国文书送达地址库。

在民事诉讼法司法解释第 137 条规定:当事人在提起上诉、申请再审、申请执行时未书面变更送达地址的,其在第一审程序中确认的送达地址可以作为第二审程序、审判监督程序、执行程序的送达地址,即审判阶段的文书地址无特殊情况下可以作为执行阶段文书送达的参考,以实现审执送达地址互通。目前人员流动性不断增强,诉讼案件、执行案件更是不断增加,建立全国文书送达地址库,并不断更新,这对于全国四级法院送达工作会有莫大的帮助。当事人在立案阶段提供当事人的送达地址,由立案人员将当事人姓名、身份证号、地址、联系方式录入送达地址库,审判执行阶段案件承办法官可以根据姓名、身份证号查询已录入的当事人地址及联系方式,并根据送达情况进行反馈所提供地址是否真实,从而进行甄别,在审判执行阶段,当事人提供了新的送达地址的,承办法官也可以进行更改。若各地各级法院均能积极录入当事人的送达地址,则有助于在一定程度上解决送达难问题,但同时也要看到当事人身份信息属当事人个人信息,在查询、使用方面应当严格要求。

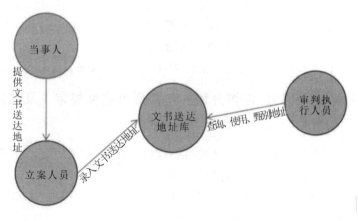

图 3　文书送达地址库流程图

刑事案件人身权利被害人
及其家属在审判阶段知情权的再审视

——以 703 件刑事案件涉诉信访事件为研究样本

李罗超[*]

习近平总书记提出,"司法体制改革成效如何,说一千道一万,要由人民来评判,归根到底要看司法公信力是不是提高了"。近年来,以审判为中心的刑事诉讼制度改革正在全国深入推行,刑事案件被告人的权利得到了空前的保障,获得了国内外的一致认可与高度评价。但与此同时,刑事案件的阳光审判还有一块挥之不去的阴影——被害人及其家属被忽略,知情权得不到充分的保障,进而引发不满、缠闹访甚至极端访,造成新的社会问题,影响法律效果和社会效果。刑事案件被害人及其家属反映案件的涉诉信访情况日渐增多,这些信访事件一旦经网络传播发酵,无论真相如何,都容易引起强烈的反响,进而使舆论对法院的裁判工作产生较大质疑。在这样的情况下,即使最后真相被公布,也因为各种小道消息、谣言的充斥,使得真相反而被认为是经过刻意掩盖和伪造的假象。"首因效应"导致了后期法院、地方都需要大量的努力才能扭转广大群众对案件的认知。

最高人民法院院长周强在全国法院院长座谈会上指出,全国各级法院要高度重视信访工作,让信访工作实现数字化、数据化,成为了解社情民意的晴雨表,为本单位、本地方决策提供重要依据。本文将通过 2014 年诉访分离制度推行以来,G 省 S 市法院 5 年的 703 件刑事案件涉诉信访事件为视角[①],探讨刑事案件人身权利被害人及其家属知情权的保障。

一、高度不稳定的因素:诉访分离 5 年来刑事案件被害人及其家属涉诉信访的情况

2014 年 3 月,中共中央办公厅、国务院办公厅印发《关于依法处理涉法涉诉信访问题的意见》,明确提出,实行诉讼与信访分离制度。把涉及民商事、行政、刑事等诉讼权利救济的信访事项从普通信访体制中分离出来,由政法机关依法处理。各级信访部门对到本部门上访的涉诉信访群众,应当引导其到政法机关反映问题;对按规定受理的涉及公安机关、司法

---

* 李罗超,东莞市中级人民法院民二庭法官助理。

① 该 703 件案件系诉访分离制度推行以来,以来访方式向 S 市两级法院反映刑事案件诉求的信访数据,信访人包含被害人或其家属、委托诉讼代理人、被告人或其家属、委托诉讼代理人。

行政机关的涉法涉诉信访事项,收到的群众涉法涉诉信件,应当转同级政法机关依法处理。[①]

在这样的背景下,G省S市法院相继在中级法院、基层法院成立了信访部门,归口处理涉诉信访,接待群众来信来访、反映诉求,在处理涉诉信访的同时,收集涉诉信访的社情民意。以下是该市法院2014—2018年5年间涉诉信访的情况。

表1 2014—2018年G省S市刑事案件涉诉信访情况

年份	刑事案件信访量	民事案件信访量	行政、执行案件信访量	涉诉信访总量	刑事案件信访量占比
2014	112	833	510	1455	7.70%
2015	136	1125	691	1952	6.97%
2016	152	1078	248	1478	10.28%
2017	186	1512	328	2026	9.18%
2018	117	1319	474	1910	6.13%

通过2014—2018年该市法院的刑事被害人或其家属的信访数据,我们可以发现,该市5年来,每年涉及刑事案件的涉诉信访总量仅为100~200件,但却呈现了高比例的集体访、缠闹访、极端访情况。与民事案件长年维持在10%以下,行政、执行信访最高未超过20%的比例相比,刑事案件中,被害人及其家属出现集体访、缠闹访、极端访的比例未低于20%,在2017年更是达到了40.36%。下表为该市法院5年来信访分案件类型的异常信访分析。

表2 2014—2018年G省S市涉诉事项异常情况

年份	刑事案件信访情况				民事案件信访情况	行政、执行信访情况
	刑事案件信访数	刑事被害人或其家属信访数	刑事被害人或其家属闹访、缠访、极端访、集体访情况	闹访、缠访、极端访、集体访情况闹访占比	闹访、缠访、极端访、集体访情况闹访占比	闹访、缠访、极端访、集体访情况闹访占比
2014	112	90	24	26.67%	9.36%	10.78%
2015	136	103	27	26.21%	7.91%	11.29%
2016	152	138	35	25.36%	7.61%	18.55%
2017	186	166	67	40.36%	10.25%	17.99%
2018	117	102	24	23.53%	9.40%	8.02%

---

① 《中共中央办公厅、国务院办公厅印发〈关于依法处理涉法涉诉信访问题的意见〉》,载人民网,http://politics.people.com.cn/n/2014/0319/c1001-24681590.html。

从上表来看,刑事被害人或其家属的缠闹访、极端访等异常信访占刑事案件信访的比例最低年份为 2018 年,但也达到了 23.53％;而最高年份为 2017 年,占刑事案件信访的比例已达 40.36％。

处置这类异常信访,耗费了法院、地方政府大量的人力物力。刑事案件人身权利被害人,因其受到犯罪行为的伤害,社会公众的感情和认知上都更偏向于被害人,进而对被害人的一些以过激情绪表达诉求的方式,有着更高的宽容度,甚至因此对法院的司法审判工作产生质疑,也容易引起网络的炒作,这些被害人家属在法院的异常信访行为也给法院的形象带来了负面的影响,而按"三同步"的原则处置时,法院与地方都要投入大量人力物力才能还原事情、正本清源。

二、深层分析:刑事被害人及其家属的诉求变迁

(一)被害人或其家属涉诉信访诉求的分析
被害人或其家属希望通过异常信访表达什么诉求?

从 2014—2018 年的总数来看,"要求判处被告人重刑"(140 件)、"要求参与庭审、对刑事部分表达意见(107 件)""要求告知审判的具体进度(107 件)"是人身权利被害人或其家属异常信访的前三大诉求。而且,要求参与庭审、对刑事部分表达意见和要求告知审判的具体进度已经从 2014 年被害人信访诉求的第五位、第三位分别上升至第一位、第二位,说明被害人或其家属对于刑事案件审判的知情和参与的诉求日渐强烈。

表3　G省S市 2014—2018 年刑事被害人或家属诉求统计表

刑事被害人或其家属信访诉求	2014 年	2015 年	2016 年	2017 年	2018 年	合计
对被告人判处重刑	39	30	25	26	20	140
按民事侵权或更高标准赔偿	14	20	15	28	12	89
告知审判的具体进度	12	14	25	34	24	109
要求参与庭审、对刑事部分表达意见	7	10	27	35	28	107
告知审判的结果	3	10	11	21	11	56
要求知悉被告人刑罚执行的情况	8	7	14	8	3	40
要求将附带民事赔偿执行到位	7	11	14	13	4	49
其他	0	1	4	1	0	6
合计	90	103	135	166	102	596

从上表来看,刑事案件人身权利被害人及其家属的诉求,在推行诉访分离的 5 年来,经历了三个阶段的变迁。

1.同态复仇思想阶段。这一阶段为 2014—2015 年,被害人及其家属的诉求集中体现为"对被告人判处重刑",系被害人或其家属首要诉求。主张对故意杀人、故意伤害、抢劫罪的被告人判处死刑立即执行的情况占了这一时期被害人家属信访的主流,即使最终判决结果为死刑缓期两年执行的,仍发生数宗被害人家属闹访的案件,经过数次耐心释法并借助司法救助、社会力量介入帮助等多种方法才得以缓解和平息。

2.经济诉求凸显阶段。2016—2017 年,全国商品房平均销售价格分别为 7476 元/平方米、7892 元/平方米,增幅为 10.05%、5.55%,系 10 年来的最大增幅时期。① 而全国 70 个大中城市的商品房平均销售价格,更是远远大于该增幅。在同态复仇主张行不通的情况下,被害人或其家属则退而求其次,要求按照民事侵权或更高的标准赔偿被害人的损失。

3.知情权优先阶段。2018 年,被害人或其家属关注的目光移到了审判阶段的庭审和裁判进度上来。集中反映为:要求在庭审中表达其对刑事部分的意见,要求在审限变更、裁判结果作出后及时通知被害人或其家属。

(二)被害人或其家属信访的处置困境

刑事案件人身权利被害人或其家属的涉诉信访,已成为当前社会综合治理中不可忽视的问题,也逐渐成为影响法院裁判社会效果的重要因子。具体的表现为:

传统的同态复仇观念依然存在,普法宣传仍任重道远。这一点在致人死亡的刑事案件中矛盾尤为突出。在公众传统朴素的法律认识中,"杀人偿命"是中国几千年的传统观念。而"保留死刑、严格控制死刑"作为死刑政策和刑事司法原则,应当在司法活动中坚持。两者的矛盾是客观存在的事实,不能用"鸵鸟心态"回避问题,拒绝回应或者简单粗暴回应被害人或其家属、社会公众。否则,容易让其产生司法不公的质疑。但同时,也不能让现代司法审判屈从于传统的同态复仇心态,而应通过完善法律规定实现罪责刑相适应、向被害人或其家属耐心释法、通过社会媒体正确引导,把"杀人必须偿命"的传统观念转变为"尊重生命、恪守法律"的现代理念。

附带民事赔偿标准较低,被害人或其家属、公众产生了严重的质疑,认为审判机关有意偏袒被告人。此时,再处置此类涉诉信访工作,难度极大。《最高人民法院关于适用〈中华人民共和国刑事诉讼法〉的解释》第一百五十五条第一款规定:"对附带民事诉讼作出判决,应当根据犯罪行为造成的物质损失,结合案件具体情况,确定被告人应当赔偿的数额。"第二款以列举的方式详细确定了刑事附带民事赔偿的范围:"犯罪行为造成被害人人身损害的,应当赔偿医疗费、护理费、交通费等为治疗和康复支付的合理费用,以及因误工减少的收入。造成被害人残疾的,还应当赔偿残疾生活辅助具等费用;造成被害人死亡的,还应当赔偿丧葬费等费用。"据此,死亡赔偿金、残疾赔偿金并不在刑事附带民事赔偿的范围。

G 省 S 市 2014—2018 年发生涉诉信访刑事案件中,其附带民事赔偿的判决金额情况见下图:

在该市 5 年 703 宗有涉诉信访的刑事案件中,附带民事赔偿的数额集中于 4 万~10 万元人民币的区间(合计占 80%),仅 1 宗超过 50 万元(因死者的抢救医疗费用实际支出为 44 万元)。而机动车交通事故责任纠纷的民事案件中,死亡赔偿金、残疾赔偿金、被抚养人的抚养费、被扶养人的扶养费均计算在内,致人伤残、死亡的,赔偿金额往往过百万元。因此,刑事案件被害人的家属、公众都对附带民事赔偿判项提出了广泛的质疑。"人命只值几万元"、臆测案件审判过程中存在司法腐败的论调在这类司法案件中尤为突出,这也是被害人家属

---

① 数据来源:国家统计局网站发布,http://data.stats.gov.cn/easyquery.htm? cn = C01&zb = A051L&sj=2017。

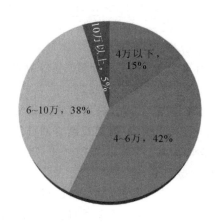

**图1　G省S市2014—2018年发生涉诉信访刑事案件中
附带民事赔偿的判决金额情况**

要求参加庭审、对刑事部分表达意见的重要原因。

被害人或其家属异常信访的频次高、单次信访时间长,易引发到省进京、网络炒作等其他信访情况,给地方和审判的法院均造成较大的处置压力。

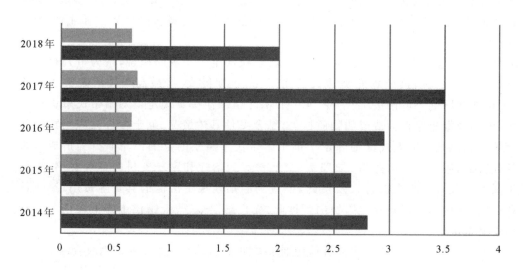

■正常信访事件处置时间（小时）

■刑事被害人或其家属闹访、缠访、极端访、集体访情况平均处置时间（小时）

图2　信访事件处置时间对比

从上图来看,刑事案件被害人或其家属闹访、缠访、极端访、集体访的处置时间,5年来均系一件正常信访案件处置时间的3～5倍。这就造成了一线处访人员疲于应付异常信访的情况,难以开展其他正常的处访工作。而这些闹访、缠访、极端访、集体访都是必须要予以化解的重大风险,需要进行有效的预防、处置、化解。预防和化解的关键在于阳光审判,充分保障被害人的知情权、参与权。

三、以问题为导向——被害人知情权的障碍与排除

(一)人身权利被害人知情权难以得到有效保护的原因

在着重强调被告人的人权保护的同时,亦应当尊重和保障被害人的合法权益,才能充分实现保障人权的价值目标。被害人行使其合法权利的前提,就是对案件有充分的了解。保护其知情权,就是保护被害人行使其权利的基础。但在实务中,人身权利被害人的知情权并未得到有效的保障。究其原因,主要有以下几方面:

1.缺乏明确的法律依据支持。西方国家如美国建立了较为体系化的被害人影响性陈述制度,从立法创设到司法实践都确保了被害人在刑事案件中正确地行使权利;韩国通过《刑事诉讼法》和《犯罪被害人保护法》等法律制度对被害人的权利进行全方位的保护;中国澳门特别行政区建立了辅助人制度和嫌犯经济担保制度,分别对被害人对案件的知情、受偿权益进行保护。[①] 目前,我国刑事诉讼法并未对被害人的知情权有明确的规定。在这样的背景下,被害人即便主张行使其知情权,了解案件情况,亦于法无据,而工作人员往往以案件仍在审判中拒绝告知更多细节。对此,被害人及其家属往往只能通过信访甚至闹访的形式表达自己的诉求,从而造成刑事案件涉诉信访的困境——数量不多,处置难度不小。

2.各地法院缺乏统一有效的做法。一些地方即使有着一些先行先试的做法,但由于法律规定的不明确,先行先试中也遇到不少的问题,哪些应当让被害人或其家属知悉,哪些不宜向其公开,什么阶段告知被害人,以何种方式向其送达,都成为了实际工作中绕不开的问题。

3.刑事审判工作的支持保障机制还存在短板。在司法改革推行员额制法官制度后,短期内,案多人少的矛盾会进一步凸显。但"开弓没有回头箭",审判的模式与配置,不可能倒退回到司改前的人员配置和模式,只能迎难而上、克难攻坚。

(二)审判阶段被害人知情权的种类

厘定、区分被害人知情权的种类,系正确告知被害人案件审判情况的前提。在审判阶段,被害人的知情权,可以分为以下几类:

一是对立案进度有知悉的权利。刑事案件由检察院提起公诉、移送至法院后,法院应及时通知被害人或其家属案件立案的情况,包括立案日期、合议庭成员组成、审限情况。如法院未及时通知的,被害人或其家属可以向法院径直索要该信息。二是对审限变更有知悉的权利。这一知情权,是基于当前被害人或其家属集中反映案件久拖未决,并引发大量涉诉信访的情况而设定的。《刑事诉讼法》第208条、第225条、第243条、第258条分别对第一审程序、速裁程序、第二审程序和审判监督程序的审限进行了明确。在基于法定事由变更审限的同时,应当向被害人或其家属以适当方式进行告知。三是对被告人强制措施变更、释放有知悉的权利。被告人变更强制措施的,由变更机关告知;因服满刑期被释放的,由刑罚执行机关告知被害人或其家属。四是案件中止审理或终止审理的。基于《刑事诉讼法》第206条出现的四种中止审理原因的,应在作出中止审理裁定后,将裁定送达被害人或其家属;中止审理的原因消失、恢复审理的,亦应同时向被害人或其家属进行告知。五是在未提起附带民事诉讼的情况下,仍有知悉庭审安排的权利。在未提起附带民事诉讼的

---

① 左伟锋、徐振增:《论我国刑事诉讼被害人的权利保障》,载《法制与社会》2018年第8期。

情况下,被害人或其家属是否可以作为当事人获知庭审的安排,甚至在庭审上表达意见?目前的做法并不统一,即使被害人或其家属未提出附带民事诉讼,仍有权获知庭审的安排,但是否准许其在庭审上表达意见,应由审判长视庭审现场的情况决定。六是知悉法院将案件退回检察院、建议检察院补充或变更起诉情况的权利。根据《最高人民法院关于适用〈中华人民共和国刑事诉讼法〉的解释》第181条规定,出现法院将案件退回检察院的情况,往往意味着公诉的程序出现问题从而可能导致不能通过本次公诉追究被告人刑事责任的结果,而这对于被犯罪行为侵害的被害人及其家属而言,应有及时获知从而通过其他途径尽早另行主张其权利。七是知悉检察院建议延期、补充证据情况的权利。八是知悉被告人赔偿意愿和赔偿能力的权利。九是知悉裁判结果的权利。十是知悉被告人认罪悔罪情况,并可就此情况提出意见的权利。十一是知悉申请国家司法救助的条件与流程的权利。目前,G省S市的司法救助,均为案件的执行阶段、经查被告人确无可供执行财产后,再告知被害人或其亲属可申请司法救助。而根据《最高人民法院关于印发〈人民法院国家司法救助案件办理程序规定(试行)〉的通知》(法发〔2019〕2号)规定,"刑事案件被害人受到犯罪侵害危及生命,急需救治,无力承担医疗救治费用的"应纳入司法救助的范围,如限定于执行阶段,则部分被害人迫切的经济需求可能无法满足,司法救助的意义大为减弱。如将司法救助的条件与流程提前到审判阶段告知被害人或其亲属,将最大限度发挥司法救助的作用,同时缓解案件矛盾的尖锐性。

(三)科学精细:刑事被害人的五级告知清单

人身权利被害人的知情权应当贯穿和覆盖审判和执行的全流程,但同时,也把以人为本的理念融入其中,将11项审判阶段的知情权根据不同的人群类型主张,组合为5个不同的等级。

表4 刑事案件人身权利被害人的五级告知清单

1. 对立案进度有知悉的权利					第五级
2. 对审限变更有知悉的权利。					
3. 对被告人强制措施变更、释放有知悉的权利。				第四级	
4. 案件中止审理或终止审理的。					
5. 在未提起附带民事诉讼的情况下,仍有知悉庭审安排的权利。			第三级		
6. 知悉法院将案件退回检察院、建议检察院补充或变更起诉情况的权利。					
7. 知悉检察院建议延期、补充证据情况的权利					
8. 知悉被告人赔偿意愿和赔偿能力的权利		第二级			
9. 知悉申请国家司法救助的条件与流程的权利。					
10. 知悉被告人认罪悔罪情况,并可就此情况提出意见的权利。					
11. 知悉裁判结果的权利。	第一级				

第一级告知清单:仅需将裁判结果告知被害人或其家属。此类多见于性权利被侵害案件、重大人身伤亡但被害人家庭不愿再提起的刑事案件。

第二级告知清单:将知悉被告人赔偿意愿、能力、国家司法救助的条件与流程和裁判结果三项告知被害人或其家属。被害人家属往往因为赡养老人、抚养被害人未成年子女等问题,有着一定的现实经济压力,此时更关注于两点:经济补偿、裁判结果。

第三级告知清单:与第二级告知清单主张的人群相类似,但人群文化程度更高,其对经济补偿的诉求更多是希望来源于司法救助资金,对加害人的赔偿有抗拒抵触情况。诉求在经济补偿、裁判结果之外,同样关注审判机关是否实现程序正义。

第四级、第五级告知清单:此类清单的针对人群可能会呈现两极分化:对较具备法律知识掌握或对涉及的法律规定认知程度较低。区别在于,具备法律知识的人群会主动提出,而对不具备相关法律知识的人群尤其是异常信访的人员,应该由法院主动建议其适用第四级、第五级清单,将审判中不涉及国家秘密、个人隐私的部分向其最大限度公开。

(四)五级告知清单的适用:法院决定还是被害人选择

在确立五级告知清单后,实际应用中还有一个需要确定的问题:对具体案件适用哪一等级的清单,是由法院决定还是被害人选择?

由法院决定,则可避免由于被害人及其家属法律水平的参差不齐而对清单的具体项一知半解,无所适从。但弊端则为,完全由法院来决定告知的内容,则与充分保护被害人知情权的初衷相左。而且案件的裁判结果一旦与被害人或其家属的期望有所出入时,容易产生对法院是否刻意隐瞒事实的质疑。

由被害人或其家属决定同样面临不小的困境。以广东省为例,广东省高级人民法院和广东省司法厅于 2018 年 3 月 23 日正式印发了《关于开展刑事案件律师辩护全覆盖工作的实施办法(试行)》的通知,明确开展刑事案件律师辩护全覆盖试点,根据该《实施办法》第 31 条,"第二审人民法院发现第一审人民法院未履行通知辩护职责,导致提起上诉的被告人在一审期间未获得律师辩护,认定属于《中华人民共和国刑事诉讼法》第二百二十七条第三项规定情形的,应当裁定撤销原判,发回原审人民法院重新审判。"对被告人的保护力度不可谓不大。但与此同时,被害人或其家属如需获得免费的法律援助,则需要符合一定条件。《广东省法律援助条例》第 6 条规定可以获得免费法律援助的条件有以下几项:

(1)家庭人均月收入低于当地最低生活保障标准的;

(2)追索赡养费、扶养费、抚养费、劳动报酬、抚恤金、救济金及养老金的;

(3)因公受伤或者工伤请求赔偿的;

(4)各级法律援助机构确定可以免费获得法律援助的其他情形。

从以上规定可以看出,刑事案件被害人或其家属并不当然能获得免费法律援助。而由于被害人或其家属文化程度的差异,其对知情权清单中项目并不能准确理解到位。理解诉讼中各个程序及其含义,是准确行使知情权的前提。如理解出现偏差,则容易在后续的审判、执行阶段产生新的问题。

所以,最恰当的做法是,结合第三方中立律师释明、当事人自主选择、法院确认的模式。具体的操作模式为:

(1)借助第三方中立律师的力量,实现借力释法答疑,让被害人及其家属能正确选择告知清单的等级。2015 年 11 月 9 日,中央政法委发布《关于建立律师参与化解和代理涉法涉诉信访案件制度的意见(试行)》。此后,G省S市在当地政法委、法院、司法局的联合推动下,2017年先后推动中立法律服务社、司法局法律援助律师进入该市中级法院驻点。在刑事案件提起公诉、移送法院立案审查时,可由立案庭立案同时,向司法援助驻点律师、中立法律服务社驻点律师派出工单,由驻点律师预约被害人或其家属释明告知清单的各项内容。

(2)被害人或其家属通过现场签署或远程视频确认清单后,由值班律师向立案庭移交清单内容,法院按确认的清单内容在流程节点触发的时候,及时告知被害人或其家属。

(五)以智慧法院的技术手段促成对被害人知情权的保护

诚如上文所言,要加大在审判阶段对被害人知情权保护的力度,将增加刑事审判的工作量,对当下"案多人少"问题突出的法院系统也是一个新的挑战。但法院应当通过审判执行,以及解决审判执行中遇到的问题,充分发挥法院的社会治理作用。

最高人民法院院长周强指出,"智慧法院是依托现代人工智能,围绕司法为民、公正司法、坚持司法规律、体制改革和技术变革相融合,以高度信息化方式支持审判"。[①] 在保障被害人知情权上,智慧法院的技术手段大有可为。

1.依托审判公开,在审判流程节点变化时,系统直接将变化信息发送至被害人或其家属处,真正实现"数据多跑路、群众少跑腿"。

2.要素化告知文书的设定、制作。目前,亟待统一制作被害人的告知文书格式,并通过要素化的设定,在辅助人员输入关键信息、报批准签发后,系统即可直接生成告知文书,便于送达。

3.通过在诉讼服务窗口放置的终端设备,与内部网络连通。被害人或其家属可以通过验证第二代居民身份证的方式,即可通过终端查询案件的简要节点信息。

4.引入人工智能技术,通过海量的案件让人工智能设备学习案件中的节点逻辑和告知规则,从而在后期通过人工智能技术自动完成告知的程序。

四、结语

目前,被告人权利的保障被提到了前所未有的高度,但与此同时,一些人身权利被害人或其家属却陷入被歧视、无助的境地。如何帮助被犯罪行为破坏的家庭重新回归正常的社会生活,同样是值得关注的问题。保障被害人及其家属的知情权,让他们感受到法院审判是完全在阳光下进行的,同样有助于被害人及其家属树立和增强对法治的信心,重回生活的正轨。

---

① 罗书臻:《周强在第二届中国—东盟大法官论坛上作专题发言时表示充分运用信息手段加快建设智慧法院》,载《人民法院报》2017年6月9日第1版。

法院信访处置工作的心理学分析与应用

钟满福[*]

  法院信访处置工作主要是通过接访谈话等活动,妥善处理化解法院信访人的信访诉求。法院信访处置人员除了要具备丰富的生活常识、高度为人民服务的责任感外,还要善于掌握法院信访人心理活动规律,根据不同法院信访人的个性特点和心理状态,以及不同的信访诉求,选择适当的方法、技巧和策略,才能收到良好的信访处置效果。

一、法院信访处置工作的概念

  信访处置工作是法院信访处置人员围绕着信访人的诉求,分不同情况进行妥善处理,令信访人息诉罢访的过程。法院信访处置人员在信访处置过程中应处于主导地位。在信访处置过程中,不仅要了解信访人的信访诉求,分析信访诉求的产生原因,为信访人提供解决信访诉求的意见,还要对信访人提供的信息进行归类(如反映情况类、投诉类),分类处理,并且要驾驭好信访处置活动,防止出现刺激信访人而导致信访诉求激化和升级,引导信访人形成良性心理互动,促使信访问题化解。妥善处理化解信访问题,需要法院信访处置工作人员与信访人的心理互动。信访处置过程,是信访处置人员、在场人和当事人通过直接交往进行的多边的心理活动过程。在多边心理交往过程中,形成连锁性心理反馈。如信访处置人员发出对纠纷处理意见的信访处置信息后,会引起信访人的心理反馈,信访人拒绝或接受信访处置人员的信访处置意见,也会引起信访人和信访处置人员的心理反馈。在法院信访处置过程中,心理互动的性质取决于信访处置人员的心理素质、信访处置纠纷的方法和策略,以及信访人参加信访处置活动的诚意。如果信访处置意见公正,方法、策略得当,信访人对信访处置抱积极态度,信访人也以接受的态度积极配合信访处置工作,就会形成信访处置中的良性心理互动关系,有利于信访人心理纠纷的化解。而如果信访处置意见缺乏公正,或者方法、策略失当,或者信访人缺乏诚意,就会导致信访人的消极心理反馈,形成信访处置中的恶性心理互动关系。这种情况就不利于信访人心理纠纷的化解,甚至可能使心理纠纷激化和升级。法院信访处置人员在进行正式信访处置前,做好信访人的心理疏导工作,并注意调控信访人的活动,努力避免由于交往中的消极心理相互反馈而产生恶性心理互动,对于化解纠纷的成败,是至关重要的。

---

 * 钟满福,东莞市中级人民法院信访科法官。

二、信访人提出信访诉求的心理学分析

信访处置的心理学方法,是指信访处置人员根据信访人的心理活动规律,施加积极的心理影响,化解双方心理纠纷的有效途径。

在进行信访处置工作中,根据当事人的心理活动规律和纠纷的性质、内容,信访处置人员将信访处置的原则和各种方法、技巧有机地融合在一起,就形成特定的心理学应对。

1. 影响信访人认识的方法。信访人的某些错误认识以及信访人之间的认识分歧,是产生信访投诉心理的原因之一。因此,化解信访矛盾和纠纷,首先应从影响信访人的认识开始。其主要方法有以下几种。(1)直接说明法。直接说明法就是在信访处置纠纷时,信访处置人员清楚说明信访处置意见的方式,对信访人施加积极的心理影响。直接说明法的运用,主要针对一些比较简单,双方的是非、责任又比较明显的纠纷,信访处置人员根据有关法律和道德规范以及当地的风俗习惯等,直接阐明法院对信访诉求的看法,以及对信访诉求的信访处置意见。如有因事实清楚,法律规定明确,但信访人仍然坚持信访的情形,在信访处置这些纠纷时,一般可采用直接说明法。直接说明法的运用,要注意信访人的接受、理解能力,以及信访处置时的情境因素。如有较多信访人围观的情形,要注意信访人的心理状态,特别是情绪状态。如果信访人情绪过于冲动,首先要设法使其情绪降温,恢复理智。同时,表达信访处置意见要明确,但表达方式要缓和,给信访人留一定的"面子",以免由于其在众目睽睽之下输理,处境尴尬,因而与信访处置人员"顶牛"或向信访处置人员"迁怒"的现象发生。(2)暗示法。暗示是在信访人无对抗情绪的条件下,通过含蓄、间接的方法,对信访人施加影响的过程。法院信访处置人员在信访处置时,需根据信访诉求的内容、性质、信访人的个性特点和心理状态,采用暗示的方法,对当事人施加积极的心理影响,从而使信访人的诉求得到化解。暗示法还分为直接暗示和间接暗示。直接暗示是指信访处置人员在信访处置工作中,通过讲述与此相类似的民事纠纷的信访处置处理情况,以及人民法院对此类纠纷的判决情况,以此向其说明这样的信访处置处理是公平的,如果不接受信访处置,继续信访也是这样处理,施加积极的心理影响,使其改变错误认识而接受信访处置意见。间接暗示是指信访处置人员在信访处置工作中,向当事人发出比较含蓄、不显露动机的信息刺激,使当事人自己领会信访处置人员的意图,受到某些启发,从而使纠纷得到化解。暗示方法能否达到对信访人施加积极心理影响的效果,与信访处置人员自身威望的高低、信访人的心理状态和个性特点密切相关。如果信访处置人员的威望很高,得到信访人的信任,信访人就可能接受信访处置人员的暗示。同时,还要看信访处置人员发出的暗示内容是否与信访人的心理状态相吻合,如果相吻合,暗示则容易发生作用。如果信访人属于老于世故、独立性强的性格特点的人,不易接受他人的暗示,则不宜采用暗示的方法。(3)间接说明法。在进行信访处置工作中,有时会遇到心理防御机制特别强,或者特别偏执固执,对于信访处置人员的信访处置信息"紧闭心扉",或由于归因逆反,予以抵制的信访人。对于这种信访人应避开其防御中心,采用间接说明的方法,在其未设防的情况下,使信访处置信息进入其头脑。比如,让信访人阅读与信访处置内容有关的资料、书籍,开阔其思路,通过间接传递一些与信访人类似信访案例处置结果的方式,对信访人施加影响,信访人经了解后,自知理亏,还不如趁早接受信访处置意见,结束信访行为更好,于是便主动接受了信访处置人员的信访处置。(4)对比法。在进行信访处置时,要改变信访人的某些错误认识,有时为其提供一定的参照物,采取对比

的方法，也能收到较好的效果。例如在处置关于赡养方面的信访诉求时，可以选择一些伦理道德高尚、赡养父母好的典型事例，与不尽赡养义务的信访人进行对照，教育信访人，或者通过讲述信访人父母在极端困难的情况下如何含辛茹苦地抚养子女，与不尽孝道的信访人的错误行为相对比，教育信访人，往往都能收到较好的效果。（5）角色换位法。只有信访人进入了某种角色以后，才能真正体验到作为该种角色的认识与情感。在进行信访处置，转变信访人的错误认识时，将信访人在现实中所扮演的角色，在假想中将位置转换，使信访人处在对方的角色地位来认识问题，叫作角色换位，在处置关于赡养、婆媳纠纷方面的信访诉求时，采用子女与父母、婆母与媳妇的角色换位，转变不尽孝道的信访人的认识，就比较容易做到相互理解和认同。

2. 法院信访人情绪的调整方法。信访人的诉求不能化解，除了认识上的分歧以外，情绪的对立也是一个重要因素。因此，信访处置对信访人情绪的适度调整，消除其对立状态，也是一种重要信访处置方法。（1）情绪宣泄法。有些信访人明知案件判决处理结果正确，仍坚持提出信访诉求，主要是想发泄一下个人情绪，情绪宣泄法主要通过让信访人情绪发泄，使被压抑的情绪得到充分释放，从而使信访人的心灵得到净化和解脱，不再信访。在这种情况下，信访处置人员应耐心地倾听当事人倾诉自己所受到的委屈，以及内心的痛苦和不满，然后给予同情和安慰。在当事人的消极情绪得到宣泄的基础上，再进一步做心理疏导工作，使信访人的消极情绪得到宣泄和释放，然后再进行心理疏导和妥善处置信访诉求。但在采用情绪宣泄法时，信访处置人员要注意调控信访人情绪宣泄的适度性。适度的宣泄使信访人被压抑的消极情绪得到释放，有利于信访人的心理平衡。但不加任何节制的过度情绪宣泄，会导致信访人的情绪失控，会引发信访人由"有理"转化为"无理"，并引起信访人坚持错误信访诉求的恶性循环。这不但不利于信访诉求的化解，还可能导致信访人进一步信访、升级信访行为。（2）情绪冷却法。信访人提出信访诉求时，往往都处于不理智状态，情绪冲动，认知狭窄，信访处置信息不易输入。因此，在信访处置工作中，首先要设法使信访人冲动的情绪冷却，恢复理智。一般采取让信访人提供证件、询问身份信息等措施，暂时打断信访人的信访思路，避免其在情绪冲动的情况下，出现指责、漫骂信访处置人员等恶性行为，使信访人的消极情绪更加激化、情绪尖锐化，待信访人恢复理智以后，再进一步作信访处置工作。（3）情绪感化法。信访处置工作中的感化法，是指信访处置人员运用自己的真情实感，对信访人施加积极的心理影响，从而使信访诉求得到化解。在人的心理结构中，情感与认识是相互联系、相互制约的。信访人情绪障碍消除，才能使人恢复理智，才有利于信访处置信息的输入。（4）情绪震慑法。情绪震慑法是利用信访人的趋利避害心理，通过阐明无理信访可能产生的不利法律后果，唤醒信访人恐惧，使其心理受到震慑，从而使某些信访人恢复正常信访行为。在运用情绪震慑法时，应注意以下问题。对信访人所提示的对其产生不利后果的现实可能性。如果所提示的不利后果是虚构的，或者夸大其辞，就不具有震慑性。在这种情况下，信访人不仅受不到震慑，还会产生逆反心理，认为你无计可施，只会"吓唬人"。而且可能对信访处置人员产生信任度逆反，使后续的心理震慑失去效用。对信访人震慑的有效性。对信访人产生震慑作用，使其产生恐惧心理，并不在于后果本身的严重性，而在于这种后果对于信访人固有的心理敏感区和自身利益的重要性。比如对于一名需要照顾家庭的无理拉横幅信访人，告知其如果继续无理拉横幅信访可能会受到司法拘留，会对其有较大的震慑效用,但对于无需照顾家庭的无理拉横幅信访人,告知其如果继续无理拉横幅信访可能会受到司法拘留,震慑效用则不大。情绪震慑法的目的是使信访人感到,如果不接受信访处置人员的劝告,一意孤行,将导致"苦海无边";而如果接受劝告,则"回头是岸"。通过情绪震慑达到使信访人听从信访处置人员的劝告,避免震慑后果发生的目的。

三、法院信访处置的心理学应用

法院信访处置的心理学应用,是指法院信访处置人员在信访处置活动中,向信访人传递信访处置信息、施加积极心理影响的某些技术性的手段。

（一）信访人的心理学分析

在进行信访处置工作中,根据信访人的心理活动规律和纠纷的性质、内容,信访处置人员将信访处置的原则和各种方法、技巧有机地融合在一起,就形成特定的心理学应对。每个信访人都有不同的气质、性格等个性特点。在信访处置工作中,针对信访人的不同个性特点,选择适当的信访处置方法,可以提高信访处置工作的效率。

1.针对典型的胆汁质气质和外向、情绪型性格信访人的信访处置策略。具有典型的胆汁质气质和情绪型性格特点的信访人,在与他人交往发生纠纷时,往往情绪冲动,甚至一时丧失理智,行为被其消极情绪所左右。这一类信访人心理活动外露,比较容易掌握其诉诸信访处置的动机和目的。在对这一类信访人进行信访处置时,应先采用情绪的冷却法、感化法等,使其冲动的情绪冷却,将其消极的情绪调整到正常状态,待其恢复理智后,再对纠纷的是非和责任等进行信访处置。在对纠纷的是非和责任的信访处置中,采用直陈法效果较好,因为这一类人说话、办事喜欢干脆、果断。在信访处置人员对纠纷的是非、责任、双方的权利与义务等作出评判的基础上,针对信访人诉诸信访处置的动机与目的,对其合理的要求应予以支持;对于不合理的要求或错误,也要明确指出。

2.针对典型的黏液质气质和内向、理智型性格信访人的信访处置策略。具有典型的粘液质气质和内向、理智型性格特点的信访人,心理活动比较隐蔽,而且一般比较固执,已经形成的某些认识不轻易改变。对这一类信访人的信访处置工作,一般采用震慑、迂回、对比、角色换位等多种方法反复信访处置才能奏效。

3.针对典型的多血质气质和外向型性格信访人的信访处置策略。具有典型多血质气质和外向型性格特点的信访人,往往能言善辩,或编造谎言,得理不让人,无理搅三分。对这类信访人的信访处置工作,一般采用直陈法,明确、果断地指出信访人信访诉求的是非和对错,不给其编造谎言和发挥其能言善辩的机会。

4.针对抑郁质气质和内向型性格信访人的信访处置策略。具有典型抑郁质气质和内向型性格特点的信访人,一般心胸比较狭窄,对于纠纷的刺激所造成的痛苦感受深刻、持久。对这一类信访人的信访处置工作,可采用感化、宣泄、对比、角色换位等多种方法进行。需要指出的是,信访人的气质、性格并非都是典型的,人的气质、性格特点具有多侧面性,是很复杂的。同时,信访人也是千差万别的,很难用某一种模式解决哪一类人的纠纷。需要根据信访人的个性特点、纠纷的内容和性质以及当时的情境因素等,灵活地将多种策略、方法综合加以运用。

（二）法院信访处置的语言技巧应用

语言是法院信访处置人员信访处置民事纠纷的主要手段。在信访处置人员与信访人的交往中，语言交往传递着准确的信访处置信息。因此，语言的应用技巧在交往中起着重要的作用。

信访处置的实践表明，信访处置的对象即信访人，绝大部分是普通百姓；而信访诉求的内容主要是对案件不服。根据信访处置对象和纠纷内容的特点，信访处置语言要适合信访人的接受、理解能力和心理特点。一是信访处置语言要使用大众化、通俗化的用语，避免使用脱离老百姓生活实际和心理水平的理论化的、空洞的、华而不实的书面用语。信访处置语言要恰当运用比喻和民间俗语、谚语，说明对某些问题的看法，使信访人容易理解和接受信访处置人员所讲的道理。

（三）法院信访处置还需充分应用非语言处置技巧

在信访处置人员与信访人的交往中，除了语言技巧的运用外，伴随着语言沟通时的目光、面部表情、身体动作等非语言技巧的运用，在交往中也起着重要作用。在运用各种语言技巧对信访人进行信访处置时，伴随着信访处置人员的不同目光、面部表情和身体动作，可以起到强化交流信息的内容，表达信访处置人员的情感，有助于对信访人施加积极的心理影响。比如在运用期待、鼓励性语言时，信访处置人员以语重心长的语调、期待的目光与和蔼的面部表情来表达，信访人就容易受到感化而接受信访处置人员的规劝，努力表现出信访处置人员所期待的行为。在信访处置工作中语言和非语言的运用，不仅仅是个技巧问题，更重要的是信访处置人员自身内在情感的表现。信访处置人员只有具有为公众服务的责任感和热情，才能使这些技巧的运用自然而不是做作，才能发挥对信访人施加积极心理影响的作用。而如果信访处置人员缺乏责任感和服务热情，靠单纯玩弄技巧，不仅起不到对信访人施加积极心理影响的作用，相反还会引起信访人的反感，不利于心理纠纷的化解。为了做好信访处置工作，信访处置人员一方面应加强自身的修养，提高自身的素质，以提高自身在信访人心目中的权威性，另一方面还可以利用与信访诉求无关人员的观点，以及具有权威性的人所说的话可信度高，信访人容易认同的特点，引导信访人去咨询专家、律师意见，或者邀请当地德高望重的长者或者社会团体的负责人参加信访处置工作，利用这些"权威人士"的影响力，对当事人进行疏导、规劝、批评，往往可以收到事半功倍的效果。

基层人民法庭的运行困境与改革进路

——以 G 省 D 市改革实践为主视角

陈昌盛　　段体操[*]

人民法庭是基层人民法院中最小的"组织细胞"。长期以来,在法院内部格局中,人民法庭被直接或间接地固化于拾缺补遗的边缘性地位。随着经济的快速发展和城镇化水平的日益提高,乡土社会的转型正在发生,尤其是东部经济发达地区人民法庭基于成长土壤的差异,其运行中呈现的一些问题已严重制约了法庭工作的全面发展。本文将基于 G 省 D 市人民法庭改革实践为研究样本,对人民法庭审判权运行机制改革进行总结,查找分析问题并提出改进完善的建议,以期为面临相似困境的其他法院提供可供借鉴的经验。

一、样本描述:基于人民法庭运行实践

基于我国幅员辽阔、地域发展的不均衡,基层司法的运作需要在特定场域下进行考察。虽然各地的人民法庭建设积累了丰富的地方经验,然而至今人民法庭建设还没有整齐划一的样本,企图通过简单的描述来统一刻画人民法庭的一致表情,显然并不实际。基于此,我们主要将考察目光集中于案件数量较大、改革较为深入的珠三角地区 G 省 D 市、长三角地区 J 省 W 市,力图部分展示东部沿海地区人民法庭改革实践。同时,选取西部 C 市某人民法庭进行对比分析,力图避免走向"以偏概全"的误区。

(一)D 市人民法庭运行实践

D 市共有 22 个人民法庭,数据显示,2013—2015 年 D 市法庭法官人均结案数分别为 371.79 件、337.44 件、390.20 件,是同期全省法官人均结案数的 4.04 倍、3.43 倍、3.55 倍。2016 年至 2017 年,无论是收案数抑或人均结案数继续保持攀升态势,其中人民法庭新收案件数始终占据了全市基层法院的 65%～67%,人民法庭已经成为"基层中的中坚力量",长期超负荷运转成为法庭工作人员的普遍状态。

与其他地区人民法庭相比,D 市人民法庭有着明显的区域特色,包括:队伍年轻素质高,本科以上学历的占法庭总人数的 83.22%,其中相当部分系研究生学历,人员结构逐步优化;案件类型丰富多样,简易程序适用率高,买卖合同纠纷、民间借贷纠纷、劳动争议等案件占比较高,经济纠纷已占据了收案数的绝大多数,执行案件比重较大,其中 2015 年全市法庭受理案件数中执行案件占比高达 43.75%;团队构建逐步完善,限权与放权有机结合,其中"1＋

---

* 陈昌盛,东莞市中级人民法院党组副书记、副院长。段体操,东莞市中级人民法院研究室主任。

1+1"成为团队组建的基本模式,办案责任制已基本落实到位,改革配套机制逐步完善;试水专业化审判,团队内部繁简分流,破除传统的"一个法官包打天下"的思路,出现金融法庭等新型法庭。

(二)东部地区 W 市人民法庭运行实践

W 市(县级市)地处长三角经济区,与地处珠三角的 D 市在人民法庭改革方面既存在类似性,也有自己的特色。如团队组建灵活、助理素质高、团队结案多,团队组建以"主审法官+法官助理+书记员(1+N+N)"模式为主;基于经济纠纷案件上升较快的现实,多注重法官的专业化建设;注重案件两次繁简分流,充分发挥法官助理作用等。但也存在普遍性的问题,如绩效激励力度不够,聘任制书记员待遇较低积极性不够。在新型审判权力运行结构和"案多人少"的背景下,法官助理的作用显得尤为重要。以年收案数在 3000 余件、人员规模33 人、地处城乡接合部的 H 法庭为例,该法庭团队采用"1+N+N"的模式组建,法官平均结案数量为 359 件,远超省法院测算的饱和度。在 H 法庭 Z 庭长看来,"在整个审判团队中最关键的是法官助理,法官助理素质的高低决定能否实现这个目标。"法官助理的职业素养和办案经验积累能够有效实现团队效应的叠加。聘任制书记员队伍不稳定成为困扰当前工作的棘手问题,其中待遇低、成长空间小是书记员离职的重要因素。

(三)西部地区 C 市人民法庭运行实践

在西部人民法庭建设方面,选取了 C 市 P 区人民法院下辖人民法庭等进行简要对比分析。其中,C 市 P 区人民法院有 8 个人民法庭共有工作人员 39 人,其中法官 19 人。除个别法庭规模稍大之外,4 人庭为人民法庭常态。主要呈现如下特点:法官素质逐步提高、法庭较小、辅助人员普遍不足。从学历状况来讲,拥有本科及以上学历者达 29 人,占比 74.36%,硕士研究生开始增多,队伍素质逐渐提高,辅助人员普遍不足,多个法官共用一个书记员成为一种普遍现象。法庭案件逐年增长,法官人均结案数逐年提高,从案件类型来看,地区经济发展程度越高,传统婚姻家庭、邻里纠纷占比越小,与经济社会发展相关联的案件越多。审判权运行走向规范,司法便民各有特色,其中在司法便民服务方面,各地因地制宜、大胆探索,逐步形成特色品牌。以 C 市 P 区人民法院为例,地处山区,地广人稀,交通不便,法庭按照多镇一庭来建设,基层的司法需求未能得到及时满足。2012 年 10 月以来,该院在没有设立人民法庭的 12 个乡镇设立"期日法庭",固定日期、固定地点、固定人员开展审判工作,形成了以中心法庭为主轴、"期日法庭"为支线、便民诉讼联络点为支点的便民诉讼网络。统计数据显示,2015 年以来,直接在"期日法庭"巡回开庭审理的案件约占人民法庭结案总数的20%。"期日法庭"制度扬弃了巡回审判的不确定性弊端,补强了便民诉讼网络的人员与时空节点,填补了不设派出法庭的司法服务盲区。

二、掣肘剖析:改革语境下的问题反思

由于自上而下的重视,近几年人民法庭各方面工作都得到了较大的发展,人员结构逐步优化,专业素能逐步提升,基层基础建设逐步改善等,然而面临着新时代新要求,当前人民法庭工作仍然存在一些问题掣肘其持续健康的运行。主要表现为:

(一)队伍建设无法有效满足改革诉求

人才是成就事业的关键,人民法庭的审判执行事业概莫能外。当前人民法庭的人才队伍建设虽然有所改观,但依然存在不少问题,突出表现在:一是队伍现状不足以消化案件

增量。以 D 市为例,2015 年全市法庭法官人均结案数为 390 件,同比增长 15.64%。2016 年、2017 年继续保持高速增长,其中 2017 年全市人民法庭受理各类案件 106360 件,同比增长 9.47%,法庭法官人均结案达到 546.78 件,同比增长 6.32%。面对基数庞大且不断增多的案件量,法官办案量已达极限,而工作量"上不封顶"的分案机制致使法官疲态尽显。问卷调查显示(详见图 1),超过 50% 的调查对象(法官、法官助理、书记员)仍是全年经常加班,近一半的受访者认为工作任务比改革之前更加繁重。在访谈中,在问到"您认为法庭改革还需要进一步推进和完善的地方有哪些"时,D 法庭 L 法官(近 10 年办案经验的资深法官)坦诚说道:"目前面临最大的困难是每年办理 300 件已是极限,即使有办案津贴,办案数量也不可能无限地增长下去。明显完不成的任务强塞给法官会造成巨大心理压力,庭里的一些法官助理甚至不是很想做法官。"

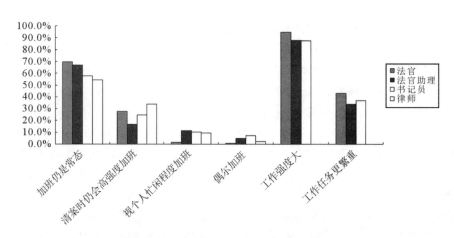

图 1 关于法庭工作人员工作状态的调查

表 1 D 市法庭人员流失情况统计表

单位:人

人员类别	法官			在编书记员			非编人员		
年份	2013 年	2014 年	2015 年	2013 年	2014 年	2015 年	2013 年	2014 年	2015 年
A 法院法庭	2	5	4	3	0	3	23	16	30
B 法院法庭	0	1	0	0	0	0	8	9	8
C 法院法庭		2	2	1	1	1	6	15	16

二是司法辅助人员成为改革短板。无论是 G 省 D 市、J 省 W 市,抑或是西部 C 市某人民法庭,辅助人员成为改革最大的短板。主要问题表现为:(1)辅助人员"量不足、责不明"。统计显示,D 市人民法庭法官、法官助理及书记员配比为 1∶0.77∶1.44①。而西部 C 市某人民法庭法官与辅助人员配比尚未达到 1∶1。辅助人员的岗位职责划分不明确制约了团队效能的提升。(2)辅助人员综合素能有待提升。面向 D 市法庭问卷调查显示,49.66% 受

---

① 截至 2015 年底,D 市法庭法官、法官助理、书记员分别为 169 人、131 人、243 人。

访的法官认为法官助理作用发挥不充分,协助办案能力有待提升。而书记员队伍则主要是聘任制书记员,待遇较低,难以招录到高素质的优秀人才。(3)司法辅助人员流失严重。以D市为例,2013年至2015年间人民法庭司法辅助人员流失人数达到140人,占法庭司法辅助人员总数的29.54%(详见表1)。非编辅助人员流失情况远高于在编人员。三是办案激励机制尚显不足。改革后,与过往"干多干少一个样"相比有了不少的进步,但在绩效奖金分配的过程中仍未走出"吃大锅饭"的窠臼,一般按照个体所对应的法官、法官助理、书记员的身份按比例分配。闲暇补偿不到位。当前"5+2""白加黑"是不少一线法官的工作常态,不少法官在案件的压力下甚至长期放弃休假、休息时间忙于结案,但并未获得相应的补偿或者调休,一些法院还对法官上班实行严格考勤,挫伤了法官的工作积极性。此外,法庭法官与基层法院本部之间的交流机制并不通畅,不断增长的案件压力让法官办案动力大打折扣。

(二)审判权运行机制配套措施运行受阻

作为保障人民法庭审判权运行机制顺畅运作的配套措施,各地人民法庭在审判方式方面做了尝试和创新,但从实施效果来看,在提高审判和执行效率降低当事人诉累方面效果还有待提升。一是庭审方式、裁判文书改革水土不服。表现为:(1)繁简分流标准简单粗糙。仅通过立案时的形式审查,工作人员无法判断案件本身难易程度,如果在立案时将案件进行繁简分流,需要投入大量的人力对案件进行实质审查,这对本身存在案多人少矛盾的人民法庭来说几乎不可能实现。立案窗口的工作人员选择是否适用简易程序的标准在操作中演变成能否找到当事人。此类情况在D市、J市等外来人口较多的地区尤为明显。[①](2)小额速裁功能尚未发挥。实践中小额速裁程序适用率较低,部分当事人对小额诉讼程序不理解,少量标的符合小额速裁程序适用条件的案件,当事人坚持不愿意适用小额速裁程序,虽然民事诉讼法规定是否适用小额速裁程序无需当事人同意,但考虑到容易引发信访,法庭对此作出了让步。(3)裁判文书简化被冷落。部分法官不愿意改变既有文书写作习惯,对新事物存在排斥情绪,害怕二审法官和当事人因不理解裁判思路而质疑裁判结果。文书简化还处于底层自发创新阶段,缺乏对有限司法实践经验的总结和统一规范,不同法院、法庭、部门对同一类裁判文书使用不同的简化方式不利于文书权威性的体现。二是庭长回归办案缺乏配套机制。如何平衡办案与行政管理工作的关系是法庭庭长们无法逃避的问题。"当前庭长虽然办理一定数量的案件,但多数庭长仍认为这个数量已是极限,因为他们的大部分时间都要被一些政工会议、考察学习、基层联动等工作占据,实在没有心思和精力定下心来踏踏实实办案,多数庭长无法在审判实务和综合管理的关系中取得有效平衡。"[②]即使配备行政助理,仅能分担部分内部管理职责,庭长要完成的会议接待、基层维稳等任务,行政助理很难替代。三是法官考核机制亟待完善。从各地已经开展的考核实践来看,由于缺乏对各类案件难度系数和工作量的标准化测算,案件数量在考核中仍然占据绝对的权重,对案件的难易程度考量往往只是凭着庭长或者其他考核人员的主观印象,一纸简单冰冷的统计数据忽略了法庭法官潜在工作量的付出。四是专业化审判发展程度受限。虽然实现法官的职业化、专业化、

---

① 2014年末,D市常住人口834.31万人,其中户籍人口为191.39万人。2014年末J市常住人口163.5万人,其中户籍人口为123.2万人。

② 李新亮、宋瑶:《人民法庭庭长办案机制的现状考察及其改革路径》,载《首届人民法庭建设高层论坛论文集》(中国·重庆)。

正规化建设一直是法官队伍建设的主要目标,但人民法庭的法官究竟应当扮演一种什么样的角色,应该是"全科能手"还是"专科专家",实践中尚存争议。随着案件的爆炸式增长和纠纷类型的多样化,东部沿海地区的人民法庭,在案件数量、案件类型和人员规模事实上已经相当于内地一个中等规模的基层法院,人民法庭的功能和定位就必然面临着调整,推进适当的专业化分工,培育"专科专家"就成为了化解案多人少矛盾的重要途径。

(三)法庭设置与司法需求匹配失衡

一是法庭布局待改善。主要表现为:首先,法庭布局层次不明显。现有法庭结构尚未达到"以中心法庭为主、社区法庭和巡回审判点为辅"①的成熟架构。其次,部分法庭设置距离基层法院过近。由于人民法庭设置距离机关过近,到人民法庭诉讼与到法院机关所在地法院诉讼没有太大的区别,人民法庭降低群众诉讼成本的优势无法得到发挥。二是法庭功能定位需要更清晰。人民法庭设立的初衷是方便偏远地区人民群众诉讼,但在课题组调研的几个较为发达的沿海地区,人民法庭方便群众诉讼这一功能定位缺乏现实土壤。东部沿海地区经济条件较好,交通基础设施较为完善,公共交通工具发达,群众对司法的需求也不仅仅停留在时间和路程上的方便,当事人到人民法院诉讼更想得到的是便捷的立案、规范的庭审、公正的裁判和到位的执行。② 经济较为发达地区的案件类型也不仅仅局限于传统人民法庭的婚姻家庭、侵权等纠纷,案件数量排名靠前的类型为民间借贷纠纷、买卖合同纠纷、劳动争议、机动车交通事故责任纠纷等。③ 案件类型发生的变化说明当事人经济能力、诉讼能力等早已发生相应变化④,人民群众对于法庭正规化、专业化的需求在东部沿海地区需求日趋明显。问卷调查显示,群众司法需求集中反映在提高执行效率、增加案件查询渠道、全面实行网上预约立案、增加诉导员等几个方面,交通便利反而并不是群众的主要诉求。三是特大法庭管理困难。随着经济社会化的发展和城镇化进程的推进,以乡村社会为主体的传统社会结构发生了根本的变化,法庭的功能定位也发生了转变。以D市主城区两个人民法庭为例,年收案均已破万件以上,无论人员规模还是案件数量远远超出一般人民法庭的承受范围。如此特大法庭无论是审判执行工作还是队伍管理都难度增大。相比传统意义上的人民法庭,特大法庭干警队伍庞大,但缺乏专门的综合部门对人员进行管理。庭长除了日常办案以外,要兼顾人事管理、绩效考核、党建思想、干警关怀等方面工作,工作难度较大。四是安全保障水平亟待提高。由于法庭身处基层矛盾纠纷的第一线,且法庭干警的特殊身份容易成为争议双方尤其是败诉一方的攻击对象,其中,法官对于安全隐患的担忧比其他人员更严重。受访法官中70.35%表示法庭安全隐患令人担忧,74.48%的法官希望法庭加强安全保障工作。法庭干警安全保障问题主要表现在以下几个方面:遭受人身攻击或辱骂、威胁恐吓法庭干警及其亲属等。此外,许多法庭仅有安检设备,没有报警装置,遇到紧急情况法庭法

---

① 《最高人民法院关于全面深化人民法院改革的意见——人民法院第四个五年改革纲要(2014—2018)》第44条规定:积极推进以中心法庭为主、社区法庭和巡回审判点为辅的法庭布局形式。

② 周毅成:《人民法庭便民性检讨与反思》,载《首届人民法庭建设高层论坛论文集》(中国·重庆)。

③ 2015年D市人民法庭排名前十的案件类型为:买卖合同纠纷、民间借贷纠纷、劳动争议、其他借款纠纷、机动车交通事故责任纠纷、信用卡纠纷、租赁合同纠纷、婚姻家庭继承纠纷、承揽合同纠纷、服务合同纠纷。2015年J市人民法庭排名前六的案件类型为:民间借贷纠纷、买卖合同纠纷、机动车交通事故纠纷、离婚纠纷、追索劳动报酬纠纷、承揽合同纠纷。

④ 周毅成:《人民法庭便民性检讨与反思》,载《首届人民法庭建设高层论坛论文集》(中国·重庆)。

警也不在庭时,法庭人员的人身安全将无法保障。法庭法官忙于办案轻视安全问题。法官们被案件压得喘不过气,当事人抓住安保漏洞径直进入法官办公室、电话威胁等"小事"没有引起足够的重视,防范意识不够,警惕性不高,也为人身安全埋下了隐患。

三、完善进路:立足于快速化解纠纷视角

如何实现让人民群众在每一件司法案件中感受到公平正义的改革目标,重视人民法庭审判权运行过程中的问题并探寻解决路径是最终的解决方案。法庭改革需要立足我国国情和区域实际,遵循司法运行规律,兼顾人民法庭职能定位的特殊性,以提升审判质量与效率为出发点,以快速化解纠纷促进基层稳定为立足点,满足基层群众的司法诉求。

(一)以快速解纷和稳固基层为目标,明确职能定位

人民法庭的职能定位是法庭改革的关键因素,决定着法庭中心工作的具体内容与发展方向,其职能应有别于法院内设业务庭,包括诉讼事务与非诉事务,重在快速化解矛盾纠纷和维护基层社会稳定。

1.立足审执核心业务。审判执行工作始终是人民法庭的核心工作,也是人民法庭输出公正理念、引领基层法治的主要途径和依托。(1)高效审理简易民商事案件。人民法庭作为基层法院在所辖乡镇的派出机构,主要应负责依法快速审理发生在基层群众间的简单民商事纠纷;对于疑难复杂的案件,则应交由法院机关的专业审判庭办理。针对辖区内简单的刑事自诉案件,建议统一由院刑庭负责,从人民法庭的受案范围内进行剥离。(2)扎实做好相关执行工作。《关于进一步加强新形势下人民法庭工作的若干意见》规定:"对可以当庭执结以及由人民法庭执行更加方便诉讼群众的案件,应当由人民法庭负责执行。有条件的地方,可以探索由所在基层人民法院派驻执行组等方式构建直接执行机制,最大限度地方便群众诉讼,提高执行效率。"按照这些要求,是否赋予人民法庭执行权,主要应看法庭是否具备实际开展执行工作的能力和条件,应视法庭的具体情况而定。对于如 D 市等经济较为发达、案件数量较大且人员装备比较到位的地区,人民法庭可以负责执行工作,但对人民法庭的执行工作,基层法院的执行局应加强指导监督。

2.引领基层法治建设。主要包括:一是倡导树立规范规则。充分发挥在基层社会系统治理、依法治理、综合治理中的纽带作用和在多元化纠纷解决机制中的示范、引导作用,通过司法裁判为司法所、人民调解以及其他民间调解机构提供法治样本,倡导和树立行为规范准则。二是加强基层法治支持。[①] 人民法庭应当立足本职工作,为司法所、人民调解委员会等组织提供必要的业务培训和指导,提高其依法解决纠纷的能力。做好司法调解与行政调解、人民调解的衔接联动,做好诉讼与仲裁等非诉讼手段的衔接联动,配合政府和其他民间组织调处矛盾纠纷,参与基层社会治理,不断增强基层组织吸纳社会矛盾的水平。

3.提升民众法治素养。法庭应创新对涉诉群众的法律知识教育及宣传的方式方法,通过印发典型案例小册子、制作播放专题视频短片等多种形式,让当事人了解诉讼流程,更好地参与诉讼。总而言之,人民法庭的职能发挥应当围绕司法属性,积极发挥"纠纷化解者"和"基层法治引导者"的双重职能,不断深化司法服务水平,使得人民法庭在基层法治建设过程

---

① 梁振彪:《基层法治引导者——人民法庭在基层社会治理中的职能定位》,载《人民法庭改革的理论与实践》,人民法院出版社 2016 年版,第 166 页。

中"不缺位、不越位、不错位"。

（二）以法官为中心，完善审判权运行机制

审判权运行机制改革是本轮司法改革的重点和难点。周强院长曾明确指出，人民法庭作为基层法院的派出机构，是基础中的基础，推进司法改革要从人民法庭做起，把人民法庭作为改革的"试验田"，通过改革人民法庭工作体制机制，推动人民法庭工作再上新台阶。

1.赋予法官完整的审判权责。严格按照"让审理者裁判，由裁判者负责"的要求，赋予法官包括文书审核和签发权限在内的完整的审判权力，推动审判权的回归。具体包括：进一步完善独任制，大力推行独任法官审理，提高审判效率；完善合议制，加强合议庭的专业知识保障、落实合议庭的评议责任；严格落实裁判文书签署机制改革，除经审判委员会讨论的案件外，院长、庭长不再签发其未参加审理的裁判文书；按照"权责利相统一原则"来构建法官办案责任制，健全完善案件质量问题的甄别机制，防止对案件瑕疵界定过于宽泛而打击法官的办案积极性等。

2.优化审判团队组建模式。审判团队的组建和重新整合是人民法庭改革的重点工作，也是将法官从繁杂的事务性工作中解放出来的重要举措。在团队组建模式上，G省D市法院、W市J县法院的探索实践提供了非常有益的实践经验。客观上讲，立足于案件类型和办案需要探索的以"1+1+1"为主、"1+N+N"为辅的团队组建模式比较契合当前的司法实践。例如对于承担疑难复杂案件数量较多或者承担行政事务较多的法官，可以适当增配法官助理或书记员。然而，团队组建模式不应完全故步自封，应立足办案需要鼓励多进行开放性实践、多模式探索，以便在实践中不断完善。在审判团队中，法官是当然的核心，享有完全的审判权、辅助人员的管理权和考核建议权，并承担最终的审判责任。

3.健全专业法官会议制度。为了确保法庭审判管理为司法审判提供高效保障和充分支持，在各人民法庭内可设置由全体法官组成的法官会议，由庭长负责召集，其主要职责可以扩展为讨论决议疑难复杂案件和重要审判事务，具体包括讨论案件审理中发现的法律适用难题或者其他重大疑难复杂问题，提出意见供合议庭参考以及决定关于审判事务分配、考核事项、监督建议及其他与法官权利义务有重要影响的事项；对于确有典型性的案例，由审判法官提请专业法官会议审查讨论，由专业法官会议提供意见供合议庭及审判委员会参考等。

4.完善庭长权责清单制度。本轮司法改革将破除审判权运行的行政化作为改革的价值取向，但同时又恪守了必要的理性与冷静。在实行审判与行政的相对双轨制，推进庭长向司法角色的回归的同时，为法庭庭长增配行政助理，减少庭长的行政性事务，使之能专注于司法办案和审判事务。放权不等于放任，公正离不开监督，有效的管理和监督是保障司法公正和高效的重要基础。要进一步完善法庭庭长权责清单，明确"一岗双责"，理清人民法庭庭长审判管理和监督权限范围，以更好地保障法庭的科学管理和运行。除此之外，庭长还应该统筹好法庭党建和廉政建设工作，协调团队运转和内部学习教育等职责。

5.深化庭审方式和简易文书改革。（1）深化简易案件的庭审改革。根据最高法院关于加强案件繁简分流工作的相关规定要求，对人民法庭简易案件的庭审程序进行进一步简化，其庭审除诉讼法明确规定的权利告知等程序必须进行外，其他程序都可以简化，只需达到查清事实、核实证据即可。法官根据诉讼请求与案件要素调整庭审顺序，无须囿于法庭调查与法庭辩论的阶段划分，引导当事人围绕争议焦点同步进行举证与辩论。对当事人提交的证据或者法院依申请或依职权调取的证据，当事人在庭前会议中或者证据交换过程中无争议的事项,可以记录在案,庭审过程中无须再行举证与质证等。(2)全面推行简化法律文书写作。在简易案件审理中全面推广使用令状式、要素式等简式裁判文书,简化事实罗列和说理,以提升案件的办理流程。当然,对于不宜使用简式文书判决的案件,要进行适当简化,围绕争议焦点进行针对性说理,但判决的简化程度不能省略一些固有的内容,不能违背裁判文书制作的最低限度要求。人民法庭与当事人在简化判决的过程中有重要作用。具体而言,法庭法官应做到:第一,端正对判决书的态度,强化对判决书法律意义的认识,从思想上发挥实施判决书简化的积极性;第二,提高法官的职业素养,注重法官培训工作,尤其加强判决书制作水平的培训,提高法官制作简化判决书的能力;第三,合理设置法官考评机制,将裁判文书制作纳入考评机制中,从判决形式、内容等多方面结合考核法官制作简化判决书的能力;第四,强调法官个人责任,避免法官在适用简化判决时,滥用自由裁量权,损害简化判决书的功能;第五,在实施简化判决的举措时,应该加大宣传力度,让社会民众了解掌握简化判决的具体实施内容,避免实施过程中,遭到社会公众以及当事人的质疑和抵触,致使简化判决不能发挥积极效果。

(三)围绕社会成效,健全人民法庭激励和评价机制

根据职能定位的差异,人民法庭法官的工作成效评价和激励应区别于法院其他内设业务庭,法庭绩效的评估应充分考量审判业务性和非审判业务性绩效两个部分。

1.探索建立以服判息诉为导向的绩效考核机制。坚持办案效率和质量并重,建立以服判息诉为导向的绩效考核机制,鼓励各法庭率先探索绩效考核改革。一是加大案件质量的考核权重。如加强对服判息诉率、发改率等质量指标的考核,探索建立质量指标超标的负面激励机制。二是完善对多元化调解的考核评价。充分利用法庭绩效激励的自主权,打破大锅饭做法,将多元化调解工作真正纳入绩效考核,作为法官、助理及书记员的工作业绩,设定调解导入率、调解成功率、自动履行率等指标并加大调解的激励比重,强化诉源治理工作,打造息诉率和结案数双高的示范团队。三是建立体现法庭工作特点的绩效评估机制。综合从纠纷化解质效、参与基层治理、指导人民调解、普法宣传教育等多方面予以考评,充分尊重并考量法庭法官及其他干警的工作实际。

2.完善法官激励保障机制。保障基层司法公正离不开法庭法官职业保障的加强,尤其是合理的机制激励。在实行法官员额制的基础上,应积极探索人民法庭法官及其他辅助人员在福利待遇方面的适度倾斜机制,健全完善与人民法庭工作特点相适应的重大疾病、因公牺牲、意外伤害等抚恤救助及保险制度,为法庭干警积极履职提供全面保障,免除其后顾之忧。

3.完善法庭法官晋升机制。将基层法庭的任职办案经历作为法官等级选升、上级法院法官遴选的重要指标,使法官感到在基层人民法庭工作有盼头、有奔头,乐于扎根基层。同时,完善法院机关与法庭间干警的交流任职机制。为了提升年轻干警及初任法官的社会工作能力,增强基层工作经验,建议建立年轻干警、初任法官须在人民法庭工作若干时间再到法院机关业务庭工作的制度,以使人民法庭真正成为干警培养的基地和成长的摇篮。[①]

———————

① D市中院曾就此出台专门文件,要求各基层人民法院新招录的干警应当在人民法庭工作3年以上,初任法官应到人民法庭工作2年以上。各基层人民法院选拔领导干部时,在同等条件下优先考虑有人民法庭工作经验的干警,引导年轻干警向基层流动。

（四）探索差异化发展，优化法庭布局配置

人民法庭建设要按照就地解决纠纷与工作重心下移的思路，综合辖区案件数量、地域特点、人口基数、交通条件、经济发展状况，从有效满足民众司法需求和当地审判实际出发，戒除贪大求多、脱离实际的观念，实现司法资源科学合理配置，合理调整人民法庭的区域布局与定位。

1.优化法庭设置布局。对东部地区法庭而言，"两便"的设置原则已不完全符合实际情况。人民法庭面临的审判成本过高的问题更为突出，这就需要对现有司法资源加以整合和优化，配强工作人员，加强基础设施建设，为人民法庭提供完备的物质条件，以实现审判资源的优化配置与降低成本，在设置上坚持"以中心人民法庭为主，巡回办案点为辅"的原则，根据司法工作发展需要，科学界定人民法庭的发展规模，构建便捷高效的司法服务网络。尤其对于诉讼案件较多、办案压力较大、人员规模较大的人民法庭，应根据需要合理增设人民法庭或者增设巡回法庭，并辅助分流部分案件类型，降低人民法庭的管理成本，提升人民法庭运转效率，保持其良性发展。

2.加强专业化人民法庭建设。随着交通状况的持续改善，城区中的人民法庭方便诉讼的作用正在弱化，取而代之的是群众对于诉讼专业化的要求。在充分调研的基础上，建议根据区域发展实际及规划，对辖区人民法庭进行功能再定位，将主城区人民法庭逐渐调整为家事审判、劳动争议、交通事故、金融、知识产权、环境资源等专业化法庭，提升审判工作的专业化水平。如D市法院立足高新技术开发区的区域优势打造"金融法庭"，B市法院根据区域特点创建的"知识产权法庭"等，都是较为成功的尝试。当然，对处于较为偏远镇街的人民法庭仍坚持其传统发展定位，以"两便"原则界定其案件受理范围与类型，方便基层群众诉讼。

3.合理确定法官工作量，实现以案配人。当前人民法庭特别是东部发达地区的法庭都面临严峻的"案多人少"的深层次矛盾。对于人民法庭来讲，审判执行要高质效完成，以满足人民群众的公正司法诉求，然而作为审判核心主体的法官的休息权也应得到认真对待和有力保障，不然将持续面临着"用脚投票"式的法官流失。因此，当下要科学界定人民法庭法官的工作强度，合理分解其工作压力，不能将法官当成"永不停歇的陀螺"。具体对策包括通过综合分析法官一年的工作时间、所办案件类型、案件数量、案件难易程度及法官必要的学习培训时间、法官其他事务性工作等因素，相对准确界定法官每年审判案件数量的合理区间值，使法官人数与案件数之比处于一个合理的区间。当法官的实际办案数超过最大值时，可确定为超负荷工作，应及时分解其工作量，使每一名法官都能在最佳状态下审判案件。[①] 同时，以法官及其数量为核心要素，根据团队组建模式配齐辅助人员及行政后勤人员，促进整体人案比例呈现良性运行态势。

人民法庭根植基层，与地方联系紧密，其改革具有特殊性，不应"一刀切"，应在遵循司法规律的前提下，充分考虑其制度设计和职能要求，始终把握适度原则与渐进性稳步推进，使基层司法最大程度契合基层社会治理需求，充分释放改革效能。

---

① 张亚彬、娄国琴：《论基层人民法庭法官的执业困境与职业保障》，载《首届人民法庭建设高层论坛论文集》，第117页。

司法责任制下承办法官确定优化规则

——以体系化建构为方法

陈东超　傅文华[*]

　　"五五"改革纲要提出"根据审判领域类别和繁简分流安排,完善承办法官与合议庭审判长确定机制。"承办法官确定机制涉及分案,其本质是承办权责主体判定问题。改革决策层对承办法官确定问题持"相对随机主义"立场[①],而随机何以相对至今未有系统方法论。应探索构建现行分案原则下基于人案匹配的分案规则,彰显承办法官确定机制的独立价值。

一、问题描述:承办法官确定的供给侧错位

(一)随机正义偏离分配正义

　　"各试点法院多是凭自己的理解进行相关分案制度的实践,缺乏从司法管理整体和高度进行的规范化系统化制度设计。"[②]分案机制改革各行其是,其价值导向源自随机即正义的笼统认知。随机正义观基于大数定律,认为大体量重复随机分案将无限接近人案匹配规律。值得注意的是,真正随机(实质随机)并不容易实现[③],分案机会随机(形式随机)无法令法官内生信服。从既往的指定分案到当前的随机分案,其逻辑路径呈现"因人分案"至"由案定人"的转变,实质均为单向关联而非双向匹配。对法官而言,人案双向匹配的体验感、获得感、满足感仍有待提升(见图1)[④]。

　　*　陈东超,东莞市中级人民法院党组成员、政治处主任;傅文华,东莞市中级人民法院研究室法官助理。

　　①　《人民法院报》曾联合最高人民法院司改办,权威解读随机分案后案件承办法官确定问题。分析解读可知,承办法官的确定不是绝对的随机组合,需考虑审判专业化的特殊要求、兼顾指定分案的特定情况,同时需考虑审判领域类别、繁简分流安排、案件类别和案件情况等差异化因素。参见《司法改革热点问答》,载《人民法院报》2017年4月8日第2版。

　　②　卢刚:《司法体制改革背景下法院分案制度之构建——基于传统分案和随机分案的样态检视》,载胡云腾主编:《法院改革与民商事审判问题研究——全国法院第29届学术讨论会获奖论文集(上)》,人民法院出版社2018年版,第185页。

　　③　巴西希望利用真正随机服务向法院分配案件,真正随机依赖公共随机数据生成器。参见晋楠:《让随机性更公平可信多国科学家探索创建公共随机数据生成器》,载《中国科学报》2018年7月11日第3版。

　　④　D市两级法院位于我国珠三角地区,法官年龄、知识结构相对全面,案件类型相对丰富,是中国大陆法院分案工作的典型代表。法院分案可视作公共服务,对分案服务的满意度评价可借助统计学的"重要因素推导模型"方法。在对D市两级法院法官问卷调查基础上形成四分图,受访法官普遍认为案情等要素特别是法官办案数量、法官工作量饱和度、案件关联程度亟待融入分案考量。

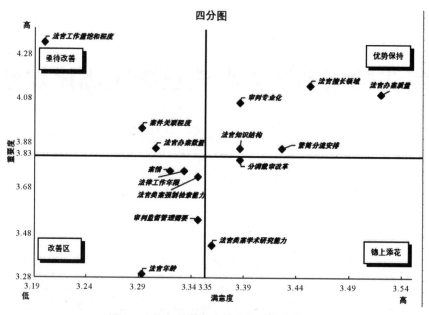

图 1　法院分案服务人案匹配因素四分图

"基于分配正义原则的要求,司法资源配置应当与争议的价值、重要性和复杂性成比例。[①]"在立案登记制、法官员额制的改革叠加效应下,"案多人少"矛盾在形式上更加尖锐。为缓解人案矛盾、提升审判质效,承办法官的确定需更加精准到位,对人案匹配规律的遵循显得更加紧迫。坚持现行分案原则与遵循人案匹配规律并不相悖,二者均反对人为、神秘、孤立、机械地限定承办法官,追求客观、公开、全面、动态的人案契合状态。现行分案实践奉行随机正义观,将分案正义放任于理想的大数状态下实现,而忽视人案资源的"比值对等",其效果必然偏离分配正义。

(二)人案分离有违人案匹配

纵观人民司法进程,在很长的历史时期内,确定何人承办案件似乎不成问题,没有系统研究和规制必要。改革开放之初,承办法官判定在干部"四化"需求下开始受到关注[②]。但囿于案件审批制下的"先判后审"模式,承办法官并无审判话语权,承办法官确定问题仍未进入研究视野。伴随立审工作节点的系统梳理,承办法官确定纳入审判流程管理范畴[③],人们开始意识到分案问题的程序正义性。新一轮司法改革推行审判权责清单,赋予承办法官改革权责,让分案问题同时具有改革权限性。

---

① ［英］阿德里安·A.S.朱克曼:《危机中的民事司法》,傅郁林译,中国政法大学出版社 2005 年版,第 16 页。

② 有地方法院同志对审判干部任用标准提出质疑"究竟这个人达到了哪些个具体标准,是能够胜任刑事审判还是能够胜任经济审判,说不清"。参见本刊记者:《如何改革和改进法院工作》,载《人民司法》1988 年第 1 期。

③ 以 1996 年 11 月的全国法院立案工作座谈会为标志,全面推进"立审分立"。以 2003 年 2 月 21 日的第一次全国法院立案工作会议为标志,"大立案"审判流程管理模式在全国推开。在以上改革中,分案排期工作从审判部门各自归口行使调整至立案部门集中统一负责并作为其履行审判工作流程管理的着力点。

表 1　现行涉承办法官确定规范的人案要素及语义分析

要素锁定	语义分析	目标语段	规范来源
人	承办法官产生方式	审判长的职责是(一)担任案件承办人,或指定合议庭其他成员担任案件承办人	法发〔2000〕16号
		合议庭接受案件后,应当根据有关规定确定案件承办法官,或者由审判长指定案件承办法官	法释〔2002〕25号
		审判长……还应当履行以下审判职责:(1)……协调合议庭成员庭审分工……	法发〔2015〕13号
人	院庭领导身份及承办义务	院长、副院长、庭长、副庭长应当选择一定数量的案件,亲自担任承办人办理	法发〔2007〕14号
		各级人民法院院、庭长入额后应当办理案件,包括……参加合议庭作为承办法官审理案件……各级人民法院院、庭长应当作为承办法官办理一定数量的案件	法发〔2017〕10号
		各级人民法院院长、副院长……每年都应当参加合议庭或者担任独任法官审理案件	法发〔2007〕14号
		各级人民法院的院长……副庭长应当参加合议庭审理案件……	法释〔2010〕1号
人、案		进入法官员额的院长……副庭长应当办理案件。对于重大、疑难、复杂的案件,可以直接由院长……组成合议庭进行审理	法发〔2015〕13号
		推动将重大、疑难、复杂……的案件优先分配给院庭长审理。对于特别重大、疑难、复杂……可以依法由院长……组成合议庭审理	法发〔2017〕10号
人、案	承办法官确定原则	按照审判领域类别,随机确定案件的承办法官	法发〔2015〕13号
		根据审判领域类别……随机确定案件承办法官。已组建专业化合议庭……在合议庭内部随机分案……依法由合议庭审理的案件,合议庭原则上应当随机产生	法发〔2017〕11号
		院庭长分案应当以指定分案为主……各级人民法院院庭长应当根据分管的审判工作,结合专业背景和个人专长办理案件,重点审理重大、疑难……的案件	法发〔2017〕10号
		科学统筹院领导办案类型……健全院领导主要审理重大疑难复杂案件机制	法发〔2018〕23号

续表

要素锁定	语义分析	目标语段	规范来源
人	承办法官调整	因特殊情况需要对随机分案结果进行调整的,应当将调整理由及结果在法院工作平台上公示。	法发(2015)13号
		庭长……负责随机分案后因特殊情况需要调整分案的事宜	
		院长、庭长审判监督管理权力职责一般包括……(3)审批程序性事项,包括……依照规定调整分案、变更审判组织成员的审批等	法发[2018]23号
		因存在回避情形……等事由确需调整承办法官的,应当由院庭长按权限审批决定,调整理由及结果应当及时通知当事人并在办公办案平台公示	法发[2017]11号
		承办法官一经确定,不得擅自变更。因存在回避情形……等事由确需调整承办法官的,应当由院长、庭长按权限审批决定,调整结果应当及时通知当事人并在办案平台记载	法发[2018]23号
人、案	承办法官指定情形	有下列情形之一的,可以指定分案:(1)重大、疑难、复杂或者新类型案件,有必要由院庭长承办的……(5)其他不适宜随机分案的案件。指定分案情况,应当在办公办案平台上全程留痕	法发[2017]11号
案	承办法官所在审判组织确定	系列性、群体性或者关联性案件原则上由同一审判组织办理	法发[2018]23号

横向观察我国法院工作制度,虽多受苏联影响,但在承办法官确定方面并无参照,因为彼时苏联不存在承办法官判定问题①。时至今日,我国仍无统一、明确的承办法官确定规则。"无论如何设计随机分案制度,都应当符合'随机'的基本原理,符合人案匹配和维护公平正义的司法规律"②,但制度现状却有所出入。从表1可知,有的规范是从"人"的角度规定承办法官的产生方式、院庭领导法官的承办义务,有的规范是从"案"的角度确定承办法官所在审判组织,人案分离的制度范式居多。即使是人案并行式规范中,只是基于院庭领导法

---

① "人民法院"是苏维埃法院体系中最基层的法院,每个"人民法院"仅有1名人民审判员,人民陪审员等众多。参见曾汉周、何兰阶、林亨元:《访问苏维埃法院的几点体会》,载《苏联司法工作访问记:关于审判、司法行政工作部分》,中国司法工作者访苏代表团编印,1955年11月,第95～96页。

② 谢刚炬、蔡秀、于燕燕:《人民法院随机分案机制改革路径探究——以五家中基层法院的改革实践为视角》,载胡云腾主编:《法院改革与民商事审判问题研究——全国法院第29届学术讨论会获奖论文集(上)》,人民法院出版社2018年版,第193页。

官承办义务引申其承办可能、阐述承办法官确定原则、列举承办法官指定事由,均非确定承办法官的明示规则。

（三）随机定量而非应变定人

尽管分案机制改革已推行多年,但实践成效始终不如改革预期。宏观而论,分案实践失范表现有二:一是随机分案探索相对混杂,不利于公正高效权威的司法公信力生成(见表2)。轮流随机、积存随机、均衡随机未全面、动态考量案件收、存、办、结全要素或立审执全流程,不可避免地存在顾此失彼的改革系统风险。完全随机模式实质等同于放任随意,不具有改革意义。二是指定分案实施不尽完善,有抵消随机分案效果甚至反噬分案机制改革的潜在风险。主要表现在适用情形不尽规范、适用程序不尽严格、监督规制不尽有力。

表2 随机分案的 5 类模式

随机模式	主要内容
轮流随机	按照受理案件类别,根据案件的案号或登记顺序、法官的排列序号匹配轮次确定承办法官
积存随机	以法官存案量为依据结案递补,案件自动随机分配至积存量少的法官
均衡随机	以预设比例为基准,案件在不同法官之间均衡分配。预设比例的设置基准是从人员配备、案件数量、案件难易度中择一
完全随机	不区分人案差异,采取包括但不限于摇号、抓阄、抽签等方式随机确定承办法官
复杂随机	兼顾法官个性需求、司法能力、案件消化能力等随机确定承办法官

现行分案侧重"案"的随机,依据案件的"随机定量"实现分案结果的外在公平;承办法官似乎只能被动接受案件,其个体的客观差异未能全面、动态融入案件分配考量,尚未实现承办法官的"应变定人"。对于承办法官确定后的人案不适,只能转由指定分案后续救济。而指定分案蕴含主观化、神秘化、迟延化、行政化、地方化、失范化风险,不利于保证分案结果的不可预测性、动态变化性,并非规制人案不适的根本之计。倘若将"人"的客观因素提前融入分案考量,且这一考量摆脱指定主体的主观意志得以客观实现,既能保障案件分配的客观随机,又可契合人案匹配规律。

要实现承办法官供需适配,必须正视承办法官供给侧在价值导向、制度范式、实践样态的错位。面临深刻的人案矛盾,必须立足司法责任制改革语境,系统证成承办法官确定机理。

二、机理证成:承办法官确定的责任制理论

"让审理者裁判、由裁判者负责"是司法责任制改革的核心要义,也是现代司法权力运作体系的基本特征。而实现上述改革核心要义、捍卫现代司法权力运作特征,不能停留于审判权责承担的政策性表述,更应关注司法实践中个案"审理者""裁判者"的指向主体。承办法官的判定机理实质是承办权责附着于具体法官的有机原理。

（一）主体意识与承办权责

司法体制综合配套改革不断深入,法院人员分类管理更加精细和规范,包括承办法官在

内的各类人员权责进一步明晰。相比改革之前，承办法官的主体意识得以进一步彰显，承办法官在法院场域的自主话语权愈加强大。区别于其他法官，承办法官是个案正义的第一推进者和直接责任人。确定承办法官是对承办法官主体地位的明确认可，是承办权责产生的直接原因。

科学确定承办法官，让承办法官定于一人，意在将案件承办权责精准赋予一人，改变既往承办权责分散多人、承办权责相互分离的弊端，让承办权责回归承办法官本人。一方面，基于审判自主性原理，遵循审判亲历性原则、独立审判原则，案件承办权责应由承办法官本人独立地、完整地享有和行使，以体现其本人意志，抵制官僚化、行政化、地方化之侵蚀；另一方面，完善承办法官确定机制，可以明确承办法官与其他主体的权力界限，确保承办法官与其他主体各行其权，减少法院内部层级、缩短司法权力运行链条，避免传统科层制对审判权的分割和审判亲历性的消解。

（二）自主审判和抵制干扰

"我们从来都旗帜鲜明地维护和落实依法独立审判的宪法原则，也通过加入的国际法律文件向世界阐明了中国的立场。"[1]落实依法独立审判原则的表现之一即是对承办法官自主审判的追求和保障，这种审判自主性当然包括承办法官对分配到本人案件的参与度和话语权。具体而言，承办法官按照直接言辞原则，以庭审为中心认定事实和适用法律，依法享有和行使自由裁量权，有力落实依法独立审判原则。

为保障承办法官自主审判，还需关注承办法官避免不当干扰问题。落实承办法官的司法责任，必须对接与承办法官相匹配的职业环境。在法院内部，除所在审判组织成员之外的任何人，均不得过问、干预、影响承办法官自主履职；在法院外部，任何行政机关、社会团体和个人均不得过问、干预、影响承办法官自主履职。

（三）权责统一与自担其责

"权责统一是任何权力正确运行的基本规律，司法权力的运行尤其如此。"[2]既往司法实践中，审判权力行使的多元化导致审判责任的碎片化，过错混同、权责不明、责任分离，各司法主体行为交错，众人皆有责而又均未负其责，责任空转特征明显。更危险的是，这为不当干预或介入司法权力运行留下空间。基于司法权力责任平衡原理，司法权力的供给与司法风险的负担应保持平衡。承办法官理应有权必有责、行权必担责。

"在这次从权限与问责的混沌状态走向权限与问责的界分目标的改革中，权限与责任之间的逻辑一致性受到了充分的观照和考量。"[3]完善承办法官确定机制亦是明确法官责任所需。承办法官享有和行使审判权，相适应地承担审判责任，确保案件承办责任到人。且承办责任不同于其他办案责任，承办责任必须归于承办法官而非其他法官。承办法官自担其责可提升其职业风险意识，倒逼其提升职业技能和职业道德。

在司法责任制理论下证成承办法官确定机理，意在形成"精准赋权—独立履职—权责对等"的良性闭环。让承办法官嵌入司法权力运作体系，还需更加明确的判定规则。

---

① 法言平：《旗帜鲜明地维护和落实依法独立审判的宪法原则——二论深入学习贯彻习近平总书记重要指示精神做好法院工作》，载《人民法院报》2017年1月16日第1版。

② 张文显：《论司法责任制》，载《中州学刊》2017年第1期。

③ 傅郁林：《司法责任制的重心是职责界分》，载《中国法律评论》2015年第4期。

三、梯次构建：承办法官确定的三组合规则

案件"不仅需要随机确定，而且是直接分配给承办法官"[①]。但需看到，在逻辑层次上，案件流转至承办法官并非一步到位，必须区分不同审判组织、案件语境对承办法官作出具体判定。

（一）承办法官随机判定规则

1. 专业审承办法官随机判定

在法院司法资源优化配置中，对属于专业化审判的案件（包括但不限于专门审判领域、双语诉讼、人民法庭受案），审判机构、审判团队呈现专业化与普通化的分离，上述机构、团队的人员亦作相应区分隶属。为加强专业化审判力量，所在法院一般已调配、培训专人组建审判机构、审判团队，体现对专业化审判的重视。在专业化审判机构、团队中，确定承办法官应径行坚持随机原则，不得再以专业化审判之名指定承办法官，事实上亦无此必要。在受案法院已确定个案的专业化审判机构、团队的前提下，在遵循人案匹配规律的基础上随机判定承办法官。

2. 普通审承办法官随机判定

在甄别和分流专业化案件后，余案归入普通审。按照现行分案原则，普通审承办法官应以随机判定为主。具体而言，依据刑事诉讼、民事诉讼、行政诉讼、执行、再审等审判领域、诉讼类型确定普通审的审判机构大类，继而确定在普通审审判机构小类，例如刑事审判机构大类下的刑事审判一庭。确定审判机构小类后，在该审判机构小类的全部法官中随机判定承办法官。当然，倘若所在法院未细分审判机构小类的，则径行在审判机构大类的所有法官中随机判定承办法官。

3. 繁简审承办法官随机判定

为缓解人案矛盾，繁简分流改革应运而生，由此引发普通审、专业审内部繁审与简审的分离，审判团队及其人员亦作相应分流。人员的繁简分流取决于案件的繁简界定。参照《最高人民法院关于人民法院深化"分调裁审"机制改革的意见》中民事、刑事、行政、执行案件繁简分流标准[②]，可甄别确定繁简团队。在确定繁案团队、简案团队的前提下，径行在所在团队全部法官中随机判定承办法官。

（二）承办法官指向判定规则

1. 七类案件承办法官的"可以指定"

根据《最高人民法院关于深化司法责任制综合配套改革的实施意见》的权威解读，特定情形下可以指定承办法官。一般是指以下七类案件：（1）重大、疑难、复杂或具有普遍法律适用指导意义的案件；（2）系列性、群体性或关联性案件；（3）与本院或上级人民法院的类案判决可能发生冲突的案件；（4）本院提审的案件；（5）上级人民法院发回重审、指令再审的案件；（6）院庭长根据个案监督工作需要，提出分案建议的案件；（7）其他不适宜随机分案的案件。上述七类案件的"可以指定"适用于法院全部审判机构、审判团队的全体法官。在执行上述

[①] 最高人民法院司法改革领导小组办公室：《〈最高人民法院关于完善人民法院司法责任制的若干意见〉读本》，人民法院出版社 2015 年版，第 68 页。

[②] 详见《最高人民法院关于人民法院深化"分调裁审"机制改革的意见》第 13 点至第 16 点规定。

"可以指定"承办法官情形中,需审慎适用兜底情形。"可以指定"意味着也"可以"不指定,指定与否取决于法院对上述个案的综合判断。

2.中级及以上法院院庭长承办的"主导指定"

自 2020 年 8 月 4 日起实施的《最高人民法院关于深化司法责任制综合配套改革的实施意见》,在院庭长办案机制方面作出新的规定,并且明确之前规定与之不符的以此次规定为准。对于中级及以上法院院庭长承办案件的,应以"主导指定"为原则分案,即原则上应指定分案。其指定承办的案件范围可参照上述七类"可以指定"情形、"四类案件",结合院庭长本人的分管领域、专业背景、个人专长、审判监督管理事务、行政事务等建立指定承办案件类型清单。在符合该清单的案件承办完毕后,方才参与随机分案,由此实现以指定分案为主、随机分案为辅。

3.基层法院院庭长承办的"有限指定"

对于基层法院院庭长承办案件,考虑到基层法院的重大疑难复杂案件体量相对不大,一方面坚持优先分配"四类案件"、发回重审案件等,切实发挥院庭长审判监督职能;另一方面,也可以参与随机分案,与本单位其他法官共同接受随机分案。值得注意的是,这里的指定分案不同于前述"主导指定"而是"有限指定"。指定分案的有限性体现在是否指定分案取决于基层法院受案情况,可能有重大疑难复杂案件或者是即使有重大疑难复杂案件但数量不足以分配至全体院庭长。因此,基层法院院庭长无需专门制定指定承办案件类型清单,处于"少数派"的重大疑难复杂案件等在立案环节即可直接指定分配给院庭长法官;更多的机会是,院庭长法官与其他法官共同参与随机分案。

(三)承办法官判定异议规则

1.判定异议情形

承办法官确定的异议情形,可分为程序异议、实体异议。程序异议即承办法官确定的主体不适格(例如,非分案主体而分案、基于身体健康、工作调动、廉政风险、回避而无法承办)、程序不合规(例如,指定分案者无权审批,越权审批,超期审批,未依规公示等);实体异议即承办法官确定影响案件实体处理,危及法官自主审判和当事人诉权(例如,人为干预、不当干扰、介入、操纵承办法官的确定)。

2.判定异议主体

承办法官确定关系法官自主审判权、当事人诉权、案外人乃至人民群众的司法民主和社会监督之实现。且承办法官确定的司法公开要求,决定其确定结果为法院内外知晓。故对承办法官确定结果提出异议的主体应为所在法院全体干警、案涉当事人及其委托代理人、案外人。

3.判定异议救济

根据救济主体、异议情形采取对应救济方式。法院内外人员均可运用回避制度、审判监督程序等诉讼制度,而法院系统干警还可运用防止不当干预等内部纪律监察方式。

承办法官判定规则只是确立判定的基本方法论,应当看到判定本身有着明显的适用性差异。倘若需有效衡量适用性差异,考量同一审判组织各法官的承办效果,则需要借助矩阵工具。

四、决策优化:承办法官确定的同判力矩阵/适用性矩阵

(一)"同判力"概念的提出

基于"能力分级"理论,承办法官确定宜以能力为基础,在诸多法官中选定何人承办应坚持明确的能力取向。鉴于当前类案同判更多是在诉中诉后实现,类案同判实现成本偏高。若在分案阶段兼顾类案同判目标,在坚持现行分案原则下随机确定的承办法官,相比其他法官更能实现类案同判目标,实现类案同判关口前移。为此,提出"同判力"概念。所谓"同判力"即类案同判能力简称,"同判力"与案件类案同判的成本呈反相关,即实现类案同判的成本越低则"同判力"越高。基于人案匹配考量,"同判力"的影响因子设置如下:

1. 法官年龄。在其他条件同等情况下,青年法官对审判全能化的接受度更大,中年法官对审判专业化的钻研度更深。

2. 法律工作年限。在其他条件同等情况下,法律工作年限越长,实现类案同判的能力越强。法律工作年限限定为从事某业务领域的法官助理、法官或关联法律工作的工作年限。

3. 知识类型。按照法官本人最高学历确定。以法学(法律)专业为基础,大学本科的为"法通类",研究生及以上学历的填写具体研究方向即"法专类",若有法学(法律)专业知识之外其他知识则为"复合型"。

4. 业务领域。根据统计期间法官承办和参与合议的案件所属诉讼服务、审判、执行、国家赔偿、审判监督等业务领域大类统计。结合法律工作年限,该统计期间内法官办案的主要领域即类案同判最佳领域。

5. 办案能力。包括办案数量、办案质量。根据统计期间法官承办和参与合议的具体案由案件数量、发改率统计。一般而言,办案越多、发改率越低的类案同判能力越强。

6. 业务黏合度。按照统计期间法官审判意见(承办意见、合议意见)被采纳率、发表相关学术调研成果篇次统计。

7. 工作量饱和度。按统计期间饱和度数值统计。关于境内法官工作量测算,相对合理的统计方法是以"要素时间相加法"为基础,适当融入"要素相对权重法""要素标准化时间法"[1]。

8. 案件关联度。采取定性化表述,具有指向标作用。若有关联情形,存关联度案件需移送本单位内部首案承办法官办理,保障类案同判;若无关联情形,则综合其他"同判力"参数予以比较。

为保障随机分案精神的主导地位,指定分案的事由必须严格限定。事实上,基于同判考量(例如案由相同)、诉讼经济(例如原告或被告相同)的指定分案已被吸收至"同判力"影响因子中,指定分案的情形已进一步限缩。

(二)"同判力"参数的建立

"同判力"参数是"同判力"衡量的比较依据,"同判力"影响因子不完全等同于"同判力"参数。例如,同一业务领域员额法官的"同判力"方才具有横向可比性,存有案件关联度案件需移送而无关"同判力"比较,超过工作量饱和度的法官不宜继续承办案件。

---

① 更详细的分析,参见程金华:《法院案件工作量测算的"中国方案"——司法大数据时代的探索方向》,载《法律适用》2020年第3期。

设置"法官年龄""法律工作年限""知识类型""办案能力度""业务黏合度"5项一级参数。其中,"办案能力度"参数下分"办案数量""办案质量"2项二级参数,"业务黏合度"参数下分"审判意见黏合度""学术调研黏合度"2项二级参数。以民事法官为例,一级参数、二级参数及其基准权重见表3。

表3 员额法官"同判力"参数及基准权重(以民事法官为例)

权重	法官年龄	法律工作年限	知识类型	办案能力度		业务黏合度	
				办案数量	办案质量	审判意见黏合度	学术调研黏合度
基准权重	1(统计当时民事法官平均年龄)	1(统计当时民事法官法律工作平均年限)	法通类 a / 法专类 b / 复合型 c	1(统计期间某案由案件民事法官平均办案量)	1(统计期间某案由案件民事法官平均发改率)	1(统计期间某案由案件民事法官审判意见平均采纳率)	1(统计期间某案由案件民事法官相关学术调研平均发表篇次)

(三)"同判力"矩阵的形成

经典"匈牙利算法"是指派问题的专门算法,"但是传统的匈牙利算法只能针对'总代价为各个任务代价之和'一类问题进行求解,而在实际工作中,许多情况并不满足这个条件。"[1]承办法官确定问题实际为指派任务多于指派对象的非标准型指派问题。依据前述员额法官"同判力",以改进"匈牙利算法"为工具,推导出员额法官"同判力"相对最优,进而得出承办法官相对最优。同一审判团队内 i 名法官审理 j 件同一审判领域不同案由案件。考虑 j>i 的客观实际,设置虚拟法官 An 以转化为标准型指派。以 i=4、j=5 为例,"同判力"分布表见表4,"同判力"矩阵推导如后。

表4 "同判力"分布表(A_n 为虚拟法官)

法官案件	B_1	B_2	B_3	B_4	B_5
A_1	5	3	1	8	10
A_2	8	9	6	5	13
A_3	5	5	6	7	2
A_4	3	9	5	8	2
A_n	0	0	0	0	0

---

① 李廷鹏、钱彦岭、李岳:《基于改进匈牙利算法的多技能人员调度方法》,载《国防科技大学学报》2016年第4期。

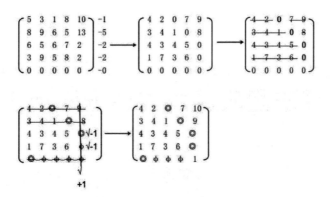

图 2 "同判力"矩阵的匈牙利法推导演练

"同判力"矩阵可推出法官 A_1 对案件 B_3、法官 A_2 对案件 B_4、法官 A_3 对案件 B_5、法官 A_4 对案件 B_1、B_5 的同判力最优。最优者即为该案承办法官,故对应确定承办法官为法官 A_1 承办案件 B_3、法官 A_2 承办案件 B_4、法官 A_3 承办案件 B_5、法官 A_4 承办案件 B_1、B_5。"同判力"的匈牙利算法可借助程序代码自动运算推导。值得注意的是,影响因子抑或参数均在实时变化中,"同判力"因人因案实时变化,"同判力"的随机生成可保障随机分案精神落地。

五、结语

"在当前我们正致力于建设现代化法院管理体制的背景下,我们有必要重新认识和看待作为法院管理重要内容的案件管辖和分配制度的价值和意义"[①]。法院管辖制度确定案件的院外受理,而承办法官确定机制明确案件的院内受理。本文希冀体系化构建承办法官确定规则,形成以院内受理大循环为主体、院内院外双循环相互促进的案件受理新格局。希望能够促进相关探讨,激发承办法官主体力量、夯实司法责任制基石,助力审判体系与审判能力现代化。

---

① 胡夏冰:《认真对待案件管辖与分配制度——读〈法院案件管辖与案件分配:奥英意荷挪葡加七国的比较〉》,载《人民司法》2008 年第 19 期。

寻找"最大公约数":转型社会中司法回应民意的理念与方法

熊义珍[*]

在当代转型社会中,社会公众日益关注司法个案裁判,最近发生的山东"辱母案"更是引发舆论沸腾。社会公众常常通过各种渠道对法院的个案裁判发表意见,汇聚成所谓的涉诉民意。面对声势浩大的涉诉民意,法院在个案裁判中往往处于进退失据的尴尬境地,一方面折射出,司法与民意之间由来已久的纠结关系,在转型社会中,这种纠结关系因社会不公、贫富不均等社会现象,变得更为复杂焦灼,并演化为一个个"公案",透过这些个案,民众表达其对转型社会中所暴露出来的贫富加剧、社会不公、道德沦丧等诸多社会问题的不满情绪;另一方面表明,在舆论压力之下,司法并不明确自身回应民意的限度和方法,而只能任由舆情高涨,从而丧失司法公信力和权威。针对当前出现的"舆论审判""媒体审判"现象,需要进一步探求司法回应民意的理念和方法。

一、"民意审判":转型社会背景下司法回应民意的现实困境

客观而言,法院裁判的绝大多数案件并不会引起民众的兴趣,通常只有那些具有公共性质的案件,即所谓的公案,才能引起民众高度关注。这些公案反映转型社会的结构性矛盾和冲突,汇聚社会公众关注的社会"结构性"主题元素,比如社会民生、道德底线、公德困境以及疑难离奇等,容易牵动社会公众的敏感神经,引起社会公众的高度关注。"基于司法个案中当事人与公众间这种'代言'的社会关联关系,人们自然会把个案的意义与社会的普遍性联系起来,把个案的法律关系与社会的结构关系混为一谈了,对司法的担忧就随之而起"。[①]如何在当今多元、多样、多变的社会背景下,社会各界在平衡法理、彰显法律温度上,形成最广泛的共识,更显得弥足珍贵。

在公案裁判中,民意与司法之间的关系可以表现为断然排斥、一味顺从与良性互动三种关系。客观而言,"断然排斥"和"一味顺从"是应极力回避和克服的,"良性互动"则是我们极力追求和倡导的。但是,从实际情形看,在汹涌澎湃的舆论浪潮席卷之下,司法更多地表现出了"顺从"的姿态,并给人一种司法与民意达成良性互动的"虚幻观感",实则潜藏着巨大的危机。在具体个案裁判中,任由舆论左右司法裁判,容易导致所谓的"民意审判",危及司法

---

* 熊义珍,东莞市中级人民法院民一庭法官助理。

① 孙笑侠:《公案及其背景——透视转型期司法中的民意》,载《浙江社会科学》2010 年第 3 期。

权威,消解司法公信力。民意审判作为一种判断过程,亦遵循基本的逻辑进程:"第一阶段:案件基本事实—朴素道德观念—基本判断;第二阶段:基本判断—案情细节—民意判决"。[①]当前,司法面临的"民意审判"困境,实则暴露出司法在回应民意中存在理念与方法上的双重困境。

（一）理念困境:放弃司法克制而过度强调能动司法

我国经济社会步入了转型发展的关键时期,社会结构性问题凸现,社会主体分层、阶层之间利益分化、利益格局调整、社会矛盾加剧。司法能动曾被寄予很高的功能期待,即在世界金融危机的席卷之下,司法承担了"保增长、保民生、保稳定"的功能。这种能动司法实则是一种法律工具主义在当代转型社会的展现,不可否认,在特定的背景之下,有其特殊的历史语境和功能价值。但是,这种能动司法不能建立在无视司法技艺理性和司法规律的基础之上,更不能将法律方法弃置一旁。

最高人民法院曾明确要求各级法院加强与民意的沟通,并指出这是坚持实事求是和群众路线的具体体现,是贯彻落实科学发展观的必然要求,是畅通司法民主渠道的重要举措。司法考察和吸纳民意,终极目标就在于实现司法为民,而就能动司法而言,"能动司法最原初的动机是想解决政治上的大局问题,让人民对司法满意,起码让人民代表对司法的现状满意","让人民满意"是中国能动司法背后的一个重要诉求。[②] 可见,两者之间是一脉相承的,有着共同的目标追求和政治任务——让人民满意。

（二）方法困境:忽视法律方法而过度追求实质正义

在现代社会中,法律是一套逻辑严密的规则体系,更是一本权利"宣言书"。但是这本记载着权利与正义的宣言书并不会自动实现,而是需要运用一定的方法对其进行解读和运用,这便需要一套法律方法。"法律方法是法律职业者在解决案件过程中,针对法律文本的理解、法律事实的发现及法律的具体适用所采取的技术或手段,从而使法律问题的解决具有科学性、合理性与权威性"。[③] 法律方法是司法裁判区别于调解等其他纠纷解决机制的重要标志,对于实现司法公正具有重要的功能意义,也是树立司法权威,确立司法公信力的基本方式。司法裁判从来不是单纯的法律方法的运用,法律方法也不能解决所有案件。但是,法律方法在司法裁判中仍然具有举足轻重的作用,一般性的技术证成逻辑和规范主义的立场依然是司法职业的智识依赖和技术趋势,缺乏法律方法,司法裁判公正性无从保证,此时,司法所孜孜以求的公平正义将付诸东流。

在司法个案中出现了以常理代替法理,将常理作为寻找和适用个案裁判规范的依据,或者在裁判文书中仅给出裁判结果而并未依据法理阐明裁判理由等。司法回应民意容易陷入方法论的困境之中,主要表现为:

一方面,缺乏有效的民意识别方法与技术。诚然,涉诉民意存在合理性:涉诉民意有一定的法律基础,通常不会超越现行法律规定;在对个案某些问题的认知上,社会公众具有独

---

① 袁博、武博:《论"民意审判"的逻辑进路与司法应对》,载《上海审判实践》2014年第1期。

② 陈金钊:《"能动司法"及法治论者的焦虑》,载《清华法学》2011年第3期。

③ 胡玉鸿:《法律方法及其在实现司法公正中的意义》,载《中山大学学报（社会科学版）》2011年第5期。

到的智慧和能力;在很大程度上体现了人民群众正当的社会要求。① 但是,涉诉民意也具有多元性、易变性、非理性、易受操纵性、案后性等缺陷。② 民意的表达需要借助一定的载体和媒介,往往表现为媒体报道和公众舆论。由于缺乏有效的民意识别方法和区分技术,法院在面对汹涌如潮的公众舆论时,容易将各种来路不明、鱼龙混杂、非理性的公众舆论都简单地、一刀切地理解为民意予以回应,从而使个案的司法裁判陷入一种朝令夕改、无所适从的尴尬境地。

另一方面,忽视了法律方法和技术的运用。法律方法的运用是司法实践技艺展现。从一定意义上,法律方法可以被视作是司法裁判的生命,离开了法律方法,便无所谓司法裁判。当前,有的法院为了回应民意,出现了重裁判结果、轻裁判理由、论证过程和论证方法的做法,忘却,甚至淡化了司法裁判过程中的法律论证和法律方法运用,表现出了程度不同的实用主义倾向。

这种实用主义倾向,在难办案件和疑难案件中表现得尤为明显。就难办案件而言,从法律角度讲,其本身并不复杂,甚至只是简单案件,在事实认定和法律适用上并不存在疑难之处。但是,往往是一些法律之外的因素牵涉其中,使本身简单的案件变得复杂。例如,10 年前引发社会各界广泛关注的彭宇案,实则属于一起"小且简单"的案件,但是,由于其承载了转型社会情境中司法如何关涉道德与法律关系问题,从而成为具有样本意义的热点案件,而变得棘手难办,最终以二审撤诉和解结案。与难办案件不同,疑难案件包含案件事实"疑难"和法律适用"疑难"两种类型。本文主要指涉法律适用"疑难"类型的案件,即法律规定不明确,甚至没有法律规定。在疑难案件中,"在面临制定法或判例使用困难甚或无可适用的时候,法官就要依'后果'裁判,把案件对付过去,取得好的结果"。③ 其实,无论是难办案件还是疑难案件,法律方法均有用武之地,疑难案件和难办案件应当成为法院和法官砥砺法律方法,确立司法权威的良好契机。

司法回应民意本身无可厚非,但是需要讲求一定的法律方法,客观而言,那种片面强调回应民意,不讲求法律方法的做法,表面看似追求和实现所谓的实质正义,实则是以牺牲法律理性为代价的。法律理性通常表现为技艺理性和程序理性。前者要求法官在裁判中讲求法律方法和司法技艺的运用,后者则要求法官裁判要遵循讲究程序规则,充分发挥现代司法程序所具有的交涉功能,借由公正和正当的司法程序运作来发现事实、表达利益诉求。从长远看,以牺牲法律方法和法律程序来追求所谓的实质正义的做法不但不能让人民满意,实现司法为民,反而将对司法公信力和法律权威产生伤害,甚至有可能给我国法治建设造成无法弥补的损失。

二、司法回应民意的应有理念:坚守司法克制

从目前情形来看,在司法回应民意的过程中,发挥主导作用的是能动司法理念。但在实际司法活动中,司法回应民意往往正在陷入"舆论审判"的困境。然而,只有正视司法功能的

---

① 顾培东:《公众判意的法理解析——对许霆案的延伸思考》,载《中国法学》2008 年第 4 期。
② 周永坤:《民意审判与审判元规则》,载《法学》2009 年第 8 期。
③ 张超:《能动司法与实用主义后果论——基于"法治"理念的一个检讨》,载《法律科学》2012 年第 5 期。

局限性，尊重司法规律，坚守司法克制理念，才能走出"民意审判"的困境。

（一）司法权的中立属性要求坚持司法克制理念

从司法的角度，在司法回应民意过程中坚守司法克制理念，取决于司法权的消极中立属性及其功能的有限性。诚然，作为国家政治权力的组成部分，司法权具有政治属性。但是，从权力分工的角度而言，司法权的本质是判断权，"司法判断是针对真与假、是与非、曲与直等问题，根据特定的证据（事实）与既定的规则（法律），通过一定的程序进行认识"。[①] 法院是专司裁判的机关，其职能便在于依法裁判，追求司法公正。行使判断权，首先要求法院和法官保持消极中立的克制立场，否则，司法公正根本无从谈起。

总体而言，司法克制表现在两个方面。一方面，表现在与立法权、行政权的关系上。与立法权、行政权相比，作为判断权的司法权处于消极被动的地位，对行政、立法表现出相当的尊重和谦抑。相较于行政权而言，因为"法院作为裁判机关，只有对存量资源的配置进行调整的能力，但没有直接的资源'增量'的能力"，[②]无法如同政府那样提供增量的资源；相较于立法权而言，司法裁判的过程不同于立法的民主过程，能够通过理性沟通商谈寻求共识，达成普遍正义，而只能就个案进行裁判，实现个案正义。受制于这样一种制度角色，在司法判决中，司法对立法、行政表现出最大限度的谦抑和克制。另一方面，表现在法官对待法律的态度。法官的任务就是根据法律进行裁判，法律是审判的"元规则"、依据和判准，法官首先需要服从的便是法律。

山东省高级人民法院坚持司法中立性和司法克制理念，对"辱母杀人案"二审采取了公开审理的形式，以官方微博全程直播庭审过程，最大限度地还原了案件发生时的种种情境，完美地诠释了"以事实为依据、以法律为准绳"。可见，司法克制主义观点的基础是注重法律形式正义的实现，且把对立法、行政机关的尊重和司法的自我限制看作是与民主原则相一致的审判方式，维系司法独立和权威的基础。[③]

（二）民意的易变性和非理性要求坚持司法克制理念

从民意的角度，在司法回应民意过程中坚守司法克制，缘于涉诉民意特点。诚然，涉诉民意蕴含着社会公众的朴素情感和价值诉求。但是，较之于表现为法律的公意不同，涉诉民意具有多元性、非理性、易变性、易受操作性、滞后性等特点。在个案裁判中，民意通常以群体舆论的方式表现。根据大众心理学的观点，群体通常冲动、易变和急躁，易受暗示、轻信他人，情绪夸张、单纯，偏执、专横、保守。客观而言，围绕在一些所谓司法公案中的民意往往是不稳定的，且常常表现为一种非理性的表达，司法的中立性要求其在面对那些严重"非理性"的民意时，最佳的选择便是保持司法克制。

在一些个案中，涉诉民意的背后蕴含着道德诉求或价值取舍问题。这实则涉及法律与社会道德与伦理之间的关系问题。山东"辱母杀人案"实际上便折射出传统中国儒家的"孝"伦理和人类最基本的血缘情感与现代调整陌生人关系的法律规则之间的内在冲突与张力。在现代社会中，如何处理司法与深植于个案民意表达背后的道德伦理困境，确实是有良知的法官应当面临的一个重大的命题。作为一个有担当和职业伦理的法官而言，确实应当以适

① 孙笑侠：《司法权的本质是判断权——司法权与行政权的十大区别》，载《法学》1998 年第 8 期。

② 龙宗智：《关于"大调解"和"能动司法"的思考》，载《政法论坛》2010 年第 4 期。

③ 庞凌：《法院如何寻求司法能动主义与克制主义的平衡》，载《法律适用》2004 年第 1 期。

当的方式来回应乃至化解道德伦理困境,而这也考验着法官的司法技艺和司法智慧。然而,这并不意味着法官应当抛弃其法律职业者和法律伦理的要求,而转而以政治家的身份采取政治的方式来处理司法公案,法律人在遵循司法规律的前提下,运用适当的法律方法有力有节地回应道德伦理的困境。对于法院和法官如何面对价值观念冲突所造成的道德伦理困境,美国法学家桑斯坦教授所倡导的司法最低限度主义可能具有启发意义。司法最低限度主义的特征是"窄和浅"。"窄"是指最低限度主义者更愿意对案件作出判决而不是制定宽泛的规则。他们只解决手头的案件,而不对其他案件作出评价,除非这样做对解决手头的案子来说确实非常必要,而且他们非如此不可。"浅"是指最低限度主义者尽量避免提出一些基础性的原则。他们试图提供一些就某些深刻的问题意见不一致的人们都能够接受的东西。通过这种方式,他们试图达成"不完全的理论化合意"。① 这种司法最低限度主义,反映了司法克制的理念和立场。法院在处理这些被价值分歧和道德争议包围的案件时,必须坚持克制态度,审慎对待自身充满"分歧与争议的"民意,并与之保持适当的距离,以免陷入价值分歧和道德争议的泥淖。

上面的分析表明,司法的功能是有限的,司法功能的发挥需要以遵循司法规律为基础。司法"并不能解决所有的问题,法官也不是机械的、一台自动售货机,他也会有自己的偏好与善品追求。而且也无法统合社会急剧转型所带来的价值分歧和价值多元,进而无法建构起一套全新的价值序列,从而无法整合起价值多元的信仰的世界,无法建构起一个意义的世界"。因此,司法回应民意过程中,应当坚持司法克制理念,确立法律的权威地位,做到有所节制,与民意保持一定距离,并予以适度回应。唯其如此,才有可能确立司法权威,重塑司法公信力。

三、司法回应民意的应有方法

我们认为,按照司法克制的理念,必须明确:第一,司法回应民意,并不是"用民意取代公意","以公众意见取代法律标准";第二,司法无需对所有民意进行回应,而是在对民意进行识别筛选的基础上,有针对性地予以适当回应。

(一)分类分级识别民意

并非所有的民意,司法都有回应之必要。司法意欲回应民意,首先需要在形式多样、变化多端、纷繁复杂的涉案民意中,识别出"有价值的"民意。我们认为,民意识别是一项筛选区分工作,旨在寻找民意在司法裁判结构中的适当位置。在一定意义上,民意识别过程本身就是司法处理和回应民意的一种方式。对于司法个案中的民意可以做如下的识别区分。

首先,识别区分法律公意与涉诉民意。在现代社会,公意透过民主程序形成法律,具有高度的稳定性;涉诉民意是公众就司法个案裁判发表的意见,具有动态流变性。作为公意的法律具有规范性,是司法裁判的依据和判准,具有审判元规则地位。相形之下,涉诉民意却无法取代法律标准,成为司法裁判的规范性依据。其原因在于:一方面,公众意见只是说明性理由,并不具备正当化的能力,难以转化为规范性的正当化理由;另一方面,不可否认,司法裁判中的公众意见表达在一定程度上契合了司法民主化的主张,但是,这种公众意见主导

---

① [美]凯斯·桑斯坦:《就事论事:美国最高法院的最低限度主义》,泮伟江、周武译,北京大学出版社2007年版,第22～24页。

下的大众司法,虽然体现了直接民主价值,本身却潜藏着很大的威胁,并不可欲。因此,从裁判依据的类型分析,与法律作为规范性裁判依据不同,公众意见更多只能作为综合考虑因素,参与到个案裁判中。

其次,识别区分关于裁判事实的民意与关于裁判结论的民意。社会公众就个案裁判所发表的公众意见即涉诉民意,通常集中于案件事实和裁判结果两个方面,对两者应当加以区分识别。就案件事实而言,传统的观点认为,司法裁判是法官运用法律规范对案件事实进行涵摄,从而得出裁判结论的过程,而其中,案件事实认定被认为是一个客观的过程。但是,实际的司法裁判过程并非如此。"法律适用不是自上而下的逻辑涵摄,而是规范与事实的辩证关系"。[①] 法官"首先是往返于案件事实与有关的规范文本之间,其次则流转于——借前——过程而被缩小范围的——案件事实与相关的规范之间",最后,"眼光往返于(透过规范方案即规范领域而研拟出来的)法规范以及个别化之后的案件事实之间"。[②] 民意中蕴含的道德主张和价值诉求,有可能成为案件事实的一部分,从而影响个案裁判。但是,在一般案件裁判中,民意"作为一种辅助性依据的说明性事实,只影响裁判结果的幅度,而不影响判决推论的性质";在疑难案件裁判中,当公众意见和政策主张一致时,则可以成为疑案判决中的运作性依据或立法性事实。

最后,相较于案件事实而言,裁判结果更受社会公众所关注,这与大众思维的结果导向性特点密切相关。但是,正是因为社会公众所具有的关注裁判结果的实质性思维特征,使其在就个案裁判发表意见时,容易忽略影响案件的事实;对裁判结果的认知,则更多地受到自身价值观、直觉等因素的影响,这与法官基于职业思维在性质上有根本不同。因此,"司法决策者的法律理性聚焦点,应在于促成个案舆情的实质因素,而不应将公众对案件结果的期待,径直作为司法裁决的决定性依据"。[③] 司法应当对社会公众关于裁判结论方面的民意,保持谨慎态度。

(二)法律方法与裁判说理并举

第一,法律方法是司法回应民意的基本方法。司法回应民意需要讲求方法,否则,就将丧失司法裁判的功能和意义。法官进行司法裁判必须运用一定的法律方法,从一定意义上,司法实践就是法律方法的实践。法律方法的运用使法律思维和司法公正以看得见的方式呈现在当事人和社会公众面前,法律方法对于实现司法公正,提升司法公信力有重要意义。在司法裁判中,法律方法具有沟通民意,缓和司法与民意之间冲突的功能,应当成为司法回应民意的基本方式。

第二,恰当运用法律方法。法律方法包括法律发现、法律推理、法律解释、法律论证、漏洞补充、价值衡量。但是,我们应当看到,"不仅上述各种方法之间存在重合调整的空间,而且在许多方法之间还存在相互矛盾的立场和思维;许多法律方法既有相辅相成的功能,也具有功效相克的作用。"[④]裁判之所以成为艺术,就在于一个成功的法官能够在司法裁判中将以上法律方法运用自如,炉火纯青。

---

① 陈林林:《公众意见在裁判结构中的地位》,载《法学研究》2012 年第 1 期。
② Karl Larenz:《法学方法论》,陈爱娥译,五南图书出版股份有限公司 2002 年版,第 15 页。
③ 徐阳:《"舆情再审":司法决策的困境与出路》,载《中国法学》2012 年第 2 期。
④ 陈金钊:《法律方法的界分及其实践技艺》,载《法学》2012 年第 9 期。

从法律角度,可以将当前社会公众关注的公案,划分为简单的难办案件和疑难案件。前者案件事实简单,法律规定明确,但是因为案件中包含着转型社会的主题元素,成为棘手难办案件。对于简单的难办案件,法官首先应当作的是去发现法律,找到适用于个案的具体法律条文,然后运用法律三段论进行形式推理,将法律适用于事实。为了说明适用法律推理的大前提的合法性和合理性,最重要的是加强法律论证。"法律论证的主要任务就是论证作为法律推理大前提的合法性和合理性,是法律推理能否得出正确判断和结论的保障。法律论证一方面能使论证者清晰法律背后的原则、政策、原理,另一方面可以解决现行法中模糊和空缺的部分。"① 而且,在裁判文书中,可以适当运用法律修辞方法。法律修辞有积极修辞和消极修辞之分,消极修辞是各种修辞手法和技巧的隐性适用,它强调的是利用平实的语言和文字来准确(甚至精确)地进行表述,抽象的形式逻辑语言是其最高级的表现形式,主要面对法律职业群体。相反,积极修辞则是强调各种修辞手法和技巧的综合运用,通过引发联想(甚至幻想和激情)来实现最优的修辞效果,主要针对当事人和社会公众。可见,法律修辞能够强化司法裁判中的法律论证,有利于提高判决的可接受性,进而提高司法权威。在现代社会,法律修辞以理性的消极修辞为主,对于侧重于文学性的积极修辞运用较少。因为"这种修辞会导致司法更多受制于容易大幅波动的民意,进而受制于因民意引发的政治干预和影响",应当谨慎运用。②

对于疑难案件,因为缺乏法律规定,或者存在多种含义,需要法官发挥能动性,运用价值衡量的方法,发挥法律原则在司法裁判中的作用。不能直接将民意作为裁判的直接依据,而应当努力发现民意背后共识性价值,并将蕴含在个案民意背后的价值与法律原则进行比较和价值衡量,妥当解决裁判纠纷。法律原则的适用应遵循三个条件:一是"穷尽法律规则、方得适用法律原则";二是"法律原则不得径行适用,除非旨在实现个案正义";三是"若无更强理由,不得适用法律原则"。③ 不可否认,在疑难案件的司法裁判中,需要发挥法官的能动性进行价值衡量,因而具有很大的司法裁量权。价值衡量是一种体现司法能动性的法律方法,但绝不是恣意任为,价值衡量依然需要坚持司法克制的基本立场,遵循资源效用最大化规则、损失最小化规则和边际效用最大化规则。

第三,将法理说理融入法律方法之中。"理性的判决不仅在于使人们知其然,而且知其所以然,使社会公正的理念与合理的法律选择联系起来。"④最高人民法院党组副书记、常务副院长沈德咏近日在山东调研时提到,要借助重大、热点案件宣传法治观念,普及法律知识,并强调"司法审判不能违背人之常情"。坚持严格司法,依法裁判,同时要高度关注社情民意,将个案的审判置于天理、国法、人情之中综合考量。一方面,法律说理是使当事人和社会公众读懂判决,进而接受判决的前提和基础。对于聚讼纷纭的公案,法官进行法理说理,能够消除当事人和社会公众对司法裁判存在的误解,缓和司法与民意之间的紧张关系。"任何法律规定都是讲理的,有根据的,法官只有在裁判文书中,运用法理向当事人和公众阐明、传达判决结论所依据的法律根据和理由,说清楚价值判断和推理论证的过程,才能使裁判具有

---

① 陈金钊:《司法过程中的法律方法论》,载《法制与社会发展》2002 年第 4 期。
② 苏力:《修辞的政法家门》,载《开放时代》2011 年第 2 期。
③ 舒国滢:《法律原则适用的困境——方法论视角的四个追问》,载《苏州大学学报》2005 年第 1 期。
④ 王申:《法官的理性与说理的判决》,载《政治与法律》2011 年第 12 期。

外在客观的权威基础,使当事人和公众真正信服。"[①]另一方面,法律方法并不保证能生产出合法的判决。因为,"法律方法既可以用来维护法律,同样可以用来破坏法律","法律方法论与法哲学不同,它自身不具备实质性的正义标准"[②],所以,在个案裁判中,应当将法理说理融入法律方法之中,坚持法理说理与法律方法并举,方能作出令人信服的判决,进而提高司法公信力,维护司法权威。

四、结语

我们应当看到,无论愿意与否,在很长的一段时间内,司法与民意之间错综复杂的关系都将是司法个案裁判中所必须面对的。在此背景之下,在具体的个案裁判中,如何协调民意与司法之间的关系,找寻司法回应民意的恰当方法,将继续考验人民法院和法官的智慧。但是,应当明确以下两点:首先,司法回应民意是有限度的,而这个限度便是法律理性,在司法回应民意的过程中,必须恪守司法克制的基本立场,不能一味地迎合"民意"。其次,司法回应民意应当合理运用法律方法,发现深藏于个案背后的民意诉求,通过强化说理论证的方式,努力发现"情理裁判"背后的"普遍性原则",有理有据回应民意。唯其如此,方能把握好逻辑与经验的关系,法律条文与人情的关系,法律与伦理的关系,才能"让人民在每一个司法案件中都能感受到公平正义"。

---

① 于晓青:《法官的法理认同及裁判说理》,载《法学》2012 年第 8 期。
② 陈林林:《法律方法与法治:以对纳粹司法的反思为中心》,载《法学家》2010 年第 5 期。

从"模式化"到"实质化"：
民事庭审繁简分流的实践偏差与完善

王斯斯[*]

在司法改革的背景下和案多人少的现实中，繁简分流是人民法院深挖潜能提高审执效能的要求，是满足人民司法需求的关键途径，是落实司法责任制改革、提升审判能力现代化的选择。随着最高法院繁简分流相关文件的出台，各地法院繁简分流从探索试点逐步走向规范化。然而改革对于案件办理的中心环节"庭审程序"关注过少，导致实践中庭审程序繁简分流仍然存在偏差，影响了改革的整体推进。本文通过实证分析和学理论证，对如何完善庭审繁简分流深入探讨。

一、庭审繁简分流的改革困局

按照案多人少地区法院的标准（涵盖珠三角、长三角、京津冀地区）在中国庭审公开网随机抽取了50场次的民事案件庭审，同时结合 G 省 D 市某基层法院法官的 108 份调查问卷进行统计分析。虽然抽取样本的数量相对于我国庞大的庭审数量来说较少，但反映出庭审中一些共性问题。

（一）现状管窥：现行民事庭审模式存在的问题

我国民事庭审模式借鉴于苏联，实践中因庭审节奏拖沓、庭审模式固化、存在强诉讼指挥权倾向、庭审实质化效果不好等广受诟病。随着近年来我国案件数量的大幅上升和案件复杂程度的不断加大，这些问题到了必须解决的地步。

1.法庭调查和法庭辩论两阶段不当划分。根据现行法律规定，第一审普通程序庭审分为法庭调查和法庭辩论两个阶段，实践和学界将法庭调查功能定位为查清事实，法庭辩论定位为对争议事实和适用法律进行辩驳和论证，但实际上庭审过程中很难摆脱事实与法律问题的纠缠，两者往往是交织在一起的[①]。这种两段论的模式造成了实践中对两者关系的认识误区。经常可以看到法官打断当事人的发言，要求到专门的辩论阶段再行辩论，在辩论阶段则以不再重复庭审意见为由打断当事人的辩论，导致法庭辩论时间严重不足，程序规定上的"泾渭分明"变成了实际上的"功能错位"。同时由于对法庭调查阶段的定位存在误区，大量的案件事实和证据进入该阶段，严重影响了庭审效率。从庭审公开网随机抽取的 50 场庭

---

* 王斯斯，东莞市第一人民法院立案庭（诉讼服务中心）法官。

① 段文波：《我国民事庭审阶段化构造再认识》，载《中国法学》2015 年第 2 期。

审中,全部是两阶段分开进行先法庭调查后法庭辩论的程序安排,普遍存在法庭调查占据庭审大部分时间,法庭辩论时间不足,甚至不到整个庭审时间的1/10。(详见图1)

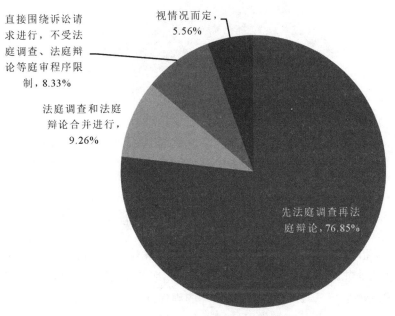

图1 关于法官对法庭阶段安排的调查

2.庭审节奏拖沓,庭审效率不高。我国民事庭审遵循模式化审理方式,庭审效率一直被诟病。庭审公开网50场庭审其中有30件简易程序案件,案由为民间借贷、买卖合同、物业管理合同纠纷等,案情相对较为简单,审理时长在一个小时内的仅有10件,审理时长在1.5小时左右的有20件。对于案情相对简单的案件,庭审程序并没有做到"简、平、快",经常审查了许多没有必要审查的证据,庭审时间超长而庭审质效却不尽如人意,庭审环节耗费法官和当事人大量的时间精力,导致诉讼资源的浪费。

3.法官争点确定意识不强,实质化效果不好。我国民事诉讼法到2012年才对争点确定作出原则规定,民诉法解释规定庭审应当归纳争议焦点。然而司法实践中,很多案件没有确定争点或者争点确定不当,未围绕争点进行举证质证和辩论,庭审效果不佳。有法官认为,当前庭审方式的痼疾是无答辩、无证据交换、无争点的"三无庭审"。[①] 50场庭审中归纳了争点的仅有23场,在法庭调查环节归纳争点的仅有3场,很多案件在法庭调查结束后未归纳争议焦点直接进入辩论环节。在调查问卷中,仅有31%法官在听取双方诉辩意见后即确定争议焦点,围绕争议焦点进行调查和辩论,其他都是在辩论阶段才确定争点或者不定争点。对于不确定争点或者不围绕争点进行调查的原因,法官表示没有时间庭前阅卷、被告未提前书面答辩、担心庭审驾驭能力和庭审节奏等原因,还有较多法官表示"法庭调查中双方已明确争议内容,重复归纳没有必要"。(详见图2)

---

① 张国香、王潇:《聚焦庭审方式改革,探寻公正效率之策,庭审理论的比较研究与实践应用研讨会述要》,载《人民法院报》2015年5月29日第5版。

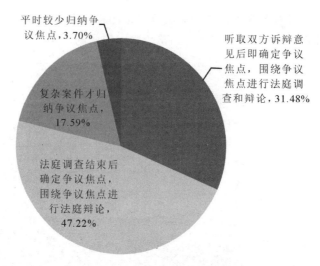

图 2 法官确定争点情况调查

4.法官诉讼指挥权与当事人话语权对峙。在我国审判迅速化改革过程中,法院采取减轻审判负担的方式推进诉讼,从法院大包大揽的传统超职权主义模式向强调当事人自我责任的当事人主义模式转变。[1] 法官越来越重视案件的程序规制,按照传统既定的庭审流程主持庭审,弱化在庭审过程中的诉讼指挥作用,当事人庭审表达直接影响到庭审节奏。由于缺乏争点指引和合理引导,当事人表达难以避免出现主次不分、重复表述等情况,造成庭审过程冗长,从而又出现法官庭审打断现象过于频繁、打断效果不甚理想,[2]影响了当事人的充分表达,造成法官诉讼指挥权与当事人话语权对峙。有学者指出这是新职权主义动向实质,出现对当事人诉权和诉讼权利的限制和漠视,在很大程度上与法院不甚妥当地追求迅速审判有关。[3]

(二)改革遇冷:繁简分流改革的变与庭审模式的不变

繁简分流改革是一项持续性工程,在法律规定的视野下早已关注到了庭审程序的繁简分流(详见图 3)。各地法院纷纷探索庭审程序的简化改革,但实践中对简化庭审程序适用率较低,即使是简单案件的庭审程序仍然以模式化为主(详见图 4),庭审繁简分流改革"遇冷"明显,不符合目前简案快审和繁案精审的需要。主要表现为适用简化程序少、尚未进入实质的繁简分流、繁简分流机制还未完善。学界也未正式提出"庭审繁简分流"这一概念,仍然停留在繁简分流大概念下的庭审模式改革的层次,尚未系统地研究庭审繁简分流及相关问题。

您在审理"简易程序"案件时是否进行了庭审简化?

对比立案阶段和裁判文书的繁简分流,司法实践和学界都极少关注庭审程序的繁简分流,也未构建"立审裁"多位一体的繁简分流体系,这种重两头、轻中间的现象也极大地影响了繁简分流改革的整体推进,影响了当事人在诉讼过程中对繁简分流的接受和对公正高效的期待。

---

① 庞小菊:《审判周期构成理论引导下的审判迅速化》,载《法商研究》2018 年第 1 期。

② 吴扬城、蔡志阳:《法官庭审打断行为的失范与规制——以庭审公开网 10 场庭审为分析样本》,载《司法体制综合配套改革与刑事审判问题研究——全国法院第 30 届学术讨论会获奖论文集(上)》。

③ 刘荣军:《民事诉讼中"新职权主义"的动向分析》,载《中国法学》2006 年第 6 期。

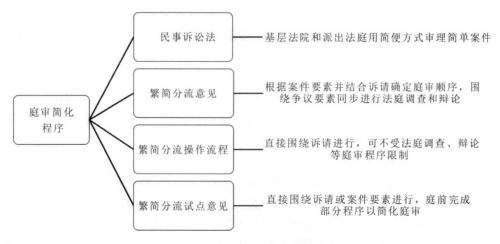

图3 简化庭审程序的法律规定

图4 法官适用简化程序调查

小结:庭审作为诉讼的中心环节,是案件审理周期中最重要部分,现行庭审模式中存在的弊病必将影响"努力让人民群众在每一个案件中都感受到公平正义"目标的实现,需要以问题为导向积极改革,努力探索建立符合审判规律的庭审繁简分流机制。

(三)深入剖析:庭审繁简分流改革面临的阻力

1.协同思维欠缺,繁简识别机制不完善。由于实践中尚未专门提出庭审繁简分流的概念,缺乏庭审繁简分流的标准和操作流程,尚未建立起立案与庭审阶段繁简分流联动机制,庭审程序中对于繁简的识别仍然需要查阅卷宗和听取庭审意见完成,耗费大量的时间成本。实践中对案件繁简标准不统一,受到程序规定限制,普通程序简易化与简易程序普通化的相反趋势造成了"繁者不繁,简者不简"[1],加大了庭审繁简识别的难度。

---

① 庞小菊:《审判周期构成理论引导下的审判迅速化》,载《法商研究》2018年第1期。

2.受"两段论"逻辑影响,庭审简化动力不足。针对为何固守传统思维而不愿意适用简化庭审程序的原因调查(多选题),60名法官表示担心改革后当事人主张得不到程序保障导致程序不合法,39名法官表示已经存在比较完善的庭审流程模板无需再改变,31名法官表示担心考核指标和庭审质量受到影响,44名法官表示缺乏可操作的指引,45名法官表示法律规定的简化程序并不能真正简化庭审。庭审程序两分法已作为"程序正当"的代名词,受其影响,司法实践中普遍存在庭审模式固化思维,法官"不敢""不愿""不会"简化庭审程序。

3."效率优先"异化,忽视难案精审。近年来,全国法院受理案件数量大幅增长,诉讼资源的有限性与不断增长的司法需求之间的矛盾愈加凸显。如G省D市某基层法院2019年新收、结案数量分别为99928件、89288件。案多人少的突出矛盾,导致提升结案率成为重要任务,庭审程序存在模式化、粗放化倾向。"简案快办"在提升审判效率和考核指标方面的优势,影响法官办理疑难复杂案件的积极性。迫于结案压力,不得不优先追求结案,很难实现对疑难复杂案件庭审程序的精细化,影响办案效果。

二、庭审繁简分流的学理证成

对一个国家而言,司法资源是有限的,而人民对诉讼公正的要求却永无止境,以有限的资源满足人民无限的公正需求,这就产生了矛盾。从"整体正义最大化"的视角来看[1],庭审程序繁简分流就是在如何兼具完备谨慎的庭审程序与简单快捷的简易程序之间寻找合理路径。

(一)价值取向:实质化效果的价值追求

庭审实质化本是刑事诉讼制度改革的一项重要内容,主要强调庭审对于司法裁判的决定性作用,充实庭审内容,使庭审在认定事实、调查证据和适用法律上起着基础性、决定性作用,克服庭审走过场、庭审形式主义、庭审虚置等弊端,使庭审回归其应有本位。[2] 民事庭审同样有实质化的需求,要将发现案件事实、认定证据等功能发挥至最大。[3] 民事庭审繁简分流有简案快审和繁案精审两个维度,但简案快审不仅仅意味着快,繁案精审也不意味着慢,总体要求"快"和"精",最终目的是提升质效,确保实质化效果。庭审实质化下话语方式表现为避免重复性表达、庭审语言遵循简明规则且更具亲和力。[4] 庭审实质化下程序表现为庭审发挥决定性作用,诉讼资源和办案时间向庭审集中,办案标准更加细化,这些都与庭审繁简分流的内涵一致。

(二)转型正义:协同主义下的区别对待

1.从强诉讼指挥权到引导型询问。我国民事庭审中询问方式过于强调诉讼指挥权,回答过程又表现为当事人主义的过度放任,法官的诉讼指挥权与当事人话语权容易形成对峙,造成庭审关系紧张,庭审效果不好。需要加强法官在庭审中的引导作用,转变为引导型的询问,通过确定争点、及时释明、注重总结等方式来引导当事人的表达,从而有效把控庭审节

---

① [日]小岛武司:《司法制度的历史与未来》,汪祖兴译,法律出版社2000年版,第35页。

② 龙宗智:《庭审实质化的路径和方法》,载《法学研究》2015年第5期。

③ 常宝莲:《民事庭审实质化实现的制度保障》,载《学理论》2016年第9期。

④ 夏丹:《庭审实质化视角下民事庭审话语叙事研究》,载《法学评论》2017年第6期。

奏,克服庭审节奏拖沓的弊端。

2.从当事人主义到协同主义。法官普遍担心当事人主张未得到程序保障而不敢简化庭审程序,这是职权主义向当事人主义转变过程中过度强调当事人主义的异化结果。从协同主义的视角来看,诉讼活动是法院与双方当事人三者之间的协同关系,在诉讼活动中法官与当事人属于互动的作业共同体①。并非指仅由法官来发现案件中的事实,也非仅由当事人来指挥诉讼程序的运行。② 庭审活动应从过度的当事人主义向协同主义转变,在考虑当事人程序主体性原则的基础上规范法官的诉讼指挥权,包括程序性和实体性诉讼指挥权。一方面,扩大当事人在庭审中的参与度,体现在赋予当事人程序选择权利,法官在选择程序时要认真听取当事人意见,法官决定适用程序后,当事人有权对其合法性提出异议或要求改变其效果。另一方面,加强法官与当事人之间的对话,旨在协助当事人明确审理对象,防止突袭性裁判,法官与当事人在法庭上实现充分沟通与交流。

3.区别对待。简案快审和繁案精审场域都需要实质化的转型,但要区别对待。简案快审中建立引导型询问模式,法官有意识地进行引导型询问,简化程序和庭审语言,适当限缩当事人主义以避免偏离争议事实,构建高效、经济、便捷的解纷方式,最终目的在于实现快速的正义。繁案精审则朝着贯彻处分权主义、辩论主义、言词辩论和集中审理等现代诉讼程序原理的方向,给予当事人较充分的表达权,实行专业化和规范化的改造,在法官的有序引导下,要求法官履行及时确定争点和适时进行释明这些义务,建立争点突出、事实分明、节奏有序的程序规范,最终目的在于实现繁案的精审和慎审。

(三)流程再造:实质化庭审的理论逻辑

受制于"两段论"逻辑,简单案件庭审超时,但案件质量和当事人满意度却不如意,相当比重的复杂案件审结后事实仍然不清等后果。这种两阶段的划分方式在两大法系国家都没有先例,而是来自苏联,但我们没有全面借鉴苏联的制度和做法,尚未配套完善的庭前准备程序,确定无争议、有争议的事实以及调查证据的范围③,我们的两分法并不能实现体系自洽,反而影响了庭审质效。要重塑我国开庭审理程序从而提升庭审效率,关键在于突破法庭调查和法庭辩论两段论逻辑,进行流程再造,充分发挥调查和辩论合并进行或者同步进行的优势。

三、庭审繁简分流的层次划分

庭审繁简分流至少有三重维度:第一维度是案件适用的简易程序、普通程序,决定了庭审流程存在差别;第二维度是案件难易程度,即案件"繁""简"的标准,涉及技术方面的处理;第三维度是庭审"繁""简"标准,与第二维度相关但不相同,案件繁简分流是前提,庭审繁简分流是在此基础上的二次分流。

---

① 奈良次郎:《法院在诉讼资料收集上的权限和责任》,载新堂幸司主编:《民事诉讼讲座(四)》,第135页,转引自张珉:《协同主义诉讼模式的法理分析》,南京师范大学2005年博士学位论文。

② [日]三月章:《辩论主义的动向》,载《法学协会杂志》第72卷2号,转引自唐力:《辩论主义的嬗变与协同主义的兴起》,载《现代法学》2005年第6期。

③ 克列曼:《苏维埃民事诉讼》,法律出版社1957年版,西南政法学院诉讼法教研室翻印,第311~312页。转引自章武生:《我国民事案件开庭审理程序与方式之检讨与重塑》,载《中国法学》2015年第2期。

（一）案件适用的程序

案件适用的简易程序和普通程序虽是按照案件的难易程度等因素划分的，但实践中与案件的繁简程度并不是完全对应的，形成了"繁者不繁，简者不简"的局面。为能够适应不同案件对程序简化程度的多层次要求，要在实质上对程序进行分化，在维持现有的程序区分的基础上，将小额程序从简易程序独立出来，并对简易程序和普通程序案件进行繁简的二次分流，对于简易程序中案情较为复杂的案件定义为繁案，对于因公告送达、审限不够等原因转普通程序的案件或者标的大但案情简单的案件定义为简案。同时，积极吸收繁简分流试点办法内容，扩大适用简易程序和普通程序独任制的适用范围，如此理顺案件适用程序与繁简标准不一的问题。

（二）案件"繁""简"标准

关于案件繁简识别标准，各地做法不一，结合实践情况，宜采用动态差异识别机制，识别案由、当事人情况、标的、争点、审理周期等要素，确立繁案和简案的甄别标准。一是针对不同案由列出正面清单和负面清单，建立以案由为基础、其他要素为补充的识别机制。二是结合当事人情况，诉讼主体人数众多和具有一定社会影响的案件，倾向于确定繁案。三是按照案件是否存在争议焦点、争议焦点的数量以及是否存在抗辩必要的标准，将争议较小的小额诉讼程序、特别程序等程序性案件以及争议焦点少、抗辩内容少的案件确定为简案。四是结合案件标的特别是争议标的的情况，将争议标的较大且法律关系复杂的案件确定为繁案。五是科学估量案件的审理周期，将涉及鉴定程序、中止程序等导致审理周期较长的案件确定为繁案。为避免案件繁简失衡的情况，需要根据地域特点、受理案件的类型和数量、司法资源配置等对繁简标准进行动态调整。

（三）庭审"繁""简"分流

庭审繁简分流是在案件繁简分流的基础上，在庭审环节对案件的二次过滤，对法官甄别繁简要素提出了更高要求，通常法官在庭前或者听取双方诉辩意见后形成自己的内心确信，形成对庭审"繁""简"的标准，从而灵活决定适用的庭审模式。简案由速裁法官采取简化程序审理，打通法庭调查和法庭辩论的限制，提升审理效率。如发现案件事实复杂或者涉及证据真伪难辨，或者对法律的理解和适用存在困难和争议，速裁法官则将繁案分流给专业法官，由专业法官适用繁案审理模式，合理确定争点，加强庭审的实质化效果。

四、庭审繁简分流的完善路径

庭审繁简分流作为繁简分流改革的重要环节，也是司法责任制综合配套改革的重要部分。在打破现有框架的前提下，庭审繁简分流要突出以审判为中心、以法官为主体、以司法为民为宗旨，要"因案制宜"，完善符合审判规律的繁简分流审判程序，确保审判权的正当行使，实现庭审的实质化效果。

（一）确立协同主义模式下的扁平化庭审程序

庭审繁简分流改革可以借助"扁平化"管理思维，改变现有的庭审流程和庭审环节，减少环节层级，让上级层级能映射更大面积的下级，优化庭审流程，从而提高效率。特别是突破法庭调查和法庭辩论的两分法，由法官根据庭审的繁简程度灵活安排庭审环节，实行"质辩合一""查辩合一"，减少环节层级，从法庭调查开始就映射法庭辩论内容，使得原本就无法区分的事实查明和法律适用合并进行，从而避免多个环节对庭审效率的递减效应。简易案件可以直接围绕诉讼请求或争点同步进行调查和辩论,复杂案件围绕争议焦点进行调查和辩论,即使是受制于普通程序规制的复杂案件,法庭调查和法庭辩论程序仅作为功能性程序,仍可以适当打通两者的限制,以实现功能为主。

另外,推行程序集约化提升效率。适用"门诊式庭审"处理批量案件,"要素式审理"处理类案,"示范诉讼"化解群体性纠纷,通过集约化的方式提升案件处理速度。通过庭前书面告知(诉讼权利和义务、法庭纪律)方式将庭审非核心程序前移,通过庭前书面质证等方式来简化质证环节,增强庭审围绕争议事实和法律适用的实质化效果,庭审中对庭前告知环节予以简要说明,提高效率的同时保留一定程度的仪式感。

(二)完善简案快审场域下的要素式审判方式

"要素式审判法"是简案快审场域最常用的简化方式,是根据类型化案件的特点和规律,提取类案审理中必备的事实和法律要素,简化无争议要素审理程序,重点围绕争议要素进行审理并撰写裁判文书的审判工作方法。具有庭前准备程序充分,庭审争点突出、快捷高效,法庭调查和法庭辩论同步进行,强化言词辩论以及庭审更加实质化等特点。[①] 法官普遍认为要素式庭审效果好,但由于诸多因素影响而较少选择这种简化方式,需要进一步完善工作指引。

首先,科学制定要素表,要素表的内容需要法官根据原告诉讼请求确定审理的要素,要素的提炼必须科学、明确、易懂,有针对性地制定常用要素表,并配套庭审笔录和裁判文书样式,减少法官对于缺乏统一使用标准的担忧。其次,充分发挥庭前准备程序的作用,引导当事人填写要素表,正确有序填写要素表是决定要素式庭审能否发挥作用的关键,一方面要大力宣传、积极引导当事人接纳要素式审判,将要素表作为诉讼指引引导当事人更好地主张权利,有针对性进行举证质证和辩论,另一方面做好要素表填写的指导工作,发挥要素表的裁判指引和庭审提纲作用,将庭审工作量适当前移,以达到事半功倍的效果。再次,根据要素表的内容在庭审中确认无争议的事实,确定争点进行法庭调查和辩论,由法官主导庭审程序推进,实现庭审实质化效果和效率的统一。(详见图5、图6)另外,对于当事人不愿意填写要素表或者不需要填写要素表的案件,参照要素式审判进行庭审,仅对有争议的内容进行审查,从而节省庭审时间。

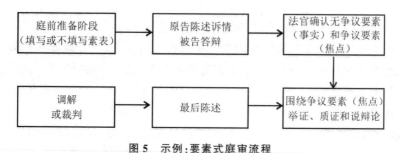

图 5　示例:要素式庭审流程

---

① 黄振东:《要素式审判:类型化案件审判方式的改革路径和模式选择》,载《山东法官培训学院学报》2019 年第 6 期。

庭审要素表

案由	庭审要素
劳动争议纠纷	基本事实(劳动合同签订、解除、工资情况等)、加班事实、工伤待遇、经济补偿金和赔偿金、未休年休假工资、二倍工资
机动车交通事故损害赔偿纠纷	事故发生经过、责任认定结果、受害人情况、伤残等级、财产损失构成、已获赔情况、其他赔偿义务主体、过错情况
借款纠纷	双方关系、借款合同签订情况、出借款项交付、利息约定、还款情况、保证合同、抵押担保
物业管理服务合同纠纷	物业管理合同约定的管理费及违约金标准、物业管理公司的资质、拖欠管理费时间和数额
买卖合同纠纷	合同是否成立、买卖标的物、交货时间地点方式、买卖合同约定的价款、质量标准、违约金、违约及造成损失情况、是否结算
人身损害赔偿纠纷	损害事实、受害人及被抚养人情况、伤残等级、责任比例、赔偿项目及金额(医疗费等)
保险合同纠纷	合同当事人及关系人、保险标的、保险期间和责任开始时间、保险金额、当事人主张的保险责任条款、保险事故、保险标的损失金额、索赔和理赔情况、责任免除条款、是否履行风险提示义务
婚姻家事纠纷	结婚时间及生育子女情况、是否有离婚协议及内容、准予离婚的情形、抚养意见、抚养条件、夫妻一方财产、夫妻共同财产
担保追偿权纠纷	担保金额、担保方式、借款金额、借款期限、借款利息、还款金额及还款方式、保证人及保证方式、抵押人及抵押物、保证人还款金额及还款时间
房屋买卖合同纠纷	合同签订时间、房屋地点、面积、购房总价款、竣工验收时间、通知办证时间、房产证实际办理时间、合同约定的违约金计算时间及标准、逾期办理违约金数额、免责事由

图 6 示例:常见案由的庭审要素

(三)建立繁案精审场域下的渐进型争点确定机制

无论是简单案件还是复杂案件都需要一定程度上确定争点,特别是对于复杂案件,围绕争点进行法庭调查和辩论,从而实现庭审的实质化效果,消除当前庭审方式的痼疾。针对目前争点确定技术不高、意识不够等问题,主张建立一种渐进型的争点确定机制,遵循三步法确定不同层次争点。

首先,转变确定争点的意识。按照民事诉讼法规定,法庭调查本身包含争议焦点的归纳,审判人员要总结归纳没有争议的事项和争议焦点,宣布法庭调查的重点内容。[①] 在庭审中法官与当事人存在信息不对称,即使在法官看来争议内容已明确,在当事人来说双方争议的内容仍不明确,仍需要确定争点以引导当事人诉讼行为。实践中在法庭调查结束后归纳争议焦点进入辩论环节后,当事人此时发表意见的愿望强烈,而法官往往以重复发表意见为

---

① 沈志先主编:《驾驭庭审》,法律出版社 2017 年第 3 版,第 62 页。

由打断当事人发表辩论意见。引发当事人的对峙情绪,因此要改变长期以来的固化意识和习惯,将争点确定前不得调查证据作为基本原则,将围绕争点举证质证和辩论提升到重要位置。

其次,渐进型方法提升争点确定技术。我国争点确定理论和技术不够先进,提升法官的争点确定技术显得尤为重要。对于争点确定的范围,如果争点确定过大,会使得与案件事实缺乏关联性的大量证据进入庭审,耽误庭审时间,如果争点确定过小,则会遗漏争议焦点,导致事实调查的不完整,从而影响庭审质量,因此将争点确定在合适范围,需要将当事人的争点进行过滤和当事人主张具体化。大陆法系的争点整理路径可总结为"法院与当事人共同合作,以要件事实—间接事实—辅助事实逐步剥离、提纯争点",是为"挖掘—凝缩"模式。①将争点具体到事实争点、证据争点和法律争点,事实争点与证据争点实际上都是对于要件事实的提取,可同步提取归纳。对于争点确定的时间,既可以在听取双方诉辩意见后确定事实争点和法律争点,也可以分段进行,事实争点在事实调查阶段解决,法律争点在法庭辩论阶段解决,或者在听取诉辩意见后初步归纳争议焦点,到法庭辩论环节再进一步细化争议焦点,这样可以解决法官担心的庭审驾驭能力不够和庭审节奏问题(详见图7)。

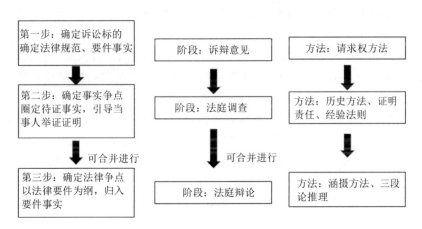

图 7　示例:争点确定的步骤和方法

最后,实现法官心证的适当公开。心证公开的目的是保障当事人的辩论权,在确定争点的过程中实现心证的公开,不仅能引导当事人有效举证质证、充分发表辩论意见,还能避免出现裁判突袭的情况。可以参考德国、日本等大陆法系国家,赋予法官"法律观点指出义务"②,要求法官就当事人明显忽略或认为不重要或与当事人相左的法律观点在庭上进行开示,以利于当事人及时提出对应于法官法律评价的事实和证据或及时调整攻防方向,法官也可借此修正自己不恰当或疏漏的观点。

---

① 孟醒:《争点整理实效化的模式探索与完善》,载《中南大学学报(社会科学版)》2020 年第 26 卷第 1 期。

② [日]高桥宏志:《民事诉讼法——制度与理论的深层分析》,林剑锋译,法律出版社 2003 年版,第 367 页;黄国昌:《民事诉讼理论之新展开》,北京大学出版社 2008 年版,第 37 页。

（四）配套完善机制，提升繁简分流实效

1.庭前证据交换的功能分流。实践中庭前证据交换效果较好，但受制于客观因素无法经常适用。改革以来，各地法院探索由法官助理主持庭前证据交换，将法官从繁忙的事务中解脱出来，取得了较好效果。随着民事证据规定的修改，庭前证据交换需要由审判人员主持，对于本来就适用不畅的程序更是加大了适用阻力。在现有规定基础上，通过改革创新的方式将法官助理在法官的指导下主持庭前证据交换纳入合法的轨道，是破解阻力的较好选择。另外，庭前证据交换不应仅是法庭调查环节前置，应加强无争议事实和争议事实的确定，为法官确定争点打好基础。

2.构建"立审裁"一体的繁简分流体系。立案阶段的繁简分流除了识别简易程序、普通程序外，还应按照案件的难易程度进行繁简分类，将简单案件移交诉调组或者速裁组快速审结，将复杂案件移交专业审判组精审细判。调解过程中发现有复杂或特殊情况的，做好识别和标记，为审理阶段的繁简分流提供参考。在审理阶段法官不以案件程序类型作为唯一的繁简标准，而是结合审前阶段的标记和庭前、庭上调查内容进行繁简划分，从而确定庭审程序的繁简程度。简单案件庭审以争议事实或要素为中心，文书制作时围绕争议事实进行释法说理。复杂案件围绕争点进行庭审，文书制作时就以争点为主线，围绕争议事实进行详细说理。

3.构建庭审有关的绩效指标体系。对于庭审指标的考核，G省高级人民法院制定了《关于开展庭审及裁判文书评查活动实施方案》，组织省法院机关进行庭审评查和庭审观摩活动，各中级法院和基层法院可参照开展庭审评查活动。民事庭审的评查标准涵盖庭审形象、庭审程序、庭审技巧、法庭秩序，其中具体到法庭调查、法庭辩论程序完整、层次清晰，庭审过程中进行必要适当的释明，归纳争议焦点准确、紧扣焦点进行举证质证和辩论，庭审效率高、繁简得当。但该方案在下级法院中实际适用少，也存在考核项目不够细化、缺乏激励机制等问题。在此基础上，应探索建立一套完整的庭审考核指标体系，将庭审程序繁简分流的内容纳入考核，与年底绩效考核体系挂钩，提升法官推行庭审繁简分流、注重庭审质效的积极性，倒逼庭审繁简分流效果提升。

五、结语

繁简分流是一项系统性工程，庭审环节的繁简分流应该被关注和重视。只有做好庭审的繁简分流，才能真正促进案件快慢分道，减轻法官的压力，让当事人在法庭上感受到便捷高效和公平正义。"快"不是庭审繁简分流的最终目的，总体要求"快"而"精"，引入实质化庭审的概念，可以克服庭审走过场、形式主义、庭审虚置的弊端。本文确立扁平化庭审程序，完善要素式审判和争点确定机制，给法官提供理论和实务方面的指引，期冀能助力庭审繁简分流的顺利推进。

专业法官会议制度的议事困境及突破之维

——以"罗伯特议事规则"为参照

陈 波[*]

> 在一个人民做主的国家里,很少有一门知识能像议事规则这样,只需稍加学习即可如此显著地提高效率。
>
> ——[美]亨利·罗伯特

最高人民法院在《关于全面深化人民法院改革的意见——人民法院第四个五年改革纲要(2014—2018 年)》明确指出,"完善主审法官会议、专业法官会议机制"。2018 年 12 月,最高人民法院发布了《关于健全完善人民法院主审法官会议工作机制的指导意见》,对法官会议工作机制提出了更具体明确的要求。上述规定陆续出台,说明法官会议制度作为重大疑难复杂案件咨询机制的功能定位开始受到重视。事实上,在实践层面,出于审判的客观需要,大多数法院都已经自发地建立或者部分建立具备类似功能的案件讨论制度,虽然名称各异,但内涵共通,即召集一定数量(至少三名)的员额法官,就个案或类案审判中遇到的难题进行讨论并尽可能形成多数人的倾向性意见,为承办案件的法官或合议庭提供参考咨询。考虑到专业法官会议的定义和实践做法尚不统一,为了尽可能扩大议事规则的适用范围,本文中的专业法官会议取其广义概念,即三名以上员额法官组成的为承办案件法官审判案件提供咨询参考意见的会议机构。

群体聚集及讨论必然涉及议事规则问题。有的法院已经意识到议事规则对群体讨论的意义,并确立了相应规范,如上海市高级人民法院制定的《专业法官会议规定》中明确规定了议事规则这一条目。然而即使在这份较为超前、完整的文件中,议事规则也仅作为一个填充规定结构完整性的角色,远远谈不上被重视和可操作。长期以来,人们关注的焦点更多的落在专业法官会议制度应否建立以及如何建立的问题之上,至于建立之后如何运行,似乎是水到渠成的事情,参会人员在制度设计中似乎都应该具备足够的经验和理性去追逐最优的结果,并不需要太多的干涉与引导。但"徒法不足以自行",一次缺乏科学议事规则指导的群体性讨论,往往流于形式,表面热闹激烈之余,却难以完整输出制度的预设价值。

---

[*] 陈波,东莞市第二人民法院大岭山法庭副庭长。

一、议事规则作为关键问题的意义

（一）当前法官会议议事规则之检视

1.议事规则缺失或尚未成形。诚然，法官会议一般会自发地形成一套议事规则，但部分法官会议由于刚成立或成员变动较大等原因，在短期内可能陷入缺失议事规则的状态。这种状态的弊端是显而易见的，正如所有缺乏秩序和规则的社会一样，随机、无序、低效，诸如此类的问题接踵而至，因此这种状态注定无法持久。

2.自发型议事规则。一般而言，在没有成文议事规则的情况下，每个专业法官会议也必然在长期运作中逐渐形成一套具有强烈自我色彩且相对固定的议事方式。自发形成的规则首先需要面对兼容性问题。当参会成员发生变化时，新成员很难迅速融入该法官会议，只有经过较长时间的观察和试探，他才能逐渐熟悉这种暗中运行的议事规则。其次是稳定性问题。旧成员数量发生变化时，原有成员之间的关系也会发生微妙的变化。如同电梯站位效应①，在没有确定规则的情况下，自发形成的议事规则通常也会因为成员的增减而调整。不应忽视的还有核心成员的影响问题。当法官会议中起主导作用的成员如院庭长发生调整或缺席会议时，议事规则将进入剧烈变化的情境甚至短暂无序的状态，生活经验也印证了这一结论：当领导尤其是唯一的领导从任何一次会议中离开时，会议讨论的内容及氛围往往会发生迥异的变化。

3.行政型议事规则。不少地方法院发布了规范专业法官会议制度运行的文件，但诸如此类的规定大部分都是在参照审委会的运行模式，对会议流程作出严格的规定，涵盖了会前材料发送、会中讨论表决、会后归纳总结各个阶段，这使得专业法官会议呈现出一种"正式会议之样态"。② 这种规定显然过于强调流程正式及权威，而忽视了身处会议中的个体之间的互动及讨论方法，因而在方法论上存在天然的欠缺。

（二）参考"罗伯特议事规则"确立通用性议事规则是否可行

关于议事规则的可行性分析，本文着重考虑以下两个方面：一是在不同的法官会议中是否可以建立一种通用的议事规则；二是基于专业法官会议的性质与特点，是否可以参照"罗伯特议事规则"来确定议事规则。

第一，通用议事规则问题。不同法院的专业法官会议在功能定位和运行逻辑上并无太大分别，都是多名员额法官组成的为审判提供咨询意见的议事组织，因此它们对议事规则的需求也呈现出一致性。从适用性来看，议事规则主要用于规范专业法官会议中参会成员的行为，而且追求的是每个法官有效、充分的表达，并不会因为法院的层级、法官的级别而产生调整需求。

第二，为何参照"罗伯特议事规则"。一方面，罗伯特议事规则是开会学与议事学的集大成者，是世界范围内公认的一整套规范化、操作性强的议事手段与工具。③ 另一方面，罗伯特议事规则主要适用于协商型会议。协商型会议是指由多人参加，在遵循一定规则的前提

---

① 社会学上存在电梯站位效应，这是指人们在进入电梯后，各自站位有规律可循的现象，其中值得注意的是，当电梯里的人数发生变化时，各自之间的相对站位也会发生变化。

② 杨丽娟：《专业法官会议运行机制"仪式化"色彩之反思》，载《东方法学》2016年第3期。

③ 沈朝晖：《罗伯特议事规则与上市审核程序的再造》，载《金融法苑》2011年第2期。

下,对具体问题经过自由和充分的讨论,得出妥善的解决方案和措施。① 专业法官会议具备协商型会议的多数特征,这是适用或参照罗伯特议事规则的前提条件。当然,罗伯特议事规则通常运用于国会、议会等大型的公开的政治性会议,目标是作出决策,而专业法官会议的参会人数较少且基本不公开,其目标是提供咨询参考,因此在法官会议中引入罗伯特议事规则的方式的更合理途径是参考而非复制。

二、专业法官会议运行中的议事困境

(一)议题设置的合理性不足

议题指的是待讨论事项。法官会议中议题设置的合理性不足包括但不限于:其一,议题设置缺乏优先级。鉴于法官会议的特殊性,每个法官提交的问题都应该被讨论,但是每次会议的时长有限而问题不同,总有些问题需要优先解决。即使只考虑以审限为代表的时间因素,也不能不对议题进行排序。但实践中的法官会议显然很少考虑议题优先级的问题,在一些小型的法官会议中甚至经常当场提出议题。法官会议中问题的讨论顺序主要由在场的最高职位者的习惯或喜好决定,而且往往以提出问题者为单位而不是以问题为单位进行排序,即先解决一个人的全部问题而不管其问题的数量,而后轮到下一个人。这种安排的弊端显而易见:讨论的资源并没有公平合理地分配,无论对于案件还是对于个人而言,讨论的效率和质量都难以得到充分保障。其二,议题本身可讨论性不足。一个案件本身可以拆解为多个具体问题,有的是事实问题,有的是法律问题。在事实问题的事实认定这一事项中,有一部分判断属于相对主观的自由裁量权范围,而这一部分主观内容与承办法官亲历庭审的过程相关,只有这种"近距离观察"基础上形成的判断,才更接近真实,也更让人信服②,因此这类问题很难甚至不应该被讨论,否则将有侵害法官独立审判之嫌。因此,审判中的事实问题,若不通过某种技术手段转化成法律问题,则没有讨论的空间。如侵权责任纠纷案件中,某人是否实施了某行为,这个概括性的事实问题难以讨论,因为即使面对同样证据的情况下,每个人的判断也不尽相同,更毋论参会人员获得的都是来自提出议题者的"二手"信息。但是,只要将这个事实问题转化成证据的可采信标准、该类侵权行为的举证证明责任分配规则等法律问题,就可以间接地协助裁判者抵达结论。不管怎样,法官会议的核心在于法律问题的讨论而不是个案如何裁判,它不能也不应该替代法官作出个案的裁判结论,即使以"提供参考"的名义,否则便成为了另一种形式的小审委会。

(二)话语权分配不均成为常态

在发言顺序、时长和内容都缺乏明确规定的会议中,理论上每个人的话语权可以由职位最高者进行分配,但实践中职位最高者并不时常行使这种权力。一来,在同一层级法院的法官群体中,职位相对较高者对较低者并没有太强的管理职能,在没有制度赋权的情况下,其对其余参会人员的约束能力有限。二来,职位较高者本身也是"不公平地"拥有更多话语权的既得利益者,其没有意识到或者不愿意对自发形成的话语权权重进行重新分配。话语权

---

① 孙涤、郑荣清:《议事规则导引公司治理的操作型基石》,世纪出版集团、上海人民出版社 2007 年版,第 2 页。

② 贺卫方:《中国司法管理制度的两个问题》,载《中国社会科学》1997 年第 6 期。

缺乏分配规则及无人主动管理,必然导致发言无序及被干预,①话语权向几类人倾斜,一类是前文所述的最高职位者,一类是利益相关者,还有一类是表达能力和欲望更强者。当然,我们不能认为掌握较大话语权的人作出的结论经常出错,恰恰相反,大多数情况下这几类人都是能力较强或投入程度较高的人,在没有夹杂私心的情况下,他们的意见通常都没有太大的问题。但是,法官会议的核心价值并不仅仅是输出几个很安全的答案,而是在充分讨论的情况下尽可能接近最好的答案,而在话语权分配不均的情况下,有些可能的答案,自始就没有机会被揭晓和讨论。况且,在议题普遍以"这个案件如何裁判"的形式呈现的背景下,一旦存在利益勾结,法官会议就会违背初衷地转变为他人过问干涉案件的又一后门②。

（三）偶发议题严重制约议事效率

偶发议题指的是在讨论过程中成员临时提出的与正在进行中的议题相关的议题。偶发议题也可以分为两类,一类是作为正在进行中的议题的先决条件的议题,由于非此不足以到达彼的关系,这一类的偶发议题无法回避故必须进行讨论,因此不属于这一标题下制约议事效率的偶发议题范畴。另一类是进行中的议题的延伸,它不直接影响正在进行中的议题的讨论,但有时也有独特的价值,可能在将来对其他案件的处理产生影响。譬如在夫妻共同债务的讨论中,有人提出事实婚姻关系的认定问题。本文并不打算否定这一类议题的价值,但是这一类偶发议题显然缺乏立即进入讨论阶段的紧迫性和必要性,因为它不是一个亟须面对的问题,而仅仅是对问题的想象,完全可以悬而后决。更重要的是,这一类偶发议题转移了讨论的焦点和方向,以至于挤占了真正问题的讨论时间甚至导致真正的问题被搁置,严重制约了讨论的效率。

（四）结论不能稳定输出以至于重复讨论

目前大多数法官会议并没有输出一般规则的要求。即使在已经对法官会议制度运行程序作出明确规定的法院,其对法官会议输出结论的要求也仅仅是作为法官裁判的参考,此处的参考显然仅限于被讨论的个案的参考。这种要求显然低估了法官会议的作用。在同一个法院或者同一个庭室内部,对于同类法律问题的理解可以而且应该维持相当稳定性,因此法官会议讨论确定的某些法律问题的思路,可以作为一般规则记录及输出并作为同类而不仅是个案的参考,同类的案件也不应该重复进入法官会议讨论以至于浪费有限的讨论资源。

（五）发言失序引致多种边缘效应

缺乏明确议事规则的法官会议的发言顺序一般是提出议题的法官介绍案情及待解决问题,然后参会成员发表意见,最后多数人表态或者由职位最高者直接确定结论。其中参会成员发表意见的环节,往往没有发言顺序的要求和限制,谁发言、如何发言甚至发言内容指向谁,均视乎发言者自身的意愿。这种无序的安排很容易引起前文提及的话语权失衡的情况,并产生一种边缘效应:不擅表达者逐渐丧失表达欲望并放弃全部的表达机会,而越是得不到这方面的锻炼,其表达方面的短板就越明显。另一种边缘效应也不得不重视,由于每个人都

①　戴建军:《专业法官会议制度的功能辨析》,载《人民司法(应用)》2018年第10期。该文中提到曾对四川省G市两级法院的200名参加过法官会议的法官进行调查,结论为发言时屡遭干预的有64人,偶尔遭受干预的有90人,未受到干预的仅有46人。

②　李春燕:《基层法院专业法官会议机制的反思与重构——基于基层法院的视角》,载《三峡审判》2017年第1期。

不是直接面向一个中立方,而且都可以随时作出回应,讨论就容易演变成两个人甚至两个阵营之间的相互质疑与争辩,此时主导双方情绪的往往是输赢而不是理性,因此在此种语境下形成的讨论结果的正确性存疑。

三、法官会议议事的多维度困境

(一)法官会议议事的观念困境

第一,从众效应及权威效应。"从众效应"也叫乐队花车效应,是指个体受到群体的影响(引导或施加的压力),会怀疑并改变自己的观点、判断和行为,朝着与群体大多数人一致的方向变化。从众效应表现为对特定的或临时的情境中的优势观念和行为方式的采纳,或对长期性占优势地位的观念和行为方式的接受。再根据权威效应①,在没有形成定论的事项中,资历、威望和职位更高的人的意见,通常在某种意义上代表了优势观念,而法官会议本身就是为了讨论未决问题的一种形式,显然排除了大部分定论事项的可能,因此发言顺序至关重要。而基于我们尊重上位者、资深者的传统观念,一个会议中首先发言者又往往是在场人员中地位最高的人。在法官会议中,当地位最高的法官首先对待议问题发表意见之后,除非该意见存在大多数人都明知的纰漏(即该问题已有相当程度的定论),又或者第二轮发言者本身具备很强的抗压能力,否则将很容易形成意见跟随,进而推动这种意见成为优势观念。一旦优势观念形成,在同一次会议中就很难被推翻。

第二,敏感复杂的人际关系权衡。由于缺乏对讨论流程和发言顺序及内容的规范控制,参会人员时刻需要考虑何时发言、如何发言以及有无必要发言的问题。在领导之后立即发表相反意见,似乎在挑战领导权威?前一名法官的观点在学理上是少数派观点,反正这种观点也有学术来源,有无必要当场指出,会不会破坏同事之间的和谐?有一个不成熟的小建议,但是没有必须发言的要求,发言会不会被人尤其是领导发现我的不成熟进而影响到日后的晋升?会议中的个人很难将所有与讨论议题无关的信息与情感完全剥离,并且将全部精力投入到讨论中,尤其在法院这一类机构中,人与人之间长期合作、利益攸关,大多数人认为没有必要因为某个当下跟自己没有直接关系的议题而与他人发生冲突,况且制度缺失也为自己躲避冲突提供了借口和保护。

第三,案多人少掩盖下的惰性问题。案多人少的问题当然普遍存在,但不足以成为法官会议上无所作为的借口,从较长的时间尺度来看,法官会议上确定的裁判规则可以节省法官投入同类案件的时间,而且讨论本身会强化自己的能力,大部分法官对此都有清晰认识。因此,法官会议上的消极,除了前述提及的各种效应及人际关系考量之外,还存在品性的问题——惰性。一方面,讨论的议题在当下与自己无关,远期回报又不确定且暂时无法预见,投入过多精力去准备讨论议题似乎得不偿失。另一方面,由于法官级别自然晋升、司法责任制落实不足、法官分工及绩效考核不合理等因素的综合影响,部分法官缺乏激励,因此并未

---

① 权威效应,又称为权威暗示效应,是指一个人要是地位高,有威信,受人敬重,那他所说的话及所做的事就容易引起别人重视,并让他们相信其正确性,即"人微言轻、人贵言重"。"权威效应"的普遍存在,首先是由于人们有"安全心理",即人们总认为权威人物往往是正确的楷模,服从他们会使自己具备安全感,增加不会出错的"保险系数";其次是由于人们有"赞许心理",即人们总认为权威人物的要求往往和社会规范一致,按照权威人物的要求去做,会得到各方面的赞许和奖励。

形成较强烈的能力成长需求。

（二）法官会议议事的方法困境

第一，缺少开会技术的训练。我们的传统观念强调开会但并不重视开会的技术性手段，甚至开会经常是一种威权展示的方式，所以权威者的表达才有必要和价值，其他参会人员的职责是倾听和服从，是否表达意见并不重要，提出相左意见更是会场大忌。在这样的背景下，旨在收集、提炼全部参会人员智慧的会议技术显然会被忽视。虽然这种开会的观念随着社会的发展已经开始逐渐发生转变，但传统观念中遗留下来的一些落后思想依然在发生作用：譬如长者为尊、沉默是金、言多必失等，尤其在人员等级较为分明的国家机关之内，这一类的考量更多，参会人员也就更容易放弃自我真实表达的坚持。因此，虽然法官们都曾经参与大大小小的会议，但发言对象、顺序、时长、投票规则等技术性手段不固定，也很少成为会议的主角，这些会议大多不能给法官提供开会技术的训练及唤醒他们对开会技术的关注。

第二，缺乏符合协商型会议要求的表达技巧。基于职业特点，法官在表达技巧上可能存在以下问题：一是表达过于自我。在没有明确要求的情况下，法官更愿意按照自己习惯方式作出表达，不太考虑会议的整体要求。所以有多名法官组成的法官会议，很难自发形成相对稳定和统一的表达方式。二是容易进入直接辩论状态。法官进行庭审调查的方法很容易被带入到会议中，因此更习惯找到对方的漏洞并提出质疑，当双方都有此类的表达习惯时，进入辩论状态便成为大概率事件。辩论本身并不是缺点，但是法官会议首先需要找到多种可能的答案，在此基础上再对答案进行优先性排序，只有在确定了两个优先级相当的答案之后才有辩论的价值，否则频繁地进入辩论状态必然影响会议的方向和效率。

四、"罗伯特议事规则"在专业法官会议中的引入及融合

议事规则的主要作用是通过一整套议事的技术性手段来提高议事效率和质量，因此本部分内容主要从专业法官会议的功能出发，就开会期间即会议准备至结束这一时间维度内的纯粹开会技术问题进行分析。

（一）中立主持人制度

每次会议需要确定一名主持人，他可以是现场最资深的法官，也可以通过轮流的方式予以确定。主持人制度的主要意义为：其一，合理分配话语权，限制话语权霸占或会议中的不作为。其二，排除无意义议题，并在讨论中识别偶发议题，防止议题偏离。其三，防止进入个人之间直接辩论的状态，基于该点价值，有必要要求每一名人员的发言均应面对主持人而不是之前的发言者。其四，记录及输出意见，包括多数意见和异议意见。因此，不管主持人以何种方式产生，一旦确定了主持人身份，即应予主持人在流程控制上绝对的权威，当他在遵照规则来推动程序运行时，任何人都应当服从，在此过程中他尽可能不发表自己的意见，也不能对别人的发言表示倾向。主持人需要管控的事项包括但不限于：议题的初审、发言顺序及时长控制、偶发议题的处置、发言秩序的维护、引导形成倾向意见、输出议题结果等。

（二）议题初审程序

若参会人员未能针对议题进行准备，则必然限制讨论的深度。因此，每一个议题在进入会议讨论前应提交当轮会议主持人进行初审，通过初审的议题提前向参会法官发布。初审内容包括：其一，议题是否具有讨论价值。如前文所述，事实问题本身不具备讨论空间、个案如何裁判不适宜作为议题，因此议题首先应该属于法律问题，为了便于讨论，还应该按照"焦

点最小化"原则来确定,即提出议题的法官应当对案件的争议问题进行剖析,去除外层证据充分的事实和没有争议的法律关系,梳理出争议问题的实质核心,作为议题提交法官会议。① 其二,议题的讨论顺序。讨论顺序一般按照时间的紧迫性来确定,即审限即将届满的案件优先,但也有例外,譬如有的案件涉及争议多、裁判文书写作难度大,也可以申请优先讨论。另外,如果某个议题作为其他议题的先决条件,也应当优先进行讨论。其三,是否属于重复议题。查询先前法官会议的讨论结果,判断议题是否曾进行讨论及形成倾向性意见,对重复议题提前作出识别并提醒参会人员注意。

(三)会议中的人:发言形式的规制

第一,强制发言规则。每一名法官"必须"对议题发表"明确"的意见,其中包括两个层面的要求:一是除有与议题存在利害关系不得不回避的特殊情形外,参加会议的法官不管等级高低,都应该就议题发表意见并详述其理由,每一名法官享有平等的发言机会及时长,任何人不得打断发言。二是意见应当直接、明确,紧扣争议焦点。虽然有的法院规定,法官会议的成员可不就焦点发表明确意见,而仅提出原则性、方向性意见,但原则性意见的尺度难以把握,此类意见很难为法官决策提供参考,而且原则意味着适用于大多数情形,因此可能成为参会人员敷衍应付的借口。

第二,逆序发言规则。为了防止从众效应和权威效应,议事学中对发言顺序有明确限制,这就是起源于古犹太国监管司法和宗教事务的最高参议院所制定的"反资历规则",资历越高的,越后发言②,也就是逆序发言。具体到法官会议中,原则上可以按照法官级别从低到高的顺序进行发言,同一级别的,按照提任法官的时间先后确定,由后提任法官发言,同一批次提任法官的,可以随机确定顺序。需要注意的是,在目前的语境下,法官各种资源供给仍然在很大程度上受制于院庭长,院庭长往往具有不可忽略的隐性权威③,因此行政级别对其他发言者的影响力明显高于法官级别,所以当参会人员中有不同的行政级别时,行政级别应优先于法官级别,即首先按照行政级别由低到高安排发言顺序④。

第三,禁止直接辩论规则⑤。法官会议不排除辩论,这是由会议的协商性质决定的,但辩论应受如下限制,否则会议将难以正常进行:一是主持人在会议中作出的决定不可辩论。即使对主持人的决定存在异议,也只能将该异议作为下一次会议的议题提交,不能当场进行辩论,否则会议将很容易陷入僵局。二是两个参会成员之间不直接进行辩论。所有的辩论必须而且只能通过主持人进行,即在会议中所有人的发言对象都是主持人,预设所有人发言目的也是说服主持人,虽然这种安排实质上并没有排斥辩论,但是强化了"对事不对人"的辩论规则,避免了个体之间形成直接的冲突和对抗。

(四)会议中的事:议事内容的规制

第一,一时一议规则。这个规则是指在同一个时间内只对同一个议题进行讨论,直至形

① 黄兴:《专业法官会议议事规则探析——以价值回归和制度设计为视角》,载《山东审判》2019 年第 1 期。

② Marco Ottabiant, Peter Sorensen: Information Aggregation in Debate: Who should Speak First? *Journal of Public Economic* 81(2001),pp.393-241.

③ 顾培东:《中国特色司法制度微观基础塑造的重要探索——成都中院构建法院审判工作运行机制研究报告》,载《法制资讯》2010 年第 12 期。

④ 梁桂平:《论专业法官会议的功能定位及运行模式》,载《法律适用》2016 年第 8 期。

⑤ [美]亨利·罗伯特:《罗伯特议事规则(第 11 版)》,袁天鹏、孙涤译,格致出版社 2015 年版,第 287 页。

成结论或因其他事由被主持人宣布暂时搁置为止。可能唯一的例外是在讨论过程中发现了先决条件型的偶发议题，后者优先级较高，因此需要先行讨论。一时一议规则是为了防止群体讨论中的跑题现象，一旦多个问题放在一起讨论，会议就容易陷入"多头怪物综合征"，这是个体决策与群体决策的重要区别，"群体有多个注意点——有多少成员就有多少注意点，每个成员将在同一时间会关注各个不同的问题，如果大家各说各话，各行其是，只会导致混乱无序、关系紧张和缺乏效率……为了群体有效运作，一个群体只能有一个注意点。"①

第二，一事一议规则。② 一个已经在法官会议中进行讨论并且形成了倾向性结论的议题，一般不能再次被提交法官会议讨论，否则会造成讨论资源的浪费，两次讨论的结果如不一致，也将造成选择的困扰。但是，当提出议题者可以提供初步的"证据"证明这一次提交的议题的实质与在先议题不同，或在先议题的结论存在错误，或新的理论新的规定可能会推翻在先议题结论的，可以允许该议题进入再议程序。

（五）结论输出方式及跟踪问题

有人认为，法官会议的目的是为承办案件的法官提供咨询参考，因此法官会议不一定要形成一致意见。本文认可一致意见并非必要，但主张法官会议仍应努力对倾向性意见作出判断。因为对于承办法官而言，哪一个意见得到最多人的支持也是重要的参考因素，即使他最后选择少数意见，也必然会在裁判文书说理上付出更多的努力。更关键的是，倾向性意见更容易转化成普遍适用的裁判规则，可以减少同类议题再次进入法官会议讨论。倾向性意见可以通过一人一票的表决方式来作出，原则上任何人不得弃权，但与决策会议不同的是，当多个结论的投票结果为平局时，则意味着该议题当下并没有倾向性的解决方式，此时并不需要通过进一步的发言和辩论去寻找结论。主持人有义务将每个人的主要观点记录在案，最后既要记录倾向性意见，也不能遗漏异议意见。留痕的意义除了排除重复议题之外，也是在提醒参会人员更加诚实、勤勉和认真地对待会议。

五、结语

相较于法官会议的功能、价值等热门问题而言，本文显然更关心贯穿法官会议始终的议事技术问题。并不是迷信技术，而是任何有价值的理论设想都必须通过具体的人运用特定的技术才能发挥作用。高屋建瓴式的制度构建当然有极其重要的意义，但这几年来关于专业法官会议制度的功能定位已基本形成共识，自上而下的制度要求也日益完善，真正值得我们思考的问题，已经从是否需要这个制度转变成了如何实践这个制度。从目前的实践情况来看，议事规则是其中不可或缺但不被重视的一环，它作为"决策的程序和语法"，③至少能够为法官会议制度提供一种科学、规范的输出群体智慧的技术性手段，这对于制度整体的发展而言不无裨益。

---

① ［美］斯特劳斯：《开会的革命——会议效率倍增的学问》，刘天佑译，国际文化出版公司2004年版，第17～18页。

② ［美］亨利·罗伯特：《罗伯特议事规则》（第11版），袁天鹏、孙涤译，格致出版社2015年版，第248～249页。

③ ［美］亨利·罗伯特：《罗伯特议事规则（第11版）》，袁天鹏、孙涤译，格致出版社2015年版，第6页。

难案精审改革下庭审控制有效性的路径

——以"行动者导向"多轮庭审为视角

尤中琴[*]

　　法官在难案审理中易陷入"多轮庭审"[①]困境。"多轮庭审"消耗司法资源,妨碍审判效率,降低人民群众满意度,治理"多轮庭审"意义重大。最高人民法院于 2019 年 2 月 25 日作出制度反馈,对《最高人民法院关于严格规范民商事案件延长审限和延期开庭问题的规定》进行修改,增加第三条"人民法院应当严格限制延期开庭审理次数。适用普通程序审理民商事案件,延期开庭审理次数不超过两次……",对民商事案件开庭次数明确规制。相较于制度约束,庭审控制方法才是治理"多轮庭审"的根本所在。本文以 D 市 S 基层法院[②] 100 件"多轮庭审"案例作为实证研究样本,结合问卷调查,分析"多轮庭审"现象及成因,以各方庭审参与人的行动逻辑为视角,探求"行动者导向"庭审控制策略。

一、"多轮庭审"现象及其成因

(一)"多轮庭审"微观呈现

　　为清晰还原"多轮庭审"形成过程,先以一则案例进行展示:

表 1　多轮庭审案例

基本案情	原告邱某起诉被告农某,要求农某返还登记在彭某(邱某的丈夫,病逝,去世前和农某长期同居)名下的房屋以及车辆(以下称争议财产),立案案由为返还原物纠纷
第一次开庭	被告农某当庭抗辩争议财产是自己和彭某共同经营所得,且彭某和自己育有一子,其子享有继承权。原告当庭变更诉请,要求通过继承及共有物分割取得争议财产
第二次开庭	原告邱某提供彭某父母以及三名婚生子女的身份信息资料;被告农某提供了和彭某的非婚生子信息资料。同时,原告当庭要求对争议财产评估

---

　　[*]　尤中琴,东莞市第三人民法院民一庭副庭长。

　　[①]　本文所称"多轮庭审"是广义上的,指通过一次庭审不能审结,需要两次以上庭审或虽未多次开庭,但通过质证笔录、调查笔录等形式补充调查、辩论的情形。

　　[②]　S 基层法院位于经济发达的沿海地区,员额法官在 2019 年人均结案(民商事案件)约 400 件。

续表

基本案情	原告邱某起诉被告农某,要求农某返还登记在彭某(邱某的丈夫,病逝,去世前和农某长期同居)名下的房屋以及车辆(以下称争议财产),立案案由为返还原物纠纷
第三次开庭	法庭追加全部继承人参加诉讼。原告邱某提出要求分割由彭某父母掌管的保险理赔金,并申请调查取证
第四次开庭	经调解,当事人对争议财产市场价值确认,避免了评估程序。法庭围绕如何分割财产开展调查和辩论

本案具备难案的几个特征:一是当事人数量多,涉及追加多名当事人;二是法律关系重叠,包含了共有物分割及继承纠纷;三是争议焦点多,涉及哪些是共有财产,哪些是被继承财产以及如何分割、价值如何确定;四是法律适用存在难度,涉及法律规范、法律原则的交织适用。以此看,本案形成"多轮庭审"情有可原,但是否难以避免?"多轮庭审"出发点是查明案件事实,实现公平正义。但司法制度仅仅为公民权利保障提供了一个制度性框架,纠纷的解决还需要冲突双方的实际参与,并且因其参与而进行资源的投入,这种投入构成了公民参与司法程序的成本。司法活动中的不同主体有着不同的成本投入和利益需要,因而其对司法效率的评价标准也并不一致[1]。以公平和效率进行衡量,"多轮庭审"负面效应远高于其正面价值,而参与庭审的所有行动者均有"庭审控制"的行动逻辑和内在动力,查明形成原因是治理"多轮庭审"的前提。

(二)"多轮庭审"成因

通过发放问卷调查[2]的形式获悉法官对"多轮庭审"成因的判断。法官普遍认为"多轮庭审"主因在于诉请多变、证据更迭、案件疑难。"难案"因事实和法律关系复杂,诉辩双方甚至法官自身对案件的方向和思路都难以把握,庭审控制效果弱化衍生"多轮庭审"。同时,问卷调查反映其自身局限性:大多法官将"多轮庭审"归因于主观之外的因素,似乎自身难以改变,这从侧面反映出庭审控制有很大的改善空间。

表2　导致"多轮庭审"的主要原因(限选三个)

法官认为造成多轮庭审的主要原因	人数占比
当事人当庭举证、追加当事人、申请鉴定	90.12%
当事人当庭变更诉请、提起反诉等	72.84%
案件疑难需要多次开庭	53.09%
诉讼代理人不了解案情	48.15%
法官和辅助人员自身准备不充分	4.94%

---

① 姚莉:《司法效率:理论分析与制度构建》,载《法商研究》2006年第3期。

② 本次发放问卷的对象是全院承办民商事案件的法官,收回有效问卷81份。发放问卷的形式是通过问卷小程序在全院员额法官微信群发放,回收形式为不记名。

随机选取 S 法院审结的 100 件"多轮庭审"民商事案件[①]作为检材,分析导致"多轮庭审"的客观因素。结果反映庭审控制失效原因集中在诉辩意见多变和证据持续更迭两个方面,这和法官主观感知结果基本吻合,但导致因素却各有不同:既包含当事人的主张多变,也存在律师的代理盲点;既有法官的审理思路不当,也有辅助人员考虑不周等,各方行动主体都对庭审进程有不同程度的影响。

表 3　"多轮庭审"原因归类(100 件案例)

序号	导致多轮开庭的原因	数量
1	原告当庭增加诉讼请求,被告当庭提出反诉	13
2	原、被告当庭提交新证据,当庭申请鉴定/评估	14
3	代理人不了解案情,需庭后和当事人核实	16
4	遗漏诉讼主体,当事人申请追加或法院主动追加	8
5	关键证据未提交,需调查取证或限期举证	22
6	被告没有到庭参加诉讼,但庭后抗辩并提交证据	3
7	开庭遗漏调查部分事实,需要重新调查	10
8	经审理查明案件性质和当事人主张不一致	5
9	案件事实复杂,耗时长,无法一次开庭查明	3
10	开庭时间安排不合理,复杂案件安排开庭时间过短	6

二、法官视角:权利和权力的博弈

职权主义是职业主义在程序领域的一种表现形式,而当事人主义本来纯粹是来自大众主义的需求。由于其弊端的彰显,当事人主义又从"司法竞技主义"转向"司法协商主义"[②]。司法竞技主义存在一定的缺陷:将纠纷解决方案定格于利益主体之间的对抗和竞技之上,既容易导致实质非正义,也拖延诉讼和增加诉讼成本。协商性司法主张通过对话、协商、合作等方式解决纠纷[③]。庭审控制过程是法官权力和当事人权利博弈的过程,其过程影响庭审进程。

(一)"居中裁判"思维受限

法官将庭审控制失效归因于客观因素,或和"居中裁判"思维有内在关联。古典自由主义主张"守夜人"式的国家,程序的进行遵循自由主义理念。作为对抗的两方,当事人双方可全凭自由之意志,运用各种诉讼手段进行攻防。但随着程序权的滥用,形式正义和实质正义的矛盾等问题的提出,机械地遵循程序自由主义理念使得"程序正义表面的中立性将形成实

---

① 选取方法:手动随机选取案件,如发生"多轮庭审",即列为检材,直至 100 件为止。
② 孙笑侠:《基于规则与事实的司法哲学范畴》,载《中国社会法学》2006 年第 7 期。
③ 韩德明:《竞技主义到商谈合作:诉讼哲学的演进和转型》,载《法学论坛》2010 年第 2 期。

质性接近司法之障碍,即弱势群体在程序的阻隔下,无法接近司法,为程序疏远和边缘化"①。自21世纪初译介美国司法能动主义理论后,司法"能动性"概念和问题开始进入中国法学界和司法实践领域。作为扩大公民权利与自由的司法积极主义,在特定情境下还是有其必要性。转型期中国社会和民众要求从政法的层面上考虑司法的积极功能,采取能动主义司法的姿态②。当然,积极主义的"能动"应当是有限度和条件以及方法论的支撑。法官应突破消极司法的思维局限,以看得见的正义建立裁判者权威,借司法能动搭建和诉辩双方理性沟通的桥梁。

(二)权利请求的恣意性

样本案例显示因当事人变更权利请求导致"多轮庭审"占比达12%,72.84%的法官对此颇为诟病。从立法层面看,我国民事诉讼法中并未设定"强制答辩制度",被告基于诉讼策略可以选择答辩和反诉时机,"当庭答辩"并不鲜见,原告基于答辩内容的不确定性,又易产生诉请更迭的客观现实。而立法给予诉请变更提供了充足的可变空间,设定在"案件受理后,法庭辩论结束前",③使得开庭次数在理论上有无限被动增加的可能,这在客观上导致法官将部分庭审控制权让渡到当事人手中,这是法官视角的无奈,也是"司法竞技主义"在民事诉讼程序中的客观反映。

(三)逾期举证规制失效

民事诉讼是法院、原告和被告三方互动的过程,只要一方有迟延诉讼的利益要求,并在诉讼程序中按这种要求消极地不作为,就会造成这种互动关系或过程的阻滞,难以保证诉讼时间的经济性。由于诉讼当事人的这种消极不作为是以诉讼权利的不行使的方式实现的,因此,仍用阻止违法作为或不当作为的禁止性规范就不能对症就治,在这种情况下,有效的方法就是失权。④ 证据失权制度是约束逾期举证的利器,我国并不缺乏相应立法,但实践中运用效果却不理想。问卷调查显示法官面对逾期举证现象格外温柔。法官行为相互影响,又形成一定程度的"羊群效应",一旦法官对当事人的逾期举证行为进行"严格处罚",还会给当事人带来"选择性执法"错觉。造成举证期限规制失效的主要障碍在于"行为认定存在难度、处罚尺度难以统一、审批权限流程不便、规避风险"等。长此以往,将导致诉辩双方漠视"证据规则",进而削弱法官的庭审控制。

表4 法官是否有对逾期举证行为罚款及理由

法官是否有对逾期举证的行为进行罚款	人数占比
很少,需要领导审批,太麻烦	32.50%
很少,很难认定逾期举证的故意和过失	31.25%
很少,别的法官也少罚,尺度很难统一	30.00%

① 徐昕:《当事人权利与法官权力的均衡分配——兼论民事诉讼的本质》,载《现代法学》2001年第8期。

② 孙笑侠:《基于规则与事实的司法哲学范畴》,载《中国社会法学》2006年第7期。

③ 参见《中华人民共和国民事诉讼法》第125条,《最高人民法院关于适用〈中华人民共和国民事诉讼法〉的解释》第232条。

④ 张卫平:《论民事诉讼中失权的正义性》,载《法学研究》1999年第6期。

续表

法官是否有对逾期举证的行为进行罚款	人数占比
很少,怕当事人或律师报复	2.50%
有一例罚一例	1.25%
其他(未说明原因)	2.50%

三、当事人角度:诉讼指引的缺失

根据公共协商理论家詹姆斯·博曼的研究,在冲突中,所有协商各方都希望他们的要求得到充分的表达,他们的理由得到考虑,即便最终没有什么结果。然而,公共协商作为一种政治民主机制,却因为协商参与者的实际条件和能力而导致协商不平等,这种协商不平等包括权力不对称(影响进入公共领域的途径)、交流不平等(影响参与能力及机会的有效运用)、"政治贫困"或公共能力的缺乏(影响政治上贫困公民不可能全然参与到公共领域之中)三种情形。① 反映在民事诉讼程序中,当事人的最大需求是希冀诉讼指引弥补诉讼能力的不足。

（一）法律关系和性质的困惑

客观事实是固定的,如何选择加工"客观事实"带来最大的诉讼效益对于当事人才是至关重要的。表1案例中邱某是彭某生前的合法配偶,农某是彭某生前的"情人",彭某去世后,作为妻子的邱某要求农某返还登记在彭某名下的财产合乎世俗眼光。当法官在调查后发现案由不妥,向原告释明,原告也能作出变更诉请的选择。显然,从当事人的角度来看,原告的诉请并非"恣意"的,诉请不当缘于法律知识的匮乏。

（二）举证程度和范围模糊

目前,大多当事人具备了"谁主张、谁举证"的基本法律意识,但对于举证程度和范围却并不了然清晰。表1案例中,原告邱某提起诉讼时提交了结婚证、不动产登记查询资料、车辆档案查询资料作为证据,但并未一并提交其余继承人的身份信息资料、争议财产的资金来源等。这并非偶然现象,比如常见的民间借贷纠纷,原告往往认为自己提供了借条就足够了,但法官还可能会根据案情调查出借资金来源、借款用途、借款去向、支付方式等细节。某些情况下,当事人并非故意拖延举证,而是基于有限认知下形成的片面举证。

（三）权利对等的执着追求

教育部人文社会科学研究项目"中国公民司法公正感实证研究"课题组调研"公民司法活动参与情况"反映出参与诉讼的公民对于"结果公正""程序公正""互动公正"的评价系数并不一致②,这说明当事人并不仅仅追求结果正义,也在乎司法过程中的公正获得感,这种获得感来自公权力对待两种冲突权利的态度。这种心理追求会导致实践中出现一些影响庭审控制的因素:如当事人一方申请变更诉请,另一方则要求延期答辩;一方开展"证据突袭",

---

① [美]博曼:《公共协商:多元主义、复杂性与民主》,黄相怀译,中央编译出版社2006年版,第94页。转引自韩德明:《竞技主义到商谈合作:诉讼哲学的演进和转型》,载《法学论坛》2010年第2期。

② 转引自陈宝军、宋万忠:《诉讼当事人司法公正获得感提升途径探析——以人际公正与信息公正为视角》,载《全国法院第27届学术讨论会获奖论文集》2016年4月14日。

另一方"以彼之道，还施彼身"，无序的权利较量会给庭审控制带来负面效应。

四、诉讼代理人角度：代理效益最大化

律师是诉讼代理人中最主要的群体。律师是以提供法律知识、法律技能和法律帮助为手段，来谋取生存资本的一个职业群体。律师的职业属性，决定了律师除了遵守法律以外，无需服从任何国家机关和个人。因为当事人委托律师的目的，就是希望律师通过法律服务，来实现或维护自己的合法权益。可以说，律师与当事人之间的信任，是律师能否顺利开展法律服务活动的前提。[①] 律师在诉讼中的行动选择和表现对庭审控制有着重要的影响。

（一）最大程度追求当事人满意

诉讼代理人以"委托人满意"作为终极目标。表1案例中原告邱某的诉讼代理人也许知悉正确的诉讼路径，但却依然在提起诉讼时先选择"返还原物"之诉，在法官释明并征求当事人意见后才变更。显然，诉讼代理人是将当事人的满意放在第一位。站在诉讼代理人角度，这种行为可以理解，试想，如果在第一时间告知委托人诉请不当，原告很可能会尝试"另请高明"。不论是诉请的选择还是证据的提出，诉讼代理人都会最大程度尊重和吸纳当事人的意见，这其中也包含了"不专业"的意见。

（二）代理效益的平衡和考量

在100例样本案例中有16例属于"诉讼代理人不了解案情"导致。一部分原因可能是代理人由于时间仓促、工作太忙导致来不及了解案情，一部分原因可能是代理人并非"接案代理人"，甚至没有直接和当事人了解案情的机会，这类律师仅收取很少的"开庭费"，没有全面详细了解案情的动因。专业的诉讼代理人"自负盈亏"，兼具"商人"的属性，会考虑相应的代理效益，对诉讼成本和收益进行全面估量。律师的独立性突出地表现为律师行业的自治，但律师数量的增加，必然会产生管理和监督的问题。究竟由谁来承担这个责任呢？实行律师的自我管理是保持律师职业独立和发展的最佳方式。[②] 规范代理模式和行为，可以引导当事人从"为权利而斗争"转向"为权利而沟通"。

五、庭前流程改造：转向"行动者"的治理逻辑

法官权力的扩张并不一定与对当事人的保障相冲突……，相反，它将强化程序公正和判决的准确性。[③] 庭审控制需要多种路径的整合，包括立法改善，优化庭审规则，提升法官庭审驾驭能力等多方面。在现有法律框架内可以将庭前流程改造作为庭审控制的有效路径。下面以表1案例进行案情推演，以评估庭前流程改造对庭审控制的效益。需要说明的是：推演虽然以对话形式，但在实际操作并不拘泥于庭前会议这一种形式，可以通过书面（如释明通知书、特别举证通知书）或者微信庭前会议群等多种形式进行沟通，以减少当事人到庭次数，节约诉讼成本。

（一）审查法律关系＋诉讼请求的契合

法官收案后无需急于固定原告的诉请，如果法律关系尚未清晰，诉请形成根基不稳，容

---

① 谢佑平、闫自明：《律师角色的理论定位与实证分析》，载《中国司法》2004年第10期。

② 谢佑平、闫自明：《律师角色的理论定位与实证分析》，载《中国司法》2004年第10期。

③ ［意］莫诺·卡佩莱蒂：《当事人基本程序保障权与未来的民事诉讼》，徐昕译，法律出版社2000年版，第52页。

易形成反复,首先应以法律关系为基础审查诉讼请求的正当性和合理性。局限于当事人的诉讼能力和水平,其法律关系和诉讼请求可能存在不匹配的情况。表1案例中,立案案由为"返还原物纠纷",但显然原告邱某一开始就知悉争议财产存在多名继承人的情况。当法官庭前审查发现法律关系和诉讼请求存在契合度疑问,即应当及时向原告释明。

表5 审查法律关系＋诉讼请求推演

> 审:原告是否确认案由为"返还原物纠纷"?
>
> 答:确认。
>
> 审:根据你方主张,可以确认本案为物权纠纷,审理依据是《物权法》以及相关规定,你方是否为案涉争议房屋以及车辆的权利人?
>
> 答:彭某已去世,争议财产是遗产,继承人包括原告、彭某的父母,还有农某和彭某所生子女。
>
> 审:你方是否坚持要求按照"返还原物"起诉,并承担相应的法律后果?
>
> 答:我方需要考虑是否变更诉讼请求。

其次,进一步审查诉请之间是否匹配。第一步:要求原告明确法律关系。包括并不限于如下情形:(1)在不适宜一并审理的法律关系中作出选择。(2)在竞合的法律关系中作出选择。常见的情况是违约之诉和侵权之诉的竞合。(3)确定法律关系的性质,主要是指对于民事行为效力的认定。第二步:固定原告诉讼请求。(1)明确模糊不清、相互矛盾的诉请。表1案例中邱某提出诉讼请求为返还登记于彭某名下的一处房屋,就属于模糊不清的情况,应当明确房屋具体的坐落、市场价值。(2)排除诉请的遗漏和误解。当事人并不当然理解诉讼请求之间的因果关系,可能会存在提起诉讼时遗漏诉讼请求,在审理过程中又增加诉请情况。如原告的诉讼请求为要求被告返回租赁物,支付违约金,但实现该诉请的前提是解除合同。原告在了解到解除合同需要提出明确诉请时,又会当庭增加诉讼请求,导致再次开庭。法律关系的确定、遗漏当事人的追加、诉讼请求的明确在送达应诉材料之前即完成,庭审控制效果提前展现,为后续庭审顺利开展作出良好铺垫。

表6 匹配法律关系＋诉讼请求推演

> 审:原告,你方是否坚持按照"返还原物"起诉?
>
> 答:我方认为争议财产是原告以及彭某生前的共同财产,我方要求分割共有财产并继承彭某名下的财产,具体为……
>
> 审:你方所要求返还房屋的具体位置以及现状?
>
> 答:我方提供查询的房产信息资料。该房屋已经出售给案外人,我方要求分割出售该房屋时的市场价值。
>
> 审:本案涉及彭某的全部继承人利益,需追加其余继承人参加诉讼。你方应力所能及提供其余继承人的身份信息,并告知其他继承人参加诉讼。
>
> 答:清楚。
>
> 审:你方在本院追加当事人之前,应固定你的诉讼请求,尽量避免再次增加、变更诉请,以提高审判效率,是否清楚?
>
> 答:清楚。我要求变更诉请,增加分割保险理赔金的请求,现书面提交法庭。

(二)洞悉原告内心意愿＋调解意愿的真实

从审判经验得知,诉讼请求未必代表当事人的真实内心,有时当事人会利用A手段来达到 B 目的。审判是化解纠纷的手段,并非唯一且更加不是最好的手段,民事审判尤是如此。在向被告送达应诉材料前,法官应通过适当的方式了解争议的原委,获取原告的真实想法和调解意愿,为此后进行诉讼调解、自由心证形成乃至自由裁量权的把控提供更全面的基础,在审理带有伦理性质的家事案件中更是如此。

表 7 洞悉内心意愿+调解意愿推演

审:原告,你方再次明确诉请是否固定。如不再变更,本庭将会向被告送达应诉材料。
原:我确认诉请已经固定。
审:你方是否有相应的调解方案?
原:不用调解,我坚持我方的诉请。
审:你方因调解过程中作出的让步不作为裁判的依据。你方是否需要再想一下。
原:如果农某可以将出售的款项返还给我,我可以不要车辆,也不再主张分割保险理赔金。希望法庭尽快解决该纠纷。
(注:民事案件中,当事人基于诉讼成本和效益的考虑,诉讼结果在达到心理预期的前提下,更倾向于接受调解结案)

(三)注重被告方送达调解+固定答辩的叠加

送达应诉材料不应仅是一个程序环节,有效利用可以成为"定分止争"的利器,其实践价值在于送达调解和固定答辩两个方面。一般情况下,调解时机越早越好,随着诉讼的推进,当事人的诉讼成本不断累加,调解难度也会与日俱增。在向被告送达应诉材料时即引导调解是发挥调解功能的重要时机。此外,即便调解不成,也可以在调解过程中洞悉被告的内心想法,甚至可以在送达笔录中固定无争议事实,为案件审理奠定良好基础。释明权在该阶段应当发挥其功能,包括要求被告进行书面答辩、全面答辩。如被告提出的答辩中含有诉讼请求的意思表示,应释明被告提起反诉或另行起诉,避免被告在开庭过程中"临时起意"。同时,也可以获悉原、被告之间的调解差距。

表 8 送达调解+固定答辩推演

审:(介绍基本情况)现向你送达本案的应诉材料,你方应针对原告的诉讼请求在开庭前提交全面的答辩意见以及相应的证据材料。
被:原告说的都不是事实,房产和车辆都是我和彭某生前一起经营生意赚来的,房子已经卖了,款项全给彭某治病了,我还把我的积蓄也花完了,还有欠债。欠债我要求原告承担,她才是合法的配偶。
审:如你方提出的答辩内容包含新的诉请,需要提起反诉或者另行起诉。
被:我方需要考虑。
审:你是否有调解方案?你方调解过程中作出的让步不作为裁判的依据。
被:我需要思考后决定。

(四)权利请求+诉辩证据+法律规范进行争点整理

法官通过阐明义务的履行,协助当事人进行事实上及证据上争点整理,有助于确定当事人所争执的事实,尤其是,若能通过对话将其对于事实主张及证据所持的认识和判断向当事人表明,则当事人双方与法院就争点的取舍、限定或重新形成达成一致,在此意义上,争点整理程序对于防止来自法院的"发现真实的突袭"有所帮助。① 争点整理方法是将权利请求规范分解的法律要件与原告的主张事实进行对应,排除非要件事实主张,再对双方要件事实进行比对,排除无争议事项,确认诉辩焦点。争点整理应当充分征询诉辩双方的意见,为提高庭审控制实效奠定基础。需要注意的是,当事人举证的困惑集中在"应当由谁提供证据,应当提供哪些证据"。举证责任分配是专业的法律问题,法官应当对此释明,并对必要证据进行明确指引。

表 9　举证分配推演

审:经过固定诉请和答辩,总结双方争议的焦点主要有以下几个方面:
(列明争议的焦点)
审:诉辩双方均有对争议焦点举证的义务,且举证责任分配如下:
(对具体事实中举证责任进行分配)
审:当事人可以提出你方认为的争议焦点,并对此进行说明和举证。
(充分尊重当事人的处分权,避免事实和证据遗漏)

(五)做好时间预估＋风险评估的双重预判

我国已经进入了风险社会,公共管理领域必须对此作出回应,民商事审判领域面对的矛盾纠纷,来自社会层面的风险与民商事审判本身的自有风险还可能叠加激化,出现激烈爆发的危险境地。② 对诉讼中的风险处理不当,对庭审控制会有意想不到的负面影响。法官除应对开庭时间进行合理预估,还应对案件当事人的身体状况、精神状态、案件本身的敏感度等问题进行预判,做好风险防范工作,这同样是庭前准备程序中非常重要的环节。

表 10　时间预估＋风险评估推演

审:本案于(时间、地点)开庭,你方届时有哪些人员出庭?(了解出庭人员数量,确定发言频次以及场地)
答:原告本人邱某以及代理人共计三人出庭,邱某犯有心脏病,希望安排通风较好的审判庭。
审:你方需要认真评估邱某身体状况是否能够正常出庭,如果出庭风险很大,建议代理人出庭即可;如果身体状况允许出庭,法庭会安排通风设备较好的审判庭。(风险评估)
审:你方是否会有相关人员到庭旁听?(了解旁听人员信息,评估相应风险)
答:彭某生前的债权人大约十余人表示要来旁听,其中一个债权人李某找到我方的时候情绪非常激动,听说彭某生前他欠了很多货款。……

民事诉讼程序运行的万千姿态,简单地说都可以追溯至当事人双方与法官的三角诉讼结构及所蕴含的信息。研究诉讼结构主要应考察两对矛盾,即当事人之间的冲突及衡平、当事人与法官的对立与统一,尤其是后者,因为前者主要属实体法的调整范畴。当事人自主与

---

① 赵泽君:《民事争点整理程序的合理性基础及其建构》,载《现代法学》2008 年第 2 期。
② 亓晓萌:《民商事审判风险管理体系的建构——一个嵌入风险社会语境的逻辑证成》,载《政法论丛》2011 年第 5 期。

法官职权,是推动诉讼程序运行的动力。① 通过庭前流程改造可以发现:表 1 案例仅通过一次开庭即可审结并非不可实现,重视庭前流程是实现庭审控制的有效路径。

六、结语

社会法学派的代表人物霍姆斯大法官曾说"法律的生命不在于逻辑,而在于经验"。法律根植于社会生活的经验,而非纯粹的逻辑。程序搭建需要吸纳不同法官的办案经验,形成标准化流程,纳入制度化管理,作为审判人员培训的必要课程。庭前流程改造得当可以消解法官在庭审控制中的被动,真正实现庭审实质化。此外,有效的庭审控制还需要相应的制度措施填补漏洞,如压缩当事人权利请求提起的期限,建立民事诉讼强制答辩制度,设立"诚信诉讼委员会"统一逾期举证行为的认定标准、处罚流程和尺度等。"工欲善其事,必先利其器"。法律的实施和自我检验依赖于法官经验的累积,法官作为将法律从应然到实然状态的承载者和推进者,应在实践中勇于摸索有效的审判方法和体系,展示善良和公正的艺术。

---

① 徐昕:《当事人权利与法官权力的均衡分配——兼论民事诉讼的本质》,载《现代法学》2001 年第 8 期。

商事调解收费制度的构建

龙 飞 江和平[*]

一、引言

商事调解以其经济、便捷、保密、高效、共赢等独特优势,在化解商事纠纷方面发挥了重要作用。伴随着"一带一路"建设的全面推进,我国的商事纠纷将会越来越多,这为商事调解的发展提供了广阔的舞台。2019 年 8 月 7 日,《联合国关于调解所产生的国际和解协议公约》在新加坡开放签署,包括我国在内的 46 个国家参加了签署,体现了国际社会对于商事调解达成的普遍共识,将进一步推动调解在商事领域的推广和应用。长久以来,我国由人民调解、行政调解、司法调解构成的调解格局以亲民、便民、利民、高效和低成本为主要特色,在解决社会纠纷,促进社会和谐和稳定,组织和治理社会,传承文化和弘扬道德等方面发挥了不可替代的作用。[①] 但随着社会的发展,面对矛盾纠纷呈现多样化和复杂化的趋势,调解组织解纷能力不足,调解人才储备不够的问题日益突出。在这种背景下,如何在商事调解领域中引入市场化运作,促进各种不同类型的调解机制相互补充,共同发展,理应成为新时期多元化纠纷解决机制改革关注的重点。

本文通过分析商事调解区别于其他调解的特点,论述建立商事调解收费制度的原因,并在此基础上,对比国内外主要调解机构的收费标准,分析我国调解实行收费面临的困难,进而提出构建我国商事调解收费制度的建议。

二、商事调解收费的正当性基础

(一)商事调解的特点

在我国,运用调解方式解决商事纠纷的历史悠久,但作为一项独立的机制或制度,直至 2009 年在最高人民法院《关于建立健全诉讼与非诉讼相衔接的矛盾纠纷解决机制的若干意

---

* 龙飞,最高人民法院民四庭国际商事法庭协调指导办公室副主任。江和平,东莞市第二人民法院审管办(研究室)主任。

① 范愉:《社会转型中的人民调解制度——以上海市长宁区人民调解组织改革的经验为视点》,载《中国司法》2004 年第 10 期。

见》中才有所提及,上述意见将商事调解规定为与人民调解、行政调解、行业调解并行的一项机制。对于商事调解的概念,目前没有统一权威的表述,按照《联合国贸易法委员会国际商事调解示范法》的规定,系指当事人请求一名或者多名第三人(调解人),协助他们友好解决各类合同纠纷或与合同其他法律关系有关的争议的过程。[①]

商事调解作为一项独立的新机制,在以下三方面区别于其他调解:

1.在调解主体上,商事调解的主持者是商事调解组织。我国对于调解机制的类型主要按照调解主体进行划分,比如人民调解是指由人民调解委员会主持的调解,行政调解是指由行政机关主持的调解,司法调解是由法院主持的调解。商事调解的主持者是商事调解组织,是商事调解区别于人民调解、行政调解、行业调解、司法调解的最主要特征。虽然人民调解委员会、行政机关、行业协会、法院在各自职权范围内也会调解一些商事纠纷,但不属于商事调解的性质。

2.在调解客体上,商事调解的对象是商事纠纷。商事纠纷指商品生产者、经营者之间在从事以营利为目的的商事行为过程中发生的纠纷。[②] 根据《联合国贸易法委员会调解规则》第二条规定"本规则适用于当事人之间在贸易、投资、金融、证券、知识产权、技术转让、房地产、工程承包、运输、保险以及其他商事、海事等领域的争议的调解"以及《联合国关于调解所产生的国际和解协议公约》第1条第2款规定"本公约不适用于以下和解协议:(a)为解决其中一方当事人(消费者)因个人、家庭或家居目的而进行的交易所产生的争议而订立的协议;(b)与家庭法、继承法或就业法有关的协议",商事纠纷包括合同纠纷、与公司有关的纠纷、与合伙企业有关的纠纷、证券纠纷、期货纠纷、保险纠纷、票据纠纷、知识产权等。

3.在调解程序上,商事调解具有一套比较规范的流程,注重自愿原则、中立原则、保密原则,对于调解员的任职条件和职业操守行为有严格要求。比如中国国际商会将调解程序分为受理、调查、调和、结案、履行等五个阶段,对每个阶段调解员具体的职责均作了详尽、具体的规定和科学、合理的安排。[③] 上海经贸商事调解中心的调解员由经验丰富的专家、学者、律师、退休法官组成,这些调解员既熟悉国际、国内商事法律事务,同时又深谙中华文化传统。[④]

(二)商事调解收费的合理性

从商事调解制度的特点可以看出,商事调解的定位区别于以公益性为主要目的的人民调解等传统调解,商事调解的独特性要求它只有走市场化发展方向,才能提供高质量的专门服务,同时更为符合商事运营情境的成本与收益之间的利益衡量原则。这不仅是世界趋势之方向,也是处理商事纠纷的本然所决定。[⑤]

首先,从商事调解主体来看,我国的商事调解组织主要分为两类:一类是独立的调解机构,比如上海经贸商事调解中心、北京"一带一路"国际商事调解中心、深圳蓝海法律查明和商事调解中心;另一类是商会、仲裁委员会、协会下设或内设的调解机构,比如中国国际贸易

---

① 齐树洁、李叶丹:《商事调解的域外发展及其借鉴意义》,载《中国海商法年刊》2011年第2期。
② 许健:《论商事调解制度》,黑龙江大学硕士学位论文,2015年,第6页。
③ 穆子砺:《论中国商事调解制度之构建》,对外经济贸易大学博士学位论文,2006年,第84页。
④ 张巍:《上海经贸商事调解中心的发展回顾与展望》,载《东南司法评论》2017年卷,第240页。
⑤ 杨力:《多元化纠纷解决机制中的商事调解及改革空间》,载《人民法院报》2016年7月10日。

促进委员会/中国国际商会下设的商事调解中心,北京仲裁委员会、深圳国际仲裁委员会内设的调解中心。不同于人民调解委员会、行政机关、法院等具有调解职能的机构,政府会提供必要的经费支持和保障,商事调解组织的性质属于社会团体或者非企业法人,即使会得到政府的一定支持,但主要还是独立经营,自负盈亏。商事调解组织作为一个市场主体,经营所得是维持生存,扩大经营规模的最重要来源,没有经营收入,就难以为继。而且,调解服务的公益性不意味着当事人都可以免费享受调解服务,而是要求该调解组织在营利性与调解服务社会性之间保持平衡,不应当像公司、企业以利益最大化作为经营活动的直接和最终目的。① 可见,商事调解的市场化发展并未过多地偏离调解服务的公益本质。商事调解的收费制度既满足了商事调解组织作为自负盈亏的市场主体的发展需求,同时也不会必然地将其推以以纯营利为目的的私人企业的另一极。事实上,相较于公益性极强的人民调解、行政调解等传统调解,商事调解的市场化发展只不过是在调解组织营利性与调解服务社会性之间的衡平中更加偏向调解组织营利性的一极,但其并未放弃调解服务社会性的自身属性。

其次,从商事调解客体来看,商事调解解决的是商事纠纷,涉及贸易、金融、证券、投资、知识产权、技术转让、房地产、工程承包、运输、保险、物流、海事等领域,大都带有专业性的问题,要求商事调解员必须具有相关专业背景及从业经验,投入大量的时间才能够保证高质量完成商事调解工作,以满足各方主体的利益所需。而高素质的调解员的成长需要长期的过程,不仅需要投入大量的时间学习研究调解技巧,而且需要支付较高的成本提升自我调解能力。以香港和解中心的调解培训课程为例,5天的调解课程收费15000元港币,参加认证还需另行支付一笔不菲的费用。只有建立完善的收费制度,保障商事调解员有稳定合理的经济收入,才可能吸引专业人士将商事调解作为一项职业,甚至作为一项事业来做,培养出高素质的商事调解员队伍。

最后,从商事调解的参与者来看,商事调解中的当事人主要是企业集团的法人代表、中小企业主、商人等。他们既想快速解决纠纷,又想尊重双方意愿、不伤和气,不影响长远的生意往来;既想获得一个公正的解决方案,又想保守秘密;既想比较圆满、彻底地解决矛盾,又想做到成本低、效益高。面对这些要求,传统的商事仲裁或法院诉讼方式显然难以完全满足。如果具备专业素质的商事调解员能够公正地协助双方当事人解决纠纷,满足双方当事人的最大化利益,实现双方共赢,当事人既有能力支付费用,也愿意支付费用。此外,商事纠纷主体习惯站在经商的立场看问题,免费调解会给当事人带来一种不信任感,担心没有支付一定的对价,调解员的工作质量得不到保证。相反,收费制度可以实现权利与义务对等,报酬与责任对应。通过制定不同的收费标准,将调解员的市场声誉与费用挂钩,赋予当事人选择调解员的权利,既可以增强当事人对调解员的信任度,也可以激励调解员提高调解质量。

总之,商事调解实行收费制度既是对调解员的尊重,也是对调解质量的保障,符合商事调解专业化和职业化发展趋势。

三、国内外商事调解收费标准的对比分析

在明确商事调解收费制度的合理性之后,有必要聚焦到商事调解收费制度的具体执行上,这便需要对商事调解的收费标准问题予以回应。接下来,以国内外主要商事调解机构的

---

① 罗杜:《调解的公司运作模式探讨》,湘潭大学2013年硕士研究生论文,第2~3页。

收费标准为观察对象,在对比分析的基础上探究对我国商事调解收费标准构建的有益经验。

（一）国外商事调解机构收费标准

国外商事争议解决机构众多,大多有自己的收费标准,均公示在其网站上。一些知名的商事争议解决机构因声誉较好、调解员专业性较强、当事人比较认可而调解收费较高。现选取美国司法仲裁调解服务有限公司（JAMS）、英国争议解决中心（CEDR）、新加坡调解中心（SMC）等三个有代表性的机构,介绍其调解收费标准和模式。

1.美国司法仲裁调解服务有限公司（JAMS）

JAMS公司提供调解服务时,当事人需向JAMS交纳案件管理费,并向调解员交纳调解费。其中案件管理费包括JAMS工作人员联系调解员的费用以及案件管理、文件处理、使用会议室、打印、复议等基本办公费用,每人450美元。调解员收费以调解员自我定价为主,以案件管理员与当事人协商定价为辅。调解员收费一般按照一天10个小时或半天5个小时进行计算,其中一天包括最长8小时调解会议与2小时调解前准备工作;半天包括最长4小时调解会议与1小时调解前准备工作。调解员收费平均每天在5000美元以上,顶尖调解员每天收费15000美元。如果超过规定的基本时间,调解员会根据具体花费时间,指令案件管理人员进行记录后,另行按小时收费。当事人如果因故取消调解,根据调解时长不同,公司规定了不同的取消政策。原定用时1天或以下的案件如果取消调解,需要至少提前14天通知,否则全额收费;原定用时2天或以上的案件取消调解,需要至少提前30天予以通知;原定3天或以上的案件取消调解,需要至少提前60天予以通知。这样规定是为了防止当事人随意取消调解。①

2.英国争议解决中心（CEDR）

CEDR的收费形式为固定收费,依据争议金额,将调解费用分为三档:争议金额75000英镑以下,75000英镑至125000英镑,125000英镑至250000英镑。每一档根据调解员的产生方式,规定不同的标准。以争议金额在75000英镑以下为例,如果由CEDR选择调解员或当事人选择有资质的调解员,收费为每人600英镑;如果从调解员名册中选择调解员,收费为每人720英镑。上述费用包括准备调解和7小时调解会议的时间。如果超出7小时,则根据争议金额的划分收取超时费用。CEDR不受理争议金额超过250000英镑的案件。②

3.新加坡调解中心（SMC）

SMC的调解收费包括两部分,一部分是案件管理费,每方当事人需交纳267.5新元;另一部分是调解费用,包括调解员费用、场地费等,按照标的金额的一定比例收取。标的在6万新元以下的,费用按小时计算,以每人每小时53.5新元的标准为起步计收;标的在6万新元以上的,费用按天计算,以每人每天963新元的标准为起步计收。③

（二）我国商事调解机构收费标准

我国的商事调解组织经过多年的发展,在收费方式上进行了有益的探索,形成各具特色

---

① 赵蕾:《纠纷解决服务市场化运行的领跑者——美国司法仲裁调解服务有限公司的最新发展》,载《人民法院报》2018年6月22日。

② 参见CEDR网站,https://www.cedr.com/consumer/holidays-travel/ba-holidays/,下载日期:2019年11月11日。

③ 参见新加坡调解中心网站,http://www.mediation.com.sg,下载日期:2019年11月11日。

的收费模式,现选取中国贸促会商事调解中心、上海经贸商事调解中心、"一带一路"国际商事调解中心分别进行介绍。

1.中国贸促会商事调解中心

贸促会商事调解中心收费分为登记费、机构费用、调解员报酬。申请调解时,提交申请的当事人须向中心缴纳案件登记费人民币 1000 元,用于对调解申请的审查、案件登记、案卷管理等。案件登记费收取后不予退还,但应计入提交申请的一方或多方当事人的预缴费用中。机构管理费包括案件秘书报酬、邮递费、通信费、场地使用费、办公设备使用费和机构为管理调解程序支出的其他费用。机构费用和调解员报酬则依据争议案件标的金额而变动,案件标的金额越高则两者费用越高。调解员可以和当事人就调解费用达成一致,但是需要经过机构的许可。各方应当自收到调解中心发送的收费通知之日起 5 日内,按照调解中心调解收费标准预交同等比例的调解费用。当事人未预交调解费用的,调解中心可根据情况决定是否继续进行调解程序还是中止或者终止调解程序。①

2.上海经贸商事调解中心

上海经贸商事调解中心有两种收费方式,一种是社会案件的收费方式,另一种是诉调对接案件的收费方式。社会案件的收费方式分为按小时以及按争议标的两种,如果按照争议标的收费,标的在 50 万元以下,按照争议金额的 4% 收费,最低不少于 3000 元;标的在 50万元至 100 万元之间,按照争议金额的 2.5% 收费,最低不少于 5000 元;标的在 100 万元以上,按照争议金额的 1.75% 收费,最低不少于 10000 元。如果按照小时收费,标的在 50 万元以下,按 3000 元/小时收费;标的在 50 万至 100 万元之间,按 4000 元/小时收费;标的在 100万元以上,按 5000 元/小时收费。选择按小时收费的,预收 3 小时调解费用,需要增加时间,必须在调解开始之前付清,但调解员在调解开始前阅卷时间不另行计算费用。调解员一般仅调解两次共 6 个小时(3 小时/次),两次调解不成即结束。诉调对接案件的收费方式根据调解中心与法院签订的协议收取,一般调解不成的,调解中心不收费;调解成功的,按诉讼费的 20% 至 25% 收取。②

3."一带一路"国际商事调解中心

"一带一路"国际商事调解中心的调解费用包括案件登记费、调解费、案件处理费。案件登记费为每一方当事人 200 元,提交申请时交纳,不因任何原因退还。调解费以争议标的金额的比例确定,争议金额不能确定的,由调解中心与调解员协商后确定。当事人在调解开始前向调解中心及时足额支付调解费。争议标的在 50 万元(含)以下,调解费用为 8750 元;超过 50 万元至 500 万元(含)的部分,按争议金额的 1% 交纳;超过 500 万元至 2000 万元(含)的部分,按争议金额的 0.8% 交纳;超过 2000 万元至 5 亿元(含)的部分,按争议金额的 0.5%交纳;超过 5 亿元的部分,按争议金额的 0.2% 交纳。案件处理费包括调解过程中的合理开支,包括但不限于因聘请调解员、翻译、速记、专家、证人等产生的差旅费用以及因邮递、通

① 参见中国贸促会网站,http://adr.ccpit.org/CH/Guides/47e65dc5-b843-4d1e-9beb-417fb35f5cb9.html,下载日期:2019 年 11 月 11 日。

② 参见上海经贸商事调解中心网站,http://www.scmc.org.cn/page67? article_id=77,下载日期:2019 年 11 月 11 日。

讯、场地和地点变更登记发生的费用,由调解中心按照合理的标准予以确定后向当事人收取。[①]

（三）中外商事调解组织收费标准的对比

将我国商事调解组织的收费标准与相关国家进行比较,会发现两者之间基本相同,仅在细微之处存在一些差别,反映出商事调解发展的国际化趋势。

1.在商事调解收费范围方面,均包括案件管理费、调解费用两部分。其中案件管理费属于固定性收费,由调解机构收取,以保障日常运行和案件管理。调解费用属于浮动性收费,由调解费、场地费、交通费、住宿费等组成。调解费由调解员收取,场地费、交通住宿等费用,根据实际情况,由调解员与当事人协商解决。

2.在调解费的计费方式方面,主要有三种计费方式:第一种是按案件标的金额的一定比例收取。该种方式简单易行,当事人对于调解成本可以准确评估,但由于调解的工作量与争议标的不存在必然联系,有些争议标的很高的案件,可能很容易解决,相反,有些争议标的很小的案件,却需要调解员花费大量的精力和时间,会出现投入和产出明显不成正比的情形。第二种是按每小时或每天的标准收取。该种方式符合调解的特点,能准确反映出调解员的工作量,但计算方式烦琐,纠纷解决成本难以确定,不利于当事人选择调解。第三种是以争议标的为基础,确定每小时或每天的不同标准。该种方式综合了前述二种方式的优点,既能反映调解员的工作量,又容易操作。无论采取何种计费方式,最终的调解收费标准均低于诉讼费标准,体现了调解在成本上的优势。

3.在调解费的收取时间方面,商事调解组织一般在开始调解之前收费,且均不以是否调解成功为标准。理由是调解是自愿的程序,纠纷是否可以调解成功,最终决定权在于当事人而不是调解员,因此不以调解是否成功来决定是否收费,甚至不以这个标准来评判调解员。由于调解不成不影响费用的收取,故调解费的收取时间一般在调解开始前,以体现当事人参与调解的诚意,保障调解顺利进行,同时避免调解结束后收取费用困难的风险。

四、我国商事调解收费的困境

商事调解在我国发展迅速,其市场化运营的方式为调解的革新带来了动力,促进了我国调解多元体系的建立。从上述中外商事调解收费的标准对比可以看出,我国商事调解借鉴了国外的经验,无论是在收费内容、计费方式还是在收取时间等方面均与国际接轨,但在发展规模与实际成效方面,我国商事调解与国外存在较大差距。以全球纠纷解决法律服务的领跑者 JAMS 公司和我国第一家专门从事经贸商事调解的机构上海经贸商事调解中心为例,JAMS 公司在全球设有 26 个纠纷解决中心（办公室）,在册的中立第三人有 360 名,每年可以解决 13000 至 14000 件纠纷。[②] 而上海经贸商事调解中心在全国只有 3 个分中心,在册

---

① 参见一带一路商事调解中心网站,http://www.bnrmediation.com/Home/Center/detail/id/172/aid/154.html,下载日期:2019 年 11 月 11 日。

② 赵蕾:《纠纷解决服务市场化运行的领跑者——美国司法仲裁调解服务有限公司的最新发展》,载《人民法院报》2018 年 6 月 22 日。

的调解员有 52 名,2011 年至 2017 年 4 月底,受理法院委托调解的案件 384 件。[①] 当然,其中一个主要原因是我国商事调解尚处于起步阶段,发展时间比较短,但还有一个重要原因是我国商事调解缺乏适宜市场化运作的土壤,具体表现为:

1.缺乏收费的社会氛围。在我国的调解体系中,人民调解和司法调解是最主要的两种机制,直接影响民众对调解的观念。其中,人民调解在整个社会调解体系中占比最大。据司法部官方发布的消息,"2018 年,全国有人民调解组织 76.6 万个,人民调解员 367 万人,其中专职调解员 49.7 万人,每年调解各类矛盾纠纷达 900 万件左右,调解成功率在 96% 以上"[②]。人民调解覆盖城乡,遍布社区,成为老百姓解决纠纷的第一道防线。根据《人民调解法》第 4 条规定,人民调解委员会调解民间纠纷,不收取任何费用,因此,人民群众接触到调解的第一印象是不收费。司法调解是在诉讼程序中贯穿调解的一项纠纷解决机制,在当前纠纷越来越集中到法院的状况下,为了解决"案多人少"的困境,节约司法资源,各级法院大力推进多元化纠纷解决机制改革,将调解作为解决纠纷的首选方式。根据《诉讼费用交纳办法》第 6 条规定,当事人向人民法院交纳的费用包括案件受理费、申请费和其他费用。这些费用的性质主要属于裁判费用,当事人无需为司法调解另行交纳费用,相反,如果当事人通过调解解决纠纷,法院在诉讼费的收取上还会进行减免。因此,当事人走到纠纷的最后一道防线时,对调解的印象仍然是不收费。调解免费成为社会对调解的普遍共识。

2.缺乏收费的法律依据。商事调解作为一项重要的商事纠纷解决机制,只有在法律上得到确认,才能在法律的轨道上正常前行。目前,我国关于商事调解的规定主要来源于最高法院出台的司法文件,包括 2009 年的《关于建立健全诉讼与非诉讼相衔接的矛盾纠纷解决机制的若干意见》、2016 年《关于人民法院进一步深化多元化纠纷解决机制改革的意见》及 2019 年的《关于深化人民法院司法体制综合配套改革的意见——人民法院第五个五年改革纲要(2019—2023)》等,但上述文件主要是从多元化纠纷机制改革的角度,肯定商事调解的独立地位,支持商事调解组织的成立,加强商事调解组织与法院的合作,未对商事调解组织的市场化运作进行具体规定。由于没有法律明文规定商事调解可以收费,导致商事调解组织在制定收费办法时缺乏底气,当事人也会对收费提出质疑。

3.缺乏收费的相关规则。从纠纷解决服务方式来看,调解员提供的调解服务,与仲裁员提供的仲裁服务和律师提供的法律服务没有本质的区别,但在仲裁收费方面,国务院在 1995 年 7 月 28 日发布了《仲裁委员会仲裁收费办法》,明确规定了收费范围、收费方式和收费标准。在律师费方面,发改委和司法部在 2006 年 4 月 13 日出台了《律师服务收费管理办法》,对律师收费的原则、方式作出了具体规定。而调解收费只有各个调解机构参照国外的做法,自行制定的标准,相互之间差异较大,导致收费市场比较混乱,不利于监管。

五、我国商事调解收费制度构建的进路

国外商事调解早在 20 世纪 80 年代就走入市场化运作模式。尤其是美国 JAMS 是以公

---

① 张巍:《上海经贸商事调解中心的发展回顾与展望》,载《东南司法评论》2017 年卷,厦门大学出版社 2017 年版,第 240 页。

② 参见新华网,http://www.xinhuanet.com/2018-04/27/c_1122753474.htm,下载日期:2019 年 2 月 18 日。

司化方式提供调解服务。我国的商事调解刚刚起步,国内仅有几家商事调解机构以民办非企业方式进行运作,调解的市场化收费机制也在摸索阶段。但随着"一带一路"建设的推进和《新加坡调解公约》的实施,商事调解必然迎来发展的春天。为了改变民众对于调解不收费的传统观念,与国际商事调解接轨,建议从立法、政策、规则三个层次构建我国商事调解的收费制度:

(一)在立法层面,出台《商事调解法》,确定调解收费的原则

制订一部统一适用于国际、国内商事争议调解的法律,以鼓励和支持商事调解发展为宗旨,借鉴联合国贸易法委员会制定的《国际商事调解示范法》,对商事调解的定义、调解员的选定及披露义务、调解程序的开始、进行及终止,调解效力及调解后的问题作出规定,明确商事调解实行收费原则,为商事调解的市场化运作提供法律依据。

(二)在政策层面,推进商事调解员的职业化,培育专业化的商事调解组织

首先,应大力推进调解员的职业化建设。调解员只有具备相应的专业素质、业务素质,按照公认的职业伦理和职业行为规范进行活动,承担该职业带来的各种风险,才有资格获得与其工作量、社会贡献度相适应的报酬。[①] 因此,在商事调解比较发达的国家和地区,调解员的资质及其认证是调解最重要的配套制度之一。[②] 国外许多国家都制定了调解员的资格准入、管理制度以及规范的调解人行为准则,为调解的可持续发展奠定坚实的基础。我国调解员的职业化建设可从商事调解开始,明确商事调解员的准入门槛、任职要求、资格认证、业绩考核与职业伦理,与世界的发展趋势接轨。

其次,扶持各种形式的商事调解组织的成立。我国目前的商事调解组织一般注册登记为民办非企业性质,属于非营利的组织,尚且没有按照公司化运作的调解公司。但是,国外一些比较著名的调解机构是以公司化的方式运作的。借鉴国外的成功经验,建议我国鼓励具有条件的组织或个人设立公司化运作的调解组织。

(三)在规则方面,制定商事调解收费办法

为规范调解组织的收费行为,维护当事人和调解员的合法权益,促进调解服务的健康发展,政府有关部门可参照律师收费和仲裁收费的做法,制定商事调解收费办法。

由于商事调解采用市场化方式运作,故适宜实行以市场定价为主,政府宏观调控为辅的机制。商事调解组织可以在政府的宏观指导和监督下,以调解员付出的劳动和成本作为收费的主要依据,结合案件复杂程度等因素,自行制定收费标准。政府的主要作用是通过收费备案和对违规违纪的查处,实现政府对收费的宏观调控和监督。政府原则上不制定具体的指导标准或指导价格。[③] 调解组织在制定收费标准时应遵循公开公平、自愿有偿、诚实信用的原则,收费范围包括管理费、调解费和其他费用,计费方式可以按小时计费或按天数计费,也可以按争议标的金额的一定比例。当事人在调解正式开始前取消调解的,调解组织视情况退还相应比例的调解费。调解组织应向社会公开收费标准,并在接受申请前,告知当事人

---

① 廖永安、刘青:《论我国调解职业化发展的困境与出路》,载《湘潭大学学报(哲学社会科学版)》2016年第6期。

② 唐琼琼:《新加坡调解公约背景下我国商事调解制度的完善》,载《上海大学学报(社会科学版)》2019年第7期。

③ 吕啸:《律师调解收费制度研究》,复旦大学2010年硕士学位论文,第25页。

收费方式、收费标准、计算方式和可能向当事人收取的预付费用。具体方案建议如下：

商事调解收费办法（建议稿）

第一条　当事人选择由商事调解机构进行调解的，应按照商事调解机构规定的标准和程序交纳管理费、调解费用及其他合理的实际开支费用。

【说明】本条规定商事调解实行收费制度，明确收费的范围，将具体收费标准和程序交由调解机构自行确定，体现市场化的原则，与国际商事调解行业接轨。

第二条　管理费是商事调解机构安排、管理调解的费用。

【说明】由于商事调解机构在收到当事人的申请后，需要联系调解员、安排调解、跟进调解，故需要收取一定费用。

第三条　调解费用是指申请调解的当事人给付调解员的调解报酬，包括调解员准备调解和进行调解的费用；其他合理的实际开支费用是指调解员因调解支出的住宿费、交通费、场地费、翻译费及其他合理费用。

【说明】本条规定了当事人需要支付的调解费用和其他合理的开支费用的范围。当事人需要支付的调解费用不仅包括调解员进行调解的报酬，而且包括调解员为了准备调解，在阅卷、查找资料、整理信息等工作上的报酬。这与国际上通行的调解收费规则一致。另外，当事人还需支付调解员因调解支出的差旅费、场地费、翻译费及其他合理费用。将调解费用与差旅费区分开来，符合国内外调解机构的通行做法，也与仲裁和诉讼的收费一致，调解费用类似于仲裁与诉讼的案件受理费，而差旅费属于案件的处理费。其次，调解费用与案件性质、工作时长等关系较大，而差旅费主要取决于调解员的个人安排，故调解费用和差旅费的收取方式存在较大区别，很难合并在一起。

第四条　商事调解可以采取按小时、按天数或按争议标的比例的收费方式，也可以由当事人与调解机构或调解员协商确定收费标准。

【说明】本条规定了调解的计费方式。参照国内外调解机构的做法，可以按小时计费、按天数计费或按争议标的金额比例计费，也可以由当事人与调解员或调解机构协商收费标准，体现调解灵活的原则。

第五条　当事人可以协商确定各自承担调解费用的比例，协商不成，当事人之间平均负担调解费用。

【说明】本条规定了当事人承担调解费的方式。调解不同于仲裁或诉讼的最大特点在于以自愿为前提，程序灵活，结果双赢，故在调解费用的承担上，不由中立第三方决定，而是由当事人自行协商确定。在协商不成时，由各方当事人平均分担。

第六条　负有承担调解费义务的当事人应在收到缴费通知后7天内通过转账或者支票方式支付，也可以根据当事人和调解机构协商达成的协议，按照与调解事项不存在利益冲突的其他方式支付。

当事人在规定的期限内不预交调解费用，又不提出缓交申请的，或在规定的缓交期间内未预交调解费用的，视为撤回调解申请。

【说明】本条规定了调解费用的支付方式和逾期支付的后果。当事人提前预交调解费，是正式启动调解的前提。如当事人在规定的期限内不预交调解费，在一定程度上表明当事人缺乏调解的诚意，故按撤回调解申请处理。但不包括以下情形：负有交费义务的当事人不预交，其他当事人愿意代交调解费。

对调解进行预先收费是国际知名调解机构特别是商事调解机构的通行做法,预先付费可以体现当事人参与调解的诚意,保障调解顺利进行,避免调解结束后调解机构收取费用困难的风险,故规定采取预收费的方式。

第七条 在正式召开第一次调解会议开始之前,如收到任何一方当事人取消调解的书面通知,则终止调解,并根据不同情形,对申请取消调解一方当事人预交的调解费按不同比例收取。

【说明】本条规定了取消调解的条件和后果。当事人在预交调解费用后,可能由于各种原因,改变了之前调解的意愿,不愿参加调解。给予当事人在一定条件下反悔的机会,可以减轻当事人在选择调解时的压力和负担,有利于促进调解的应用,也能体现公平合理的原则。另外,根据过错原则,退费原则只适用于申请取消调解的当事人。对于没有申请取消调解的当事人预交的费用原则上应全额退还。

第八条 调解员按本规定履行调解职责,无论调解成功与否,均不退回调解费用。

调解员无法履行、无法继续履行或者不适合履行调解职责,应将调解费用退还给当事人。当事人可以另行协商选定或者由调解机构另行指定新的调解员,并重新预交调解费用。

【说明】本条规定了不退调解费用和退还调解费用的情形。由于调解的最终结果由当事人决定,调解员的作用在于帮助当事人进行沟通,协助当事人达成一致,故调解费用的收取与最终的调解结果没有关系。只要调解员履行了职责,当事人就应按约定或规定的标准支付相应的费用。但如果调解员因个人原因或其他原因无法完成调解,调解员应将调解费用退还给当事人。当事人可以另行协商选定或者由调解机构指定新的调解员,并按规定重新预交调解费用。

第九条 调解员因调解支出的住宿费、交通费、场地费及其他费用,调解机构或调解员可以与当事人协商确定标准。

当事人可以协商确定各自承担实际开支费用的比例,协商不成的,当事人之间平均负担。

【说明】本条规定了因调解支出的其他费用承担方式。不同于调解费用可以根据调解员投入的时间或工作量预先确定一个标准,调解员因调解支出的差旅费等其他费用依据个案情况则差异较大。在支付时间上,未采用预付方式,是因为其他费用的项目难以确定,数额相差较大。预付的金额难以评定,而且存在多退少补的问题,采取实报实销的方式更加合理。在支付比例上,采取与调解费用同样的原则,当事人之间可以协商确定,协商不成时,当事人之间平均分担。

六、结语

总之,调解的有偿将预示着"调解新时代的开端"。[①] 目前,我国的调解发展正处于向现代化、多元化、全球化转型的时期,以收费为基础的市场化运作只是众多改革措施中的一项,但毫无疑问,这项举措产生的影响是深远的,不仅会激发我国调解发展的内在动力,加速调解的职业化,而且会促进我国调解的外在影响,在纠纷解决市场竞争中赢得一席之地。

---

① 周建平:《法国的调解:比较与借鉴》,载《学习与探索》2012年第1期。

速裁制度适用中的送达困境和破解

——以民间借贷案件为例

尹丽君*

引　言

近年来,执行难是全国的热点问题,其中最具有代表性的执行难案件类型之一就是民间借贷纠纷案件,而执行的开端就是民事送达。相对于其他的民事法律关系而言,一般民间借贷纠纷案件的事实较为容易认定,权利义务关系较为清晰。多数当事人希望其权益能尽快得到法院的认定并且快速进入执行阶段。从当事人的利益出发,为了提高诉讼效率、减轻审判的压力、提高司法效率,具有程序简单、高效、快捷等特点的速裁制度就被广泛用于民间借贷纠纷案件的审理中。因此,本文研究的送达问题大部分是从民间借贷案件的办案实践中提炼出来的,全文的理论研究基础均以民间借贷案件为例。

一、速裁制度适用中的送达困境

(一)案件数量庞大导致的送达压力

广东省法院很早就开始试行速裁制度,并且设立了速裁组,适用速裁制度结案的案件约占总比例的 30%[1],速裁制度将法院的案件成功地进行分流,减轻了法院的负担。但是,民间借贷案件收案量不断攀升,给法院带来很大的冲击和挑战。2016 年 3 月 13 日上午,最高人民法院院长周强在两会上作出的关于最高人民法院工作报告中特别指出民间借贷案件的情况,各级法院审理民间借贷案件约 142 万件,标的额达 8000 亿元。法院工作人员面临巨大的压力,一方面要满足当事人对于审判效率的要求,一方面要兼顾送达程序的效率问题,而送达难又是民间借贷案件最明显的特点之一。另,现在全国法院还面临"案多人少"的困境,法院工作人员数量不足、司法车辆等硬件设施配备不全,加上案件压力剧增,对法院工作人员的送达工作既要求快又要求多,无疑是一种无奈的矛盾,要高效地完成速裁程序中的送

---

* 尹丽君,时任东莞市第二人民法院厚街法庭法官助理。
① 广东法院开展小额速裁试点工作有关情况的报告粤高法(2011)号。

达工作需要各方面条件的提升。① 另,根据广东省 D 市 R 法院的司法统计数据,以一位法官、一位法官助理和一位书记员模式组成的审判团队每年处理近 200 件案件,基数庞大的案件数量决定了送达事务的繁重,送达工作占据了法院工作人员近 40% 的工作时间,且占用了基层法院近 40% 的审判资源。

（二）送达占用时间长难以体现速裁制度的优越性

送达占用时间长的一个突出表现是一次送达不成功,法院需要反复且多次送达。② 根据《中华人民共和国民事诉讼法》的规定,法院工作人员应当在立案之日起 5 日内向被告进行送达,被告的答辩期为收到应诉材料之日起的 15 日内。但是每个环节必须要严格地、迅速地在法律规定的时间内完成,才能达到速裁制度的最优效果,而在司法实践中很少能达到 5 天内将应诉材料送达被告方的目标。一般来说,在立案的时候提供被告方的送达地址以及联系方式的主要责任在于原告,法院工作人员接到立案材料以后,首先会根据原告方提供的联系方式打电话给被告,而这时候就会出现以下这些情况:1.被告消极应诉,在电话中否认自己的真实身份;2.以各种理由拒绝到法院领取应诉材料;3.多次口头承诺应允到法院签收材料但是爽约,拖延案件送达的时间。在多次催告被告前来法院领取材料失败以后,法院工作人员会采取邮寄送达的方式,将应诉材料邮寄到原告提供的被告住所地或者身份证地址,而在司法实践中,民间借贷纠纷案件的被告一般都知晓自己欠款的事实且有可能负债累累,进而举债逃跑,结合广东省外来人口的状况,人去楼空的现象屡屡出现,一旦"外地"的被告"逃跑",就很难通过邻居或者居委会、亲属查询被告的去向,因而增加了送达的难度和时间,且身份证地址一般具有滞后性,有可能被告方已经搬离该辖区或者移民,但是这些情况原告方很难掌握。另,邮寄送达存在等邮政机构返还回执的时间差,一般在 3 天左右,且法律规定公告送达必须满 60 天,结合上述情况,很难在法律规定的期限即 5 日内送达应诉材料给被告,送达期限必然超出 5 日。

（三）瑕疵送达影响速裁制度的程序正义

"程序正义在诉讼制度上首先表现为确保利害关系者参加程序,与程序结果有利害关系或者可能因该结果而蒙受不利影响的人,都有权参加该程序并得到提出有利于自己的主张和证据以及反驳对方提出的主张和证据的机会。"③原告、被告各方到庭进行答辩、举证、质证、辩论等环节是最符合民事诉讼法规定的一般庭审模式,也是最原始公平正义的程序体现,缺席判决并不是审判工作的常态,是民事诉讼法规定的一种非常态开庭模式。送达难最直接的体现就是最后需要启动公告送达程序,而公告送达的结果大部分都是缺席判决。但是越来越高的公告送达使用率,越来越频繁的缺席判决,必然会影响法院的公正形象,使得公平正义难以得到切实的保障。④ 速裁制度对于速度的要求,使得无论是原告方还是法院都无法在长时间内寻找被告新的联系方式,必须尽快通过委托、公告等方式实现形式上的送达,将案件尽快进入庭审阶段并得出判决结果,而瑕疵送达往往来源于此,如在原告确实无

① 王福华:《民事送达制度正当化原理》,载《法商研究》2003 年第 4 期。
② 张艳:《民事诉讼送达制度适用问题之探讨与完善》,载《法律适用》2013 年第 8 期。
③ ［日］谷口安平:《程序的正义与诉讼》,王亚新、刘荣军译,中国政法大学出版社 1996 年版,第 12 页。
④ 何正伟:《民间借贷纠纷案件涉赌情况分析》,载《法制与社会》2010 年第 5 期。

法掌握被告地址或者原告为了达到诉讼的目的希望被告无法到庭的情况下,原告刻意隐瞒被告的现有地址或者法院通过邮寄送达应诉材料到被告的户籍地址失败的情形下,通过公告完成了所有的送达,待启动执行程序后,被告才知晓案件的存在,就会以送达瑕疵为理由到法院提出程序瑕疵的异议。法院并不具备寻找被告的能力,但是又不能拒绝或者搁置处理被告下落不明的案件,这种矛盾的情况对速裁制度如何把握事实正义与程序正义提出了新的考验与挑战。另一个问题是,法律规定普通程序的审理期限为 6 个月,而民间借贷案件中被告下落不明需要公告送达的案件,送达应诉材料以及审理结果的文书都需要给予 60 天的公告期限,对于原告而言,案情简单的民事案件需要将近一年的诉讼时间,再加上执行阶段的工作时间,其诉讼的耐心与信心都会遭受很大的考验,这也不利于司法权威的树立。[①]

二、速裁制度中的送达难问题原因分析

(一)速裁制度、送达制度法律体系滞后

关于民事速裁制度的法律发展,2003 年《最高人民法院关于落实 23 项司法为民具体措施的指导意见》提出了"对简单的民事案件适用简易程序速裁,减轻涉诉群众的诉累"的要求,全国各地的法院开始了对速裁制度的探索与改革。2004 年,最高人民法院颁布的《人民法院第二个五年改革纲要(2004—2008)》提出:"继续探索民事诉讼的简化形式,在民事简易程序的基础上建立速裁程序制度。"该文件使得民事速裁制度得以正式确立,但是该文件没有具体规定速裁程序制度的内涵。2009 年《人民法院第三个五年改革纲要(2009—2013)》对速裁法庭的设置作出了指引:"……探索推行远程立案、网上立案查询、巡回审判、速裁法庭、远程审理等便民利民措施。"2011 年 3 月 17 日最高人民法院发布的《关于部分基层人民法院开展小额速裁试点工作的指导意见》开始试点推行小额速裁程序,该意见中对速裁的理解与小额的概念结合在一起。2012 年的《中华人民共和国民事诉讼法》规定了小额诉讼程序一审终审,但是没有速裁的概念。关于送达程序,最具体的仅为邮寄送达方式制定了《最高人民法院关于以法院专递方式邮寄送达民事诉讼文书的若干规定》。[②] 综上,我国并没有关于速裁程序具体的操作指引文件,各个法院对速裁制度的具体措施处于探索阶段,因此很难把握速裁程序中的送达程序的特殊性,也没有特殊的制度和组织来保障和提高速裁案件送达的"速度"。同时,缺乏关于送达标准的法律规定会导致对送达程序公正性的解读不一,使得法院工作人员实际操作中难以达成统一可行的标准,当事人也无法理解法院的工作甚至会产生送达程序不公正的思想。

(二)社会治理层面的不足加剧了速裁制度适用中的送达困境

首先是社会上的人,即民间借贷法律关系中的人存在的诚信缺失问题,诚信等道德与价值观的缺失表现为在接受法院送达时的各种推诿拖延和逃避的态度,藐视法律和躲避送达。在司法实践中,很多当事人接听了法院的电话,但是在电话中明确表明不会接受法院的裁判,拒绝提供送达地址,认为法院找不到自己就无法对自己采取措施,法律意识淡薄。其次,法院的工作需要各个部门的积极配合,如公安机关配合法院查控当事人的去向,如法院需要基层组织的配合送达和了解当事人的情况,有些机关组织因法律意识淡薄以及责任感缺失,

---

① 董灿:《公正和效率理念下典型诉讼制度的建构》,载《法制与社会》2012 年第 3 期。

② 王晓利:《民事速裁程序之完善》,西南政法大学法学论坛,2013 年 5 月。

相互推诿或者敷衍法院工作人员,导致送达工作存在人为阻碍。再次,通过当事人的身份证地址也无法送达法院文书给当事人很大的原因在于户籍登记工作和人员流动信息掌握不足,管理存在滞后,对于一些外出务工人员等流动人口以及公司企业变更住所地等信息无法及时掌握,无疑成为阻碍送达效率的重要因素。最后,中国文化存在与生俱来的"厌诉心理"导致法律意识淡薄,对法院的送达工作缺乏尊重以及严肃的态度,存在拒绝签收法律文书就可以拒绝接受裁判的错误观念,而与此同时拒绝接受法律文书并没有明文的法律强制性措施的规定,导致尊重法律的意识和观念无法深入人心,当事人将法律工作人员的送达工作拒之门外。① 综上,上述社会治理的问题在一定程度上加剧了速裁制度送达的困难,拖延了送达时间,导致速裁制度难以得到最优的发挥。

（三）民间借贷案件的特殊性决定了送达工作的难度

民间借贷案件本身存在一定的审理难度以及执行难度。很多民间借贷案件发生在熟人之间,中国式的熟人社会往往在借款的时候碍于"面子",讲究人情关系,加上公民法律意识淡薄,因此借贷手续往往简陋且不规范,对于借款用途、还款方式、利息计算、送达地址等问题没有具体的书面约定,增加了法院审理的难度,当事人也难以举证,法院也无从调取证据,许多的口头约定无法作为定案依据,一旦被告方不出庭,法院只能机械地作出认定,难以保证事实是否已经调查清楚,难以掌握借条的真实性,只能机械地按照被告不出庭承担不利后果的法条来作出认定。这种情况下,有可能发生的情形是原告故意不提供被告有效的送达地址,以达到法院公告送达后进行缺席审理的目的,使得法院的送达工作难以顺利进行,这种情形的出现也不利于并且有悖于程序正义的价值。

三、送达效率体现速裁制度平衡公正与效率的价值

"公正与效率"是司法权运作的两大主题,每一次的司法改革,都是为了更好地平衡两者的关系,使其满足人民群众对司法正义的需求,两者的平衡关系处理得越好,人民群众感受司法正义的幸福度就越高。实施民事案件的繁简分流,设立专门的速裁部门,是近年来法院深化改革的重要举措。公正与效率是正义的两个重要维度,是我们考量速裁制度合理性的重要切入点。②

（一）送达效率体现速裁制度的效率价值

根据《中华人民共和国民事诉讼法》的相关规定,通过公告送达的方式向被告送达法院文书的前提是,案件需要转为适用普通程序,这是为了保护不能到庭参加诉讼的"弱势群体"的权利,但是这种情况下很容易带来的后果是"底线"的范围扩大,造成公告送达的滥用,法院工作人员很容易使用这种看似公平的"底线"送达减轻其他送达方式的负担,就很容易忽视诉讼效率的问题。民事速裁制度是基层人民法院特别是派出法庭近年来探索出来的司法改革的新理念和新思路,其根本的目的是更快更有效率地解决民事纠纷。民事速裁制度的优点可以简单归纳为简单、快捷、效率高。如果每个案件都通过分流筛选,将简单的、容易处理的案件先挑选出来,通过便捷的程序、简易的文书格式迅速得出解决的结果,这无疑就是一条分工有序、效率高的生产线。将能够快速解决的案件事先"挑出来"由专门的机关或者

---

① 戴建志:《民间借贷法律实务》,法律出版社 1997 年版。
② 齐树洁:《民事司法改革研究》,厦门大学出版社 2006 年版。

工作人员优先解决,就避免法院工作人员花费大量的精力先处理较为复杂的案件而搁置简单案件的出现。民事诉讼法将送达程序前置于审判程序,是由于送达程序是联系原被告双方之间的纽带,因此并非简单的文书送达安排,而是一种基本制度,通过这种制度,案件各方当事人的诉讼权利才得以知晓并且在法律给定的时间内实现。将适用于速裁程序的案件先"挑出来"是为了能够优先完成送达、优先完成权利义务的告知和实现的时间,在最短的时间内平息纷争。送达效率表现在速裁制度的审判阶段也具有创新的特色。以广东为例,中级人民法院向基层法院下达适用令状式法律文书的通知,对于速裁的案件如当庭宣判的案件,适用简易的文书模式,隐去旧文书模板一些繁杂的说理部分,有些道理、事实,理解容易,但是表达清楚很难,因此可以去繁杂的说理,直接陈述无争议的事实,最终得出裁判结果,使得案件尽快审理终结。一般来说,裁判文书就是整个案件最终结果的体现,因此简化文书对于简化审理程序有很大的意义。这种令状式的文书可以用于当庭宣判,而当庭宣判的举措正是裁判结果的直接送达,利用庭审的时间当庭向当事人送达裁判的结果,可以免去传统程序中制作文书、再通过各种方式送达的时间差。从这些改革措施可以发现,速裁程序给予法官更大的自由裁量权,而不拘泥于传统三段论的处理方式,可以节省审判时间。对于当事人而言,迅速得到结果可以省去很多法律程序上的负担以及等待的时间。根据作者在法院工作经验来看,当庭宣判上述简易案情的民间借贷案件的结果,往往都能得到当事人最大的认可,当事人体会到自己的案件得到法院的尊重并且有效快速地处理,感受到了正义的满足感,也提高了法院公平正义的形象,提高了司法公信力。

(二)送达效率体现速裁制度的程序价值

我国的送达模式是典型的大陆法系国家职权主义模式,法院独揽民事送达的沉重负担,在法院"案多人少"、案件爆炸式增长、社会人口流动不断加速难以管理和掌握的现状下,法院的送达工作显得越来越"吃力"。[①] 对于一般的民间借贷案件而言,作为被起诉方的被告往往消极应诉,因此缺席审理的庭审情况常常发生。虽然民事诉讼法为了保证民事诉讼程序的顺利进行将缺席审理的程序合法化,但是应用起来需要十分谨慎。缺席裁判的案件起因几乎都出自送达环节,最典型的比如公告案件,公告只是一种法律规定将其合法化的形式送达,能起到真正让当事人知晓的作用比较小,且法院需要保证作为妥协送达式的公告送达只有在穷尽所有送达方式后才决定适用,用于保障程序的正当性。[②] 而诉讼权利义务能否真正传达给当事人就关系到程序的正当性。因此,可以说,合理合法化的送达制度增强了缺席裁判案件的程序合法性,使案件能够真正地经得起时间的考验,避免因程序不正当而发回重审的情形发生。从电话联系、身份证地址等穷尽一切送达方式到适用公告送达的最短时间的衔接式送达工作,是送达效率的一种体现,也是速裁程序需要把握的时间点,这种时间点把握得越好,时间越短,就越能体现速裁制度的优越性。其次,程序正义有时候就体现在诉讼时间上,诉讼时间越长,越损害司法的公信力。[③] 在司法实践中,对于被告下落不明的案件,法院对当事人作出解释需要适用公告的方式进行送达的情况时,当事人往往不理解60 天公告期限的意义。按照传统的审判程序工作模式,是没有繁简的区分,所有案件都"平

① 赵莹、张继峰:《民事送达难的实质与应对》,载《法制博览》2016 年第 7 期。

② 王福华:《民事送达制度正当化原理》,载《法商研究》2003 年第 4 期。

③ 宁杰:《ADR 热的冷思考》,载《法律适用》2005 年第 2 期。

等"地按照立案时间顺序进行,不分轻重缓急,从庭审前的送达应诉材料、到开庭、到制作裁判文书以及送达、最后到执行阶段,这种按部就班的模式往往容易导致所有案件诉讼时间长、证据有可能灭失、可供执行的财产被隐匿或者转移等不良后果,且容易滋生司法腐败的土壤。① 因此速裁制度下的专业化分工,快速有效地送达,能实现资源的优化配置,有利于法院快速审结简单案件,集中有效地审理疑难、复杂、新型案件。

四、完善和规范速裁制度的送达工作

(一)使速裁制度的适用有法可依

要使得民间借贷案件速裁制度的适用有法可依,要从两个方面的法制建设入手,首先是健全民间借贷法律体系,使得民间借贷案件与速裁制度的结合能够有法律适用的基础,通过制定民间借贷案件审理的指导意见等文件,根据全国不同城市的实际情况,对民间借贷的认定、利率计算等问题作出明确的规定,使得法院的审理真正做到有法可依。对于民间借贷案件的送达也可以作出特殊的送达形式或者形式认定,如可以参照合同法的规定,确认借贷双方约定在借款凭证上面的地址在无法送达的时候可以视为送达等。其次,在立法上合理界定普通程序、简易程序、速裁程序的界限,而不是简单地将速裁程序作为简易程序的延伸。将速裁程序作为一种独立的程序,才能真正发挥其效率、公正、简便的优点。对速裁程序可以独立设计,且在立案、送达等方式上区别于一般的简易程序,可以结合实际,制定更简便的送达方式,如承认短信送达、微信送达、电话送达、律师或者当事人也可以送达,弱化职权主义模式下的传统送达方式。

(二)完善与速裁程序的送达工作相适应的配套制度

第一,设置统一规格、专业化、精英化的速裁团队,由专门的法官来安排和制定速裁团队的工作计划,包括案件筛选分流、审前送达、裁判文书制作等工作,优化司法资源,提高诉讼效率。第二,简化送达文书的格式和数量,传统的文书送达有很多种类的文书,如送达应诉材料给被告方,要送达应诉通知书、举证通知书、诉讼与权利义务告知书等等,可以对这些文书的相关内容进行合并,避免被告方收到文书以后"无从下手",如起诉状可以设计成固定问题设定以及补充说明组合的表格式,一看就明了,对于某些重要的权利可以用加粗等方式对当事人进行提醒注意,使当事人能够简易快速地从文书中读到相关重要的文字提醒,认识到如果不配合法院送达工作的不利后果,督促当事人在此后的审理过程中配合法院的送达工作,以此提高送达效率。第三,完善邮寄送达与委托送达工作,对于受委托的法院来说,往往由于缺乏相应的内部机制的激励和制约,对其他法院委托办理的送达工作拖延甚至不理睬。因此,法院内部应制定相应的机制督促受托法院及时办理受委托送达的工作,且规定具体的期限以及不及时办理的法律责任,同时可以将委托送达工作纳入考核机制,激励受托法院积极送达。另外,对于开展法院专递的邮政机构,可以进行选拔,优胜劣汰,选择有法律责任感且专业性强的邮政机构,对快递员进行相应的送达培训,避免退件的发生,即使存在退件,也应当及时注明详细的原因以及送快递的过程,并且以最快的速度退回法院作进一步的处理。②

---

① 刘烁玲:《论我国速裁法庭的价值与完善路径》,载《民主与法制》2011年第5期。

② 朱良敏:《浅析速裁程序的制约问题及对策》,载《法制与社会》2017年第4期。

（三）改善案件的审理环节以减少送达的次数

首先，关于开庭审理的时间，送达的文书中很重要的一类是开庭传票，传票上面记载的时间往往是根据法院的工作安排来制定的，因此不一定能满足案件当事人的时间安排，一旦有冲突，可能又要进行变更以及重复的送达，因此，如上文所述的专门速裁部门可以灵活地安排开庭问话的时间，可以在夜晚或者节假日等时间进行开庭审理，这种灵活的处理方式也同样适用于送达的时间，专门的速裁人员可以在非工作时间上门送达，能找到案件中的"人"，符合"人"的需求，相信一定能达到更好的审理效果。① 其次，要做好庭审准备的工作，如对借款凭证的形式审查，能一次性地通知当事人需要补充的材料或者证据，避免送达环节的重复，同时禁止当事人当庭提交证据，以保证庭审的记录性，避免证据突袭等事件的发生，对于民间借贷案件的金钱交付、证据合法性等审查问题可以集中快速地审理，避免庭审时间的拖沓，提高当庭宣判率，以发挥民间借贷速裁制度的最优效果。

五、结语

我国的速裁制度在适用中遇到很多问题，需要我们不断创新与完善。在我们积极发展效率与公正相统一的速裁制度工作的同时，包括民间借贷案件在内的送达问题应当得到足够的重视，并且引起全社会的关注，送达问题不仅仅是法院的工作问题，更是全社会的责任问题，需要群众、企业和政府各个部门的积极配合，共同创造良好的送达环境。

---

① 马洁：《"加减乘除"破解送达难题》，载《天津政法报》2011 年 10 月。

民事诉讼律师调查令制度研究

——以 D 市法院律师调查令实施情况为样本

陈娟娟[*]

一、民事诉讼律师调查令的法律属性

民事证据调查令这一法律术语起初并没有在我国民事诉讼法中出现,这一概念最早在大陆法系国家的民事诉讼理论中出现[①]。根据实践及相关理论,民事律师调查令是指在民事诉讼程序中,当事人及其代理律师因客观原因不能自行收集证据时,经代理律师申请,受理案件的人民法院批准,由指定代理律师向接受调查的单位、组织或个人调查收集相关证据的法律文件。民事诉讼律师调查令有如下性质:

(一)民事诉讼律师调查令的特征

1.产生于民事诉讼过程中。律师调查令的申请可贯穿民事诉讼整个流程,当事人可以在起诉、审理、执行各阶段提出。审理程序不仅包括一审程序,也可包括二审程序。

2.人民法院司法调查权的延伸。律师调查令是人民法院根据申请,委托律师协助法院前往受调查的单位、组织或个人进行调查的法律文件,律师行使的是司法调查权,而非律师调查权,若属于律师法等法律制度赋予的律师调查权范畴,律师完全可以凭借律师事务所开具的介绍信、律师证等相关材料调取,无需向法院申请律师调查令。

(二)民事诉讼律师调查令的价值

我国现行《民事诉讼法》所规定的"谁主张谁举证"的对抗式主义举证原则,即当事人双方具有平等诉讼地位,法官中立地引导各方举证质证、完成法庭调查,查明基础性法律事实。但实际情况是,当事人的诉讼能力有强有弱,特别是涉及诉讼相关的人身和财产信息,大都由政府公共部门所存储,仅凭当事人或律师,都很难独立收集到这些证据。在此情况下,若法院僵化执行上述举证标准,就会导致法院查明的"法律事实"和客观事实相去甚远。虽然民事诉讼法律制度也规定了法院可以依职权主动调查,但这与法官中立的司法原则是相违背的。在此情况下,如何在"提升当事人举证能力以便查明客观事实"和"法官中立裁判"之间取得平衡,设立律师调查令制度是一个有效的制度设计。律师调查取证制度将取证权交

---

* 陈娟娟,东莞市中级人民法院审管办副主任。

① 叶若思、叶艳:《民事证据调查令制度初探》,载《中国审判》2008 年第 10 期。

由当事人及其律师,一方面保证了法官的中立地位,另一方面也弥补了现实中当事人举证能力有限的实际情况。此外,也能缓解法官和司法辅助人员的办案压力,合理利用司法资源。

二、D 市法院民事诉讼律师调查令的实施情况

为保护当事人合法权益,强化律师依法调查收集证据的作用,维护司法公正,2018 年,D 市法院根据相关法律、司法解释、地方性法规的规定,结合 D 市民事审判、执行工作实际,制定《关于民事诉讼中使用律师调查令的实施办法(试行)》①,在全市范围内推广适用律师调查令,律师调查令制度运行以来,基本情况良好,取得了较好的成效,保障了律师在民事诉讼中的调查取证权,促进了法院进一步提高司法效率和实现司法公正。

(一)民事诉讼律师调查令的签发情况

经统计,从 2019 年 1 月 1 日至 7 月,D 市法院共发出 354 份律师调查令,目前 D 市法院所签发的律师调查令调查对象主要为银行等金融机构,网络支付运营商、工商局、房管所、医疗机构、社保局、仲裁机构及公安机关等;涉及的案由有婚姻家庭纠纷、物权纠纷、合同纠纷、房屋租赁合同纠纷、劳动争议等;申请调查的证据种类以书证为主,证据范围包括参保名册、社保缴费记录、房产登记信息、仲裁庭开庭笔录、工商企业内档资料、医院缴费、银行流水信息等情况。

(二)民事诉讼律师调查令的使用情况

据统计,在签发的律师调查令中,有 250 份成功调取相关证据,有 36 份未反馈,调查取证成功率为 78.62%。未完成调证的原因包括接受调查机构称不知道相关规定或对规定效力不认可而不配合、接受调查人称没有相关证据或者签发调查令后因当事人撤诉、调解而没有实际使用等。

1.诉讼阶段适用范围不包括调查财产线索。D 市法院有多次收到过律师在诉讼阶段申请财产保全但无法提供被告财产线索,于是律师申请调查令去房管局、国土局、银行查询被告名下的财产线索的情况,目前,我院的通行做法是不予支持。根据《最高人民法院关于人民法院办理财产保全案件若干问题的规定》第 10 条规定,当事人在诉讼中因客观原因不能提供明确的被保全财产信息,但提供了具体财产线索的,人民法院可以依法保全。该规范第 11 条规定,申请保全人提出查询申请的……对裁定保全的财产进行查询。该两条规定是指申请人提供了具体财产线索,然后法院再去查询,比如说申请人指出某地房产属于被告,但是无法提供房产证,法院可以去查询该房产是否在被告名下,而不是去查被告有什么财产。个人财产属于隐私,应当予以保护。如果允许律师调查,就会导致当事人滥用诉讼保全去非法获取被告的财产线索。

2.当事人在举证期限届满后申请律师调查令的,视情况决定是否允许。《民诉法解释》第 102 条规定:"当事人因故意或者重大过失逾期提供的证据,人民法院不予采纳。但该证据与案件基本事实有关的,人民法院应当采纳,并依照民事诉讼法第 65 条、第 115 条第 1 款的规定予以训诫、罚款。当事人非因故意或者重大过失逾期提供的证据,人民法院应当采纳,并对当事人予以训诫。"据此,如果申请调取的证据确实与案件基本事实有关的,仍应签发律师调查令,但应视情况依法对当事人进行处罚。

---

① 因 G 省在 2019 年出台了律师调查令的规定,S 市的规定作了少量的修改。

3.律师调查令适用于简易程序。例如,在A公司与B某租赁合同纠纷一案,案涉地块涉及土地整改、转租等问题,且相关证据材料保存在当地村委或政府职能部门,当事人无法自行收集,故申请律师调查令调取。调取的证据1为村委自行排查的包括案涉地块在内的企业登记信息,A公司主张在案涉地块登记了多家除B以外的企业,以此证明B在未经其同意的情况下擅自多次转租。证据2是镇政府存档的承诺书,B主张在政府部门对案涉地块所在企业做出整改要求时,A作为承诺人之一在承诺书上签字,被告以此证明原告清楚转租事宜,法院经审查,同意了当事人的申请。

4.律师调查令适用于婚姻纠纷等涉及隐私案件。婚姻案件如果涉及调取有关部门掌握的书面资料可以签发调查令,如果是需要向当地部门通过笔录方式调查则不适宜签发调查令,应当通过家事调查的方式进行调查。如涉及财产、债务部分的可以适用调查令;对于人身、情感及涉及个人隐私的事项慎发调查令,可委托家事调查员参与调查,刚好可以互补。

5.律师持令调查证据失败的救济。一般不再重复申请律师调查令,若该项证据属于法院应依职权调查取证的,法院工作人员将主动前往相关单位进行调取。例如在D市某法院审理的第三人撤销之诉中,原告起诉另案以调解结案的民间借贷纠纷案为虚假诉讼,为查明案件事实,原告向法院申请对被告名下银行账户流水信息进行调取,但当时律师调查令尚未普及,律师到协助调查银行出示调查令均调证失败。由于相关银行流水信息为查明事实的必要证据,故本院后采取依职权调查取证的方式解决。

（三）民事诉讼调查令的运行效果

总体而言,民事诉讼律师调查令制度在D市运行情况良好,保障律师执业权利、提升司法公正效率,成为积极回应人民群众司法需求的有益实践。

1.降低当事人诉讼成本,提升司法效率。随着律师调查令制度的实施,当事人获取诉讼所需证据的及时性和便捷性得到有效提升,这在一定程度上节约诉讼时间成本。而且随着社会公众对于律师调查令的逐步认可和接受,配合度和取证成功率也在逐渐上升,有效地维护当事人的诉讼权利。

2.保障律师调查权利,受到律师欢迎。统一推行律师调查令的做法得到了司法局、律协的充分认可,并表现出对该制度的持续关注,希望调查令能得到进一步完善。

3.减轻法院取证压力,受到法官欢迎。律师调查令制度的实施有效缓解了法官办案压力,使法官能保持中立并将关注点聚焦,提高了审判效率。

4.深入推进持令调查,增进社会共识。制度实施初期,很多接受调查单位以没有见过相关文件为由拒绝向律师提供证据。随着接到调查令的次数增多,相关单位也对此给予应有的重视和关注,从开始的拒绝转为理解以至积极采取相应措施尽量配合完成调证。

三、民事诉讼律师调查令推进中的问题

律师调查令制度运行以来,已发挥良好的效用,但是也存在着不少问题需要深入研究解决。

（一）被调查主体的配合程度仍有待提升

有的被调查单位不认可调查令效力,拒不配合。对于律师持有调查令但不同意配合调查取证的以行政机关单位为主,主要涉及公安机关和社保等部门,还有部分银行也存在该情况。相关部门拒绝接受律师调查令、不愿意协助律师调取相关资料的主要理由是不清楚具

体的法律依据,并未接到法院关于需要配合律师进行调查取证的通知以及不能确认调查令的真实性等,仍然要求法院工作人员自行到现场进行调取,且不愿意在回执上填写无法提供材料的原因和盖章。此外,律师调查取证的范围受到限制。一些机关虽然接受律师调查取证的申请,但相较于法官直接调查取证,这些机关所提供的协助往往有所保留。

(二)律师调查令的适用规范仍有待完善

律师调查令的实施规范仍存在规定不明确的地方,在实践中容易引起歧义,引发矛盾。例如,在审理阶段律师申请调查对方当事人的财产线索,以便实施财产保全的,是否可以准许。对于该问题,现有的律师调查令制度没有明确规定,D 市法院就有多次收到过律师在诉讼阶段申请财产保全但无法提供被告财产线索,于是律师申请调查令去房管局、国土局、银行查询被告名下的财产线索的情况。目前,D 市的通行做法是不予支持。我们认为,最高人民法院在关于人民法院办理财产保全案件若干问题的规定中明确指出,在申请人提供了具体财产线索的情况下,法院可依据其提供的线索去核实财产情况。财产情况属于个人隐私,在诉讼阶段双方权利义务尚未明确的情况下,使用司法调查权去协助一方当事人调取另一方的财产线索,会导致双方诉讼地位不平等,造成个人信息泄露等不良后果,因此对该类申请应不予批准。

(三)被调查主体的约束机制仍相对欠缺

经考察 G 省和 D 市的律师调查令制度,均有对无正当理由不履行协助义务的行为进行规制,要求被调查主体承担一定法律后果。但由于当前律师调查令制度缺乏明确的上位法依据,实践中法院很难直接依据民诉法规定对无正当理由不予配合的被调查主体采取相应处理措施。刚性约束机制的缺乏减弱律师调查令效力,不利于律师调查令制度的推广和应用。

四、民事诉讼律师调查令制度的完善

(一)明确法律制度

我国民事诉讼的律师调查取证的法律依据主要是《民事诉讼法》第 64 条和《律师法》第 35 条。实际上,这两个法条并未明确规定司法中可实行律师调查令制度[①]。现行法律制度虽然为民事诉讼律师调查令制度奠定了法源基础,但仍需要在立法层面进一步丰富和细化。在具备可操作性的法律层面的规定出台前,各地的规范性文件虽然可以发挥一些作用,但在权威性、社会认可度方面存在先天不足。要从根源上解决这一问题,就应当在民事诉讼法等法律制度中,明确规定律师调查令制度及其实施细则,确保有效实现其制度价值。

(二)完善操作细则

加强学习研究,针对律师调查令实践运行中出现的热点难点问题以及新情况新问题,及时提出加强和改进工作的意见建议。例如对于不予签发律师调查令的情形,具体的认定标准在司法实践中可能存在争议。例如,对个人隐私信息的界定,司法实践缺乏明确的指引性规定,需法官在个案中具体衡量再进一步形成指导意见。又如,被调查主体的范围是否应当包含法院,对这一问题也存在争议。有的法官认为可以包含法院,也有的法官不建议在法院之间发律师调查令,可通过委托调查函的方式代替。通过司法实践中不断地发现问题、解决

---

① 曹婧:《律师代表存期待:律师调查令制度统一规定全面推行》,载《中国律师》2017 年第 4 期。

问题,促进律师调查令操作规程的细化和改良,不断增强律师调查令的针对性、操作性和实效性。

(三)强化执行效果

收到律师调查令的协助调查部门中,不同意配合律师进行调查取证的主要理由是不清楚具体的法律依据,并未接到法院关于需要配合律师进行调查取证的通知,不能确认调查令的真实性等等。在今后工作中,要进一步加强与本市行政部门、企事业单位的沟通联动,争取他们的支持和配合。此外,虽然 G 省和 D 市均规定律师滥用调查令的处罚手段,亦规定被调查主体应履行协助义务,但未明确惩戒的标准。对此,可参照民事诉讼法对妨害民事诉讼行为采取强制措施的规定对上述行为进行处理,提升律师调查令的权威性,提高调查取证成功率。

全国综合性信息化
智慧法院应用系统的模型构建

——以司法需求决定司法供给为路径

姚渠旺　　张春宁 *

一、问题的提出

智慧法院的概念于 2015 年提出,《最高人民法院关于加快建设智慧法院的意见》(法发〔2017〕12 号)将其定义为人民法院充分利用先进信息化系统,支持全业务网上办理、全流程依法公开、全方位智能服务,实现公正司法、司法为民的组织、建设和运行形态。智慧法院的提出具有特殊背景,自 2014 年司法体制改革,尤其是实施法官员额制和立案登记制等改革措施以来,全国法院收案呈逐年递增趋势,广大人民群众对司法公平正义的需求空前激增,以及法院体制内部改革引起的司法资源供应不足等一定程度上对人案矛盾产生了反效果。在此背景下,利用信息化手段全面提升司法效率成为解决当前司法需求激增与司法服务供应严重不足之间矛盾的重要突破口。因此,为引领信息化建设和智慧法院建设全面协调发展,为全面建设智慧法院提供有力的政策保障,《人民法院信息化建设五年发展规划(2016—2020)》《关于加快建设智慧法院的意见》《智慧法院建设评价报告》等政策文件相继出台,全国各地法院自 2015 年以来在探索建设智慧法院中百花争艳、百家齐鸣。如在北京、上海、广州等地相继开展互联网法院案件审理;司法网络拍卖在全国范围内施行;东莞市第一人民法院松山湖法庭自 2016 年始尝试启用讯飞语音系统进行庭审记录;东莞市三个基层法院通过法院官网实施文书公告,部分庭室实现生效文书立案挂号打印功能;东莞市中级人民法院开展 e 键送达,与中国邮政合作实现文书委托打印送达并返回送达回证的一站式送达服务,以及通过网络云端实现内部与外部数据互传互换等等。各地法院在不同领域开展了各种有益的努力和尝试,为智慧法院的建设积累了鲜活的、可复制推广的经验。然而,当前各地法院在数字化、信息化、智能化建设方面亦暴露出信息化发展不平衡、信息化建设重复无效、财政消耗重叠、信息化建设进程较慢等整体性问题,难以全面满足司法效率的需求。究其原因,除地方财政不足以支撑庞大的智慧法院信息化建设工程、缺乏熟悉信息技术工作与司法工作的复合型人才等以外,根源在于智慧法院建设工作缺乏全国性统一规划,各地法院智慧化建设各自为政,信息化建设的探索性工作重复而不全面。尽管《最高人民法院关于加快建设

---

* 姚渠旺,东莞市中级人民法院民二庭庭长;张春宁,东莞市中级人民法院民二庭法官助理。

智慧法院的意见》明确要求坚持统一规划、积极推进，目标致力于构建全要素集约化信息网络体系、全业务全流程融合应用体系、全方位信息资源及服务体系，然而至今，近三年来的《中国法院信息化发展报告》①反映，各地法院的信息化建设仍处于各自尝试、各自为政的探索性阶段，信息化建设的探索性工作集中于送达、第三方评估、电子卷宗、互联网庭审、庭审公开、庭审语音记录、失信被执行人信息公开、案例推送等少数领域，且多地在同一领域如送达方面存在重复性尝试性探索。法院智慧化建设缺乏全局性规划，直接影响了法院信息化建设进程及司法质效的提升，因此，迫切需要对智慧化法院建设进行全局性谋篇布局，全面明确信息化建设的各个主要方面，以纲领性蓝图指引地区法院信息化建设，以达到统一规划下的效益最大化。

通过构建全国统一的综合性信息化应用系统模型，明确法院信息化建设必须为、应为、可为及不可为的范围，能为智慧法院在高质效的前提下指明人、财、物、技术等的投入方向。法院信息化建设最终服务于司法工作中各个主体在起诉、立案受理、文书送达、庭审、判决、执行、审执监督、裁判尺度统一、案例调研、审判公开等各个阶段的各项需求，因此，以司法需求明确司法供给及信息化建设的着力点尤为重要。本文主要立足于司法现代化需求，以司法需求决定信息化供给为途径，通过明确司法工作中各主体在各个司法阶段的信息化需求，挖掘智慧法院信息化建设的着力点，为司法信息化工程的整体谋篇布局，为建立适用于全国各个法院各类型案件的全国综合性信息化智慧法院应用系统提供模型构建方案。为此，必须全面明确定位用户群体、功能需求、设计合理的功能操作性系统板块、在地方试验不同功能板块积累改进经验，将各个功能板块有机整合为一个功能强大的全国性系统，并最终在全国范围内推广应用，实现建成全国性智慧法院的重大目标。

二、用户及其司法需求定位

纵观智慧法院建设进程，当前地方法院的信息化建设工作主要分布于互联网法院、网上司法拍卖、裁判公开、庭审语音记录、电子卷宗、智慧执行、文书送达等部分领域，呈现出明显的分散性特点，需要以一条线索为导线整合现有尝试，并指明尚待努力的方向。这一整合作用的导线，即体现在通过明确定位全国性信息化系统所潜在的用户群体及用户对系统的功能性需求，从而明确系统的功能设计，确保功能设计的合理化、效率化，符合人性需求。

（一）与法院工作有关的人员定位

法院是行使司法权的国家机关，围绕司法权的行使，个体法院涉及的关系层面包括法院内部与法院外部两个大方面。法院内部层面体现为内部各部门人员的沟通联系，法院外部层面则根据不同的法律属性细分为狭义的法院外部网络（包括法院与平级法院、上下级法院之间的关系）及广义的法院外部网络（包括法院与当事人、其他非法律机关、法人、非法人等组织的关系）。

1.法院内部网络的用户定位

法院工作部门按照案件流程以及功能性分类，一般包括立案庭、审判庭、信访局、审判管理中心、执行局、法警队、办公室、研究室等与司法权运行有关的部门以及为司法权运行供给

---

① 参考《法治蓝皮书：中国法院信息化发展报告 No.1(2017)》、《法治蓝皮书：中国法院信息化发展报告 No.2(2018)》、《法治蓝皮书：中国法院信息化发展报告 No.3(2019)》。

后勤保障的部门,如行装科、物业等部门。全国性智慧法院信息化系统的运用主要涉及司法权的运行,因此可排除后勤保障部门人员的运用。与司法权运行有关的部门中,主要用户人员包括有:(1)对个案信息需要全面掌握、进行案件审理的人员,包括审判员、审判辅助人员(含法官助理、书记员);(2)对整体案件信息数据进行整体管理、研究的人员,包括审判监督管理者、调研员等;(3)对案件信息只需掌握如主体、案件流程等少数信息的人员,如法警、监督人员。

2.法院外部网络的用户定位

(1)狭义的法院外部网络用户定位

法院与平级法院的关系网络主要体现在平级法院之间审判人员或辅助人员对案件审理信息的交流,如案件移送管辖、委托送达、案件信息查询、财产协助查询及执行以及将来可能实行的远程庭审协助等方面。

法院与上下级法院的关系网络体现两方面:一是案件审理方面,如案件上诉、发回重审、指定管辖、案件请示指导等,主要涉及审判人员、审判辅助人员对案件信息不同程度的业务交流;二是案件监督管理、调研方面的关系,如审判管理部门对下级案件审判监督、上级调研部门要求下级部门收集调研信息以及上级部门对下级部门的案件数据统计检查等方面。

(2)广义的法院外部网络用户定位

法院与非法院机构的外部网络主要涉及案件诉讼程序中不同需求的个体或相关组织,包括:a.直接参与案件审理程序的人员,如诉讼当事人及其代理律师、刑事案件及抗诉案件的公诉人、公安机关;b.间接参与案件审理,对案件负有协助调查配合义务的不特定个人或组织,如在法院调查取证过程中,对特定证据能够提供协助调查的公安机关、工商部门、银行及相关人员或组织等;在法院执行过程中,对财产负有管理义务、须配合执行措施的物业公司、证券交易所等个人或组织;以及法院在执行公务中依法应提供配合工作的其他个人或组织。

(二)用户群体的司法需求定位

法院工作涉及人员覆盖面广泛,与案件紧密程度的差异性产生了不同群体对信息利用的不同司法需求。通过明确用户需求,可为全国综合性信息化智慧法院应用系统的功能设置明确方向,并且根据司法需求的差异性通过系统使用权限范围设置,实现不同类型人员对信息利用程度的安全管控。概括而言,信息共享是信息化应用系统的核心,按照案件处理时间先后顺序及涉及人员范围,可明确各类用户主体不同类型的司法信息利用需求。

1.法院内部人员对信息利用的司法需求

根据法院内部人员对案件信息不同程度的利用需求主要分为案件审理人员、监督调研人员、服务保障人员,不同类型人员对案件信息的利用的广度与深度存在差异,对应产生如下需求:

(1)审理人员的信息利用需求

就单一案件而言,立案庭、审判庭、执行局审理人员对案件不同信息利用需求主要包括:

a.信息录入、数据分析需求:立案庭审判人员为保障后续审判、执行程序在系统上满足基本的信息搜索、传输、查询、提取功能,需先行准确获取并录入包括主体、案由、标的额、立案日期等案件基本信息,而为实现分案公平兼顾各员额法官的办案效率的更高目的,则产生了对案件难易程度进行标签的数据分析,以及系统参考案件难易程度、法官办案效率、分案数量趋向平均要求等因素展开合理分案的信息综合分析应用需求。

b.信息获取、信息重复利用、信息推送、综合分析需求：由于案件审理需要，审判人员须全面获取并审查包括当事人主体信息、诉讼请求、事实与理由、证据材料、证据内容、送达地址、申请事项等各项案件信息，且随着案件审理进度，拟写各类诉讼文书产生高度的信息重复利用需求，而基于案件审理分析及裁判尺度统一的需要，亦对案件信息产生了大数据综合分析、类案及相关法条推送、疑难问题搜集与经验总结等方面的数据信息综合分析的需求。

c.信息查询、信息命令传达需求：案件执行人员与审判人员同样存在对信息全面获取、信息重复利用以及信息综合分析利用的需求，此外，基于财产查询以及执行职能要求，又产生了联系外部财产型系统（如车管所、不动产管理部门、工商局、证券交易所、银行等）以及人身管控型系统（如有权采取司法拘留、边境防控的部门）履行财产查询、查封、冻结、扣划及人身管控等司法职权而产生的信息查询、信息命令传达执行的需求。

（2）案件监督、调研、服务保障人员的信息利用需求

a.信息统计、监控需求：为管控案件审理质效，审判管理中心需对收结案数量、结案方式、收结案标的额、审限变更率、文书上网率、结案率等整体信息进行实时监控，因此产生对案件信息的统计需求以及案件实时监控需求。

b.信息定向检索、提取、分析需求：案件调研人员的信息利用需求：案件调研人员分别来自法院研究室、办公室以及审判部门的审判人员及辅助人员，对案件实体问题或程序问题开展某项调研项目时，产生根据调研需求设定的关键词、主旨检索并调取特定案件信息的需求，同时根据不同的调研范围，所调取的案件信息范围可能涉及本院内部、本市法院系统甚至跨省市法院的生效裁判文书信息。而在调取案件信息基础数据后，亦产生信息的分析需求，如信息的准确描述、归类及定位，以及信息统计过程中的数据图标分析。

c.查询基本信息需求：为保障案件审理的顺利推进，如法警队伍、监督人员等服务保障人员需要提前了解案件相关基本信息，因此具有查询了解案件基本信息的需求。

2.狭义的法院外部人员对信息利用的司法需求

法院与上下级法院之间，以及法院与平级法院之间涉及信息交流主要围绕案件审理以及案件监督管理、调研方面展开，故对案件信息的利用需求同样可产生如信息获取、信息重复利用、信息数据分析、信息命令传达等方面的需求。

3.广义的法院外部人员对信息利用的司法需求

（1）信息传递、查询、交流、获取需求：案件起源于诉讼当事人或公诉人向法院递交诉讼材料，由于时空跨度及效率等因素，诉讼当事人或公诉人产生了通过信息化途径向不同地域递交诉讼文书材料、缴纳诉讼费等信息传递需求，而当案件进入审理或执行阶段，则产生对案件进度、查阅卷宗文书等信息查询需求以及与审判人员沟通的信息交流需求；在结案阶段，又因裁判文书送达而产生获取如判决书、生效证明书等诉讼文书的信息获取需求。

（2）案件审理过程中，还必然涉及调查取证、财产或身份信息查询调取以及财产查封等诉讼程序，与外部交流中将产生如信息交流、信息获取、命令传达等信息利用需求。

三、全国性智慧法院信息化系统的模块及功能构建

构建并在全国范围内推行应用全国综合性信息化智慧法院系统是司法工作效率化、协同化的必然要求，也是信息时代发展的必然趋势。依据司法需求决定司法供给的路径，法院

工作的信息化利用存在信息获取、信息传达交流、信息重复利用、数据分析、命令传达、信息查询等对信息不同程度的共享需求,直接决定了全国综合性信息化智慧法院系统在原则、模块、功能方面的设计方向。

（一）应用系统的基本原则

1.保密原则

法院作为国家司法机关,在司法权运行过程中必然存在对案件信息的保密性要求,如《人民法院保密工作问责暂行办法》等相关规定已明确规定了法院工作的保密义务。基于用户群体的信息利用需求及保密义务程度不同,在开发应用全国综合性信息化智慧法院系统时应尤其注意不同用户群体在案件审理的各个阶段的信息保密义务的落实,如非案件承办人在案件审理阶段无权查询案件合议意见、未生效法律文书;当事人查阅电子卷宗不能查阅涉及法院内部审批文件等。因此,应用系统应针对不同的用户群体设置严密的、分层次的应用权限范围,以过硬的技术阻断外界病毒入侵或信息窃取,防止案件保密信息泄露。

2.安全性原则

应用系统进行信息数据综合分析,应防止通过对信息利用范围、频率信息等涉及特定用户尤其审判人员进行人身特性的统计分析,以避免侵犯用户个人的人身权利,防止通过获取、归类、模拟特定用户的行为特征以分析审判人员的行为模式,判断甚至泄露如审判结果等保密信息。为此,可通过立法制定相应司法信息违法利用的法律后果,如法国《司法改革法》第 33 条规定"不得为了评价、分析、比较和预测法官和司法行政人员的职业行为而重复使用其身份数据",否则将面临 5 年以下的刑罚处罚[①]。

3.效率原则

设立应用系统是为了借助信息化手段解决案件数量井喷式增长而司法队伍人员数量严重不足所引发的人案矛盾,提高司法运行效率是信息化系统的根本目的。因此,在构建系统功能时应以效率为原则,以提高司法运行效率,综合设计考虑应用系统的功能设置。

（二）应用系统的四大板块构建

根据案件审理进度、用户群体的差异化需求,全国综合性信息化智慧法院应用系统应设立四大板块,包括:

1.诉讼服务板块:对应满足诉讼当事人及法院审判人员、法院与外部的信息传递、交流、查询需求。

2.审判执行业务板块:对应连接法院内部不同部门之间、法院与上下级法院、平级法院之间信息录入、获取、查询、重复利用、传达等需求,以及办案人员审理案件过程中关于类案及相关法条推送、案件审理的信息推送、分析需求。

3.数据监督调研板块:对应法院内部以及上级对下级的案件质效数据统计及监控需求,以及信息定向检索、提取、大数据分析及归类总结等需求。

4.其他综合板块:主要用于对身份信息、财产信息的调查取证、财产保全及执行措施,以及国家机关之间的办公联系、信息传达。

---

① 《法国新法禁止对法官行为进行统计分析,司法科技或遇寒冬》,https://mp.weixin.qq.com/s/vT9WAgKWWwhFoFERngXt_w,下载日期:2019 年 6 月 1 日。

（三）应用系统的功能构建

1.诉讼服务板块

根据诉讼当事人（包括公诉人、诉讼代理人）的各项司法需求，并以其参与案件的立案、庭审、文书送达、执行等诉讼程序的先后顺序，可在诉讼服务板块设立当事人电子服务区，设立以下功能界面：

a.信息录入界面

审判工作存在大量重复性信息加工程序，以主体信息为例，立案阶段的举证通知书、诉讼须知、应诉通知书、邮寄单、交费通知书、合议庭告知书均有涉及，而审判阶段的传票、快递单、送达回证、庭审笔录及各类告知书、裁判文书均有反复体现，在执行阶段，主体信息亦被广泛使用于各类如执行告知书、执行裁定书等执行文书中。因此，如主体、证据、送达地址、送达文书类型、审判工作人员等大量的重复性信息如果实现一经录入即可在不同界面共享共用信息，并在各类文书模板中嵌入重复性信息，即可减少自立案阶段起至结案日期间大量重复性信息输入，提高效率。对此，可充分利用当前拍照读取文字信息技术，诉讼当事人（如原告、上诉人、再审申请人、执行申请人）通过外网在"信息录入界面"录入主体、诉讼请求、事实与理由、证据名称、证明内容、各方当事人诉讼地址并上传电子截图等信息，即可在后续程序中便利信息的重复利用，亦可便利电子卷宗的生成、后续阅卷以及将来可能广泛应用的远程电子庭审程序。考虑到当事人信息存在录入错误的可能，故在案件进入立案阶段后，通过信息读取导入内网法院工作界面时，应允许相应诉讼阶段的司法工作人员进行修正及补充。

b.信息查询界面

诉讼当事人在录入案件基本信息后可通过系统点击立案功能键提交立案，一旦进入立案阶段，法院各个审理阶段所需通知送达诉讼当事人的诉讼文书即可通过该系统向当事人电子送达或按照送达地址送达诉讼文书，而当事人亦可通过系统界面查询案件进程、合议庭成员以及各阶段的可向当事人公开的法律文书，如当事人可通过电子系统的阅卷功能申请阅卷，经法院工作人员批准后即可网上查阅电子卷宗，又如当事人可查询、打印法院需向其送达的文书，如裁判文书、生效证明、交费通知书、诉讼文书，一经查询或打印，即可视为送达，满足信息查询需求。

c.信息交流界面

案件审理离不开当事人之间以及当事人与法院工作人员的沟通，为避免时空限制妨碍交流，可通过信息交流界面方便各主体留言沟通，更可通过该界面与对方当事人在各个阶段调解协商。甚至，可在此界面设置远程庭审功能，通过语音及录像功能将庭审过程记录存档。

d.注意事项

第一，真实性保障。网络属虚拟世界，利用网络信息化系统虽可提高效率，但存在真实性判断的问题，因此，在当事人申请开通加入全国综合性信息化智慧法院应用系统之时，需通过本人在地方法院使用有效身份证件进行验证，并且设立私人密码以及通过人面识别程序保证使用系统的身份真实。同时，信息化流程涉及的注意事项如电子送达、开庭通知等涉及当事人诉讼程序权利的事项及其相应法律效果应当全面书面告知当事人，一旦当事人在使用该系统时出现不诚信或违法行为，应纳入全国综合性信息化智慧法院应用系统的黑名单,以逐步减少当事人信息化诉讼手段或直接拒绝为当事人提供信息化便利司法的途径作为威慑惩罚手段。第二,书面备案保障。电子信息存在保存不当的可能,为避免信息丢失,诉讼程序仍应保留必要的书面化数据备案材料。

2.审判执行业务板块

目前各地智慧法院建设主要集中在审判执行业务板块,包括现有的跨区域立案、智能分案、电子卷宗、互联网庭审、庭审语音记录、开放云、电子送达、执行统一系统、网上拍卖等功能探索在不同地区试验中不断积累经验并改进,需通过理顺各个功能板块契合顺序并最终整合到全国综合性信息化智慧法院应用系统,以促进系统功能的最大化。在此,本文仅阐述以下方面补充缺漏。

(1)各类诉讼文书模板的统一应用

录入可重复利用的案件信息后,通过在全国统一的诉讼文书模板嵌入可重复利用的案件信息位置点,即可生成特定文书模板及个案信息相结合的诉讼文书。然而,最高人民法院虽已出版《人民法院诉讼文书模板》试图指导统一各地的诉讼文书格式,但在司法实践尤其文书简化改革中,诉讼文书的不统一仍然大量存在并一定程度妨碍司法效率的提高。因此,为提高司法效率,有必要统一全国诉讼文书模板,方便可重复利用的诉讼信息嵌入到诉讼文书中。诉讼文书的标准化统一化还应包括当事人简称的标准化应用,以便文书中的当事人辨识。当然,诉讼文书的统一化应允许个别信息经司法工作人员合理修改并保存,以适应不同地区的个别化发展。

(2)电子印章的适用

网络信息化必然需要普及电子印章的适用。目前,电子章已经广泛应用于银行、工商、国土等部门,法院在使用电子印章方面有待进一步推广应用。为保证电子章的安全适用,系统可先行备案可适用电子章的文书,并在当事人打印如生效裁判文书、生效证明等文书时禁止当事人对盖有电子章的文书进行修改。

(3)电子送达

如短信、电子邮件、电话等电子送达是解决送达难的有效解决途径之一,然而由于法院职权范围、电讯服务平台功能限制及电子送达普及程度不足,电子送达仍然未能发挥其信息化优势。就目前而言,我国大部分手机号码、电子邮箱、微信号、QQ号、微博号等交流媒体已基本实现实名登记制,实名登记制所涉及的个人信息已可由各大通信运营商、网络运营平台加以管控利用,法院作为国家公权力机构可以有偿服务的方式,与信息运营商建立合作机制,以公民身份号码为特定的信息连接点,定向实现信息从法院到运营商再到当事人的信息传输路径,委托运营商向诉讼当事人送达有关诉讼信息。为避免个人身份信息被泄露,法院应与运营商签订保密协议,严格执行法院及运营商的工作人员履行信息保密义务,对于泄露有关当事人或相关主体信息的行为人,应及时追究相应法律责任。

(4)智能分案

法院当前的立案及分案系统已可实现自动分案,并且结合各员额法官的分案系数实现分案数量管控,但仍无法识别案件的繁简、难易程度,亦无法根据法官动态结案效率、存案率、办案能力等数据进行更高效的智能分案,部分案件还无法避免分案不合理导致人工再分案情形出现。为此,可在当事人录入案件信息时,通过设置应用系统自动提取有关如诉讼主体数量、诉讼标的额、证据数量、诉讼请求数量、案由、信息量多寡等有效信息对案件进行智能化难易程度标记,智能识别案件的难易程度,同时通过录入员工法官的收存案数、办案效率、办结案件难易程度等数据分析得出各法官办案系数,再将案件与承办法官进行匹配,以实现分案的合理化智能化,避免人工分案带来的渎职风险,同时也为院庭室领导、高级法官承办复杂疑难案件提供智能化分案应用技术支持。

(5)类案及法条推送、案件综合分析

利用大数据分析为承办法官减轻办案压力是法院信息化工作的重中之重,如江苏法院开拓同案不同判预警平台[①]、贵州省高级人民法院利用大数据分析证据系统[②]等,均极大提高审判质效。案件审理最终具体体现为裁判文书的拟写,涉及事实认定、法理分析及法律适用三个方面,有关事实认定方面主要涉及证据认定及证据规则的应用问题,法理分析及法律适用则主要决定于案件事实、法律关系定性、案由、争议焦点等方面。要实现类案及法条推送并展开案件综合分析,前提是应用系统建立了合理的分析方法。案件审理遵循"证据分析—事实认定—(法律关系)案由确定—确定争议焦点—法理分析—法律适用—最终判决"的一般步骤,因此,可通过不同步骤涉及的不同法律关键词为提示线索,建立网状式层级式分析手段,通过智能提取裁判文书中的证据内容、证据特征、案由、法律关系、争议焦点、适用法律等关键词进行匹配,为类案及法条的推送提供数据可能,也为案件综合分析提供指引方向。

3.数据监督调研板块

(1)内部及外部的数据监控:案件的监控主要针对案件的数量及质量,两方面对于审判人员绩效考核均有影响。数量方面,主要包括法院整体、部门整体及审判人员个人的收案数、结案数、旧存及新收案数、结案率、审限变更率、庭审直播数、调撤率、发改率等数据,系当前法院主要的数据监控系统采取的监控方面,法院亦多根据前述数据的综合分析结果考核审判人员的审判绩效。至于质量方面,主要通过改判、发回重审案件的分析报告为手段,但未作为绩效考核的方面考虑。有关数据监控方面,地方法院已基本覆盖,因此可在应用系统中纳入该模块功能即可。

(2)调研数据调取及综合分析:当前有关案件的调研工作普遍采取上级单位或部门提出调研数据报送要求,由下级单位或部门人工检索、归类、统计,再上报至上级单位或部门的传统低效方法。究其原因主要在于目前法院应用系统不统一、系统调取数据权限限制、智能检索数据准确性不足等。因此,通过启用全国综合性信息化智慧法院应用系统,以统一的应用系统、合理设计数据查询调取权限以及提高数据检索分析准确性手段,可为快速提取调研数据、提高调研效率提供切实的可行方案。其中,关于权限设置的问题应分两个方面操作。对于已生效裁判文书,中国裁判文书网已有所公布;而未生效裁判文书或尚处于审理阶段的案件,基于保密原则,调研的范围仅限于案件数量、主体信息等基本信息,不得涉及案件实体审理内容。因此,应用系统在调研数据调取及综合分析的权限设置方面,可分类为已生效裁判文书、未生效裁判文书或尚处于审理阶段案件两个方面。对于已生效裁判文书,应用系统可

① 王禄生、刘坤、杜向阳、梁雁园:《江苏法院"同案不同判预警平台"》,载《中国法院信息化发展报告(2018)》,第351页。

② 梁国昕、陈昌恒、马娅宏:《司法证据的大数据分析》,载《载中国法院信息化发展报告(2018)》,第364页。

开放权限由不同层级、不同部门、不同地域的各级法院查询、调取相关调研数据,而对于未生效裁判文书或尚处于审理阶段案件,应仅开放权限查询、调取案件数量、主体信息等基本信息,不得涉及案件实体审理内容,并须对调研查询此类案件的人员落实登记备案制度,避免未审结案件信息泄密。

4.其他综合板块

其他综合板块主要涉及法院内部与外部人员之间就身份信息、财产信息等内容履行调查取证、财产保全、执行职责或职能沟通,目前国家机关、事业单位之间普遍适用的OA办公联系系统已部分实现信息沟通传达功能,有关国家机关、事业单位亦予以认可,因此可考虑借鉴纳入应用系统的综合板块,作为与外界沟通协作的有效渠道之一,并逐步探索扩大适用范围,推广至社会其他组织。

四、实施保障及步骤

全国综合性信息化智慧法院应用系统涉及主体、内容的广泛性及技术要求的复杂性,决定了智慧法院的建设工作必须由最高人民法院牵头统一规划全国综合性信息化系统建设工作,以实现信息更高效快捷的互联互通,集约高效解决技术问题,统一司法步调,司法大数据才有最广泛的数据来源基础。然而,在实现最终级别的全国性系统建设前,信息系统所涉及的用户需求多样化、功能复杂化同时决定了全国综合性信息化系统建设必须通过地方分阶段分领域先行先试,以各地区在各领域重点试验并积累经验及改善性措施,最终才能汇集整合成整体系统。因此,为建立健全全国综合性信息化智慧法院应用系统,应考虑以下保障措施及步骤:

(一)前提保障

全国综合性信息化智慧法院应用系统的建设工作离不开人、财、物、技术的投入,统一规划实施方案应着重从前述方面落实保障。在人员方面,应着重组建对审判及技术两方面知识均熟悉的人才队伍,通过服务技术外包、与信息机构合作等方式,确保从功能、技术设计上满足应用系统的用户需求,并在后续系统日常维护中稳定技术团队的核心力量。在财物保障方面,需依靠中央及地方财政的定向支持,为应用系统的研发、使用预留充分的资金物质保障。在技术方面,应联合信息研发机构重点突破内网与外网信息共享、安全隔离等网络技术,并尽力将社会信息技术的最新研发成果,逐步融入全国综合性信息化智慧法院应用系统,提高系统的效率化、信息化、智能化水平。

(二)实施步骤

第一步:由最高人民法院牵头,征询并收集全国各地有关构建全国综合性信息化智慧法院应用系统的意见,通过组建专责小组或联合科研机构合理制定整体规划草案,再组织有关专家、学者、所涉及的各类型用户群体开展广泛的征询意见工作,最终完善敲定全国综合性信息化智慧法院应用系统的统一规划实施方案。

第二步:将统一规划方案涉及的不同板块、功能板块细分成多个可在不同地域同步试点进行的项目任务,并选取多个在人、财、物、技术方面足够支持开展项目任务的地方法院展开项目任务试点工作,先行先试,发现问题,积累经验教训,提出改善意见并融入整合,争取在地方取得单个或多个系统模块的成功试验结果。

第三步：验收各试点地区的试点工作，汇聚各试点地区有效的工作成果，理顺各个功能板块的技术关系，最终统一整合至全国综合性信息化智慧法院系统，通过选取个别地区试行全国综合性信息化智慧法院应用系统，试验并收集完善措施然后再次整合至应用系统，在试验取得稳定成效之际，即可在全国范围内推广实现应用系统的统一适用。

角落的公告：大数据时代
民事公告送达制度的检视与完善

陈 静 杨 博[*]

引 言

送达，包含着司法机关"送交"的行为以及"到达"收件人的效果，贯穿从立案到结案、从一审到二审（再审）的整个诉讼过程并延伸至执行阶段[①]，其目的在于通知收件人使其知悉诉讼情况、行使抗辩等诉讼权利，确保诉讼程序的公正。公告送达是用公开宣告的方式使诉讼文书信息"到达"收件人的一种拟制送达，其不以受送达人是否实际收悉诉讼文书来判断送达是否成功，这表明公告送达制度的适用存在损害受送达人诉讼权益的可能性，因此，公告送达应有着严苛的适用条件。然而，在案多人少问题严峻的司法大环境下，法律规定的宽泛化以及对办案效率的过度追求，导致公告送达制度在司法实践中遭遇了诸多困境，形式化趋势明显，严重偏离了送达制度保障当事人诉讼权益的目的。完善公告制度，最大限度保障受送达人知情权等程序利益从而降低公告送达对审判公正可能造成的损害，是确保诉讼程序正当、诉讼公正的应有之义，亦是无论民事诉讼"职权主义"或是"当事人主义"原则均不应逾越的红线[②]。

一、问题检视：公告送达的司法实践

送达，是当事人参加诉讼活动、行使诉讼权利的前提，是诉讼程序公正的重要保障，但在司法实践中，公告送达的适用却存在着诸多问题：

---

[*] 陈静，东莞市第一人民法院石排法庭法官。杨博，广州知识产权法院商标及不正当竞争审判庭法官助理。

[①] 陈杭平：《"粗疏送达"：透视中国民事司法缺陷的一个样本》，载《法制与社会发展》（双月刊）2016年第6期。

[②] 任重：《论中国民事诉讼的理论共识》，载《当代法学》2016年第3期。

（一）启动随意、标准不一

2015 年 1 月至 2018 年 6 月期间，全国检察机关共办理民事公告送达监督案件 1704 件，监督事由包括"下落不明"适用不当、未严格依法在其他方式无法送达时适用公告送达、应公告送达而未公告[①]，可见公告的不当适用是法院公告送达中的常见问题，其主要原因在于公告送达启动标准的不统一。司法实践中，不同法官、不同法院之间对公告送达的启动有着不同的判断标准：是以电话无法联系、法院专递被退回、无法直接送达为标准，还是以已经委托送达程序甚至通过一定的地址调查仍无法送达为标准，抑或是必须有村（居）委会或公安户政部门出具当事人下落不明的证明为标准？公告送达启动的标准不一且具有随意性，使得实践中常常出现不当适用公告送达的情形。

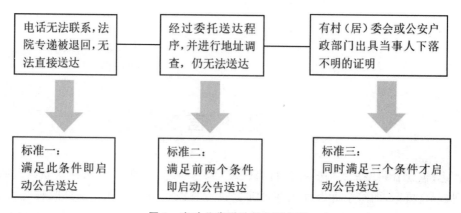

图 1 启动公告送达的不同标准

（二）公示方式趋向形式化

根据《最高人民法院关于适用〈中华人民共和国民事诉讼法〉的解释》第 138 条关于公告公示方式的规定，司法实践中常用的公示方式为受诉法院公告栏张贴公告、受送达人住所地张贴公告、报纸刊登公告、信息网络上刊登公告等，具体适用何种公示方式则由各地法院、各法官自行把握，实际公示方式在不同地区之间存在明显差异。或许是受送达人住所地张贴公告的公示方式工作量较大，更加简便地在受诉法院公告栏张贴公告、报纸刊登公告、网络刊登公告已占据主流地位，在网络信息发展迅速的地区，信息网络上刊登公告甚至已经成为公示"顶配"。然而，无论是散落在不同报刊、不同角落的公告，抑或是散落于各法院官网中的公告，其公示方式已愈发形式化，忽视受送达人接收到公告信息的可能性，背离了公告送达应有的传播和通知之义。

（三）公告内容不规范

尽管《最高人民法院关于适用〈中华人民共和国民事诉讼法〉的解释》第 139 条已明确规定公告送达应当公示的内容，但实践中大量的公告内容依旧是极其不规范，如《人民法院报》上刊登的公告受版面大小以及公告费用的限制而强行压缩字数，致使公示缺少大量关键内容，无法发挥其传达信息的功能。

以 2020 年 5 月 30 日《人民法院报》第 2 版的公告栏目（图 2）为例，公告内容存在以下问

---

① 华锰、王菁：《民事公告送达案件检察监督情况实证分析》，载《中国检察官》2019 年第 5 期。

题：(1)未依法列明原告的起诉要点以及诉讼请求，受送达人即使看到该公告亦无法直接知晓案件要点；(2)公告送达的材料不全；(3)开庭时间不清，不少公告将开庭时间表述为“举证期届满后的第 N 天”，而期间的计算具有专业性，未经法律学习的当事人根本无法知晓具体的开庭时间；(4)适用普通程序案件指定的举证期限不足 15 天；(5)未能说明裁判文书的主要内容、上诉权利、上诉期限和上诉的人民法院；(6)未列明案号、当事人的籍贯及出生年月等特殊信息，难以区分同名同姓的个体；(7)未列明法院联系人及联系方式，不便于受送达人与法院人员联系。

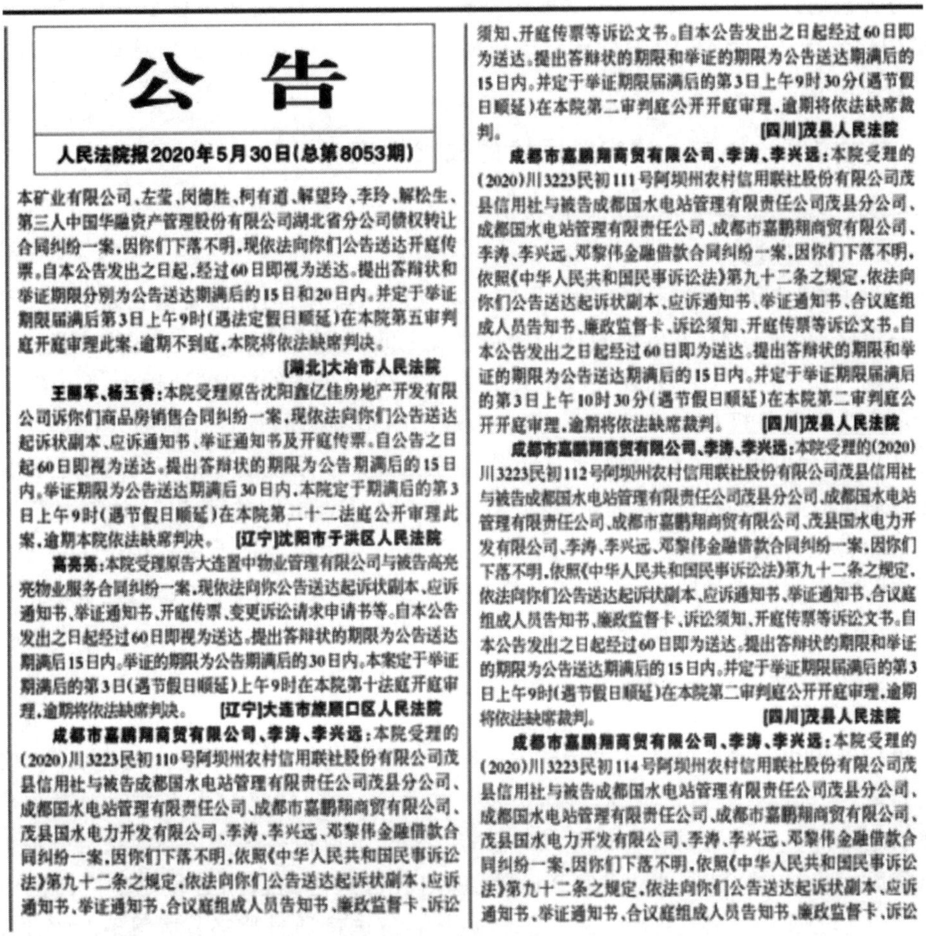

公 告

人民法院报2020年5月30日(总第8053期)

本矿业有限公司、左莹、闵德胜、柯有道、解望玲、李玲、解松生、第三人中国华融资产管理股份有限公司湖北省分公司债权转让合同纠纷一案，因你们下落不明，现依法向你们公告送达开庭传票。自本公告发出之日起，经过60日即视为送达。提出答辩状和举证期限分别为公告送达期满后的15日和20日内。并定于举证期限届满后第3日上午9时(遇法定假日顺延)在本院第五审判庭开庭审理此案，逾期不到庭，本院将依法缺席判决。

[湖北]大冶市人民法院

王丽军、杨玉香：本院受理原告沈阳鑫亿佳房地产开发有限公司诉你们商品房销售合同纠纷一案，现依法向你们公告送达起诉状副本、应诉通知书、举证通知书及开庭传票。自公告之日起60日即视为送达。提出答辩状的期限为公告期满后的15日内。举证期限为公告送达期满后30日内，本院定于期满后的第3日上午9时(遇节假日顺延)在本院第二十二法庭公开审理此案，逾期本院依法缺席判决。 [辽宁]沈阳市于洪区人民法院

高亮亮：本院受理原告大连置中物业管理有限公司与被告高亮亮物业服务合同纠纷一案，现依法向你公告送达起诉状副本、应诉通知书、举证通知书、开庭传票、变更诉讼请求申请书等。自本公告发出之日起经过60日即视为送达。提出答辩状的期限为公告送达期满后15日内。举证的期限为公告期满后的30日内。本案定于举证期满后的第3日(遇节假日顺延)上午9时在本院第十法庭开庭审理，逾期将依法缺席判决。 [辽宁]大连市旅顺口区人民法院

成都市嘉鹏翔商贸有限公司、李涛、李兴远：本院受理的(2020)川3223民初110号阿坝州农村信用联社股份有限公司茂县信用社与被告成都国水电站管理有限责任公司茂县分公司、成都国水电站管理有限责任公司、成都市嘉鹏翔商贸有限公司、茂县国水电力开发有限公司、李涛、李兴远、邓黎伟金融借款合同纠纷一案，因你们下落不明，依照《中华人民共和国民事诉讼法》第九十二条之规定，依法向你们公告送达起诉状副本、应诉通知书、举证通知书、合议庭组成人员告知书、廉政监督卡、诉讼须知、开庭传票等诉讼文书。自本公告发出之日起经过60日即为送达。提出答辩状的期限和举证的期限为公告送达期满后的15日内。并定于举证期限届满后的第3日上午9时30分(遇节假日顺延)在本院第二审判庭公开开庭审理，逾期将依法缺席裁判。

[四川]茂县人民法院

成都市嘉鹏翔商贸有限公司、李涛、李兴远：本院受理的(2020)川3223民初111号阿坝州农村信用联社股份有限公司茂县信用社与被告成都国水电站管理有限责任公司茂县分公司、成都国水电站管理有限责任公司、成都市嘉鹏翔商贸有限公司、李涛、李兴远、邓黎伟金融借款合同纠纷一案，因你们下落不明，依照《中华人民共和国民事诉讼法》第九十二条之规定，依法向你们公告送达起诉状副本、应诉通知书、举证通知书、合议庭组成人员告知书、廉政监督卡、诉讼须知、开庭传票等诉讼文书。自本公告发出之日起经过60日即为送达。提出答辩状的期限和举证的期限为公告送达期满后的15日内。并定于举证期限届满后的第3日上午10时30分(遇节假日顺延)在本院第二审判庭公开开庭审理，逾期将依法缺席裁判。 [四川]茂县人民法院

成都市嘉鹏翔商贸有限公司、李涛、李兴远：本院受理的(2020)川3223民初112号阿坝州农村信用联社股份有限公司茂县信用社与被告成都国水电站管理有限责任公司茂县分公司、成都国水电站管理有限责任公司、成都市嘉鹏翔商贸有限公司、茂县国水电力开发有限公司、李涛、李兴远、邓黎伟金融借款合同纠纷一案，因你们下落不明，依照《中华人民共和国民事诉讼法》第九十二条之规定，依法向你们公告送达起诉状副本、应诉通知书、举证通知书、合议庭组成人员告知书、廉政监督卡、诉讼须知、开庭传票等诉讼文书。自本公告发出之日起经过60日即为送达。提出答辩状的期限和举证的期限为公告送达期满后的15日内。并定于举证期限届满后的第3日上午9时(遇节假日顺延)在本院第二审判庭公开开庭审理，逾期将依法缺席裁判。

[四川]茂县人民法院

成都市嘉鹏翔商贸有限公司、李涛、李兴远：本院受理的(2020)川3223民初114号阿坝州农村信用联社股份有限公司茂县信用社与被告成都国水电站管理有限责任公司茂县分公司、成都国水电站管理有限责任公司、成都市嘉鹏翔商贸有限公司、茂县国水电力开发有限公司、李涛、李兴远、邓黎伟金融借款合同纠纷一案，因你们下落不明，依照《中华人民共和国民事诉讼法》第九十二条之规定，依法向你们公告送达起诉状副本、应诉通知书、举证通知书、合议庭组成人员告知书、廉政监督卡、诉讼

图 2　2020 年 5 月 30 日《人民法院报》第二版的公告栏目

(四)重复公告、公告期过长

在案情复杂或涉及鉴定的案件中，原告变更或增加诉讼请求、法院多次开庭、开庭时间变更、合议庭成员变更等程序是常态，若案件需适用公告送达时，则有同一案件存在多份公告、诉讼周期过长的问题，既不利于对权利人权利的及时保障，亦有损司法的公平、正义和效率。不少案件中曾有因原告增加诉讼请求、需要追加当事人、开庭时间需变更、多次开庭等情况而导致一案多份公告的情况。现行规定的 60 天公示期与德国民事诉讼法规定的公示期为两个星期或一个月、日本民事诉讼法规定的公示期为两周或一天相比明显较长。在需

多次公告的情形下,每次公告均需 60 天的公示期,加上新增的举证期、答辩期等期间,案件的审理周期轻易可达一年以上。

(五)公示后不"达"成常态

公告送达是为了平衡对当事人的诉讼权益保障以及提高诉讼效率而创设的制度,其拟制送达的属性也决定了其"送"后未必"达",但公告送达本质仍属送达制度,"到达"收件人的效果不可忽视。司法实践中,不少公告受送达人在诉讼阶段缺席庭审后又在执行阶段主动联系法院称其对诉讼情况完全不知情,由此说明该当事人并非真的下落不明或是无法送达,而是因为公告送达适用不当或"达"之效果不理想。D 市 Y 法院某法官 2019 年新收办结的61 件适用公告送达的案件为例,受送达人在诉讼中反馈其已获知公示信息或直接到庭参加庭审的案件仅有 3 件。

二、探本溯源:公告送达实践困境的成因探究

(一)立法疏漏,缺乏适用细则指引

1.适用条件不明确

根据我国《民事诉讼法》第 92 条的规定,适用公告送达的案件需要达到以下两个条件中的任意一个:(1)受送达人下落不明;(2)用本节规定的其他方式无法向受送达人送达。此适用条件主观性强、可操作性弱,在实践中无法直接适用。在条件(1)的适用中,"下落不明"是具有一定主观性质且极具弹性的概念,何为下落不明是判断的难点:《最高人民法院关于贯彻执行〈中华人民共和国民法通则〉若干问题的意见》第 26 条规定下落不明是指公民离开最后居住地后没有音讯的状况,然而,在缺少对送达地址调查机制的前提下,法院如何确定最后居住地和有无音讯? 在条件(2)的适用中,在受送达人距离较远无法直接送达且委托送达后受托法院并未实际送达时,是否属于未穷尽其他送达方式,启用公告送达是否不恰当?

现有法律亦未设置法院调查联系方式的机制,使得法院在司法实践中容易发生机械送达、未能真正穷尽其他送达方式。

2.缺乏审批机制

适用公告送达的案件可能导致受送达人在不知悉诉讼的情况下被动接受裁判,实际损害了其知情权、抗辩权等诉讼权利,从司法公正的角度来看,缺乏当事人之间的对抗陈述使法院在认定案件事实时容易存在偏差,影响司法公允,可以说公告送达制度是带着损害审判公正风险而运行的[①]。若要尽量降低其风险值,则公告送达的适用必须要坚持谨慎适用原则,从德、日、美三国关于公告送达的规定可以看出,三国都通过严格其适用条件的方式限制其适用范围[②]。在我国司法实践中,案件是否适用公告送达是法官自由裁量的范围,无需进行审批的宽松使公告送达的适用缺乏限制和约束,一定程度上导致了公告送达适用的随意性。

3.公示方式缺乏灵活性

民事诉讼法仅是列举了较为常见的公示方式,并未硬性规定必须采取的公示方式,出于节约诉讼成本以及减轻当事人负担的考虑,在法院公告栏张贴公告是使用较多的公示方式,

---

① 廖永安、胡军辉:《试论我国民事公告送达制度的改革与完善》,载《太平洋学报》2007 年第 11 期。

② 谭秋桂:《德、日、法、美四国民事诉讼送达制度的比较分析》,载《比较法研究》2011 年第 4 期。

然而这种完成任务式的公告的公示、通知效果甚微。《人民法院报》作为刊登公告的合法报刊之一，亦因其专业性强、受众窄等原因，难以达到公示内容真正到达受送达人的效果。

（二）案多人少的司法大环境

随着经济社会体制改革的深入，中国向流动、漂浮的社会形态急速转变，人户分离、居无定所等现象对法院的送达工作形成了前所未有的挑战①，加上案多人少矛盾突出的司法大环境，法院工作人员对费时、费力的送达工作存在排斥，而现行法律对公告送达适用条件规定的粗糙、宽松，亦易导致法官出于办案效率的考虑而不当适用公告送达。以辖区地处粤港澳大湾区的 G 省 D 市 Y 法院的结案数为例，该院 2019 年受理并于当年审结的民事案件中适用公告送达的案件数量超过 6000 件②，倘若每个案件均穷尽了其他各种送达方式，其送达工作量将是正常案件的 4 倍以上，漫长的送达时间、极大的人力成本压力加上送达时间不能从案件审理期限中扣除，为了让各种考核指标达标以及提高诉讼效率，法官往往选择简化公告送达的适用条件。

另外，在委托送达的实施中，受委托法院自身工作压力大、人员不足，常常无法协助送达，甚至不给予任何回复，"受委而不送"的现象频发。例如，D 市 Y 法院某法官在 2019 年新收办结的案件中进行委托送达的案件共 48 件，收到受委托法院反馈的案件仅为 11 件，不足 1/4。委托送达效果不佳直接导致不少法官选择放弃委托送达，但是在此情况下作出公告送达的选择确有瑕疵。

（三）社会诚信、民众法律意识的缺失

当前社会信用缺失与社会诚信体系的不健全已成为日益严峻的社会问题，这在司法实践中同样存在。在被告的联系信息多依赖原告提供的情况下，部分原告为了达到剥夺被告诉讼权利、实现缺席审判的目的，故意隐瞒、虚构被告的联系方式及送达地址，误导法院不当适用公告送达。

我国人口众多，当事人法律意识参差不齐，受传统观念的影响，部分民众对诉讼流程及诉讼权利不了解，还有一定的厌讼心理，在面对法院向其送达文书时采取恶意躲避、拒收、不提供送达地址、擅自撕毁公告等消极对抗的方式，使各种送达方式的实施困难重重。

（四）公示方式严重滞后

信息网络技术的发展带给人们生活便利的同时，也改变了人们的生活方式，书信等传统的交流方式已逐渐被社交媒体所代替，传统纸媒行业的衰退纸媒这一传统的传播方式已不适应现代人的生活习惯而逐渐被遗弃，报纸刊登公告、法院公告栏张贴公告等传统的公示方式亦已严重脱离人们生活习惯，公示效果大打折扣。

三、固本拓新：大数据时代完善公告送达制度的路径分析

（一）细化公告送达前置程序的制度规定

细化公告送达前置程序的制度规定是公告送达谨慎适用原则的现实需求，通过作出针对性的司法解释等方法细化公告送达前置程序的规范，尤为有效。

---

① 陈杭平：《"职权主义"与"当事人主义"再考察：以"送达难"为中心》，载《中国法学》2014 年第 4 期。

② 2020 年 4 月 27 日上午 11 时 12 分访问 D 市 Y 法院的官网，搜索案号年度为 2019 的民事案件公告，可得 12082 份公告，假设每案存在 2 份公告，折算所得适用公告送达的案件数为 6041 件。

1.创设联系方式调查机制

联系方式调查机制能有效拓宽送达地址、联系方式的来源,有利于法院准确适用公告送达。

(1)向当事人的调查

调查受送达人联系方式:确定是否适用公告送达之前,法院应全面向原告及其他当事人调查、询问受送达人的全部联系方式,包括但不限于电话、地址、微信、QQ、微博等社交媒体账号、邮箱地址等,由此获得的信息对后续公告的公示方式的创新亦有裨益。

如实提供联系方式承诺书制度、隐瞒惩罚制度:要求当事人签署《如实提供联系方式承诺书》,承诺其已如实、完整地提供受送达人的联系方式及地址信息,如有隐瞒则视为妨碍诉讼,人民法院可以根据情节轻重予以训诫、罚款、决定其承担诉讼费用、拘留等,构成犯罪的,依法追究刑事责任。此制度可减少原告故意隐瞒受送达人行踪而导致不当公告送达的情况。

(2)法院依职权调查:运用大数据信息库

相对于国外"当事人主义"模式下的送达,中国的民事送达仍属于"职权主义"范畴[1],中国特色的国情决定了现阶段的民事送达必须有法院的参与、干预,要达到谨慎适用公告送达制度的目标,亟需确立法院依职权调查受送达人联系方式的制度。

大数据时代来临后,个人的衣、食、住、行情况在各数据、网络平台均有留下轨迹,同时也意味着只要通过数据、网络找寻轨迹,即可与特定人取得联系,法院可依职权运用大数据信息库,调查受送达人的联系方式。当前,不少法院已自主与网络信息技术公司合作,开发受送达人电话、地址搜索系统,通过大数据信息库对受送达人实名登记的移动电话、曾在法院留下的联系方式进行查询。如 D 市 Y 法院开发的"智慧送达管理系统"(图 3),法院可通过该系统查询受送达人实名登记的电话并通过系统拨打电话(含录音)、发送短信,缩短公告送达前调查联系方式的时间。又如浙江省高级人民法院与阿里巴巴集团签署战略合作框架协议,与阿里巴巴旗下软件的大数据信息协助司法文书的送达[2]。

"全国法院网络执行查控系统"是司法实践中大数据信息相对全面的数据库,若可共享信息则大数据信息库的信息必然会更加丰富,查询联系方式的渠道亦可进一步拓宽,包括但不限于受送达人的电话、地址、社交媒体账号、网购地址、银行卡近期消费地、社保购买单位等,必然能够进一步提高调查的效率与准确度。

2.设置适用公告送达的审批制度

不同国家、地区关于公告送达的理由、经过等均有要求形成书面记录的规定:我国《民事诉讼法》第 92 条规定:公告送达,应当在案卷中记明原因和经过;我国台湾地区民事诉讼法第 142 条规定:不能为送达者,送达人应作记载该事由之报告书,提出于法院附卷;法国民事诉讼法典第 659 条规定:如果受送达人既无住所,也无居所,又无工作地址,执达员应制作一份笔录,详细说明为寻找文书收件人所进行的各种努力[3]。与我国的台湾地区和法国的规

① 陈杭平:《"职权主义"与"当事人主义"再考察:以"送达难"为中心》,载《中国法学》2014 年第 4 期。

② 余建华、孟焕良:《浙江高院联手阿里巴巴打造"智慧法院"》,https://www.chinacourt.org/article/detail/2015/11/id/1755976.shtml,下载日期:2020 年 8 月 31 日。

③ 《法国新民事诉讼法典(上册)》,罗结珍译,法律出版社 2008 年版,第 714 页。

图3：D市Y法院开发的"智慧送达管理系统"查询界面
法院可通过该系统查询受送达人实名登记的电话，核验
电话号码真实性，可通过系统拨打电话（含录音）、发送
短信、推送微信信息，亦可一键发布网络公告。

图 3　智慧送达管理系统

定相比，大陆地区现行规定对公告送达原因、经过的报告制度要求并不高，但在司法实践中的落实情况却依旧不尽人意。2015 年 1 月至 2018 年 6 月期间，全国检察机关办理民事公告送达监督案件中发现法院卷内未依法记明公告送达原因和经过的案件共计 744 件，占比 40.02％[①]。

要有效实现公告送达制度的谨慎适用原则，填补公告送达适用的任意性、随意性漏洞，设置审批制度尤为重要，建议将适用公告送达设为由庭长审批的事项，并将对公告送达原因、具体送达经过之报告作为必要审查材料，此举一方面可以督促承办法官对送达情况提前梳理，以便综合考虑全局情况作出更恰当的送达选择，另一方面也为公告送达的适用多设一道监督门槛，降低不当适用公告送达的概率。

3.设置独立的送达期间

公告送达制度蕴含保证司法程序正义、公平参与的内在价值，将其看作纯粹的形式程序以及效率选择的观念会对司法行为产生误导。大数据时代的来临使法院可分析搜索受送达人更多的可送达地址，但繁多的可送达途径明显增加了法院的工作量，送达途径增加、送达时间的延长进一步挤占案件审限，影响了工作人员搜索联系方式进行送达的积极性。

建议对可能适用公告送达的案件设置独立的送达期间，促进调查联系方式制度、穷尽送达方式的真正实施。根据经验，在直接送达和邮寄送达无法送达的情形下，案件需适用公告送达的可能性较大，对此类案件设置独立的送达期间可为公告前的"穷尽其他送达方式"争取时间，减少因缺乏施展送达的时间而被迫公告的情况，提高司法人员穷尽送达方式的积极性。考虑到查询地址、邮寄送达、退件重寄、委托送达等事项需要的时间较长，该送达期间可灵活设置 60 天以内。

另，这一制度也能对原告主动找寻受送达人下落、提供受送达人的有效联系方式起到督促作用。

（二）严格规范公告内容

从我国《民事诉讼法》及司法解释关于公告内容的规定可知，法律对公告内容的要求是能够让受送达人一目了然，清楚案件的人、时、地、裁判结果、上诉权利等信息，但公告内容在

---

①　华锰、王菁：《民事公告送达案件检察监督情况实证分析》，载《中国检察官》2019 年第 315 期。

实践中的不规范现象已令公告失去传递信息的功能。

建议全国法院统一适用要素式公告模板,《人民法院报》在接受公告刊登委托时亦应对公告格式作出指引。要素式公告模板必须包含以下内容,部分内容不存在时须注明"无":受送达人姓名、出生年月、户籍所在地信息、身份证尾号等,用以区分同名的受送达人;案件的案号、当事人、案由、合议庭组成人员、审理阶段等,言简意赅告知案件审理情况;送达的文书名称;起诉状、上诉状、申请书的诉讼请求、上诉请求、申请事项要点;提出答辩状的期间、提出证据的期间;传票传唤事由、时间、地点、逾期不出庭的法律后果;裁判结果、是否有权提出上诉或申请复议及提出的期限、对象;公告的期间;法院联系人、联系方式。

(三)依托大数据信息库创新公示方式

公告的公示方式应与时俱进,做到及时更新,而非简单流于形式,以实现对实质送达的期盼。

1.公示方式须具针对性、灵活性

前文提及于公告送达前运用大数据信息库进行受送达人联系方式调查所得信息在公告公示时亦能派上用场,针对不同的受送达人的联系方式调查结果,应灵活向其发送公示信息,无论受送达人能否实际通过该联系方式查看到信息,均可尝试通过委托社交媒体运营公司向受送达人推送信息、发送站内信等方式发送公告内容。

人类是群居动物,其生活与社区、组织相关联,社区、组织成员对受送达人有一定了解,法院在选择公示场所时应与受送达人的生活区域有一定的相关性。对于通过调查的联系方式得知受送达人的居住地可能与户籍所在地不一致时,法院应通过分析其可能活动的地区,在该地区的法院公告栏、社区公告栏、可能居住地等同步公示,提高公告送达信息实际到达受送达人的概率。

2.创建统一的网络公示平台

公告的公示方式关系着信息传播的广度,截至 2020 年 3 月,中国网民规模为 9.04 亿人[①],在网络信息技术发展迅速的时代,网络公示是必不可少的公示方式。现阶段的网络公告散落在各级法院的网站上,既不利于统一公告的内容,也不方便受送达人及公众的查询,影响信息的有效传播。

建议法院系统统筹建立统一的网络公示平台,通过加大对该平台的宣传推广力度,使其为社会公众所知悉。统一的公示媒介可将全国的法院公告集中公示,有利于对公告内容的管理,亦便于当事人及利害关系人查询案件及公告信息,更可成为大数据信息库的数据来源,法院可从中查询人员涉诉情况。数据集中后,法院亦可以通过深化与第三方数据信息信用平台(如企查查、天眼查等软件)的合作,将公告信息共享,通过在第三方数据信息信用平台中提示风险内容,提高受送达人及其关系人知悉诉讼情况的可能性。

3.强化司法协助公示+探索社会协助公示

委托送达、委托张贴公告等需要各地法院的相互协助,与委托执行的高效实施相比,现阶段委托送达、委托张贴公告的成功率明显偏低。建议以委托执行的制度为参照,确立委托送达、委托张贴公告的立案、反馈制度,以突破委托公告流转不畅的困境,提高法院系统内的

---

① 刘峣:《中国网民超过 9 亿》,http://capital.people.com.cn/n1/2020/0429/c405954-31692574.html,下载日期:2020 年 8 月 31 日。

协助送达、协助公示的成功率。

从减轻法院工作人员工作负担的角度出发，建议探索系统外社会服务的协助公示，已有法院在此方面进行了尝试与探索。例如浙江泰顺法院的邮寄公告送达制度：该院与邮政局签订协议，由乡村邮递员将法律文书公告送达被送达人住所地，将公告法律文书粘贴到被送达人原住所地的村委会大楼、公告栏以及有可能为被送达人或其亲友、邻居知悉的场所，并进行实地拍照，依靠被送达人的亲友、邻居、村干部等人脉网将公告信息传递给被送达人；邮递员回来后，将照片、公告送达时间和其他情况一一送至法院，收入案件卷宗[①]，效果不俗，可以考虑将其制度化，明确其适用条件及效力判断。

此外，淘宝、京东、拼多多、美团等购物、餐饮软件，QQ、微博、微信、抖音等社交软件，腾讯新闻、网易新闻、今日头条等新媒体软件，携程、去哪儿、12306 等出行购票软件，均是注册人数较多且大多需要实名认证或绑定电话号码的软件，上述软件的使用与人的衣、食、住、行息息相关，若核实到受送达人与其他当事人在上述软件均有注册账号且可互发信息，法院可直接要求其协助向受送达人账号发送公示信息，节约司法资源、提高司法效率。若其他当事人无法直接与受送达人互发信息，法院可委托前述软件的运营公司协助以网页站内信、私信、弹屏、定向推送等方式向受送达人的软件账号以及关联联系人的账号发送公告内容，提高受送达人及其亲友接收到公示信息的可能性，适时更新受众多的软件并果断委托协助公示确有必要。

（四）对公示方式作出明确化、具体化规定

现有的民事诉讼法律法规对公示方式要求的规定较为模糊，导致法院在落实公告送达中避重就轻，只选择最方便快捷的公示方法，忽视了公示效果，要改变此种司法实践的习惯，必须通过法律法规或司法解释等对公示方式的要求作出明确化、具体化的规定，确立何种公示方式是必需的。我国人口多、人口流动快的特点，决定了现阶段仅适用单一的公示方式必然不能达到送达之"达"的可能，因此，建议统一要求公告的公示方式必须包含网络公告、受诉法院公告栏张贴公告、受送达人住所地或可能活动区域的法院公告栏及其所在村（居）委会公告栏张贴公告（可通过委托送达）、向卷宗材料显示的受送达人联系方式发送公告内容、向调查所得的受送达人使用频繁的联系方式发送公告内容。

（五）明确无须重复公告的情况并缩短公告期

针对同一案件中存在多次公告送达、诉讼效率低下的问题，可通过法律法规明确规定无须重复公告的情况，如涉及鉴定流程的多次通知、对案件实体处理没有影响或影响不大的质证通知等，均没有必要进行多次公告。

倘若公告公示方式的多样性要求能够严格实施，公告期的长短对公告的实质送达效果已无明显影响，考虑到诉讼效率的问题，建议将公告期缩短至 30 天。另，参考日本民事诉讼法第 112 条规定：第二次以后的公示送达自次日起即生效[②]；台湾地区民事诉讼法第 150条、第 152 条规定：公示送达后对于同一当事人仍应为公示送达者，依职权为之，自粘贴牌示处之翌日起发生效力；建议对于同一案件中同一当事人的多次公告送达规定为自公示次日

---

① 《"邮政公告送达"增出庭应诉率泰顺法院一个小方式解决法律文书送达难大问题》，载 http://news.sohu.com/20080402/n256052614.shtml，下载日期：2020 年 5 月 31 日。

② ［日］新堂幸司：《新民事诉讼法》，林剑锋译，法律出版社 2008 年版，第 280 页。

起即生效。

（六）建立常态化的公告送达适用监督机制

公告送达适用不当是再审申请中的常见理由，但是再审监督通常对送达程序瑕疵较为宽容，在实体处理无明显不当时往往将送达瑕疵不予追究，然而，宽纵且含糊的监督方式终究会损害裁判的公信力，公告送达的适用不当必然会对当事人的诉讼权利造成损害，长此以往亦势必会影响司法的程序公正乃至实体正义，因此，法院应当重视公告送达的适用问题并严格依法执行，对公告送达情况进行常态化、严格的监督是必要的。建议法院在固定的案件评查中将适用公告送达的案件作为评查案件的重点之一，对被评查案件的公告送达制度适用是否合理合法、公示方式是否合理合法等问题进行分析、评查、监督，对于公告送达中存在较为明显的违法行为但不影响实体判决等情形，可以采用纠正通知书、监督意见等形式予以监督[①]，并适时提出总结、改进意见。

四、结语

翻开报纸，在不起眼的版面的不起眼的角落，密密麻麻地挤着一堆法院公告，刊登在报纸上的公告只是司法实践中公告数量的沧海一粟；走出法院，长长的公告栏张贴的公告早已是重叠又重叠，想要翻找一份公告实属不易。公告送达，肩负着当事人的诉讼权益保障、保持司法公允以及提高诉讼效率的重担，不应该是角落的公告，而应该是公众眼前的公告。

---

① 王华婷：《我国民事公告送达制度现状及完善》，载《法制与社会》2011年第04（中）期。

法官审判责任制度的宏观向度与微观运作

——以责任构成的适用为视角

龙 为*

《人民法院第四个五年改革纲要(2014—2018)》中,在全面深化人民法院改革的主要任务之一"健全审判权力运行机制"部分规定:"明确主审法官、合议庭及其成员的办案责任与免责条件"。在四五改革纲要的指引下,最高人民法院出台了《关于完善人民法院司法责任制的若干意见》。虽然,最高人民法院以及各级法院出台了一系列规定提高办案质量并防止错案的发生,但是目前实务界与理论界对审判责任的概念、内涵、外延、标准乃至表述方式、表现形式往往语焉不详,并没有一个严格的统一标准。2020 年 5 月 29 日,中央政法委书记郭声琨在中央司法体制改革领导小组会议讲话称要深化司法责任制综合配套改革。由此看来,对于正着力于社会主义法治国家建设的中国来说,有必要重新反思与检讨审判责任追究制度。唯有此,才能全面推进法官责任制改革的同时,促进司法效能和司法公信力的整体提升。[①]

一、揭开面纱:我国法官审判责任制度的缺陷分析

审判责任追究制度是对法官在审判过程中能否公正审判的一种有效监督形式,这一制度符合中国国情且行之有效。但不可讳言,原来的审判责任追究制度与当前形势发展相比,显然有些滞后,各地关于审判责任追究出台的相关规定,或多或少存在不同程度的问题或缺陷。

(一)样本分析:以全国各级法院审判责任规则为视角

结合全部不同层级法院对责任追究的规定,本文拟从实施审判责任认定标准、责任形式、责任的具体划分等作出分析。

---

* 龙为,东莞市第三人民法院清溪法庭法官。

① 方乐:《法官责任制度的司法化改造》,载《法学》2019 年第 2 期。

表1　法院责任追究的规定

审判责任	主要特点	责任内容
责任认定标准	结果导向；或者结果导向为主，行为导向为辅。	违法审判是指审判、执行人员在审判、执行工作中，故意违反与审判、执行工作有关的法律、法规，或者因过失违反与审判、执行工作有关的法律、法规并造成严重后果的行为。（宜都法院） 本办法所称的错案一般是指人民法院工作人员在办案过程中存在主观故意违反与审判执行工作有关的法律法规致使裁判、执行结果错误，或者因重大过失违反审判执行工作有关的法律法规致使裁判、执行结果错误，并造成严重后果和社会影响的案件。（广西高院）
责任形式	强调经济责任和评优资格取消；党纪处分；行政处分；刑事处罚。	过失错案的处罚：（1）部分错案的，每件扣发责任人办案奖金20元，全部错案的每件扣发责任人办案奖金40元。（2）凡年度内出现错案数量（错案时间以审判委员会确认的时间为准）超过所承办案件数2％的，取消当年评先选优资格。（六枝法院） 对应追究错案责任的法院在职工作人员，根据其应负责任按下列情形办理：（一）应给予调离工作岗位、免职、责令辞职、辞退等处理的，由组织人事部门按照干部管理权限和程序办理；（二）应给予党政纪处理的，由纪检监察部门依照有关规定和程序办理；（三）涉嫌犯罪，将违法线索移送有关司法机关依法处理。（河南高院）
责任划分	承办人责任过大；合议庭成员责任的简单化。*	经合议庭讨论意见一致造成错案的，由审判长或主审法官负主要责任，其他人员承担次要责任；合议庭意见不一致的，由坚持错误意见的合议庭成员承担责任。（太谷法院） 案件承办人未如实汇报案情，故意隐瞒主要证据、重要情节，或者提供虚假材料，导致合议庭或审判委员会作出错误评议结论、讨论决定的；或者遗漏主要证据、重要情节，导致错案、造成严重后果的，由案件承办人承担全部责任。（河南高院）

注：如广西高院规定错案责任区分：（一）由合议庭作出裁决，且造成错案的，案件承办人和审判长承担主要责任，其他合议庭成员中持错误意见的承担次要责任，持正确意见而未被采纳的不承担责任。（二）经部门负责人审核（签发）的案件，案件承办人在事实认定、证据审查及适用法律方面均无过错，由于部门负责人在审核（签发）案件中存在重大过失，造成错案的，由案件审核（签发）人承担全部责任，承办人不承担责任。（三）案件承办人未如实汇报案情，故意隐瞒或者遗漏主要证据、重要情节，或者提供虚假材料，导致合议庭或审判委员会做出错误评议结论、讨论决定，造成严重后果的，由案件承办人承担全部责任。（四）主管领导、部门负责人故意违反法律规定或者严重不负责任，利用职权指示独任审判员或合议庭改变原来正确意见导致错案的，主管领导、部门负责人承担主要责任，案件承办人承担次要责任。（五）案件承办人的意见与合议庭、部门负责人相同造成错案的，案件承办人承担主要责任，部门负责人和其他合议庭成员承担次要责任。（六）独任审判造成错案的，由案件承办人承担全部责任。（七）经审判委员会讨论决定，造成错案的，区分不同情况承担责任。合议庭在事实认定、证据审查及适用法律方面错误，审判委员会同意合议庭意见造成错案的，案件承办人承担主要责任，审判委员会和合议庭主管领导及其他成员承担次要责任；持正确意见而未被采纳的不承担责任。合议庭以两种意见提交审委会讨论，而审委会同意其中一种意见造成错案的，案件承办人持错误意见的，案件承办人承担主要责任（相反则不承担责任），庭长和合议庭其他成员承担次要责任；反之，持错误意见的合议庭成员承担主要责任，庭长承担次要责任。合议庭在事实认定、证据审查及适用法律方面正确，审判委员会改变合议庭意见造成错案的，审判委员会委员集体承担全部责任，其主管院长、庭长（系审委会委员）承担主要责任，其他委员承担次要责任，与审判委员会决定意见不同的委员不承担责任。

（二）问题表征：基于现行制度的缺陷分析

1.结果导向明显，责任严重泛化

从各级法院对审判责任的界定来看，多数是以实体结果不良影响为判断依据。但如果以造成不良影响为责任要件的，就使得不少没有造成不良影响的不当行为得不到应有的追究。审判人员只要采取隐蔽手段掩盖不当的事实，或一旦被发现便设法避免造成不良影响，依据规定就能脱责，如此则背离公正裁判，也损害审判机关自身形象。一方面，为确保法官清廉必须严守法官职业道德规则和遵守审判规则，最大限度地消除法官实施不当行为的机会。另一方面，出现严重后果也并不代表审判人员存在过错或者过错程度严重，在当事人不愿接受裁判结果时，法官往往成为缓解司法审判与社会紧张关系的牺牲品。责任追究以裁判结果是否被推翻为前提的背景之下，独立审判恐怕只是我们一厢情愿的臆想罢了。[①]

2.认定标准简单粗糙，显失公平

从法理上说，权责应当是统一的，有多大权力就应当承担多大责任；谁最有能力控制风险，谁就最应该承担责任。因此，追究法官的责任，应当依据法官在案件审判中所行使权力的大小，其对相关错误发挥作用的大小即原因力大小，其对相关错误能否控制以及控制能力的大小等因素综合判断。而简单地由承办法官负全部责任，既不合理也不公平。比如广西高院规定，独任审判造成错案的，由承办人承担全部责任。

3.追究审判责任的法律依据不足，规则存在混乱

根据《中华人民共和国法官法》第 11 条规定，法官非因法定事由、非经法定程序，不被调离、免职、降职、辞退或者处分。从此条看，追究法官责任，必须具有法定事由，并且遵循法定程序，否则不应被处分。然而，当前错案追究的主体内容并不是刑法、法官法等相关法律的规定，而是各级人民法院制定的规范性文件，这些规范文件，很难说构成法官法上的法定事由或者法定程序，因此这些规范性文件是缺乏法律依据的。法官责任追究制度作为司法改革的核心制度，相关规定应当十分慎重，如果任何一级法院都可以制定规范性文件来追究本院和下级法院法官的责任，如何保证责任认定的标准合理，如何保证责任追究的程序正当，如何保证对法官的惩戒措施得当。如此，则相关追责制度必然是五花八门，率性而为。

4.责任追究范围过小，制度出现空转

在各地法院的规定中，追责的一般是违法审判责任，对瑕疵案件，一般没有进行追责。而在责任追究过程中应当根据行为性质、情节轻重、后果大小遵循比例原则适用不同措施，以体现过罚相当，并形成逐层递进的多元化体现，以使相应梯度不仅能够产生必要威慑力，又能产生必要激励，避免不必要负面影响。但对此类案件进行追责，进行何种程度的追责，是司法实践有待解决的问题，否则责任追究制度将成为"纸面上的制度"。[②]

二、宏观向度：法官审判责任制度的逻辑起点

（一）显性功能与隐性功能——制度构建的反向制约与正面激励

一方面，司法是维护社会公平正义的最后一道防线，法官是公正的具体维护者，审判活

---

① 唐延明：《反思错案追究制》，载《东北财经大学学报》2008 年第 2 期。

② 王若磊：《政党权威与法治建构——基于法治中国道路可能性的考察》，载《环球法律评论》2015 年第 5 期。

动中一旦法官滥用审判权,其危害的不仅是个案中当事人的权益,还会摧毁社会民众对司法的信任,导致正义的失守和社会的不公。因此,需要通过一整套完整制度对法官审判权予以监督和制约,而审判责任制度正是其中一道制度阀门,可以起到预防法官违法办案和瑕疵办案,提高司法能力,提高司法公信力。

另一方面,通过对审判责任的规范化构建,防止法外干涉,确保程序自治,维护司法机关独立性,此为审判责任制度构建的隐性功能。合理的制度构建,通过限定严格的责任标准来保障法官独立行使审判权,确保审判过程不受干扰,从程序上防止上级滥用职权或者胁迫干预审判活动,从而维护司法独立,激励法官独立审判。

(二)有限理性和价值冲突——制度构建的逻辑起点与利益平衡

法律承认提供的事实并根据事实来宣布指定的法律后果,但是事实并不是现成提供给我们的,确定事实是一个充满着可能出现许许多多错误的过程,错误认定曾导致过许多错判。① "即便在确定事实的问题解决后,根据法律事实(大前提)和法律规定(小前提),按照逻辑推理或辩证推理的方法推导裁判结论,不同的人也会有不同的认识"。②

司法程序的价值包括秩序、自由、正义、效率等,在某种价值得到体现时,可能对其他价值产生抵牾的现象,如为了实体正义的实现,在一定程度上就必须牺牲效率为代价,甚至在某些情况下会出现"舍一择一"的局面。由于相应价值冲突难以避免,因而必须形成相关的平衡价值冲突的规则,不仅应考虑相应位阶顺序,也要注意个案平衡考虑个体之间的特定情形、需求和利益以使得个案的解决能够适当兼顾双方的利益,同时要注意比例原则,即使某种价值的实现必然会以其他价值的损害为代价,亦应当使被损害的价值减低到最小限度。如针对个案不惜牺牲程序正义对客观事实的彻底追求,将导致证据规则混乱,那势必牺牲整个社会的公平正义。③

(三)精细管理和有限豁免——制度构建的比例原则与责任限度

所谓精细管理是在责任追究过程中应当根据行为性质、情节轻重、后果大小遵循比例原则适用不同措施,以体现过罚相当,并形成逐层递进的多元化体现,以使相应梯度不仅能够产生必要威慑力,又能产生必要激励,避免不必要负面影响。

责任制度构建的前提是区别行为的性质,即违反法律法规的行为是违规行为还是违反职业伦理的行为抑或是瑕疵行为,违法行为中是重大违法行为还是一般违法行为或者轻微的违法行为;违规行为中,是违反上级法院指定规则,还是本级法院自行制定的操守规则和审判规则的行为;违反职业伦理的行为中,违反的是何种道德伦理,情节如何;对于瑕疵行为,次数、影响后果等等均需要综合考虑,不能简单以结果论。

对于违纪责任,只有对违纪行为和明显轻微的违法行为,才能设定违纪责任。对于违反职业伦理的行为,法官应当是优秀的公民,而不应当是接近犯罪边缘的或者道德标准过低公民,因情节轻微而免受刑事追究的人或者因道德标准过低的人不应当有继续担任法官的资格,此时给予高起点的纪律制裁较为妥当,因为过分宽松的责任等于没有责任,果如此,法官责任制也就会丧失其应有的意义。对于瑕疵行为,现代责任制度不仅要求必须保证自己具

---

① [美]罗斯科·庞德:《通过法律的社会控制》,沈宗灵译,商务印书馆1984年版,第29页。
② 邹波:《审级监督关系的探讨》,载《法学研究》2010年第6期。
③ 吴庆宝:《避免错案裁判方法》,法律出版社2018年版,第137页。

备遵守规范能力的情况下避免违反规范,而且要求应当保证自身具有为遵守规范所必需的能力,防止出现不当的下降。尽管瑕疵行为发生时,法官处于无能力的状态,但其本人对于自己陷入此种状态是负有责任的,一旦行为人调动必要的注意、集中一定的精力,就完全可以使自己对行为的瑕疵具备正确的认识。换言之,虽然心有余而力不足常常是使行为人免于对损害结果负责的理由,但如果这种力不足的状态恰好是行为人自己不慎引起的,那么由此造成的结果仍然可以归责于行为人。[①] 瑕疵行为归责的原因是法官只有遵守规范的程度还不够,还必须腾出一部分时间和精力,谨慎维持和提高自己的认识水平,若预见或者可能遇见自己能力不济而可能在审判过程中发生误判,却仍然承担该项活动,那么行为人对自己在欠缺预见与避免损害结果能力的状态下引起损害负有过错,如此才能提高法官办案能力,最终推动司法权威与司法公信。只不过,此种过失较小,责任不应限定过重,可考虑主要采取绩效考核、培训、通报等方式。

当然,我们并不是主张法官责任愈重愈好,而是强调责任必须适度。为保障诉讼效率和程序正义,有必要容忍法官在从事审判业务时预见与避免损害结果发生的能力在一定程度、一定范围内出现下降,从而使其不至于瞻前顾后,畏首畏尾。如此可以为相关人员提供相对明确的心理预期,使其知晓在多大范围内不必担心自己会因为注意力的下降而承担责任,但并非说行为人造成损害得到法律认可,而是因为其注意能力在一定范围一定程度内出现下降不具有可谴责性。因此在强化责任的同时,必须考虑到一般主体的承受限度,责任设定超越应有限度,否则将导致责任泛化,使得人人自危,极大挫伤主体的积极性。

(四)动态平衡与体系构建——制度构建的宏观方向与配套保障

从宏观方向看,法官审判责任制必须置于审判权运行机制改革当中才能得到更好的落实,如果没有相关改革落实,法官审判责任制也徒步难行。

从法官选拔看,我国法官资格条件偏低,具体任命中又因为案件数量或者工作压力等多种原因经常变相降低法定条件,如此必定会产生一部分可能不称职或者说没有正确履行法官义务能力的法官。对于缺乏必要的判断力和理解力的法官来说,如何判断故意还是过失,如果因为是法官就推断明知进而认定为故意或者以一般法官专业标准为参照,推判由于缺乏必要的注意而未能预见从而认定为过失,便很可能冤枉了他,也很可能不符合实际。就此而观之,对缺乏必要的判断力和理解力的,实际上对没有责任能力的法官追究责任,难谓公平。这样的人能成为法官,却是由我国法官制度和司法实践本身造成的。因此,在追究法官审判责任的同时,有必要提高法官资格条件标准,建立法官资格考试制度、改革法官任命制度、完善法官培训制度、完善法官员额退出制度等,否则就无法构造有效的合理的责任制度。

从配套保障看,法官因其职务关系不得不承担多于普通人的义务,且面临终身追责等多于普通人的风险,根据利益与风险一致原则,有必要增加某些法定特权,如丰厚的薪水、职业保障等,否则责任与权力失去平衡,在法外寻求特权的可能性必然会增大,且追责就会失去正当性合理性,如此不仅不会唤起法官内心的责任感,反而只会激起内心的反抗从而导致优秀法官的流失。所以,在提高法官任职资格的同时,应建立和完善法官权利保障制度,完善法官行使审判权的内部和外部环境和整个制度群,实现资格、责任与权利的动态平衡,推进

---

① 陈璇:《注意义务的规范本质与判断标准》,载《法学研究》2019年第1期。

国家司法体制改革和法律文化环境的协同发展,法官责任制度才会更加合理而并产生更多正面效应。

三、微观运作:法官审判责任构成的规范化分析

责任的构成要件就是指构成责任所必备的客观要件和主观要件的总和,即判断法官是否应负审判责任的标准。

（一）故意、重大过失、一般过失、轻过失

过错要件是实现过失责任原则的工具,有过错方才有责任,不仅有效限制了结果责任,也有力地保障了法官的行为自由,使法官可以实现自我控制。

故意:法官明知道自己的行为会发生危害的结果,并希望或者放任这种结果发生的一种心理状态。重大过失:是指当法律对法官于某种情况下应当注意和能够注意的程度有较高要求时,法官不但没有遵守法律对其较高的要求,甚至连普通人都应注意并能注意的一般标准也未达到的过失状态,是一般人都能预见,作为有相应工作能力的人员却没有预见或预见到但轻信不会发生而造成事故或损失,是严重不负责任的一种过失,达到了严重不负责任或玩忽职守的程度;只要给予一般或一般以下的注意,结果就能避免,但法官连这一点注意义务也没有尽到。一般过失:它是指法官虽然没有违反对一般人的注意程度的要求,但没有达到特定身份人的较高要求,即应与处理自己事务为同一注意。轻微过失:具有相当知识和经验的人,对于一定事件的所用注意作为标准,客观地加以认定,不依行为人的主观意志为标准,而以客观上应不应当做到为标准,为一种客观标准,所用的注意程度,应比普通人的注意和处理自己事务为同一注意,要求更高,违反者即为轻微过失。

司法工作不同于一般工作的诸多特殊性,使得司法工作中的"过失"有时会跟意外事件很难区分,因而有必要提高过失的程度,只有"重大过失"才追究有关人员法律责任。也是为了跟法律关于行政人员职务侵权行为责任追究的过错规定相平衡。[①] 因司法权的行使与行政权的行使在某些方面却有明显区别,例如,司法权要解决的是过去的事,需要通过证据进行逆向认识和回溯证明,而行政权要解决的是现在的事,一般不需要逆向认识和回溯证明;法律规定的行政机关及其工作人员侵犯人身权、财产权的 9 种情形都由行政机关及其工作人员直接造成,而司法中的错案却可由非司法人员自身的原因所造成。因此,司法人员不办错案的难度,明显大于行政人员不实施国家赔偿法第 3 条、第 4 条规定的"违法""非法""暴力"行为的难度。据此,司法责任特别是错案责任中的过失,其程度应当高于法律对行政人员所规定的"重大过失",至少不宜因一般过失和轻微过失而进行较重的追责。

因错案被追责的不是错案本身,而是造成错案的故意或重大过失行为。如果说办案结果的对错有时不全由办案人掌控的话,那么,思想和行为却全由办案人自己掌控。这就可使司法人员坚信,只要管住自己的思想和行为,依法公正勤勉履职,即使案件出了差错,自己也不会被追究责任,从而解除顾虑、放心大胆地依法行使职权。这就使错案责任追究既可发挥其正面的作用,又可避免单纯以结果追责的弊端。以上是故意和重大过失的主观判断,对应

---

① 国家赔偿法规定行政机关及其工作人员在行使行政职权时,有该法第 3 条、第 4 条规定的侵犯人身权情形、侵犯财产权情形的,"对有故意或者重大过失的责任人员,有关机关应当给予行政处分,构成犯罪的,应当依法追究刑事责任"。

的是刑事或者行政责任。但如果审判责任的主观过错仅限于此,则无法实现制度的目的和功能。对于一般过失和轻微过失,仍应当承担责任,其目的在于将法官遵守法律规范,提供审判业务的能力维持在一定的水平之上。

从提高办案能力出发,过错程度的判断可以考虑以本地普通法官的基本素质和能力作为参照。因为审判水准是审判经验的不断积累,由司法实践普遍化,且有法官和审判机构以其实际适用的水准加以确定。界定审判水平可以参照这样的定义,同时适当参考地区、审判机构等级和审判人员等级资质,确定审判人员应当达到的注意义务,违反之,即为存在审判过错。按照审判常规和一般审判人员在同等情况下的应为行为,然后把审判人员的现实行为与应为行为做参照比较,如果认定两者之间具有差距,则认定审判人员的现实行为低于应有注意标准,属于有过失行为。比如以大部分法官的办案能力作为参照,如80%以上的法官会这样做,则不构成过错,如果60%的法官会这样做,则构成轻微过失,如果40%以上的法官这样做,则构成一般过失,如果20%的法官会这样做,则构成重大过失,而在比例区间内浮动的,作为过错程度的浮动区间以供参考。

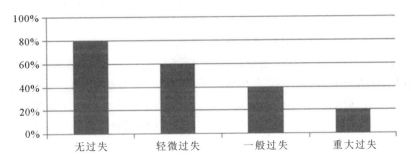

图1 过错程度判定

从法经济学角度出发,法律同市场一样适用资源配置机制,其生成、运行都是有成本的。正如波斯纳一直所强调的,"它(普通法)不仅是一种定价机制,而且是一种能造成有效资源配置的定价机制"。[①] 因此,考虑一项法律制度的安排是否正当性基础时,法经济学主张应考察其成本问题,即效率问题,其给社会带来的收益是否大于它自身所消耗的社会资源。通过比较预防损害发生的成本与损害的大小和发生概率、行为的危险程度(行为给他人造成损害的可能性大小),对于那些越容易给他人造成损害的行为,行为人负有越高的注意义务,就越应当预见损害发生的可能性,从而采取相应防范措施,否则就会被认为存在过失。以此确认法官有无过错或者过错大小,这样做的目的,是确立一种经济上更有效率的行为的机制,通过改变法官的预期而规范法官的行为。判断是否有过失时,法官要考虑预防损害的成本是否大于损害乘以损害发生的概率,如果预期损害超过预防成本,而未采取预防措施,则有过失。比如,书记员有无将案件归档,有无将卷宗移交上诉,判断法官过错时应当考虑,法官如果预防此类事件发生,必定需要自己处理,或者全程进行交接记录,如此,为防止万分之一概率的错误事件发生,动用百分百努力和大量时间,耗费的必定是司法效率和其他案件的公

---

① [美]理查德·A.波斯纳:《法律的经济分析》,蒋兆康译,中国大百科全书出版社1997年版,第909页。

正及时处理,因此,在判断法官审判过错时,应考虑预防损害发生的成本,损害发生概率,以及期待可能性。采取这一标准,既可以避免不适当的扩大责任范围,又能够避免不适当开脱责任。

(二)违法办案与瑕疵办案

违法办案是指法官由于故意或重大过失,在认定案件基本事实、适用法律及程序上明显错误,对案件处理造成严重后果的行为。如法官利用审判权收受贿赂、以权谋私等违纪违法行为。

瑕疵办案是在认定事实、适用法律、审理程序、文书制作等方面存在较明显的不规范、不合理、不及时、不齐全等但未造成实体裁判、执行结果错误,社会影响不大的行为。瑕疵办案行为主要包括以下两类。(1)案件质量问题。即由于法官认识、能力水平、工作疏忽等原因导致案件质量存在瑕疵。大体上包括:实体上,非因主观故意或重大过失导致认定案件事实的证据不充分、遗漏案件部分事实或证据、违反举证责任分配规则、错误认定证据证明力大小、对法律法规理解适用不正确等情形;程序上,非因主观故意或重大过失违反法定程序但没有造成实质严重后果的,如应该调查取证的未调查取证;裁判文书上,文字表述出现明显错漏、缺乏某些基本构成要素、引用法律条款错误,但未造成严重后果等情形。(2)案件效率问题。即法官拖延办案、贻误工作。

需要注意的是,办案责任的性质分为两种,应当区别对待,正确适用。办案瑕疵应承担审判绩效责任,即内部管理责任;违法办案应承担纪律责任和法律责任。前者着眼于案件质量监督,其依据是法院内部的绩效考核规章制度;后者着眼于法官违法审判行为追究,其依据是法律法规和各种追究办法、处分条例等规定。违法审判责任以程序标准为主,同时纳入实体标准,对于事实证据非常简单清楚、法律适用非常明确的案件,可适用实体标准;对于事实证据复杂、难以认定或者容易产生分歧的案件,如刑事案件、山林土地纠纷案件等,以及法律适用不明确的案件,不得适用实体标准。审判绩效责任主要从程序、实体、执行、裁判文书等方面进行全面考察。

(三)损害事实

这一客观要件的存在,是审判责任法赖以产生的根据。责任只有在行为侵害了造成相应损害的条件下才能发生。包括违法审判的事实和办案瑕疵的事实。违法审判会造成损害当事人利益,损害司法权威和司法公正,办案瑕疵一般不直接损害当事人利益,但会造成司法权威和司法尊严、司法形象受到损害。

(四)事实因果关系与法律因果关系

因果关系是指审判行为和损害结果之间的引起和被引起的关系,它解决的是将一定的危害结果归责于行为人的行为,从而行为人要对该结果承担法律责任。因果关系的判断包括两个层次(或阶段),第一个层次是事实因果关系的归因判断,应采用条件说;第二个层次是法律因果关系的归责判断,需在前者基础上融入价值考量。

责任的本质是规范可能性。[1] 也就是说追究责任有一个基本的前提,那就是通过责任追究有望抑制或者预防类似行为再次发生,如果因为一个行为而惩罚一个人对于预防此类行为再次发生没有任何作用或者收效甚微,那么处罚就没有必要。如果惩罚一个人

---

① 张明楷:《外国刑法纲要》,清华大学出版社 2007 年第 2 版,第 195 页。

是为了预防某种结果,那么至少需要行为人有预见自己行为产生结果的可能性。如果行为人没有这种预见可能性,那么事后的惩罚就与行为的预防以及结果的发生丝毫不发生影响,此时不能对行为人归责。[①] 可控性,包括对结果的预见可能性,对结果的避免可能性。具体考虑:(1)行为的风险性,行为风险性越大,预见结果的可能性就越大,对行为人归责的可能性越大,反之,风险越小,预见结果的可能性越小,对行为人归责的可能性越小。即只有当行为创造结果的风险达到一定程度时,行为人对结果就具有预见可能性,此时处罚才有预防的效果,归责才为合理。比如法官在保留案件最终决定权的情况下,将案件一般程序问题处置交由助理、书记员或者其他工作人员处理,在此情况下,相关事项的处理不得不依赖于相关人员,在相关人员没有向法官报告特殊情况或者请示情况下,应当排除相关因果关系认定;如避免损害结果的发生需要特殊专业技能,由于其负有督促下级采取必要措施,并对相关损害的危险有所认识,在此情况下可以考虑因果关系的认定,比如裁判文书的校对。(2)处置事项的重要性。处置事项直接关系当事人重大权益,直接关系司法公正,对于法官来说就应当正确认识、评价办案中的风险,并采取预防危险措施,此时,法官必须控制危险源,避免重大事项处置不当引发的责任。(3)回避的可能性和经济性。如果不考虑风险回避的可能性和经济性,法官凡事只能亲力亲为,案件所有过程有无差错,有无风险,均需要一一核实,如此会妨碍其集中精力从事审判工作,不利于保障司法效率和司法公正。

因此,因果关系的判断,首先看是个人原因还是非个人原因。如果是非个人原因,那么因果关系认定过程停止;如果是个人的原因,进入第二阶段,是否属于可控性。如果原因不可以控制,那么认定过程停止再次停止;如果原因可以控制,就要决定责任比例与责任大小。

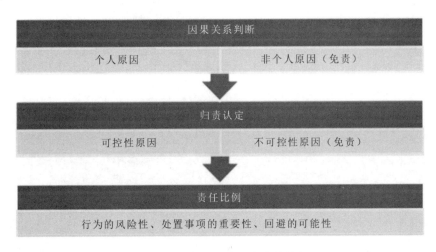

图 2　因果关系及责任大小的判定

---

① 董玉庭:《从客观因果流程到刑法因果关系》,载《中国法学》2019 年第 5 期。

四、结语

健全和落实科学的法官审判责任制，是一项复杂、艰巨的系统工程，必须有一系列的配套制度保障，既要与当前的审判权运行机制改革结合起来，又要推进法院人员分类管理改革，完善法官职业保障。同时，要建立案件质量监督长效机制，时机成熟时，应由全国人大制定统一的法官审判责任追究制度，改变当前由法院自查自纠的做法，建立更加符合司法规律的法官审判责任追究制度。

政法干警人身安全保障管理路径深化

——以 D 市 S 法院为样本

东莞市第三人民法院课题组[*]

党的十八大以来,特别是党的十八届三中、四中全会以来,政法干警职业保障探索改革不断推进。值得深思的是,政法干警人身安全保障仍面临严峻形势。马彩云、傅明生、周龙、史伟年等人身安全侵害事件频频见诸报道。课题组选取 D 市 S 法院为样本,立足实证分析,试图启发政法干警人身安全保障新思路。

一、S 法院工作人员人身安全保障情况

（一）S 法院工作人员人身伤害事件

据统计,该院近年来工作人员受到人身伤害的主要类型包括受到当事人当面或信件、电话的语言攻击、辱骂、威胁;被当事人到办公场所缠访、闹访;下班回家或外出办案时被当事人尾随;被当事人直接进行暴力攻击等。对法院工作人员造成的影响包括工作效率降低,心理健康损害,职业尊荣感和安全感丧失,人身和财产损失等。现梳理该院典型人身伤害事件如下:

1.服刑人员牛某多次威胁杀死案件承办人员事件

罪犯牛某因交通肇事,于 2013 年 7 月 15 日被 S 法院判处有期徒刑 3 年 5 个月。据服刑监狱反映,牛某在服刑期间,多次反映自己在案件处理过程中受到不公正待遇、量刑过重等情况,表达不服判决的看法。监狱警察、驻监检察官与其交谈过程中,该犯还多次扬言要对交警、法院等案件经办人员（特别是承办法官）实施暴力报复,并出现情绪过激、妄想承办法官对其陷害等情形。牛某在狱中已多次写信给承办法官,在信中还多次提及"弄死你孩子""杀死你家的任何一个人""你及你的孩子,会为此事付出死的代价,早晚有机会捅死你们"等言词,甚至还提出了实施计划。经该院自查及上级有关部门核查,本案的定罪、量刑均符合法律规定,办案人员也不存在任何违法、违纪的情形。

---

* 本课题组的东莞法院成员有陈浩辉、张向平、庄乐波、李哲、傅文华、孙永杰。陈浩辉,东莞市第三人民法院党组成员、副院长;张向平,东莞市第三人民法院党组成员政治部（机关党委）主任;庄乐波,东莞市第三人民法院研究室主任;李哲（执笔人）,东莞市中级人民法院刑一庭法官;傅文华（执笔人）,东莞市中级人民法院研究室法官助理;孙永杰（执笔人）,东莞市第三人民法院常平法庭法官。

2.申请执行人覃某多次缠访闹访事件

S法院Q法庭受理的一宗执行案件中,在被执行人下落不明且经该院穷尽财产调查措施后仍未发现被执行人有可供执行财产线索的情况下,申请执行人覃某为达到其反复提及的要与法庭的女工作人员结婚、要求法院给予其房产车辆等荒唐目的,自2016年2月份起,多次到Q法庭闹访、缠访,多次威胁、辱骂并扬言要杀死法院的工作人员,长期蹲坐在法庭正门阻碍法庭车辆进出,经行政处罚后仍不改正,且持续时间长达1年。自2017年2月28日起先后两次拦截Q法庭的接送班车,两次该院均报警处理。此外,覃某先后两次拦截接访法官的私家车,用石头砸毁法官私家车,后公安机关将覃某刑拘。

3.S法院的现行安保措施

该院党组始终高度重视法院工作人员人身安全保障工作。面对安全保障侵害,一是开展内部自查。确有违法违纪或不当等法院自身原因的,依法依纪处理;法院工作确无违法违纪或不当的,依程序告知侵害人事实与法律、政策。经释法析理仍坚持侵害的,一般启动本院安保流程应对。二是争取外部支持。必要时通报当地公安机关请求协助或上报市中级法院、市委政法委请求协调。三是发挥社会力量作用。通过多元化纠纷解决机制助力安保工作。总体而言,应对安全保障侵害力量有限。

(二)S法院工作人员人身安全保障问卷调查情况

法院工作人员人身安全保障不但须有依法独立公正行使审判权的司法体制构建及其制度安排,也离不开人身安全保障管理工作的规范完善。目前,S法院工作人员人身安全保障问卷调查反映情况如下:

表1　人身安全保障调查问卷发放及有效收回数量

	司法行政人员	审判法官	审判辅助人员	人民陪审员	执行人员	司法警察
数量(份)	62	64	110	36	59	19
合计	350					

表2　S法院工作人员遭受人身侵害危险分布情况

人员情况	分类	司法行政人员	审判法官	审判辅助人员	人民陪审员	执行人员	司法警察
主体	本人遭受	7	36	47	4	27	3
	家属遭受	3	0	0	0	2	0
	没有遭受	52	28	63	32	31	16

续表

人员情况	分类	司法行政人员	审判法官	审判辅助人员	人民陪审员	执行人员	司法警察
遭受人身伤害节点	诉前调解	0	0	0	0	1	0
	立案过程中	3	2	8	0	0	0
	诉前送达	2	6	15	1	2	0
	诉讼中调解	0	0	2	0	2	0
	开庭过程中	0	9	9	0	1	0
	开庭后、判决前	4	10	23	0	1	0
	裁判结果送达前	0	7	13	0	2	1
	裁判结果送达后	2	28	23	3	1	0
	执行案件立案后	1	1	1	1	9	0
	执行过程中	3	4	7	1	23	1
	执行拍卖阶段	1	0	1	0	4	0
	执行转款	0	0	3	0	5	0
	其他	5	2	2	0	3	0
次数	一次	2	4	7	1	5	1
	二次	1	9	13	0	4	0
	三次	0	4	7	2	4	0
	四次及以上	5	16	14	1	12	0
	其他	1	1	6	0	3	2

注：＊本调查问卷设定为不定项选择，针对六类人员不同事项的统计，与表1六类人员问卷数量不同。具体而言，在问卷某一个问题所设置的多个选项中，每个调查对象均有可能选择多个选项，并非只能选择一个选项。因此，每一个选项均有被选择的可能。下文S法院工作人员人身安全保障管理工作情况的分析中，所呈现的数据为根据调查对象填写情况统计，存在某一个问题的多个选项勾选数据相加超过100％的情况。

课题组在全院发放350份调查问卷,其中,司法行政人员62份,审判法官64份,审判辅助人员(包括从事审判辅助业务的法官助理与书记员)110份,人民陪审员36份,执行人员(包括从事执行业务的执行法官与执行业务辅助人员)59份,司法警察19份。根据对履职环境、涉及范围、伤害类型、伤害因素进行统计,S法院工作人员人身安全保障管理工作呈现如下特点:

1.人员关注程度高、不容乐观

一是就人员关注程度而言,在全院范围内选取了六类工作人员作为调查对象,共计回收350份调查问卷;二是就目前法院工作人员人身安全保障状况而言,"履职安全有保障,不存在遭受人身伤害的担忧"占11%、"总体上是好的,但也存在着不可忽视的问题"占75%、"履职环境差,安全问题令人担忧"占14%;三是就遭受人身伤害后的救济途径而言,反馈渠道多重。选择"向本院庭室领导反映情况"占比84%、"向本院纪检、信访部门反映情况"占30%、"向上级有关部门反映情况"占14%、"加强安保检查力度"占41%、"由公安机关加强人身保护"占31%、"其他"占16%。

2.伤害危险涉及广、影响严重

一是就遭受人身伤害危险的主体而言,参与问卷调查的六类人员均有遭受人身伤害,且存在工作人员及其家属同时遭受人身伤害的情形,审判法官遭受人身伤害的比例最高,审判辅助人员遭受人身伤害的人数最多。行政人员遭受人身伤害占比16%、审判法官占56%、审判辅助人员占43%、人民陪审员占11%、执行人员占47%、司法警察占16%;二是就遭受人身伤害危险的次数而言,"遭受四次及以上"的比例最高。"遭受一次"占比16%、"二次"占21%、"三次"占13%、"四次及以上"占38%;三是就遭受人身伤害危险的影响而言,存在不同程度的心理健康与物质毁损方面的负面消极后果。"无法消除心理恐惧,担心自身安全"占比11%、"有些恐慌,但能自我调节情绪"占49%、"感觉到愤怒"占53%、"职业尊荣感与安全感丧失"占48%、"造成财产损失"约占1%。

3.伤害危险类型复杂、手段恶劣

表3　S法院工作人员遭受人身侵害危险类型分析

人员情况	分类	司法行政人员	审判法官	审判辅助人员	人民陪审员	执行人员	司法警察
时间	工作时间	7	34	41	4	27	2
	工作时间外	3	5	6	0	3	1
遭受人身伤害手段	威胁、恐吓	6	50	44	5	42	3
	辱骂	6	26	38	3	26	2
	殴打、推搡	2	3	1	2	5	2
	造谣诋毁诽谤	0	12	8	1	6	0
	个人物品遭毁损	2	1	0	0	1	0
	跟踪围堵	0	3	1	0	3	0
	其他	0	1	0	0	0	0

续表

人员情况	分类	司法行政人员	审判法官	审判辅助人员	人民陪审员	执行人员	司法警察
场所	工作单位及附近	6	33	42	3	23	2
	家庭及附近	1	0	1	0	1	0
	其他场所	2	5	4	1	9	1

一是现有法律规定未涉及遭受人身伤害危险的手段类型,65%以上的调查对象认为"威胁""恐吓""辱骂""殴打、推搡""造谣诋毁诽谤""个人物品遭毁损""跟踪围堵"均属于人身伤害的手段;二是工作时间遭受伤害的比例较高,且存在工作时间与工作时间外,均遭受人身伤害的情形。"工作时间"遭受人身伤害占比 90%、"工作时间外"占 14%;三是伤害的类型多重,兼有语言类攻击与暴力攻击。"语言类攻击"占比较高为 88%、"暴力攻击"占 15%、"其他"占 4%;四是伤害的手段性质低俗恶劣,以"辱骂""恐吓""威胁"居多。"辱骂"占比79%、"恐吓"占 59%、"威胁"占 58%、"造谣诋毁诽谤"占 21%、"殴打、推搡"占 12%、"个人物品遭毁损"占 3%、"跟踪围堵"占 5%;五是伤害的场所多发,以工作单位及附近居多,且存在多重场所遭受人身伤害的情形。"工作单位及附近"占比 85%、"家庭及附近"占 2.3%、"其他场所"占 17%。

4.伤害危险诱因多样、无序易发

表 4　S 法院工作人员遭受人身侵害危险诱因

人员情况	分类	司法行政人员	审判法官	审判辅助人员	人民陪审员	执行人员	司法警察
实施人身伤害目的	要挟	3	9	6	0	5	1
	报复	0	5	4	0	3	0
	抗法	2	8	10	0	10	3
	施压	5	22	28	2	13	1
	对裁判结果不满	5	26	34	3	20	1
	发泄情绪	3	2	12	0	6	0
	怀疑违纪违法	0	4	13	0	5	1
	其他	0	0	0	1	0	0

一是伤害危险的原因多种多样,既有程序问题亦有实体问题。"程序问题"占比 23%、"实体问题"占 27%、"程序问题及实体问题"占 27%;二是多方人员实施人身伤害危险,既有诉讼参加人亦有案外人。"当事人"占比 86%、"代理人"占 15%、"其他诉讼参与人"占13%、"案外人"占 27%;三是引发人身伤害危险的事项多种无序。其中:(1)容易引发行政工作人员人身伤害的事项中,"日常行政工作"占比 30%、"外出公务活动"占 69%、"其他"占8%;(2)容易引发工作人员人身伤害的民事案件类型中,"任何案件类型均有可能引发人身

安全问题"占比较高为 39%,其次为"婚姻家庭类纠纷"占 49%、"人损类纠纷"占 41%、"劳动纠纷"占 38%、"交通事故类纠纷"占 32%、"房屋土地类纠纷"占 23%、"借款类纠纷"占 21%等;(3)容易引发工作人员人身伤害的刑事案件类型中,"任何案件类型均有可能引发人身安全问题"占比最高为 50%,其次为"侵犯公民人身权利、民主权利罪"占 30%、"危害公共安全罪"占 21%、"侵犯财产罪"占 17%等;四是个人信息的公开渠道不明且繁杂多样。"不清楚"手机号码、家庭住址通过何种方式向当事人与案外人公开的占 54%,"审判流程信息公开平台公示""12368 热线""自己或同事告知""以前工作中遗留"也占一定比例;五是人身伤害行为人精神状况未知。"不清楚"侵害人是否具有精神疾病或者疑似具有精神疾病占 69%,"疑似具有精神疾病"占 10%、"具有精神疾病"占 2%。

二、法院工作人员人身安全保障问题成因

(一)人身安全保障机制未铺开

1.法律手段保护力度不足

从制度层面来看,法院工作人员人身保障的规定不充分、不细致,致使制度保障的框架尚在建立过程中。《中华人民共和国法官法》是少有的依据宪法制定的保护法院工作人员中的法官角色的法律,但是也仅是笼统地规定了八项权利[①]。《中华人民共和国公务员法》《中华人民共和国刑法》对公务员权益保障、公务工作秩序保障亦有规定。但因上述规定缺乏可操作性,并无明确有力的惩处措施。对于数量更多的法官助理、书记员、执行员和司法辅助人员而言,连相对应的人身权益保护法律规定都鲜见,遑论保护了。《人民法院落实〈保护司法人员依法履行法定职责规定〉的实施办法》于 2017 年 2 月出台,对于法院人员履职保障才算有了相对详细、完备的文件加以规范。

2.安全保障机制不健全

(1)履职安全保障不足

在湖南永州多名法院工作人员被枪杀事件发生之前,当事人进入法院不是强制性接受安检。即使现今需要进行安检,但因司法警力有限,实施安检的人员通常是物业管理、临聘等与法院关联不大的人,个人素质、责任心等因素极大影响安检的实际效果。在出现突发情况后,依靠法院自身力量解决的可能性较低,尽管法院有司法警察,但是在处理警情时,往往还需要公安机关及时处理,而由于涉法院的警情多发、常发,辖区公安人员疲于应对,处理效果难以理想。

(2)个人隐私信息过度公开

现今提倡司法公开、透明,对司法工作人员的信息公开纳入司法公开范畴。将个人简历、联系方式甚至住址等隐私信息通过媒体、法院公示栏等向公众公开,别有用心者极易获得这些信息并加以利用,造成法院工作人员时时面对人身威胁之虞。

(二)法院管理行政化的历史因素

法院在我们国家的机构设置中的职能是司法,主旨是明辨是非、定分止争,有别于一般

---

① 按照《中华人民共和国法官法》第 8 条的规定,法官享有下列权利:(一)履行法官职责应当具有的职权和工作条件;(二)依法审判案件不受行政机关、社会团体和个人的干涉;(三)非因法定事由、非经法定程序,不被免职、降职、辞退或者处分;(四)获得劳动报酬,享受保险、福利待遇;(五)人身、财产和住所安全受法律保护;(六)参加培训;(七)提出申诉或者控告;(八)辞职。

行政机关的管理及服务职能,但是却鲜有专门针对法院工作人员的法律法规对其进行规范,而是统一纳入一般公务员的管理之中。一般行政机关,其在与民众接触中,管理和服务的职能体现更为明显,而法院作为司法机关纷争的裁决者,若过于强调服务性则影响了受众对于裁判结果公正性的认可,易引发矛盾,对于法院权威、法院人员尊荣感的树立均有不利的影响。

（三）法院工作人员自身问题

1.工作任务繁重、难以合理应对

因编制不足等原因,导致"案多人少"局面长期持续而不能缓解。以S法院为例,建院以来该院案件数量激增,而在编人员数量基本未增长。且法院工作程序日益严格精细,事务工作量相比以往有所增多。以有限之人力,难以承受案件高涨的现实。急剧增加的矛盾冲突亟待法院调和、裁断,即使一些民众携怨气而来,法院工作人员也必须直面而上。诉前引导、庭中安抚、解释、判后答疑,法院实际承担了相当的本应由律师等社会法律人承担的工作,同时增加了与当事人直接接触的机会,极易将矛盾双方的不满转移到法院和法院工作人员的身上。

2.依靠个人经验、缺乏系统指引

基于数量庞大的案件基数,法院工作人员遭受人身侵害的事情屡见不鲜,但是除非造成了很大、很恶劣的后果,一般都是自行消化,因而没有系统的规范指引和教育培训。由于自上而下地缺乏一套全国通用的行之有效的系统指引,不同的人遇到相同的问题处理方式也会不同。对于被人辱骂、威胁等口头侵害,由于情节并不是十分恶劣及取证不易等原因,大多不了了之。

以上均是法院内部的原因,但同时也与法院设置、人员配备、制度设计等不完善息息相关。

（四）行为人法律意识淡薄

随着平安建设、法治建设的累积效应,D市的法治进程不断推进,总体上取得较大成效,社会法治意识普遍增强。但受人口结构、产业结构"倒挂"特点影响,个体法律意识淡薄的矛盾仍旧突出。法院工作人员群体的正常权益未能获得足够重视,为法院工作人员人身安全保障埋下隐患。

三、政法干警人身安全保障对策

政法干警人身安全保障覆盖面广、涉及点多、关注度高,各地区各级法院的保障形势不一,企图用非常具体的对策解决所有问题是不现实的。虽然本课题选择的切入点是一家基层法院,但我们寻求的解决之道应当是能够通用于政法干警,形成具有共识的系统化对策是本课题的最终目的所在。

与此同时,充分借鉴他山之石是有必要的。以国内为视角,河南的新密市、鲁山县,广西的隆林自治县、西林县、兴安县,黑龙江的龙江县和新疆的塔什库尔干县等地法院均为干警购买了人身意外伤害保险,个别法院还购买了附加意外伤害团体医疗保险、重大疾病险。以省内为例,深圳市宝安区人民法院与辖区内的公安机关联合设立广东省首个公安机关派驻人民法庭警务室。深圳龙岗法院、深圳罗湖法院、高州市人民法院、佛山市中级人民法院亦有类似做法。上述创新实践,为D市政法干警人身安全保障带来启迪。

（一）国家层面

加强政法干警人身安全保障，首要在于国家层面真正重视。通过完善顶层设计，自上而下推动，确保有关保障工作沿着正确方向开展。基层固然可以积极探索，但也必须于法有据，必须在上级的宏观指导下进行。

1.明确改革目标

当前，新一轮司法体制改革的"四梁八柱"基本形成。包含法院工作人员人身安全保障在内的司法人员职业保障是全面司法体制改革的"四梁八柱"之一，今后需在搭梁立柱基础上进一步添砖加瓦，充实职业保障内容。具体来说，要明确政法干警人身安全保障的改革路线图、分解改革任务，将政法干警及亲属的人身安全保障与人员分类管理改革、省以下人财物统管改革、执行警务化改革等相互融合。虽然《人民法院落实〈保护司法人员依法履行法定职责规定〉的实施办法》从法院角度明确了法官权益保障委员会的职能，在安保、干扰留痕、会见、法庭秩序、机关及司法人员安全等方面也有所细化。但是，在实质性、关键性的核心问题上，例如商请公安协助机制落实方面，决策高层还需要加快沟通、达成可操作性的共识，自上而下向基层全面铺开。

2.完善相应立法

全国人大应当开展相关立法专题调研。对现有法律涉及政法干警人身安全保障的规定进行补正。例如，《法官法》的法官控告权①、《刑法》的妨害公务罪、扰乱法庭秩序罪的适用范围、标准及规程；对现有立法尚未触及的盲区进行广泛而深刻的调研，例如政法单位工作时间之外、政法单位工作场所之外法院工作人员及其亲属的人身权益保护。明确立法步骤，列入年度立法计划；条件合适时，可以授权有地方立法权且政法干警人身权益保障需求明显的地区先行立法，例如深圳特区先行立法。

（二）社会层面

全面解决政法干警人身安全保护问题，依赖全社会的认同、支持。政法系统单打独斗的作用是有限的，在根本上涉及法治意识、法治思维。在党委政府方面，党委政府负有地方法治建设的主体责任，要将支持与推动辖区司法工作人员人身安保纳入党委、政府绩效目标考核，考核情况作为各级领导班子、领导干部考核和年度述职述廉报告的重要内容，建立领导班子和领导干部"述职、述廉、述法"三位一体的考核制度。尤其是党委政法委负有协调政法机关工作职能。建议着力构建若干机制。一是敏感人员矛盾信息互通机制。通过共享敏感人员信息，确保在源头上预防安保风险。定期通报敏感人员信息，确保跟进。二是保护政法干警依法履职机制。建立预防突发事件专家库、心理辅导人士库，形成政法干警人身保障联动机制。公安机关负责快处快侦、检察机关负责快诉快监、审判机关负责快审快判。三是建立符合政法工作特点的职业保障商业保险机制。由政法委牵头，与保险行业协会联系，共同研究符合政法工作特点的职业保障商业保险，保障范围应当覆盖政法干警的亲属；在民主监督方面，各级人大、政协和有关民主党派要针对这一课题开展法律实施监督或民主监督，通过代表建议、政协提案、民主党派议案向党委政府反映现实问题、指出工作不足、争取更多政策支持；在民众认识方面，将保护法院工作人员及其亲属人身安全融入全民法治宣传教育

---

① 根据《法官法》第 8 条第（五）项、第 45 条第 1 款规定，法官享有人身、财产和住所安全受法律保护，法官对上述权利的侵权行为有权提出控告。

中,促进民众知法守法;在社会舆论方面,各种媒体特别是主流媒体要先声夺人,引导正面典型、揭露反面教材,引导社会崇法向善。

(三)政法单位层面

打铁还需自身硬。破局政法干警人身安全保障,必须重视政法单位主体。只要政法干警及其亲属注重提升综合素质,政法单位对安保工作查漏补缺和激发干警及亲属投身安保的积极性、创造性,那么就自有底气严斥不法、应对有度。

1.强化安保工作

在人力方面,明确司法警察的内卫职责及工作节点,探索购买社会服务方式引入专业安保力量作为补充,并与当地公安机关沟通协调,条件允许的可在法院派驻公安警务室;在技术方面,除常规化的信息化配置外,探索应用大数据、云计算和人工智能,在法院办公场所及周边布置具备身份识别、高清录音录像、通讯联络、智能预警等功能的智能安保系统,注重定期检查更新[1];在机制方面,与执行警务化改革相配合,建立以刑事庭审强制值庭、其他案件视情值庭的司法警察出勤机制,政法干警有合理事由的,政法单位安保领导机构可以指令法警保护。联通机关物业、司法警察、辖区公安等多种力量,建立内卫、应急、治安联动的一体化安保机制。建立政法干警人身安全强制商业保险制度,与传统的社会保险相互补充,共同应对政法干警工作内外人身安全风险。[2] 建立政法干警人身安全保护日常培训机制,制定可操作性强的安保规则指引。建立突发重大事件 24 小时报送机制,第一时间上报上级政法单位和当地党委政府。信访、审管、纪检监察、涉法舆情监测和诉讼服务部门加强信息共享,建立安保风险综合研判机制。[3] 建立政法干警业务部门定期轮岗机制,避免在安保风险高的岗位长期履职。

2.增强人文关怀

要有效应对处置人身安全事件,身体损害和经济损失相对容易恢复弥补,更重要的是做好政法干警的人文关怀工作,借助心理疏导坚定职业信心。一方面,可以鼓励政法干警获取心理咨询资质、招录具有法学和心理学双学位的人员、招录具有司法工作经历和心理咨询资质的人员,发挥其熟悉法律、政法工作的优势;另一方面,与专业心理咨询机构合作。

3.推动正面风尚

自上而下地摒弃消极应对的思想根源和"大事化小"的认识偏差,敢于正视问题并依法依规处置。尊重司法规律,依法辨识涉诉信访、举报投诉事由,避免简单地以信访投诉数量考核打压政法干警应对安保的积极性。在政法干警业绩考核中,要体现人身安保工作的奖惩属性:对于处置合理、应对有效的,要给予一定的物质和精神奖励并明确在业绩评价中加

---

[1] 例如,上海高院对全市法院内部安保设施进行标准化设置,利用人脸识别系统、红外区域布防、液体探测仪、鞋底探测仪、执行移动单兵系统等全方位保护法官人身安全。参见严剑漪、邱悦:《内设专门机构外部广泛借力——上海法官权益保障工作掠影》,载《人民法院报》2017年6月7日,第1版。

[2] 有学者提出,社会应探索具有政法行业特点的职业意外险。参见汤啸天:《法官权益保障应该更厚实更温暖》,载《人民法院报》2016年1月10日,第2版。

[3] 上海法院建立了覆盖全市的"法官权益保护信息平台",该平台设置了保障热线、规章制度、权益动态、典型案例等模块,集成了案件填报、处理跟踪、数据统计、态势分析、政策宣传等功能。参见卫建萍、吴艳燕:《畅通救济渠道提高处置效率上海开通法官权益保障信息化平台》,载《人民法院报》2016年5月21日,第1版。

分;对于怠于处置、应对无力的,要依规给予处分,造成经济损失的,要根据过错程度给予补偿。以上奖惩覆盖包括领导在内的特定事件全体有关人员。加强宣传力度,弘扬安保先进人物事迹,引导形成激励安保的风尚。

4.提升综合素质

政法单位要持之以恒地加强办案纪律、办事纪律、职业道德建设和业务能力锻炼,改进工作作风和提升工作效率,注重判后答疑释法工作,让干警依法、高效、用心地服务每一位诉讼参与人、案外人;在工作时间外和非工作场所,政法干警同样要重视自身形象,并引导亲属自觉遵守法律法规和注重自我保护。

四、结语

党的十九大报告提出,要深化司法体制综合配套改革。而验证深化司法体制综合配套改革成效的有效路径在于,切实保障政法干警及其亲属的人身安全,让政法干警及其亲属安于事业,在深化司法体制综合配套改革中享有"获得感"。"法律提供保护以对抗专断,它给人们以一种安全感和可靠感,并使人们不致在未来处于不祥的黑暗之中。"法律可以为人们带来安全感,作为法律适用主体的政法干警,他们及亲属的人身安全同样需要安全感。国家、社会、政法单位三层面均需发力,方可形成安保合力。

本课题从 D 市一基层法院视角观察并提出对策建议,无法兼顾中、高级法院的现状,也无法囊括全部基层法院,但希望能抛砖引玉、启发思路,上升至政法干警人身安全保障的高度,以期采取有效措施系统改进。保护政法干警及其亲属的人身安全,我们在努力。

"内生外在"因素中基层法院合同制辅助人员的离职意愿分析及机制构建

——基于 50 个案例的清晰集定性比较分析法(csQCA)

卢永康　　邝彩珍[*]

引　　言

党的十八届三中全会以来,我国开始部署司法改革,并在《五五改革纲要》中明示了关于司法辅助人员(以单位聘用制、劳务派遣制、临工制等统称合同制为基础进行劳务非编制体制内)队伍的三类政策方向:完善法院人员分类管理制度、健全法院人员待遇保障机制以及优化审判辅助人员配备机制。[①] 其中,合同制辅助人员(以下简称"辅助人员")是我国基层法院基数庞大的群体,也是各类司法机关不可或缺的角色,其在立案审查、审判管理、信访工作、信息维护、强效执行等业务中起到了重要的作用,具备司法审判业务的"基石"地位。因此,如何高效管理司法合同制辅助人员,是《五五改革纲要》所提及的重点。

近年来辅助人员离职意愿大,离职现象多则使人员在岗率降低,阻碍"四化"队伍的稳定构建。为避免辅助人员离职现象沦为常态,防止过度流失现象发生,如何有效管理辅助人员队伍,构建规范化、人性化与未来化的管理机制,则是有助于司法体制全面改革全面加速的前提,也是队伍履职能力稳定提高的必要要求。

一、辅助人员离职意愿研究及理论选取

(一)关于离职意愿的研究现状

关于司法辅助人员离职的意愿研究,学术界成果甚少,但对行政单位、事业单位等合同制辅助人员离职现象的研究较多。因辅助人员定位一致,则可提供参考。其离职研究大致分为三种,一种是以"薪酬与福利"为角度。现阶段机关单位辅助人员的离职是由于地方财政经费与政策的局限,辅助人员的薪酬、福利、五险一金待遇远远不如编制内人员,从而导致

---

[*] 卢永康,时任东莞市第一人民法院政治部文员。邝彩珍,东莞市第一人民法院立案庭法官。

[①] 最高人民法院:《最高人民法院关于深化人民法院司法体制综合配套改革的意见——人民法院第五个五年改革纲要(2019—2023)》。

"一月工""半年工"等从事短期工作而离职的现象普遍存在。① 其二,是以"用人机制"为切入点。辅助人员缺乏科学的人案配置、统一的法律法规、明确的管理主体、规范的聘用程序与良好的退出机制,导致人才流失现象严重;②其三,是以"职业发展"为侧重点。由于辅助人员角色带有"边缘性"的特征,岗位上升渠道与空间有限,个人职业生涯受到限制,职业前景模糊等现象从而产生"跳槽"的想法。③

总体上讲,虽然当前学术界关于辅助人员离职的研究较为全面,但大多以宏观角度作定性研究,或者基于某个单因素(诸如年龄、文化程度、薪酬、福利、津贴、制度保障、绩效收入、工作关系、监管、成就、认可、责任感、晋升、工作本身、成长可能性等因素)展开讨论,却没有一种很好的理论框架来精准定位与分析离职意愿的构成。因此,本文将在"外在因素"(三因素)和"内生因素"(个人因素)建立理论支持,从五大因素(包含 22 个小因素)中提炼变量,对广东省某基层法院 50 名典型辅助人员进行离职意愿分析。

(二)研究理论选取及基础

以"三因素"为代表的外在因素。"三因素"理论是在"双因素"理论基础上提出的(见图 1)。从美国著名心理学家、管理学家弗雷德里克·赫茨伯格(Fredrick Herzberg)的"双

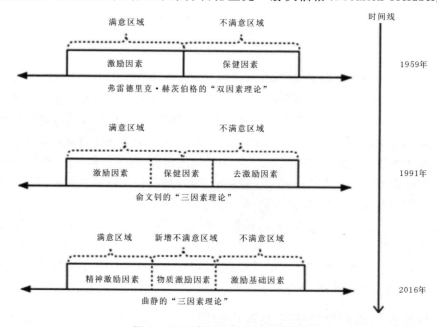

图 1 "三因素理论"的演变示意图

---

① 吕芳、胡轶俊:《在"科层制"和"契约制"之间:地方编外人员的定位》,载《北京行政学院学报》2018年第 3 期。

② 魏娜、韩芳:《公共部门编外行政辅助人员管理:问题、思路与对策——以 X 市为例》,载《国家行政学院学报》2015 年第 2 期。

③ 宋凯:《事业单位编外人员管理的问题与对策》,中央民族大学,2016 年。

因素"理论[①]到我国心理学学者俞文钊的"三因素"理论[②]演变,学者曲静(2016)对其进行了补充及完善。她认为人对物质的反应并不是固定不变的,物质的动态性将引起人的变化。[③]其指出:应以物质性与精神性作为因素的划分,激励因素应分类为"激励基础因素"、"物质激励因素"与"精神激励因素"。"三因素"相互协作,组合与转变,在一定的条件下,则可达到企业可持续性激励员工的目的。

以"年龄"与"学历"为代表的内生因素,也称个人因素,即个人起因。其主要涵盖了主体自身条件与认识偏差两个方面所造成的主体条件限制和阻碍,包括个体间容貌、身高、年龄、学历、健康情况、经济状况、智能水平、心理素质、文化差异等因素。根据现实条件与文献分析,本文选取"年龄"与"学历"两大常见且重要的因素作为辅助人员离职意愿探讨。

综合论述,其一,"三因素"理论是通过"激励"的方式分析人员是否产生离职意愿,离职意愿的产生与"激励与否"存在必然联系;其二,"年龄与学历"是两大辅助人员自我考量的常见因素,对此学术界已达成基本认同。因此,本文研究的重点是辅助人员在何种因素组合中产生离职意愿。所以本文选取"三因素"理论作为指导思想,并结合辅助人员的自我因素(年龄、学历情况),对辅助人员离职意愿进行定性比较分析。

二、司法辅助人员离职意愿的定性比较分析

(一)研究方法

美国学者查尔斯 C.拉金(Charles C.Ragin)于 1987 年提出定性比较分析(qualitative comparative analysis,简称 QCA)。QCA 技术关注跨案例的"并发因果关系",要素的不同组合可能产生不同或相同的结果。其能够根据多案例的样本数据,识别并分析出条件(解释)变量与结果变量间的因果关系,以及运用基于布尔逻辑法则探寻出不同的条件组合及其相应结果。[④] 考虑到辅助人员离职意愿符合"多因素复杂并发"的特征,且样本数据可以根据问卷的设置进行"二分化",符合清晰集定性比较分析,本文选取 csQCA 作为研究方法,其具体方法如图 2。

第一,寻找变量。根据理论依据构建解释与结果变量。本文在"内生外在"因素与"离职现象"层面中提炼出解释变量与结果变量,并根据解释构建调查问卷;第二,根据问卷结果输入 fsQCA 软件中,进行"数据二分"操作从而构建真值表,并解决矛盾组态现象;第三,进行数据分析。首先进行单变量必要性分析,对必要条件进行解释;其次解释多因素组合条件的覆盖度和一致性。最后,根据组合数值得出科学性总结,给予解决问题的相关建议。

(二)案例选取

按照 csQCA 案例选择的要求,案例选取必须符合"同质性"与"异质性",并建议样本案例一般以 10~60 个中等样本为宜。首先,必须定义一个"调查范围",以确定案例选择的界

① Frederick Herzberg、Bernard Mausner、Barbara B Synderman. Motivation to Work, *American Journal of Psychology*,1959,73(3)。

② 俞文钊:《企业中的激励与去激励因素研究》,载《应用心理学》1991 年第 1 期。

③ 曲静、陈树文:《"三因素"理论——基于对"双因素"理论的反思和改进》,载《大连理工大学学报(社会科学版)》2016 年第 3 期。

④ Benot Rihoux、Charles C:《QCA 设计原理与应用:超越定性与定量研究的新方法》,机械工业出版社 2017 年版,第 21~23 页。

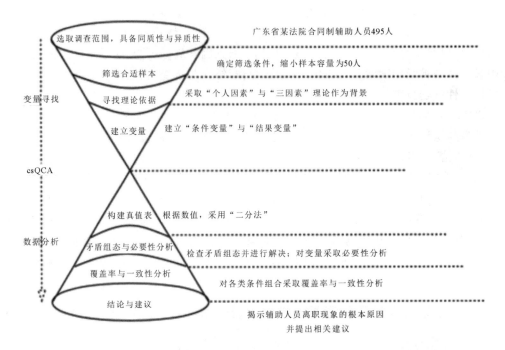

图 2 csQCA 研究思路及方法

限,以保证"同质性"。本文选择"广东省某基层法院"作为样本选取;其次,选取"工作半年及以上"、"合同制签约模式"与"得到部门负责人认可"的条件为案例同质性基准。其中,"工作半年以上"已限定辅助人员已经基本熟悉本项工作内容与熟练司法业务操作;"合同制签约模式"保证其为合同制辅助人员;"得到部门负责人认可"是指其答卷内容得到验证与肯定,保证真实性。最后,所选案例必须具备多样化程度。本文选取"个人因素"与"三因素",在内外因素下,案例产生多样性变化。因此其核心标准即为最小案例中实现最大程度的案例间"异质性",符合该方法的案例标准。

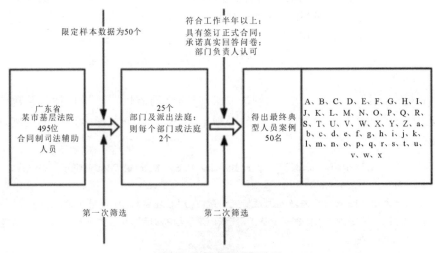

图 3 典型案例选取流程

（三）变量测量

表1　解释变量与结果变量的设置

价值分类	价值来源	价值内容	价值选取	选取方法	价值说明
年龄因素 The Ape 简称"TA"	内生个人因素	18~60周岁	35周岁以下 35周岁及以上	35周岁以下=1； 35周岁及以上=0	解释变量
学历因素 The Education 简称"TE"	内生个人因素	小学 中学 初中 高中 专科 本科 研究生	本科（含在职） 及以上 本科（含在职） 以下	本科及以上=1； 本科以下=0	解释变量
激励基础因素 Basic Iincentive Factors 简称"BIF"	"传统激励理论" "公平理论"	存量工资 存量福利 存量津贴 工作条件 保障政策	基本工资 法院福利 节日津贴 法院工作条件 员工保障政策	若满意3个条件或 以上，则=1； 若看重3个条件 以下则0	解释变量
物质激励因素 Material Incoertives Factors 简称"MIF"	"展望理论" "棘轮效应" "期望理论"	增量工资 增量福利 增量津贴 绩效收人 资金 股权激励 股票激励	工资增加 福利增加 津贴增加 绩效收人增加	若不满意3个条件 或以上，则=1； 若看重3个条件， 或以下则=0	解释变量
精神激励因素 Spirinwal Motivantons Pacoes 简称"SIF"	"Y"理论 "马斯洛需求层次理论" "目标理论" "结果导向思想	工作关系 监管 成就 认可 责任感 晋升 工作本身 成长可能性	同事关系和谐 领导监管适度 工作成就感强 领导认可 工作责任感大 职位晋升前景好 喜欢工作内容 本身 获得成长可能 性多	若不满意5个条件 或以上。则=1； 若看重5个条件或 以下则0	解释变量
离职意愿 WILLINGNESS TO RESICN 简称"WTR"	研究问题	存在离职意愿 不存在离职意愿	离职意愿强烈 离职意愿较高 离职意愿一般 离职意愿较低 没有离职意愿	若分值大于 等于3则=1； 分值低于，则=0	结果变量

第一，建立解释变量。具体说明如下：

年龄因素。毫无疑义，辅助人员年龄越低的人产生的离职意愿则越高，年龄越高的人产生的离职意愿则越低。[1] 对于法院工作的辅助人员而言，其职业更换的走向大致为：律师、公务员、事业单位人员、其他单位辅助人员等，其中"考公考编"是辅助人员产生离职的"分水岭"。因此依据《中华人民共和国公务员法》中规定，除了研究生人员外，需满足"在18周岁以上，35周岁以下"的条件方可报名参加考试。[2] 当超过35周岁时，因客观条件导致辅助人员取消离职的念头；同时年龄的增加使人员对法院工作产生依赖。因此采取"35周岁以下"赋值为"1"，反之赋值为"0"。

学历因素。学历也要在适合的年龄中产生作用，在适合的年龄拥有高学历则对离职意愿产生正向效果。根据文献调查所示，学历越高的人员产生的离职意愿越高，反之越低。[3] 学历越高，可改变性越高，被社会所接受的容纳度则越高，反之，则越低。从2019年来看，该法院辅助人员存在本科（在职）及本科以下的两种学历情况。因此采取"本科（含在职）"赋值为"1"，反之赋值为"0"。

激励基础因素，指的是人员在生活及工作中产生基础性作用的条件与物质，如基本薪酬、基本福利等因素。根据"三因素"理论以及司法工作实际，本文选取基本薪酬、基本福利等因素作为价值选取。考虑到该激励因素自身测量的主观性、复杂性与多样性，本文采取学者徐家良的方法，把多因素组合在内的条件进行分类测量，设定满足条件项，以获得该条件的值域。[4] 即对囊括法院的基本工资、基本福利等因素采取"看重激励因素中何种因素的产生效果"作为选取办法，即"不满足3个因素或以上"则赋值为"1"，否则赋值为"0"的取值方法。

物质激励因素，指由激励基础因素衍生而成，以物质条件形式产生作用的激励手段，包含工资增加、福利增加等因素。根据"三因素"理论以及司法工作实际，本文选取工资增加、福利增加等因素作为价值选取。因此采取"不满足3个因素或以上"则赋值为"1"，反之赋值为"0"。

精神激励因素，指的是法院对员工精神方面的无形激励，诸如工作关系、监管、成就、认可、责任感、晋升、工作本身、成长可能性等因素。根据"三因素"理论以及司法工作实际，本文选取同事关系和谐、领导监管适度等作为价值选取。精神激励是一项具有复杂性、细致性、广泛性与多变性的因素，个人对精神激励因素的效果感知会使人员的离职意愿产生巨大影响。因此采取"满足5个因素或以上"则赋值为"1"，反之赋值为"0"。

第二，建立结果变量。离职意愿，指的是劳动者向单位提交离职申请并要求终止劳动法律关系的想法。本研究将离职意愿采用李克特量表正向计分法，通过不同分值选择自身看法，如"离职意愿强烈"则为5分，"较高"4分，"一般"3分，"较低"2分，"不存在"1分。并以

① 马效恩：《事业单位编外人员薪酬激励问题及对策——以M市公立医院为例》，载《中国行政管理》2013年第11期。

② 高中华、赵晨：《社会认同视角下交换关系差异对离职倾向的影响研究》，载《管理学报》2019年第10期。

③ 高中华、赵晨：《社会认同视角下交换关系差异对离职倾向的影响研究》，载《管理学报》2019年第10期。

④ 徐家良、程坤鹏、苏钰欢：《公共价值视域下政府购买公共服务市场竞争度研究——基于S市的定性比较分析（QCA）》，载《上海行政学院学报》2019年第5期。

3分为"二分法"线,大于或等于3分则赋值"1",否则赋值"0"。

（四）真值表构建

按照 csQCA 的操作步骤,在编码完成后,对五个解释变量与一个结果变量认真核对,并导入 fsQCA3.0 软件中,采取编码形式,得出真值表(truth table),并发现不存在矛盾组态(contradictory configuration),见表2。

表2　真值表构建

TA	TE	BIF	MIF	SIF	WTR	NUMBER	CASE
1	1	1	1	1	1	9	B、H、N、O、d、g、j、n、t
1	1	0	0	1	1	6	F、J、Y、H、R、X
1	0	0	0	0	1	3	e、k、m
0	1	1	1	0	1	7	A、G、K、W、i、q、s
0	0	0	0	0	0	1	X
0	0	1	0	0	0	9	C、D、M、P、Q.S. U、a、l
0	1	1	0	0	0	1	R
1	0	1	0	0	0	8	L、v、z、b、f、p、u、w
1	0	1	1	0	0	4	E、l、o、v

三、研究结果及分析

（一）单变量必要性分析

根据真值表的构建,将数值在 fsQCA 软件中经过运算,得出单变量的一致性(consistency)与覆盖率(coverage),其运算公式如下:

"$Consistency(Xi \leqslant Yi) = \sum (min(Xi, Yi)) / \sum (Xi)$";

"$Coverage(Xi \leqslant Yi) = \sum (min(Xi, Yi)) / \sum (Yi)$";

一致性是指根据两者数值进行判断是否存在单一条件变量与结果变量存在充分或者必要关系。同时,也需要进行覆盖率指标运算。覆盖率是指各种条件变量组合对结果变量存在何种程度的释义力。[①] 本研究得出指标如表3所示。

表3　一致性与覆盖率指标

	Consistency	Coverage
TA	0.720000	0.600000
TE	0.880000	0.956522
BIF	0.640000	0.400000
MIF	0.640000	0.727273
SIF	0.600000	1.000000

---

① 情感分析用词语集,http://www.keenage.com/html/c_index.html。

由此可见,其中"TE"变量一致性指标达到 0.88,也就说明"TE"条件对"WTR"变量有巨大影响,前者是后者的充分条件。不难发现,"学历"因素是用人单位衡量人才的考虑因素,是个人改变职业、跨行业的"救生圈",也是考公考编、职业晋升、商业合作、工资级别的渠道,因此学历的一致性指标值是很高的。其次,各单一解释变量的一致性均不足 0.9,因此离职意愿的产生并不能从单一变量中获得单独解释。由此可知,合同制辅助人员离职意愿的产生是由多种因素通过组合效应而成,并非由单一变量引起的结果。

(二)条件组合分析

在进行单一变量的必要性分析后,进一步对离职意愿产生的条件组合进行分析,并得出原始覆盖度指标、净覆盖度指标与一致性指标,见表 4。

表 4　有效条件组合分析

有效条件组合 (combination of effective conditions)	原始覆盖率 (raw coverage)	净覆盖率 (unique coverage)	一致性 (consistency)
年龄 * ～学历 * ～激励基础因素 * ～物质激励因素 * 精神激励因素 "TA" * "～TE" * "～BIF" * "～MIF" * "～SIF"	0.12	0.12	1
～年龄 * ～学历 * 激励基础因素 * 物质激励因素 * ～精神激励因素 "～TA" * "TE" * "BIF" * "MIIF"★ * "～SIF"	0.28	0.28	1
年龄 * 学历 * ～激励基础因素 * ～物质激励因素 * 精神激励因素 "TA" * "TE" * "～BIF" * "～－MIF" * "SIF"	0.24	0.24	1
年龄 * 学历 * 激励基础因素 * 物质激励因素 * 精神激励因素 "TA"出"TE" * "BIF" * "MAIF" * "SIF"	0.36	0.36	1

由于"TA" * "～TE" * "～BIF" * "～MIF" * "～SIF"的覆盖率仅有 0.12,本研究忽略不计。据此,本研究揭示了突发事件网络舆情生发热度的三种路径,并结合理论与实际采取分析:

第一,"WTR"="～TA" * "TE" * "BIF" * "MIF" * "～SIF"。该条件组合是指辅助人员间中年、高学历的人群看重物质基础与激励,产生离职意愿的集合体,简称"物质追求型群体"。基于"三因素"理论基础,针对"物质"因素的需求变化展开多角度分析:从生存工资理论分析,"劳动的自然价格"这种"自然价格"除包括工人(辅助人员)本身能够维持生存部分的生活费外,还包括能够在工人人数总体上不增不减地延续后代所需要的生活费。[①] 随着步入中年阶段,由于个人开支、家庭花销、儿女养育、通货膨胀等因素导致生活成本逐渐增加,该群体对物质(薪酬、绩效)的追求愈加增强,"中年危机"感愈加强烈,薄弱的薪酬无法使家庭收支达到平衡,因此对单位的物质激励逐渐产生不满意、不满足的态度;从期望理论分析,"激动力量=期望值×效价",即该类群体需要的主要是"物质激励",并和"绩效收入"联系在一起,最终通过报酬达到个人需要。[②] 然而该法院无论案件完成数目是多少,"绩效收入"是固定的,在工作压力不断增加下,绩效收入的激励性的"边际效应"则逐渐降低,导致辅助人员积极性减弱,产生不满意的心理;从公平理论分析,辅助人员对收入的满意程度受个人实际报酬的多少和与他人所得进行比较,并对公平程度做出判断。[③] 一方面,同一岗位不同收入。同一法官助理或书记员的岗位,在相同工作量的前提下,因角色定位而产生收入差距,体制内竟比体制外人员收入多约 1.5 倍。这导致辅助人员感到不公,想要离职而改变的想法愈发强烈;另一方面,岗位晋升受阻。因法院内辅助人员的收入是与级别进行挂钩的,因此晋升政策的取向决定收入的多少。但在同一法院内,中年辅助人员由于岗位设定限制,难以或不能再进行升迁,极度打压了辅助人员对工作的积极性与满意度。

第二,"WTR"="TA"*"TE"*"~BIF"*"~MIF"*"SIF"。该条件组合是指青年、高学历的辅助人员对物质基础与激励不产生明显关注,但对于精神激励却有很大需求,从而产生离职意愿的集合体,简称"临时就业型群体"。根据目标设定理论和结果导向思想,"目标"的本身就具有激励作用,使人的行为朝着一定的方向努力,在这个过程中不断根据自己的行为结果与目标进行对照,及时调整和修正,以便达到目的。[④] 对于物质因素而言,"临时就业型群体"往往看重的是精神因素,精神因素是该类群体的"目标",其中"工作本身"因素更是唯一占该群体样本容量的 100%。因此,样本中体现该类人群是以"跳板"为岗位性质从事审判辅助工作,其看重以及追求的并非司法机关的审判辅助性工作,而是其他行业及平台。一方面,"法学"专业的辅助人员占比高达 78%,其为了更好地积累审判经验,从而通过司法职业资格考试从事"律师"行业,达到自己想要的职业理想;另一方面,假如该法院为"基层"法院,"基层服务两年"是该类群体在公考进程中想要获得的条件。因此,精神激励因素不满足是该群体的离职主要诱因,法院对其而言只是暂时性提供就业与经验的平台,审判辅助性工作是其获得最终目标的必要手段。

第三,"WTR"="TA"*"TE"*"BIF"*"MIF"*"SIF"。此条件组合是指青年、高学历并产生离职意愿的辅助人员不仅对物质基础与激励产生明显关注,对于精神激励更有着明显需求的集合体,简称"积极进取型群体"。根据"马斯洛需求层次理论"共同部分,员工是具备生理、安全、社交、尊重和自我实现五种需要,其中,社交、尊重与自我实现与"Y理论"中并从工作中获得满足感和成就感是相对应的,也同时归属于过程激励的范

---

① 陈萍:《浅析事业单位编外人员薪酬管理现状及完善对策》,载《China's Foreign Trade》2011 年第 12 期。

② 袁勇志、奚国泉:《期望理论述评》,载《南京理工大学学报(社会科学版)》2000 年第 3 期。

③ 马效恩:《事业单位编外人员薪酬激励问题及对策》,载《中国行政管理》2013 年第 11 期。

④ 杨秀君:《目标设置理论研究综述》,载《心理科学》2004 年第 1 期。

畴。① 该类群体在年龄与学历因素占据优势,对自身所在岗位建立长久的职业计划,从而获得更高层次的需要,其三因素是建立在如何更好地从事司法辅助工作之上。一旦中间出现"断层"现象,根据"三因素"理论,则会导致激励不足而产生离职意愿的情况。但是,相比"临时就业型群体"而言,其更注重于"过程"而非"目标",一旦过程"满意",其从事司法辅助工作则更加稳定。

四、辅助人员管理机制的构建

内在因素以"学历"为主要参考因素。拥有"本科及以上"学历是辅助人员离职的重要"资本"。学历因素的一致性指标达到"0.88",其充分体现了该因素对产生离职意愿的重要程度。高学历是辅助人员拥有"跳槽"、跨行业就业的"敲门砖",也是其他单位、企业根据识别人才,筛选人才的必要依据。从研究来看,三大群体皆拥有"本科及以上"的学历,其就业稳定性对比拥有"本科以下"学历的人员而言,甚有明显差别,因此应予以重视。

外在因素一方面以"收入"为参考因素。"收入"是辅助人员的核心关注点。无论是"积极进取型"群体还是"物质追求型"群体,两者皆对收入存在不满意、不满足的态度,"低收入""收入不公"等原因已成为了普遍辅助人员离职的导火线。另一方面是以"晋升"为参考因素。工作变更、成长可能性等皆是"临时就业型"群体与"积极进取型"群体所注重的成长因素,但岗位晋升情况遭遇"瓶颈"状态,缺乏良好的职业前景,违背辅助人员的精神及人生追求。因此,针对以上情况,本研究提出解决建议如下。(如图4)

(一)以"合理化匹配"为原则,实现招聘、调动、离职机制规范化

定义岗位性质与合理设置岗位数量是招聘机制的出发点。提前定义岗位性质,如从事角色、所在部门、工作内容等等,有利于辅助人员从招聘的"出发点"中认识岗位,避免对岗位产生"意识交错"而"乱上岗"。一方面,各法院应根据工作内容诸如执行类、审判类、行政类、民事类等细分定义岗位职位职责,得出录用条件,定义岗位性质,并对岗位采取类别管理,如划分为秘书官、调查官、书记官、速记官、执行官、庭吏、技术官、事务官等职员建立速录员等岗位。② 在招聘公告、官网首页、微信链接等渠道中详细列举及予以说明,提供辅助人员能够主观意愿选择的素材;另一方面,采用精准化、效度高、信度高的计算方法统计各部门各岗位数量及离职率③。设立二分标准,区分"流动性岗位"与"稳定性岗位",根据案件数目与人员比例,动态增减岗位数量以达"人岗平衡"状态,从而减少因审判案件多、压力大但在岗人员少,抑或是部门岗位数目不平衡、不合理等情况,无法分担工作量而引发的离职效应。

人岗合理化匹配是调动机制侧重点。人员招聘机制基层法院的前线,人员调动是法院内"生态化"系统运转的重要方式之一。根据基层法院所需,设置年度、季度的人员调动制度,根据学历、专业、爱好等各类数据,综合岗位性质、数量与特征,以胜任工作为前提,积极争取"心愿"岗位,有效实现精准化与理想化的"人岗匹配",达到"人岗相适"的目的,从而取消人员因岗位不适产生离职的想法。

---

① 邱剑权:《浅析需求激励理论对管理者的指导意义》,载《中国人力资源开发》2004 年第 3 期。
② 高魁:《日本法官办案效率管窥》,载《人民司法》2015 年第 1 期。
③ 易凌波、秦鹏:《论基层法院执行团队配置的"帕累托最优"》,载《上海交通大学学报》2019 年第 6 期。

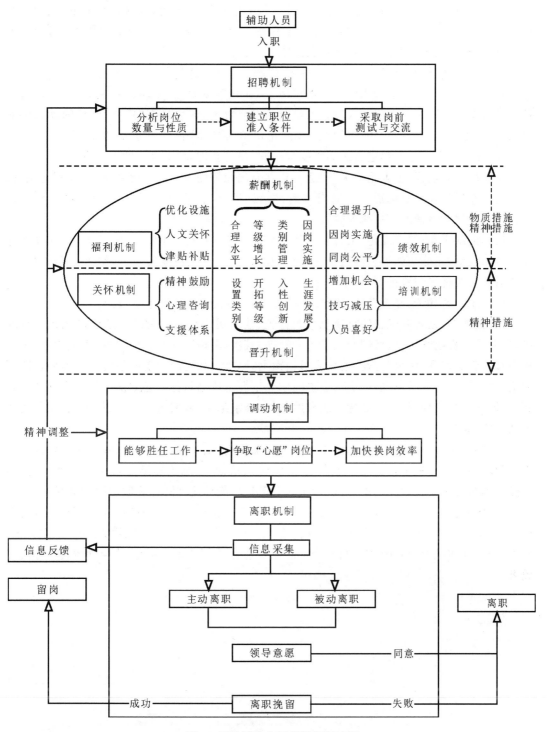

图4 司法辅助人员管理机制流程

信息反馈与离职挽留是离职机制的落脚点。一方面,及时收集辅助人员离职意愿的原因信息,根据科学性与可行性进行筛选、反馈至上级管理部门。根据信息库,上级管理部门选择性吸收,并落实调整各项机制。另一方面,建立对优秀辅助人员的"离职挽留"措施;"挽留"手段是人员离职的最后一道屏障。假若人员离职得到领导同意,则有利于重构、调整与提升法院中人员结构、数目与素质。若领导不同意,则必须采取及时性、实质性的"挽留"的措施,比如积极与人员交流,合理满足员工需求,切实解决员工问题。

(二)以"差异性公平"为基准,重视薪酬、绩效、福利机制人性化

薪酬机制应建立合理薪酬标准。根据地方 GDP 年度数据,定期调整全员薪酬,以超越社会平均水平和达到绝大部分人员收入满意为双重标准,建立带有"条件反射"的动态薪酬机制,可从半年度、年度、三年度等区间人性化调整人员薪酬;另一方面,根据学历、工作年限、技能证书等个人条件制定薪酬的类别与档次,建立合理化、人性化的人员薪酬体系。

绩效机制应重视"差异化公平"理念。建立合同制辅助人员绩效评估制度,在不同岗位,根据岗位性质建立绩效标准。在同岗方面,缩短编制与非编制差距,拉近两者绩效收入水平,全面、合理调整辅助人员绩效收入。

福利机制应实现"人性化"宗旨。从项目数量方面,在工作环境、办公设施、节日补贴等方面增加数量,充分达到福利渗透化、全面化和人性化;从项目落实方面,给予工会监督权,保证福利切实落实与执行到位。

(三)以"终身性发展"为目的,探索晋升、培训、关怀机制未来化

"大胆创新"是晋升机制的首要观念。首先,建立勇于创新的观念。法院应在允许范围内,努力寻求机制突破,积极创新人员晋升制度;其次,实现因地制宜的调整,缩短岗位"天花板"距离,彰显晋升"可触"特性,改变人员档次上升要求,如更改三类聘员转为二类聘员需要博士学历的条件;最后,提倡以层次追求的职业生涯为机制目标。建立适应年龄发展的晋升制度,加深岗位晋级层次性,如建立法官助理、办公室组长、专案组组长、执行组长、主任助理等新岗位,并且建立岗位与薪酬挂钩的递升制度。

"增加机会"是培训机制的基本要求。根据工作需求、个人喜好等,法院应充分增加辅助人员的培训机会。邀请行业内学者专家,组织院内培训,有利于辅助人员获得工作技巧、培养爱好和减轻工作压力。其中,获得专业的办案技巧能够达到降低离职意愿的效果。

"有效安抚"是关怀机制的最终目的。重视员工工作压力问题,针对问题来源,并及时实施慰问、精神激励、开发心理咨询渠道等措施,解决心理、工作与生活问题;建立"一方有难,八方支援"的相互关怀、困难扶持机制,完善人性化关怀机制,达到"单位即家庭"的归属效果。

突围混乱：
执行员单独职务序列管理制度模型构建

张颖诗[*]

但凡论及司法改革，论及人民法院人员分类管理改革，无论是内部检视还是外部观察，无论是司法职权配置改革还是司法人事管理制度改革，主流话语往往集中在"审判"二字。1999 年《人民法院五年改革纲要》就已提出"深化法院人事管理制度改革"。20 年间，司法责任制、法官员额制等制度改革如火如荼，法官单独序列管理、法官助理[①]、书记员单独职务序列管理、司法警察体制改革均作为制度创新备受关注，最新修订的《人民法院组织法》《法官法》甚至相继将有关执行员的条文删除，各级法院林林总总的改革方案、改革意见中，也唯独对执行员管理制度改革讳莫如深。作为《民事诉讼法》中规定的唯一的执行主体[②]，执行员一直游走在"书记员"与"法官"身份中之间，模棱两可地存在着。执行员乃至执行人员的管理混乱导致执行区域差别、法院人员管理结构性失衡等问题普遍存在。2019 年，最高人民法院在《关于深化执行改革健全解决执行难长效机制的意见——人民法院执行工作纲要（2019—2023）》中明确提出：推进执行人员单独职务序列管理。执行员管理制度革新初迎曙光。本文以现存执行员管理制度缺陷为引，从"新二权说"出发，扫清执行员制度重建的理论与现实障碍，构建执行员单独职务序列管理制度模型，以期填补目前人员分类改革关于执行员管理制度的留白与缺页，寻找治理执行人员管理混乱的突破口。

一、审视：目前执行员管理制度存在的现实问题

（一）职权定位模糊化

执行权是执行职能的逻辑权源，但其分解却远未达目标精准度。执行权解构缺乏科学性，不同属性、不同内在要求与行为原则的子权力混同行使，必然导致权力行使违反法理，突破既定法律原则，冲击现有法律体系。

全国法院正在推行落实的审执分离、裁执分离模式，理论基础为二权说。二权说主张将

---

* 张颖诗，东莞市第三人民法院执行局法官助理。

① 最高人民法院 2010 年 2 月 24 日发布《最高人民法院关于在部分地方人民法院开展法官助理试点工作的意见》。

② 《民事诉讼法》第 228 条规定，执行工作由执行员进行。

执行权分为执行实施权与执行裁决权。虽然较之过去①执行审执合一模式更科学,但该分权格局中并未区分执行命令权与执行实施权,忽略执行命令对实体权利的裁断性,其属性更接近于司法权而非行政权。同时,由于缺乏对执行权的有效分解和执行员职位功能的精准把握,执行员与执行法官的界限模糊,工作同质化、交叉化问题严重,甚至与程序法背离。如一些法律规定本应由法官经过审理作出的裁判,往往由无审判权的执行员独自"裁判"并签发文书,明显违反《民事诉讼法》有关规定②。

执行权分解、配置存在误区,导致执行员职位功能不清、权责不明,与执行法官职能混同、界限模糊,执行命令权与执行实施权的混同行使,执行实施权缺乏有效监督,不仅不能达到权力分立与制衡的目的,反而成为"造成执行难和执行乱的体制根源"③。

基于区分非同一性的执行权能的执行权解构目的,在原有审执分离的基础上,还应区分执行命令权与执行权。并且,执行裁判权、执行命令权虽然同样具有司法权属性,但其行使主体不能为同一主体(否则失去监督、制约功能),执行分权应当告别传统"审执分离"模式,走向"令执审分离"模式。

（二）人员结构失衡化

科学的职能配置是实现法院人员科学管理的前提④,衡平、高效的人力资源管理体系依赖于合理的执行职权解构。执行人员分类模糊,导致法院人员管理框架结构性失衡,更毋论执行人员按需配员、精准投放。

法院人员管理结构性、功能性失衡,导致管理层面上的诸多问题。一是执行部门不断挤压其他科庭的人员编制(员额法官、司法警察等),人员管理结构问题由局部扩大至整体。以广东省为例,经统计,近年来非员额法官中办结执行案件的比重均"维持在 20%左右"⑤。在紧张的执行办案态势以及"解决执行难""两座大山"高压下,人员管理结构性失衡的弊端日益凸显,尤其是基层法院员额法官配额不均衡问题突出。"执行员"常态缺席,各地法院不得不另辟蹊径,开拓"非员额法官办案""执行警务化"等可能性;二是执行人员绩效考核及薪资问题,同工不同酬问题普遍;三是不同工种趋同管理,导致执行人员管理模式与管理目标不匹配,执行工作低质化、低效化问题滋生。

（三）人员任命非标化

与体系严谨、完整统一的审判人员准入标准、任免程序不同,执行员的任免制度在国内法典中几乎无迹可寻。执行员一旦被通过某种程序任命,即代表国家行使司法权,即受领直接面向社会个体的强制执行力。但该任命程序、任命主体、任命客体是否合法合理、统一标准,长期无人深究,亦无从追溯。

早在 2009 年,最高人民法院《关于进一步加强和规范执行工作的若干意见》就已提出

---

① 1979 年我国重新制定《人民法院组织法》,逐渐打破审执合一模式;1998 年,最高人民法院公布《关于人民法院执行工作若干问题的意见(试行)》,审执分离模式进一步确立。

② 参见《民事诉讼法》第 154 条。

③ 谭秋桂:《民事执行权配置、制约与监督的法律制度研究》,中国人民公安大学出版社 2012 年版,第 47 页。

④ 江必新:《审判人员职能配置分类管理研究》,中国法制出版社 2016 年版,第 60 页。

⑤ 广东省高级人民法院审判管理办公室:《全省法院 2018 年上半年审判运行态势分析》,2018 年 7 月,载广东省高级人民法院内网。

"要尽快制定下发《人民法院执行员条例》"，要制定全国统一的执行员规范与制度，尤其是对执行员的任职条件、任免程序等作出规定。10 年间，各地法院开展各种制度试验和创新。以广东省为例，2013 年，广东省佛山市南海法院就已对执行员任命制度[①]进行探索，对执行员任职条件、任免程序、执行权责进行内部规范。2018 年，司改"排头兵"广东省深圳市人民法院出台《关于执行员执行实施权配置的规定》，"正在抓紧推进首批执行员选任工作"[②]。尽管如此，执行员制度仍然"犹抱琵琶半遮面"，全国统一的执行员任命规范仍未出台。在全国法院缺乏科学统一的考核与测试机制的前提下，各地法院任命执行员无统一渠道、口径对其专业技能、业务能力、服务水平、综合素质、主观能动性等绩效考核因素进行前置性考评，执行员任命无法避免随意、主观。其现实后果必然是执行员水平参差不齐，执行工作的效率风险、廉洁风险与司法中立、独立风险无限扩大。

（四）地方实践差别化

由于缺乏统一协同的执行员管理制度，各地法院的执行员（乃至执行人员）管理形态均呈现巨大的差别化。总结、凝练各地法院的执行队伍管理模式，总结为以下几类。一是"1＋N"模式。该模式参照审判人员的管理模式组建执行团队，核心为法官、法官助理，同时依法设置执行员，吸收法警协助执行实施，代表法院有浙江省湖州市南浔区人民法院[③]。二是"1＋1"模式。该模式索性揭掉执行员"皇帝的新装"，采用与审判组织一致的管理模式，执行部门只设置执行法官与法官助理，由法警参与协助执行，代表法院有吉林省吉林市中级人民法院[④]。三是"1＋1＋1"模式，即建立以执行法官为核心的团队管理模式，并参考法官助理制度，创新设置"执行助理"一职，配备负责事务性、程序性工作的书记员或/及参与执行的法警，代表法院有福建省泰宁县人民法院[⑤]、吉林省蛟河市人民法院[⑥]。

地方话语不统一，甚至在"是否设置执行员""法官助理还是执行助理"这些问题上均尚无定论，意味着法院本身对执行员在法院场域里的角色定位不明确，无法在制度构建的宏观层面有建树。

---

① 黎毅锋：《2013 简报第 4 期：南海法院分析执行队伍分类管理存在问题并探索实施执行员任命制度》，2013 年 5 月，载广东省佛山市南海区人民法院内网。

② 黄超荣、周翔：《深圳法院六大举措决胜"基本解决执行难"攻坚战》，载广东省深圳市中级人民法院内网。

③ 余建华、朱婧：《借力规范造声势 持续发力攻难题》，https://www.chinacourt.org/article/detail/2018/06/id/3358440.shtml，下载日期：2018 年 6 月 18 日。

④ 于治国、郭磊：《吉林中院"铁腕"执行 集中查封房产 243 套》，https://www.chinacourt.org/article/detail/2018/05/id/3311286.shtml，下载日期：2018 年 6 月 18 日。

⑤ 廖长春：《福建泰宁县法院：执行工作总体态势良好》，载 https://www.chinacourt.org/article/search.shtml，下载日期：2018 年 6 月 19 日。

⑥ 韩继伟、于治国：《亮司法利剑 破执行难题》，https://www.chinacourt.org/article/detail/2018/06/id/3358996.shtml，下载日期：2018 年 6 月 18 日。

二、思辨:执行员单独职务序列管理制度是深化执行体制机制改革的必要配套

(一)契合执行权配置优化要求

单一权力的划分意义只在于同质化工作的简单划分[①],作为审判权的派生权,审判权与行政权的交叉权,执行权的解构与划分关系到不同属性权力间的相互作用力,在权力的对抗与协作中寻找平衡点,保障司法公正。传统审执分离模式未达到优化执行权配置的目标精准度,不符合执行工作精细化、流程化、集约化管理的要求,已不能适应目前的执行权运行机制。

司法权的本质是判断权。[②] 执行命令、执行裁决均为需要通过案件审理、判断,并出具案件审理结果的执行行为。行为精髓在于行为结果的作出是建立在案件调查、理性判断的基础上的,行为结果直接影响执行客体的实体权力,故执行命令权、执行裁决权有司法权属性。执行实施是对判决结果的直接执行,与政府行为有着如出一辙的主动性、积极性、侵略性与结果导向,具有行政权属性。

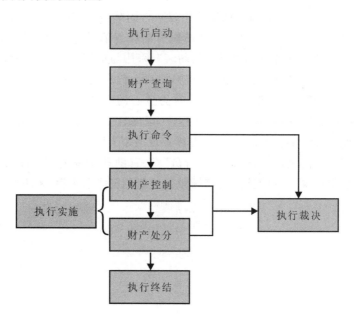

图 1 执行流程图

民事案件执行程序大致分为财产查询、执行命令、财产控制、财产处分、执行裁决五个流程。其中,财产查询是程序性事项,不对执行客体权利产生实体影响;执行命令是经过案件调查,作出的关于是否予以执行、予以何种执行行为等事项的裁判,具有司法权属性;执行裁决是对执行程序中发生的争议予以裁判,具有司法权属性;财产控制、处分是对执行标的现实处置,具有行政权属性。然而,虽然执行权总体分为行政权属性和司法权属性,但基于区分非同一性的执行权能以达到区分执行权配置优化的目的,发挥权力间监督、制约功能,执

---

① 如审判权划分为民事审判权、刑事审判权、行政审判权等,其目的为便于划分审判部门,将同类型案件集中快速审理,使审判业务专门化、专业化,职权之间不存在冲突的情况。

② 孙笑侠:《司法权的本质是判断权——司法权与行政权的十大区别》,载《法学》1998 年第 8 期。

行权应明确区分为执行命令权、执行实施权、执行裁判权,分别由三个独立执行组织行使。

（二）适应当前执行权运行机制

2019年,最高人民法院《人民法院执行工作纲要》提出要"健全繁简分流、事务集约的执行权运行机制"。依托人民法院执行案件流程信息管理系统和执行指挥中心,繁简分流、分权实施、事务集约的执行运行模式在全国范围内全面铺开,同时实现上级法院对下级法院垂直高效的"三统一"管理。然而,分权管理、事务集约的执行权运行模式要契合法理并且发挥作用,就要有明确的执行分权和执行分工,更需要科学合理的人员分类管理制度予以配合。目前的人员分类管理模式粗放,不仅无法达到执行工作精细化、流程化管理的要求,甚至还有违反"审判中立"理念的嫌疑。

执行命令工作、执行裁决工作由执行法官负责,并根据具体工作需要配备相应法官助理、书记员。虽然与审判程序直接落脚于实体权利的归属相比,执行程序没有对当事人的权利义务进行确认。但在绝大多数民事案件中,民事判决的实现建立在执行到位的基础上。在此层面上,执行无异于"二次审判",对于裁判者的中立、保守、公正要求与审判程序绝无二致。法定行使国家审判权的唯一场域角色是法官,执行员无权也不应有权审理案件、出具裁判结果。

执行实施工作由执行员负责。执行实施权由于其积极性、扩张性、侵略性与执行命令权、裁判权相区别,与中立、保守的法官角色人格冲突,法官并非执行实施权的适格主体。法官助理是协助法官审理案件、作出裁判的审判辅助人员,其角色人格与法官一致,如果由法官助理负责实施行为,同样无法避免命令与实施混同的局面。由裁判组织以外的第三人——执行员负责执行实施,则与立法精神相称。执行实施人员在执行命令的范围内限度执行、完全执行,其权力受限于执行命令。一旦执行实施工作涉嫌违法,可通过执行裁判撤销其实施行为,倒逼执行实施人员合法实施。执行命令法官、执行员、执行裁判法官形成三足鼎立的态势,建立起相互制约、相互监督、相互促进的良性循环。

在法官、法官助理甚至是书记员的单独职务序列管理制度逐渐步入正轨,执行员管理制度的建立变得尤为紧迫。

（三）配合司法责任制落地

科学合理的执行人员管理制度能破解目前执行职权混乱、分工不明的弊端,是落实司法责任制的必要前提。要做到让审理者专注裁判、独立裁判,合理的职权配置和与之相匹配的人员管理制度必不可少。执行员单独职务序列管理制度的建立能够让司法责任制扎实落地,让审判员审判,让执行员执行,让法院各类人员都对各自的工作内容承担责任。

"令审执分离"模式让法官专注裁判,而执行员单独职务序列管理制度为该模式提供人员管理制度保障,执行员单独职务序列管理制度在司法责任制落实方面展现出明显优势。该制度合理划分法官责任,保障法官权责一致,减轻法官办案压力,提高审执效率。执行权的明确划分也为各类执行人员的责任范围进行明确划分。"让审理者裁判,让裁判者负责"强调的不仅是"让审理者进行裁判,让裁判者对裁判负责","让审理者只裁判,让裁判者只对裁判负责"亦是这项原则的应有之义。执行员单独职务序列管理制度以执行员完全受领执行实施权为前提,执行法官无需分散注意力在执行实施工作上,也无需对执行实施行为承担责任,更摆脱了过去法官签字,书记员、法官助理办案的尴尬境地。

三、破局：执行员单独职务序列管理制度模型构建

在综合考虑国家多年的执行实践经验与全国范围内基本解决"执行难"问题的效率与公正兼顾的功能性需求的基础上，参考人力资源管理领域的分析方法，为执行员管理制度重建提供技术支持，全方位打造执行员单独职务序列管理制度的模型。

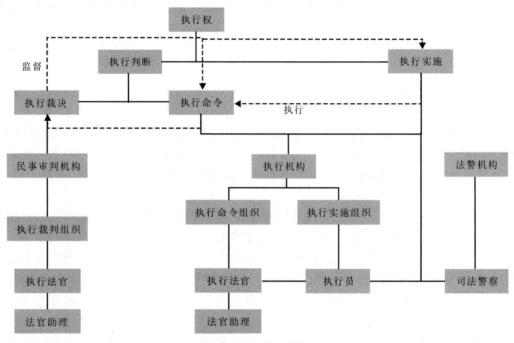

图2　执行机构架构图

（一）场域网格构建

在法院场域中预先设定执行机构、民事审判机构、法警机构三个一级网点。执行裁决组织为民事审判机构网点的子网点，执行命令组织、实施组织为执行机构网点的子网点，三者相互监督、相互依存，形成闭合的场域网格。执行命令组织与执行实施组织在执行机构网点下分别独立管理。执行命令组织由法官、法官助理、书记员等场域角色组成，执行实施组织由执行员、书记员等场域角色组成。执行实施组织可按需设在中级法院执行机构（在基层法院设分支机构）或基层法院执行机构中。

执行实施组织依其权源属性及职能需求实行行政化管理，实现上级对下级的统一调度，形成高效率的决策和执行机制。执行实施组织设执行长一职，负责全面统筹、管理各项执行实施工作。执行机构应当至少有一名执行长兼任执行机构领导职务。

执行实施实行双重管理。执行实施组织是执行机构的内设机构，为便利基层执行工作统筹运行，执行实施组织受执行机构的管理。同时，省以下执行实施组织受上一级执行实施组织的垂直领导。基层执行机构对执行实施组织进行行政管理、执行质效监控、执行规范监督、协调执行命令、执行实施工作衔接，上级执行实施组织对下级执行实施组织进行人员协调调动、开展执行专项活动、指导执行实施行为、人员培训、考核等工作。各级执行实施组织

内设执行指挥中心。

（二）执行岗位职权

为明确区分各类执行人员的工作内容与分工，制作以下执行工作分类图表。

表1 执行法官、执行员工作内容表

职权	权能属性	权能内容	对应工作内容
执行命令	司法权	下达执行命令	1.裁定财产控制（查封、冻结、扣押等措施） 2.财产确权 3.裁定财产处分（交付财物、扣划等） 4.决定司法拘留、罚款、失信惩戒、限制消费、限制出境（边控）等强制执行措施及间接执行措施 5.裁定财产变价（拍卖、变卖、以物抵债） 6.确定财产分配方案 7.裁定执行回转 8.决定暂缓执行 9.扣除、延长执行案件审限 10.裁定中止执行、终止本次执行程序、终结执行 11.其他执行工作
执行实施	行政权	实施执行行为	1.执行通知、告知 2.财产查询 3.实施财产控制、处分（交付财物、扣划等） 4.实施司法拘留、罚款、失信惩戒、限制消费、限制出境（边控）决定 5.涉嫌构成拒执犯罪的，移送公安机关侦查 6.实施执行变价（拍卖、变卖、以物抵债） 7.执行财产分配方案 8.组织当事人协商、谈判、和解 9.其他执行实施工作
执行裁判	司法权	审理执行异议	审理执行异议案件

（三）人员任职标准

既已明确执行员岗位职权，通过工作分析并制作相应职位说明书，我们可以确定某一工作的任务和性质是什么，以及哪些类型的人（从技能和经验的角度来说）适合被雇用来从事这一工作。[①]

---

① ［美］加里·德斯勒：《人力资源管理》（第十二版），吴雯芳、刘昕译，中国人民大学出版社2012年版，第76页。

表 2　执行员职位说明书[*]

职位名称:执行员　编制:中央政法专项编制　所在部门:法院执行机构

工作责任	1.执行通知、告知; 2.财产查询; 3.实施财产控制、处分(交付财物、扣划等); 4.实施司法拘留、罚款、失信惩戒、限制消费、限制出境(边控)决定; 5.涉嫌构成拒执犯罪的,移送公安立案侦查; 6.实施执行变价(拍卖、变卖、以物抵债) 7.执行财产分配方案; 8.组织当事人协商、谈判、和解; 9.其他执行实施工作。
工作活动	1.口头、书面向当事人进行执行通知及各类执行告知; 2.网络或传统方式进行财产查询。传统查询方式包括但不限于登记部门查询、财产所在地现场核查、次债务人调查等; 3.存款扣划(网络);办理不动产转移登记;敦促执行标的物的现实变卖; 4.通过网络对被执行人采取失信惩戒、限制消费; 5.司法拘留(包括前往提取被执行人、陪同被执行人完成羁押前体检、押送至法定羁押场所等); 6.报送限制出境材料至出入境部门; 7.涉嫌构成拒执犯罪的,移送公安立案侦查; 8.对案涉财产依法进行(网络)拍卖、(网络)变卖、以物抵债; 9.根据分配方案,向当事人支付款项; 10.组织当事人协商、谈判、和解。
工作标准	1.遵守执行员管理制度与纪律; 2.执行实施行为合法、规范、文明,不得超越权限办理案件; 3.案件办理及时,不得超越规定时间节点; 4.执行实施工作服从上级(上级法院、执行长)组织、安排。
工作关系	执行法官:按照执行法官作出的执行命令进行实施 执行长:领导 司法警察:内部工作伙伴 当事人:工作对象 协助执行部门、司法服务企业:外部工作伙伴
工作条件	1.熟悉执行法律规范; 2.身体健壮,能适应多变的室外场所工作; 3.掌握驾驶技能优先; 4.熟练使用全国执行流程管理系统、office 软件; 5.有基础防暴、格斗技能; 6.综合文书写作能力; 7.工作负责、性格平和。
转任与晋升	转任:法官助理、书记员、司法警察、司法行政人员 晋升:执行长

注:[*] 赵曼:《公共部门人力资源管理》,华中科技大学出版社 2008 年版,第 42 页。该职位说明书参考该书表 2-1《海关总署办公室机要处公文管理副主任科员的工作描述》制作。

以执行员职位说明书为蓝本，综合考量执行员工作职能与场域角色设定，设定执行员任职条件与任职程序。

一是任职条件。执行员与法官助理、书记员等辅助性工作不同，执行员制度在暂未成熟的情况下，为保证案件的办案质量与办案责任承担，应从中央政法专项编制干警中遴选，不采用聘用制。其次，充分参考职位说明书中"工作条件"一栏，对执行员设置任职条件如下：

1.已通过国家司法考试及执行员资格考试（遴选机关组织）；保障执行实施的规范度、法律专业度。

2.从事执行实施工作满两年，年度绩效考核均为合格以上；确保执行员有适当的办案年限及办案经验，以防"娃娃执行员"现象的出现。

3.执行员在岗前进行过体能训练、防暴格斗技能的培训，培训测试合格通过；确保执行员有突发事件的应对能力，降低执行员职业风险。

二是任职程序。执行实施机构采用省以下垂直管理的模式，执行员任命对应建立高级人民法院统一遴选、任命机制。通过紧密的制度衔接，严密的人员专门化、等级化管理，巩固、提高执行效率。高级人民法院组织符合遴选条件的人员参与执行员资格考试，符合执行员任命条件的，由遴选法院任命为执行员。执行员名册应在最高人民法院备案，由最高人民法院发予执行员证，保障执行员体系的规范度、纯洁度。

（四）人员管理模式

基于执行实施权的司法权与行政权双重属性，以及执行实施工作高效迅捷的要求，执行员采用员额制、科层制管理模式，执行实施长官参考行政类长官采用委任制。

一是员额制管理模式。以法院案件量为主要考量依据，兼采执行地域的大小、执行案件的难度、执行辅助工具的先进程度等依据辅助参考，为各级法院配置执行员。取全国执行员年均办案数为基数 X，以特定法院的应结案件数除以基数，基本可得出所需执行员人数，再参考其他综合因素加以人员调整，即可精确法院执行员数量配置。

二是科层制（官僚制）管理模式。科层制是由马克斯·韦伯首先提出的一种层次分明、制度严格、权责明确的等级制组织模式，他认为"官僚组织看起来是控制追求特定目的的较大群体最有效的方式"[①]。科层制采用人员梯级管理，通过巩固决策层、管理层权威，保障政令畅通，满足权力高效、集中行使的现实需求，提高执行实施组织对紧急案件的应对能力与制动速度，同时有效形成执行员序列内部的激励机制。

三是执行长采用委任制。由基层法院、中级法院提名，高级人民法院任命。执行长的委任主要考察其执行实施经验、紧急应对能力、管理能力、沟通能力及命令执行力。各级法院执行长行政级别及职务对应如下：

---

① ［美］罗伯特·丹哈特：《公共组织理论（第 2 版）》，项龙、刘俊生译，华夏出版社 2002 年版，第31 页。

表 3　各级法院执行长行政级别、职务表

级别/职务 法院	行政级别	行政职务
最高人民法院	八到十三级	厅局级副职
高级人民法院	十二到十八级	县处级副职
中级人民法院	十七至二十四级	乡科级副职
基层人民法院	十七至二十四级	乡科级副职

四是执行员转任机制。执行员可以转任司法行政人员及法官助理、书记员、司法警察等审判辅助人员。审判工作对审判人员专业水平、审判经验有强依赖性,因此审判人员应当由具备审判(辅助)经验的人员担任,执行员不具备参与员额遴选的人员资格。

四、远瞻:关于执行员单独职务序列管理制度一些疑虑的思考

(一)执行实施组织双重管理的顾虑消除

随着新执行管理架构建立,执行机构内部调整以及执行人员分类管理制度落地,执行机构内部管理与执行实施组织如何实现双重管理成为新的管理命题。明确的管理分工和执行信息化建设是实现双重管理的关键。

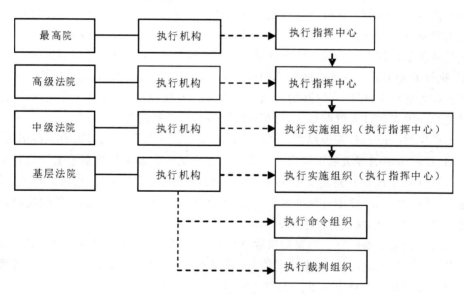

注:1.虚线箭头连接符代表同级管理关系;实线箭头连接符代表上级对下级垂直管理关系。
　　2.为使图表简洁,中级法院、高级法院、最高院的执行命令、执行裁判组织未标注。
图 3　执行实施管理体系图

执行实施组织受上一级执行实施组织的垂直领导,主要管理内容有 5 项,包括:开展集中执行活动、执行实施组织考核、指导、纠正下级法院执行实施行为、辖区执行实施人员协调调动、辖区执行实施人员培训等。《最高人民法院关于执行权合理配置和科学运行的若干意见》规定,中级以上人民法院对辖区人民法院的执行工作实行统一管理。按照以上制度设

想，依托执行实施信息化设备更新，从最高法院至基层法院可进行"一竿子插到底"的垂直管理。基于最高人民法院、高级人民法院执行案件量以及法院主要职能的考量，最高人民法院、高级人民法院不单独执行实施组织，直接设立执行指挥中心开展执行实施领导协调工作，中级法院、基层法院执行实施组织内设执行指挥中心作为上下级执行实施沟通交流端口。

执行实施组织是执行机构的内设机构，执行实施组织受执行机构的管理。同级执行机构对执行实施组织进行行政、执行质效监控、执行规范监督、协调执行命令、执行实施工作衔接等管理。主要管理要点有二。一是依托"人民法院执行案件流程信息管理系统"有效克服执行案件流转不畅问题。执行工作顺畅流转与衔接是执行机构内部管理的重点，其着力点主要在于协调执行裁判组织、执行命令组织、执行实施组织工作，保障执行案件快执快结。虽然通过3个执行组织办理的办案流程在执行信息化短板效应明显的时期或者接受度不高，但是通过执行案件的信息化管理，可以实现执行办案由纸质向电子转变，从而摒除纸质执行卷宗管理与流转风险，同时实现执行工作线上办理、线上流转，实现执行案件可视化管理，有利于执行案件的高效集约办理，有效防控执行办案风险。二是执行机构内部落实严格的归口管理，对各类执行人员严格落实分类管理。执行分权目的在于实现权力制衡，执行机构要顺理并明确各执行组织的权责，各执行组织严格落实各自职权，杜绝执行人员"分类不分家"、执行权能混同行使、执行人员相互干预办案等情况。对于非同类的执行人员，要采取对应的质效考核方式与行政管理制度。

（二）执行员与司法警察职权区分

执行职权的精准划分以及执行员单独职务序列管理制度的建立虽然解决了执行员、执行法官（乃至法官助理）的角色分工，然而在"执行警务化"呼声渐高的时候，仍然需要对执行员、司法警察的定位与职权有清醒理性的认识，否则执行员单独职务序列管理制度推进过程中仍然会遭遇暧昧不清的困境。

2012年12月1日实施的《人民法院司法警察条例》明确人民法院司法警察的8项职权，其中包含"在生效法律文书的强制执行中，配合实施执行措施，必要时依法采取强制措施"①。需要明确的是，司法警察的职责是"配合"，其本身并不具备单独实施执行措施的权力，与具有法定执行权的执行员不可同日而语。并且，司法警察参与执行实施的必要性主要存在于过去执行员、执行法官并未接受过正式严谨的体能训练及防暴格斗技能培训，对被执行人暴力抗法行为无法及时采取制动措施。一旦执行员管理制度建立，对于司法警察介入执行实施工作的需求将会大大降低。

（三）新制度落地的过渡办法

执行员单独职务序列管理制度作为新制度要实现软着陆，需要采取循序渐进的方式，过渡期限为2年。一是要搭建好执行场域网格。执行人员管理制度是执行管理制度的配套制度，执行人员管理之于执行管理制度，相当于血肉之于骨血。在实行执行员单独职务序列管理制度之前，要首先搭建好预设的执行管理框架。二是开展全国统一的执行员培训及考试，吸收法院内部人员充实执行员队伍，培养执行员执行实施技能。三是按照既定的执行机构框架进行人员调整，组建各类执行团队。执行命令组织、执行裁决组织可以参考审判部门采

---

① 参见《人民法院司法警察条例》第7条。

用"执行法官—法官助理—书记员"的团队模式,执行实施组织采用"执行员—执行助理(司法警察)—书记员"的团队模式,团队人员配备依据各团队承办案件量决定。

五、结语

《马太福音》第 22 章第 15 节至 21 节中有一句古谚——"让上帝的归上帝,恺撒的归恺撒",寓意着人们应当区分世俗权力与精神权力。现代权力分立、相互监督精神是这一要旨的社会化体现。这种精神要践行在法治社会的每个角落,具象在法律制定、制度规划的每个细节。借以此篇为引与诸君商榷,从执行人员管理的体制根源出发,切实解决执行难、执行乱问题。